国家出版基金项目

齐鲁医派文库

总主编 ○ 王振国

齐鲁名医汇考 上

张效霞 编撰

山东科学技术出版社
·济南·

图书在版编目（CIP）数据

齐鲁名医汇考 / 张效霞编撰 . -- 济南：山东科学技术出版社，2023.10
（齐鲁医派文库 / 王振国总主编）
ISBN 978-7-5723-1614-2

Ⅰ.①齐… Ⅱ.①张… Ⅲ.①中医师-列传-山东 Ⅳ.① K826.2

中国国家版本馆 CIP 数据核字（2023）第 056922 号

齐鲁名医汇考
QILU MINGYI HUIKAO

责任编辑：马　祥
装帧设计：孙　佳

主管单位：山东出版传媒股份有限公司
出 版 者：山东科学技术出版社
　　　　　地址：济南市市中区舜耕路 517 号
　　　　　邮编：250003　电话：（0531）82098088
　　　　　网址：www.lkj.com.cn
　　　　　电子邮件：sdkj@sdcbcm.com
发 行 者：山东科学技术出版社
　　　　　地址：济南市市中区舜耕路 517 号
　　　　　邮编：250003　电话：（0531）82098071
印 刷 者：山东联志智能印刷有限公司
　　　　　地址：山东省济南市历城区郭店街道相公庄村
　　　　　　　　文化产业园 2 号厂房
　　　　　邮编：250100　电话：（0531）88812798

规格：16 开（184 mm×260 mm）
印张：117　字数：2080 千　印数：1~1000
版次：2023 年 10 月第 1 版　印次：2023 年 10 月第 1 次印刷
定价：458.00 元（全 3 册）

文库规划委员会

主　　　　任　马立新
常务副主任　张立祥
副　主　任　马强
委　　　　员　毛新　卢钢　吕征　潘凯

专家指导委员会

顾　　问　王新陆　武继彪　钟永诚
委　　员　（按姓氏笔画排序）
　　　　　丁元庆　于俊生　尹常健　刘更生
　　　　　刘持年　刘桂荣　谷越涛　迟华基
　　　　　姜建国　徐云生　郭栋　郭伟星

文库序

齐鲁大地，东临渤海、西接中原、北傍燕赵、南依徐淮，是连接华东与华北、大海与中原的纽带。先秦时期，华夏文明的重心在齐鲁，多元文化融合而成的齐鲁文化是中国优秀传统文化的重要源头。在齐鲁文化的滋养下，齐鲁大地产生了独特的地域性中医药文化，形成了"儒医文化""扁鹊故里""针砭发源地"三张名片，齐鲁医派即是在这种具有地域特色的中医药厚土上孕育、发展、壮大的中医学术流派，是齐鲁中医药文化的重要组成部分，在医学理论和诊疗技术方面形成了自己独特的体系，对我国中医药事业的发展影响至深。

"十四五"时期，我国转向高质量发展阶段，人民健康处于优先发展的战略位置，中医药振兴发展迎来天时地利人和的大好时机，山东省也进入由中医药大省向强省跨越的关键时期。习近平总书记就中医药工作做出的一系列重要指示和重要批示，为新时代中医药事业传承创新发展提供了根本遵循。2018年以来，山东省委、省政府先后出台了多个促进中医药发展的重要文件，为齐鲁中医药文化的弘扬与齐鲁医派的传承创新发展增添了巨大的推动力。其中，《齐鲁医派文库》的出版就是大力实施齐鲁中医药"六大工程"的重要举措之一。

《齐鲁医派文库》是以习近平新时代中国特色社会主义思想为指导，深入贯彻落实全国、全省中医药大会精神，以挖掘、建设与普及齐鲁中医药文化及特色技术为主要目的的大型中医药文化传承出版工程，是山东省政府首次对齐鲁中医药文化精髓进行的全面深刻的挖掘与传承。该项目聚焦齐鲁医籍、医史汇考、经验辑要和中医药文化等板块，重点整理抢救濒临失传的珍稀和珍贵古医籍，深入挖掘整理扁鹊、淳于意、王叔和、钱乙、成无己、黄元御等为代表的古代齐鲁医家理论精华，全面梳理齐鲁中医药名堂、名号及名家理论，系统整理齐鲁当代名老中医、中青年人才的学术和临床经验。在对齐鲁历代名医的相关文献和资料进行搜集、解读、阐释、评议的基础上，本着历史、文献、理论研究有机结合的原则，厘清齐鲁医学的基本发展脉络，系统总结齐鲁古代名医、近现代名医及当代名医的特色医学理论、临床实践经验、传承谱系和历史影响，为当代齐鲁医派的发展提供理论及技术支持。

《齐鲁医派文库》秉承"整体设计、分步实施、突出特色、强化实践"的研究宗旨，以文化建设为前提，以学术传承为根本，密切结合社会发展需要，力图打造形成特色鲜明、优势突出的齐鲁中医药文化特色品牌。其编纂历时五年，编写组由齐鲁中医药古籍文献研究、中医临床、中药炮制等知名专家组成，有力地保障了作品的顺利实施及高质量完成。文库的问世将填补山东地区中医药文献与文化整理的多项空白，对山东特色的中医药文化核心价值体系的建立、齐鲁中医药非物质文化遗产的保护，以及齐鲁中医药典籍、文物、古迹和古今名医学术思想及其文化内涵的传承，起到巨大的推动作用。希望后续能有更多更好的齐鲁中医药著作问世，从而掀起齐鲁医派研究的巨浪，将齐鲁中医药的宝贵财富奉献给社会，为中医药的传承创新发展贡献齐鲁力量。

文库规划委员会
2023年9月于泉城

王琦序

今天我们对中医学术流派的一般定义，是指中医学在长期历史发展过程中形成的具有独特学术思想或学术主张及独到临床诊疗技艺，有清晰的学术传承脉络、一定历史影响与公认度的学术派别。我认为，中医学术流派的内涵有狭义和广义的区别。狭义的中医学术流派是指以师承为核心，有独特主张的医家群体；而广义的中医学术流派还包含了以学术理论或经典为核心的中医学派，以及经过长期传承而形成的以地域环境为基础的各类中医派别。

齐鲁医派就是我国地域性医学流派的重要代表，是产生于齐鲁大地、根植于齐鲁文化、受齐鲁地域环境特异性影响而形成的医学流派，是对齐鲁大地这一特定地域医家医学与文化特征的整体概括。中医药文化植根于中国传统文化的土壤，融合了母体文化中的自然观、哲学观、思维模式，滋养着中医学的创造与发明，具有主宰着自己命运的卓然自立的"思想自我"。这种"思想自我"是集自然科学与社会科学相融合的中医思维，是具有东方特色的原创性思维。中医药文化从中国传统文化的母体里走出来，带着历史的轨迹走到今天，充分显示了自身的价值。齐鲁文化主张以人为本，以仁为核心，以和为贵，以礼为范，追求"天人合一""与时俱进"，是中国传统文化中最灿烂的瑰宝，也塑造和丰富了中医药学自然科学与人文科学的双重属性。齐鲁医派是齐鲁文化的承载者，也是齐鲁文化的践行者。

丰厚的文化底蕴既是中医学术流派形成与发展的灵魂，也是中医学术传承创新发展的凝聚力所在。综观中医学术流派发展历程，其兴衰每与文化相应。宋明儒家摒斥旧学，各立新说，金元时期医派林立；近代学人弃旧维新，各流派亦积极采纳西学，中西汇通、衷中参西等主张也风行一时。中医药学之所以历数千年而不衰，正在于其拥有自我创新的机制，表现为随着时代变迁而不断调整创新，从而显示出强大的生命力。医学流派的发展，离不开文化的滋养，要促进医学流派的繁荣，必须将其植于中华优秀传统文化土壤中，必须将其置于各地文化发展的脉络中，把流派文化传承与研究放在首要地位。推动传统文化的创造性转化和创新性发展，使之与现实文化相融相通，共同服务以文化人的时代任务，这对中医药文化发展尤为重要。

齐鲁大地名医辈出，开山立派的大家众多。汉代司马迁《史记》之《扁鹊仓公列传》，是我国正史中第一部医家传记，入传的扁鹊（秦越人）、仓公（淳于意），都是齐鲁医家。如司马迁所言："扁鹊言医，为方者宗。"又说："至今天下言脉者，由扁鹊也。"淳于意"诊籍"开创中国乃至世界医案之先河。还有王叔和撰第一部脉学专著《脉经》，钱乙世称"儿科鼻祖"，成无己首注《伤寒论》，开创方论之先河，等等。在儒家文化影响下，齐鲁医家精通文化典籍，熟悉传统思维，援儒入医，格物穷理，融会贯通，促进了中医药理论的系统整理、凝练与升华，更因其具有区别于一般医家独特的道德理想，处世风范，"立德、立功、立言"，使医学获得广泛的社会认同。迄今齐鲁中医整体上依然保持着"重传承，重脉学，重经典"的特点。

中医流派研究要"古为今用"，要密切结合社会发展的需要。我认为现代中医流派传承有以下三大基点。

首先，中医流派多样性的重塑是学术繁荣的动因。两千多年来，从扁鹊学派到中西汇通派，中医流派的稳定结构一直存在着。学术流派的根本特征在于有鲜明独特的学术思想，稳定的学术体系，以及完整的学术群体。中医流派的多样性是中医水系不断流的重要因素，流派之间相互切磋互补是形成理论张力、推动中医学发展的重要存在。然而当前中医学术特色淡化，中医流派出现严重断层和脱节，甚至消亡。如何做到传承和而不同，重塑中医流派的多样性问题迫在眉睫。

其次，中医流派新学说的开创是学术发展的引擎。形成中医流派需要具备的三个主要条件：一是有学术（说）奠基人，即开启山林的鼻祖，或者叫作宗师；二是有一部或一类旗帜鲜明、理论独特的传世之作；三是有一个不断相传研习、传播实践的学术群体。中医学术呈现流派特色淡化和传承危机的问题虽与教育模式有关，但根本原因在于学术源头缺少新学说。今天的中医学术多偏重于学术的共性，而缺少学术的个性。理论界的一个重要欠缺是流派与学派稀少。只要有新学说，就会有新流派。只要学术本身有生命力、有价值，这个学术流派就会有追随者、实践者、继承者、推广者。

再次，中医流派的时代性特征是学术传承的生命力。流派独特的理论与临床技艺是中医学术流派产生、发展的生命力所在，学术流派的繁荣发展离不开对流派诊疗理论与特色技艺的继承掌握和创新优化研究。每个学派的形成必有其鲜明的时代印记，当时代需求发生改变时，必然有新学说的创立。传统不是过去，而是能够随着时光的推移，在历史长河中连接过去、传承现在、对接未来的存在，这样的传统才有生命力。中医学术流派应敢于突破与超越，既从传统中来，又超越传统，从而达到传承与发展。

《论语·雍也》："齐一变，至于鲁；鲁一变，至于道。"齐鲁文化是中华优秀传统文化的主干，齐鲁医派是山东中医学术的一张熠熠生辉的金名片。《齐鲁医派文库》秉承"整体设计、分步实施、突出特色、强化实践"的研究宗旨，以齐鲁医派文化渊源研究、齐鲁医派发展史研究、齐鲁名医考、齐鲁医籍考、齐鲁医籍名著整理、齐鲁医派当代主要流派研究为基本架构，传承与创新并举，形成了一个完整的体系，不仅致力于坚守中医药文化根脉，更着眼于激活中医学的现代转型。文库的编纂出版，功在当代，利在千秋，必将为促进山东乃至全国的中医药事业传承、繁荣与发展，为"健康中国""健康山东"建设作出贡献。

中国工程院院士　王琦

国医大师

2023年9月于北京

王新陆序

齐鲁大地人杰地灵，齐鲁文化浩浩汤汤，齐鲁医学源远流长。"齐鲁"缘起于先秦齐、鲁两国，最早将其作为统一地域概念使用见于《荀子·性恶篇》。后人用"齐鲁"指代山东地区。山东是中国古代文化的发源地之一，曾出现过许多杰出的思想家、政治家、军事家、科学家、文学家和艺术家。他们的思想、理论、智慧和学术成就，构成了中国传统文化的重要内容，形成了具有独特地域优势的齐鲁文化。齐鲁医学滥觞于齐鲁大地，齐鲁文化为齐鲁医学的孕育和壮大提供了丰富的养分，形成了独具特色、影响巨大的齐鲁医学，对整个中医药学的形成与发展产生了巨大的推动作用。

齐鲁地区自古以来就有比较先进的医学。"砭石者，亦从东方来"，济南城子崖文化遗址中出土的陶制"尖头器"，平阴县朱家桥商周文化遗址中出土的长约8厘米的无孔骨针，据考都是砭刺人体穴位祛除疾病的医疗工具。春秋战国时期，齐鲁大地就形成了独具特色的齐派医学。早期的齐派医学主要包括前后相接的两个医疗群体，前者以秦越人（扁鹊）为核心，后者以淳于意（仓公）为基干。他们不但有独特的理论和技术，而且形成了完整的传承谱系。其中扁鹊是脉学的创始者，开创了我国医学史上第一个医学学派，即扁鹊学派。淳于意则为扁鹊学派的重要医家。

扁鹊学派在齐鲁中医学的发展中成为齐鲁医派的核心，后世王叔和完善了脉学体系，钱乙创立了独特的儿科治疗体系，徐之才、成无己、黄元御等齐鲁医学名家各有发挥，形成了体系完善的地域性中医学术流派——齐鲁医派。伴随着齐鲁文化的兴旺发达，齐鲁医派也曾经历过辉煌的历史阶段，但由于宋代以后文化中心的南移而趋于平缓。长期以来，齐鲁医派的文献整理始终处于"零散性""规模小"的状态。因此，齐鲁中医学界有必要在山东省卫生健康委员会、山东省中医药管理局的支持下，对齐鲁医派进一步整理挖掘，促进其繁荣与发展。

值得庆幸的是，山东省委、省政府很早就注意到了齐鲁中医学术流派的发展。

《山东省卫生事业发展第十二个五年规划》中首次提到了齐鲁中医学术流派传承工作，明确指出"建设好一批国家级、省级名老中医药专家传承工作室和中医学术流派传承工作室"。2012年9月9日，山东中医流派继承与发展研讨会讨论了齐鲁医派的研究与发展策略，确定了以山东中医流派研究为契机，推动山东中医事业的新发展这一目标。山东省一系列的政策支持为齐鲁医派的当代发展注入了新的活力，为《齐鲁医派文库》的编写奠定了基础。

《齐鲁医派文库》是以挖掘、建设与普及齐鲁中医药文化及特色技术为主要目的的大型文化出版工程，符合习近平新时代中国特色社会主义思想的根本要求。项目由中医文献专家和中医临床专家经过多年考察、收集、编撰而成，上承齐鲁古代名家名著，中继近现代中医药名家理论，下接当代名老中医学术经验及中青年人才的临床经验，主要包括中医古籍系列、医史汇考系列、经验辑要系列和中医药文化系列等。文库展示了齐鲁医派的发展过程、宝贵经验和理论精华，是对传统中医药文化的一次深刻挖掘与守正创新。

2023年6月，习近平总书记在文化传承发展座谈会上强调，在新的起点上继续推动文化繁荣、建设文化强国、建设中华民族现代文明，是我们在新时代新的文化使命。中医药学不仅是中国传统文化的重要组成部分，还是中华民族贡献于人类科学文化领域的瑰宝，是中华民族智慧的结晶。传承创新发展中医药，是当前复兴中华传统文化，提高文化软实力的重要举措。齐鲁医派是齐鲁文化的承载者，是齐鲁文化的践行者，《齐鲁医派文库》首次将齐鲁历代中医古籍、齐鲁古代名医、齐鲁近现代名医、齐鲁当代优秀中医人才、齐鲁中药炮制等进行全面系统整理与传承，有利于打造形成特色鲜明、优势突出的齐鲁中医药品牌，给宣传和推广山东地域文化开辟了一个重要途径和新亮点，这对我省深化医药卫生体制改革、提高人民群众健康水平、弘扬中华优秀传统文化、促进区域经济发展和社会和谐，具有十分重要的意义。同时，文库的顺利出版对中医药这一中华优秀传统文化的创造性转化和创新性发展也具有重要的意义。

《齐鲁医派文库》的推出恰逢其时，是以为序。

国医大师 孙树椿
2023年9月于泉城

文库前言

学术流派是中医学术发展历程中的一个显著特征。中医学在漫长的发展过程中，逐步形成了独具特色的医学流派，各个流派以其独特的理论、学说以及灵活的辨治方法，不断丰富和完善中医学术体系，呈现出"一源多流"的学术特色。我国幅员辽阔，地大物博，不同地域有着不同的地理风貌、气候物产、饮食结构、风土民俗，并形成了相应的地域文化。在学术史上，以地域相称的学术流派，中外皆有之。空间的相近，文化的融通，学术的传承，是地域性学术流派形成的重要因素。空间的相近使学术交流十分便捷，相同的地域往往具有一致的文化背景，同乡人在心理上的认同感，学术观点、思维方式易趋于一致；加之古代信息闭塞、交通不便，也更有利于地域性学术流派的形成。可以说，地域性医学流派是对某一特定地域医家特点的整体概括，其对该地域发病倾向性与治疗特殊性的集中阐发，凸显了中医辨证论治的多样性和灵活性。

一、中医学术流派研究的简要回顾

班固在《汉书·艺文志》中，将"生生之具"的"方技"类著作分为医经、经方、房中、神仙四类，医经有黄帝（《内经》《外经》）、扁鹊（《内经》《外经》）、白氏（《内经》《外经》《旁篇》）诸流派，也就是所谓的"医经七家"，经方则有十一家之多。清代纪昀在《四库全书总目提要·医家类》"小序"中提出"儒之门户分于宋，医之门户分于金元"的观点，影响至巨。其后，史家与医家都关注到了中国医学历史上不同时期医家思想的"流"与"变"、"学"与"派"问题，并提出了各自的判断与主张。著名医史学家陈邦贤1914年在《中西医学报》刊文指出，一般将清代医家分为古派和今派的方法实有偏颇，所列古派人物，基本上是以尊奉仲景为代表的医家；而所谓的新派或者今派，则是以清代的温病学家为代表的医家。陈邦贤同时提出了将清代著名医家分为七派的观点："嘉言派黜邪崇正，韵伯派去伪存诚，天士派援古证今，灵胎派补偏矫枉，各有特长，宗之者尚多。石顽派执一失中，坤载派胶柱鼓瑟，各有偏颇，宗之者甚少。修园派因陋就简，而宗之者颇不乏其人。"谢观1935年在《中国医学源流论》中提出的中医六大学派，以刘河间、李东垣、张景岳、薛立斋、赵献可、李士材为代表。

迄于当代，北京中医药大学任应秋教授对学术流派的概念与内涵进行了系统阐述，并以《中医各家学说》作为讲述中医学术流派相关理论与知识的课程。主要的中医学术流派，也经过了多次的分析与修正，从1964年《中医各家学说》第二版教材提出河间、易水、伤寒、温病四个主要学术流派，到1980年《中医各家学说》第四版教材增加医经、经方、汇通三个学派，最终于1986年五版教材确定为伤寒、河间、易水、丹溪、攻邪、温补、温病七大学术流派。虽然如此，但在中医药高等院校教育模式日渐走向规范和统一的过程中，学术流派还是逐渐淡出了人们的视野，在统一的教科书中流派的痕迹日渐模糊，流派传承出现严重的断层和脱节，影响了学术争鸣、理论创新与中医临床特色的发挥。

二、国家对中医学术流派研究的重视与推动

2006年2月，中华中医药学会召开"中医药特色优势及古今学术流派研究专家座谈会"，时任卫生部（现国家卫生健康委员会）副部长兼国家中医药管理局局长佘靖同志出席会议。与会专家分析了当代中医学术流派现状及其在保持中医药特色、发挥中医药优势中的重要作用。会后，国家中医药管理局将"中医学术流派研究"确定为重点课题并立项研究；2007年，国家"十一五"科技支撑计划项目将"当代名老中医学术流派分析整理研究"列入其中。这两个项目的确立，是国家立项支持中医学术流派研究的重要开端。"中医学术流派研究"工作启动后，在时任山东中医药大学校长王新陆教授的支持和指导下，于山东中医药大学中医文献研究所设立工作办公室，中华中医药学会、各地方中医行政管理机关给予大力支持，全国13家中医药大学、研究院所与医疗机构的50多名专家学者在全国开展了中医学术流派调查研究工作。课题组采取理论研究与实地调研相结合、典型流派与全面调查相结合的研究方法，通过名家访谈、集体讨论、专家论证、调查问卷等多种形式，对全国中医学术流派现状进行了全面研究，获取了大量的一手资料，形成了关于当前中医学术流派发展状况的客观评价与建议。"当代名老中医学术流派分析整理研究"对"十五""十一五"期间209位名老中医的学术特色、学术传承及成才经历等进行了全面分析，梳理了当代名老中医学术流派现状，总结了当代中医学术流派的主要特点，完成了当代典型学术流派的形成背景、师承脉络、学术特色、临

证特点等的分析整理。上述课题成果，一方面为中医临床提供了借鉴，一方面又为中医学术创新以及流派发展提供了思路，带动了相关研究向纵深发展。

中医学术流派研究的系统开展在全国范围内引起了很大反响，《中国中医药报》曾多次报道研究进展，《健康报》以"专版"对中医学术流派的现状、存在的问题及对策进行了全面报道。此后，各地学者纷纷开展学术流派研究，相关研究论文及著作的产出明显增加，形成了中医学术流派研究的高潮。同时，国家中医药管理局、各地方政府及相关医疗教学部门对学术流派的关注度空前提高。2008年，山东中医药大学中医学术流派研究室被确立为国家中医药管理局重点研究室，成为全国中医学术流派研究的旗舰平台。2009年1月，"中医学术流派研究"项目顺利结题，课题组系统梳理了中医学术流派概念体系和框架，首次调查并勾勒出全国中医学术流派概貌，初步构建了当代中医学术流派的评价体系，首次分析了国家级名老中医群体学术流派特征，总结了学术流派推动中医理论与临床创新的机制与规律，并向国家中医药管理局提出了系统的政策建议。2011年，项目成果结集为《争鸣与创新：中医学术流派研究》，由华夏出版社出版。"中医学术流派研究与当代评价体系的建立及应用"获2015年度中华中医药学会"李时珍医药创新奖"。

中医学术流派研究成果的发表，提高了中医界对中医学术流派的认识，同时在社会树立了正确的舆论导向，为中医学术发展营造了和谐的社会环境，也为国家相关部门制定促进中医学术流派发展的政策、措施提供了有力的支撑，为提高中医教学水平及临床效果发挥了重要的作用。

2010年9月，由科技部、国家中医药管理局主办的首届"国家中医药发展论坛（珠江论坛）"在广州召开，会议主题是"中医学术流派的继承与发展"。时任国家卫生与计划生育委员会（现国家卫生健康委员会）副主任兼国家中医药管理局局长王国强等领导和专家出席，陈可冀院士为大会主席。笔者作了名为"中医学术流派研究思路与方法"的主题报告。2011年，国家中医药管理局发布《中医药事业发展"十二五"规划》，其中关于"加强中医药人才队伍建设"部分提出："完善中医药师承教育制度，探索不同层次、不同类型的师承教育模式，进一步落实全国老中医药专家学术经验继承工作与临床医学专业学位教育相衔接的政策。建设一批名老中医药专家传承工作室及中医药学术流派传承基地（工作室）。"正式将中医学术流派传承工作纳入国家中医药人才队伍建设规划。

2012年，国家中医药管理局从全国500多家申报单位中遴选了第一批64个全国中医学术流派传承工作室，开启了从国家层面集中力量对代表性中医学术流派进行重点投入、规范建设和保护传承的新阶段。2017年，第一批全国中医学术流派传承工作室建设项目全部验收合格。2019年，国家中医药管理局又择优确定了51个流派传承工作室，开展第二轮建设。十多年来，学术界对中医学术流派的研究经历了从论文寥若晨星、著作屈指可数、流派隐晦不显，到论文迅速增加、著作相继出版、流派百花齐放的过程。

三、中医学术流派相关概念问题

中医"学派""流派""学术流派""医派"等概念早已见诸教材、著作、论文及媒体报道中，但一直缺乏明确界定。山东中医药大学"中医学术流派研究"课题组综合各学科相关定义，结合中医理论与临床实际，对这些概念进行了梳理，明确指出：中医学派是指"中医学的某个学科中因不同的师承而形成的以某种独特的理论主张或独特的方法、技艺为基础的不同学术派别"，强调在学术上要有自成系统的主张与风格；中医流派则是指"中医学同一个学科内因不同的师承而形成的以独特的研究旨趣、技艺、方法为基础的不同学术派别"，强调观点的鲜明与独特，不一定要有系统的学说；"医派"是"医学学派"的简称，属于地域性医学学派的范畴，其下可以包容各种流派，如"齐鲁小儿推拿流派""海派中医蔡氏妇科流派"等，且"医派"往往是在该地域其他学科流派的基础上提出的，如"永嘉学派"与"永嘉医派"、"吴中画派"与"吴门医派"、"海派"与"海派中医"等。

2012年，国家中医药管理局在《关于开展中医学术流派传承工作室建设项目申报工作的通知》中，将"中医学术流派"界定为"中医学在长期历史发展过程中形成的具有独特学术思想或学术主张及独到临床诊疗技艺，有清晰的学术传承脉络和一定历史影响与公认度的学术派别"。

关于"地域性医学流派"，学术界认识近年来渐趋一致，认为"地域流派"反映的是一个地方的医学风格和人物群体特色，虽然医家之间可能学术观念不完全一致，也不一定有传承关系，但同受地域或者特定文化氛围熏陶培育，可以在文化上找出共性特征。

四、齐鲁医派的提出

山东地处东海之滨，齐鲁建邦于斯，孔孟兴儒之地。山东文化昌盛，号称"礼仪之邦"，是齐鲁文化的发祥地，地域文化特色明显，齐鲁医学则是齐鲁文化不可分割的组成部分。

关于齐鲁大地的医学流派，国内学者首先提出的是"扁鹊学派"与"齐派医学"这两个名称。1925年，谢观在《中国医学源流论》一书中说："《史记·扁鹊列传》载其所治诸人，多非同时，或疑史公好奇，不衷于实，不知'扁鹊'二字，乃治此一派医学者之通称，秦越人则其中之一人耳。"1962年，范行准在《科学史集刊》刊发的《张仲景〈伤寒杂病论〉的成书探讨》一文中，指出"华佗是属于古代扁鹊学派的北方医学者"。1979年，任应秋在《中医各家学说》教材中指出："越人在当时在某些医学问题上，确是一位与《内经》具有不同见解，而另立一个学派的大医学家。"1990年，李伯聪在《扁鹊和扁鹊学派研究》一书中，正式提出了"扁鹊学派"的名称："中医史上的第一个医学学派，并且是在战国、秦汉时期产生过最大社会影响的医学学派——扁鹊学派，其在中医史上的存在竟然在隋唐以后的医史著作中被一笔抹杀了。所以，本书的首要目的就是想恢复扁鹊学派在中医史上的'合法地位'，为扁鹊学派的医史人物和医学著作搞清其学派归属和真实源流情况。"

关于"齐派医学"，陈邦贤在1937年版的《中国医学史》中指出："司马迁著《史记》，扁鹊和仓公同传……汉代的良医，不止仓公一人。仓公生长在临淄，他的先生元里公乘阳庆，也是临淄的人，和扁鹊同国，大概是齐派；到了汉的时候，齐派的医学代秦派医学便兴起了……齐派的医学，从战国以来，可以说是没有一日的休止……自扁鹊以至仓公，可以说是实验派的始祖。"1958年，陈直在《科学史集刊》发表的《玺印木简中发现的古代医学史料》一文中，根据玺印木简中发现的古代医学史料，把春秋战国至秦汉时期的医学划分为东西两大派别，即"齐派"和"秦派"，前者重视针灸，后者重视汤药。1983年，著名医史学家俞慎初在《中国医学简史》一书中明确提出"齐派医学"的名称，并指出："淳于意和扁鹊同属齐派医学，故司马迁著《史记》时将扁鹊、仓公列入同传。淳于意之后，齐派医家如马长、冯信、杜信、唐安等人均能各传其术。"1990年，医史学家何爱华在《管子学刊》刊发了《齐派医学简论》一文，比较清晰地勾画出了齐派医学的基本轮廓。齐派医学主要包括两个学术共同体，一个以秦越人（扁鹊）为核心，一个以淳于意（仓公）为核心。他们不但有独特的理论和技术，而且形成了完整的传承谱系。秦越人师承长桑君，授徒子明、子豹、子同等；淳于意师承公孙光和公乘阳庆，授徒宋邑、高期、王禹等。齐派医学有丰富的医学著作，如长桑君授给秦越人的《禁方》；公孙光授给淳于意的《方化阴阳》《传语法》；公乘阳庆授给淳于意的《黄帝脉书》《扁鹊脉书》《上经》《下经》《五色诊》《奇咳》《揆度》《阴阳外变》《药论》《接阴阳禁书》等；淳于意授给宋邑、高期、王禹等的《五诊》《经脉上》《经脉下》《奇络结》《论俞所居》《案法》《逆顺》《论药法》《定五味》《和齐汤法》《四时应阴阳重》等。总之，以秦越人（扁鹊）和淳于意（仓公）为核心人物的汉以前齐鲁医家，已经形成独特的医学理论和诊疗技术，有"古先道遗传"下来的医书以及完整传承谱系，具备了中医学术流派成立的核心要素，形成了传承千年的基本范式。不论称之为"扁鹊学派"，抑或是"齐派医学"，都是持之有故、言之成理的。

众所周知，中医深深植根于中国传统文化的土壤中，而文化又是一个在特定的空间发展起来的历史范畴，地理环境是文化赖以产生的基石，带有鲜明的地域特征。换言之，中国传统文化是在中国这块古老的土地上产生、演化、发展而成的。在具体的演化、发展过程中，由于受历史、自然等因素的制约和影响，它又是在不同的区域内进行的，这就生成了各具地域特色的地方文化。

春秋时期，作为齐鲁文化的核心成分——儒学，产生于鲁国。战国时期，儒家的杰出代表孟子两度游学于齐，并在齐国居住了十几年，他的学术思想受到齐文化的熏陶。此外，作为儒家思想的集大成者的荀子在丰富和完善儒学思想的同时，通过学术交流将儒家思想在齐国的文士阶层传播开来。在此背景下，齐文化和鲁文化开始走向融合，共同构筑了辉煌灿烂的齐鲁文化。虽然齐鲁文化不能等同于中国传统文化，但中国传统文化的核心是齐鲁文化，中国传统文化的精华、主干也在齐鲁文化，这是世所公认的。

齐鲁文化的主干是儒家文化，到战国中后期，儒学与墨学成为当时的"显学"。汉武帝"罢黜百家"之后，儒学成了唯一的正统学说，《诗》《书》《礼》《易》《春秋》这"五经"便完全超出了一般历史文化典籍，成为国家全部思想与政治生活所必须遵循的指针，成为神圣不可侵犯的经典，并对中医药理论体系建立作出了重要贡献，对中医药学术发展发挥了重要推动作用。

2012 年，时任山东省政协副主席、山东中医药大学名誉校长王新陆教授，仿永嘉医派、新安医学、吴门医派、钱塘医派、孟河医派、岭南医学之例，首次提出了"齐鲁医学流派"的概念，并做了多方面的考证与梳理，此为"齐鲁医派"名称之肇始。

五、齐鲁医派的主要特点

齐鲁医派是指产生于齐鲁大地、根植于齐鲁文化而形成的具有地域性特色的医学流派。恢弘博大的齐鲁文化为中医学确立了"医乃仁术"的本质定位，奠定了"精气为本"的学术基础，明确了"以和为贵"的学术宗旨，形成了"儒医"这一独特的医学群体，对中医学的影响可谓"根深而蒂固、巨大而广泛、深远而深刻"（张效霞：《齐鲁文化对中医药理论和实践的推动和影响》）。齐鲁医派并不像某些地域性医学流派有一个中心人物，有完整传承，特点是开山立派的大家很多，如扁鹊创立发明脉诊，淳于意开创医案之先河，王叔和撰写第一部脉学专著，钱乙为儿科鼻祖，成无己开创方论之先河。概括而言，以扁鹊为代表的齐派医学开创中国医学流派传承的基本范式，齐鲁医派涌现开山立派的众多大家，齐鲁文化形塑了中国医学"仁、和、精、诚"的亮丽底色。总体而言，齐鲁医派具有以下五个主要特点。

（一）崇尚脉学

山东是中医脉学的发源地，诊疗疾病崇尚和重视脉诊，是齐鲁医派的一大特色。"齐派医学"的代表人物扁鹊（秦越人）是脉诊的创立者，司马迁在《史记·扁鹊仓公列传》中对其给予极高的评价："至今天下言脉者，由扁鹊也。"继扁鹊之后，汉代淳于意亦相当重视脉诊，其"诊籍"所记载的25个病案中有20个病案运用了脉诊。晋代王叔和总结前人脉学经验，撰成第一部脉学专著——《脉经》，为脉学的发展作出重要贡献。他系统总结出数、弦、紧、细、迟等二十四种脉象，并具体阐释每种脉象的形态标准及其主病，将脉、症、治三者有机地结合起来，为论脉辨证提供了依据。清代黄元御也非常重视脉诊，在其论著中特设"脉解专篇"，对二十四种脉象进行了详细论述。据不完全统计，在山东各级地方志中记载的脉学著作达四十余种。"脉理"是否精细，已经成为齐鲁医派医家学术与临床水平的标志。"按脉察疾，疗病如神""术精岐黄，诊脉能决人生死""精《脉诀》，临症治疗，应手立效"，是史志对齐鲁医家医学水平的最高评价。

（二）注重经典

齐鲁医派历来重视经典的研究与学习，并以此指导临床实践。尤其是《伤寒论》被誉为"众方之祖"，尊为"经方"。历代齐鲁医家，不仅对《伤寒论》的整理、注释有开创之功，也将其视为中医临床的源头活水，细读精研，颇多发挥。《伤寒杂病论》问世不久，由于战乱而散失不全，王叔和不遗余力，四处收集，加以整理，并重新进行编排，分为《伤寒论》和《金匮要略》，使仲景著作得以保存并流传。宋代林亿等评价："近世太医令王叔和撰次仲景遗论甚精，皆可施用。""自仲景于今八百余年，唯王叔和能学之。"成无己则是注解《伤寒论》的第一人。其书卷二亦赞："仲景之书逮今千年，而显用于世者，王叔和之力也。"清代汪琥《伤寒论辨证广注》评成氏则谓："成无己注解《伤寒论》，犹王太仆之注《内经》，所难者惟创始耳。后之人于其注之可疑者，虽多所发明，大半由其注而启悟。"清代黄元御著《素灵微蕴》《四圣心源》《四圣悬枢》《素问悬解》《灵枢悬解》《伤寒悬解》《伤寒说意》等医书十一种，是"尊经派"的代表人物。当代齐鲁医家的代表刘惠民、周凤梧、徐国仟、李克绍等前辈也都以注重研究《黄帝内经》《伤寒论》等经典医籍而闻名，为临床诊疗及理论创新打下了坚实的基础。

（三）弘扬"儒医"

齐鲁医派具有鲜明的传统文化属性。齐鲁文化形塑了中国医学"仁、和、精、诚"的亮丽底色，齐鲁医派彰显了中医学独特的"儒医"现象。恢弘博大的齐鲁文化，是中华优秀传统文化的主干和核心。特别是以孔子为代表的儒家文化，上承三代，下启百世，将中华数千年文化传统联为一体，表现出强大的凝聚力、广阔的包容性和顽强的生命力。不仅齐鲁医学在齐鲁文化影响下形成、发展、完善，对于整个中医学来说，齐鲁文化的影响也是至关重要、无可取代的。"仁"是儒家伦理思想的核心，对中国传统医德观的形成有重大影响。儒家格物穷理的思维方式对中医认识人体生理状态、病理变化及治疗原则等方面也有重要影响。特别是唐宋以后，儒家思想对医学进行了全方位、多层次的渗透和形塑。"儒医"是以儒家学说为行医指导思想，精通医学理论与技术的医者。通过援儒入医、以儒治医等手段，"立德、立功、立言"，促进了中医理论的系统整理、凝练和升华，也提高了医家的人文境界和社会地位，使得被视为"小道"的医学获得了更加广泛的社会认同。儒医逐渐成为医学传承的主流，对于医学影响力的提升和理论水平的提高都产生了显著的影响。"医儒同源""医儒同道"道出了二者之间的密切关系。齐鲁医家在诊疗过程中处处体现"以人为本"的人本主义和人文精神，医者对患者要有"仁爱之德"，医者对疾病的治疗，要"以和为贵"，过犹不及，以恢复患者"阴平阳秘，精神乃治"的正常生理状态。

（四）创新立宗

齐鲁文化对阴阳五行与精气学说的创新与发展，为中医学阐释生命本质、生命现象、生命规律提供了理论基础与方法指导，齐鲁医家是中医诸多核心学术思想与医疗方法的创立者，开宗立说的大家很多，学术思想在全国范围内广泛传播，影响卓著。《素问·异法方宜论》云："东方之域，天地之所始生也……其病皆为痈疡，其治宜砭石，故砭石者，亦从东方来。"这里的"东方"，主要指今山东东部及南部地区。这是揭示针砭外治起源的文献证据之一，也显示了针砭医学的地域性。文献记载的砭石用途，主要是刺脉放血，治疗痈肿类疾病。考古发现与文献记载是完全一致的。出土文物也表明，在距今4000～5000年之际，一种用于治病的锥形砭石已流行于山东、江苏等地，其中大汶口文化遗址出土的砭石数量最多，表明山东一带是砭石的主要发源地。在济南城子崖文化遗址中，出土的陶制"尖头器"，据考证是一种砭刺人体穴位祛除病患的医疗工具。在平阴县朱家桥商周文化遗址中，出土的无孔骨针长约8厘米，同样也是针灸所用。可见，针刺疗法起源于齐鲁。山东主要地域出土的很多汉画像石也有与之相应的内容，《扁鹊行针图》中的扁鹊都是人首鸟身，一手持脉，一手持针。《史记》载齐勃海秦越人为虢太子治病时，"乃使弟子子阳厉针砥石"。所谓"厉针"与"砥石"，都是言其使用前需要磨制。《素问·宝命全形论》中"四曰制砭石小大"，全元起注云："砭石者，是古外治之法……古来未能铸铁，故用石为针，故名之针石。言工必砥砺锋利，制其小大之形，与病相当。"司马迁说："扁鹊言医，为方者宗。"扁鹊不仅首创脉学理论，也是针刺疗法的代表人物。扁鹊大胆创新，用铁针代替砭石治疗疾病，可以说是医学史上的一次重大变革。仓公淳于意精于医道，其平时诊病均详细记录患者姓名、居所、病候、脉象、治法等，即所谓"诊籍"，《史记》中记录了仓公诊籍25则，为医学史上最早的医案集。晋太医令王叔和编撰我国第一部脉学专著《脉经》，以脉学的体系化而名垂青史。钱乙著《小儿药证直诀》，并以善于"化裁古方，勇创新方"而著称，如将金匮肾气丸化裁成六味地黄丸，影响深远。钱乙被称为"儿科鼻祖"，名不虚传。成无己首开方论先河，对传承仲景学术，厥功甚伟。他们不仅是我国医药史上贡献卓越的著名医家，而且使得齐鲁医学在金元之前始终处于中国医学界的先进行列。概而言之，齐鲁医派在医经整理、注释，脉学与针灸理论，儿科乃至养生等方面，开宗立说，引领一时风骚。

（五）世家众多

齐鲁有一些大家辈出、名垂青史的医学世家。如南北朝时期，东海徐氏医学家族相传八代，历时二百余年，载入史册的有徐熙、徐秋夫、徐道度、徐叔响、徐文伯、徐嗣伯、徐成伯、徐雄、徐践、徐之才、徐之范、徐敏齐、徐复等人。徐道度著有《疗脚弱杂方》，是目前世界上最早的治疗脚气病的专著。徐叔响对针灸、小儿科、本草学等都有研究和著述。徐之才在徐氏家族历代名医中影响最大，他曾医治过梁国魏帝、东魏孝静帝、北齐文宣帝和武成帝等，深得信任。据《北史》卷九十列传、《北齐书》卷八记载，徐之才在武平元年（570）封西阳王，武平二年（571）任尚书令，卒年80岁。著有《徐王八代家传效验方》十卷、《徐氏家秘方》两卷、《徐王方》五卷等，为总结家传医疗经验之书。另有《药对》（或作《雷公药对》）两卷。他把药分为宣、通、补、泻、涩、滑、燥、湿、轻、重十剂，还提出了孕妇逐月养胎法。徐氏世医历时之长，名医之多，医名之显，为我国医学史上所罕见。明清时期诸城臧氏家族，也是代有名医，如明末太医院吏目臧惟几，清康熙间医家臧达德，清乾隆年间与昌邑黄元御并称、有"南臧北黄"之誉的臧应詹。臧应詹之孙臧岱谷，传祖父之业，亦以医术知名。考诸历代史志，在齐鲁各地，享誉一方的中医世家，更是不可胜数。

六、齐鲁医派研究目的和意义

开展齐鲁医派研究，厘清山东中医药历史文化的发展脉络，整理、总结山东历代名中医的特色医学理论与临床实践经验，对山东中医学术发展史进行重新审视，密切结合社会发展需要，灵活应用，积极推广，促进其有效传承与纵深发展，促进山东中医事业的传承、繁荣与发展，对于建设山东中医药文化强省，服务于"健康中国""健康山东"建设，具有重要的理论价值。

开展齐鲁医派研究，概括和彰显齐鲁医家的整体特性，挖掘齐鲁中医药学术精华，树立齐鲁医派的学术旗帜，兼融并包，传承精华，守正创新，展示山东中医的理论创新与临床实效，宣传和推广齐鲁医派的学术经验成果，促进山东中医理论创新与临床疗效的提高，让中医成果真正造福百姓，对于促进山东医疗卫生事业的健康发展，具有重大的实践价值。

开展齐鲁医派研究，充分发挥齐鲁文化优势，系统研究齐鲁文化与中医药的广泛交融，系统梳理齐鲁中医药文化传承脉络，以儒医文化、扁鹊文化、针砭发源地为核心，以"尼山世界中医药论坛""泰山论灸""沂山论健"打造齐鲁中医药文化研究与传承传播高地，擦亮山东中医药文化特色品牌。

开展齐鲁医派研究，全面整理齐鲁中医药古籍，凝练齐鲁中医药名家学术精华，健全齐鲁中医药非物质文化遗产保护传承体系，促进齐鲁中医药文化遗存的研究与保护，使之成为宣传和推广齐鲁文化的一个重要途径和崭新亮点。

七、齐鲁医派研究的主要内容

（一）齐鲁医派文化渊源研究

从齐鲁文化产生的地理环境、历史渊源和社会背景入手，研究和探讨以"人"为本、以"仁"为核心、以"和"为贵、以"礼"为形式、以"天人合一"为目标、以"因时变革"为灵魂（王修智：《齐鲁文化对山东的深远影响》）的齐鲁文化对齐鲁医派形成和发展的历史影响，重点阐明先秦学术流派中与齐鲁有着密切关系的儒家、道家（黄老学派）、阴阳家、墨家、法家、兵家在中医理论体系形成过程中的地位、作用和贡献。

（二）齐鲁名医汇考

广泛搜集历代史书、方志（通志、府志、州志、县志）、文集、笔记、杂录、碑传、墓志、族谱等文献中有关齐鲁医家的生平资料，以历史朝代为序，以医家姓名为目，以历史唯物主义和辩证唯物主义的观点，实事求是、客观公正地对齐鲁历代医家的生卒年月、主要著述、学术经验、临床心得、著作流传等加以考证、研究与评价。

《齐鲁名医汇考》的编撰，不仅有助于厘清齐鲁医学的基本发展脉络，而且有助于梳理齐鲁医派的学术特色、传承谱系和历史影响，为一步开展齐鲁医派研究打下坚实的基础。

（三）齐鲁医籍辑考

将历代史书（艺文志、经籍志）、方志（通志、府志、州志、县志）、各种公私藏书目录以及子部集部、丛书类书、笔记杂录等所记载的有关齐鲁医家的著作进行穷尽式收罗和整理，按照医经、伤寒温病、诊法、本草、方书、内科、外科、妇科、儿科、骨科、喉科、眼科、针灸推拿、医案医话、养生等学科分类方法进行编排，每书首列书名（包括异名），次列朝代、作者、该书出处、卷次、存佚、内容（包括原书序言、跋语及古代对此书进行的历史考证与评价）、版本馆藏，最后列按语（包括著作异名考、作者考、存佚考、版本考、内容考等内容）。

《齐鲁医籍辑考》的编撰，既可通过汇集的每本书的序跋、提要等内容，从总体上把握和了解其主要学术思想及价值，又可征引资料，方便实用；既可了解齐鲁医籍存佚情况，又可直接到所藏图书馆去查阅。力求做到一书在手，齐鲁医书尽在其中。

（四）齐鲁医籍丛刊

从齐鲁历代名医传世著作中，选择学术影响较大、学术价值较高的《难经》（秦越人）、《脉经》（王叔和）、《小儿药证直诀》（钱乙）、《注解伤寒论》《伤寒明理论》（成无己）、《素问悬解》《灵枢悬解》《难经悬解》《伤寒悬解》《金匮悬解》《伤寒说意》《四圣心源》《四圣悬枢》《素灵微蕴》《长沙药解》《玉楸药解》（黄元御）、《松峰说疫》（刘奎）、《经穴解》（岳含珍）、《伤寒论选注》《外科大成》《类方大全》（臧枚吉）、《履霜集》（臧达德）、《经络汇编》《脉诀汇编说统》《治症提纲》《医学启蒙汇编》（翟良）、《要略厘辞》（于溥泽）、《医鉴草》（孔继炎）、《胎产方案》（高淑濂）等书籍，采用最佳版本为底本，按照《中医古籍整理规范》的要求进行整理，结集为《齐鲁医籍丛刊》系列，分医经、伤寒、温病等卷出版。

《齐鲁医籍丛刊》的整理与出版，不仅可以树立起"齐鲁医派"的旗帜，而且能够传承齐鲁医派的学术薪火，弘扬齐鲁医学的学术成就。

（五）齐鲁医派发展史研究

从齐鲁医派的兴起发展与延续、齐鲁名医与名著、齐鲁医派的主要特点、齐鲁医派的主要成就、齐鲁主要医学流派及特色、齐鲁医家的从医之路与治学特点、齐鲁医派的历史地位及影响等方面，对齐鲁医派的历史进行全方位的考察。从自然科学的角度，客观地总结、分析、评价齐鲁医派对中医学的继承、发展所起的作用和所处的地位；从社会科学的角度，对齐鲁医派兴盛的人文社会因素进行探讨与分析。

（六）齐鲁医派近现代主要流派研究与传承

基于"纵向研究与横向研究相结合、群体研究与典型流派研究相结合"的研究思路，以齐鲁近现代名老中医群体为研究对象，摸清近现代各学术流派，如齐鲁李（克绍）氏伤寒、刘（惠民）氏内科、孔氏（伯华）内科、郑氏（惠芳）妇科、潍坊姜氏外科、文登孙氏骨科、泰安梁氏骨科、齐鲁小儿推拿三大流派（三字经派、张汉臣派、孙重三派）等的继承、发展、应用情况，挖掘近现代各学术流派中对当今中医理论创新与临床诊疗具有重要指导意义的学术思想、独特诊疗技术及验方，更好地服务于中医药的继承与创新工作，为中医临床诊疗提供更多的借鉴。该部分研究内容包括《齐鲁近现代中医药名家传略》《齐鲁当代名老中医学术经验辑要》《齐鲁优秀中医药人才临床经验集萃》《齐鲁中药炮制技术辑要》等。

八、齐鲁医派研究的组织实施

齐鲁医派是齐鲁文化的承载者，也是齐鲁文化的践行者。整体规划并开展全面深入的齐鲁医派研究是建设经济文化大省不可或缺的内容。山东省有着独树一帜的研究平台和优秀的研究团队，先后主持完成了"十一五"国家科技支撑计划"名老中医临床经验学术思想传承研究"、国家中医药管理局重点课题"中医学术流派研究""中医药传统知识保护研究"、山东省文化厅"齐鲁非物质文化遗产丛书·传统医学卷"、山东省教育厅"中医药知识产权法律保护"等项目课题，出版或即将出版《争鸣与创新：中医学术流派研究》《异法方宜：地域性中医学术流派评价研究》《中医学术流派发展报告》等著作，带动国内中医学术流派研究成为本学科领域的研究热点，取得的系列研究成果为现代中医教育、中医药学术传承、中医药文化国际传播及国家相关中医药政策法规的制定提供了理论指导和决策依据，为保持与发挥中医药传统特色与优势，发挥了重要的作用，也为《齐鲁医派文库》的成功编纂奠定了学术、人才、团队、平台基础。开展齐鲁医派的研究是我们不可推卸的责任，更是迫在眉睫的任务。

2012年9月9日，山东省政协办公厅组织的"山东省中医流派继承与发展研讨会"在省政协会堂召开。时任山东省政协副主席、山东中医药大学名誉校长的王新陆教授指出，山东中医传统源远流长，名医辈出，在我国中医药发展史上具有重要地位，要以山东中医流派研究为契机，推动山东中医事业的新发展；要以山东中医为整体，认真总结山东中医发展的独特理念，深入挖掘山东中医的特点，充分展示山东中医的临床实效，为打造齐鲁医派奠定基础；要概括和突显齐鲁医派的整体特性，用齐鲁医派的旗帜，将中医各科包容进来，共同发展，让中医成果真正造福百姓；要充分发挥政协优势，汇聚各方智慧力量，积极建言献策，为我省医疗卫生事业发展凝聚合力，作出贡献。《联合日报》以《齐鲁医派，呼之欲出》为题进行了专版报道。

根据山东省政府《关于贯彻落实国家中医药发展战略规划纲要（2016—2030）的实施方案》的要求，2018年5月29日，山东省委宣传部、山东省卫生和计划生育委员会、山东省财政厅、山东省文化厅、山东省中医药管理局联合下发《关于印发齐鲁中医药名家理论精华整理传承工程实施方案的通知》，从总体要求、工作任务、保障措施三方面全面规划了"齐鲁中医药名家理论精华整理传承工程"的指导思想、工作原则、工作目标和具体任务，标志着"齐鲁医派研究"得到山东省政府立项支持和组织落实，研究工作进入新阶段。

2019年10月17日，山东省卫生健康委员会、山东省文化和旅游厅联合下发《关于公布齐鲁医学中医药名家理论精华整理传承工程组织编辑委员会、专家组和项目组人员名单的通知》；2019年11月20日，山东省卫生健康委员会发布《关于印发〈齐鲁医派中医学术流派传承项目实施方案〉的通知》，组织全省相关部门申报"齐鲁医派中医学术流派传承项目"；2020年11月，山东省卫生健康委员会发布《关于成立齐鲁医派中医学术流派传承项目办公室的通知》，对"齐鲁医派"研究工作的推动进行了具体细致的统筹，保障了项目的顺利实施。

《齐鲁医派文库》还得到了国家出版基金和山东省委宣传部"齐鲁文库"的立项支持。我们对所有支持、鼓励、帮助齐鲁医派学术研究和成果出版的组织机构、领导、专家表示衷心的感谢！

《齐鲁医派文库》的编纂出版，植根优秀齐鲁文化，弘扬和传播中医药文化，旨在为山东经济社会文化事业发展作出新贡献。山东是我国中医药产业大省，随着以健康为中心的思想变化和医学模式的转变，中医药越来越显示出独特优势。通过对齐鲁医派源流的梳理，可以进一步推动对中医学术思想的深入研究，促进其有效传承与纵深发展。打造形成特色鲜明、优势突出的齐鲁中医药品牌，是宣传和推广山东地域文化的一个重要途径和新亮点，这对我省深化医药卫生体制改革、提高人民群众健康水平、弘扬中华优秀传统文化、促进区域经济发展和社会和谐，具有十分重要的意义。

《齐鲁医派文库》的编纂出版，秉承"整体设计、分步实施、突出特色、强化实践"的研究宗旨，以学术传承为根本，以人才建设为先导，以文化建设为目标，以提升条件为基础，以科学管理为保障，不仅通过齐鲁医派文化渊源研究、齐鲁医派发展史研究、齐鲁名医考、齐鲁医籍考、齐鲁医派近现代主要学术流派的调查研究，产出一系列研究成果，还将培养一支高水平人才团队，形成中医学术流派研究、中医文化传播发展研究、中医药知识产权保护研究等领域的学术高地，为中医药学"传承精华，守正创新"作出新贡献。

总主编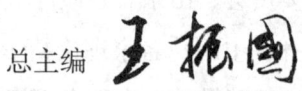

2023年9月20日

前言

山东是中华文明的重要发祥地之一，素有"齐鲁之邦""孔孟之乡"之称。历史悠久，地大物博，人杰地灵，名医辈出。如商代的伊尹、战国的秦越人、西汉的淳于意、魏晋的王叔和、北齐的徐之才、北宋的钱乙、金代的成无己、清代的黄元御等，都是中国医学史上具有重要影响的人物。但由于年代久远，他们的生卒年月、籍贯及其学术成就，除仅有少量资料载于史册外，大多难以考证。

自司马迁《史记·扁鹊仓公列传》始，历代编纂的正史中，都设有专门为医家立传的"方技（伎）传""方术传"等类目。而见于方志、类书、笔记等其他书籍中的医学人物传记，更是指不胜屈。

方志的历史源远流长，由汉代的"地记"，发展成为唐代的"图经"，而普遍以"志"命名并基本定型是在宋代。历代修志，县有县志，州有州志，府有府志，省有通志。编修方志的鼎盛时期是清代，多由地方官主持、聘用当地著名文人负责总纂。清末还出现了大批普及本的方志，称为"乡土志"。举凡一地的政治、经济、文化、军事、天文、地理、教育、卫生、风俗、特产、古迹、灾异等，皆包罗于方志之内，被誉为"地方百科全书"，具有补史之缺、参史之误、详史之略、续史之无的作用。

《人物志》，在地方志中占有重要地位。为之立传的人物，"或名贤耆德，望重乡里；或孝友厚义，天性独醇；或文学艺术，足供欣赏；或挺身御寇，勇烈非常；或医术精通，济世活人；或旷逸流寓，足励末俗"（民国《续修临沂县志》）。一代人杰载入志书，给人树以楷模，使人从中受到启迪和教化，即"述先辈之仪型，动后人之观感"（民国《沾化县志》）。

"名医"一词,没有特定的概念和标准。从广义上来说,乃指医学界有建树、有造诣的知名人士。一县有一县之名医,一府有一府之名医,一省有一省之名医。虽然不同历史时期,有不同水准的名医,但载入县志、州志、府志、通志等地方志中的医学人物,都是名副其实的享誉一方的名医。

"医官、僧道,不入缙绅之列。存其衔,遵制也;不书其人,示慎也"(康熙《阳信县志》)。所以在清代乾隆以前编纂的地方志中,医学人物的数量并不多。《四库全书》总纂官之一的纪昀提出:"农家、医家,旧史多退之末简,余独以农家居四,而其五为医家。农者,民命之所关;医虽一技,亦民命之所关,故升诸他艺术之上也"(《济众新编序》)。自此以后,特别是民国时期纂修的地方志中为之立传的医学人物逐渐增多,正如民国《茌平县志》所说:"历代君主偏重儒术,盖恐其习武多能,图谋不轨,故设制艺,以钳制士子。而儒生除文艺以外,视其他皆为末技,类多鄙视,所以积重难返,成为文弱之极矣。今则民族复兴,人群进化,举凡有益于人生之技术,莫不重视之、奖励之,并设专科以研究之。以今视古,诚不知埋没多少英雄也。"

编撰《齐鲁名医汇考》,最初是在2012年9月9日由原山东省政协副主席、全国政协常委、山东中医药大学校长王新陆先生组织召开的"山东省中医流派继承与发展座谈会"上提出来的。但囿于诸多琐事,一直没有着手进行。2019年10月,山东省卫生健康委员会启动了"齐鲁医学中医药名家理论精华整理传承工程",承蒙抬爱,本人承担了"齐鲁古代名家经典整理项目"研究工作,于是才开始了《齐鲁名医汇考》的编撰。

本着"有文必录,史重于文;多说并存,文责自负"的原则,广泛搜集历代史书、方志、文集、笔记、杂录、碑传、墓志等文献中有关齐鲁医家的生平资料,本书以历史朝代为序,以医家姓名为目,进行了初步的整理与汇编。

编撰之初,原本打算对山东省各市、区、县图书馆、档案馆、文化馆进行全面的田野调查。但因诸多现实原因,使得自己的愿望无法得以实现。尽管如此,还是要对诸多好友在调研过程中给予的支持与帮助,表示衷心的感谢!

囿于水平,加之时间仓促,见闻有限,难臻完善,拾遗纠谬,深有望于博雅君子焉。

张效霞

2023年9月

一、本书共收载1949年12月31日前离世的齐鲁名医3701人。凡见诸于山东各级地方志，无论侨寓，抑或外徙，均予以收录。识者鉴之。

二、本书主要辑录二十六史、通志、府志、州志、县志、医学文献及现今省、地市、县所编史志、卫生志、文史资料中有关齐鲁医家的生平资料，并经整理编写而成。

三、山东的行政区域，历代多有变更。有的县，曾有不同的名称，以现今名称著录，如兰山县归入临沂，德县归于德州，滨县列入滨州；有的县，系两个县合并而成，则分别著录，如高苑县、青城县、高青县；已取消原建制县，主要区域仍属现今山东且医家数目较少者，则归于现在的县制，如乐安县隶于广饶县，宁海州列于牟平县，堂邑县归入聊城县，观城县归于莘县，张秋县列入阳谷县，海丰县纳入无棣县；若名医数目较多者，则列于现在的县制之后，如新城县附于桓台之后，滋阳县附于兖州之后，恩县附于平原之后，德平县附于临邑之后，寿张县附于阳谷之后，清平县附于高唐之后，朝城县附于莘县之后，博平县附于茌平之后，蒲台县附于滨州之后，长山县、齐东县附于邹平之后。历史上曾属于山东管辖，但现已划归河北、河南、江苏等省者，如丘县、馆陶县、清河县、吴桥、东光、南皮、盐山、范县、丰县、沛县、铜山县等，则不在收录之列。

四、所据史志资料，原为繁体字者，一律改为规范简化字，但为减少造字导致新的讹误，不使用类推简化字；凡因写刻致误的明显错别字，予以径改；异体字、古字、俗字，均改为通行简化字（但惟、夥、著手等则保留），地名（如章邱、安邱、城武、霑化、太山、劳山、琅邪、勃海等）、人名（如"菴"等）、书名中的异体字则予以保留；通假字，一仍其旧；避讳字改用本字，但仍有回改未尽者（保留书名中的避讳字。如"钩元""元象"之"元"，不改为"玄"）；所据史料中有"民国""解放前""解放后""建国前""祖传秘方""炮炙"等字样者，仍予保留；凡文字残缺或难以辨认者，以"□"代替。

五、对干支纪年、年号纪年等，随文以括号标注公元纪年，以方便读者阅读。

六、编排顺序，依据山东各省辖市设立时间，并以历史朝代为序，以医家姓名为目。生卒年月不详者，按所属市、县集中编排。

七、遵从"医家从宽，释道从严"的原则进行史料的搜集与选择。如"施药"一词，本义是指"施舍药物"，可能是"义行"之举，但也可能是知医儒者之所为。识者自能辨之，如若认为不是医家，剔除即可也。

八、每篇传文所参考的文献，均于各篇末标出，参考书目列于书末，以备稽考。

九、书末附有人名索引、医著索引，均按首字笔画为序编排。

济南

历城

宋 \ 002
徐遁 \ 002
元 \ 004
姚贵 \ 004
明 \ 005
张雄 \ 005
尹林菴 \ 005
许镒 \ 006
胡嗣廉 \ 006
清 \ 006
李崇华 \ 006
刘正岱 \ 007
方起英 \ 007
赵奇 \ 008
赵正 \ 008

冯应麟 \ 009
潘子云 \ 009
王允辉 \ 010
严组璋 \ 011
王荻 \ 012
刘正己 \ 013
弭道彰 \ 014
孙建策 \ 014
余羲 \ 015
钟廷琮 \ 015
余章 \ 016
侯功震 \ 016
吴连钦 \ 018
张奎光 \ 018
尹文浦 \ 019
杨德亮 \ 019
张津 \ 020

王槐 \ 020
贾延龄 \ 020
张嘉谋 \ 021
李愚山 \ 022
张冠英 \ 022
张铣 \ 022
潘冲静 \ 023
潘冲清 \ 023
张銮 \ 023
曹施周 \ 025
杨润 \ 025
上官迈千 \ 027
李敷荣 \ 027
杨名江 \ 028
刘泽 \ 029
刘登俊 \ 029
刘成己 \ 029

张永和 \ 032	子 越 \ 085	张重庆 \ 099
张阶平 \ 032	元 \ 086	杜鸿洙 \ 099
陈 田 \ 033	李 坚 \ 086	李灿显 \ 099
任廷荣 \ 034	赵文昌 \ 087	王芝兰 \ 099
杨 庚 \ 034	明 \ 088	李行芳 \ 102
王雍中 \ 034	胡宗道 \ 088	刘铭彝 \ 102
曲海鑫 \ 035	曹 铨 \ 088	冯培英 \ 102
姬茂畅 \ 035	张 铠 \ 088	**民国** \ 102
祖承业 \ 035	萧 岩 \ 089	刘万仓 \ 102
民国 \ 036	**清** \ 090	郝百川 \ 103
萧应椿 \ 036	张世祺 \ 090	吴子元 \ 103
汪问九 \ 036	卢大本 \ 092	
王兰斋 \ 036	卢德恒 \ 092	**平阴**
李子衡 \ 037	张秉乾 \ 093	
李镜清 \ 037	刘泽浩 \ 093	金 \ 104
缪积余 \ 037	郭 森 \ 094	王去执 \ 104
缪忠信 \ 037	孙盘柱 \ 095	明 \ 106
李长春 \ 038	孙华林 \ 095	于应震 \ 106
秦蔚生 \ 038	王元中 \ 095	何可量 \ 107
刘祚华 \ 038	王汝昇 \ 095	傅鸣岩 \ 108
	潘 氏 \ 095	张之锡 \ 108
长清	王格鹏 \ 095	于秉纯 \ 109
	王格凤 \ 095	靳尚才 \ 109
春秋 \ 038	王格龙 \ 095	**清** \ 110
秦越人 \ 038	王立榅 \ 096	程 鍇 \ 110
子 阳 \ 084	于泉清 \ 096	崔伟烈 \ 111
子 豹 \ 085	艾象恒 \ 096	王者民 \ 111
子 容 \ 085	孙乐春 \ 097	朱光晭 \ 112
子 明 \ 085	杜鸿洲 \ 097	亓永宁 \ 112
子 仪 \ 085	柴积功 \ 098	胡纯修 \ 114
子 游 \ 085	谭申孝 \ 098	张 煊 \ 115

孙秉冶 \ 116	李兹丙 \ 134	张兆利 \ 143
孙怡桂 \ 116	李文选 \ 134	
熊衍文 \ 117	艾允业 \ 135	**商 河**
尹肇烜 \ 117	高椿岭 \ 135	
贾汝适 \ 118	高庆五 \ 135	**明** \ 143
涂我梗 \ 118	李默传 \ 135	马 钿 \ 143
涂令昭 \ 118	齐凤奎 \ 135	刘 槊 \ 144
民国 119	艾依塘 \ 135	王 运 \ 144
戒 行 \ 119	张依智 \ 136	**清** \ 145
题仙令 \ 119	曹恒祥 \ 136	王宇熙 \ 145
乔允生 \ 120	李光汉 \ 136	薛桂龄 \ 146
	民国 \ 137	薛仁溥 \ 146
济 阳	陆锦燧 \ 137	薛仁杰 \ 146
	艾庆琛 \ 137	李凤翔 \ 146
元 \ 120	郭联甲 \ 137	路冠甲 \ 146
成文晃 \ 120	王福五 \ 138	马绥卿 \ 146
尹 端 \ 120	康明德 \ 138	王化久 \ 147
清 \ 121	姚清琴 \ 138	郑维翰 \ 147
李从善 \ 121	高 五 \ 138	于 铜 \ 147
张尔岐 \ 122	周长明 \ 139	刘大省 \ 147
艾元烈 \ 130	刘宝善 \ 139	魏干成 \ 148
鲁宗贤 \ 130	姚峰云 \ 139	庞 湘 \ 148
高 仁 \ 130	丁绍诚 \ 139	张绮兰 \ 148
王华年 \ 130	张鸿儒 \ 141	马价藩 \ 149
艾启源 \ 131	高裕文 \ 141	梁凤彩 \ 149
王 湛 \ 132	范得卿 \ 141	王懋魁 \ 150
周文蔚 \ 132	李凤远 \ 141	孟广溪 \ 150
艾承芳 \ 132	李万绪 \ 141	卢守礼 \ 150
艾树滋 \ 132	孟传荣 \ 142	段日迁 \ 150
邝 垫 \ 133	姜金声 \ 142	马文光 \ 150
胡永平 \ 134	贺云龙 \ 143	王天一 \ 151

刘象山 \ 151	王玉泉 \ 158	陈得祥 \ 176
王士倩 \ 151	赵本潭 \ 158	李 炜 \ 176
马可长 \ 152	张文元 \ 159	王春山 \ 176
王秀嵌 \ 152	孙 沈 \ 159	张 洵 \ 177
卢绍基 \ 152	王立魁 \ 160	陈月山 \ 177
王崑玉 \ 152	刘鹤仙 \ 161	李 观 \ 177
宋永桂 \ 152	刘少仙 \ 162	**清** \ 177
韩厥初 \ 153	孙京玉 \ 163	郭有年 \ 177
刘之芳 \ 153	王 书 \ 163	李 淇 \ 177
徐友三 \ 153	**民国** \ 164	王延普 \ 177
赵继芳 \ 154	马忠藩 \ 164	巩廷相 \ 178
于世堹 \ 154	李冠三 \ 165	张兴伦 \ 178
孙希发 \ 154	王安仁 \ 165	焦尔启 \ 178
吕孟坚 \ 154	侯福田 \ 165	孟云峰 \ 178
张莲溪 \ 154	侯润田 \ 165	赵继兴 \ 179
翟赓谋 \ 155	王云广 \ 165	张兴儒 \ 180
郑善文 \ 155	张盛勋 \ 165	史瑞仪 \ 180
王宗禹 \ 155	王成河 \ 165	郝茂榕 \ 180
王程和 \ 155		王生周 \ 180
康 敦 \ 155	**章丘**	李柔克 \ 180
牛肇统 \ 156		牛元佐 \ 181
王利成 \ 156	**战国** \ 166	李 佩 \ 181
王成林 \ 156	邹 衍 \ 166	吕 越 \ 182
楚 宁 \ 156	**宋** \ 169	王毓朴 \ 182
王 濂 \ 157	李惟清 \ 169	王思简 \ 183
王瑞廷 \ 157	**金** \ 172	高 择 \ 183
杨中山 \ 157	葆光子 \ 172	高如崐 \ 183
王九龄 \ 157	郭志空 \ 173	高泽长 \ 183
娄峻山 \ 158	**明** \ 174	焦 现 \ 184
王恩普 \ 158	于 翰 \ 174	焦汝桂 \ 184
王川荣 \ 158	云生起 \ 175	胡元懋 \ 184

吕希舜 \ 185	高振方 \ 188	**民国** \ 191
吕纯嘏 \ 185	刘 琯 \ 188	徐士刚 \ 191
李克广 \ 185	隗良能 \ 189	马云亭 \ 191
李体诚 \ 185	冯联松 \ 189	朱静庭 \ 192
康士珩 \ 186	张志文 \ 189	冯汝坤 \ 192
王长明 \ 186	张廷机 \ 189	袁荣贵 \ 192
康如浩 \ 186	宋振楷 \ 190	沈恒久 \ 192
康如英 \ 186	刘 氏 \ 190	张廷年 \ 192
徐绳武 \ 187	张 鯮 \ 190	高荆蔚 \ 193
张子宏 \ 187	苏 洲 \ 190	彭庆阶 \ 193
李启承 \ 187	韩兆禧 \ 190	李允守 \ 193
张应光 \ 187	韩式仅 \ 190	牛嗣玉 \ 193
苏 松 \ 188	韩成师 \ 190	郭恒祯 \ 194

青 岛

即墨	**平度**	李朋瑞 \ 203
		石维翰 \ 203
唐 \ 196	**明** \ 198	李文汉 \ 203
王 旻 \ 196	官 位 \ 198	王之官 \ 203
明 \ 196	崔廷桂 \ 198	于天秩 \ 203
周 禧 \ 196	**清** \ 200	张立周 \ 204
黄克家 \ 196	官 谔 \ 200	李永修 \ 204
清 \ 197	谢士杰 \ 201	于溥泽 \ 204
黄玉衡 \ 197	崔汝苏 \ 201	陈 濂 \ 205
王之霖 \ 197	傅振霄 \ 201	马景烈 \ 205
王生本 \ 197	尚经方 \ 202	侯丕模 \ 205

侯人鹓 \ 205　　宋启先 \ 213　　赵兰洲 \ 222
侯宅汾 \ 205　　高若锡 \ 213　　赵意诚 \ 222
史圣周 \ 206　　**清** \ 213　　　逢瑷贞 \ 222
史毓泰 \ 206　　法　樟 \ 213　　赵玺绸 \ 222
史毓和 \ 206　　常宪夏 \ 214　　张允武 \ 222
焦诜桂 \ 206　　匡从先 \ 214　　张基升 \ 222
刘　温 \ 206　　邹圣裔 \ 214　　彰　键 \ 223
王廷橘 \ 206　　高珂执 \ 215　　潘伯壎 \ 223
王允诰 \ 206　　赵　系 \ 215　　张建桢 \ 223
王　曾 \ 206　　张　佩 \ 216　　傅俭堂 \ 224
尚玉方 \ 207　　邹师尹 \ 216　　刘成圻 \ 224
孙炎丙 \ 207　　逢克家 \ 216　　张奉玙 \ 225
戴春显 \ 207　　逢润古 \ 216　　邹峰阳 \ 225
陈　俊 \ 208　　逢之训 \ 216　　匡严共 \ 226
张清濬 \ 208　　逢进如 \ 216　　匡崇略 \ 226
李　氏 \ 208　　胡　锜 \ 218　　赵邦玑 \ 226
民国 \ 208　　周士宪 \ 218　　堵仲陶 \ 226
荆中允 \ 208　　高若铜 \ 218　　张锡玉 \ 228
王金湖 \ 210　　逢迪远 \ 218　　张骏声 \ 229
姜德清 \ 210　　赵守经 \ 219　　周汉南 \ 229
　　　　　　　　赵声闻 \ 219　　王　淦 \ 230
　　　　　　　　陈棕荣 \ 219　　王吉震 \ 230
胶 县　　　　徐友直 \ 219　　宋言扬 \ 231
　　　　　　　　宋保和 \ 220　　**民国** \ 232
明 \ 210　　　邓鹏耆 \ 220　　陈景瞻 \ 232
吴　彻 \ 210　　王　谨 \ 220　　李文海 \ 232
麻衣赵 \ 211　　匡懋忠 \ 221　　李会青 \ 232
去留馨 \ 211　　匡虎弼 \ 221　　李为本 \ 232
孙养气 \ 212　　徐植本 \ 221　　李桂清 \ 232
孙　逊 \ 212　　匡　侠 \ 221　　白芳春 \ 233
孙　迪 \ 212

赵 恂 \ 233	姜涵尘 \ 235	刘维校 \ 236
杨利业 \ 234	乔培坚 \ 235	王纯德 \ 236
苟希道 \ 234	张仕敏 \ 235	王石民 \ 236

淄博

淄川

明 \ 238
张至发 \ 238
张泰象 \ 244
高之骏 \ 244
高肇昆 \ 244
高 捷 \ 244
高所蕴 \ 246
胡 锐 \ 248
清 \ 248
李 宪 \ 248
汪如龙 \ 249
张 允 \ 250
沈三变 \ 250
韩茂桂 \ 250
王曰璟 \ 251
毕盛钜 \ 251
王久理 \ 252
韩允大 \ 255
蒲松龄 \ 255
李尧佐 \ 257

张 绅 \ 258
邵 璟 \ 259
韩庚长 \ 259
郭启魁 \ 260
张元厚 \ 260
牛滋蓝 \ 260
李尚年 \ 260
韩鳌修 \ 260
梁景曾 \ 261
邵 谊 \ 261
王廷桂 \ 261
韩映坤 \ 261
束继宗 \ 262
蒲立德 \ 262
孟詹绎 \ 263
曹 昣 \ 263
袁法位 \ 263
孙 沈 \ 263
袁斯彬 \ 264
路希周 \ 264
王玉琅 \ 264
翟 潢 \ 265

姜文梦 \ 265
王六先生 \ 265
孙守曾 \ 266
张 诜 \ 266
王 辉 \ 266
邹 伟 \ 266
胡永怀 \ 266
赵振霞 \ 267
吴懿杰 \ 267
赵舜朋 \ 267
胡国治 \ 267
民国 \ 268
张克俊 \ 268
辛汉臣 \ 268
常兆海 \ 268
陈道济 \ 268
翟玺成 \ 268
郭肇坊 \ 269
韩旭臣 \ 269
张希仲 \ 269
李光祥 \ 270

博山

明 \ 270

孙志武 \ 270
孙国琦 \ 270
诚　臻 \ 271
李　宝 \ 271

清 \ 272

钱如刚 \ 272
赵济美 \ 272
赵执谷 \ 273
光若愚 \ 273
翟　良 \ 274
马致远 \ 277
韩应魁 \ 278
刘致南 \ 278
岳含珍 \ 278
何鹤松 \ 278
赵景李 \ 281
刘毓麟 \ 281
孙善全 \ 281
吕　荣 \ 282
杨进功 \ 282
吕伯仁 \ 282
蒋今懿 \ 282
孙世柱 \ 283
孙淑璐 \ 283
刘存祀 \ 283
栾尚贵 \ 283
李仙师存 \ 284

岳树屏 \ 284
马来崐 \ 284
钱振邦 \ 284
魏孔彰 \ 285
孙续端 \ 285
谢英才 \ 286

民国 \ 286

谭维桢 \ 286
李连胜 \ 286
张培之 \ 289
刘虎臣 \ 289
焦瀛州 \ 289

临淄

汉 \ 290

公孙光 \ 290
公乘阳庆 \ 290
淳于意 \ 291
宋　邑 \ 300
唐　安 \ 300
王　禹 \ 301
冯　信 \ 301
李少君 \ 301
马明生 \ 301
楼　护 \ 302

隋 \ 304

许智藏 \ 304
许道幼 \ 304

宋 \ 306

麻希梦 \ 306

明 \ 307

于九皋 \ 307
路九篇 \ 308
徐嘉嗣 \ 308

清 \ 309

王克仁 \ 309
王　碤 \ 309
郑书帙 \ 310
于　棠 \ 310
徐　斑 \ 310
郑民效 \ 310
赵为献 \ 310
史承德 \ 311
王绎曾 \ 311
路嘉鱼 \ 312
边继善 \ 312
顾日琢 \ 312
管应宗 \ 312
崔昌龄 \ 312
崔质庵 \ 312
胡教业 \ 312
崔延龄 \ 313
王媚川 \ 313
崔宝和 \ 314
邢万林 \ 314
张　孟 \ 314
刘毓松 \ 314
李士俊 \ 315
翟公硕 \ 315
徐克明 \ 315
徐　悌 \ 315

王海晏 \ 315
崔象彀 \ 315
民国 \ 316
郑銈 \ 316
徐潋 \ 317
崔忠恕 \ 317
郑洪顺 \ 317
郑贻璋 \ 317
王基发 \ 318
王文同 \ 318
王树芬 \ 318
史玺书 \ 318
寇衍庆 \ 319
李光祥 \ 319

桓台

清 \ 320
郝梦斗 \ 320
周振祥 \ 320
成履中 \ 320
成元溥 \ 321
胡英云 \ 321
牛清和 \ 321
张渡浩 \ 322
王毓璋 \ 322
张中芬 \ 322
赵得春 \ 323
王树愿 \ 323
王毓璟 \ 323
田殿举 \ 323

荆协堂 \ 324
民国 \ 324
张凤仙 \ 324
田淑玠 \ 324
周敬夔 \ 325

新城

元 \ 326
郭上善 \ 326
明 \ 326
王之垣 \ 326
王象晋 \ 330
刘嘉谟 \ 335
毕荩臣 \ 337
王近光 \ 339
王尚忠 \ 339
于濂 \ 339
刘文开 \ 339
曲伸 \ 340
曲彦贞 \ 340
清 \ 341
伊应徵 \ 341
王兆阆 \ 341
张嗣灿 \ 341
伊矩 \ 341
周玠 \ 342
胡贵让 \ 342
张思敬 \ 343
于允昱 \ 343
王士禧 \ 344

张振祚 \ 344
张宗元 \ 344
伊斋 \ 345
崔振纲 \ 345
崔兆行 \ 345
王允熙 \ 346
马维坤 \ 346
王玉德 \ 346
李承训 \ 347
汤茂峒 \ 347
王丹书 \ 347
王立缤 \ 347
张平祚 \ 348
牛与琇 \ 348
穆云龙 \ 348
黄元型 \ 348
荣裕俊 \ 348
王嘉禄 \ 348
张中鼎 \ 348
刘思忠 \ 349
王启溶 \ 349
王宸枂 \ 349
王允焕 \ 349
王维岩 \ 350
张淑瑗 \ 350

高苑

元 \ 350
刘源 \ 350
明 \ 351

李思直 \ 351

何 扬 \ 351

张惟一 \ 351

王名高 \ 351

清 352

何公玠 \ 352

民国 352

景丹云 \ 352

宫振堂 \ 353

青城

明 \ 353

张允贞 \ 353

清 354

杨作质 \ 354

高青

清 \ 355

杜念祖 \ 355

蔡达德 \ 355

民国 \ 355

李林源 \ 355

崔乘云 \ 356

枣 庄

峄县

南北朝 \ 358

萧静之 \ 358

隋 \ 359

萧 吉 \ 359

五代 \ 363

萧 炳 \ 363

李匡王 \ 364

元 \ 365

蔡受益 \ 365

明 \ 365

郭 东 \ 365

贾宗鲁 \ 366

清 \ 368

王鼎铭 \ 368

褚明龙 \ 370

王永和 \ 370

叶维化 \ 371

马毓德 \ 371

湛 起 \ 372

王福德 \ 373

王 炳 \ 373

徐宏汉 \ 373

刘 溪 \ 373

民国 \ 374

李殿华 \ 374

任玉林 \ 374

谷胜芝 \ 374

董大用 \ 374

任永照 \ 375

张善兰 \ 375

刘登相 \ 375

孙传琯 \ 375

张伯振 \ 375

王思颐 \ 375

宋增兰 \ 376

徐广达 \ 376

马登厂 \ 376

周脉秀 \ 376

张成绪 \ 376

董秀娥 \ 376

鲁显明 \ 377

刘绍文 \ 377

褚敬诺 \ 377

孟昭荣 \ 377

吴增敏 \ 378

张典谋 \ 378

张士勋 \ 378

尚大慈 \ 378

王敬贤 \ 378

袁士俊 \ 378	李 浩 \ 387	李如崑 \ 405
李福基 \ 379	李 元 \ 388	王振羽 \ 405
李景彪 \ 379	马了道 \ 390	任贻杰 \ 406
张汉朝 \ 379	王志专 \ 390	曹士勤 \ 406
汪松年 \ 379	张志广 \ 390	李以成 \ 406
刁广现 \ 379	张志玉 \ 390	王恭临 \ 407
蔡永田 \ 379	**明** \ 391	孔继荄 \ 408
李汉帮 \ 380	张大经 \ 391	周士登 \ 410
李敬廷 \ 380	耿惠远 \ 392	张起望 \ 410
张守义 \ 380	耿新民 \ 392	程良相 \ 411
张文学 \ 380	刘培裕 \ 392	张克述 \ 411
王念斋 \ 381	杜世祯 \ 393	高熙喆 \ 411
李会阶 \ 381	杨懋忠 \ 394	李忠谊 \ 412
马守先 \ 381	李邦镇 \ 394	生裕性 \ 412
田彦爵 \ 382	李守真 \ 395	王学经 \ 412
徐殿卿 \ 382	侯维翰 \ 396	孙云深 \ 413
刘会芝 \ 382	**清** \ 396	葛步云 \ 413
王恒生 \ 382	成守泰 \ 396	张培义 \ 413
张士章 \ 382	徐宪文 \ 396	陈希儒 \ 413
陶洪瀛 \ 382	满德安 \ 397	**民国** \ 414
李振坦 \ 383	黄起元 \ 398	仇锡恩 \ 414
鲁开基 \ 383	殷躬逮 \ 399	仇毓贤 \ 414
李家庭 \ 383	生作梅 \ 399	巩来仪 \ 416
梁寿堂 \ 383	生文敏 \ 399	姜开五 \ 416
狄耀南 \ 384	杨黼 \ 401	唐来晨 \ 416
	朱秀云 \ 403	王玉珂 \ 417
滕 县	王世芳 \ 403	生克中 \ 417
	杨裕轩 \ 403	赵景封 \ 418
唐 \ 384	张藻 \ 404	李春成 \ 419
王希夷 \ 384	孙发祥 \ 404	王东怀 \ 419
元 \ 387	王嗣烈 \ 405	王仲铭 \ 419

刘广跃 \ 420	黄有会 \ 420	朱广玉 \ 421
邵文汉 \ 420	陈庆松 \ 420	王裕九 \ 421
陈　堂 \ 420	李汉臣 \ 421	徐继运 \ 421
袁子健 \ 420	颜道乾 \ 421	孙景印 \ 421

东营

垦利

徐绍陵 \ 430

广饶

民国 \ 424

徐联萼 \ 430

范怀起 \ 424

赵丹城 \ 431

元 \ 435

赵以林 \ 431

程　鹏 \ 435

利津

赵立程 \ 431

明 \ 436

赵志让 \ 431

蔡体要 \ 436

明 \ 424

赵明濬 \ 431

清 \ 436

李敬义 \ 424

吴芝煜 \ 431

宋　桂 \ 436

清 \ 425

杨　丰 \ 432

张笃庆 \ 437

赵士骥 \ 425

崔良辅 \ 432

魏　焌 \ 437

綦　沣 \ 425

杨葆荣 \ 432

董士玉 \ 437

崔汝筠 \ 427

胡玉嵒 \ 432

隋策勋 \ 437

裴岱峰 \ 427

胡　峦 \ 432

隋志先 \ 438

张聿修 \ 428

赵丹魁 \ 432

燕丕远 \ 438

赵兰英 \ 428

民国 \ 433

王立恒 \ 439

崔守义 \ 429

綦汝濬 \ 433

张元良 \ 439

崔　杰 \ 429

张维岳 \ 434

隋家珍 \ 439

崔廷选 \ 429

张熙鹏 \ 434

张抡升 \ 439

綦成德 \ 430

田万树 \ 434

商成文 \ 440

民国 \ 440

孙焕新 \ 440

烟 台

福山

明 \ 442
王 昶 \ 442
郭宗皋 \ 442
郭如核 \ 446
清 \ 447
王 濮 \ 447
郭连登 \ 447
柳行生 \ 447
郭光宇 \ 447
谢光经 \ 448
孙 侗 \ 448
谢敬诒 \ 448
谢师韩 \ 449
谢绍诒 \ 449
王钟沄 \ 449
王颖儒 \ 449
王钟沚 \ 449
王继瀛 \ 450
谢 玮 \ 450
谢希潜 \ 450
王启樟 \ 450
王崧龄 \ 451
谢建谟 \ 451

民国 \ 451
于宗潼 \ 451
牟伟人 \ 452

栖霞

元 \ 453
丘处机 \ 453
明 \ 461
解延年 \ 461
孙 焕 \ 463
刘 安 \ 463
清 \ 463
刘孔熠 \ 463
林东岗 \ 463
李若兰 \ 464
张焰霄 \ 464
张宽裕 \ 464
张 嵩 \ 464
王诏诒 \ 464
王诰诒 \ 464
王 晋 \ 465
李 芹 \ 465
娄 斌 \ 465
林铭新 \ 465
孙延筹 \ 465

张 淦 \ 466
张元烁 \ 466
林芳芝 \ 466
郝慎衡 \ 467
王裕春 \ 467
李 任 \ 467
范维翰 \ 468
郝卓人 \ 468
民国 \ 469
李义山 \ 469

海阳

明 \ 470
盛 周 \ 470
张真子 \ 470
清 \ 472
徐子延 \ 472
赵国辅 \ 472
李承芳 \ 474
张 焘 \ 474
张廷珽 \ 475
邢 銮 \ 475
王兴国 \ 476
王乐国 \ 476
王 汾 \ 477

牟平

金 \ 478
马丹阳 \ 478

明 \ 482
姜 瑜 \ 482
贺广龄 \ 483

清 \ 484
王明萼 \ 484
田广福 \ 485
田瑞年 \ 485
田良政 \ 485
常 依 \ 486
常厚栋 \ 486
常建圻 \ 487
丁鹤云 \ 487
王汝琦 \ 488

民国 \ 488
宫曰立 \ 488
杨寿章 \ 488
矫维纲 \ 488
徐琴声 \ 489
任万镛 \ 489
王树德 \ 489
王仙瀛 \ 489

黄县

明 \ 490
张子立 \ 490

孙教鸾 \ 491
孙汝忠 \ 491
孙汝孝 \ 491

清 \ 492
王曰曦 \ 492
丁培仁 \ 492
张重廉 \ 493
吕 荣 \ 493
王常益 \ 493
王 谷 \ 493
郭景亮 \ 494
张 彝 \ 494

民国 \ 494
杨法邻 \ 494

莱阳

明 \ 495
孙 甸 \ 495

清 \ 495
孙和声 \ 495
苏永让 \ 495
孙思恭 \ 495
刘复治 \ 496
于庭彦 \ 496
黄炎昌 \ 496
黄中垲 \ 496
黄曰瑚 \ 496
王 湘 \ 497
赵月塘 \ 497
黄镇岳 \ 497

刘子椿 \ 498
王恩溥 \ 498
曹敬初 \ 498
刘廷髦 \ 498
王务业 \ 499
张中瑚 \ 499
左禄庆 \ 499
赵步云 \ 499
崔永年 \ 499
崔学孟 \ 499
刘世霖 \ 500
胡经魁 \ 500
李继述 \ 500
李捷元 \ 500
丁 干 \ 500
丁 禄 \ 500
刘凤阁 \ 500
李枫德 \ 501
于画一 \ 501
战廷芷 \ 501
张书曰 \ 501
杨树桂 \ 501
姜镜海 \ 501

掖县

明 \ 502
毛廷芳 \ 502

清 \ 502
袁 蕙 \ 502
宿汉倬 \ 503

吕元文 \ 503
吕　曦 \ 503
孙景燕 \ 503
宿绳武 \ 503
刘　柔 \ 503
李钦文 \ 504
赵荣禄 \ 504
瞿熙工 \ 504
张　鉴 \ 505
民国 \ 506
王海镜 \ 506
张冠英 \ 506
李培秀 \ 506
吕绳德 \ 507
万憩楠 \ 507
李树芝 \ 507
刘子万 \ 507
李丛楚 \ 508
姜子刚 \ 508

蓬莱

秦 \ 509
安期生 \ 509
宋 \ 513
张文远 \ 513
元 \ 513
李国用 \ 513
清 \ 514
孙显祖 \ 514
董心印 \ 514
张　柱 \ 514
初连城 \ 515
董焕庚 \ 515
张伯龙 \ 515
张子翰 \ 515
吕岱宗 \ 516
马义福 \ 516
民国 \ 516
姜宇仁 \ 516

柳忠诚 \ 516
蔡少福 \ 516
张玉轩 \ 516
周星桥 \ 516

招远

明 \ 517
张文策 \ 517
赤脚王 \ 517
杨　烛 \ 518
姜镜溟 \ 518
清 \ 519
张凤翥 \ 519
张中英 \ 519
刘复礼 \ 519
兰承嗣 \ 519
孙道人 \ 520
杨　橄 \ 520

潍坊

潍县

明 \ 522
郭存谦 \ 522
田可行 \ 523
孙出声 \ 524

姚廷皋 \ 524
清 \ 525
王庆宇 \ 525
彭永龄 \ 525
吕　芳 \ 525
彭之惠 \ 526

彭之岁 \ 526
郭　栋 \ 527
周文奎 \ 527
魏希亮 \ 527
王　琅 \ 528
曹心传 \ 528

郭伟业 \ 528	杨玉相 \ 539	王所咨 \ 550
郭伟勋 \ 528	栾清祥 \ 539	张鹤翱 \ 551
丁裕彦 \ 529	张幼庵 \ 539	李 侗 \ 551
韩兆龙 \ 530	陈 氏 \ 539	曹玉田 \ 551
戴大川 \ 530	郭有善 \ 540	李映溪 \ 552
李长丰 \ 530	孙 淦 \ 540	曹 会 \ 552
陈立本 \ 530	彭延龄 \ 540	刘用康 \ 552
郎 崶 \ 531	彭 洙 \ 540	曹绪武 \ 553
孙仲采 \ 531	丁廷珍 \ 540	刘 磐 \ 553
孙 炤 \ 531	田名珍 \ 541	马兴隆 \ 553
谭辉廷 \ 531	庆仙和尚 \ 541	张咸熙 \ 553
王 渤 \ 531	**民国** \ 542	贺克敏 \ 553
张建之 \ 532	孙思恭 \ 542	李莘遇 \ 554
李悦山 \ 532	蒯九龄 \ 542	张 贞 \ 555
孙玉桓 \ 532	王相如 \ 542	于麟阁 \ 558
刘无名 \ 532	张学朱 \ 542	韩仁原 \ 559
丁仲麟 \ 533	位明述 \ 543	曹其偁 \ 559
田椒农 \ 533	朱延泰 \ 543	**民国** \ 559
陈敦甫 \ 533	李德温 \ 543	吕孝端 \ 559
蔡玉珂 \ 534		曹庆和 \ 560
都周南 \ 536	**安 丘**	曹庚臣 \ 560
陈长贞 \ 536		
马湘於 \ 536	**明** \ 544	**临 朐**
韩则淹 \ 536	张守蒙 \ 544	
王廷宾 \ 537	窦仁宇 \ 544	**明** \ 562
谭冔煦 \ 537	马应龙 \ 545	申玉才 \ 562
谭敬修 \ 537	**清** \ 548	**清** \ 563
陈步云 \ 537	若 愚 \ 548	窦作杞 \ 563
王芸经 \ 537	张德铳 \ 548	陈坦飞 \ 563
刘嘉森 \ 538	王木宗 \ 549	窦景燕 \ 563
崔凤山 \ 538	王瑞麒 \ 549	陈凤年 \ 565
丁启喆 \ 538	韩 泳 \ 550	张锡爵 \ 566

宫献廷 \ 566	戴 良 \ 579	刘 炘 \ 588
李道广 \ 566	**清** \ 580	刘瑞堂 \ 588
褚鸿吉 \ 567	赵澎源 \ 580	赵敬先 \ 588
阎 森 \ 568	左玉华 \ 580	赵敬周 \ 588
牛书田 \ 568	赵 玫 \ 580	郄士让 \ 588
王英魁 \ 568	李生焕 \ 580	郄作羹 \ 588
于衍珠 \ 569	赵希谦 \ 581	郄乐贤 \ 589
张云翔 \ 569	阎廷效 \ 581	赵芹香 \ 589
袁俊升 \ 569	陈怀节 \ 581	田升麟 \ 589
闵传魁 \ 569	郑玉美 \ 581	高舆能 \ 590
钟恕斋 \ 569	刘士忠 \ 582	王尔恂 \ 590
刘秉台 \ 570	刘 玟 \ 582	滕景曾 \ 590
马作梅 \ 570	王汝楫 \ 582	郑步堂 \ 590
马椿龄 \ 570	冯魁五 \ 582	高在辰 \ 590
马南星 \ 570	陈汝礼 \ 582	高庄临 \ 590
马 谔 \ 570	高培官 \ 583	高 琳 \ 590
卜宪周 \ 572	刘 纯 \ 583	程名远 \ 591
王荫远 \ 572	刘纯一 \ 584	刘松龄 \ 591
民国 \ 573	李美玉 \ 584	黄鹏龄 \ 591
赵文恭 \ 573	滕庆雯 \ 584	黄立孝 \ 591
胡 澂 \ 574	陈汝守 \ 584	黄汉元 \ 591
赵奎英 \ 574	刘宅仁 \ 584	黄作则 \ 591
高锡利 \ 575	滕应绶 \ 585	黄永熙 \ 591
王 恩 \ 575	刘振庭 \ 586	刘鹿鸣 \ 592
王毓芹 \ 575	赵临庚 \ 586	刘 楷 \ 592
	刘耀清 \ 586	杨克敏 \ 592
昌乐	曹善来 \ 586	张培元 \ 592
	李学纯 \ 586	杨殿甲 \ 592
唐 \ 576	马元吉 \ 587	王 成 \ 593
李 清 \ 576	马 湘 \ 587	张 滨 \ 593
明 \ 579	马龙骏 \ 587	张子峰 \ 593
臧文庆 \ 579	马荣光 \ 587	张萃堂 \ 593

刘立庸 \ 593	姜 铿 \ 599	**高密**
刘广恩 \ 593	孙 铸 \ 599	
刘湘源 \ 593	**清** \ 600	**明** \ 611
荣希光 \ 594	赵振基 \ 600	阎 兰 \ 611
滕照甫 \ 594	宫延庆 \ 600	**清** \ 612
李文德 \ 594	姜士模 \ 600	姜之琦 \ 612
战安平 \ 594	李方升 \ 600	姜朝贡 \ 612
李椅桐 \ 595	傅丙南 \ 601	宋 昶 \ 612
赵长龄 \ 595	韩永存 \ 601	刘建安 \ 613
赵 冕 \ 595	耿纯玉 \ 601	单 铅 \ 613
赵希清 \ 595	耿哲兴 \ 601	单孟坚 \ 613
赵禧临 \ 595	姜于铜 \ 601	张廷傅 \ 614
赵肃源 \ 595	姜汝晔 \ 602	张元佐 \ 614
王瑞麟 \ 596	宋和泰 \ 602	程和尚 \ 614
高麟圆 \ 596	黄元御 \ 602	管绘南 \ 615
李沦清 \ 596	黄德静 \ 606	郝廷桂 \ 615
赵之兰 \ 596	王维瑚 \ 607	刘承谟 \ 615
赵泸溪 \ 596	陈统三 \ 607	梁学古 \ 615
赵激源 \ 596	陈丕显 \ 607	郝毓琨 \ 616
赵滋慎 \ 596	刘望周 \ 607	杨延庆 \ 616
赵履坤 \ 597	刘维栋 \ 608	**民国** \ 617
赵裕亮 \ 597	郑天禄 \ 608	郭承让 \ 617
赵延福 \ 597	杨玉京 \ 608	王化行 \ 617
陈 俊 \ 597	**民国** \ 609	单昭仕 \ 617
民国 \ 597	王汉礼 \ 609	单树阁 \ 618
王曰琳 \ 597	朱良玉 \ 609	陈星炜 \ 618
于瑞香 \ 597	尹化远 \ 609	
王玉振 \ 598	魏孔举 \ 610	**益都**
	刘在朝 \ 610	
昌邑	朱星奎 \ 610	**明** \ 619
		马崇儒 \ 619
明 \ 599		高 泉 \ 619

梁圯 \ 619
梁厚能 \ 619
赵铿 \ 621
梁伯载 \ 622
杨惟正 \ 622
王君荣 \ 623
王瑁 \ 623
周标 \ 624
清 \ 624
房陆 \ 624
毕日澊 \ 624
马印麟 \ 626
马晟 \ 626
徐濂岷 \ 626
刘执蒲 \ 627
李远 \ 627
朱溶 \ 629
杨岎 \ 629
曹义孺 \ 629
唐威原 \ 630
朱穆 \ 630
李文渊 \ 630
李纶 \ 634
马本固 \ 634
马温蓘 \ 634
马建铎 \ 634
王作楷 \ 635
唐世英 \ 635
冀逢庆 \ 635
刘汉章 \ 636
郑嵋 \ 636

有昭澍 \ 636
甄峒 \ 637
甄超 \ 637
冯建镐 \ 637
唐氏 \ 637
马鸣显 \ 637
赵登云 \ 638
刘三锡 \ 638
钟魁伦 \ 639
王氏 \ 639
孙绍文 \ 640
王乾 \ 640
王士起 \ 640
王梅 \ 640
王太吉 \ 640
王清 \ 640
王智 \ 640
王洙 \ 640
王来康 \ 640
王昭业 \ 640
王永昌 \ 640
李东璧 \ 641
刘森 \ 641
马君 \ 642
丁汉三 \ 642
张绍南 \ 642
民国 \ 642
邵林书 \ 642
丁竹溪 \ 643
马西灏 \ 643
田升庵 \ 643

王善亭 \ 643
成仁正 \ 643
秦范五 \ 643
单钰斋 \ 643

诸 城

明 \ 644
冯广 \ 644
王化贞 \ 644
李杰 \ 645
王壇 \ 646
杨天民 \ 646
清 \ 648
顾祖亮 \ 648
施叔驭 \ 648
刘迥 \ 649
范干 \ 649
焦学尹 \ 649
王节 \ 649
邹述圣 \ 649
王尔翼 \ 649
孔豹 \ 649
臧应鑢 \ 649
臧应镐 \ 650
李峒 \ 650
范支光 \ 650
王瑛 \ 650
邱琯 \ 650
窦光彝 \ 651
臧达德 \ 651

臧应詹 \ 651	郭元宰 \ 662	**明** \ 671
孙岱岳 \ 651	尹隆基 \ 662	苏 约 \ 671
刘 奎 \ 651	王铭思 \ 662	张 凤 \ 672
刘秉锦 \ 651	柳 宜 \ 662	孔贞大 \ 672
刘秉淦 \ 652	殷 桂 \ 662	**清** \ 673
臧 炆 \ 655	郭怀西 \ 662	李 琬 \ 673
刘锦江 \ 655	王宏基 \ 663	康立初 \ 673
汤世德 \ 655	范 濂 \ 663	桑丕承 \ 674
王汝惺 \ 656	黄存基 \ 663	刘永福 \ 674
臧 筶 \ 656	王毓珩 \ 663	刘佐平 \ 674
张 祓 \ 657	王维金 \ 664	李裕之 \ 674
王培圻 \ 657	孙彤恩 \ 664	高桂枝 \ 675
孙 濬 \ 657	郑云坊 \ 664	刘 檀 \ 675
陈廷相 \ 657	周汝彬 \ 664	杨 植 \ 675
徐戴尧 \ 658	王 湘 \ 664	李茂盛 \ 676
臧敷伟 \ 658	刘克冲 \ 664	李笃生 \ 676
邱林碧 \ 658	王宗淮 \ 665	夏克恭 \ 677
丁舆衡 \ 659	范 迈 \ 665	李先文 \ 677
丁瑞趾 \ 659	徐文勋 \ 665	王克勤 \ 677
丁汝楠 \ 659	张宪诰 \ 665	任绣春 \ 677
郭长庆 \ 659	刘振先 \ 666	刘云骧 \ 678
王钟泰 \ 660	邱云岘 \ 667	董素书 \ 679
王文枢 \ 660	王永贞 \ 668	**民国** \ 680
李方荣 \ 660	王善述 \ 668	汤玉科 \ 680
杜 监 \ 660	王聘轩 \ 668	郭士盈 \ 680
尹 璇 \ 661		张福海 \ 680
王叔重 \ 661	**寿 光**	张世恩 \ 681
刘泽东 \ 661		张子仪 \ 681
苑桂林 \ 661	**东汉** \ 669	
袁乐莘 \ 661	王和平 \ 669	

济宁

济宁

元 \ 684
李 诚 \ 684

明 \ 684
段彦时 \ 684
黄 堂 \ 684
释湛池 \ 685
周允元 \ 685

清 \ 686
黄维祺 \ 686
刘 汶 \ 687
章文伦 \ 688
杨来凤 \ 688
李 鲲 \ 688
李大绍 \ 689
楚 裳 \ 689
刘永彩 \ 690
白全德 \ 690
陈宜中 \ 690
潘遵鼎 \ 690
潘原璧 \ 691
马兆鳌 \ 692
于朝勋 \ 692
于铭勋 \ 692

高永平 \ 693
熊毓和 \ 693
潘矩植 \ 693
韩宝乾 \ 693
刘 增 \ 694
吕时功 \ 694
李贞甫 \ 694
孙毓汉 \ 695
德馨和尚 \ 696
卢朝安 \ 697
刘澄鉴 \ 698

民国 \ 698
李殿华 \ 698
巫希点 \ 698
巫占魁 \ 698
巫延献 \ 698
巫 铎 \ 698
欧阳长年 \ 699
田伯颖 \ 699
潘矩健 \ 700
李宝琛 \ 700
孙培益 \ 701
张蔼堂 \ 702
查景绥 \ 702
姚光浚 \ 702

李厚甫 \ 703
朱成麟 \ 703
石笙亭 \ 703
马骏猷 \ 703
孙寿山 \ 703
王毓瀛 \ 703
李壁双 \ 704
程凤仪 \ 704
朱 鹏 \ 704

微山

清 \ 705
曹光府 \ 705
朱英佩 \ 705
扈敬斋 \ 706
扈兆喜 \ 706
姜 琚 \ 706

民国 \ 707
杨再梅 \ 707
沈洪基 \ 708
唐趋亭 \ 708
任以海 \ 708
徐东和 \ 709
鲁立斋 \ 709

王怡青 \ 709
针庆珠 \ 710
孙本信 \ 711
王志春 \ 711
郭自祯 \ 711

鱼台

元 \ 712
萧敬谦 \ 712
明 安 \ 712
清 \ 713
陈鸣佐 \ 713
屈弘谟 \ 713
房 琰 \ 714
王俊儒 \ 714
王 潘 \ 715
胡 璠 \ 715
金 冕 \ 715
韩 彤 \ 715
谢富德 \ 715
任赓唐 \ 716
刘瑞埙 \ 716
杨士瑞 \ 717
张敦本 \ 717
民国 \ 717
阎传钦 \ 717
阎琴鹤 \ 717
李贵三 \ 718
冯广训 \ 718

金乡

元 \ 719
赵 用 \ 719
明 \ 719
彭鲲化 \ 719
刘广誉 \ 720
清 \ 721
高 阳 \ 721
周 缜 \ 722
张天续 \ 722
尚 珏 \ 723
李全修 \ 723
高凤苞 \ 723
李聚斐 \ 723
戴铭诰 \ 724
高峻骞 \ 724
李明田 \ 724
张振田 \ 724
张梦卜 \ 725
李体箴 \ 725
张守堂 \ 725
周育枞 \ 725
民国 \ 725
李玉荣 \ 725
朱峻峰 \ 725
刘昊堂 \ 726

嘉祥

元 \ 726
乔 桧 \ 726

清 \ 726
李 玥 \ 726
杜从友 \ 726
梁栋材 \ 727
张 瑗 \ 727
梁工求 \ 727
杜平勋 \ 728
郭兴礼 \ 728
李凤啃 \ 728
梁盛倬 \ 728
李太柏 \ 729
张山岫 \ 729
张春亭 \ 729
张 焨 \ 729
吴 栋 \ 730
吴文恩 \ 730
吴来聘 \ 730
吴 瑚 \ 730
吴凡清 \ 730
吴世厚 \ 730
陆学纯 \ 730
陆金镯 \ 730
张西山 \ 731
张晓龙 \ 731
张攀龙 \ 731
张守和 \ 731
张太和 \ 731
张树松 \ 731
张崇康 \ 731
民国 \ 732
窦 钰 \ 732

戚学典 \ 732	段桂桥 \ 741	刘仕伟 \ 749
黄守良 \ 733	李尚有 \ 741	刘长泰 \ 749
黄有功 \ 733	张方蔚 \ 741	罗储锦 \ 750
李言让 \ 733	吕国良 \ 741	**民国** \ 750
董立堂 \ 733	高道俊 \ 741	谌之荣 \ 750
董循礼 \ 733	宋怀钰 \ 742	
董瑞田 \ 733	李秀经 \ 742	**曲 阜**
	宋鸿彬 \ 742	
汶 上	刘东源 \ 742	**汉** \ 750
	民国 \ 742	韦 宣 \ 750
汉 \ 734	王士宗 \ 742	**明** \ 751
衡 方 \ 734	朱红灯 \ 743	曹 淳 \ 751
清 \ 737	仲延彬 \ 744	**清** \ 751
路衍祜 \ 737	仲统绪 \ 744	颜绍嵝 \ 751
庞 恒 \ 737	仲延明 \ 744	颜懋企 \ 751
路允厘 \ 737	宋鸿仪 \ 745	颜 氏 \ 752
	汤怀恩 \ 745	陈 颖 \ 752
泗 水	周茂春 \ 745	王廷瑞 \ 754
	郑宝兰 \ 746	孔宪堃 \ 754
清 \ 738	吕宪彬 \ 746	李瑞占 \ 755
朱 治 \ 738	张殿奎 \ 747	杨岳春 \ 755
祝 简 \ 738	仲延红 \ 747	孔广达 \ 755
尤则吁 \ 739	李灿本 \ 747	程梦良 \ 756
杨世岳 \ 739	王辉教 \ 747	王 氏 \ 757
杨培纯 \ 739	李延龄 \ 747	陈 氏 \ 757
张洪荪 \ 740	周庆炽 \ 747	李孝秋 \ 757
张宪烈 \ 740		郑晓如 \ 757
张鹄臣 \ 740	**梁 山**	**民国** \ 759
郑广尧 \ 740		蔡筱山 \ 759
段瑞亭 \ 740	**清** \ 748	刘金佩 \ 759
段 伤 \ 740	姚御观 \ 748	

兖州

清 \ 760
曹纪勋 \ 760
张建勋 \ 760
尚元吉 \ 760
李文早 \ 760
李尊五 \ 760

滋阳

清 \ 761
郑 澍 \ 761
乔 珅 \ 762
汤 桢 \ 762
郑炳炜 \ 762
唐咸和 \ 763
苗心贵 \ 763
苗为雷 \ 763
张奉钦 \ 763

朱健宁 \ 764
杨起泰 \ 764
李德润 \ 765
陈茂榶 \ 765
吕西峰 \ 765
赵 燮 \ 766
风和尚 \ 766
乔毓泰 \ 767
禚晋臣 \ 767
夏景禹 \ 767
唐之桂 \ 768

邹县

晋 \ 768
王叔和 \ 768
元 \ 777
李之英 \ 777
明 \ 779
刘登洲 \ 779

周象熊 \ 779
任孔当 \ 779
清 \ 780
尹方远 \ 780
尹怀溶 \ 780
唐传猷 \ 780
董毓蘅 \ 781
张登岚 \ 781
吕继瑞 \ 781
孔祥云 \ 782
肃 锐 \ 782
韩大鹏 \ 782
孟传德 \ 783
孟继均 \ 783
李元基 \ 783
李蕴荣 \ 783
张德培 \ 784
孙远忠 \ 784
祝华亭 \ 784
张凤仪 \ 784

泰安

泰安

汉 \ 786
泰山老父 \ 786
崔文子 \ 787

南北朝 \ 787
羊 欣 \ 787
金 \ 793
纪天锡 \ 793
元 \ 794
张志纯 \ 794

明 \ 795
安科新 \ 795
范希贤 \ 795
赵 良 \ 796
清 \ 797
卢汉倬 \ 797

王嘉会 \ 797	赵凌屾 \ 805	吴方穆 \ 814
张凤翔 \ 798	夏庆典 \ 805	纪殿仪 \ 815
萧今柳 \ 798	张心忠 \ 805	宁世乾 \ 815
聂宗望 \ 798	高莲溪 \ 805	齐沐清 \ 815
张体忠 \ 799	高永锋 \ 805	苏 庄 \ 816
赵廷榷 \ 799	艾毓洪 \ 805	苏云旋 \ 816
于 璀 \ 799	金有重 \ 806	苏毓峄 \ 816
杨贵珍 \ 799	高宗岳 \ 807	苏振彪 \ 816
朱 玑 \ 800		孙桂馨 \ 817
沈廷对 \ 800	**宁 阳**	沈会龄 \ 817
韩巢屿 \ 800		张存先 \ 817
艾国泗 \ 800	**明** \ 809	宁传镐 \ 817
赵 清 \ 801	吴道昌 \ 809	纪开泰 \ 818
柴衍洞 \ 801	**清** \ 810	纪朝德 \ 818
梁莲峰 \ 801	吴德美 \ 810	纪 岩 \ 818
刘泽浃 \ 801	纪 严 \ 810	纪体润 \ 818
阎逢寅 \ 802	纪茂官 \ 810	纪天崇 \ 818
李宗明 \ 802	赵万侯 \ 810	纪茜珠 \ 818
裴怀珠 \ 802	李永清 \ 810	纪若鼎 \ 818
冯恕敏 \ 803	周仔世 \ 810	周祚长 \ 819
张同帏 \ 803	韩从朴 \ 811	周秉义 \ 819
李光脮 \ 803	刘锡龄 \ 812	周秉信 \ 819
万用中 \ 803	宁继桢 \ 812	程佩瑜 \ 819
韩 玳 \ 804	张裴度 \ 812	王静宇 \ 820
薛心佑 \ 804	宁毓敏 \ 813	刘应逞 \ 820
民国 \ 804	刘怀珊 \ 813	刘克任 \ 820
齐龙光 \ 804	韩 池 \ 813	赵金镛 \ 820
马厚正 \ 804	刘克旭 \ 814	刘淑桐 \ 820
高善原 \ 804	刘淑璨 \ 814	张 濯 \ 821
周鸿升 \ 804	刘淑瑛 \ 814	秦继泰 \ 821
梅文岩 \ 804	吴方迥 \ 814	刘淑随 \ 821

刘翊炘 \ 822	钱 颖 \ 828	满长怡 \ 850
许松友 \ 822	董 汲 \ 838	张汝励 \ 850
许应福 \ 822	**元** \ 839	马益良 \ 850
许兆麟 \ 822	艾元英 \ 839	
李光霞 \ 822	**明** \ 839	**新泰**
宁云程 \ 822	高洞阳 \ 839	
李临端 \ 822	梁绍儒 \ 839	**南北朝** \ 851
周秉继母亲 \ 823	**清** \ 841	羊 晰 \ 851
赵殿元 \ 824	焦毓鹤 \ 841	**元** \ 852
程景孟 \ 824	陆厚堪 \ 841	赵 成 \ 852
徐士廷 \ 825	张商霖 \ 844	金 珍 \ 852
李老者 \ 825	陈永康 \ 844	陈思义 \ 852
张 琰 \ 825	张方缵 \ 844	周 郁 \ 852
聂久吾 \ 825	赵恒仁 \ 845	杨 徽 \ 852
民国 \ 826	杜桂林 \ 845	冯继善 \ 852
王家让 \ 826	栗 宣 \ 845	刘思清 \ 852
郑士文 \ 826	吕元举 \ 846	**明** \ 853
杜润泉 \ 826	柴世利 \ 846	张 缙 \ 853
宁洪瑞 \ 827	侯怡庭 \ 846	徐 璈 \ 853
张学琴 \ 827	李奎聚 \ 847	郭 汉 \ 853
田付彬 \ 827	李 璋 \ 848	孙奉先 \ 853
武传成 \ 827	李祖亮 \ 848	公明福 \ 853
杨绍经 \ 827	孟贞育 \ 848	郑 顺 \ 853
刘兴远 \ 827	张方常 \ 848	李春荨 \ 854
杨建庄 \ 828	武 魁 \ 848	赵 瀛 \ 855
许孟祥 \ 828	**民国** \ 849	刘如愚 \ 855
	韩云奇 \ 849	安 悦 \ 855
东平	韩多玉 \ 849	安 凤 \ 855
	蒋毓岫 \ 849	李明远 \ 855
宋 \ 828	蒋盛甫 \ 849	马一阳 \ 856
钱 乙 \ 828	陆传韶 \ 850	邰显士 \ 856

柴时宁 \ 856
清 \ 857
杜　浩 \ 857
周先举 \ 857
杜　铨 \ 857
民国 \ 857
王擢英 \ 857

肥城

清 \ 858
李远玺 \ 858
张积中 \ 859
张　岫 \ 862
尹汇瀛 \ 862

赵在酉 \ 863
民国 \ 863
王召爽 \ 863
王志义 \ 863
梁桂荣 \ 863
梁胜泉 \ 863

威海

威海卫

清 \ 866
王慎可 \ 866
王言恂 \ 866
阮钦堂 \ 866
王祯禄 \ 866

文登

元 \ 867
姜　瑜 \ 867
王熙祖 \ 867
董君俨 \ 867
孙　彬 \ 867
武道彬 \ 868
明 \ 868
孙　登 \ 868

王显宠 \ 868
丛　兰 \ 869
田　播 \ 876
刘大成 \ 876
姜　葵 \ 877
董清鸾 \ 877
清 \ 877
刘一良 \ 877
于丕绪 \ 878
林元礼 \ 878
刘凤朝 \ 879
张廷相 \ 879
杜成林 \ 879
吕体复 \ 879
于诞登 \ 880
毕安南 \ 880
王庐峰 \ 880
宋清善 \ 880

丛柏栋 \ 881
董崇增 \ 881
民国 \ 881
姜守仁 \ 881
高登之 \ 881
肖汉光 \ 882
邵澍南 \ 882
郭华南 \ 882
曲立斋 \ 882
荣德轩 \ 882
林卫洲 \ 882
姜振基 \ 882
时可茂 \ 882

荣成

清 \ 883
董　樵 \ 883

李理礼 \ 888	孔昭明 \ 889	**乳 山**
刘培埙 \ 889	王嘉标 \ 889	
孙日福 \ 889	陈象瀛 \ 890	元 \ 890
王茂隆 \ 889	唐鼎元 \ 890	王玉阳 \ 890
杨培仁 \ 889		

日 照

日照	王海澄 \ 903	徐道度 \ 910
	安大观 \ 904	徐叔响 \ 910
明 \ 898	贺修举 \ 905	徐謇 \ 910
胡承烈 \ 898	王金堂 \ 905	徐文伯 \ 911
清 \ 899	丁纫秋 \ 906	徐嗣伯 \ 911
刘 钟 \ 899	丁希梅 \ 906	徐 雄 \ 911
李建中 \ 899	秦恩普 \ 906	徐之才 \ 911
丁 然 \ 900	徐焕德 \ 906	徐之范 \ 911
路茂苏 \ 900	秦阶成 \ 906	徐敏齐 \ 911
郑勖士 \ 901	**民国** \ 907	**元** \ 943
安蠖曾 \ 901	宋铁梅 \ 907	范用中 \ 943
安守绪 \ 902	宏荫南 \ 907	董佐明 \ 943
牟 耜 \ 902	郑南津 \ 908	**明** \ 944
苏守贞 \ 902	王保亮 \ 909	成医官 \ 944
许 珹 \ 902		潘鹤龄 \ 945
尹文德 \ 903	**莒县**	**清** \ 946
赵续海 \ 903		周克让 \ 946
崔大年 \ 903	**南北朝** \ 910	卢 洵 \ 946
佘元翰 \ 903	徐 熙 \ 910	王者文 \ 946
成季梧 \ 903	徐秋夫 \ 910	张占鳌 \ 946

庄 瑶 \ 947	李 震 \ 957	于 文 \ 964
岳星五 \ 948	马 荣 \ 957	张世佩 \ 964
管象颐 \ 948	马仕祯 \ 957	潘 楯 \ 965
于松瞰 \ 949	万 格 \ 957	王梅昌 \ 965
季玉玺 \ 949	张土德 \ 957	姜玉洲 \ 965
张允中 \ 949	罗汇丰 \ 958	罗惠风 \ 965
张益庵 \ 950	接 祯 \ 958	孙世恒 \ 966
尉书升 \ 951	张永升 \ 958	刘殿奎 \ 966
王玉美 \ 951	刘 龙 \ 958	刘顺堂 \ 966
战希孟 \ 952	刘佃奎 \ 958	刘文汉 \ 966
战 礼 \ 952	王岳迎 \ 959	刘书声 \ 967
周安魁 \ 952	**民国** \ 959	于吉祥 \ 967
刘福锡 \ 952	刘菊荫 \ 959	董 政 \ 967
张福隆 \ 953	唐占云 \ 960	刘儒庭 \ 967
李廷祺 \ 954	张士德 \ 961	马连禄 \ 968
李树锦 \ 954	王尊三 \ 961	辛慎吾 \ 968
李膺远 \ 954	王恩庠 \ 961	李竹逸 \ 968
李深禹 \ 954	邢 标 \ 961	
李深璧 \ 955	潘岳龄 \ 962	**五莲**
陈学修 \ 955	丁维祯 \ 962	
贾振瀛 \ 955	李金萱 \ 962	**民国** \ 969
贾会元 \ 955	王 谈 \ 962	崔 英 \ 969
贾月庚 \ 955	于 隆 \ 963	刘立臣 \ 969
任归一 \ 956	张凤洲 \ 963	刘培杰 \ 969
李三绸 \ 956	单玉衡 \ 963	
李殿甲 \ 956	马慎言 \ 964	

莱芜

明 \ 972
朱包蒙 \ 972
苏 洲 \ 975
赵永禄 \ 981
清 \ 982
张文元 \ 982
张奉文 \ 983
张德配 \ 983
张起元 \ 983

亓占峰 \ 984
王廷璧 \ 985
蒋其奎 \ 985
杨乐春 \ 985
韩林甫 \ 985
毕先明 \ 986
张卿云 \ 986
曹 乾 \ 987
吕绍曾 \ 987

张 考 \ 989
民国 \ 989
吕宪珂 \ 989
赵辑五 \ 990
郝九化 \ 990
卞修教 \ 991
王秉才 \ 991

临沂

临沂

南北朝 \ 994
王 微 \ 994
王悦之 \ 999
由吾道荣 \ 1000
唐 \ 1000
王仲邱 \ 1000
元 \ 1003
颜 赟 \ 1003
明 \ 1003
张 瑶 \ 1003

程宪良 \ 1003
姚 思 \ 1003
徐邦用 \ 1003
常遇先 \ 1004
清 \ 1004
宋和承 \ 1004
宋 杲 \ 1004
胡寿椿 \ 1005
吴 鸾 \ 1005
王一峰 \ 1005
白之隽 \ 1005
狄学勤 \ 1006

杨德懿 \ 1006
欧阳淳 \ 1006
杨富春 \ 1007
孙华亭 \ 1007
李日登 \ 1007
王 绎 \ 1007
时连茹 \ 1008
邵 梓 \ 1009
张 梅 \ 1009
崔祖培 \ 1009
杜广居 \ 1009
李镯年 \ 1010

王庆来 \ 1010
王善昌 \ 1010
宋开仲 \ 1010
李诚心 \ 1010
李思桐 \ 1011
张麟图 \ 1012
张得云 \ 1012
张鸿林 \ 1012
张鸿宾 \ 1012
李高氏 \ 1012
民国 \ 1013
黄敦汉 \ 1013
郝鸣皋 \ 1013
庞树敏 \ 1013
翁鼎臣 \ 1013
王子敷 \ 1014
房永举 \ 1014
杜成基 \ 1014
张叔伦 \ 1014
李逢泰 \ 1014
卢其慎 \ 1014
姚武灿 \ 1015
陈凤全 \ 1015
朱心法 \ 1015

郯城

明 \ 1016
蒋劝 \ 1016
朱方燿 \ 1017
清 \ 1017

李淑钦 \ 1017
民国 \ 1018
宋景胜 \ 1018
刘锡康 \ 1018

苍山

明 \ 1019
徐孟曾 \ 1019
民国 \ 1020
高凤仪 \ 1020
高贵德 \ 1020
马兴邦 \ 1020
杨湘南 \ 1021

莒南

清 \ 1021
吴宗孔 \ 1021
刘玉鸣 \ 1022
庄曜 \ 1023
吴景闵 \ 1023
刘应选 \ 1023
刘树本 \ 1023
刘焕新 \ 1023
朱兰田 \ 1024
侯兆丰 \ 1025
侯继荣 \ 1025
侯传珍 \ 1025
魏秀升 \ 1025
魏熙瑞 \ 1025

魏熙春 \ 1025
魏同升 \ 1025
民国 \ 1026
赵希珍 \ 1026
陈美圕 \ 1026
陈丹九 \ 1026
纪尚奎 \ 1026
刘九堂 \ 1027
文玉 \ 1027
庄旦林 \ 1027
徐文一 \ 1028
来玉全 \ 1028
庄希堂 \ 1028

沂水

民国 \ 1029
赵履堂 \ 1029
刘荫林 \ 1029
刘本谦 \ 1029
徐玉甫 \ 1030
徐迟 \ 1030
杨致一 \ 1030
杨致标 \ 1030
胡佃选 \ 1030
孔宪功 \ 1030

蒙阴

明 \ 1031
于希夏 \ 1031

清 \ 1031

邵振亭 \ 1031

张　浩 \ 1031

王赓泰 \ 1032

民国 \ 1032

秦淑涧 \ 1032

平　邑

清 \ 1033

王均幕 \ 1033

庞安来 \ 1033

杨桂萼 \ 1033

庞绥来 \ 1033

郭振义 \ 1034

郭庆祥 \ 1034

民国 \ 1034

陈昭焯 \ 1034

宋立廷 \ 1035

彭光义 \ 1035

刘慎典 \ 1035

刘绍典 \ 1035

季连城 \ 1035

陈德扬 \ 1035

王　信 \ 1036

孔昭礼 \ 1036

李安荣 \ 1037

郭允海 \ 1037

甄茂阳 \ 1037

赫连贯三 \ 1037

杨玉春 \ 1037

庞汝翼 \ 1038

卜昭成 \ 1038

姜兴文 \ 1038

班玉玲 \ 1039

郭友臣 \ 1039

彭嘉善 \ 1039

庞汝为 \ 1039

孙关荣 \ 1039

梁会文 \ 1039

陈运昌 \ 1039

李其华 \ 1040

张兆奎 \ 1040

胡润章 \ 1040

徐学深 \ 1041

宋元吉 \ 1041

董建文 \ 1041

库守业 \ 1041

李大珍 \ 1041

陈宝宾 \ 1042

王竹铭 \ 1042

胡清俊 \ 1042

公懋吉 \ 1042

李襄龄 \ 1042

李兴彬 \ 1042

李乃馨 \ 1043

贺洪文 \ 1043

林希儒 \ 1043

薛安文 \ 1043

能咸乐 \ 1043

林传训 \ 1043

唐保祥 \ 1044

陈宝坤 \ 1044

陈宝泉 \ 1044

刘在川 \ 1045

费　县

元 \ 1045

王志淳 \ 1045

明 \ 1046

郭庆高 \ 1046

观　公 \ 1047

清 \ 1047

徐一朗 \ 1047

周来吉 \ 1047

唐肇基 \ 1048

高　晙 \ 1048

王淑龙 \ 1051

卜善端 \ 1051

胡克九 \ 1051

王凤至 \ 1052

王偿麟 \ 1052

任毓秀 \ 1053

陈朝泰 \ 1054

陈铭图 \ 1054

王　烜 \ 1054

王　适 \ 1054

姜国俊 \ 1054

全克载 \ 1056

民国 \ 1057

陈立梅 \ 1057

陈鸿文 \ 1057

沂南

民国 \ 1058
吴进溪 \ 1058
肖伦元 \ 1059
肖汝桓 \ 1059
于学书 \ 1059
赵宜梁 \ 1059
宋宝山 \ 1059
高太原 \ 1059

樊纪隆 \ 1060
李元杰 \ 1060
高泽俊 \ 1060
邱树汉 \ 1060
高 杭 \ 1060

临沭

民国 \ 1061
高友三 \ 1061
高滕松 \ 1062

张宝信 \ 1062
高广渠 \ 1062
高松岩 \ 1063
郝兰溪 \ 1063
庞作湘 \ 1063
杨西贤 \ 1064
赵兰玉 \ 1064

德 州

德州

明 \ 1066
郁继武 \ 1066
郭义甫 \ 1066
程 绍 \ 1066
马九德 \ 1070
吕献策 \ 1071
清 \ 1071
韩育英 \ 1071
卢荫长 \ 1072
邵元章 \ 1072
卢荫惠 \ 1073
吕缵祖 \ 1073

李道一 \ 1074
李曰谦 \ 1074
赵士和 \ 1074
邹启裕 \ 1075
魏玉承 \ 1075
民国 \ 1075
杜濬川 \ 1075
金连科 \ 1076

乐陵

元 \ 1077
张飞卿 \ 1077

明 \ 1077
张居礼 \ 1077
李 翱 \ 1077
韩 璋 \ 1078
王周南 \ 1078
史邦义 \ 1078
李如椿 \ 1078
清 \ 1078
张震南 \ 1078
张士睿 \ 1079
史选隽 \ 1080
贾文宿 \ 1080
郑馨廷 \ 1080
郑 熙 \ 1080

杜芳生 \ 1081
杜友生 \ 1081
苏雁题 \ 1081
苏映辰 \ 1081
潘子春 \ 1081
潘锡侯 \ 1081
常华亭 \ 1081
常汝鹗 \ 1081
张廷辅 \ 1082
王　盎 \ 1082
牛吉符 \ 1082
民国 \ 1082
郑安时 \ 1082
席远计 \ 1082
高牧村 \ 1083

禹城

明 \ 1083
杨大成 \ 1083
于跃渊 \ 1083
宋　芹 \ 1084
李应第 \ 1084
石　崑 \ 1084
崔应节 \ 1084
霍　恺 \ 1085
清 \ 1086
邵百发 \ 1086
杨却砚 \ 1086
刘仁里 \ 1087
梁汝钰 \ 1087

刘振巽 \ 1087
冯如升 \ 1087
程义廉 \ 1088
民国 \ 1088
庞溪清 \ 1088
李明山 \ 1088
于宝田 \ 1088
马文广 \ 1089
于世诚 \ 1089
刘法明 \ 1089
张丙午 \ 1089
程品三 \ 1090

陵县

明 \ 1090
康丕扬 \ 1090
康　瀹 \ 1092
王曰谨 \ 1093
清 \ 1094
许　魁 \ 1094
康　枚 \ 1094
刘悦曾 \ 1094
李士仪 \ 1095
李鹏飞 \ 1095
于　呆 \ 1095
冯　通 \ 1096
冯有名 \ 1096
冯德常 \ 1096
冯庆常 \ 1096
王临川 \ 1096

汪　爽 \ 1096
于鹏起 \ 1096
赵清翰 \ 1097
于可宗 \ 1097
民国 \ 1098
李　铣 \ 1098
边世文 \ 1098
程国思 \ 1098
武殿选 \ 1098
王仙洲 \ 1098
荣相成 \ 1098
孙德谦 \ 1099
孙登瀛 \ 1099
金忠旺 \ 1099
阎锡章 \ 1099
王兆曾 \ 1099

平原

宋 \ 1100
赵自正 \ 1100
赵自化 \ 1100
赵知喦 \ 1100
明 \ 1103
赵　熠 \ 1103
赵时升 \ 1103
王　敬 \ 1104
清 \ 1105
董思懋 \ 1105
任　直 \ 1105
赵　旸 \ 1105

张　撰 \ 1106
邵肯堂 \ 1106
李华堂 \ 1107
张大儒 \ 1107
邵　核 \ 1107
邵得一 \ 1107
高　嶂 \ 1108
高心广 \ 1108
高积儒 \ 1108
朱　杲 \ 1108
邵　芑 \ 1108
卢　莪 \ 1109
唐凤楼 \ 1109
李大方 \ 1109
李云泽 \ 1109
刘良田 \ 1110
唐书鉴 \ 1110
范凤岐 \ 1110
乔立泰 \ 1110
王宗贵 \ 1111
王连升 \ 1111
祖兆祯 \ 1111

恩县

唐 \ 1112
潘师旦 \ 1112
明 \ 1112
纪　鹏 \ 1112
刘　楷 \ 1113
石迁岩 \ 1113

杨子庭 \ 1113
孙一儒 \ 1113
清 \ 1114
吴士茂 \ 1114
朱世哲 \ 1114
傅济川 \ 1114
满来春 \ 1114
李圣传 \ 1114
张锡祉 \ 1115
李香谷 \ 1115
王翀一 \ 1115
王万邦 \ 1115
庞履直 \ 1116
杨过芝 \ 1116
荣　利 \ 1116
董　莹 \ 1116
王金榜 \ 1116
王育鑫 \ 1116
李著雍 \ 1117
李春曜 \ 1117
李春杲 \ 1117
李春瀛 \ 1117
郭玉堃 \ 1117
张子实 \ 1117
王绶荣 \ 1117

夏津

明 \ 1118
张　龄 \ 1118
刘　崇 \ 1118

潘　仁 \ 1118
张福广 \ 1118
清 \ 1119
张　恒 \ 1119
韩文彬 \ 1119
邹笃城 \ 1120
杜勉初 \ 1120
刘之培 \ 1121
刘　颃 \ 1121
孟继舆 \ 1121
张春桥 \ 1121
张　纬 \ 1121
张朝珍 \ 1121
张朝瑞 \ 1121
王梦鹤 \ 1122
宫泽远 \ 1122
孟广训 \ 1122
郑兴恩 \ 1123
张　铭 \ 1123
李士荣 \ 1123
靳殿甲 \ 1123
靳得戍 \ 1123
靳绪昌 \ 1123
张恩崇 \ 1124
岳复明 \ 1124
岳伯和 \ 1124
岳存哲 \ 1124
岳积庆 \ 1124
岳可宗 \ 1124
岳子诚 \ 1124
朱天祥 \ 1124

李保中 \ 1125	明 \ 1148	马绍文 \ 1157
殷廷吉 \ 1125	王 道 \ 1148	郝源泉 \ 1159
靳 氏 \ 1125	清 1151	马 渊 \ 1161
范我良 \ 1126	张修业 \ 1151	张介禧 \ 1163
刘梦龄 \ 1126	张敬止 \ 1151	马瀛洲 \ 1163
杜炳文 \ 1126	张 铺 \ 1151	王熙光 \ 1163
纪连桂 \ 1126	李麟图 \ 1152	王仁洽 \ 1163
萧文灵 \ 1126	李 梅 \ 1152	马绵祚 \ 1164
王英琳 \ 1126	李若兰 \ 1152	王立志 \ 1164
王龙文 \ 1127	李若蕙 \ 1152	李泗源 \ 1164
潘松岭 \ 1127	李 恒 \ 1153	李 滨 \ 1165
张希周 \ 1127	王瀛洲 \ 1153	甄延祚 \ 1165
许振文 \ 1127	张玉庆 \ 1153	王东江 \ 1166
栾丕建 \ 1128	庞濯清 \ 1153	卢文焕 \ 1166
栾待后 \ 1128	庞鸿塔 \ 1153	赵方醇 \ 1166
民国 1128	王英才 \ 1154	姜维模 \ 1166
管淑涵 \ 1128	耿文起 \ 1154	李 琇 \ 1167
靳韶仪 \ 1129	李东瀛 \ 1154	顾克基 \ 1167
方朋岭 \ 1129	姜存汉 \ 1154	刘仰灏 \ 1167
靳麟光 \ 1129	民国 1154	熊养性 \ 1168
	才春元 \ 1154	房辅唐 \ 1168
武 城	耿介堂 \ 1155	王大武 \ 1168
	邹培基 \ 1155	崔泮林 \ 1168
北魏 \ 1130		和公上人 \ 1168
崔 彧 \ 1130	**齐 河**	王永福 \ 1169
崔景哲 \ 1130		马见龙 \ 1169
崔 同 \ 1130	元 \ 1155	马廷玑 \ 1171
崔 浩 \ 1133	杨二世 \ 1155	房象成 \ 1173
北齐 \ 1146	李 允 \ 1156	民国 \ 1173
崔景凤 \ 1146	清 \ 1156	郝芸彬 \ 1173
崔 憨 \ 1147	马星蟾 \ 1156	王好贤 \ 1176

董　祥 \ 1176

临邑

元 \ 1177
白明宽 \ 1177
宋秉贞 \ 1177
明 \ 1177
李　蒂 \ 1177
清 \ 1178
刘甲临 \ 1178
李清然 \ 1178
李泰宇 \ 1178
邢长明 \ 1179
马履时 \ 1179
许　景 \ 1179
崔　榜 \ 1179
民国 \ 1180
张仪村 \ 1180
李梦西 \ 1181
张连登 \ 1181
周　迈 \ 1181
周禄昌 \ 1181
周成章 \ 1181
王瑞田 \ 1181
王大木 \ 1182
张　沂 \ 1182
刘福田 \ 1182
刘继昌 \ 1182
刘旭之 \ 1182
马道修 \ 1183

李德濬 \ 1183
李守文 \ 1184
孟继濬 \ 1184
潘福寿 \ 1184
李德泽 \ 1184
卢玉堂 \ 1184
高清溪 \ 1184
张　筠 \ 1185
史俊卿 \ 1185
孙世荣 \ 1185
张子柱 \ 1186
王　怀 \ 1186
魏安静 \ 1186
龙云南 \ 1186
马　浩 \ 1187
徐盛禄 \ 1187
朱立统 \ 1187
于丙秀 \ 1187
邢　嵩 \ 1187
庞继同 \ 1187
张文奇 \ 1188
李法成 \ 1188
郭继续 \ 1188
李树梅 \ 1188
王健耕 \ 1188
齐元珍 \ 1188

德平

唐 \ 1189
孟　诜 \ 1189

明 \ 1191
葛如麟 \ 1191
清 \ 1192
朱长泰 \ 1192
郭长清 \ 1195
王半仙 \ 1195
贾德润 \ 1196
李振垣 \ 1196
吕蓝田 \ 1197
于凤调 \ 1197
孔宪纪 \ 1197
民国 \ 1198
徐荫周 \ 1198
孟　氏 \ 1198

宁津

宋 \ 1199
刘　翰 \ 1199
清 \ 1201
陈大经 \ 1201
张见龙 \ 1202
李命长 \ 1202
张明贤 \ 1203
牛履祥 \ 1203
崔化南 \ 1203
王沂源 \ 1204
王晋发 \ 1204
周彭年 \ 1204
李长忠 \ 1204
李　鉁 \ 1204

徐元瑞 \ 1204	陈佩琳 \ 1208	刘来琮 \ 1215
王廷杰 \ 1205	陈　溥 \ 1209	萧登汉 \ 1216
张继谦 \ 1205	马　符 \ 1209	刘鹏飞 \ 1216
徐德明 \ 1205	陈吉甫 \ 1209	张振玉 \ 1216
洛会堂 \ 1205	刘　儒 \ 1209	张守春 \ 1217
赵夕化 \ 1205	刘慎思 \ 1210	王　阁 \ 1217
刘长源 \ 1205	刘鸿荃 \ 1210	王福成 \ 1217
李　沉 \ 1206	马龙骧 \ 1210	温凌云 \ 1217
王保义 \ 1206	撒膏林 \ 1211	温亮采 \ 1217
	李桂荣 \ 1211	宗云庆 \ 1218

庆云

	张云亭 \ 1211	张笃庆 \ 1218
明 \ 1206	李葆光 \ 1212	李广泽 \ 1218
陈嘉善 \ 1206	韩寅秀 \ 1212	范逢源 \ 1218
清 \ 1206	郑作霖 \ 1212	刘敬兴 \ 1219
邓　煜 \ 1206	张连登 \ 1212	于兰瀛 \ 1219
陈登瀛 \ 1207	傅汝霖 \ 1213	刘儒宾 \ 1219
杨玉成 \ 1207	王书堂 \ 1213	张伯筠 \ 1219
郭连城 \ 1207	张万选 \ 1213	胡　轸 \ 1220
秦太华 \ 1207	丁占龙 \ 1214	秋阳道人 \ 1220
王贞吉 \ 1208	张际虞 \ 1214	**民国** \ 1221
胡赞恩 \ 1208	王云岫 \ 1214	于希智 \ 1221
陈佩璋 \ 1208	王　訚 \ 1215	程思敬 \ 1221

聊城

聊城	蒋　孝 \ 1225	**清** \ 1226
	端木萃 \ 1226	宋麟祥 \ 1226
明 \ 1224	端守忠 \ 1226	李　英 \ 1226
许东望 \ 1224		叶　兰 \ 1227

叶锡龄 \ 1227	**临清**	高延年 \ 1244
叶儁昌 \ 1227		周兰芳 \ 1244
朱正谊 \ 1228	**明** \ 1236	周兰佩 \ 1244
刘子展 \ 1228	王 台 \ 1236	陈 俊 \ 1245
张维桢 \ 1229	胡千蛟 \ 1237	刘希曾 \ 1245
葛 洽 \ 1229	**清** \ 1237	马殿撰 \ 1245
王博懃 \ 1229	李际泰 \ 1237	石 鳌 \ 1245
朱景岫 \ 1229	张 苬 \ 1238	**民国** \ 1246
周 锜 \ 1230	张汉超 \ 1238	李伯骥 \ 1246
刘汝霖 \ 1230	马孟乙 \ 1238	童际昌 \ 1246
张毓塘 \ 1230	梁 林 \ 1239	童子敏 \ 1246
朱景云 \ 1230	张恂厚 \ 1239	王以珍 \ 1247
胡煜堂 \ 1231	尚廷兰 \ 1239	董尚忠 \ 1247
民国 \ 1232	艾如兰 \ 1239	成东晓 \ 1247
傅斯侨 \ 1232	冀 澜 \ 1239	
叶嗣高 \ 1232	张 洲 \ 1240	**阳谷**
胡沛霑 \ 1233	潘永清 \ 1240	
任香亭 \ 1233	孙敏珩 \ 1240	**汉** \ 1248
王省三 \ 1233	杨云章 \ 1241	赤松子 \ 1248
杨兴臣 \ 1233	车指南 \ 1241	**明** \ 1248
杨盛林 \ 1233	侯如琇 \ 1241	孟光佑 \ 1248
丁饮渭 \ 1234	孟毓琦 \ 1242	任 山 \ 1249
苗纯之 \ 1234	程百里 \ 1242	**清** \ 1251
苗景元 \ 1234	孙联禧 \ 1242	张俊国 \ 1251
孙作舟 \ 1234	王 䎃 \ 1242	于进仁 \ 1251
乔仲乐 \ 1234	朱同科 \ 1242	廉 显 \ 1252
马永胜 \ 1235	黄允中 \ 1243	商 琦 \ 1252
傅采励 \ 1235	宋大本 \ 1243	商联芳 \ 1252
梁敬轩 \ 1235	宋 茹 \ 1243	商君平 \ 1252
	黑华阳 \ 1243	刘重任 \ 1252
	徐延旭 \ 1244	谢芳邻 \ 1253

孔 镛 \ 1253	路 礼 \ 1263	左帝臣 \ 1273
孟 翰 \ 1253	陈文杰 \ 1263	王 端 \ 1274
吴永和 \ 1254	于宏度 \ 1264	王 琳 \ 1275
胥殿选 \ 1255	崔禧祥 \ 1264	王 献 \ 1275
郝金铎 \ 1255	姜志书 \ 1265	郝学诗 \ 1275
民国 1255	崔衍洁 \ 1265	**清** \ 1278
吴焕章 \ 1255	孙蓝田 \ 1265	于 纯 \ 1278
王 敬 \ 1255	许云汉 \ 1266	于 墦 \ 1278
毛登岭 \ 1255	王思芳 \ 1266	孙世瓒 \ 1278
杜有仁 \ 1256	侯与隆 \ 1266	孙彭年 \ 1279
李守范 \ 1257	韩良俫 \ 1266	念锡荣 \ 1280
李保榘 \ 1257	阎登黉 \ 1266	李华山 \ 1280
谢佑之 \ 1257	李德恒 \ 1267	张耀东 \ 1281
吴鸿慈 \ 1258	李超众 \ 1267	于维祯 \ 1281
王济远 \ 1258		赵景周 \ 1281
魏法堂 \ 1258	**莘县**	于清朗 \ 1282
王淑远 \ 1259		王丰泰 \ 1282
	北魏 \ 1267	李浩然 \ 1282
寿张	王 显 \ 1267	张喜元 \ 1282
	王安上 \ 1267	刘巽南 \ 1283
元 \ 1259	**宋** \ 1270	常焕然 \ 1283
申屠致远 \ 1259	王 素 \ 1270	李森林 \ 1284
明 \ 1262	**明** \ 1273	李世威 \ 1284
隆 庆 \ 1262	戚 恒 \ 1273	**民国** \ 1288
清 \ 1262	李宗俨 \ 1273	王保太 \ 1288
姜之远 \ 1262	王 镛 \ 1273	
王瑞辰 \ 1262	王邦基 \ 1273	**观城**
姜 琢 \ 1263	王 访 \ 1273	
王戒游 \ 1263	常天福 \ 1273	**明** \ 1288
张攀龙 \ 1263	宋治南 \ 1273	姜维叙 \ 1288
张道复 \ 1263	孙文华 \ 1273	王 溥 \ 1289

清 \ 1289
王光隆 \ 1289
王仲房 \ 1290

茌平

晋 \ 1291
贺栾 \ 1291
金 \ 1293
成无己 \ 1293
明 \ 1294
朱爵 \ 1294
清 \ 1296
常大勋 \ 1296
孙锦裳 \ 1296
单振泗 \ 1297
李荣湄 \ 1298
王光瑞 \ 1298
李泗泉 \ 1298
王文魁 \ 1298
马守维 \ 1299
崔继之 \ 1299
吴传筎 \ 1300
周乐毅 \ 1300
朱名立 \ 1301
姚长龄 \ 1301
崔麟阁 \ 1301
王大宽 \ 1301
李玉瑶 \ 1302
李益傅 \ 1302
李延庆 \ 1302

李凤城 \ 1302
赵玉成 \ 1302
郭洵 \ 1303
孟广乐 \ 1303
刘同福 \ 1303
邹湘皋 \ 1303
马氏 \ 1304
路氏 \ 1304
孙氏 \ 1304
梁方 \ 1304
张勔 \ 1305
张洁 \ 1305
马瀛 \ 1305
纪好贤 \ 1305
纪仁山 \ 1306
赵瑞峰 \ 1306
刘松峰 \ 1306
张月丹 \ 1306
刘廷楷 \ 1306
黄张氏 \ 1306
张丁氏 \ 1306
张印中 \ 1306
李金氏 \ 1306
金石氏 \ 1306
张士选 \ 1307
吴体元 \ 1307
苗香谷 \ 1307
刘殿潘 \ 1308
崔道远 \ 1308
杨修恒 \ 1308
董衍昶 \ 1309

李廷维 \ 1309
李庭菊 \ 1309
民国 \ 1310
刘翼臣 \ 1310
王莲绍 \ 1311
崔式友 \ 1311
焦桂林 \ 1312
周之桢 \ 1312
李义传 \ 1312
姜春轩 \ 1313
张廷桢 \ 1313
姚延化 \ 1313

博平

清 \ 1314
王疏附 \ 1314
胡芸亭 \ 1314
祁金门 \ 1314
谢锡龄 \ 1315

东阿

元 \ 1315
李元 \ 1315
张敏 \ 1316
明 \ 1317
吴南阳 \ 1317
许道先 \ 1318
秦柏 \ 1319

清 \ 1321

周光岳 \ 1321
孙成五 \ 1322
殷　杰 \ 1322
刘宗华 \ 1322
房甲山 \ 1323
刘桂林 \ 1323
刘廷援 \ 1323
陈守中 \ 1324
张东庆 \ 1324
阎应华 \ 1324
辛景云 \ 1324
刘德修 \ 1325
周茂爵 \ 1325
高嘉谕 \ 1325
李守业 \ 1325
秦国治 \ 1326
秦兆燧 \ 1326
周茂桐 \ 1326
周庆南 \ 1326
高德安 \ 1326
宋希尧 \ 1326
王道南 \ 1327
张岱阳 \ 1327
雷　氏 \ 1327
刘凤城 \ 1327
于家朴 \ 1328
张永立 \ 1328
陈锡璋 \ 1328

民国 \ 1328

谢功严 \ 1328
李学勤 \ 1329
田兆嵩 \ 1329
贺春池 \ 1329
曲传岱 \ 1330

冠县

北魏 \ 1331

李　修 \ 1331
李　亮 \ 1331

清 \ 1333

李文耕 \ 1333
王维宗 \ 1333
钱用桂 \ 1333
潘廷槐 \ 1334
王天祐 \ 1334
王兆熊 \ 1335
张　赐 \ 1335

民国 \ 1336

张之和 \ 1336
张瑞生 \ 1336
张跃普 \ 1336
张秀玉 \ 1336
么凌云 \ 1336
么仲魁 \ 1336
徐寅清 \ 1336
张辉璞 \ 1337
白玉堂 \ 1337

王登明 \ 1337
刘树棠 \ 1337

高唐

宋 \ 1338

张　逊 \ 1338
张　质 \ 1340

明 \ 1342

姜　广 \ 1342
麻东辉 \ 1343
徐启元 \ 1345
孙之普 \ 1345
黄家相 \ 1345
黄应坤 \ 1345
许以溥 \ 1346
道　瑃 \ 1346

清 \ 1347

金大韶 \ 1347
李凤珍 \ 1348
林万全 \ 1348
许应聘 \ 1348
杨　偲 \ 1349
曹梦沬 \ 1349
许以涟 \ 1349
姚本源 \ 1349
于崇礼 \ 1350
刘篆昌 \ 1350
王　珩 \ 1350
杜思颖 \ 1350

张凤鸣 \ 1350	唐占鳌 \ 1357	徐荫棠 \ 1369
王蕡实 \ 1350	唐全昌 \ 1357	马荣臣 \ 1369
王静轩 \ 1351	陈宗器 \ 1357	史公道 \ 1370
于克明 \ 1351	窦学敏 \ 1357	童仁发 \ 1370
孔广珂 \ 1351	窦振翰 \ 1357	张凤梧 \ 1370
王汝勤 \ 1352	王宇熙 \ 1358	王元仲 \ 1371
杨冠军 \ 1352	冯毓松 \ 1358	马绍熹 \ 1371
王又铎 \ 1352	刘炳章 \ 1358	李万春 \ 1371
侯九泽 \ 1352	孟昭瑞 \ 1358	王青烈 \ 1372
张 曾 \ 1353	张承祖 \ 1358	王福锡 \ 1372
石圻之 \ 1353	刘凤鸣 \ 1358	于芳梓 \ 1372
姚延福 \ 1353	刘月华 \ 1359	姜玉麟 \ 1373
朱崇勋 \ 1354	刘同春 \ 1359	胡碧峰 \ 1373
民国 \ 1354	刘清溪 \ 1359	刘毓岐 \ 1373
张 敏 \ 1354	于东序 \ 1359	刘充成 \ 1373
张金鉴 \ 1354	于东庠 \ 1359	贾复成 \ 1374
张凤选 \ 1354	郭秉春 \ 1359	盛玉柱 \ 1374
许鸿年 \ 1355	庞德藩 \ 1360	王殿元 \ 1374
李凌云 \ 1355	王玉璠 \ 1360	王太平 \ 1374
张鸿杰 \ 1355		赵玉魁 \ 1374
华廷扬 \ 1355	**清平**	张士魁 \ 1375
冯玉山 \ 1355		张景洲 \ 1375
冯立堂 \ 1355	唐 \ 1360	路 氏 \ 1375
韩炳文 \ 1356	吕 才 \ 1360	丁 氏 \ 1375
张汝砺 \ 1356	**元** \ 1366	**民国** \ 1375
高大猷 \ 1356	田好礼 \ 1366	张塏铨 \ 1375
徐景皋 \ 1356	**清** \ 1367	孙廷俊 \ 1376
唐桂亭 \ 1357	金檍春 \ 1367	石兰霭 \ 1376
唐云凤 \ 1357	董序英 \ 1368	马玉琛 \ 1376
唐文光 \ 1357	吕军功 \ 1368	

滨州

滨州

明 \ 1378
周宗岳 \ 1378
清 \ 1379
杜 㻑 \ 1379
杜述先 \ 1379
萧文杰 \ 1380
薛为惠 \ 1380
民国 \ 1380
赵洪杰 \ 1380
毛云鸿 \ 1380
丁 润 \ 1381

蒲台

金 \ 1382
刘志坚 \ 1382
郭志空 \ 1383
清 \ 1384
王 洵 \ 1384
民国 \ 1385
杨建芝 \ 1385
赵鸿杰 \ 1385
房彭龄 \ 1386
李汉之 \ 1386
李大松 \ 1386
李建邦 \ 1386
李西林 \ 1386
孙冠甲 \ 1386
李树桐 \ 1386

惠民

明 \ 1387
刘 祜 \ 1387
李牲麟 \ 1387
清 \ 1389
李景尧 \ 1389
李本桂 \ 1389
张梓生 \ 1390
钟振鹭 \ 1390
李春田 \ 1390
高昌楣 \ 1391
魏肇祥 \ 1391
赵本诚 \ 1391
闫玉昆 \ 1391
闫步桥 \ 1391
李中范 \ 1392
袁毓棻 \ 1392
高昌枢 \ 1392
俎承熏 \ 1393
攻玉庆 \ 1393
攻梯云 \ 1393
王福琛 \ 1393
周生玫 \ 1393
冯延庆 \ 1394
冯培元 \ 1394
李问圣 \ 1394
刘继勋 \ 1394
刘如会 \ 1394
刘如恩 \ 1394
刘如元 \ 1394
民国 \ 1395
熊立章 \ 1395
杨玉珂 \ 1395
刘日起 \ 1395

阳信

晋 \ 1396
石 垣 \ 1396
李道空 \ 1396
唐 \ 1397
牛天齐 \ 1397
明 \ 1398
曾 砺 \ 1398
唐甲第 \ 1399

马三登 \ 1399	王心一 \ 1418	张彭龄 \ 1427
马先幸 \ 1401	褚凤年 \ 1418	孙在封 \ 1427
任南峰 \ 1402	毛宗孔 \ 1418	张应奎 \ 1427
司 轲 \ 1403	毛廷玺 \ 1418	夏溪清 \ 1427
刘梦松 \ 1403	王 恺 \ 1419	窦廷柱 \ 1428
毛 晔 \ 1405	温行时 \ 1420	王生烨 \ 1428
毛如琚 \ 1405	朱观海 \ 1420	崔 渡 \ 1428
普 明 \ 1405	范镇西 \ 1420	杨立本 \ 1428
杨云松 \ 1405	张西圃 \ 1420	王锡成 \ 1429
清 \ 1406	褚本经 \ 1420	史燕翔 \ 1429
刘新国 \ 1406	李佩玺 \ 1421	刘 佺 \ 1429
刘泗澜 \ 1406	李晋祺 \ 1421	马载阳 \ 1429
张文星 \ 1408	谷芳甸 \ 1422	王振南 \ 1430
朱正谊 \ 1409	劳熙春 \ 1423	张广思 \ 1430
马素闲 \ 1410	郑作文 \ 1423	赵清之 \ 1430
陆 参 \ 1410	车希庭 \ 1423	尹圆长 \ 1430
朱崇英 \ 1411	朱之能 \ 1423	丁艺斋 \ 1431
刘兆晞 \ 1412	田丰硕 \ 1423	项子材 \ 1431
刘 曾 \ 1412	张怀珍 \ 1424	**民国** \ 1431
李掌圆 \ 1413	宋士杰 \ 1424	毛立政 \ 1431
史安宅 \ 1415	李春泰 \ 1424	韩树棠 \ 1432
文清澜 \ 1415	刘殿邦 \ 1424	毛继丰 \ 1432
姚振声 \ 1415	张登鳌 \ 1425	韩 健 \ 1433
李如桂 \ 1415	朱奎照 \ 1425	张锦庭 \ 1434
刘桐峨 \ 1416	岳 秀 \ 1425	于洪亮 \ 1434
陈士杰 \ 1416	万长江 \ 1425	李长河 \ 1434
刘永椿 \ 1416	文道长 \ 1426	
吴召棠 \ 1417	王廷杰 \ 1426	**无 棣**
劳禧长 \ 1417	王作霈 \ 1426	
张广忠 \ 1417	刘文焕 \ 1426	**明** \ 1435
杨安普 \ 1418	刘香亭 \ 1426	杨 巍 \ 1435

清 \ 1444

姜笠村 \ 1444
王尔梅 \ 1445
李汝谋 \ 1445
李鄂林 \ 1445
张　镇 \ 1446
刘曰诚 \ 1446
刘万青 \ 1446
刘云峰 \ 1447
刘怀东 \ 1447
李　传 \ 1447
刘　湘 \ 1448
于浦泽 \ 1448
黄宗度 \ 1448
王云峰 \ 1448
王三义 \ 1449
吴重惠 \ 1449
孟繁第 \ 1449
张云岫 \ 1450
杨师铭 \ 1451
杨宜壎 \ 1451
刘从圣 \ 1451
杨宝田 \ 1451
王　伟 \ 1451
姜国垣 \ 1452
姜庆阳 \ 1452
王延熙 \ 1452
刘　氏 \ 1452
王　勉 \ 1452
王纶锡 \ 1453

民国 \ 1453

孙兆蓉 \ 1453
李德新 \ 1454
牛兴三 \ 1454

沾化

明 \ 1454

李　芝 \ 1454
王明重 \ 1455
王　嶙 \ 1455
刘一诚 \ 1456

清 \ 1456

沈文崧 \ 1456
孙荫孙 \ 1457
范　峻 \ 1458
李淑甲 \ 1458
徐之薰 \ 1459
吴尔煦 \ 1460
王金策 \ 1460
耿寿增 \ 1461

民国 \ 1461

花秀廷 \ 1461
姜奎阁 \ 1461

博兴

明 \ 1462

刘之沂 \ 1462
顾　桂 \ 1463

清 \ 1464

顾士姜 \ 1464
张汝夔 \ 1464
袁登先 \ 1464
李士赓 \ 1465
刘宗健 \ 1465
朱东园 \ 1465
许慎行 \ 1465
赵文栋 \ 1467
张友桂 \ 1467
张立功 \ 1467
张立言 \ 1467
阎化龙 \ 1468
侯秉健 \ 1468
侯继富 \ 1468
赵大经 \ 1468
安寿椿 \ 1469
贾天俊 \ 1469
李　桐 \ 1469
许振声 \ 1469
郑皞如 \ 1470
柳荫溪 \ 1470
柳椿龄 \ 1470
张冠贤 \ 1470
张春园 \ 1470
赵廷训 \ 1471
赵荫榕 \ 1471
王乃文 \ 1471
王鸿年 \ 1471
王锡蒲 \ 1471
杜兰芳 \ 1471

王振渠 \ 1472
路同龄 \ 1472
戴中才 \ 1472
戴蓂阶 \ 1472
戴中伦 \ 1473
陈菜九 \ 1473
陈曰让 \ 1473
王震吉 \ 1473
赵玉选 \ 1473
崔光禄 \ 1474
民国 \ 1474
魏儒正 \ 1474
魏纯讷 \ 1474
卢之垮 \ 1476
王士珠 \ 1476
崔星舫 \ 1477
肖世金 \ 1477
许连三 \ 1477

邹平

元 \ 1478
安宅 \ 1478
明 \ 1481
张延登 \ 1481
李镇 \ 1488
刘霆 \ 1489
清 \ 1489
吴思恩 \ 1489
张进学 \ 1489
韩毓秀 \ 1490

王方琳 \ 1491
王君佩 \ 1491
王方义 \ 1491
李廷环 \ 1492
刘丙南 \ 1492
成瑾 \ 1492
李树元 \ 1498
李绍宗 \ 1498
崔继祥 \ 1498
马文魁 \ 1498
冯玉书 \ 1499
王凤诏 \ 1499
王守典 \ 1499
王守亮 \ 1499
袁大宣 \ 1500
民国 \ 1500
王毓桐 \ 1500
赵聘三 \ 1501
王乐之 \ 1502

长山

明 \ 1503
石大夫 \ 1503
王廷扬 \ 1504
清 \ 1505
于秉雍 \ 1505
于允宏 \ 1505
王廷俊 \ 1505
樊中梅 \ 1506
王衍霖 \ 1506

石予眉 \ 1507
沈萃 \ 1507
赵文松 \ 1508
方狮山 \ 1508
于湜 \ 1508
石方宠 \ 1508
国象周 \ 1509
赵象鹏 \ 1509
张来宪 \ 1509
李长泰 \ 1509
董如威 \ 1510
牛梦卜 \ 1510
马桐芳 \ 1510
袁恩诏 \ 1513
李震甲 \ 1514

齐东

明 \ 1515
乔钫 \ 1515
乔文崇 \ 1515
清 \ 1515
郭时中 \ 1515
赵殿 \ 1515
郭一麟 \ 1515
张本 \ 1515
吴世彤 \ 1516
王道南 \ 1516
边宗甦 \ 1516
孙起献 \ 1516
赵清芳 \ 1517

杨乃骅 \ 1517	李　坪 \ 1519	李梅山 \ 1520
杨兴礼 \ 1517	李钱龄 \ 1519	路立峰 \ 1520
赵廷栋 \ 1518	李炳勋 \ 1519	仇毓藻 \ 1520
张景贵 \ 1518	**民国** \ 1519	马登泰 \ 1521
张书田 \ 1518	黄春煦 \ 1519	范贞光 \ 1521
张会宽 \ 1518	边子申 \ 1520	

菏泽

菏泽

明 \ 1524	何迥生 \ 1528	冯　郎 \ 1532
薛鹏升 \ 1524	刘慎友 \ 1528	
刘　震 \ 1524	谷维寅 \ 1528	**曹县**
刘　塘 \ 1524	孙省三 \ 1528	
刘　绅 \ 1524	王柱峰 \ 1529	**夏** \ 1533
刘好学 \ 1524	尚子登 \ 1529	伊　尹 \ 1533
曹　愨 \ 1524	尚锡爵 \ 1529	**宋** \ 1537
丁秉节 \ 1524	张　溥 \ 1529	任中师 \ 1537
楚　煌 \ 1524	邓凤泰 \ 1529	黄冠道人 \ 1540
黄　文 \ 1524	程　潼 \ 1530	**明** \ 1541
王　绍 \ 1525	**民国** \ 1530	胡　进 \ 1541
清 \ 1526	朱允治 \ 1530	侯　铎 \ 1541
姚文焕 \ 1526	李绍仙 \ 1530	侯　山 \ 1541
姚桂芳 \ 1526	韩化溥 \ 1531	侯　鉴 \ 1541
萧理存 \ 1526	李继昌 \ 1531	梁　裕 \ 1541
李天锡 \ 1526	韩　渭 \ 1531	管　铉 \ 1541
	王端智 \ 1531	岳宗岱 \ 1541
	赵润普 \ 1531	王尚信 \ 1541
郭民望 \ 1527	赵映斗 \ 1531	朱　坊 \ 1541

刘静修 \ 1541	曾传谟 \ 1550	刘衍刚 \ 1561
王　仕 \ 1542	**民国** \ 1550	李枚卜 \ 1561
朱惟肖 \ 1542	张东淼 \ 1550	揭廷绍 \ 1562
张一中 \ 1543	曾伦元 \ 1551	古震宇 \ 1562
清 \ 1543	万树德 \ 1551	刘尹甫 \ 1562
吕成龙 \ 1543	贾文安 \ 1551	刘光宇 \ 1562
朱毓秀 \ 1544	陈士纯 \ 1551	董延正 \ 1563
沙应元 \ 1544		朱　珵 \ 1563
王尧天 \ 1544	**单 县**	
焦宏谟 \ 1544		**成 武**
韩复常 \ 1544	**唐** \ 1552	
陈　讷 \ 1544	陈子春 \ 1552	**明** \ 1564
董　兰 \ 1544	**宋** \ 1553	宋良弼 \ 1564
李　珣 \ 1544	甄栖真 \ 1553	郭　浩 \ 1564
谢际泰 \ 1545	**明** \ 1556	杨　暹 \ 1564
王士鹤 \ 1545	喻言慎 \ 1556	郭　璞 \ 1564
张金堂 \ 1546	朱王佐 \ 1557	李　潭 \ 1565
韩志杰 \ 1546	**清** \ 1558	**清** \ 1565
袁宗瑜 \ 1546	郭鸿嘉 \ 1558	邵时荐 \ 1565
王景圣 \ 1547	卢　铸 \ 1559	学鸣皋 \ 1566
王培薰 \ 1547	黄　捷 \ 1559	徐安仁 \ 1566
王如彭 \ 1548	黄梦斗 \ 1559	徐思信 \ 1566
李　格 \ 1548	谢柳东 \ 1559	于　祀 \ 1567
郭逸翮 \ 1548	李迈基 \ 1560	刘毓通 \ 1567
董揆一 \ 1548	刘春峰 \ 1560	刘毓泰 \ 1567
董玉琤 \ 1548	王守藩 \ 1560	张于魏 \ 1567
朱伯琴 \ 1548	张有庆 \ 1560	刘世醒 \ 1569
司嘉宾 \ 1549	张允庄 \ 1560	**民国** \ 1569
李贤举 \ 1549	吴贞祉 \ 1561	傅朝宪 \ 1569
练秉礼 \ 1549	刘圣则 \ 1561	康心俭 \ 1570
韩惠兆 \ 1549	王敬与 \ 1561	马文炳 \ 1571

王印华 \ 1571
田进宝 \ 1571
孙 爽 \ 1571
刘云章 \ 1571

巨野

宋 \ 1573
李端懿 \ 1573
元 \ 1575
王安仁 \ 1575
何汝楫 \ 1575
董 谦 \ 1575
马 彦 \ 1575
潘 亨 \ 1576
王国宾 \ 1576
平 贞 \ 1576
明 \ 1576
姚 崑 \ 1576
姚 默 \ 1576
张世瑢 \ 1577
姚 宏 \ 1578
清 \ 1578
姚学甲 \ 1578
向天衢 \ 1580
李执礼 \ 1580
王悦峰 \ 1581
解 灼 \ 1581
樊华岭 \ 1581
刘有年 \ 1581
樊龙升 \ 1581

王贵卿 \ 1582
高毓戡 \ 1582
蔡登瀛 \ 1582
杜韵珂 \ 1582
黄汝勉 \ 1582
朱恒勉 \ 1582
宁光灿 \ 1583
程作黻 \ 1583
姚来旬 \ 1583
高继颜 \ 1583
吴瑞占 \ 1583
韩郁邑 \ 1584
毕毓枋 \ 1584
吴克慎 \ 1584
李氏鲤 \ 1585
韩理经 \ 1585
韩华竹 \ 1585
韩建规 \ 1585
韩康武 \ 1585
姚家绪 \ 1585
黄自省 \ 1585
毕大安 \ 1586
田生槐 \ 1587
李玉堂 \ 1587
戚学中 \ 1587
蔡志敏 \ 1587
姚学瑛 \ 1587
民国 \ 1588
李葆真 \ 1588
张东思 \ 1588
田庆弟 \ 1588

毕于兰 \ 1588

郓城

明 \ 1589
王遵职 \ 1589
侯应麒 \ 1590
清 \ 1590
周宗正 \ 1590
张士然 \ 1590
符 合 \ 1590
仝云集 \ 1591
郑 腾 \ 1591
张腾鸿 \ 1591
李 玠 \ 1591
王 凝 \ 1591
张文忠 \ 1591
李志盛 \ 1592
张再良 \ 1592
颜承典 \ 1592
马占甲 \ 1592
杨 显 \ 1592
杨 合 \ 1592
张志贤 \ 1593
王宏嗣 \ 1594
刘颖滨 \ 1594
刘慎言 \ 1594
李世逸 \ 1594
褚慎术 \ 1595
董树荣 \ 1595

民国 \ 1595
于念典 \ 1595
龚怡汉 \ 1595

定陶

唐 \ 1596
孙迥璞 \ 1596
明 \ 1599
李舒芳 \ 1599
清 \ 1601
曹滕 \ 1601
沈洪泽 \ 1601
李维茂 \ 1601
朱珣 \ 1601
曹恒新 \ 1601
李本盛 \ 1601
阎鼎铭 \ 1602
刘高仲 \ 1602
曹蕴铢 \ 1602
朱见龙 \ 1602
潘道 \ 1603
黄俊 \ 1603
齐景巘 \ 1604
齐文藻 \ 1604
齐文管 \ 1604
潘建 \ 1604
卢清健 \ 1604
李宪典 \ 1604
牛启笃 \ 1605
杜凤岐 \ 1605

刘秀世 \ 1605
吕德桎 \ 1605
民国 \ 1606
李方华 \ 1606
李继增 \ 1606
李西贤 \ 1606
李景 \ 1607
李营禄 \ 1607
李营福 \ 1607
李振铎 \ 1607
李雷波 \ 1607
李玉璞 \ 1607

鄄城

唐 \ 1608
杜鹏举 \ 1608
崔沔 \ 1608
萧亮 \ 1608
元 \ 1619
周文胜 \ 1619
明 \ 1620
辛宽 \ 1620
吕希端 \ 1620
周显宗 \ 1620
冯淳 \ 1621
许朴 \ 1621
高升学 \ 1622
张联芳 \ 1622
李先芳 \ 1623

清 \ 1632
王一豸 \ 1632
南国垣 \ 1632
苏光颐 \ 1633
李主中 \ 1633
李主和 \ 1633
孙格 \ 1634
霍润 \ 1635
许琬 \ 1635
苏垺 \ 1635
李会霖 \ 1635
范越州 \ 1636
王绪 \ 1637
卢振铎 \ 1637
高金城 \ 1637
南贤举 \ 1637
毛佩萱 \ 1638
杨毓芬 \ 1638
周若兰 \ 1638
张抡才 \ 1638
张梦梅 \ 1638
李步瀛 \ 1639
于朝干 \ 1639
刘进才 \ 1639
宋灿芳 \ 1639
刘永安 \ 1640
王居仁 \ 1640
贾理成 \ 1640
彭守礼 \ 1641
彭伯祥 \ 1641
南岳 \ 1641

民国 \ 1643	慧　通 \ 1661	穆方苞 \ 1666
张萝花 \ 1643	僧　录 \ 1662	穆鸿章 \ 1666
周武典 \ 1644	**清** \ 1663	领一斑 \ 1666
王文典 \ 1644	高廷桢 \ 1663	穆典章 \ 1666
石远来 \ 1644	何允升 \ 1664	勾复华 \ 1667
	何三元 \ 1664	张　氏 \ 1667
东 明	何永清 \ 1664	油梦卜 \ 1667
	何祥居 \ 1664	**民国** \ 1668
唐 \ 1645	何系苞 \ 1664	李　翼 \ 1668
李　勋 \ 1645	何系易 \ 1664	蔡普庆 \ 1668
明 \ 1659	何喜亭 \ 1664	
东海孔道人 \ 1659	刘丕显 \ 1665	**参考书目** \ 1669
江百福 \ 1660	刘金鉴 \ 1665	**人名索引** \ 1705
朱清冷 \ 1661	刘言恕 \ 1665	**医著索引** \ 1767

济南

历 城

宋

◎ 徐 遁 ◎

徐遁，字正权。齐州秀才。石介之婿也，亦受学于介。少尝学医，疗病有精思。有单骧者，以医名于当时。言：三焦有形质可见，王叔和"有脏无形"之说，非也。苏辙为齐州从事，尝为遁述骧之言。遁喜曰：齐尝大饥，群凶相脔割而食，有一人皮肉尽而骨脉存者，遁以学医，故往观其五脏，见右肾下有脂膜如手大者，正与膀胱相对，有二白脉自其中出，夹脊而上贯脑，意此即导引家所谓夹脊双关者，而不悟脂膜如手大者之为三焦也。骧之言与所见悬合，可以正今人之谬矣。遁又尝为祭闵子文，为辙所称据欧阳修《石徂徕先生墓志》及苏辙《栾城集》《龙川略志》。

[乾隆《历城县志》卷四十六《方伎》]

徐正权溪亭

苏辙题《徐正权秀才城西溪亭》诗：竹林分径水通渠，真与幽人作隐居。溪上路穷惟画舫，城中客至有罾鱼。东来只为林泉好，野外从教簿领疏。不识徂徕石夫子，兼因女婿觅遗书自注：徐生，石介女婿也。《栾城集》。

按：子由《龙川略志》云：予为齐州从事，有举子徐遁者，石守道之婿也。少尝学医，疗病有精思。则正权即遁也。据欧阳公《徂徕先生墓铭》，遁为先生门人。意遁之于先生，如李汉之于昌黎乎！子由复有《次韵徐正权谢示闵子庙记及惠纸》诗云：西溪秋思日盈笺，幕府拘愁学久骞。记庙终惭无好句，酹坟犹喜有前篇自注云：生先作《祭闵子文》。屏除笔砚真良计，写寄交游畏妄传。吴纸赠君君莫怪，耕耘废罢有闲田。详此，则遁之文学必有足称者，不独精于医也。

[乾隆《历城县志》卷十五《亭馆》]

溪亭，《县志》云：苏子由有《题徐正权秀才城西溪亭》诗，自注：徐生，石介女婿也。按：子由《龙川略志》云：予为齐州从事，有举人徐遁者，石守道之婿也。少尝学医，疗病有精思。则正权即遁也。据欧阳公《徂徕先生铭》，遁为先生门人。意遁之于先生，如李汉之于昌黎乎！子由复有《次韵徐正权谢示闵子庙记及惠纸》诗。俱见《艺文》。

[道光《济南府志》卷十一《古迹》]

徐遁，字正权。齐州秀才，石介之婿也。受学于介。少尝学医，精思疗病。有单骧者以医名，尝言：三焦有形质可见，王叔和"有脏无形"之说，非也。苏辙为齐州从事，为述骧言。遁喜曰：齐大饥，群凶脔割而食，有一人皮肉尽而骨脉存，遁往观其五脏，见右肾下有脂膜如手大，与膀胱相对，有二白脉自其中出，夹脊而上贯脑，意此即导引家所谓夹脊双关者，而不悟脂膜如手大者之为三焦也。骧言与所见合，可以正今人之谬。遁尝为《祭闵子文》，为苏辙所称。

[道光《济南府志》卷六十一《方伎》]

徐遁（生卒年不详），字正权。北宋齐州人。北宋时齐州学风甚浓。"徂徕先生"石介出于范仲淹门下，与欧阳修同年进士，曾任国子监直讲，后在泰山建书院，聚徒教授。徐遁是石介的入室弟子，又是他的乘龙快婿。其家住齐州城西，建"溪亭"为居。苏辙在齐州任掌书记时与徐遁交好，曾为他的溪亭题诗。后人认为李清照《如梦令》中的"常记溪亭日暮"之"溪亭"，即是指徐遁的故居。

徐遁自幼习医，医术高明。欧阳修的《石徂徕先生墓志》及苏辙的《栾城集》《龙川略志》记载有关徐遁的一件轶事：某年齐州发生大饥荒，人相食，有一人皮肉被食尽而骨脉尚存。徐遁专程前往探视。只见那人右肾下有一手掌大的脂膜，正与膀胱相对，有二白脉自脂膜出沿脊背上贯至脑。徐遁知道白脉即夹脊双关，却不解如掌大小脂膜为何物。后来苏辙某次偶然提到当时名医单骧曾提出"三焦有形可见"，徐遁联系当日所见，恍然大悟：脂膜即为"三焦"。徐遁不由大喜过望，单骧之言与他亲眼所见相吻合，据此可纠正时人认同的王叔和的"有脏无形"说。

[《济南市志》第十八卷《人物传》]

元

◎ 姚 贵 ◎

姚氏先茔

张养浩《济南姚氏先茔碑铭》：姚，虞舜之胤也。舜生姚墟，子孙因其地以氏也。春秋郑大夫勾耳、汉谏大夫平、唐梁国公崇、宋太尉麟，其族之尤著者也。国初有讳成者，拳勇间骑射，繇避金末乱，自宁海来毫懿，瓦合于俗，人未之奇也。一日，群行郊外，一人持弓矢夸众，公缩缩若无能也。俄而，三兔歘起丛薄间，弓者射不能一。公取其弓，连三蒇三中，众始讶其能武也。后至济南，二州民恃为扞援，聚而从者几千人，公弗能止也。因晓众曰：我汉人也，材微势孤，将不能汝庇，万一为人疑，是公等反祸我也。闻今燕只国王中朝贵胄，甚德而度，可往归也。遂率其众见之。王喜甚，承制署军民元帅。寻闻于上，锡以金符，旌其忠也。未几，朝廷黜减诸侯王官属，遂归其符节，合族退归邹平之厓镇。或恻其中废，公处之怡然也。后因占名□济南，以天年终。娶赵氏。三子，讳贵者其长，讳德、讳义者其季也。贵事东诸侯张宏，为郎君。郎君者，当时亲近之称也。侯爱其沉默淳懿，信任之，人莫能间也。居尝远货利，友二季，极和孺，周亲属贫及人急，出所有不计也。由是乡党一辞曰：姚郎君，善人也，义人也。尝遇一道士，传秘方，疗疮疡，无衰壮，可必其愈也，遂居其药，四方求者不远千里，络绎踵门，虽徒手无不给也。享年八十，卒于里第正寝，实至元某年某月日也……

[民国《续修历城县志》卷二十《陵墓》]

姚贵，成之子。事东诸侯张宏，为郎君。郎君者，当时亲近之官也。宏爱其沉默淳懿，信任之，人莫能间。居尝远货利，友爱二弟，周亲属贫及人急。由是乡党一辞曰：姚郎君，善人也，义人也。尝遇一道士，传秘方，疗疮疡，无衰壮，可必其愈，遂居其药，四方求者不远千里，络绎踵门，虽徒手无不给。卒年八十。

[道光《济南府志》卷四十八《人物四》]

明

◎ 张 雄 ◎

邹袭《修太平寺记略》：济南在城之寺有三，太平寺其一也。山门佛殿翠飞岌立，后有修竹千竿，拂云蔽日，盛夏不知炎暑，为栖佛奥区，都纲至昂之所为也。至正德丁卯（1507）六十余年，风雨震凌，渐至颓圮。德府内官杨玘重修大殿、东廊，本府医官张雄乃语承奉正邓芳启于贤王殿下，即出内帑若干，再修西廊，凡其所居狭者，辟敞者新。经始甲戌（1514）之夏，落成丙子（1516）之秋。故详记之。

[乾隆《历城县志》卷十五《寺观》]

张雄，明代济南人。任职德王府良医所。

[《山东中医药志》第六篇《人物表》]

◎ 尹林菴 ◎

尹林菴，济南人。常（尝）游长白山，遇异人，授以方书，遂洞医理，活人无算。同时，阳信刘梦松、滨州周宗岳从之受学，后皆以医名于世。

[乾隆《历城县志》卷四十六《方伎》]
[道光《济南府志》卷六十一《方伎》]

尹林菴，济南人。常（尝）游长白山，遇异人，授以方书，遂洞医理，活人无算。

[雍正《山东通志》卷三十一《方伎志》]

尹林庵，明代济南人。游邹平长白山，遇异人，授方书，遂洞彻医理，活人甚众，名驰一方。阳信贡生刘梦松师之，尽得其传，后供职德王府良医所。

[《山东中医药志》第六篇《人物表》]
[《中国历代医家传录》]
[《中医人物词典》]

◎ 许 镃 ◎

许邦才，字殿卿。其先枣强人，五世祖伯成迁于县。父镃，字待时。府学生。因母疾，究方书，疾良已……

[乾隆《历城县志》卷四十《文苑》]

◎ 胡嗣廉 ◎

胡嗣廉，明代济南人。供职德王府良医所，校正编次《灵秘十八方加减》一卷。

[《山东中医药志》第六篇《人物表》]

[《中华医学大辞典》]

[《中国历代名医集录》]

清

◎ 李崇华 ◎

李崇华，字美然。幼于城隍庙出家为道士。南门内舜庙，颓圮已久，崇华竭力募修之。复修八里洼石桥，以利行人。道遇癃老饥饿者，必周以钱物。见笼鸟网鱼，必买而放之。善疡科，每施药活人。年八十七卒。卒之夕，有红光移时不散。弟子高正钦，字还虚。持诵道经数十年无间，一日遍辞所知而卒，年七十五庞玉玕录送。

[乾隆《历城县志》卷四十五《仙释》]

李崇华，《历城志》云：字美然。幼于城隍庙出家为道士。南门内舜庙，颓圮日久，竭力募修之。复修八里洼石桥，以利行人。道遇癃老饥饿者，必周以钱物。见笼鸟网鱼，必买而放之。善疡科，每施药活人。年八十七卒。卒之夕，有红光移时不散。

[道光《济南府志》卷六十《仙释》]

李崇华，字美然。清代历城县人。幼年出家为道士，习医术，善疡科，尝施药活人。多义行，凡路遇老弱饥饿者必周以钱物。卒年八十七岁。

[《山东中医药志》第六篇《人物表》]

◎ 刘正岱 ◎

刘正岱，字泰瞻。少孤好学，于书无所不读，以母病久，遂精心学医，医成而母病痊，用是问疾者接踵。正岱不择贫富远近，必徒步往疗之，极贫者或赠以药饵、钱物。布政使王用霖，偶患不语，诸医皆曰中风。正岱后至，诊之曰：非也。乃令一人伪报用霖已擢吏部尚书加宫保，用霖因大笑而语。众问其故，正岱曰：病因恚怒伤肝，闭塞心窍，惟喜可胜怒，固非药物所能疗也。众叹服。其治效多类此。卒年七十有六。

[乾隆《历城县志》卷四十六《方伎》]

刘正岱，字泰瞻。历城人。少孤好学，以母病久，遂精心学医，医成而母病痊，问疾者接踵。不择贫富远近，必徒步往疗之，极贫者赠以药饵。布政使王用霖，偶患不语，诸医皆曰中风。岱诊之，曰：非也。乃令一人伪报已擢尚书加宫保，因大笑而语。众问其故，曰：恚怒伤肝，惟喜可胜怒，非药物所能疗也。卒年七十六。

[道光《济南府志》卷六十一《方伎》]

刘正岱，字泰瞻。清代历城县人。精医术，以医名时。幼年丧父，勤奋好学，于书无不读，因母病，遂潜心学医，心诚术精。治多验，求诊者盈门，接诊不论贫富，出诊不择远近。治贫寒者，或赠以药，或施以钱物。终年七十六岁。

[《山东中医药志》第六篇《人物表》]

◎ 方起英 ◎

方起英，字遇春。义乌人。少孤贫，入山樵苏以奉母，猝遇虎，同行者惊窜，起英独采薪自若，虎注视良久，掉尾去。长读书，能诗，尤精于医，年三十余来县。一妇人，偶病咯血，动作如常。起英诊之，辞不治。未几果殁。一少女子，忽病厥，众以为已死。起英视其面色，曰：是必天癸将至，偶为气郁也。以醋熏之而生。所活人，不可殚述。巡抚岳濬为援例授州同职衔。年六十二卒。著医书数种，皆可传。

[乾隆《历城县志》卷四十六《方伎》]

方起英，先世浙江淳安人。考授州同知。由川塘迁于历城，居仙台三新庄。少孤家贫，樵苏奉母。长涉经史，能诗，试不利，曰：吾遂无济于人乎？乃业医，洞《素》《难》诸书之奥。贫病无力医药者，活之无算。重然诺，急人之急，倾囊倒箧无斧色。僦屋而居，户履常满。浙之客于东，赖以举火者数十人。殁之日，无担石储。生三子，昂其季也。

[道光《济南府志》卷五十三《人物九》]

方起英，字遇春。义乌人。少孤贫，入山樵苏以奉母，猝遇虎，采薪自若，虎注视良久，掉尾去。精于医，年三十余来至历下。一妇人，偶病咯血，动作如常。诊之，辞不治。未几果殁。一少女子，忽病厥，众以为已死。起英曰：是气郁也。以醋熏之而生。巡抚岳为援例授州同职。卒年六十二。

[道光《济南府志》卷六十一《方伎》]

方起英，字遇春。清代浙江义乌人。官州同知。精医学，政余为民诊治。曾诊治一女子骤病厥，众以为死，方诊为气郁，以醋熏之而愈。善诗文，著述颇丰，多为诗词，医学有《三昧集》。

[《山东中医药志》第六篇《人物表》]

[《中医人物词典》]

[《中国历代医家传录》]

[《中医人名大辞典》]

方起英，历城人。以子昂官赠通议大夫。

[道光《济南府志》卷四十四《封赠》]

方起英，浙江义乌人。以医游济南，遂家焉。有《东园蜀山集》，见《山左诗续钞》。

[道光《济南府志》卷六十二《侨寓》]

《狮山诗钞》四卷据本书，方起英撰。起英有《千秋铎》，见子部医家类。是编有刊本。《隐拙斋集·方狮山诗序》云：方君狮山，盖余向所甄序历城三诗人之一也。君有义行，隐于医，而特工于诗。余初视漕任城，廉得其名；及观察左海，又耳熟焉；既而陈臬沇上，属君已下世，不获见其人，为慨焉太息。因取其诗之尤者百篇刻之。其嗣昂，泺源书院都讲也。歌《鹿苹》以归，哀集父诗，广为四卷。

[宣统《山东通志》卷一百四十五上《艺文志第十·集部·别集》]

◎ 赵 奇 ◎

◎ 赵 正 ◎

赵奇，字建公。居城南三皇庙街。世业农。奇年三十余，晨起，一道士在门乞食，奇欣然具馔。道士曰：感子朴诚，授一术可济世，但勿牟利耳。出疡书一卷，别去。奇遂以外科名。某家一处女，小腹忽肿大而肤色不变，其父母忧之，语传婿家污以有身，欲退婚。有知奇者，延之诊视。奇曰：此小肠痈也，计某日可刺矣。其父告婿家，至期姻眷毕集，奇按穴投针，脓出跃尺许，承以盆，盆盈而腹消，又两月平复。女于归，称佳妇。奇殁，孙正得其术。

正，字秀生。为监运司掾有庄某者，患内痈。正谓：脓已成而地近心，不可刺。庄举家泣曰：不刺必无生理，与其不刺而死，毋宁刺而死也。正择日俾服人参以固气，继用墨记其穴，潜吸冷水，向庄面噀之，针即随之入。盖水被面，惊悸，气上心亦上针，稍迟则伤脏矣。针出脓流，敷药调治百日而瘳。年七十余殁，人多思之。

[乾隆《历城县志》卷四十六《方伎》]

赵奇，字建公。历城人。世业农。年三十余，晨起，一道士在门乞食，奇欣然具馔。道士曰：感子朴诚，授一术可济世，但勿牟利耳。出疡书一卷，别去。奇遂以外科名。有一处女，小腹忽肿大，父母忧之，婿家欲退婚。奇诊视，曰：此小肠痈也，计某日可刺矣。至期，姻眷毕集，奇按穴投针，脓出跃尺余，承之盈盆而腹消，两月平复。女于归，称佳妇。

赵正，字秀生。奇之孙。为盐运司掾有庄某，患内痈。正谓：脓已成而地近心，不可刺。庄举家泣曰：与其不刺而死，不如刺而死也。正择日俾服人参以固气，继用墨记其穴，潜用冷水，向面噀之，针随之入。盖水被面，惊悸，气上心亦上针，稍迟则伤脏矣。针出脓流，敷药调治百日而瘳。年七十余卒，人多思之。

[道光《济南府志》卷六十一《方伎》]

赵奇，字建公。清代济南人。家世代务农。年三十余，一道士至门乞食，奇以美食与之，道士感其诚，赠疡书一卷，奇习之遂通达外科而名于时。

赵正，字秀生。清代济南城南三皇庙街人。祖父奇为外科名医，正承家教，尽得家传，亦善外科。终年七十余岁。

[《山东中医药志》第六篇《人物表》]

◎ 冯应麟 ◎

◎ 潘子云 ◎

冯应麟，前《志》秉仁族弟。任临晋县尉时，县令以催科激变，民聚众围城，声言将劫狱。应麟自出抚慰，众皆帖服。旋擢太谷主簿，委署县事。县俗健讼，应麟听断勤敏，案皆结。大府器之，调入省中，委办案件。有土豪数人伙首赌在某贡生家，历十余官审讯，冤不得伸。应麟隔别鞫之，并讯及贡生家房舍、器具，诸人所对不一，乃大怒曰：众口异词，诬可知矣！立掷之，众遂吐实。凡有疑案，委之立办。升长子县丞，历署徐沟、长治、潞城、沁水、长子等县事，并有能名，以艰归，遂不出。应麟善医，又得针灸法于潘子云老人。居官居里，活人无算。著《余斋遗墨》十四卷、《针灸汇稿》一卷。卒年七十八《府志》并《采访册》。

[民国《续修历城县志》卷三十九《列传一》]

冯应麟，字素亭。清代山东历城县人。官山西省长治县丞。通医术，尤精针灸。著有《余斋遗墨》十四卷、《针灸汇稿》一卷，未刊。

[《山东中医药志》第六篇《人物表》]

[《中医人名大辞典》]

效霞按：《余斋遗墨》，民国《续修历城县志》卷二十三《艺文考二》、宣统《山东通志》卷一百三十六《艺文志第十·子部·医家》均作《余斋医墨》。为保持文献资料的原始性，此处暂作《余斋遗墨》。在《齐鲁医籍辑考》一书中，则作《余斋医墨》。

◎ 王允辉 ◎

王允辉，字蕴之。父广，见《一行传》。允辉，嘉庆六年（1801）进士。官内阁中书，荐升典籍、宗人府主事。戊辰（1808），充会试同考官，升礼部员外郎，擢江南道监察御史。督理街道，性伉爽，不屑屑拘绳墨，守官务尽其职。旧例：京师商人将兴土木，投牒，验可，乃行。左右多缘此需索稽延时日，允辉力除其弊，商人便之。广宁门内，沟渎窒塞，积潦数里。允辉募捐修治之。二十四年（1819），升刑科掌印给事中，巡天津漕务。转礼科，巡视北城，畿辅大水，民多就食，栖流所不能容，乃醵金更辟一区，立章程，严约束，医病者，杂市药物焚之，以避瘟气。其在谏垣也，凡有关朝廷大计，知无不言，如参步军统领司员刑伤致毙以慎民命，查办工部书吏冒销以重帑项，严禁顺天冒籍以杜幸进，特参刑部堂官滥保劣员以肃官常，清查黑龙江凯旋官军携带幼童以恤孤幼，皆得施行。以疾卒于官。

[民国《续修历城县志》卷三十九《列传一》]

王允辉，字蕴之，号邻川。广，季子。嘉庆戊午（1798）举于乡，辛酉（1801）

成进士。官内阁中书，荐升典籍、宗人府主事。充戊辰会试同考官，升礼部员外郎，擢江南道监察御史。督理街道，性伉爽，不屑屑绳墨，守官务尽其职。旧例：京师商人兴土木，投牒，验可，乃行。左右需索甚夥，力除其弊，人甚便之。广宁门内，沟渎窒塞，积潦数里，躬诣列肆，劝捐掘地治之。己卯（1819），升刑科掌印给事中，巡天津漕务。补礼科。癸未（1823），巡视北城，畿辅大水，民多就食，栖流所不能容，乃醵金更辟一区，立章程，严约束，医病者，杂市药物焚之，以避瘟气。其在谏垣也，凡有关朝廷大计，知无不言，如参步军统领司员刑伤致毙以慎民命，查办工部书吏冒销以重帑项，严禁顺天冒籍以杜幸进，特参刑部堂官滥保劣员以肃官常，详查黑龙江凯旋官军携带幼童以恤孤幼，皆得施行。以疾卒于官。

[道光《济南府志》卷五十三《人物九》]

王允辉，字蕴之。历城人。嘉庆六年进士。授内阁中书，升典籍，补宗人府主事，转礼部员外郎，擢江南道御史。督理街道，修治沟渎，积潦以消。升刑科掌印给事中，转礼科。巡视北城，时畿辅罹水患，醵金设厂，以栖流民，立章程，严约束，施医药，民鲜疹疢。在谏垣数年，凡有关国家大计，知无不言，如《劾步军统领司员刑毙民命》《查办工部书吏冒销帑项》《严禁顺天士子冒籍幸进》《纠刑部堂官滥保劣员》诸疏，皆侃侃直言，一时声名大振。以疾卒于官。

[宣统《山东通志》卷一百六十九《人物志第十一·国朝济南府》]

王允辉宅，在洪字廒。

[民国《续修历城县志》卷三十九《故宅》]

◎ 严组璋 ◎

严组璋，字笠樵。父书泰，见《忠烈传》。组璋早岁补诸生，闻父殉临清粤匪之难，奔求父尸不获，痛哭而归。家居奉母，刻苦力学。咸丰八年（1858）举人，以眷录效力神机营，议叙知县，分发安徽，大府器之，委办工程局、芜湖关税务，历署庐江、婺源、石埭、芜湖等县知县，尽心民事，案无留牍，补来安县。来安初经寇乱，百端待理，下车后捐廉修城垣，立书院，办积谷，士民德之。江北素多盗，组璋缉捕严，每率人躬抵巢穴，盗无漏网者。由是，他盗皆遁迹，民间有"严青天"之目。尝语人曰：待百姓宜宽，待隶役宜严。又曰：防署外人易，防署内人难。时以为名言。调补霍邱，兼摄歙县。光绪戊子（1888）、己丑（1889）充江南乡试同考官，所得多知名士。保升直隶州知州，以积劳致疾，遂告归。家居十余年，东抚李秉衡委办广仁善局及因利局，贫民多利赖之。又复倡立文社，整顿义塾，奖掖后进，无微不至，寒畯更设法培植之，士受其惠者，称道弗置。组璋性颖悟，目下十行，博极群书，于医、卜、天文、地理皆究心焉，尤精星学，兼工绘事。晚年以著述自娱，有《增删四书》《益智录》待梓。卒年七十三新《通志》并《家传》。

[民国《续修历城县志》卷四十《列传二》]

严组璋，字笠樵。历城人。咸丰八年第二名举人。屡上春官不第，遂效力神机营，以功叙知县，分发安徽，历署庐江、芜湖、石埭、霍邱，补来安等县知县，尽心民事，案无留牍，所在循声卓著。戊子、己丑科乡试，两充同考官，所得多知名士，荐保直隶州，遂引疾归家居，以著述自娱，有《四书讲义》。兼通医、卜，尤精星学。光绪癸卯（1903）卒。

[宣统《山东通志》卷一百六十九《人物志第十一·国朝济南府》]

严组璋，号笠樵。山东历城人。举人。（同治）十一年（1873）任。

[光绪《庐江县志》卷六《文职》]

严组璋，号笠樵。山东历城人。由举人光绪六年（1880）署。

[民国《重修婺源县志》卷十三《知县》]

◎ 王　获 ◎

王获，字少纬，号稻村。世居浙江会稽，高祖纶翰官东省，遂占籍历城。获早岁补诸生，旋食饩。咸丰十一年（1861），捻匪东窜，会城戒严，获襄办团练，统带团勇，防守东圩。时，石圩尚未修筑，仅土垣数尺，势甚危急。获乃与城北杨家庄八镇团联为声援，贼乘夜来犯，屡击走之。事平，保授兰山县训导。贼犯沂，郡委守北门，贼不得逞。湖广总督李鸿章大兵驻沂，委办淮军前敌军粮局，叙功保知县，以亲老改教授。丁外艰去，服阕，授登州府教授。在任，训迪士子，振兴文教，严惩书役舞弊。时登州美国教堂，因府试士子往游肇衅，应试者麇集，将生事端，郡守知获素得士心，委令往抚慰之。获至，数言立解。大府欲以卓异荐，力辞。光绪十四年（1888），以母忧去任。服阕，授东昌府教授。将至任，以先人遗产让与弟苏，曰：吾以官为家，安用产为？抵任后，训诸生，剔积弊，一如在登时。素精岐黄，求诊者趾错于门，活人无算。在东六年，戊戌（1898）卒于任所据《王氏家传》。

[民国《续修历城县志》卷四十《列传二》]

王获，字少纬，号稻村。清代历城县人。祖籍浙江会稽，高祖纶翰居官山东，遂寄居历城。历任登州府、东昌府教授。素精岐黄术，求诊者，趾错于门，愈疾甚众。

[《山东中医药志》第六篇《人物表》]

王获，历城廪贡。（同治）十二年（1873）九月任。

光绪

王获，俸满复任。

[光绪《增修登州府志》卷二十五《教授》]

◎ 刘正己 ◎

刘正己，字午峰。父登俊，见《方伎传》。正己由增贡历署利津、宁阳训导。容貌质朴，言讷讷不能出口，而见义必为。居会城南关，地当冲要，初未有圩。咸丰初，军事方亟，诸乡老立集义团，推正己任教练，人始有固志。十一年（1861），南匪大至，正己督同防守，伐木补土圩缺，炮毙逆酋一；余贼将复进，正己率丁壮数十缒圩下，潜行沟中；贼望之，疑有伏，乃他窜。城之东南隅最高，堪舆家谓文龙所从入，西国人拟购其地，将有所建筑。正己集同志，执理固争，设义塾焉。又固争泺源书院右偏地，请于桂阳陈中丞，建局曰"广仁"，扬贞烈，恤孤贫，施医药、棺木之属，增义塾十处，筹集巨资，推陈君汝恒主其事，而正己实赞成之。僧邸破贼即墨，拔出难民数千，西行，皆饥惫。正己禀命父兄，出藏豆和盐，煮为食，络绎护归。其为功里间如此。家居事父兄谨，父老病，屎溺、涤濯躬亲之，三四年如一日。母八十余，疽发痛楚，三月不解带。比母卒，哀毁骨立逾年。兄殁，正己亦益衰，盖孝友皆艰苦成之。年六十七卒。正己于妻祖李偁得诗法，承祖、父得医法，奉行团练，襄事其间，览古证今，得兵法。著有《贝邱吟草》《医案》《手绘阵图剑刀枪诸谱》据《友竹草堂文集》。

[民国《续修历城县志》卷四十《列传二》]

刘正己，字午峰。清代济南人。幼习儒术。由增生历署利津、宁阳训导。父、祖父皆业医，出身于岐黄世家，亦知医。事父，有孝行。著有《贝邱吟草》《医案》，未刊。

[《山东中医药志》第六篇《人物表》]

刘正己，《贝邱吟草》《友竹草堂文补集·刘君墓志》，卷未详。

[民国《续修历城县志》卷三十《艺文考·集部二》]

◎ 弭道彰 ◎

弭道彰，字星房。诸生。同治元年（1862）举孝廉方正，授职直隶州州判，分发直隶，历署保定府经历、河工水利同知，以廉洁著闻。后引疾归里，东抚丁宝桢创设尚志堂，延续学之士，肄业其中，道彰与焉。潜志典坟，提要钩玄，《注释通鉴纲目地理》，阅五年而成。尤究心理学，于程、朱、陆、王之书，无不贯通，无门户之见。著有《经济合编》待梓。又精岐黄术，贫乏者悉予诊治，或施药饵，乡人德之。遘疾卒于家弭宗奭录送。

[民国《续修历城县志》卷四十《列传二》]

弭道彰，字星房。清代历城县人。幼习儒业，同治元年举人，授直隶州州判。历署保定府，经办河工水利，以廉洁著称。又精医道。医德高尚，诊治贫困者，尝施舍药物，人感其德。

[《山东中医药志》第六篇《人物表》]

弭道彰，《注释通鉴纲目地理》见《列传》，卷未详。

《经济合编》同上。

[民国《续修历城县志》卷二十二《艺文考·史部》]

◎ 孙建策 ◎

孙建策，字梓芳。前《志》光祀裔孙。少失恃，以孝行闻。年十八，入平阴邑庠，旋食饩。秋闱屡荐不售，光绪元年（1875）举孝廉方正。廷试以教职用，历署乐安训导、滋阳训导，兼理邹县教谕。建策性慷慨，勇于任事。同治以还，匪乱初平，大吏举办地方要政，每以绅为官辅。建策迭奉差委，先后充广仁善局绅董，兼管全节堂、育婴堂、栖流所事务，监放东西关粥厂，办理平粜局，分赴灾区，散放官赈及义赈，均实心任事，劳怨不辞。其修筑滨州北岸长堤一役，多方保全圩墓，尤为土人所感颂。大吏奖其劳，保选缺，后以知县用。尝为泺源书院监院，待士子宽而有制。三十三年（1907）卒于滋阳任所。建策笃嗜春秋，于书无所不读，凡太乙、堪舆、风角、占相、医药无不精，以世少解者，不轻言。著有《客路行吟草》《春日思亲诗》《上元竹枝词》《滨州堤工即事诗》据朱名炤教谕《孙先生传》。

[民国《续修历城县志》卷四十《列传二》]

孙建策，优廪生。光绪元年举孝廉方正，奉旨召用，保和殿御试，养心殿引见，用教职。

[光绪《平阴县志》卷三《荐辟》]

孙建策，平阴孝廉方正。(光绪)二十三年(1897)任。

[民国《乐安县志》卷八《训导》]

◎ 余 羲 ◎

余羲，原名肇桢，字际中，号半亭。父光德，原名法祖，字宪章。原籍浙江山阴人，康熙十五年(1676)以商籍来山东，遂入籍为历城人。羲候选知县，读书博览，于天官、壬遁、释典、道藏以及青紫囊书，无所不习，尤邃于《易》。性好弈，入能品。晚得养生导引之术，偃坐一室，不关户外事，客至则相对围棋、瀹茗清话而已。

[民国《续修历城县志》卷四十一《文苑》]

◎ 钟廷琮 ◎

钟廷瑛，字仲玮，号退庵。前《志》性朴玄孙。资禀颖异，读书过目不忘。弱冠补诸生，旋食饩。乾隆三十五年(1770)举人，壬辰(1772)挑誊录《四库全书》，告成，议叙知县，需次安徽，历署池州通判、泾县知县，所至有声；补黟县，挂吏议，寻得申，以终养告归。善《易》理，尤长于诗。著有《退轩诗录》行世，《文录》四卷、《艺苑小笺》六十卷，待梓。道光十四年(1834)，无疾而终。兄廷琮，字伯莹。乾隆三十六年(1771)副贡。以监修河工，保直隶州州判。精医术，活人无算。尤工诗，著有《寄寄集》待梓。弟廷璋，字叔珏。以岁贡候选训导。性谨饬，癖嗜诗书，兼嗜琴，每逢佳日，辄抚数操以自适。工诗，著有《韩集拾浦》《孤香山房诗草》《金元诗话》等待梓。邃于《易》数，晚年自知死日，以后事属家人。至期，果无疾而卒据周二南《钟退菴先生墓表》及楚家珩采访。

按：《府志·经籍》载廷琮著作，曰：《负薪集》《子丑吟》《燕游草》。

[民国《续修历城县志》卷四十一《文苑》]

钟廷琮，字伯莹。历城人。(乾隆)辛卯(1771)副贡。

[道光《济南府志》卷四十三《国朝贡生》]

《负薪集》《子丑吟》《燕游草》，钟廷琮撰。廷琮，字伯莹，一字翊黄。历城人。乾隆辛卯(1771)副贡。《山左诗续钞》载此三编。及惠民李衍孙"序"云：伯莹缒险抉幽，片语只字不欲寄人篱下，卒归于质厚深醇，无晚季佻巧之习。

《寄寄集》，钟廷琮撰。见《续修县志》稿。

[宣统《山东通志》卷一百四十五上《艺文志第十·集部·别集》]

钟廷琮，《寄寄集》四卷，抄本案：廷琮著有《负薪集》《子丑吟稿》《燕游草》，合抄为《寄寄集》四卷。

李衍孙序《燕游草》略曰：余与伯莹、仲玮兄弟，先世有姻连。甲午春，相晤于都门，余兄事伯莹，仲玮则弟畜也。刻烛联吟，击钵嗣响，未尝少间昕夕。仲玮风华蕴藉，辉映一时，而伯莹缒险抉幽，片语只字不欲寄人篱下，卒归于质厚深醇，无晚季佻巧之习。乙未秋，辑其京輂之作为《燕游草》，而属余序，为述其略如此。

[民国《续修历城县志》卷二十九《艺文考》]

◎ 余 章 ◎

余正酉，字秋门。炯孙。父章，精岐黄，善绘事，耽吟咏。当正酉髫龀时，常于枕上口授唐诗数百首……

[民国《续修历城县志》卷四十一《文苑》]

◎ 侯功震 ◎

侯功震，字百里。世居东北乡洪家园。道光二十九年（1849），与侄维垣同举于乡。善为古文，工诗，著有《囊中集》。兼精痘科，刊有《痘疹大成》行世。居乡排难解纷，夙孚人望。咸丰间，捻匪扰境，功震充团练长，保护乡里，乡人至今称之李焕录送。

[民国《续修历城县志》卷四十一《文苑》]

侯功震，字百里。清代历城县洪家园人。先世本河北枣强人，明初徙山东章丘县，清初继迁历城。生于乾隆五十八年（1793），卒于同治五年（1866）。幼习儒术，道光间举人。中年治医，精痘科。

性情豪爽，胸襟豁达，晚年虽中举，又第而不仕，家贫以教书为业。生平多义举，矜孤恤贫，捐资不惜倾囊，排难解纷，同里自行息讼，忠厚待人，好善乐施。

清代，痘疹流行，侯氏专攻是科，深得治痘要旨。博极群书，采择要言，汇集良方，尽取诸家之所长，力纠各家之所偏。晚岁以济世活人为务。

著有《痘疹大成》四卷，成书于道光二十七年（1847）。清末已三次刊行，首刊于道光二十九年；后经日照许印林氏校勘，于同治十年（1871）再次刊行；光绪二年（1876）三次刊行。首刊本已无觅处，二、三刊本今存。此外，还著有《囊中集》一册，未梓。

侯氏碑志

先君讳功震，字百里。弱冠入邑庠，事亲以孝闻。先祖年届五旬患瘫症，不能自衣，先君日亲奉侍，夜与同寝，八年无稍间断。及先祖寿终，痛不自胜，乃填词一曲，字字血泪，见者莫不感泣，咸以此曲为"孝子传"。家贫以教读为业，凡从学者，俱循循善诱，故及门多成就。课徒之暇，攻苦愈深，乃困于场屋，屡试不售，于是扩其所学，著《囊中集》，诗词皆出性真，实足感化人心，维持世道。且精岐黄，济世活人，复著《痘疹大成》，竭数十年心血，始得成编，刊布四方，保全孩幼无算。著劝世文，各处传观，识者咸谓与阴骘文相埒。迨中年以后，善事尤多。乡间被牧放营马之害，先君曰：青苗者民食攸赖，如此蹂躏，民何以堪？乃具禀县尊，请示勒石严禁。其害遂除，同里均受其益。堰镇旧有土桥，为南北往来通衢，亦为东北乡一带保障，历时既久，半多倾圮，不惟行旅不便，亦且水患堪虞，先君出资，倡率重修。桥既成，适黄水大至，几与桥平，父老因而思曰：若此桥不修，万家皆漂没入海矣！凡此皆昭昭在人耳目者。他如矜孤恤寡，捐资不惜倾囊，排难解纷，同里自然息讼，宽恕以驭仆，忠厚以待人，好善乐施，数十年如一日。年近花甲，始登贤书，说者谓之功德之报也。享稀寿七十四岁，卒于同治丙寅孟冬，生于乾隆五十八年碑在卧牛山西南。

[《山东中医药志》第六篇《传记》]
[《历城文史资料》第十辑《悬壶济世品高望重——清代历城名医侯功震》]
[《济南市志》第十八卷《人物传》]
[《中医人物词典》]

（道光）二十九年己酉

侯功震，字百里。第四十一名。有"传"。

[民国《续修历城县志》卷三十四《举人》]

侯功震，《百里囊中集》一册据本书。是编刊本，首长短句，次诗，次杂文，杂文中又间以北曲，编次颇凌杂无序。末又附传奇四出，托名公万里。盖自写其牢骚也。词有豪气，而造语未工，诗文亦皆率意之作新《通志》。

[民国《续修历城县志》卷三十《艺文考·集部二》]

《百里囊中集》一册据本书，侯功震撰。功震有《痘疹大成》，见子部医家类。是编刊本，首长短句，次诗，次杂文，杂文中又间以北曲，编次颇凌杂无序。末又附传奇四出，托名公万里。盖自写其牢骚也。词有豪气，而造语未工，诗文亦皆率意之作。

［宣统《山东通志》卷一百四十六上《艺文志第十·集部·别集》］

◎ 吴连钦 ◎

吴连钦，字敬斋。张马屯人。业医，有延请者必速赴，病愈不索酬。家贫，事母至孝。同治壬戌（1862），南匪犯境时，连钦母已八十余，不能迁，遂守不去，贼入室，见为其母预置衣衾、棺木颇丰，以为富，逼索金银，削去一耳，且曰：若再言无，必杀汝。连钦知不免，乃曰：容见老母。至堂下，整衣四拜，出遂遇害。一女及笄，投井死；一子怀远，为贼掳去。门人悯之，共捐资立石以表其墓。

［民国《续修历城县志》卷四十三《孝义》］

◎ 张奎光 ◎

张奎光，字灿如。前《志》现子。笃行谊，敦孝友。素精岐黄，合药饵，施粥饭，济世活人，笃于名节。有大僚因病愈酬以八百金，后因公诖误，艰于旅费，奎光返其所赠。某中丞晚年得子，患奇症，投剂而愈，拟酬以科名，奎光正辞谢之，且戒其家人勿就试。乾隆庚寅（1770）春，高宗纯皇帝东巡，奎光年九十，率儿孙曾玄迎道左，恩赏上用缎一匹、龙头杖一枝。子二：绶、绥。孙：良弼、良翰、良玉《府志》。

［民国《续修历城县志》卷四十四《一行》］

张奎光，字灿如。现之子。笃行谊，敦孝友。精岐黄，合药饵，施粥饭，济世活人，笃于名节。有大僚因病愈酬以八百金，后诖误，返其所赠。中丞晚年得子，患奇症，投剂而愈，欲酬以科名，正辞谢之，且使其家人勿就试。乾隆庚寅春，高宗纯皇帝东巡，奎光年九十，率儿孙曾玄迎道左，奉上谕：本日接驾之主簿张奎光年跻九秩，五世一堂，式彰寿字，嘉瑞加恩，赏给上用缎一匹、龙头杖一支。子绥，孙良弼、良玉。

［道光《济南府志》卷五十三《人物九》］

张奎光，字灿如。清代历城县人。生于康熙二十年（1681），卒年不详。为人敦厚，孝行父母，友爱兄弟，精医术，常舍药饵，施粥饭，以济世活人为怀，情操之名称重于时。有大僚因病愈，酬以重金。后大僚因事免职，归乡乏资，奎光则尽返其赠。某巡抚晚年得贵子，患奇症，延奎光诊，投药而愈，拟酬以科名。奎光笃语谢辞，并告家人勿赴试，不慕荣禄。寿九十余岁卒。

[《山东中医药志》第六篇《医林寿星小传》]

◎ 尹文浦 ◎

尹文浦，段店人。家贫，亲老多病，弃儒习医。父喜读，为弟文清延师授读，虽家无升斗，不使辍业，后入泮。自奉极俭，而亲之衣食，必求丰美。父暮年，艰于步履，日负外出游览，以适其志，或用小车辇之。父母俱八十余岁殁。嘉庆二十二年（1817），臬司张额其门曰"孝行可风"《府志》。

[民国《续修历城县志》卷四十四《一行》]

尹文浦，清代历城段店人。幼习儒业，因家贫，父母多病，遂弃儒学医。以孝悌闻，嘉庆二十二年，提刑按察司赠"孝行可风"匾。

[《山东中医药志》第六篇《人物表》]

◎ 杨德亮 ◎

杨德亮，子寅工，号莲溪。诸生。以母多病，殚心于医，遂精其术。事母程氏、继母刘氏、傅氏皆曲意承欢。尝言：大舜、闵子皆能事继母者也，第笃于所生，何足云孝！父大武病，德亮年已六十，将刲其股，子受廷泣谏乃止。性喜施，见义必为，每以医术济人。故有盐肆在他邑，恒赴之，道遇病危者，慨然下车，活之而后行。至盐肆，其土人之求诊者，往来不绝，至使其子若弟代理肆事，强迎之去，不以为厌也。亦不受其馈谢，且相其贫否与药饵资。比其归，土人镌碑颂焉。先世本洪洞人，迁东后，始祖归葬山西，墓久失修，德亮谋于族，毅然独往，置祭田，植树木，属族人管理，时年已六十余，跋涉且二千余里也。年七十二卒《府志》并《杨氏族谱》。

[民国《续修历城县志》卷四十四《一行》]

杨德亮，字寅工，号莲溪。历城庠生。以母多病，殚心于医。事继母，曲意承欢。尝言：大舜、闵子皆能事继母者也，笃于所生，何足云孝？父大武病，时年已六十，将刲其股，子受廷跪而泣，力谏止之。

[道光《济南府志》卷五十三《人物九》]

杨德亮，子寅工，号莲溪。清代历城县人。幼习儒业，母多病，遂弃儒学医。生平以医术济人，善施舍，见义必为，有孝行。卒后乡公建碑志其德。

[《山东中医药志》第六篇《人物表》]

◎ 张 津 ◎

张津，字道梁，号荷村。先世自枣强迁历城。津性坦易，与人交，无城府。从姊适秦氏，老而无子，私积数百金为养老备，独信津，使代权。子母属，勿令人知。姊殁，津往吊毕，出金予其女及嗣子，皆愕然不受，卒与之。幼读岐黄书，谓贫而可以济众者莫如医，遂精其业。延治者，土坑败灶，诊视必谨，全活甚众。著有《点次瘟疫方论注释》，增益多前人所未发。子京业，乾隆五十一年（1786）举于乡，历署上海、青浦知县，有循声《府志》并《采访册》。

[民国《续修历城县志》卷四十四《一行》]

张津，字道梁，号荷村。先世自枣强迁历城。津性坦易，读岐黄书，谓贫而可以济众者莫如医，遂精其业。延治者，土坑败灶，诊视必谨，全活甚众。有《点次瘟疫方论注释》，增益多前人所未发，治之无不效者。

[道光《济南府志》卷五十三《人物九》]

张津，字道梁，号荷村。河北枣强县人，清时徙居历城。幼读岐黄书，尝谓贫而可以济众者莫如医，遂精其业。性坦诚谨慎。著有《点次瘟疫方论注释》，未刊。

[《山东中医药志》第六篇《人物表》]

◎ 王 槐 ◎

王槐，字直三。和厚醇谨，精岐黄，疗病从未受谢，里党称为"仁人"。子二人，孙一人，曾孙二人，玄孙一人，五世同堂。八十九岁卒《续修府志采访册》。

[民国《续修历城县志》卷四十四《一行》]

王槐，字直三。清代历城县人。性温厚、淳朴、谨慎。精医术。治病从不取酬谢，乡众称为"仁人"。寿高八十九岁。

[《山东中医药志》第六篇《人物表》]

◎ 贾延龄 ◎

贾延龄，字宇九。九岁而孤，母马氏抚以成立。警才骏发，每思以文学继家声。授室后，食指日繁，乃弃儒就商。虽改业而上承母训，课子读书，未尝宽假。在鹾纲垂三十年，为历任运司所倚重。性慷慨，好施与。于地方善举，无不为众人倡，费数千金，不少吝。如建义学，施棺木，施义田，建节孝祠，皆相继举办；

添建学院考棚号凳，改修贡院号舍，费款尤巨，至今士林犹感颂之。其他轻财好义，难以枚举。平居肆力学问，精医卜，善堪舆。著有《地理切要》《阳宅知要》若干卷，藏于家。子二：长楸，官利津县训导；次重熙，道光甲辰（1844）科举人《通志》。

[民国《续修历城县志》卷四十四《一行》]

贾延龄，字宇九。济南府历城县人。九岁而孤，赖母马氏抚以成立。警才骏发，每思以文学继家声。授室后，食指日繁，乃弃儒就商。虽改业而上承母训，课子读书，未尝宽假。延龄在鹾纲垂三十年，为历任运司所倚重。性慷慨，好施与。于地方善举，无不为众人之倡，费数千金，不少吝。如建义学，舍棺木，施义田，建节孝祠，皆相继举办；添建学院考棚号凳，改修贡院号舍，费款尤巨。大吏为请于朝，加级纪录，至今士林尤感颂之。其他轻财好义，难以枚举。平居肆力学问，精医卜，善堪舆。著有《地理切要》《阳宅知要》若干卷，藏于家。子二：长楸，官利津县训导；次重熙，道光甲辰科举人。

[宣统《山东通志》卷二百《补遗·人物》]

火闹义学，道光八年（1828），邑人候选布政司经历贾延龄置学舍十一间、学田七十四亩。

[民国《续修历城县志》卷十五《学校》]

南山火闹庄义学，道光八年，邑人候选布政司经历贾延龄置学舍十一间、学田七十四亩，并建滚水平桥大小五处，筑石坝一段。

[道光《济南府志》卷十七《学校》]

◎ 张嘉谋 ◎

张奇洁，字秋亭。乾隆四十八年（1783）武举。任淄川汛千总、梁山营都司。身长八尺，膂力绝伦。性慈良，恭俭好，行其德，士卒爱戴，居乡以"善人"称。子嘉谋，字受深。家贫，习岐黄术，恒以济人为念。事继母孝，先意承志，能得欢心。与异母弟，友爱甚笃，至老不倦，人无间言。年七十八卒。生五子，长子经，字书堂。读书应童子试未售，改业贾，家计渐裕。事亲孝，甘旨无缺。性严毅，遇事能断。治家整肃，延师课子，未尝惜费。待人宽厚，好施与，亲友有求者，无不立应，济人之急，绝口不言。尤喜排难解纷，教养诸弟，均成立。长子文麟，早卒；次子英麟，既贵后，累封赠，三代如其官新《通志》。

[民国《续修历城县志》卷四十四《一行》]

张奇洁，字秋亭。历城人。乾隆癸卯（1783）科武举。淄川汛千总、梁山营都司。身长八尺，膂力绝伦。性慈良，恭俭好，行其德，士卒爱戴，乡里以"善人"称之。子嘉谋，字受深。家贫，习岐黄术，恒以济人为念。事继母至孝，先意承志，能得欢心。与异母弟，友爱甚笃，至老不倦，人无间言。生五子，年七十八卒。长子经，字书堂。读书应童子试未售，因贫遂改业贾，家计渐裕。事亲，甘旨无缺。性严毅，遇事能断。治家整肃，延师课子，未尝惜费。待人宽厚，好施与，亲友有求者，无不立应，济人之急，绝口不言。尤喜排难解纷，教养诸弟，均令成立。长子文麟，亦克承家，早卒；次子英麟，既贵，后累封赠，三代如其官。

[宣统《山东通志》卷一百七十《人物志第十一·国朝济南府》]

张嘉谋，字受深。清代历城县人。因家境贫困而修医，以济世活人为怀。

[《山东中医药志》第六篇《人物表》]

◎ 李愚山 ◎

李愚山佚其名，性至孝，与人交游，终始矩步绳趋，语不妄发，人皆以"道学"迂之。始祖在明时为世袭指挥，籍济南，其后耕读相继。父早世，家顿落，母矢志抚孤，督之读书。及长，屡值凶岁，无以养母，又不能离母远游，适近邑某令，欲得一醇谨者为司书算，或荐愚山。愚山入署数年，钩校会计，无疏漏，亦无欺隐，非所当得，一毫不取，令甚倚重之。令以事去官，旋病殁，妻孥寄寓民舍，窘甚，宾从无过问者，独愚山时往省视，恒出己所有，以济薪米。有荐往他邑者，辞不行，数年归，某令柩与其家属，始自为谋，以是"道学李"之名闻山东，令山东者以得愚山为幸。愚山所至，惟携经史自随，尤好阴行善事。乡愚讼有屈抑，必委曲申解，冤白乃已。曾受命理赈事，远村给米，近给粥，男女分棚食之，以次给予维均，有疾病兼施药，多所全活。他为赈者皆弗及。凡目睹良善、豪暴、祸福不爽事，罔弗纪录，久之成帙。其他著述，衡论古人，剖析疑义，有老师宿儒所未逮者据《二南外集·李愚山传》。

[民国《续修历城县志》卷四十四《一行》]

◎ 张冠英 ◎

◎ 张 铣 ◎

张冠英，字乐堂。幼颖异，性孝友，事父母得欢心。父督子弟课甚严，昆季中惟冠英能承父志，未弱冠入邑庠。失怙后，益自刻苦。时，聚族而居，诸昆季竞言析产，冠英力为劝沮，辄止者再，既终不能合，乃以美屋、良田悉让于昆季辈，而自取薄田，萧然一庐，吟咏自适，意洒如也。道光甲辰（1844）举于乡，一赴春官，隐于南山中，不谋仕进，曰：违道以干禄，吾不为也。会家计日迫，乃令子铣弃学而贾。家稍裕，则出其羡余，以赡穷乏。所居山庄在出泉沟，距城八十里，田多旱，旧有二井，浅隘不足以资灌溉，春夏之际，农人取水远地，甚劳瘁。冠英相山脉，深凿得泉流，充满而味甘洌，乡人沾其利，为立石颂焉。咸同间，捻匪窜扰山东，避乱者多逃居南山，贼欲入山搜掠。冠英督率子弟，约集乡人，练团防卫。贼闻之，不敢犯。兵燹后，瘟疫盛行，山村距城市远，乡人贫者艰于医药。冠英捡择良方，捐资合药以施之，全活无算。自是，每岁施药以为常。殁后，其子铣犹踵行之。又以村僻不知学，拟捐资倡立义塾，事未集而身殁。光绪初年，子铣遵遗命，捐田二十亩、住宅一区，立义塾，并捐资若干为塾师费，成父志也。冠英村居后，寄兴泉石，得诗颇富，每为亲友持去，不留稿本。《历下诗钞》仅选刻数首，得见一斑焉杨怨祺录送。

[民国《续修历城县志》卷四十四《一行》]

道光二十四年甲辰

张冠英，字乐堂。第三十三名。有"传"。

[民国《续修历城县志》卷三十四《举人》]

◎ 潘冲静 ◎

◎ 潘冲清 ◎

潘冲静，别号白前子。冲清，别号云霞子。均升阳子，刘养正门人，居黑虎泉。精吐纳之术，俱于乾隆三十六年（1771）坐化，鼻垂玉箸，里人皆见之。

[民国《续修历城县志》卷四十五《仙释》]

◎ 张 銮 ◎

张銮，字五云。国学生。善岐黄，尤工痘疹，所活邑中小儿无算。自注《痘疹诗赋》行于世，医家多宗之。

[民国《续修历城县志》卷四十六《方伎》]

张銮，字五云。清代济南人。约生于1730年稍前，其活动大致在雍正乾隆间。

幼承家教，师事诗书世家贾振基。邑庠生，端恭孝友，精于医，著有《痘疹诗赋》《幼科诗赋》两书。

《痘疹诗赋》刊于乾隆癸巳年（1773），书前有陈在埒、贾振基、周永年三人序。五云天资之聪，为文辈及友人所称赞。陈在埒云：明玉公立瀛洲文会，十八座中，埒分一席。间尝见五云总角，辄效吟哦，与其侄永清，媲美一时。戊辰春，圣驾东巡，明玉公携孙神童永清迎銮，宠遇圣眷，名倾天壤。五云少差长，故未逢盛典，窃谓五云具此大才，青紫在掌握中也。贾振基谓：天下有未卜之程途，而无不可渐磨之学问，故杨朱泣路，墨翟悲丝，程途无一定也；赤必近朱，黑必近墨，学问有渊源也。五云旅子，泗水公之文孙，明玉公之令子，永清之亚父，而予之及门也。忆其少从予游，即颇聪慧，辨四声，学吟咏，时时有清新俊逸句。予谓此子异日所造，殆未可量。乃屡试不获售，惧家计之不可持也，遂弃儒业医。博及群书，昼夜攻苦，积十余年，而后乃令融汇贯通，钩玄提要，著为《痘疹诗赋》一书。古人云：不作良相，即作良医。回忆髫龄辨四声、学吟咏时，真为梦想所不到，岂非天下有不可予卜之程途哉！读此文，五云之家世及才智可见矣。乾隆二十四年所撰《劝善良言诗赋》付梓，刊刷布施，风行海内，描述鹊山景色的"翠屏丹灶"一语即出自五云。张氏能文善诗，屡试不第，故弃儒从医。

《痘疹诗赋》一书，得诗三百余首、赋五篇、论十余篇。论痘疹，或源于脏，或源于腑，或借痘花以比象，或就气血以肖形，或假日月以例眼目，或借天地以喻人身，按经审证，因证施治。诗之详细而清爽，赋之理透而情真，固为医林之至宝，亦为诗林弃之所不忍，可谓医林、诗林之殊途而同归。陈在埒赠诗云：如来本是大医王，阿难流传偈字香，仲景奇方承祖脉，九龄妙句道家常。数番贝叶光明远，几许婴儿性命康，君把金针全度尽，好教人学绣鸳鸯。

清代编纂学家周永年曰：吾友汪君，尝与余谈医，谓张君五云有《痘疹诗赋》一书，荟萃前闻，参以心得，而皆以韵语行之，学幼科者得是书而识之于心，以治痘诸症，不啻见垣一方矣。癸巳仲秋，刻既成，余适来京师，乃邮寄示余。余取而读之，虽于此事素未尝习业，而文从字顺，脉络井然，乃益信立庵之言不为虚也。此书则随证立方，不主故常，补前人之偏，救当时之弊，所关岂浅鲜哉！

《幼科诗赋》在《痘疹诗赋》刊行七十余年后，于道光三十年（1850）由其曾孙射斗氏付梓，并得到友人尹式芳、刘兆焞的襄助，且为之作序，赖以刊布流传。刘兆焞谓：历下张五云先生，儒者也。素深于医，尤精于幼科。所著《痘疹诗赋》已刊布行世，迄百余年矣。予与其曾孙射斗交，曾索其遗稿而读之，因得其《幼科诗赋》之稿，而射斗有志刻传，商之于予，予因乐襄其事也。爰付之剞劂，俾与《痘疹诗赋》并传焉。庶可表先生保赤之深情，益足征儒医之所全者大也。

《幼科诗赋》，论述四篇、赋一篇、诗歌十篇、图二幅、幼科杂证五十余条，诗下有注，明白而晓畅，文图并茂，深入而浅出，诚为习幼科之良好读物。清人周复书云：读钱仲阳先生幼科，每叹其创法难，入理深。再读万密斋保幼诸论，服其补钱氏之未备。今读先生是论，补二子之未备，实惠来学。其门婿文九陇评之以诗曰：医贯新诗赋，堪同珠玉藏。此书由博约，言简意深长。

五云济幼慈心，医德可风，尝曰：时存怀少念，贫富一般看。陈希哲氏赞曰：怜贫施药，重义倾囊。

[《山东中医药志》第六篇《传记》]
[《济南中医药志》第二章《立传人物》]
[《中医人物词典》]
[《中医人名大辞典》]

◎ 曹施周 ◎

曹施周，字沛霖。精岐黄。少失怙恃，以医为业。生平活人甚众，遇贫者助以药资。曾著《瘟疫论》刊以行世，人咸遵之。施周无子，晚岁连举四子，论者以为活人之报。

[民国《续修历城县志》卷四十六《方伎》]

曹施周，字沛霖。清代历城县人。幼年丧父母，遂发奋学医，精医术，尚医德，活人甚众，遇贫穷者，每助以药资。著有《瘟疫论》，刊行于世。又将生平历验各方，参酌入杨润撰《遵生集要》，并为之序。

[《山东中医药志》第六篇《人物表》]
[《中医人物词典》]
[《中医人名大辞典》]

◎ 杨 润 ◎

杨润，字浣亭。好施与。精医，生平活人甚众。尝与医士曹施周著《遵生集要》行于世，业是术者多资之。

[民国《续修历城县志》卷四十六《方伎》]

杨润，字浣亭。清代历城县人。生卒年代不详，大约活动在乾隆至道光年间。

精医学，对温病学造诣较深，著有《遵生集要》一书，刊以行世，为时人所宗。

《遵生集要》书成于嘉庆己未年（1799）。书前有《自序》及其好友曹施周之《序》两篇。《自序》云：医以仲景为圣人，后人所宗法。然详于伤寒，而于瘟疫之言甚略。自吴又可先生《瘟疫论》行于世，而瘟疫、伤寒之辨始明。按其医案，多有用大黄数十两者。近日医家辄谓北方风气刚劲，能受寒凉；南人未可概论。而又可先生吴人也，其所著《瘟疫论》独为北人言乎？其《目录》中之"急症急攻"，言数日攻下之药，一日进之，胆识尤为过人。继有马长公先生《广瘟疫论》，论发源，论五运六气；继有杜清碧学士《舌镜图样》；继有景松厓先生书中之风瘟、虾蟆瘟等；继有戴天章先生《存存书屋》，皆遵又可先生之书，递相发出者也。第《存存书屋》虽载吴氏某方，而自以青龙汤首列，此书必与又可先生《瘟疫论》参观，方不致害。业此业者，若未见又可先生之《瘟疫论》，《存存书屋》幸勿入目。盖戴天章先生以《伤寒论》入手，于瘟疫一症究未全明，故仍首列青龙。不知瘟疫而用麻黄，如飞蛾投火，百无一生，故万不可遵。惟其书中如瘟疫兼某症、瘟疫夹某症，诚又可先生所未详著。余因采取，列于"瘟疫症"之后，使人一目了然，遇症施治，可以言尽人事而无愧矣。总之，四时皆有瘟，非九长至月前后无伤寒，伤寒不过一人，而瘟疫传染遍地。一巷一家，有三五人病相同者，即瘟疫也。如害眼、肿喉、痢、疟之类，倘众人一病则皆瘟。治瘟疫下不厌早，伤寒下不厌迟，遇瘟疫症遵下则生，故名《遵生集要》。同志者其会心焉可耳。

曹施周《序》曰：浣亭杨与余总角交，两人皆性嗜方书。戊午（1798），浣亭将随其长公嘉定令任，出《遵生集要》一卷相质。诚浣亭南北经阅，遵信前人局方，历试不差毫末者。正余两人自幼所嗜，长而用心之所同，不可不公诸世，遂怂浣亭付梓，并将余历验各方，参酌入稿。其刊此书，妙验悉于浣亭《序》内，无庸赘言。特序之，聊志吾两人交情云尔。

明清两代，瘟疫频临，为害非浅。据不完全统计，明代发生大的疫疠六十四次，清代发生七十四次。明末瘟疫流行，遍及大江南北，有吴又可《瘟疫论》之作，至杨润著《遵生集要》已历一百五十余年，其间有温病学大家叶桂《临症指南》，与其同时有吴瑭《瘟病条辨》间世，对温病学的发展都有突出的贡献。杨润生长在北方，又随其长兄南至嘉定，吸取前人成就，旁及同时代之诸家，结合自己之阅历，又取其好友曹施周历验之方，基于瘟疫证遵下则生之旨，而著《遵生集要》一书，付梓行世，对同业相求者，予以资助。其生平治愈病人甚多，对保障人民健康起了一定的作用。且其义行好施舍，亦可说明他助人为乐的高尚品德。

[《济南中医药志》第二章《立传人物》]

[《山东中医药志》第六篇《人物表》]

[《中医人名大辞典》]

◎ 上官迈千 ◎

上官迈千，国学生。善医，尤精痘疹，全活小儿甚众，时称"痘疹名手"以上俱《续修府志采访册》。

[民国《续修历城县志》卷四十六《方伎》]

上官迈千，清代历城县人。国学生。业医，尤精痘疹科，愈小儿甚多，誉为"痘疹名手"。

[《山东中医药志》第六篇《人物表》]

◎ 李敷荣 ◎

李敷荣，字春晖。岁贡生。嘉庆十八年（1813）钦赐举人，授海丰训导。学有本原，能文，工书法。邃于医理，善痘科，全活甚众。著有《救劫论》一书，精确简易，亟排时人"攻毒消热"之说，而注意于发、透、托三法，投之无不效。又以生平试验之方，辑为一书，名曰《痘科经验随笔》一卷，附于《救劫论后》新《通志》。

[民国《续修历城县志》卷四十六《方伎》]

列传分类为九，各从其著。如李敷荣，博学多通，而最以医著，故入《方伎》……

[民国《续修历城县志·凡例》]

李敷荣，字春晖。历城人。岁贡。海丰训导。嘉庆十八年恩赐举人。学有根柢，能文，工书。邃于医理，尤善痘科。著有《救劫论》，亟排时医"攻毒消热"之法，而注意于发、透、托三法，投之无不效。又以生平所试之方，辑为一书，名曰《痘科经验随笔》，附于《救劫论》后。

[宣统《山东通志》卷一百七十《人物志第十一·国朝济南府》]

李敷荣，历城县人。举人。（嘉庆）二十一年（1816）任（训导）。

[民国《无棣县志》卷三《爵秩志》]

李敷荣，字春晖。清代历城人。生卒存于乾隆道光年间。早年入国子监读书，嘉庆十八年钦赐举人，授海丰训导。学有渊源，能文，工书法，通医术，善治时病。著有《痘科救劫论》《三余斋备急秘方》二书行世。

清代痘疹流行，小儿每伤于痘，李氏子女伤于痘疹者亦多。春晖为救小儿于危难，免遭痘疹之劫，著《痘科救劫论》一书，成书于嘉庆二十五年。《自序》云：治痘之法有三，曰发，曰透，曰托。痘宜畅达，故以发为常；其郁滞而难宣者，则兼透之；其气血不足以宣达者，兼从内托之。自汉以历晋、唐、宋、元以来，名医治痘，总不离此三法也。其后，或有用此失宜者，以致毒热为害，而"攻毒消热"之说起。此说一起，而普天下之小儿尽入劫中矣。盖徒知毒热为害，而不知毒热不出始为害，更不知毒热之出而复回乃大为害也。至于不能灌浆，以致带晕收靥，尤莫能挽也。顾家家受害而人不知，日日杀人而医不悟，岂非劫哉！往年余亦曾在劫中，子女之以痘殇者特多，但是凡殇一儿，必思其治法之误，因知求极，久之而豁然贯通……著之为论……盖承正法、续绝学于一线也……此书之理明辞达，无义不剖，无疑不晰，虚心遍览，自当了然……此非一偏之见，且非救偏之言，真正宗也。此书于道光二十六年（1846），由历下张式谷稼门氏重刊，书后增蓬莱陈燮勋子安氏《跋》一篇，陈氏谓：总之是书也，以保气血为本，以达毒于外为归，理正词醇，毫无流弊，学治痘者宜宗之无疑也。

《痘科救劫论》付梓，春晖恐有论无方为阙，忆其四十年临症经验，著《治痘经验随笔》，附《痘疹救劫论》之后，以补有论无方之不足。

李氏尚著有《三余斋备急秘方》一册。其"序"略云：此书所载，类皆家藏秘本，亲朋验方。其未备者，亦偶以旧方补之，因所闻见而随书之。或正或奇，皆有实效。一方有一方之义，因证酌定，乃更确切。其中补天散一方，乃先伯子舒公所授，屡用之，无不大效。

[《山东中医药志》第六篇《传记》]

[《济南市志》第十八卷《人物传》]

[《中医人物词典》]

[《中国历代医家传录》]

[《中医人名大辞典》]

◎ 杨名江 ◎

杨名江，字熙宇。精于痘疹科，一见能断人生死，经其医无不活者，若以为不可治，终不能生。有族子患痘请视，曰：此死症也，不可治。觅他医治之，良愈且壮健如初。有举以相质者，曰：能过百日许。其活至百日，儿正嬉于庭，忽登床偃卧，家人意其倦也，近视之，已死。其神异多类此。乾隆十五年（1750）殁葬时，白衣冠送者几百人《续修府志采访册》。

[民国《续修历城县志》卷四十六《方伎》]

杨名江，字熙宇。清代历城县人。业医，精痘疹科。诊病预知吉凶，治多奇验。

[《山东中医药志》第六篇《人物表》]

◎ **刘　泽** ◎

◎ **刘登俊** ◎

◎ **刘成己** ◎

刘泽，字化普，以字行。先世名对全，始居历城。再传继祖，好施与，拯救人不问姓名。饥疫垂死者，舁置静室，饮食之，强健乃遣去。暮行，盗出秫田中，识其声，惊而送之归。时人比之王少林、王彦方焉。年四十始生泽，幼患痞疾，梦人以斧破其腹抉之，骇极而寤，宿疾顿除。年十六，父母相继逝，废学习医，慨然曰：医易为而难精，今操不精之术，率然与病者遘，庸愈操戈矛以贼人欤！读书苦思，昼夜靡辍，数年自信有得矣。剧病，群医敛手避，泽至辄立效。声大起，求者日众。初不自高异，又坦白无忮害私，有馈无馈一概视，不以高下异。每出，携药裹及资，以待窭者。一夕，大风雪，延者在门，肩舆不具。家人以泽年老戒勿往，泽曰：彼病者可待耶？策杖从之去。其赴人之急如此。乡党良其术而感其仁。著有《卫生编》《异证杂录》若干卷。卒年七十五。子登俊据《友竹草堂集·刘处士墓表》。

登俊，字步瀛，一字澹人。候选州吏目。幼无慧，年十二上元日，家人负以观灯，憩路侧，忽若顶趾旋转者。有顷，精神开朗，归途能自行。初读书，日不尽一行，至是日可百行，若两人焉。及长，博览群书。精医，善痘科。谓：痘发脾经者十八九，而古法弗详，时医不通变，遇即弗救。因制方量用之，皆应手愈。今所传《育婴集》《痘科补阙捷响》等书是也。咸丰十一年（1861），泰安、肥城、平阴、东平民，为南匪胁至省会东，乘间逸出，积数百人，询之，不食已三日矣。兵荒，市罕鬻食物者，登俊家蓄黑豆一囷，煮以食略尽，侦路送之。嗣是，难民逸出，酌远近，备糇粮，无虚日，数年中，全活无算。登俊工书善画，花鸟尤胜。卒年七十有九。子二：成己、正己。成己，候选县丞，精于医，周急济贫，多倡义举。正己，自有"传"据《友竹草堂集·刘君墓表》并胡际元采访。

[民国《续修历城县志》卷四十六《方伎》]

刘处士墓表

蒋庆第

往历城王毓清为余犹子论婚刘氏，其言曰：吾邑午峰学博正己，笃信人也。邃医理，字祖若父，三世积善有令闻，非独以方术名也。毓清老儒，尝所可否，不为溢辞，故午峰女遂为余犹子妇。一日，午峰谒余曰：吾祖来自维扬，二百年所无旁支属，今子侄渐繁，门间允大，抑所食者祖德也。先土父怀仁抱义，惟是足迹不出邑里，未有名位以大其施。正己行能弗克仿佛先人之一节，以光显遗绪，吾子锡之文辞，庶有考于后乎。庆第弗获辞。按：处士讳泽，字化普。先世讳对全，始居历城。再传讳继祖，好施与，拯救人不问姓名。饥疫垂死者，异置静室，饮食之，强健乃遣去。暮行，盗出秫田中，识其声，惊而送之归。时人比之王少林、王彦方焉。配郑氏，年四十始生处士。十岁患痞，势岌甚，夜梦一人长丈余，袒臂赤足，发上植，耳有环，肤色青，出腰间居斧，破其腹，入手猛抉，骇极大号。父母梦皆同，寤而起视，汗如濯，自是宿疾顿除。年十六，父母相继逝，废学习医，慨然曰：医易为而难精也，今操不精之艺，率然与病者遘，庸愈操戈矛贼人欤！读书苦思，昼夜靡辍，数年自信有得矣。剧病，他医敛手避，处士至辄立效。声大起，求者日众。处士初不自高异，又坦白无忮害私，有馈无馈一概视，不以崇高、底下异缓急。每出，携药裹及资，以待婺者。一夕，风雪甚，延者在门，肩舆不具。家人以年老戒勿往，处士曰：彼可待者耶？策杖者从之去。其赴人急如此。故里党良其术而感其仁。著有《卫生编》《异证杂录》若干卷。道光十三年癸巳（1833）五月二十九日卒，寿七十有五。配任氏、李氏，子一：登俊；女四：适王健、吕杰、李符祥、李子钦。并任氏出。孙二：成己、正己。葬来霞桥东南阡。

候选州吏目刘君墓表

蒋庆第

庆第既表刘处士行义授其孙正己，而复以州佐君墓道之文请，且曰：先父之生也，先王父母年四余，母发白矣。先王父殁，薄田二十亩，颇岁饥，承先人业医自给，家属及戚党来就食者食糠粃，而奉继母弗缺旨甘。友人断炊，质所服裘饮之，已未尝言寒。岁杪，家无升斗储，正己为人书门符，得钱千五百，乡里或告窘迫，分予不稍吝。其医贫人不受贽，更予药饵，一如先王父时。尤究心幼科痘疹，谓痘发脾经者十八九，而古法弗详，时医不通变，遇即不救。因制方量用之，皆应手愈。今家传《育婴集》《痘科活命金丹》等书是也。咸丰十一年（1861）春，泰安、肥城、平阴、东平民，为南匪胁至省会东，乘间逸，积数百人，询之，不食三日矣。兵荒，市罕鬻食物者，家畜黑豆一囷，煮以食略尽，侦路送之。嗣是，难民逸出，酌远近，备糇粮，无虚日，数年中全活无算。先父所为利济如是。又曰：先父不惟志事承王父也，乃幼时奇异亦相类。初，先王父生数子并夭，道士某教以厌禳术，曰：三日有龙劈枣木，妇枕之七日当有异。如言，果得木，取为枕，龙雷声殷阗终夜。七日梦金甲者縶怪物去。迨先王父生，道士来曰：君有子矣，以某日何闷也。抱出抚其顶，喃喃祝曰：寿人也，魂来迟耳。约为弟子，名以道家，名曰本同。先父生十二龄无慧，上元日负以观灯，憩路侧，忽若顶趾旋转者。有顷，精神开朗，归途能自行。初读书，日不能一行，至是可百行，若两人焉。盖家世所传如是。庆第以谓君家仁厚累叶，天道宜有后，初不必以神怪重。然观太史公《世家》，独纪赵宣子梦见叔带之类凡五事，而他国则否，似亦本其国书所载，不可概谓好奇而近诬也。余故附著之。君讳登俊，字步瀛，一字澹人。五品衔，候选州吏目。配王氏。子二：成己，布政司理问衔，候选巡检；正己，六品衔，候选训导。女二：许光城、鲍篠安婿也。孙四：锡庚，丙子举人；兆庚、玉庚、长庚。曾孙二：福庆、恩庆。君卒以光绪二年丙子（1876）正月初四日，寿七十有九。葬来霞桥先兆之次。

[《续碑传集》卷八十四]

  刘泽，字化普。清代历城县人。生卒年代不详，大约活动在乾隆至道光年间。学行兼优。幼患痞疾，梦人以斧破其腹，惊骇而醒，宿疾顿除。年十六，父母相继去世，遂废学行医。心地纯洁，语言直率，治病不以高下异，每出必携药裹资以待贫寒，予以资助。至晚年，有延请者风雪无阻，虽无肩舆，亦策杖从之，以赴人之急。家乡人良其术而感其仁，医德可嘉。著有《卫生编》《异证杂录》若干卷。年七十五岁而卒。子登俊，亦以医名于世。

[《济南中医药志》第二章《列表人物》]
[《山东中医药志》第六篇《人物表》]
[《中医人物词典》]
[《中医人名大辞典》]

刘登俊，字步瀛，一字澹人。清代济南人，居城南关。生卒年代不详，约活动于嘉庆至光绪间，享年七十九岁。候选州吏目，多义举。幼承家教，精岐黄术，擅长痘科。著有《痘科补阙捷响》一书行世。

登俊幼而多病，读书日不尽一行，年十二，身始健，读可日尽百行，判若两人。及长，博览群书。中年精医道，尤善痘科，理痘三十余载，活幼甚众。多艺，工书善画，花鸟尤胜。

登俊多义举，咸丰十年（1860），泰安、肥城、平阴、东平因兵乱而避难至济者，积数百人，已数日不食，将家蓄之黑豆煮熟散之，并酌远近备糇粮，嗣难民欲远出，侦路送之，活人甚众。

积三十余年治验，晚年撰《痘科补阙捷响》一书，经其子正己编次于光绪乙酉年（1885）付梓刊行。刘氏"自序"云：《捷响编》何为而作也？为发前人未发之秘，启后学当务之由，按法行之，捷如影响也。

二子，长成己，次正己，均知医。周急济贫，亦多倡义举。

[《山东中医药志》第六篇《传记》]

[《中医人名大辞典》]

刘成己，清代历城县人。幼习儒业，候选县丞。父登俊，时邑内名医。成己，承家训，亦知医，周急济贫，多倡义举。

[《山东中医药志》第六篇《人物表》]

效霞按：据蒋庆第《刘处士墓表》，刘泽于"道光十三年癸巳（1833）五月二十九日卒，寿七十有五"，则其生年为清乾隆二十四年（1759）。又据蒋庆第《候选州吏目刘君墓表》，刘登俊"卒以光绪二年丙子（1876）正月初四日，寿七十有九"，则其生年为清嘉庆三年（1798）。

◎ 张永和 ◎

◎ 张阶平 ◎

张永和，《脉象辨真》一册钞本。

马国翰"序"曰：《潜夫论》曰：凡治病者，必先知脉之虚实，气之所结，然后为之方，故疾可愈，而寿可长也。医之关键，端在脉矣。《周礼·天官·疾医》：两之以九窍之变，参之以九脏之动。郑康成注：脏之动，谓脉至与不至。正脏五，又有胃、膀胱、大肠、小肠。脉之大候，要在阳明寸口，能专是者，其唯秦和乎？岐伯、俞跗则兼彼数术者。夫秦和术亡，世存《灵枢》《素问》《难经》等，或浑括其义，或散著其法，脉无专书也。晋太医令王叔和始撰《脉经》，亦佚不传。五代时，有高阳生者，假叔和名而作《脉诀》，词既粗浅，理复纰缪。宋庞安常、蔡西山、戴同甫，皆力辨之。乃世以歌诀为初学入门，易于诵习，往往沿谬承讹，有积重难返之势。明季李东璧《濒湖脉学》，就而厘订，为世所宗，犹有所未尽。康熙中瀛津沈垣甫，著有《删注脉诀规正》三卷，其"辨妄篇"，据《内经》心配膻中，肺配胸中，以肝配胆，以脾配胃，两尺外以候肾，内以候腹中、大小肠、膀胱三腑，谓寸、关、尺三部之配，各因其脏腑之地位，以纠《脉诀》小肠配于左寸、大肠配于右寸之误。又据《灵枢》"经络篇"，三焦起自关冲，而终丝竹空，凡二十三穴，左右四十六穴，以纠《脉诀》"三焦无状空有名"之误，具有卓识。然所列脉歌，一仍濒湖之旧，鲜有发明。同邑张君惠风，承其尊甫阶平先生传业，深于此道，穷诸经之名言，括群贤之奥旨，于诸家论中，择其是者取之，非者裁之。庐山四纲外，又以长、短、实三脉为三才，余二十四脉为二十四气，配合二十七种脉数。每脉下注明阴阳，极为谛当，额其书曰《脉象辨真》。如说微与细云：浮而极细，若有若无为微；沉而极细，如欲绝为细。片言扼要，皎若列眉，洵能发前人未发之覆，而足为医家之指南也。余素爱方书，粗知药性，独于脉无所窥见，今览斯编，亦怦怦然有会于心目之间，况专操是业者，其裨益岂浅鲜哉！咸丰五年（1855）六月朔日本书。

[民国《续修历城县志》卷二十三《艺文考二》]

张永和，字惠风。清代山东历城县人。其父张阶平，以医知名。永和继承父业，于脉学尤有研究。曾括群贤之奥旨，著《脉象辨真》一书，咸丰五年六月，马国翰为之作"序"。此书今未见。

[《中医人名大辞典》]
[《中医人物词典》]
[《山东中医药志》第六篇《人物表》]

◎ 陈 田 ◎

陈田，字书圃。弱岁，执父丧如成人，事母以孝称。母病瘵九载，求医维艰，因习岐黄术。矢诊母疾，兼以济人，后遂以医鸣于世。自乡之士大夫以至村氓妇孺，无不识陈先生者。与人交，不轻然诺，喜为猗顿术，从不苛以待人，所出资本为人干没者，不下数千缗，家计屡兴屡踬，时历坎坷，无怨意。友人买一婢，甫五岁，恶其幼痴，不纳，田收养之。迨长，备奁择嫁，不异己女。晚岁，灯下作小楷。著有《医书》若干卷。子大鹏，见《忠烈传》据《鲍西楼文钞·书圊族叔家传》。

[民国《续修历城县志》卷四十六《方伎》]

陈田，字书圊。清代历城县人。幼年丧父，事母有孝行，母病痿瘫，田因求医难，遂学医，治母病兼以济人，遂以医名时。多义举，晚岁作小楷，著医书若干卷。

[《山东中医药志》第六篇《人物表》]

◎ 任廷荣 ◎

◎ 杨 庚 ◎

任廷荣，字华堂。韩仓人。初学医于神武杨庚，六年将归，庚曰：此子医术，胜我数倍。其后医人，果应手而愈。与邑庠生赵席珍友善。一日，至席珍家，见席珍姊，谓席珍曰：急送姊归，不过明午矣！答以无病。廷荣曰：疾不可为矣！姊以无病不愿归，托故强送之归。明日未晡而凶声至。又王家庄王尚志，在城应试得病，不语，目不转瞬，已二日，舆至家，众医束手。廷荣先以七针自下而上，比至喉间，气上而目动，投以药，十余日全愈，故有"神医"之名。惜子孙无传其业者 李振唐采访。

[民国《续修历城县志》卷四十六《方伎》]

任廷荣，字华堂。清代历城县韩仓人。精于医，善诊术，施方治病，多应手而愈，时称"神医"。

[《山东中医药志》第六篇《人物表》]

◎ 王雍中 ◎

王雍中，曲家庄人。与任廷荣齐名，亦能一望而知人生死。一日，乘车出医，路见一农夫作苦田间，叹曰：死已临头，犹不知耶！御者曰：壮夫耳！何能遽死？雍中曰：归自知之。既归，不见其人，御下车问之近村，其人果先一时卒矣。

[民国《续修历城县志》卷四十六《方伎》]

王雍中，清代历城县曲家庄人。精医道，能望而知人之死生。

[《山东中医药志》第六篇《人物表》]

◎ 曲海鑫 ◎

杜氏，曲海鑫妻。海鑫业医，有名。光绪三十年（1904）病殁，家贫无子，杜年二十六，仰药殉。

[民国《续修历城县志》卷四十八《列女》]

◎ 姬茂畅 ◎

姬茂畅，《走马喉痧论》一卷据本书。

匡源"序"略曰：舒庵研究《灵》《素》，独有会心。其治走马喉痧，尤著奇效。余所知如王省堂、刘伯音两君，皆咽喉糜烂，滴水不下，他医彷徨，束手不能为。舒庵独从容诊理，立起沉疴。其他着手成春者，不下三千人，诚今时之"华扁"也。此证起于道光间，数十年来，流毒盖甚。考之方书所载，不甚符合。故时医靡所适从，往往致误。舒庵覃思妙悟，既有所得，因著此书。本其阅历之言，以示经济之术，条分缕晰，洞见本原，而大要尤在"分阴阳、辨表里、随时制宜"数语。盖虑卤莽从事与拘泥成法者，均有所偏，欲以此救其失也。

[民国《续修历城县志》卷二十八《艺文考七》]

姬茂畅，字舒庵。山东历城人。研究《灵枢》独有会心，治走马喉痧，尤著奇效，疗此症不下三千人，皆验。本治疗心得，撰《走马喉痧论》一卷（1872年），其大要在"分阴阳、辨表里、因病随时制宜"数语。后张半农重加修订，易名《白喉中医疗法》，刊印行世。

[《中医人物词典》]

[《中医人名大辞典》]

[《山东中医药志》第六篇《人物表》]

◎ 祖承业 ◎

《祖氏医案》四卷，（清）祖承业撰。济南张韵高校录，抄本，张亦轩藏。

[《山东文献书目》]

民国

◎ 萧应椿 ◎

萧应椿（1856—1922），字绍庭。原籍云南昆明，清同治年间，其父萧培元任济南知府，迁居济南。世为盐商，光绪十八年（1892）捐同知，分发试用。不久因在山东河工抢险出力，授候补知府。翌年，顺天乡试中举人。戊戌变法后，锐意讲求经济之学，论事有远见，不囿于俗。光绪二十七年（1901）捐道员，分省试用。次年被保荐经济特科。光绪二十九年（1903）应殿试，授道员，派往山东，任山东农工商务局会办。胶济铁路建成后，兼理山东矿政调查局、胶济路矿局事务。光绪三十一年（1905），兼任山东大学堂监督。次年，升任山东农工商务局总办，主管全省工商实业。光绪三十四年（1908），农工商务局改为劝业道，萧应椿任道员。任内极力提倡实业，并设法挽回利权。曾捐钱三千缗，倡办农务总会。宣统三年（1911）调安徽，旋改授奉天，到任半年擢升奉天提法使。武昌起义后停职返回济南。入民国不仕，经办盐务。1918年与王鹿泉、安善圃等人募集股金，在济南成立山东工商银行，并设分支机构于天津、上海。

萧应椿少承家学，工书法，能诗，著有《紫藤花馆诗集》二卷。喜收藏，精鉴别。晚年除箫瑟自娱外，手校《野客丛书》《能改斋漫录》《小儿药证直诀》数种。1922年在济南寓舍去世，葬城东辛甸庄。

[《济南市志》第十八卷《人物传》]

◎ 汪问九 ◎

汪问九（1867—1932），名鼎炬。浙江省萧山县人。民国初徙居济南。善治温热病，处方用药多遵江南温热学派。著有《汪问九医案》，未刊。

[《山东中医药志》第六篇《人物表》]

◎ 王兰斋 ◎

王兰斋（1878—1942），江苏省扬州市人。幼习医于南国扬州，宣统二年（1910），时年二十四岁，携夫人来济行医，初居兴隆店街，后迁东西菜园子一号院内。

学有渊源，治医严谨，深受江南温热学派影响，尤善治温热病，对妇科病亦工。曾自行处方，配制成药，治妇人产后受寒症颇佳，在济行医三十余年，誉满泉城，民国间为"济南四大名医"之一。

兰斋行医，每日上午坐堂应诊，下午出诊。求诊者日日车马盈门，应接不暇，几至废寝忘食。凡有病者求诊，不问贫富贵贱，随请随到，到后随诊。对贫民无力市药者，代为赊药，以救贫民，深得民众赞誉。晚年出诊，自备人力车一乘，挂灯四盏，与众不同，以示俨然，由两人一拉一拥，时人谓"王氏乘车，前拉后拥"。

晚岁，年高体衰，诊务繁忙，操劳过度，偶染伤寒，经调治渐愈。时有病家延请，王氏出诊，经一路颠簸，遭寒凉侵袭，致前疾复发，虽经抢救，终因年高体弱，病情重笃，于民国三十一年（1942）冬卒。葬日，四方城乡官民云集，人数之众，在济实为少见，或涕或泣，共同哀悼。

[《山东中医药志》第六篇《传记》]
[《济南市志》第十八卷《人物传》]

◎ 李子衡 ◎

李子衡，1860年创建"德和栈"，自任股东，后增至三十多股，都是山东章丘人。1920—1924年，杨晋卿、李伯成任正、副经理，后刘运生任经理。栈址在估衣市街82号，有房屋近百间和大小六个院落。从胶州湾运进宁、浙大批药材，销往胶东、德州、兖州、济宁以及农村各地。除经营中药批发外，还兼营海货（海米、海参等）和贩卖鸦片。1920年代营业最繁荣，1935年歇业。"泰兴栈"（创办年月不详，经理姓宁，股东系山东章丘人。店址在筐市街。1920年代初因经营亏损而倒闭）"德和栈"同属"章丘帮"，或称"山东帮"。

[《济南市卫生志》第二辑《解放前济南的中药业》]

◎ 李镜清 ◎

李镜清创办"全盛栈"，任经理，股东姓郜，陕西华阴人。栈址在估衣市街，生意萧条，于1920年倒闭。

[《济南市卫生志》第二辑《解放前济南的中药业》]

◎ 缪积余 ◎

◎ 缪忠信 ◎

◎ 李长春 ◎

陕西人缪积余、缪忠信和李长春等于清同治四年（1865）集资开设"永兴栈"，石镜堂、郗申五、张聘三先后任经理。栈址在西关盛唐巷31号。多由上海、武汉、祁州、怀庆等地进货，行销胶东半岛。张聘三自1937年任经理，热心于中医药事业，曾担任济南市国药业公会会长多年。在他的苦心经营下，"永兴栈"生意一直比较兴隆。与"全盛栈"同属"陕西帮"。

[《济南市卫生志》第二辑《解放前济南的中药业》]

◎ 秦蔚生 ◎

秦蔚生，河南人。于1874年创办"广德栈"，1930年代张研岑任经理，济南解放前夕张永宾任经理。栈址在西关盛唐巷，属于"河南帮"。

[《济南市卫生志》第二辑《解放前济南的中药业》]

◎ 刘祚华 ◎

刘祚华于1896年创办"德兴隆药栈"，栈址在西关大街62号。曹西园、李洛亭先后任经理。

[《济南市卫生志》第二辑《解放前济南的中药业》]

长 清

春秋

◎ 秦越人 ◎

扁鹊者，勃海郡郑人也。姓秦氏，名越人。少时为人舍长。舍客长桑君过，扁鹊独奇之，常谨遇之。长桑君亦知扁鹊非常人也。出入十余年，乃呼扁鹊私坐，间与语曰：我有禁方，年老，欲传与公，公毋泄！扁鹊曰：敬诺。乃出其怀中药予扁鹊：饮是以上池之水三十日，当知物矣。乃悉取其禁方书尽与扁鹊。忽然不见，殆非人也。扁鹊以其言饮药三十日，视见垣一方人。以此视病，尽见五脏症结，特以诊脉为名耳。为医，或在齐，或在赵。在赵者名扁鹊。当晋昭公时，诸大夫强而公族弱，赵简子为大夫，专国事。简子疾，五日不知人，大夫皆惧，于是召扁鹊。扁鹊入视病，出，董安于问扁鹊，扁鹊曰：血脉治也，而何怪！昔秦穆公尝如此，七日而寤。寤之日，告公孙支与子舆曰：我之帝所甚乐。吾所以久者，适有所学也。帝告我：晋国且大乱，五世不安。其后将霸，未老而死。霸者之子且令而国男女无别。公孙支书而藏之，秦策于是出。夫献公之乱，文公之霸，而襄公败秦师于殽而归纵淫，此子之所闻。今主君之病与之同，不出三日必间，间必有言也。居二日半，简子寤，语诸大夫曰：我之帝所甚乐，与百神游于钧天，广乐九奏万舞，不类三代之乐，其声动心。有一熊欲援我，帝命我射之，中熊，熊死。有罴来，我又射之，中罴，罴死。帝甚喜，赐我二笥，皆有副。吾见儿在帝侧，帝属我一翟犬，曰：及而子之壮也以赐之。帝告我：晋国且世衰，七世而亡。嬴姓将大败周人于范魁之西，而亦不能有也。董安于受言，书而藏之。以扁鹊言告简子，简子赐扁鹊田四万亩。其后扁鹊过虢。虢太子死，扁鹊至虢宫门下，问中庶子喜方者曰：太子何病，国中治穰过于众事？中庶子曰：太子病血气不时，交错而不得泄，暴发于外，则为中害。精神不能止邪气，邪气蓄积而不得泄，是以阳缓而阴急，故暴厥而死。扁鹊曰：其死何如时？曰：鸡鸣至今。曰：收乎？曰：未也，其死未能半日也。言臣齐勃海秦越人也，家在于郑，未尝得望精光侍谒于前也。闻太子不幸而死，臣能生之。中庶子曰：先生得无诞之乎？何以言太子可生也！臣闻上古之时，医有俞跗，治病不以汤液醴酒，镵石挢引，案扤毒熨，一拨见病之应，因五脏之输，乃割皮解肌，诀脉结筋，搦髓脑，揲荒爪幕，湔浣肠胃，漱涤五脏，练精易形。先生之方能若是，则太子可生也；不能若是而欲生之，曾不可以告咳婴之儿。终日，扁鹊仰天叹曰：夫子之为方也，若以管窥天，以郄视文。越人之为方也，不待切脉、望色、听声、写形，言病之所在。闻病之阳，论得其阴；闻病之阴，论得其阳。病应见于大表，不出千里，决者至众，不可曲止也。子以吾言为不诚，试入诊太子，当闻其耳鸣而鼻张，循其两股以至于阴，当尚温也。中庶子闻扁鹊言，目眩然而不瞚，舌挢然而不下，乃以扁鹊言入报虢君。虢君闻之，大惊，出见扁鹊于中阙，曰：窃闻高义之日久矣，然未尝得拜谒于前也。先生过小国，幸而举之，偏国寡臣幸甚。有先生则活，无先生则弃捐填沟壑，长终而不得反。言未卒，因嘘唏服臆，魂精泄横，流涕长潸，忽忽承睑，悲不能自止，容貌变更。扁鹊曰：若太子病，所谓"尸厥"者也。夫以阳入阴中，动胃缠缘，中经维络，别下于三焦、膀胱，是以阳脉下遂，阴脉上争，会气闭而不通，阴上而阳内行，下内鼓而不起，上外绝而不为使，上有绝阳之络，下有破阴之纽，破阴绝阳，色废脉乱，故形静如死状。太子未死也。夫以阳入阴支兰脏者生，以阴入阳支兰脏者死。凡此数事，皆五脏厥中之时暴作也。良工取之，拙者疑殆。扁鹊乃使弟子子阳厉针砥石，以取外三阳五会。有间，太子苏。乃使子豹为五分之熨，以八减之齐和煮之，以更熨两胁下。太子起坐。更适阴阳，但服汤二旬而复故。故天下尽以扁鹊为能生死人。扁鹊曰：越人非能生死人也，此自当生者，越人能使之起耳。扁鹊过齐，齐桓侯客之。入朝见，曰：君有疾在腠理，不治将深。桓侯曰：寡人无疾。扁鹊出，桓侯谓左右曰：医之好利也，欲以不疾者为功。后五日，扁鹊复见，曰：君有疾在血脉，不治恐深。桓侯曰：寡人无疾。扁鹊出，桓侯不悦。后五日，扁鹊复见，曰：君有疾在肠胃间，不治将深。桓侯不应。扁鹊出，桓侯不悦。后五日，扁鹊复见，望见桓侯而退走。桓侯使人问其故。扁鹊曰：疾之居腠理也，汤熨之所及也；在血脉，针石之所及也；其在肠胃，酒醪之所及也；其在骨髓，虽司命无奈之何。今在骨髓，臣是以无请也。后五日，桓侯体病，使人召扁鹊，扁鹊已逃去。桓侯遂死。使圣人预知微，能使良医得蚤从事，则疾可已，身可活也。人之所病，病疾多；而医之所病，病道少。故病有六不治：骄恣不论于理，一不治也；轻身重财，二不治也；衣食不能适，三不治也；阴阳并，脏气不定，四不治也；形羸不能服药，五不治也；信巫不信医，六不治也。有此一者，则重难治也。扁鹊名闻天下。过邯郸，闻贵妇人，即为带下医；过洛阳，闻周人爱老人，即为耳目痹医；来入咸阳，闻秦人爱小儿，即为小儿医。随俗为变。秦太医令李醯自知伎不如扁鹊也，使人刺杀之。至今天下言脉者，由扁鹊也。

[《史记》卷一百五《扁鹊仓公列传第四十五》]

卢医秦越人，医有神术，如古扁鹊之善，人又号为扁鹊先生。尝游艺于秦，时妇女多病，习为妇人科。及游魏，小儿多病，习为小儿科。药脉精明，触手辄效。今卢地有越人冢云。

[康熙《长清县志》卷十四《技术》]

卢医秦越人，医有神术，如古扁鹊之善，人又号为扁鹊。先生尝游艺于秦，时妇女多病，习为妇人科。及游魏，小儿多病，习为小儿科。药脉精明，触手辄效。

今卢地有越人冢云旧志。

扁鹊，渤海人。姓秦，名越人。少时遇长桑君，传以禁方，出怀中药予鹊饮，是以上池之水三十日，视病尽见五脏症结，特以诊脉为名耳。尝治虢太子复生，天下尽以鹊为能生死人。鹊曰：越人非能生死人也。此自当生者，越人能使之起耳。魏文侯问鹊曰：子昆弟三人，孰最善医？鹊曰：长兄最善，仲兄次之，扁鹊为下。长兄于病视神，未有形而除之，故名不出于家。仲兄治病在毫毛，故名不出于闾。若扁鹊者，镵血脉，投毒药，副肌肤间而名出闻于诸侯矣。文侯曰：善。所著《内经》九卷、《外经》十三卷。

《扬子法言》云：鹊，卢人也，而医多卢，故世有"卢医"之目。今历城城北有鹊山、鹊湖，皆其故迹《通志》。案：扁鹊，《史记》以为郑人。"鄚"，或讹作"郑"。其墓与故宅，并在鄚州。至齐，居于卢，遂号"卢医"。《史记·列传》极详。

[道光《长清县志》卷十三《方技》]

扁鹊，姓秦，名越人。渤海郑人。家于卢，受长桑君秘术，明医道。尝炼丹崿山上，丹灶尚存。

[崇祯《历城县志》卷十《侨寓》]

扁鹊，家于卢。姓秦，名越人。受长桑君秘术。至齐，诊桓侯疾后逃去。

[康熙《青州府志》卷二十《侨寓》]

扁鹊，姓秦氏，名越人。渤海鄚人。至齐居于卢，遂号"卢医"。少时为人舍长，遇长桑君，传以禁方，出怀中药予鹊，饮以上池之水三十日，视见垣一方人，以此视病，尽见五脏症结，特以诊脉为名耳。或在齐，或在赵。尝治虢太子复生，天下尽以鹊为能生死人。鹊曰：越人非能生死人也。此自当生者，越人能使之起耳。魏文侯问鹊曰：子昆弟三人，孰最善医？鹊曰：长兄最善，仲兄次之，扁鹊为下。长兄于病视神，未有形而除之，故名不出于家。仲兄治病在毫毛，故名不出于闾。若扁鹊者，镵血脉，投毒药，副肌肤间而名出闻于诸侯矣。文侯曰：善！所著《内经》九卷、《外经》十三卷。

《历城志》云：崿山，在城北十五里，扁鹊炼丹于此。

《长清志》云：《扬子法言》云：鹊，卢人也，而医多卢，故世有"卢医"之目。今历城北有鹊山、鹊湖，皆其故迹。长清卢地，有越人冢云。

[道光《济南府志》卷六十一《方伎》]

扁鹊，渤海郡鄚人，家于卢。姓秦，名越人。受桑君秘术，明医道，故曰"卢医"。过齐，见齐桓侯，曰：君有疾在腠理，不治将深。后五日复见，曰：君有疾在血脉，不治将深。后五日复见，曰：君有疾在肠胃间，不治将深。后五日复见，望见桓侯即退走。桓侯使人问其故，扁鹊曰：疾之居腠理也，汤熨之所及也；其在血脉，针石之所及也；其在肠胃，酒醪之所及也，其在骨髓，虽司命，无奈之何！今在骨髓，臣是以无请也。后五日而疾作，召扁鹊，鹊已逃去，桓侯遂死。其过邯郸为带下医，过洛阳为耳目痹医，入秦为小儿医。随俗为变。秦太医令忌其能，使人刺杀之。所著有《难经》。按：卢，今为长清县。

[嘉靖《山东通志》卷三十四《流寓·济南府》]

扁鹊，渤海郡郑人，家于卢。受其师秘术，明医道，故曰"卢医"。过齐，见齐桓侯，曰：君有疾在腠理，不治将深。后五日复见，曰：君有疾在血脉，不治将深。后五日复见，望即退走。桓侯使人问其故，扁鹊曰：疾之居腠理也，汤熨之所及也；其在血脉，针石之所及也；其在肠胃，酒醪之所及也；其在骨髓，虽司命，无奈之何也。后五日而疾作，召扁鹊，已逃去，桓侯遂死。所著有《难经》。按：卢，今为长清县。

[康熙《山东通志》卷四十八《流寓·济南府》]

扁鹊，渤海人。姓秦，名越人。少时遇长桑君，传以禁方，出怀中药予鹊，饮是以上池之水三十日。视病尽见五脏癥结，特以诊脉为名耳。尝治虢太子复生，天下尽以鹊为能生死人。鹊曰：越人非能生死人也。此自当生者，越人能使之起耳。魏文侯问鹊曰：子昆弟三人，孰最善医？鹊曰：长兄最善，仲兄次之，扁鹊为下。长兄于病视神，未有形而除之，故名不出于家。仲兄治病在毫毛，故名不出于闾。若扁鹊者，镵血脉，投毒药，副肌肤间而名出闻于诸侯矣。文侯曰：善。所著《内经》九卷、《外经》十三卷。《扬子法言》云：鹊，卢人也。而医多卢，故世有"卢医"之目。今历城城北有鹊山、鹊湖，皆其故迹。

[雍正《山东通志》卷三十一《方伎志》]

扁鹊，郑人。少时为舍长。有长桑君者，扁鹊独奇之，待遇甚厚。出入十余年，乃呼扁鹊，与语曰：我有禁方，欲得与公。乃出药于怀中，告扁鹊饮以上池之水，当知物。悉取禁方与之。言讫，不知所之。扁鹊如其言，饮药三十日，能隔墙见人。以此视病，尽见五脏癥瘕，但假诊脉为名。名传天下。过秦，太医令李醯使人刺杀之。《索隐》云：上池水，谓竹林上未到地水，是也。

[弘治《重修保定志》卷十七《方伎》]

扁鹊，郑人。少时为舍长。有长桑君者，扁鹊独奇之，待遇甚厚，出入十余年，乃呼扁鹊，与语曰：我有禁方，欲传与公。乃出药于怀中，告扁鹊饮之以上池之水，三十日当知物。乃悉取其禁方书尽与扁鹊。忽不见。扁鹊如其言，饮药三十日，隔墙见人。以此视病，尽见五脏结，但借诊脉为名。上传天下。过秦，太医令李醯使人刺杀之。《索隐》曰：上池之水，谓水未到地，露及竹木上水。按《史记》：扁鹊，勃海郑郡人。徐广曰："郑"当作"鄚"，今属河间府。《索隐》曰：勃海无郑郡。

[嘉靖《蠡县志》卷五《明医》]

扁鹊，渤海郡鄚人也。姓秦氏，名越人。少时为人舍长。舍客长桑君过，扁鹊独奇之，常谨遇之。长桑君亦知扁鹊非常人也，出入十余年，乃呼扁鹊私坐，间与语曰：我有禁方，年老，欲传与公，公毋泄！扁鹊曰：敬诺。乃出其怀中药予扁鹊。饮是以上池之水三十日，当知物矣。乃悉取其禁方书尽与扁鹊，忽然不见，殆非人也。扁鹊以其言饮药三十日，视见垣一方人。以此视病，尽见五脏症结，特以诊脉为名耳。为医，或在齐，或在赵者名扁鹊。名闻天下，过邯郸，闻贵妇人，即为带下医；过洛阳，闻周人爱老人，即为耳目痹医；来入咸阳，闻秦人爱小儿，即为小儿医。随俗为变。秦太医令李醯自知伎不如扁鹊也，使人刺杀之。其他治验，见《史记·扁鹊传》。

[嘉靖《河间府志》卷二十五《方技》]

扁鹊者，渤海郡鄚人也。姓秦氏，名越人。少时为人舍长。舍客长桑君过，扁鹊独奇之，常谨遇之。长桑君亦知扁鹊非常人也，出入十余年，乃呼扁鹊私坐，间与语曰：我有禁方，年老，欲传与公，公毋泄！扁鹊曰：敬诺。乃出其怀中药予扁鹊。饮是以上池之水，三十日当知物矣。乃悉取其禁方书尽与扁鹊，忽然不见，迨非人也。扁鹊以其言饮药三十日，视见垣一方人。以此视病，尽见五脏症结，特以诊脉为名耳。为医，或在齐，或在赵，在赵者名扁鹊。当晋昭公时，诸大夫强而公族弱，赵简子为大夫，专国事。简子疾，五日不知人，大夫皆惧，于是召扁鹊。扁鹊入视病，出，董安于问扁鹊，扁鹊曰：血脉病也，而何怪！昔秦穆公尝如此，七日而寤。今主君之疾与之同，不出三日必间，间必有言也。居二日半，简子寤，语诸大夫，以帝所之乐。董安于受言，书而藏之。以扁鹊言告简子，简子赐扁鹊田四万亩。其后扁鹊过虢，虢太子死，鹊谓其中庶子曰：臣能生之。若太子病，所谓尸蹶者也。乃使弟子子阳厉针砥石，以取外三阳五会。有间，太子苏。乃使子豹为五分之熨，以八减之齐和煮之，以更熨两胁下。太子起坐。更适阴阳，但服汤二旬而复故。故天下尽以扁鹊为能生死人。扁鹊曰：越人非能生死人也。此自当生者，越人能使之起耳。扁鹊过齐，齐桓侯客之。曰：君有疾在腠理，不治将深。桓侯不悦。后五日，扁鹊复见，望见桓侯而退走。桓侯遂死。当是时，扁鹊名闻天下。过邯郸，闻贵妇人，即为带下医；过洛阳，闻周人爱老人，即为耳目痹医；来入咸阳，闻秦人爱小儿，即为小儿医。随俗为变。秦太医令李醯自知伎不如扁鹊也，使人刺杀之。至今天下言脉者，由扁鹊也。

[万历《河间府志》卷十一《方伎》]

扁鹊者，渤海鄚人也。姓秦氏，名越人。少时为人舍长。舍客长桑君过，扁鹊独奇之，常谨遇之。长桑君亦知扁鹊非常人也。出入十余年，乃呼扁鹊私坐，间与语曰：我有禁方，年老，欲传与公，公弗泄！扁鹊曰：敬诺。乃出其怀中药予扁鹊。饮是以上池之水，三十日当知物矣。乃悉取其禁方书尽与扁鹊。忽然不见，殆非人也。扁鹊以其言饮药三十日，视见垣一方人。以此视病，尽见五脏症结，特以诊脉为名耳。为医，或在齐，或在赵。在赵者名扁鹊。扁鹊过虢，虢太子死。扁鹊至虢宫门下问中庶子善方者曰：太子何病？中庶子曰：太子病血气不时，交错而不得泄，暴发于外，则为中害。精神不能止邪气，蓄积而不得泄，是以阳缓而隐急，故暴厥而死。扁鹊曰：其死何如时？曰：鸡鸣至今。曰：收乎？曰：未也，其死未能半日也。扁鹊因是言：臣齐渤海秦越人也，家在于鄚，未尝得望精光侍谒于前也。闻太子不幸而死，臣能生之。中庶子曰：先生得无诞之乎？何以言太子可生也？臣闻上古之时，医有俞跗，治病不以汤液醴酒，镵石挢引，案扤毒熨，一拨见病之应，因五脏之输，乃割皮解肌，诀脉结筋，搦髓脑，揲荒爪幕，湔浣肠胃，漱涤五脏，练精易形。先生之能若是，则太子可生也；不能若是而欲生之，曾不可以告咳婴之儿。扁鹊仰天叹曰：夫子之为方也，若以管窥天；越人之为方也，不待切脉、望色、听声、察形，言病之所在。闻病之阳，论得其阴；闻病之阴，论得其阳。病应见于大表，不出千里，决者至众，不可曲止也。子以吾言为不诚，试入诊太子，当闻其耳鸣而鼻张，循其两股以至于阴，当尚温也。中庶子闻扁鹊言，目眩然而不瞚，舌挢然而不下，乃以扁鹊言入报虢君。虢君闻，大惊，出见扁鹊于中阙，曰：窃闻高义之日久矣，然未尝得拜谒于前也。先生过小国，幸而举之，偏国寡人幸甚。有先生则活，无先生则弃捐填沟壑，长终而不得反。言未卒，因嘘唏服臆，魂精泄横，流涕长潸，忽忽承睫，悲不能自止，容貌变更。扁鹊曰：若太子病，所谓尸厥者也。夫以阳入阴中，动胃缠缘，中经维络，别下于三焦、膀胱，是以阳脉下遂，阴脉上争，会气闭而不通，阴上而阳内行，下内鼓而不起，上外绝而不为使，上有绝阳之络，下有破阴之纽，破阴绝阳，之色已废脉乱，故形静如死状。太子未死也。夫以阳入阴支兰脏者生，以阴入阳支兰脏者死。凡此数事，皆五脏厥中之时暴作也。良工取之，拙者疑殆。扁鹊乃使弟子子阳厉针砥石，以取外三阳五会。间，太子苏。乃使子豹为五分之熨，以八减之齐和煮之，以更熨胁下。太子起坐。更适阴阳，但服汤二旬而复故。故天下以扁鹊为能生死人。扁鹊曰：越人非能生死人，此自当生者，越人能使之起耳。扁鹊名闻天下。过邯郸，闻贵妇人，即为带下医；过洛阳，闻周人爱老人，即为耳目痹医；来入咸阳，闻秦人爱小儿，即为小儿医。随俗为变。秦太医令李醯自知伎不如扁鹊也，使人刺杀之。

汉，涿郡、渤海皆高帝所置，鄚属涿郡。此云渤海鄚人，不知太史公何以言之？且北齐徐之才序《八十一难》，称扁鹊为世居于卢。意鹊亦未必果为渤海人也，今聊因《史记》书之。又按：《说苑》：扁鹊诊赵太子，与《史记》虢太子殊，复有轩光之龟、八成之汤、子明吹耳、阳仪反神语，视史迁尤异也。

[乾隆《河间府新志》卷十三《伎术》]

扁鹊，勃海郡郑县人。姓秦，名越人。《八十一难》曰：秦越人与轩辕时扁鹊相类，仍号之。又家卢国，命之曰"卢医"。少时为人舍长，受术于舍客长桑君，见人之五脏，闻病之阳，论得其阴；闻病之阴，论得其阳。活人至众。其成名，以治赵简子、虢太子、齐桓侯，并见《史记》。庸医李醯忌之，杀于伏首。广应王者，封之也。

断曰：尝读《鹖冠子》，扁鹊兄弟三人，皆精医术。尝魏文侯，侯问：谁者最善？曰：长兄神视，故名不出家；仲兄视毛发，故名不出门；臣察血脉，投人毒药，故名闻诸侯。嗟乎！二兄无名，皆寿终庸下，彼独死非命，名亦误人也哉！而太史公于被刺之前叙曰：闻邯郸贵妇人病，即为带下医；过洛阳，闻周人贵老，即为耳目痹医；入咸阳，闻秦人爱小儿，即为不儿医，则其急于见长取利，宜有以触人之忌矣。

[崇祯《汤阴县志》卷十二《流寓》]

扁鹊，郑人也。姓秦氏，名越人。少时得长桑君禁方，为医，在赵者名扁鹊。当晋昭公时，诸大夫强而公族弱，赵简子为大夫，专国政。简子疾，五日不知人，大夫皆惧，于是召扁鹊。入视病，出，董安于问扁鹊。扁鹊曰：血脉治也，而何怪？昔秦穆公尝如此，七日而寤。今主君之病与之同，不出三日必间，问必有言也。居二日半，简子寤，语诸大夫曰：我之帝所甚乐，与百神游于钧天，广乐九奏万舞，不类三代之乐，其声动心。有一熊欲援我，帝命我射之，中熊，熊死。有罴来，我又射之，中罴，罴死。帝甚喜，赐我二笥，皆有副。吾见儿在帝侧，帝属我一翟犬，曰：及而子之壮也以赐之。帝告我，晋国且世衰，七世而亡，嬴姓将大败周人于范魁之西,而亦不能有也。董安于受言,书而藏之。以扁鹊言告简子,简子赐扁鹊田四万亩。

[顺治《赵城县志》卷六《官籍》]

扁鹊,赵简子疾,五日不知人,大夫皆惧。扁鹊视之,出,董安于问,扁鹊曰:血脉治也,而何怪!昔秦穆公尝如此,七日而寤,寤之日,告公孙支与子舆曰:我之帝所甚乐。吾所以久者,适所学也。帝告我:晋国将大乱,五世不安;其后将霸,未老而死;霸者之子且令而国男女无别。公孙支书而藏之,秦谶于是出矣。献公之乱,文公之霸,而襄公败秦师于殽而归纵淫,此子之所闻。今主君之疾与之同,不出三日,疾必间,间必有言也。居二日半,简子寤。语大夫曰:我之帝所甚乐,与百神游于钧天,广乐九奏万舞,不类三代之乐,其声动人心。有一熊来,援我,帝命我射之,中熊,熊死。又有一罴来,我又射之,中罴,罴死。帝甚喜,赐我二笥,皆有副。吾见儿在帝侧,帝属我一翟犬,曰:及而子之壮也,以赐之。帝告我,晋国且世衰,七世而亡,嬴姓将大败周人于范魁之西,而亦不能可也。今余思虞舜之勋,适余将以其胄女孟姚配而七世之孙。董安于受言而书藏之。以扁鹊言告简子,赐扁鹊田四万亩。

[乾隆《赵城县志》卷十七《高艺》]

扁鹊传

李升阶

《史记》称:扁鹊,渤海郡郑人也。姓秦,名越人。少为人舍长。长桑君过,谨遇之。出入十余年,乃呼扁鹊,私语传禁方,嘱曰:毋泄!扁鹊受命。复出怀中药予饮,云:上池水月日,当知物矣。忽不见。扁鹊依言饮药,三十日见隔垣人。以此视病,见脏腑,特以诊为名。之赵,当晋定公时,简子专国。简子疾,七日不知人。扁鹊入视,以为血脉治,七日而寤,必有言也。已而验,简子赏田四万亩。由是居于赵。过虢,虢太子死,扁鹊至虢宫门,问中庶子喜方者曰:太子何病?中庶子曰:太子病血气不时,交错而不得泄,暴发于外,则为中害。精神不能止邪气,邪气蓄积而不得泄。是以阳缓而阴急,故暴厥而死。扁鹊曰:死何如时?收乎?曰:鸡鸣,未收。曰:请言之,臣渤海秦越人也,未尝得望精光侍谒于前。闻太子不幸死,臣能生之。中庶子曰:先生得毋诞乎?胡言太子可生?扁鹊曰:越人之为方也,不待切脉、听声、写形、望色。子以吾言为不诚,试验之,入视太子,当闻其耳鸣鼻张,循两股至阴尚温也。中庶子闻言,目眩然而不瞚,舌挢然而不下。入报虢君。虢君闻之，大惊，出见扁鹊于中阙，曰：窃闻高义久矣，未尝得拜谒于前也。先生过小国，幸举之，偏国寡臣幸甚！有先生则活，无先生则弃捐填沟壑耳。因唏嘘服臆，涕泣长潸，悲不止，容貌变。扁鹊曰：若太子病，尸厥者也。以阳入阴中，动胃，中经维络，别下于三焦、膀胱，是以阳脉下遂，阴脉上争，会气闭不通，阴上而阳内行，下内鼓而不起，上外绝而不为使，上有绝阳之络，下有破阴之纽，破阴绝阳，之色已废脉乱，故形静如死。太子未死。夫以阳入阴支兰脏者生，以阴入阳支兰脏者死。凡此，皆五脏厥中之时暴作也。良工取之，拙者疑殆。乃使弟子阳厉针砥石，以取外三阳五会。有间，太子苏。又使子豹为五分之熨，以八减之齐和煮之，以更熨两胁下。太子起坐。更适阴阳，但服汤三旬而复故。天下尽以扁鹊能生死人。扁鹊曰：越人非能生人，此自当生者，越人能使之起耳。过齐，桓侯客之，入朝，曰：君有疾在腠理，不治将深。桓侯曰：寡人无疾。扁鹊出，桓侯谓左右曰：医之好利也，欲以不疾者为功。后五日，复见，曰：君有疾在血脉，不治恐深。桓侯曰：寡人无疾。扁鹊出，桓侯不悦。后五日，复见，曰：君有疾在肠胃间，不治益深。桓侯不应。扁鹊出，桓侯不悦。后五日，见，望桓侯而退走。桓侯使人问其故，扁鹊曰：疾之居腠理也，汤熨之所及也；在血脉，针石之所及也；在肠胃，酒醪之所及也；其在骨髓，虽司命无奈之何！今君疾在骨髓，臣是以无请也。后五日，桓侯体病，使召扁鹊，已逃去。桓侯遂死。扁鹊名闻天下。过邯郸，闻贵妇人，即为带下医；过洛阳，闻周人爱老人，即为耳目痹医；来入咸阳，闻秦人爱小儿，即为小儿医。随俗为变。秦太医令李醯自知伎不如扁鹊，使人刺杀之。至今天下言脉者，由扁医也。上所传，皆本太史公，于本《志》已见者，稍节之。呜呼！吾悲扁鹊能生人而不能自生命也夫。

[乾隆《赵城县志》卷二十三《传》]

扁鹊，少时为人舍长。舍客长桑君过，扁鹊独奇之，常谨遇之。长桑君亦知扁鹊非常人，出入十余年，乃呼扁鹊私坐，间与语曰：我有禁方，年老，欲传与公，公无泄！扁鹊：敬诺。乃出药与扁鹊。饮是以上池之水，三十日当知物矣。禁方与扁鹊，忽然不见。扁鹊以其言饮药三十日，视病尽见五脏症结，特以诊脉为名耳。见秦武王，示之病，请除左右，曰：君之病在耳之前、目之下，除之未已，将使耳不聪、目不明。王告左右。扁鹊怒曰：君与知者谋之，与不知者败之，使知秦国之政也，则君一举而国亡矣。

[康熙《陕西通志》卷二十五《方技》]

扁鹊，郑人也。姓秦氏，名越人。少时为人舍长。舍客长桑君过，扁鹊谨遇之。长桑君知为非常人，出入十余年，乃出其怀中药予扁鹊，曰：饮以上池之水，三十日当知物矣。乃悉取其禁方书尽与之。扁鹊依其言，饮药三十日，视见垣一方。以此视病，尽见五脏症结，特以诊脉为名耳。过邯郸，闻贵妇人，即为带下医；过洛阳，闻周人爱老人，即为耳目痹医；入咸阳，闻秦人爱小儿，即为小儿医。秦太医令李醯自知伎不如扁鹊，使人刺杀之。

[康熙《畿辅通志》卷三十三《艺学》]

扁鹊，《史记》：勃海郡郑人。姓秦氏，名越人。视病，尽见五脏症结。来入咸阳，闻秦人爱小儿，即为小儿医，随俗为变。秦太医令李醯自知伎不如扁鹊，使人刺杀之。

[乾隆《西安府志》卷三十七《流寓》]

扁鹊，勃海郡郑人也。姓秦，名越人。视病，尽见五脏症结。闻名天下。来入咸阳，闻秦人爱小儿医，随俗为变。秦太医令李醯自知伎不如扁鹊，使人刺杀之《史记》本传。

[乾隆《咸阳县志》卷十四《流寓》]

扁鹊，勃海郡郑人也。姓秦氏，名越人。视病，尽见五脏症结。名闻天下。来入咸阳，闻秦人爱小儿，即为小儿医，随俗为变。秦太医令李醯自知伎不如扁鹊，使人刺杀之。至今天下言脉者，由扁鹊也《史记》本传。

[雍正《敕修陕西通志》卷六十四《流寓》]

[雍正《陕西通志》卷六十四《流寓》]

扁鹊，《史记》本传：勃海郡郑人也。姓秦，名越人。视病，见五脏症结。名闻天下。至咸阳，闻秦人爱小儿，医随俗变。秦太医令李醯自知技不如扁鹊，使人刺杀之。

[民国《重修咸阳县志》卷七《流寓》]

扁鹊，郑人。姓秦，名越人。著《八十一难经》行世。《史记》鹊传，详《艺文志》。

[乾隆《任邱县志》卷九《方技》]

扁鹊传

《史记》

扁鹊者，勃海郡郑人也。姓秦氏，名越人。少时为人舍长。舍客长桑君过，扁鹊独奇之，常谨遇之。长桑君亦知扁鹊非常人也。出入十余年，乃呼扁鹊私坐，间与语曰：我有禁方，年老，欲传与公，公毋泄！扁鹊曰：敬诺。乃出其怀中药予扁鹊。饮是以上池之水，三十日当知物矣。乃悉取其禁方书尽予扁鹊。忽然不见，殆非人也。扁鹊以其言饮药三十日，视见垣一方人。以此视病，尽见五脏症结，特以诊脉为名耳。为医，或在齐，或在赵，在赵者名扁鹊。当晋昭公时，诸大夫强而公族弱，赵简子为大夫，专国事。简子疾，五日不知人，大夫皆惧，于是召扁鹊。扁鹊入视病，出，董安于问扁鹊，扁鹊曰：血脉治也，而何怪！昔秦穆公尝如此，七日而寤。寤之日，告公孙支与子舆曰：我之帝所甚乐。吾所以久者，适有所学也。帝告我：晋国且大乱，五世不安。其后将霸，未老而死。霸者之子且令而国男女无别。公孙支书而藏之，秦策于是出。夫献公之乱，文公之霸，而襄公败秦师于殽而归纵淫，此子之所闻。今主君之病与之同，不出三日必间，间必有言也。居二日半，简子寤。语诸大夫曰：我之帝所甚乐，与百神游于钧天，广乐九奏万舞，不类三代之乐，其声动心。有一熊欲援我，帝命我射之，中熊，熊死。有罴来，我又射之，中罴，罴死。帝甚喜，赐我二笥，皆有副。吾见儿在帝侧，帝属我一翟犬，曰：及而子之壮也，以赐之。帝告我：晋国且世衰，七世而亡。嬴姓将大败周人于范魁之西，而亦不能有也。董安于受言，书而藏之。以扁鹊言告简子，简子赐扁鹊田四万亩。其后扁鹊过虢。虢太子死，扁鹊至虢宫门下，问中庶子喜方者曰：太子何病？国中治穰过于众事。中庶子曰：太子病血气不时，交错而不得泄，暴发于外，则为中害。精神不能止邪气，邪气蓄积而不得泄，是以阳缓而阴急，故暴厥而死。扁鹊曰：其死何如时？曰：鸡鸣至今。曰：收乎？曰：未也，其死未能半日也。言：臣齐勃海秦越人也，家在于郑，未尝得望精光侍谒于前也。闻太子不幸而死，臣能生之。中庶子曰：先生得无诞之乎？何以言太子可生也？臣闻上古之时，医有俞跗，治病不以汤液醴酒，镵石挢引、案扤毒熨，一拨见病之，应因五脏之输，乃割皮解肌，诀脉结筋，搦髓脑，揲荒爪幕，湔浣肠胃，漱涤五脏，练精易形。先生之方能若是，则太子可生也；不能若是而欲生之，曾不可以告咳婴之儿！终日，扁鹊仰天叹曰：夫子之为方也，若以管窥天，以郄视文。越人之为方也，不待切脉、望色、听声、写形，言病之所在。闻病之阳，论得其阴；闻病之阴，论得其阳。病应见于大表，不出千里决者至众，不可曲止也。子以吾言为不诚，试入诊太子，当闻其耳鸣而鼻张，循其两股以至于阴，当尚温也。中庶子闻扁鹊言，目眩然而不瞚，舌挢然而不下，乃以扁鹊言入报虢君。虢君闻之，大惊，出见扁鹊于中阙，曰：窃闻高义之日久矣，然未尝得拜谒于前也。先生过小国，幸而举之，偏国寡臣幸甚！有先生则活，无先生则弃捐填沟壑，长终而不得反。言未卒，因嘘唏服臆，魂精泄横，流涕长潸，忽忽承映，悲不能自止，容貌变更。扁鹊曰：若太子病，所谓"尸厥"者也。夫以阳入阴中，动胃缠缘，中经维络，别下于三焦、膀胱，是以阳脉下遂，阴脉上争，会气闭而不通，阴上而阳内行，下内鼓而不起，上外绝而不为使，上有绝阳之络，下有破阴之纽，破阴绝阳，之色已废脉乱，故形静如死状。太子未死也。夫以阳入阴支兰脏者生，以阴入阳支兰脏者死。凡此数事，皆五脏厥中之时暴作也。良工取之，拙者疑殆。扁鹊乃使弟子子阳厉针砥石，以取外三阳五会。有间，太子苏。乃使子豹为五分之熨，以八减之齐和煮之，以更熨两胁下。太子起坐。更适阴阳，但服汤二旬而复故。故天下尽以扁鹊能生死人。扁鹊曰：越人非能生死人也，此自当生者，越人能使之起耳。扁鹊过齐，齐桓侯客之。入朝见，曰：君有疾在腠理，不治将深。桓侯曰：寡人无疾。扁鹊出，桓侯谓左右曰：医之好利也，欲以不疾者为功。后五日，扁鹊复见，曰：君有疾在血脉，不治恐深。桓侯曰：寡人无疾。扁鹊出，桓侯不悦。后五日，扁鹊复见，曰：君有疾在肠胃间，不治将深。桓侯不应。扁鹊出，桓侯不悦。后五日，扁鹊复见，望见桓侯而退走。桓侯使人问其故，扁鹊曰：疾之居腠理也，汤熨之所及也；在血脉，针石之所及也；其在肠胃，酒醪之所及也；其在骨髓，虽司命无奈之何！今在骨髓，臣是以无请也。后五日，桓侯体病，使人召扁鹊，扁鹊已逃去，桓侯遂死。使圣人预知微，能使良医得蚤从事，则疾可已，身可治也。人之所病，病疾多；而医之所病，病道少。故病有六不治：骄恣不论于理，一不治也；轻身重财，二不治也；衣食不能适，三不治也；阴阳并，脏气不定，四不治也；形羸不能服药，五不治也。信巫不信医，六不治也。有此一者，则重难治也。扁鹊名闻天下。过邯郸，闻贵妇人，即为带下医；过洛阳，闻周人爱老人，即为耳目痹医；来入咸阳，闻秦人爱小儿，即为小儿医。随俗为变。秦太医令李醯自知伎不如扁鹊也，使人刺杀之。至今天下言脉者，由扁鹊也。

[乾隆《任邱县志》卷十一《艺文志·史传》]

扁鹊传

汉司马迁太史

扁鹊者，勃海郡郑本误作"郑"人也。姓秦氏，名越人。少时为人舍长。舍客长桑君过，扁鹊奇之，常谨遇之。长桑君亦知扁鹊非常人也。出入十余年，乃呼扁鹊私坐，间与语曰：我有禁方，年老，欲传与公，公毋泄。扁鹊曰：敬诺。乃出其怀中药予扁鹊。饮是以上池之水，三十日当知物矣。乃悉取其禁方书尽与扁鹊。忽然不见，殆非人也。扁鹊以其言饮药三十日，视见垣一方人。以此视病，尽见五脏症结，特以诊脉为名耳。为医，或在齐，或在赵，在赵者名扁鹊。当晋定本误作"昭"公时，诸大夫强而公族弱，赵简子为大夫，专国事。简子疾，五日不知人，大夫皆惧，于是召扁鹊。扁鹊入视病，出，董安于问扁鹊，扁鹊曰：血脉治也，而何怪！昔秦穆公尝如此，七日而寤。寤之日，告公孙支子舆曰：我之帝所乐甚。吾所以久者，适有所学也。帝告我：晋国且大乱，五世不安。其后将霸，未老而死。霸者之子且令而国男女无别。公孙支书而藏之，秦策于是出。夫献公之乱，文公之霸，而襄公败秦师于殽而归纵淫，此子之所闻。今主君之病与之同，不出三日必间，间必有言也。居二日半，简子寤，语诸大夫曰：我之帝所乐甚，与百神游于钧天，广乐九奏万舞，不类三代之乐，其声动心。有一熊欲援我，帝命我射之，中熊，熊死。有罴来，我又射之，中罴，罴死。帝甚喜，赐我二笥，皆有副。吾见儿在帝侧，帝属我一翟犬，曰：及尔子之壮也以赐之。帝告我：晋国且世衰，七世而亡。嬴姓将大败周人于范魁之西，而亦不能有也。董安于受言，书而藏之。以扁鹊言告简子，简子赐扁鹊田四万亩。其后扁鹊过虢本作"虢"，下同，虢太子死，扁鹊至虢公门下，问中庶子喜方者曰：太子何病？国中治穰过于众事？中庶子曰：太子病血气不时，交错而不得泄，暴发于外，则为中害。精神不能止邪气，邪气蓄止而不得泄，是以阳缓而阴急，故暴厥而死。扁鹊曰：其死何如时？曰：鸡鸣至今。曰：收乎？曰：未也，其死未能半日也。言：臣齐勃海秦越人也，家在于郑本同前作"郑"，未尝得望精光侍谒于前也。闻太子不幸而死，臣能生之。中庶子曰：先生得无诞之乎？何以言太子可生也！吾闻上古之时，医有俞跗，治病不以汤液醴酒，镵石挢引，案扤毒熨，一拨见病之应，因五脏之输，乃割皮解肌，诀脉结筋，搦髓脑，揲荒爪幕，湔浣肠胃，漱涤五脏，练精易形。先生之方若能是，则太子可生也；不能若是而欲生之，曾不可以告孩婴之儿。终日，扁鹊仰天叹曰：夫子之为方也，若以管窥天，以郄视文；越人之为方也，不待切脉、望色、听声、写形，言病之所在。闻病之阳，论得其阴；闻病之阴，论得其阳。病应见于大表，不出千里，决至者众，不可曲止也。子以吾言为不诚，试入诊太子，当闻其耳鸣而鼻张，循其两股以至于阴，当尚温也。中庶子闻扁鹊言，目眩然而不瞚，舌挢然而不下，乃以扁鹊言入报虢同前君。虢君闻之，大惊，出见扁鹊于中阙，曰：窃闻高义之日久矣，然未尝得拜谒于前也。先生过小国，幸而举之，偏国寡臣幸甚！有先生则活，无先生则弃捐填沟壑，长终而不得反。言未卒，因嘘唏服臆，魂精泄横，流涕长潸，忽忽承睫，悲不能自止，容貌变更。扁鹊曰：若太子病，所谓"尸厥"者也。夫以阳入阴中，动胃缠缘，中经维络，别下于三焦、膀胱，是以阳脉下遂，阴脉上争，会气闭而不通，阴上而阳内行，下内鼓而不起，上外绝而不为使，上有绝阳之络，下有破阴之纽，破阴绝阳，色废脉乱，故形静如死状。太子未死也。夫以阳入阴支兰脏者生，以阴入阳支兰脏者死。凡此数事，皆五脏厥中之时暴作也。良工取之，拙者疑殆。扁鹊乃使弟子子阳厉针砥石，以取外三阳五会。有间，太子苏。乃使子豹为五分之熨，以八减之齐和煮之，以更熨两胁下。太子起坐。更适阴阳，但服汤二旬而复故。故天下尽以扁鹊为能生死人。扁鹊曰：越人非能生死人也，此自当生者，越人能使之起耳。扁鹊过齐，齐桓侯客之。入朝见，曰：君有疾在腠理，不治将深。桓侯曰：寡人无疾。扁鹊出，桓侯谓左右曰：医之好利也，欲以不疾者为功。后五日，扁鹊复见，曰：君有疾在血脉，不治恐深。桓侯曰：寡人无疾。扁鹊出，桓侯不悦。后五日，扁鹊复见，曰：君有疾在肠胃间，不治将深。桓侯不应。扁鹊出，桓侯不悦。后五日，扁鹊复见，望见桓侯而退走。桓侯使人问其故。扁鹊曰：疾之居腠理也，汤熨之所及也；在血脉，针石之所及也；其在肠胃，酒醪之所及也；其在骨髓，虽司命无奈之何！今在骨髓，臣是以无请也。后五日，桓侯体病，使人召扁鹊，扁鹊已逃去。桓侯遂死。使圣人预知微，能使良医得蚤从事，则疾可已，身可活也。人之所病，病疾多；而医之所病，病道少。故病有六不治：骄恣不论于理，一不治也；轻身重财，二不治也；衣食不能适，三不治也；阴阳并，脏气不定，四不治也；形羸不能服药，五不治也；信巫不信医，六不治也。有此一者，则重难治也。扁鹊名闻天下。过邯郸，闻贵妇人，即为带下医；过洛阳，闻周人爱老人，即为耳目痹医；来入咸阳，闻秦人爱小儿，即为小儿医。随俗为变。秦太医令李醯自知伎不如扁鹊也，使人刺杀之。至今天下言脉者，由扁鹊也。

[道光《内邱县志》卷四《传》]

扁鹊，姓秦氏，名越人。名闻天下。过邯郸，闻贵妇人，即为带下医《史记》本传。

[光绪《广平府志》卷六十二《杂稽》]

扁鹊，卢氏人。姓秦，名越人。见秦武王，武王示之病，扁鹊请除左右，曰：君之病在膏之上肓之下，除之未必已也。

[康熙《河南通志》卷三十四《方伎》]

扁鹊，虢太子死，扁鹊至国，中庶子曰：暴厥而死。扁鹊曰：尚可活也。庶子曰：先生得毋诞乎？曰：臣闻古有俞跗，疗病不以汤液，乃割皮解肌，湔洗肠胃，漱涤五脏。太子复生。

[光绪《卢氏县志》卷九《方技》]

赵简子疾，五日不知人，大夫皆惧。医扁鹊视之，出，曰：血脉治也，而何害！不出三日疾必间。居二日半，简子寤。

扁鹊，姓秦氏，名越人。受禁方于桑君。名闻天下。过邯郸，闻贵妇人，即为带下医。随俗为变。

[民国《邯郸县志》卷十七《故事》]

鹊山，城北十五里泺口镇。其山无峰，望之如翠屏，大清流于其东，名鹊山湖。俗传每岁七八月间，鸟鹊翔集于此。王绘《太白诗注》云：扁鹊炼丹于此。旧有鹊山亭，今废。湖亦就涸。古有鹊山院，见陈后山诗。历下客山胜，而北方之镇，鹊华并峙，每当阴云之际，两山连亘，烟雾环萦，若有若无，若离若合，凭高远望，可入画图，虽单椒浮黛，削壁涵青，各著灵异，乃昔人合标其胜，曰："鹊华烟雨。"自五云氏分为孤嶂插天、翠屏丹灶，而"烟雨"二字，始无着落矣。

[崇祯《历城县志》卷二《山川》]

临邑有鹊山《魏书·地形志》。

[历城有鹊山《隋书·地形志》]

鹊山，王绘《太白诗注》云：扁鹊炼丹于此。俗又谓每岁七八月，鸟鹊翔集，故名。按：扁鹊，卢人，近在今长清县地。炼丹此山者，是古有鹊山院。见陈后山诗《齐乘》。

[乾隆《历城县志》卷七《山水考二》]

嵰山，在历城县北十五里泺口镇。旧志云：其山无峰，望之如翠屏，俗传每岁七八月间，鸟鹊翔集满山。王绘《太白诗注》云：扁鹊炼丹于此。《县志》云：鹊山下有钟鼓二石，樵夫牧儿争往击之，声闻数里。又云：大清河经鹊山南、华不注山北而东北，注济阳界。

[道光《济南府志》卷五《山水·历城·山》]

鹊山，府北二十里。王绘《太白诗注》云：扁鹊炼丹于此。俗又谓每岁七八月，鸟鹊翔集，故名。按：扁鹊，卢人，近在今长清县地。炼丹此山者是古有鹊山院，见陈后山诗。

[至元《齐乘》卷一《山川》]

鹊山，在府城北二十里。俗传每岁七八月间，鸟鹊翔集。又云扁鹊炼丹处。

[嘉靖《山东通志》卷五《山川上·济南府》]

[康熙《山东通志》卷六《山川上·济南府》]

鹊山，在县北二十里泺口镇，亦名鹊山《大清一统志》。其山无峰孙点《历下志游》，横列如屏，登历山望之，又若人之凭几乾隆《历城县志》。《魏书·地形志》：临邑有鹊山。《隋书·地理志》：历城有鹊山。《齐乘》：王绘《李白诗注》云：扁鹊炼丹于此，故名。旧志：大清河流其南，名鹊山湖，上有鹊山亭，古有鹊山院。乾隆十三年（1748），圣驾东巡，有御制《鹊山诗》《大清一统志》。

[宣统《山东通志》卷二十二《疆域志第三·济南府山》]

龙冈，在旧县南二里。蜿蜒自西北来，赵人建扁鹊庙于上，又谓之鹊山，太行之余脉也。居民除土渐平，识者恨之。

[嘉靖《南宫县志》卷一《山川》]

龙冈，在县西二里。蜿蜒自西北来，亦太行余脉。赵人建扁鹊庙于上，又谓之鹊山。居人除土渐平。

[光绪《南宫县志》卷一《山川》]

龙冈，在县西二里。蜿蜒自西北来，亦太行余脉也。邑人建扁鹊庙于上，因号鹊山。今土人除土渐就平夷云。

[民国《南宫县志》卷一《山川》]

扁鹊山，在宝丰县东南四十里。俗传扁鹊尝制药于此，上有药炉，遗迹尚在。

[嘉靖《河南通志》卷六《山川·汝州》]

[康熙《河南通志》卷六《山川·汝州》]

扁鹊山，《河南通志》：扁鹊山，在宝丰县东南四十里。俗传扁鹊尝制药于此，上有药炉，遗迹尚在。

案：于钦《齐乘》：鹊山，府北二十里。王绘《太白诗注》云：扁鹊炼丹于此，俗又谓每岁七八月，乌鹊翔集，故名。案：扁鹊，卢人，近在今长清县地。炼丹此山者是。今《河南通志》亦云然，盖牵于皮傅而妄托之。

[嘉庆《宝丰县志》卷七《山川》]

扁鹊山，《河南通志》云：在县东南四十里。俗传扁鹊尝制药于此，上有药炉，遗迹尚在。按：《齐乘》：鹊山府北二十里。王绘《注太白诗》云：扁鹊炼丹于此。按：扁鹊，卢人，近在今长清县地。炼丹此山者是。《河南通志》误。

[道光《宝丰县志》卷二《山川》]

鹊山，在平定州西北五里，上有扁鹊庙，故名。下有平地泉，又名灵应池，傍建神应王庙。

[成化《山西通志》卷二《山川》]

[万历《山西通志》卷四《山川上》]

鹊山，在平定州北五里，上有扁鹊庙。

[万历《太原府志》卷八《山》]

鹊山，在州西北五里，上有扁鹊庙，山下有平地泉，赵简子赐扁鹊田四万亩在山下。颜太初《许希诗》序：针工许希，天圣中召见，三进针而疾平，面授尚药奉御，其赐予不可胜计。谢恩毕，向西而拜，上询其故，奏曰：臣拜本师扁鹊也。上惜其用心，不忘本，给钱五十万立祠，封曰"灵应侯"。元好问诗：古柳轮囷欲十围，鹊山祠庙此遗基。万金良药移造化，老眼天公谁耦畸？已为养生诬单豹，不应遭网废元龟。半生磊落浇犹在，拟向灵君乞上池。曾尚增诗：万亩山田画不如，至今犹自把耕锄。高轩一过人千古，谁向长桑乞异书。

[乾隆《平定州志》卷六《山川》]

鹊山，在城西六十里。昔，扁鹊同虢太子采药于此，故名。

[乾隆《顺德府志》卷二《山川·内邱县》]

鹊山庙记
明诚德谢迁

鹊山庙者，祀扁鹊也。山在顺德府内邱县西之六十里许，庙在其山之麓，山旧名曰蓬。世传鹊既甦虢太子，尝将太子采药是山，后人立祠于此，因名其山曰蓬鹊，今惟曰鹊山者，省文也。按：史迁《传》：鹊本出渤海人，姓秦，名越人。其为医，或在齐，或在赵，在赵者名扁鹊。顺德，古赵地也。赵简子疾，五日不知人，鹊知其不死，以语董安于简子，瘳，赐鹊田四万亩。或谓赐曰在中邱之蓬山，是也。采药事有无，未可知。意其因田而居，在赵日必久；居之久，则其活人也必众；所活众，故其人感之也独深；感之深，则其庙而祀之也亦宜。世乃谓神有灵应，或兆梦降饵，率能愈人奇疾，则诬矣。岂其人信向之笃，故归功之，至有不知其所以然而然者矣。庙额曰"神应王庙"。"神应"之号，宋嘉祐中所加，元史臣王鹗碑可考。王爵之封，碑志未详，要之所由来者远矣。明定天下，一正祀典，凡山川、神祇谬妄之号，率加厘革，而是庙如故，岂因以其活人之功有不可泯者耶？迄今季春之月，有司岁以祀典从事，远近士女执香币奉牲醴以致诚，悃者争先而趋，香币牲醴之余为钱者，常以千百缗计。成化丙午（1486）三月癸亥，知府林公恭来举岁事，见其庙貌岁久日就颓弊，非顺民妥灵之意，慨然思一新之，乃就其庙中所收余资以付知县夏君勋，俾加整葺。而府中僚佐，如同知张君㫤、通判张君越、孔君鉴、束君英，推官周君睿，皆协赞之。不逾月，工即告成，宇神像皆焕然矣，郡民瞻仰，忻忻相告，于是夏君走书告予请记其岁月。粤自古圣有作而医之为利也，溥矣。既废而起之，濒危而安之，几死而生之，使慈父孝子无遗恨于迫切之际者，医之功也。然苟非其人道不虚行，参互拟议之间，一失而不可救者多矣。名曰生之而实死之，名曰安之而实危之，名曰起之而实废之。考之传记所载，求其神巧精妙，真足以济民生如扁鹊者，几何人哉！宜乎人之思之愈久而不忘也。呜呼！以艺术济人者尚尔，又况以德惠政术康济斯民者乎！林公治郡多善政而虔于事神如此，其风励之意深矣。夏君勇于立事，克承其志，皆可尚也。故记之，以谂后之为政于是邦者。

[乾隆《顺德府志》卷十五《艺文上》]

鹊山，在内丘县西六十里。山头有白石，形如鹊，东向高耸为鹊头，西背低平为鹊尾。昔有驻兵，其巅者敌兵，仰攻不克，潜觅其尾，遂破之。

龙腾山，在蓬山旁。相传虢太子与扁鹊采药处。

蓬山，在内丘县西十五里。《山海经》云：西北有蓬山，内丘县创建其间，故名其邑为蓬山郡。《史记》：赵简子即中丘之蓬山，赐扁鹊田四万亩。

太子岩，在内丘县西南六十里。虢太子曾与扁鹊游此。

[康熙《畿辅通志》卷四《山川》]

祐德观，府城内。唐碑云"瑞气观"，宋曰"天庆"，金改"祐德观"。内，古有扁鹊祠，今人因创神农庙，碑记存焉。

[崇祯《历城县志》卷十一《观》]

祐德观，府城内。唐碑云"瑞气观"，宋曰"天庆"，金改"祐德观"。内，古有扁鹊祠，金人因创神农庙，碑记存焉。

[至元《齐乘》卷五《亭馆下》]

祐德观，在府城内。唐曰"瑞气"，宋曰"天庆"，金改今名。观内有扁鹊祠，见《齐乘》。

[雍正《山东通志》卷二十一《寺观·济南府》]
[雍正《济南府志》卷十八《寺观·历城县》]

祐德观，在府城内。唐曰"瑞气"，宋曰"天庆"，金改今名。观内有扁鹊祠。

[宣统《山东通志》卷二百《杂志·寺观》]

扁鹊庙，在县东二十五里伏道村。

[嘉靖《彰德府志》卷四《祠祀志·汤阴县》]
[顺治《彰德府志》卷四《祠祀志·汤阴县》]

扁鹊庙在县东南十五里，五月五日祭。

[崇祯《汤阴县志》卷五《祠宇》]

扁鹊庙记
彰德教授张都撰

大道之世，天下为公，选贤兴能，讲信修睦，故人不独亲其亲、子其子，是谓大同。三代以降，大道既隐，周德衰于战国争强之时。秦以虎狼之威专尚诈力，信任谗邪，上蒙下蔽，贼善妒功，则强暴凶险之徒得以逞其志。此庸医李醯妒鹊，故使人刺之。积习成风，恬不少革，以至鞅，斯有佐命之功，恬起拓境之效，皆以谗间死，非其罪而欲望其国祚长久者，亦难矣。按：扁鹊，河间郑人，姓秦，名越人。在赵，名为扁鹊，居太山卢县，呼为"卢医"。初遇长桑君，心独奇之，知鹊为可教，乃出怀中方授之，饮以上池之水三十日，当知物矣。鹊如其言。从此，视病尽见五脏症结，特以诊脉为名而行其术。乃演《黄帝内经》疑难《八十一篇》，行于世。至于起虢国太子之病，死而复生；辨赵简子之疾，五日而不知人，曰血脉滞也，不出三日必间，果如其说；谓齐桓侯之疾，若怠于皮肤之微而不治，必为骨髓之痼候，忽之，病遂不起。盖能察病于形象气色，不待脉之而后知也。如此，若夫人之病难知而医之技易穷，天下之庸工贱医碌碌者多，若鹊得神授秘诀，视回生起死，犹反掌然。乃与人角得失于一针一饵之间，彼将颠仆奔窜之不暇，岂特汗颜丧气而已哉！方且游于凶暴贼乱之区，不为怨之所归，仇之所聚者，盖寡矣。终及于难，非特公之不幸，天下之不幸也。尝谓：名者天之美爵，不可以多取，多取者物忌之。故君子知大名之不可以久居也，必韬光晦迹，以求免于斯世。太史公曰：女无美恶，居宠必妒；士无贤不肖，入朝见疑。美好者，不祥之器也。鹊以技而见殃，仓公匿迹而获免，可谓近之。虽然，鹊之心，天下之心也，急于济人而已。禹思天下之溺者，由己之溺；稷思天下之饥者，由己之饥；鹊思天下之疾者，由己之疾。怀洪济之术，有洪济之心，则可将使匿而不出，则是异夫禹、稷之所为，不幸而及于祸，天也，岂术之罪与！《祭法》曰：有功于民，则祀之。鹊之名闻于天下，可谓有功于民矣。法施于民，则祀之。天下之言脉者归扁鹊始，可谓法施于民矣。使庙食与禹、稷相为终始，得为天下通祀，则无负于鹊矣。汤阴，彰德之属邑也。伏道，居县东仅十五里许，实鹊之庙在焉，而墓则在庙之后。贞祐兵毁，病者祷药辄验，提领刘存忠为之复，请予以纪之。予既记之于前，末复系之以铭，曰：天地之间，人为三才之英兮。父鞠母育，不能使之续其龄兮。有暑寒风湿以扰其体，喜怒嗜欲以戕其情，俄感厉以成疾，或切肌而入经，气既不能以为之卫，血亦安得而为之荣？中表，复谬其虚实阴阳，亦舛其降升，乃运目以同视，见五脏之虚盈，固不修切脉而望色兮，亦何必写形而听声？但厉针于砭石，煮和剂而熨蒸，于是聋者以听，盲者以视，挛者斯舒，而躄者斯行，息呻吟以笑语，肥羸瘠之体形，断者虽不可续而已，死者真能复生。彼庸竖之无状，惭己术之不精，赂侠盗以怀刺，丧魂魄于冥。夫木之先伐者，以其秀且茂，而膏之煎者，亦由其善明。材大者，本不容于世，而物亦忌。夫盛美渺世代兮，虽远存格言于曲刑，严庙貌兮如在尚神，功之可凭。呜呼！生不能行道以展其志，死犹不免于应祷药饵之灵，彼相人于万斯年兮，寿康以宁。

[崇祯《汤阴县志》卷十六《艺文》]

扁鹊庙，共计地二十五亩七分四厘九毫。

[崇祯《汤阴县志》卷六《田赋》]

扁鹊庙，在州西南五里。庙有碑，毁坏不存。世传其冢在此而祠之。盖扁鹊冢在河间鄚州，此祠之非是。

[嘉靖《濮州志》卷三《祀事志》]

扁鹊庙，长桑君庙西。

[嘉靖《河间府志》卷九《祀典·任丘县》]

扁鹊庙，在任丘县，长桑君庙西。

[康熙《畿辅通志》卷九《祠祀·河间府》]

扁鹊庙，在长桑庙内。

长桑君祠，在鄚州东北三里。

[乾隆《河间府新志》卷五《祠祀·任丘县》]

扁鹊祠，在鄚城北。元达鲁花赤野仙乞实迷儿进义建，明知县周祜、王齐重修，天启间奉敕重建。殿宇宏丽，每岁四月庙会，诸货鳞集，祈福报赛者，接踵摩肩。康熙戊午（1678），毁于火，土人募缘重修，道会司隶焉。

长桑君祠，在鄚城东北今废。

[乾隆《任邱县志》卷二《祠庙》]

神应王庙，在草桥村。元时建，弘治六年（1493）耆民李成等重修。邑人知府田兰记略曰：医药之道，始于伏羲、神农、黄帝、岐伯、雷公、仓公以及于王。盖王，姓秦氏，名越人，号扁鹊，谥神应。卢国渤海人也。少遇长桑君，奇之，因授以怀中方，饮以上池水三日，果知其物，视人尽见症结，其荣卫度数表里，无不尽得玄妙旨趣，遂撰医经《八十一难》。厥后，虽有慈藏之肘后，华佗之外科，叔和之脉诀，仲景之金匮方，思邈之海上方，与夫李东垣、罗谦甫，其间名医方书，固不可枚举，莫不皆祖于王撰术之所来也。故在当时，凡遘疾者，投疗辄愈。其有功德于人也，固不浅矣。

[嘉靖《清苑县志》卷三《祠祀》]

神应王庙，草桥村，元建。

[民国《清苑县志》卷一《坛庙》]

鲁山，古樊州，县城之东。扁鹊祠在焉。

[嘉靖《鲁山县志》卷九《艺文·医学讲堂记》]

扁鹊庙，在废县西二里。《史记》：赵简子赐扁鹊田四万亩。赵人因为立庙祀焉。

外史氏曰：扁鹊虽以医指名于世，乃春秋之智谋士也。简子以晋阳甲灭二卿，志欲图晋。知鹊为国人所重，故传与密意，使为大言，神其事，以愚众心，且援秦缪公为之佐验，则其意断可识矣。致帝命，非神物也，亦董安于辈之术耳。赐扁鹊田四万亩，非报其治病之力，或赏其开国之功也。英雄之欺天下，后世类如此。

[嘉靖《南宫县志》卷一《古迹》]

扁鹊庙，在县西二里龙冈之上。其村为扁鹊村。元康继礼有《扁鹊庙记》碑，为康书，邢侗谓书杂晋唐，杂一二篆隶字，亦古雅。光绪《志》云：居人除土渐平，庙与村俱废。

[民国《南宫县志》卷二《寺庙亭塔》]

扁鹊庙，在南宫县鹊山。

[康熙《畿辅通志》卷九《祠祀·真定府》]

扁鹊庙，在氾水县东遵义保，祀名医秦越人，景泰间建。

扁鹊庙，在汤阴县东南伏道村，祀古名医扁鹊。

扁鹊庙，在卢氏县东街。宋熙宁元年（1066）建，元至正五年（1345）修。

扁鹊庙，在镇平县石佛保。

[嘉靖《河南通志》卷十八《祠祀》]

扁鹊庙，在卢氏县东街。宋熙宁元年建，元至正五年修。

扁鹊庙，在镇平县石佛保。

[康熙《河南通志》卷十八《祠祀》]

扁鹊庙，周公祠东三里。

[隆庆《登封县志》卷四《寺观》]

扁鹊庙，在刘碑村东，明大学士高拱撰碑。

[康熙《登封县志》卷四《坛庙》]

扁鹊庙，旧志：在刘碑村东，明大学士高拱撰碑。

[乾隆《登封县志》卷十《坛庙》]

扁鹊庙，在临晋县东南七十里故市镇东。唐开成三年（838）建，国朝洪武中修。

[成化《山西通志》卷五《祠庙》]

扁鹊庙，临晋县东南故市镇，唐开成间建。

[万历《山西通志》卷十《祠祀》]

扁鹊庙，县东南六十里故市镇，唐开成三年建。

[康熙《临晋县志》卷六《祠庙》]

扁鹊庙，平定州西鹊山，嘉靖年建。

[万历《山西通志》卷十《祠祀》]

神应王扁鹊庙，州西三里鹊山，嘉靖年修。

[万历《太原府志》卷十四《祀典·平定州》]

扁鹊庙，在城西北五里鹊山。明嘉靖四年（1525）修，癸丑（1553）庙灾，三十六年（1557）重修，国朝乾隆二年（1737）、嘉庆十九年（1814）、道光十一年（1831）、光绪五年（1879）郡人历修。

[乾隆《平定州志》卷三《坛庙》]

重修鹊山庙石记

明 李念

山庙，世传为扁鹊神，未审建自何代。至金时，以元遗山诗收入州乘，迨国朝孟氏世守之尝言：此庙祷祀之盛，州人无嗣者祈神辄应，祷祀视前加十倍矣。李子闻之，叹曰：天地之大德曰生。夫人莫不欲其有寿，又莫不欲其有后。《皇极》曰"锡福"，孟子曰"幼幼"，圣人之所以没世不忘者，率此道耳。州人以是求诸其神，根于至愿而不能自已者，则后之祷祀日盛一日矣。或人曰：神果应乎？李子曰：未必。其某事应某事，应也神，福善而祸淫者也。人以善则以善应之，故曰：

积善之家，必有余庆。人以恶则以恶应之，故曰：积不善之家，必有余殃。此固昭然而不昧者也。余读《史记》，自秦汉以来，得异术者有二人焉。张良受圯上老人书，兴汉为帝王师。扁鹊得长桑君秘书，遍游列国以神医称。良免于祸而扁鹊卒不能保其身，胜技见殃，多才招祸，古今人蹈此死者多矣。岂惟扁鹊为然哉！是故强若怯，聪若愚，不居亢，不履盈，其庶几矣乎？知几之谓神，识时之谓智，则得之矣。嘉靖癸丑（1553），庙灾，时栗庵大尹家居，督族人廷华辈鸠工聚材，缉之吏目孙君昌尚施相役，不日告成。庙宇比旧，新且崇矣。一日，栗庵召余饮池上，谋立石纪之，以念为文，遂书此告后人。栗庵，名宽中。甲午（1594）举人。尹束鹿、博野两县。

昔为社长时，方投未可录。一遇长桑君，古今皆叹服。天地为至仁，既死不能复。先生妙药石，起死效何速。日月为至明，覆盆不能烛。先生具正眼，毫厘窥肺腑。谁知造物者，祸福相倚伏。平生活人手，反受庸医辱。千年庙前水，犹学上池绿。再拜乞一杯，洗我胸中俗。王磬《扁鹊墓诗》。词与碑文，同一作意。司马迁为秦越人作《传》云：在赵者名扁鹊。又云：赵简子赐扁鹊田四万顷。由是言之，则庙食兹士由来最古。松溪长公谏垣峭，直明于忧患。其尚论扁鹊也推见至隐。悲胜技之见殃，慕冥鸿之高举，固不止为扁鹊言之也。

［光绪《平定州志》卷十一《艺文上》］

鹊王庙，在县南十五里孟壁村，祀扁鹊。

［乾隆《乐平县志》卷三《祠庙》］
［光绪《平定州志》卷三《寺观》］
［民国《昔阳县志》卷一《祠庙》］

扁鹊祠，在县东南七十里故市镇东。唐开元三年建。又，蒲州亦有。

［康熙《平阳府志》卷十《祠祀·临晋县》］

扁鹊祠，在东关小东门内。

［光绪《永济县志》卷十二《庙祠》］

扁鹊庙，在县治东遵义保。祀名医秦越人。景泰年间建。

［万历《开封府志》卷十五《寺观·汜水县》］

扁鹊祠，在上街。汉鸿嘉年建，宋、明、清历有修葺。

［民国《重修汜水县志》卷一《古迹》］

宋神应王扁鹊庙记

政和甲午（1114）董作

凡冲和气而为人者，寒暑风雨淫则伤形，嗜欲喜怒过则伤气，形气一伤，疾之所由生也。疾之所生，必医以治之。所以去沉疴即平。医之为效，曷胜言哉！成皋东南，去县数里，有扁鹊之祠在焉。夫扁鹊，齐勃海越人也，古之所谓神医者，原其以长桑君之术，饮上池之水，至于视病，尽见五脏症结。为医，或在齐，或在赵，在赵名扁鹊。盖游历诸国，拯危疗疾，功德所积，不可量数。扬子云言：扁鹊，卢人也，而医多在卢。则知医术神妙，人所景慕，遗风余泽，传之有不能泯者。故观其活虢太子于既死，而言阳入阴争、绝阳破阴之证。知齐桓侯之不可治，而言疾在腠理，以至在骨髓。鲁公扈赵齐，婴有偕生之疾，而又能饮。剖胸探心，巧妙功深，而术之最，有如此者。若乃过邯郸，闻贵妇人，即为带下医；过洛阳，闻周人爱老人，即为耳目痹医；入咸阳，闻秦人爱小儿，即为小儿医。随俗为变。所以名传天下后世，庸讵非此。朝廷尊崇为神应王，宜矣。药饵阴骘，求者得服者愈，一方之民咸受其赐，且有功于民者祀之，今饬神宇严庙，貌远迩钦，向所以有加而无已。庙吏黄庆男文贵者，素发虔诚，欲立石刻记于祠，以示崇信。一日，偶尔得记石于河泥之中，是亦神应之也。文贵暨母王氏，同启兹愿，心祷而口诵，每每不已。由是生事渐丰，岂非神之介之者之赞导。求记于仆，然鄙拙不能文，姑记神应之本始，与夫所以神应之实云尔。

文平平，然尚简净，尚且宋人笔也，存之以备遗佚。

按：董作，时为桂州阳朔县丞。书丹为翰林术艺祇侯康修立。碑不载两人籍贯，大抵即是邑人，一可存也；得黄庆为庙吏之证，二可存也。

明卢医庙神应王记

蔡如川

成皋，古虢地也，今为汜水县。县治东十里许，有卢医庙一所，中祀敕封神应王扁鹊，余历代名医，以次左右列，庙香火，甲中州。神前有净盂一，中贮灵水，不栖一尘，人有疾病，祷者携瓶置于神前，用线香一炷，裹纸其端，纳于瓶中祷焉。少顷，瓶自润出香，视之，度其纸所湿长短，因以取盂水多寡，煎与病人服，祷得水者，病多愈；若不得者，病难起也。祈祷动，远迩感应，捷如神，故前代褒为神应王。余于万历庚辰（1580）秋来司铎，闻而异之，壬午（1582）秋应聘。右儿念高在署中偶染寒疾，疗月余，不可得，疾益剧。家人因陈生于懿代见祷之，得水服之多，神气顿爽，觉有神佑，越数日，病渐除而体间康矣。余竣事提署，家人具以事白，余惊叹曰：异哉！神之灵若是也，奈何幸而获藉此神休哉！吾闻神人之生也，在天为星辰，在地为河岳，幽则为鬼神，而明则复为人。故其生也，甚不苟，而殁也，有遗灵，若神应王，生能以神术济当时，身殁犹能以灵水活后世，岂非星辰、河岳之精，其神应千百载而不泯欤！当时神应王尝过虢，虢太子暴死，以药起之。太子报其德，立祠成皋祀焉。斯庙祖旧祠，其灵来已久，今荷神于异代，功尤巨于过虢之时。余迁秩届时，敬勒于石，用垂不朽，亦以示报德之意云。

明卢医神应王庙记

崇祯二年（1629）张凤毛

尝读《搜神》及《列传》，而知神为秦越人，受长桑君禁方，饮上池水二十日。凡疾者，五脏结癥，无不洞见，诊视特借耳。故曰扁鹊，盖神其术也。然神岂独以术工哉？如望齐君色，而曰君病在皮肤，逾日而曰在腠理，再日望而却走，而曰在骨髓。为也方其时，君固无恙，而早已知之，是其防危未萌，虑患未然，通于治矣。后世借疾喻政，师神之遗意也。历代灵爽，昭布护尽，赤县尊信，独处于汜者，相传为其梓里处，以是香火甲于中州，春夏之交，梁、郑、赵、魏之间，车轸马迹，昼夜喧闐，即岳莫并，乃神飨其馨，桴鼓之应，亦若持券。恒闻以疾来祷者，夜梦人持红丸，烨烨有光，啖之而愈。又时为黄羽士，散布道路，作凡医之状，有所鉴观，一为诊药，倏忽已失。所在种种奇验，莫可殚述。昔我太祖，厘政祠典，敕题庙额，宫殿嶒峣辉映，拟王者居第，配晢之旁，列以如释。民无夭札，物无疵疠，望之神者至也。之司姓名邦宪者，常以膏肓贴危，既托神庇，二竖遁去。用是白水旌心，矢愿结社，三期已周，计所余会镪尚若干金，伐石树珉，以昭灵贶，爰属余记。余窃维蓁芘之风远，而七情之感生焉，风寒暑湿，民其生也久矣。自轩黄启秘，于是有《内经素问》诸篇，而雷岐扬其波楼，后衍其派，以及近代名手，不啻各检青囊而称医圣。神者独曰卢医，何耶？是画卦而后精一之传，递衍递远，乃删六经，宪万世，独归之，洙泗之滨，曰集大成也。夫医亦有集大成者，故尝论之轩黄，星宿也；雷岐诸公，昆仑也；历代名手，龙门也，而若神则海会乎？噫嘻！折肱家既有授受，何殊继往开来，手独擅智巧，不悉玉振金声。余不佞，敬以是为记，并记姓名于右，以垂来禩云。

[民国《重修汜水县志》卷十《记说》]

扁鹊观,西北五十里文川口。

[康熙《城固县志》卷二《寺观》]

扁鹊观,在文川口,距城五十里,明时建《县志》。

[雍正《敕修陕西通志》卷二十九《祠祀二·城固县》]

[雍正《陕西通志》卷二十九《寺观·城固县》]

扁鹊观,西北五十里文川口,明时建。

[民国《汉南续修郡志》卷十四《秩祀》]

枣堌,在县东南四十里,旧名枣堌村,其旁有扁鹊庙,今成镇,俗谓枣堌集。

[光绪《曹县志》卷一《山川》]

扁鹊庙,县东南四十里枣堌集,宋熙宁间建。详见《仙释》。

[光绪《曹县志》卷六《祠祀》]

黄冠道人,姓名不传。熙宁间,曾见于楚邱枣堌村,青衣黄冠,以医名一方,有疾者往求,一与之语,不药而愈,居数月,忽不见,人皆神之,疑其为扁鹊,立祠祀焉。至今犹有扁鹊祠。

[光绪《曹县志》卷十四《仙释》]

扁鹊庙,在故市村东_{村旁有墓},洗马村亦有庙。

[光绪《虞乡县志》卷五《庙祀》]

[民国《虞乡县新志》卷八《群祀》]

[民国《续补虞乡县新志》古迹考《群祀》]

扁鹊庙,在龙冈。相传为战国赵人建,又谓之鹊山,其村为扁鹊村。有元康继礼《扁鹊庙记》,载《艺文志》。居人除土渐平,庙与村久废。

[光绪《南宫县志》卷一《古迹》]

扁鹊庙,在鹊山。

[光绪《南宫县志》卷一《坛庙》]

扁鹊庙记

博士康继礼

扁鹊,勃海郑人。不常厥居,今有祠,置龙冈之西,号曰神应王,其山亦以鹊为号,殆赵简子赐田之所在也。赵简子疾,三日不知人,扁鹊视之,曰:血脉治也。二日半而寤,赐扁鹊田四万亩。赵人为立庙世祀焉,则庙在南宫者,盖亦有年矣。县中医流为主其祀。先是,药局高济以旧构卑陋,欲更之,屈于物力。至元时，其孙天明始成厥志。乃别营正殿，展湫隘为宏厂，易板堂为转角，壮丽静深，始可拟大邦君之居。既讫工，请予纪其事。窃为扁鹊，初受桑君之禁方，视病尽见五脏之症结，医学渊源，孰精于此？饮上池水三十日，知物之言，特假之以神其技耳。故所著之书，与《内经》埒而并传，诚为医家百世之师，尸祝而庙食之宜也。夫世之淫祠，大抵多以徼福求利为事，此独为怀贤报本，固自不同。倘能取其遗编，读而玩之，以至于得其心法之传，使病者皆有所赖，则神之受祭，益当吐之。世之知言，以医为人之司命，在昔之时，神尝令死者复生矣。今或使耆寿之人，就夭折而漫不呵护，岂吾人崇奉之意，亦非神之所施于天下后世也！

[嘉靖《南宫县志》卷五《艺文》]

扁鹊庙记

国子博士康继礼邑人

扁鹊，渤海鄚人。不常厥居，今有祠，置龙冈之西，号曰神应王，其山亦以鹊为号，殆赵简子赐田之所也。简子疾，五日不知人。扁鹊视之，曰：血脉治也。二日半而寤，赐扁鹊田四万亩。赵人为立庙世祀，则庙在南宫者，盖亦有年矣。县中医流为主其祀。先是，药局高济以旧构卑陋，欲更之，屈于物力。至元时，其孙天明始成厥志。乃别营正殿，展湫隘为宏厂，易板屋为壮丽。既讫工，请予记其事。

[光绪《南宫县志》卷六《建置碑》]

药王庙，即扁鹊祠按：《大清一统志》：药王庙，在任邱县鄚州城东北，祀扁鹊。今俗谓药王为唐孙真人思邈，非。庙在北街北，始建不详，明末重修，有《碑记》。清康熙五十五年（1716）、光绪元年（1875）俱重修。一在胡太州村，明万历十五年（1587）僧净和等增修。

[民国《青县志》卷四《坛庙》]

药王庙，一在城北三里庄，邑庠杨萼重修；一在城北二十里许，万仓库建，省齐李懿撰《记》。

药有主，甘草是也；药有师，黄帝、岐伯是也；药有经，《素问》《难经》是也。而今之所谓药王何居？盖神医扁鹊是也。据司马迁《史记》：扁鹊者，渤海鄚人。姓秦氏，名越人。少时为人舍长。舍客长桑君过，扁鹊见其相貌、语言，独奇异，因厚遇之。长桑君亦见扁鹊不凡，相从十余年，乃呼扁鹊私坐，间与语曰：我有禁方，年老，欲传于公，公勿泄。扁鹊曰：敬诺。乃出其怀中药予扁鹊，曰：饮是以上池之水，三十日当知物矣。乃悉取其禁方书尽与扁鹊。忽然不见，殆非人也。扁鹊以其言饮药三十日，视见垣一方人。以此视病，尽见五脏症结，特以诊脉为名耳。为医，或在齐，或在赵。考郑，即今任丘县北鄚州，去郑里许，今有扁鹊庙。扁鹊在当时名闻天下。过邯郸，闻贵妇人，即为带下医；过洛阳，闻周人爱老人，即为耳目痹医；入咸阳，闻秦人爱小儿，即为小儿医。随俗为变。尝治赵简子，赐田四万亩。后过虢，虢太子死。使弟子子阳厉针砥石，以取三阳而太子复甦。天下尽以扁鹊能生死人，鹊曰：越人非能生死人也，此自当生者，越人能使之起耳。然扁鹊庙，他处不多见，而北畿为盛，桑梓同乡之意欤！万君之建此庙也，则又有说。其少时，积病盈腹，梦神予以良剂，觉来，血下数升而愈，爰作庙以祀之。然与否与？愚意司命在天，修短有数。汉高帝所云已尽道理。治病在医，术有浅深，用之有幸、不幸，不可以道定而自医。在人，慎起居，节饮食，寡嗜欲，善调摄，是延寿保命之要也。医云乎哉？药云乎哉？神云乎哉？是所望于吾乡诸君子。

[康熙《吴桥县志》卷二《庙寺》]

鹊山神应王庙，在内丘县西六十里鹊山下，汉唐已有之，始建不详，祀秦越人。宋仁宗敕封神应王。

[康熙《畿辅通志》卷九《祠祀·顺德府》]

扁鹊庙，在鸡泽县三陵村。

[康熙《畿辅通志》卷九《祠祀·广平府》]

药王庙，即扁鹊庙，在县南三十里三陵村，乾隆十八年（1753）重修，有香火地二十三亩；一在县西四里王双塔村。

[乾隆《鸡泽县志》卷六《坛祠》]

县西南三陵村扁鹊庙壁中，乡民修盖，拆出古印一，不知为何代物，复置于内旧志。

[乾隆《鸡泽县志》卷十九《杂记》]

重修鹊王庙碑记
施彦士

邃古，惟良相乃能为良医，黄帝之臣岐伯、鬼臾区尤彰明较著者矣。而《素》《灵》诸书，后人多疑之，以为秦汉人依托，何耶？岂以其时有秦越人之名，而太史公传扁鹊，受长桑君术，隐于医，亦名秦越人，疑其人遂以疑其书耶？予何敢以一人无据之私言，定古书之真伪？《素问》不云乎？丹天之气经于牛、女戊分，黅天之气，经于心、尾己分。戊位在己，而牛、女经之己位在未，而心、尾经之。惟黄帝时冬至天象若此，汉人不知岁差，其能为是言乎？又帝问：地之为下否乎？岐伯曰：地为人之下，太虚之中也。汉人，初不知地球之说，其胸中有"地在太虚中"五字乎。国初徐圃臣先生辨之详矣。先府君雅夫公以医活人，日不下数十百人，伯兄梧庄公、仲兄二梧公继之。尝以《素》《灵》授彦，彦无以然。自官游畿辅，凡家人、仆从有疾者，无不应乎取效，总不离乎岐黄之旨者是。然而一人不能与众争，非卓识如徐圃臣先生，其能关学士大夫疑古者之口而之气乎？惟鹊王生于战国，饮上池水，洞见垣一方人。太史公传之怪怪奇奇，如赵简子之游天、虢太子之回生，或疑焉。生前无一命而后世且王之而玉殿崇崇之，迄今二千余年。暮春三月，牲牢褚帛道相属，盖合数郡人事之，不独吾内邑民人已也。虽栋宇倾圮，神像剥落，而趋之者如骛。余下车后，因公趋谒，下顺人心，捐廉倡修之，而无大无小乐输者无虚日，不三月而工竣，爰记其岁月并以见后学。论古无识，转不如愚夫妇之深其信而知所崇奉也。岂鹊王之灵隐，有以启之乎？顾其术，则真秦越人也。夫固犹是古圣君贤相活人之道也。本传所著尸厥及论诸病治法具在，试取而证之。道光十二年（1832）八月望前五日。

[道光《内邱县志》卷四《文纪》]

扁鹊庙，在县东三十里杏林镇即石真人所居，后人祠扁鹊焉。

[嘉庆《扶风县志》卷六《祠祀》]

扁鹊庙，城内西北隅，金大定间创建。明万历间，乡人重修，有《碑记》。

[嘉庆《邢台县志》卷二《坛庙》]

扁鹊祠，在县南三陵村旧志。明嘉靖四年（1525）知县张时启、万历三年（1575）知县李希慧、十一年知县张贺、二十六年知县孙登云各重修《采访册》。元王磐诗：昔为舍长时，方伎未可录。一遇长桑君，古今长叹服。天地为至仁，覆盆不可烛。先生烱双眼，毫厘窥肺腑。谁知造化者，祸福常倚伏。平生活人手，反受庸医辱。千年庙前水，犹学上池绿。再拜乞一杯，洗我胸中俗。明赵奋记略：鸡邱治南三十里许，村曰三陵，有鹊山应王庙，其创不可考也。时适重修，乡民金求余文以记。余惟庙祀之建，恒以义起，亦以爱遗，但泽浅者，日久则湮，欲永血食，弗获惟兹。鹊王，古神医也。姓秦，名越人。出自渤海，家世卢国。遇异人授以禁方，求之者病辄起，活人之功，同轩辕时扁鹊，因以卢医扁鹊称之。弘治年间，户部主事王润睹其庙貌倾摧，无以安神灵，即倡新之，并辅孙、韦二真人于左右。正德五年（1510），乡民王凤来等补其未备，翼以廊庑，树以门屏，周以墙垣，焕然整饬。嘉靖癸亥（1563），半圮于水，乡民周、李、王、范诸姓，愿身任其事，鸠工积材，重新庙宇，四方趋事者不惮劳苦而乐效力，废者兴，缺者完，隘者阔，幽者焕，规模严耸，气象伟丽，巍然壮观，而人尊信者益崇，每岁季春，大设会场，远近士女咸争先以纳香币，耿耿英名，千载不泯，是岂偶然之故耶？故因记而赞之，以杨重修之休。张学颜记略：古洺州鸡邱治南，村曰三陵，北隅有药王庙，其原起详赵《记》中，不赘。今万历十一年（1583），文林郎、知鸡泽县事、古秦张贺，典史李守道，感王之灵，恢拓旧规，督司正秦淮、善人王嘉诰等，鸠工积材，增修前殿、圣母殿、三官殿、拜殿、青龙白虎祠、三郎太尉祠、钟鼓二楼，两庑补其残缺，周以墙垣，植以树株，越十六载始竟厥工，但见瑶华夺目，丹碧飞空。诚哉栖神之所也，余因乡人之恳，叙其修建之由，以著其非淫祠云。一在南双塔村，又名药王庙《县志稿》。

案：康熙《志》：扁鹊庙壁中，乡民修盖，拆出古印一颗，不知为何代物，复置于内。

[光绪《广平府志》卷三十九《祠宇·肥乡县》]

重建王扁鹊庙碑记
宫廷珍撰

丙戌秋九月，余捧檄至元邑，凡载在祀典者，靡神不举，独未得号十全造仁寿者，为之靡爱，斯牲怀允，不忘心期如结矣。后访知西关有神应药王庙，余思王乃春秋时卢国渤海人，姓秦，名越人，受方于长桑君，饮上池水三十日，能见五脏症结。游于赵、魏，以神医名天下，自号扁鹊。其作《八十一难》诸篇，医家多记诵之，有功于世久矣。至大宋，始封为神应药王。盖亦云报余何爱斯牲，乃于丁亥正月朔日拜谒焉。见其庙貌不肃观瞻且年久，圣像鬔然，四壁欹如，余慨然有鼎革意，会政事旁午未遑。春三月，余行视西郊，见有拆王庙者，因询之义民李兴，长跽言重修状，余蹵然曰：俅俅尔宇，重修何为？吾将为夏屋之渠渠焉。遂捐俸金二十余两，买庙西董氏空宅三间，董氏受房价十三两，自言愿舍地基，于是可增式郭人乐是后布施，有差木植、砖瓦、颜料等项，皆可辐辐辏，乃命义民李兴、李九人、庞贤董成厥事，创盖正殿三楹厦副之，迁立王像于其上，且思先代有仁寿之功者，并可崇祀，于是有黄帝时之天师岐伯、太乙雷公、西汉之太仓公淳于意、东汉之长沙太守张仲景、魏之华佗、西晋之王叔和、皇甫士安、东晋之抱朴子葛洪、唐之孙思邈、韦慈藏，环列其旁，又创盖寝宫三楹，配圣像于其上，大门一座，列侍尉于左右。个殿后，盖禅房二间，为焚修居所。一时，金碧辉煌，朱扉灿熳，壮哉丽哉。余以时拜谒，见子为父病而求祝，弟为兄疴而乞灵，蔼然具仁孝气，凡有求此必应，亦作庙者之海上方也。余之心期如结者，至是差自慰焉。是役也，经始于三月十一日，告成于六月二十八日。仲冬月，李兴等告：贞珉具请修蒯纪事。且言：神应王甚有灵异,兹者创造,其灵异必有非常者。余曰:灵异事,固有之,然吾不敢以此明民,并不敢以此愚民也。且病而求祝乞灵,何如不病?百姓不病,有使之病者,伊谁之咎?敬镌其说于石,以垂戒永久。

[顺治《元氏县续志》卷六《今文》]

重修神应王庙记
李中正

神应王以医集轩岐之大成,注《难经》为杏林鹄所从来远矣。而余卢乃有其祠,谓之卢医,若卢独徵其灵者。祠建邑市东,窦突其屋宇而像绘之,神应王像居中,孙真人为左腥,其右则魏真人。云邑人士,凡病者辄诣祠祷,祷辄应,有神其说者曰:三真人或时现其形,疗奇病,虽甚笃,无不应手起者。若乡者周君之内子及三太学岐阳君之仆,佥有实指,至感诸梦寐,又不可屈指数也。嗟乎!邑人士受生覆载间,不能转造化则为造化转耳。阴之□,阳之氛,若煎焉若薄焉。藉不得神之力,翼之佑之寿之康之,天地者且以众生为刍狗,夭厉虑弗免,乌□所谓熙穰令兹老者终天年,婴赤者遂长养,丁男妇泄泄乎染灾裎而迄无恙耶,谁之力也?乃其祠创之不审何许时,然而规制颇隘神祖。时邑大廷尉李公及清平监君王公,与夫邑人之食其福者,赎祠后屋基扩大之。未几而所修者,抑又敝矣。《诗》云:缁衣之宜兮,敝,予又改为兮。夫缁衣,郑之良大夫耳。重其人者,且思改其敝,矧乎三真人者猥令庙貌无色欤!于是,邑善信施厥资聚财,官而鸠之工,敞豁其堂构,庄严其像,金碧其章服,华其节,采其梲,藻其榱桷,砖其壁,输奂聿新。庶几三真人者,居歆于斯,而邑人士且获永赖于斯耳。役既竣,余师周景濂先生偕檀越之道事者武君、揣君及杨、蔡、陈诸君子,嘱予记。予曰:三真人者,起春秋唐宋间,历数代许,寿国而活人,殆不仅以大千尽,迄今卢所福赖,又奚一尊一俎可遂报之也!区区祠祠也,修葺几许,辄思杨□其事而夸之石与!浅矣!诸君子曰:乌乎敢!乌乎敢!凡以三真人者保惠吾邑既未艾,则吾邑崇祀明德讵须臾弗懔懔耶。然而风雨之摧濯,岁序更迁,日换月移,而土木不能无赖也。得此记而存之,后之见义兴焉者,宜不难递有修焉,而予卢或因之维康百世乎!予曰:善哉!诸君之志也。三真人者,方且宏厥功德,橘井泉所沃,岂天人草木有或遗耶,乌至小吾卢而卑其祠乎哉!予向所云云为近赘,而诸君子洵知言矣。如之,何不石?于是邑人士所施一瓦一木一锸一粟,咸得列名于碑之阴,是为记。

[光绪《卢氏县志》卷十四《艺文·记》]

药王庙，即扁鹊庙，在县南三十里三陵村，乾隆十八年（1679）重修，有香火地二十三亩。一在县西四里王双塔村。

[民国《鸡泽县志》卷十五《坛祠》]

卢医庙，有四：一在郑州治南孙家园，康熙五十一年（1712）道士海扬募修；一在荥泽东门外；一在荥泽司马里南；一在汜水上街南，创自虢人，汉鸿嘉三年（前18）士人吕衍修之。隋仁寿中，梁信继修。宋景祐元年（1034），许希以医进，锡予极厚。希拜谢已，又西向拜，帝问故，对曰：扁鹊，臣师也。今受赐，安敢忘师？乃请以赐金，新扁鹊庙。帝降敕重建，规模益宏厂，封灵应侯，后进神应王，置庙吏二家，立太医局于其旁。政和中，庙吏黄文贵得石于河泥中，乃隋时继修之铭也。明洪武初，邑民周得修葺未完。正统、景泰、崇正间，邑令程沂、刘泰、张懋善屡加修葺。明末毁于火，国朝顺治十四年（1657）、十六年御史禹好善重修。

[乾隆《续河南通志》卷十三《坛庙一》]

卢医庙，在庐山上。《述异记》：庙皆石壁、石柱、石瓦，远近病者，持香烛、纸钱诣庙，通籍贯，述病缘，用黄纸空包，压香炉下，祷毕，纸角动开，视得红丸者，入口，病即愈；白丸者，淹缠数日，可愈；病不治者，无药；再三黩，即与黑丸，服之亦死，无益也。庙门，夜有二黑虎守之，傍晚即相戒，不敢上山矣。山顶有风洞，口不甚大，而深不可测，土人旱则往祈风，夏秋旱则祈西北风，冬春旱则祈东南风，亦用香烛、帛物向洞拜祷，取其方之土而供之，风至，雨亦随之。令金君讳辉初，任潞城，详言之乾隆丁卯（1747），邑人吴□相《重修卢山庙碑》略云：《八十一难经序》：扁鹊，轩辕时人，春秋秦越人为医，在赵亦名扁鹊，家卢国。《史记》载其治病，见人五脏六腑。尝视赵简子病，或者流寓于潞，亦未可知。山以卢医名，意或然欤。

[光绪《潞城县志》卷二《祀典考》]

卢医庙，在东街北□扁鹊祠。宋熙宁元年（1068）建，明季里人修复，生员耿仲奇、雷象武、张公秀重修。

[光绪《陕州直隶州志》卷四《秩祀·卢氏县》]

金堤，在濮州城南迤东北抵安平镇。汉成帝时，王延运土以塞河，自金堤而增筑之。即此其上为扁鹊墓，今建玉皇庙。

[康熙《濮州志》卷一《古迹考》]

[乾隆《濮州志》卷一《古迹考》]

[宣统《濮州志》卷一《古迹》]

重修神应观记

存

记正书兴定五年二月在敕牒碑下截

三兴□北□□庄有名时家者，其庄形胜，背嵩少而面鲁阳，左大刘而右青岭。绝巘□□□玉鸣，其山水明秀于天下者也。当赵宋之大观□百姓大疾疫，莫或知治，居民乃想象扁鹊。于是有祷即应，病者莫不兴起，命得保全。当此之时，庶少答神圣之休，就是选胜境之地，为立祠焉，题其门牌曰"鹊山神应侯之庙"。迨至本朝收国，火炎崑岗，虽有基址不熄，而为荆榛之所没，狐兔之寓。悲夫，其废之有至于此乎！俄耳化渐兴，于大定之戊戌（1178），有村人好事者冯□等，追其故迹，率民众之大小，复建正殿三间，丹楹刻桷，三门岌若，□庑俨然，一出于新，皆峻宇彫墙也。移时至于贞祐乙亥（1215），有天坛大德师魏元一行道化于是邑，见其华丽，可宫可观，诱善张清信、乡老张守益以道成诚，同诣易州行部院，远给国家之调度，请书额为"神应观"。自时厥后，日浸延远，木植腐弱，任重不堪，忽崩殿后之三檐。委顿弥年，风颓雨剥，积有日矣。在观者道众不为不多，然无有敢葺者。一日，张守益与初知住持道士郭冲和议及此，鼓舌同词，面计工什，可用贯直，其数近千。递尽心力，不累月而愈于故，使见之者叹美曰：虽功有时而成，然亦待得其人而后可□也。故详书之。

兴定五年（1221）辛巳二月丙辰

化缘道士阎

见住持道观道士郭

监修元住持道士曹守正

进义、校尉劝农乡老张守益

乡贡进士和钧

乡贡进士杨思诚篆额并书

鲁阳　李福　杨斌

案：记文载：赵宋大观，百姓大疾疫，居民乃想象扁鹊。于是有祷即应，就是选胜境之地，为立祠焉，题其门牌曰"鹊山神应侯之庙"。移时至于贞祐乙亥，魏元一等诣易州行部院，远给国家之调度，请书额为"神应观"。金自大定五年（1165），停粥卖寺观名额。至承安二年（1197），复卖度牒□号寺观额。至此，当国势日蹙，仅以资军兴之废，故云给国家之调度也。扁鹊封神应侯，见《宋史·文苑传》：医许希以针愈仁宗疾，拜赐已而向拜，扁鹊曰：不敢忘师也。帝为封扁鹊神应侯，立祠城西。

[嘉庆《宝丰县志》卷十六《金石》]

吴山智果院，吴越王钱氏建旧名石佛。祥符中，改赐今额。中废，止存星宿阁。嘉泰间毁，以其地为进奏院，拨赐宝积廨宇及扁鹊堂建寺。

[咸淳《临安志存》卷七十六《寺院·在城》]

吴山智果院，吴越王钱氏建，旧名石佛。宋大中祥符中，改赐今额。中废，止存星宿阁。嘉泰间毁，以其地为进奏院，拨赐宝积廨宇及扁鹊堂建寺。

[成化《杭州府志》卷五十一《寺观五》]
[万历《杭州府志》卷九十九《寺观三》]

扁鹊堂，在石佛智果院，即今海会寺。

[康熙《钱塘县志》卷三十三《古迹上》]

扁鹊墓，在州治西三里。今上有玉皇庙，相传扁鹊墓。扁鹊墓，所在有之，在濮者恐非是。

[嘉靖《濮州志》卷八《陵墓志》]

卢医扁鹊墓。

[康熙《长清县志》卷四《陵墓》]

卢医扁鹊墓，秦越人墓在县境。旧《通志》：卢地有越人冢，即扁鹊也。《通志》：又朝城县、濮州皆有扁鹊墓。案《史记·扁鹊传》：在卢，号卢医。则卢医、扁鹊即一人也。其墓本在郑州。

[道光《长清县志》卷十《丘墓》]

卢医扁鹊墓，《通志》云：秦越人墓在县境。旧志：卢地有越人冢，即扁鹊也。一在濮州旧治西，一在朝城县罗城西北。《县志》云：按《史记·扁鹊传》：在卢，号卢医，则卢医、扁鹊一人也。其墓本在郑州。

[道光《济南府志》卷六十三《陵墓·长清》]

扁鹊墓，在鹊山西山下。

水土变迁，古名贤故乡、丘墓湮灭难明者，不胜枚举。旷野荒郊，无名陨冢，行处皆有。好事学究，往往武断强认，逐风扑影，误称错指为某先哲墓、某前贤墓，作记文，立碑碣，以致后世辗转相因，错讹不可解。无非腐儒困于制艺，而疏于史鉴之故。可笑！可鄙！即济南言之，古墓不一。鹊山西山下有扁鹊墓，相传乃秦姓，名缓，字越人，受术于长桑君，成千古名医，尝寓于卢，故称"卢医"，又曰"卢扁"。今长清县乃古卢地，去鹊山不足百里，或许葬于山下。惟是汉以后，黄河由千乘达海，支津注济，洋溢西流成湖，鹊山在湖中央，所谓"鹊山湖"是也。或有墓在，亦必久经湮没，塌陷无存。山西偏，无名荒冢，漫曰"扁鹊墓"，其为后人附会无疑《锦老秋屋笔记》。

[民国《续修历城县志》卷二十《古迹考五》]

扁鹊墓，在濮州旧治西。按：河南汤阴县亦有墓，墓旁艾名为扁鹊艾。未知孰是。

[嘉靖《山东通志》卷十九《陵墓·东昌府》]
[康熙《山东通志》卷二十一《陵墓·东昌府》]

秦越人墓，在县境。旧志：卢地有越人冢，即扁鹊也。一在濮州旧治西，一在朝城县罗城西北。

[雍正《山东通志》卷三十二《陵墓志·长清》]

扁鹊墓，在县东伏道社。《史记》：鹊，齐鄚县人。姓秦，名越人。春秋时良医，后为李醯所刺。墓在庙后。

[嘉靖《彰德府志》卷一《地理志第一之一·汤阴县》]

扁鹊墓，在汤阴县东南伏道社。相传坟上土可疗疾，祷而求之，或得一小丸如丹剂。

[嘉靖《河南通志》卷十九《陵墓·彰德府》]

扁鹊墓，在汤阴县东南伏道社。

[康熙《河南通志》卷十九《陵墓·彰德府》]

扁鹊故宅，鄚东北药王祖业庄。

扁鹊墓，鄚城东北。《彰德志》：鹊墓在汤阴伏道社。《一统志》：鄚东门有药王祖业庄。今墓在庙后，岂鹊之祖墓耶？大学士杨士奇诗：雄县城南水没路，鄚州市里酒如油。客行相聚且一醉，不见越人空古丘。

[嘉靖《河间府志》卷三《古迹·任丘县》]

扁鹊墓，在鄚州城东北约三里许。明大学士杨士奇有诗，见《艺文志》。
今按《史记》：扁鹊鄚人，入咸阳，秦太医令李醯，自知伎不如鹊，使人刺杀之。故《咸阳记》有鹊冢在咸阳城东之说，然则墓在鄚者，岂葬衣冠之所耶？

[乾隆《任邱县志》卷一《墓冢》]

扁鹊故宅，在内丘县鄚州东北。

[康熙《畿辅通志》卷十《古迹·河间府》]

扁鹊故宅，在任邱县。明《志》：在废鄚州东门外，有药王祖业庄。又北二里，有冢、庙。

［乾隆《河间府新志》卷四《古迹》］

扁鹊故宅，《一统志》：在鄚州东门外，有药王祖业庄。又北约三里，有冢及庙。明大学士杨士奇有诗，见《艺文志》。

［乾隆《任邱县志》卷一《古迹》］

扁鹊墓，在临晋县东南七十里故市镇东。

［成化《山西通志》卷五《陵墓》］

［万历《山西通志》卷十四《陵墓》］

扁鹊墓，县东南七十里，有庙存焉。

［康熙《平阳府志》卷三十二《陵墓·临晋县》］

扁鹊墓，在县南六十里洗马村北，有庙存焉。

［康熙《临晋县志》卷六《丘墓》］

扁鹊墓，在县南六十里洗马村。

［乾隆《临晋县志》卷七《杂记下》］

扁鹊墓，在县东故市村东。按：扁鹊死于刺客，在游邯郸入秦时，此处似不得有墓，岂虢太子闻变，感其再造之恩，收其骨骸而葬之与？今故市、洗马诸村，立祠祀之。

［光绪《虞乡县志》卷一《丘墓》］

［民国《虞乡县新志》卷八《冢墓》］

［民国《续补虞乡县新志》古迹考《冢墓》］

效霞按：成化《山西通志》卷二《山川》：洗马泉，在临晋县东南七十里。相传晋太子洗马于此。万历《平阳府志》卷一：洗马泉，出临晋县洗马村南。世传：晋太子病，□秦，使扁鹊来视之。太子洗马于泉，故名。北有扁鹊祠。康熙《临晋县志》卷三《山川》：洗马泉，在洗马村南。旧说：太子洗马于此，因名。光绪《虞乡县新志》卷一《山川》、民国《虞乡县新志》卷二《沟洫略》：洗马泉，在王官谷东洗马村南，古洗马川也。按：柳崇，邑人。仕魏，为本邑中正，后以太子洗马致仕居此，故名。临晋旧志注：晋太子洗马于此。不知何据。

扁鹊墓，鄚城东北。《彰德志》：鹊墓在汤阴伏道社。《一统志》：鄚东门有药王祖业庄。今墓在庙后，岂鹊之祖墓耶？大学士杨士奇诗：雄县城南水没路，鄚州市里酒如油。客行相聚且一醉，不见越人空古丘。

[万历《河间府志》卷二《田墓·任丘县》]

扁鹊墓，在河间任丘县。其祠，名药王祠。祠前有地数亩，病者祷神，以珓卜之，许则去，从某方取药。如言，掘土，果得药，服之无弗愈，其色味不一。日掘千窟，越宿俱平壤矣《挥麈新谈》。

[万历《河间府志》闲谈《卷下》]

扁鹊冢，在任邱废鄚州城东。按：诸书所记扁鹊冢，凡五处。鹊为秦太医令所刺杀，则《咸阳记》言冢在城东者为然矣。任邱之冢，殆后世因《史记》"鄚人"之文而托为之者。

[乾隆《河间府新志》卷四《陵墓》]

扁鹊墓，在大梁门外西北菩提寺之东。初存于城内，唐元和十五年（820）宣武军节度使徙葬于此。汤阴亦有墓。

[顺治《祥符县志》卷一《陵墓》]

扁鹊墓，在大梁门外西北菩提寺之东。旧在城内，唐元和十五年宣武军节度使张宏靖徙葬于此。相传四旁土可以为药，祷而求之，或得丸如丹剂。

[乾隆《续河南通志》卷十六《陵墓·开封府》]

扁鹊庙、广行宫，康熙二十三年（1683）修。

[乾隆《伊阳县志》卷三《古迹》]

扁鹊庙、广行宫，在城南二十里三屯澄清观内。

[道光《伊阳县志》卷二《秩祀》]

扁鹊墓，在寒冻镇西南三里。数石横于巅，状似石棺，土人传为扁鹊墓。

[民国《重修正阳县志》卷一《古迹》]

县东北四十里有古墓。土人呼为扁鹊墓《史记·扁鹊列传》：秦越（人）所适之国不一，未言至汝南也。墓西有桥，为扁鹊桥。康熙中，大雨陷焉，露石椁，巉巉然。椁旁有立石二，又一石横于巅，疑即古丰碑也。水实其中，病者饮之，立愈。遂相传扁鹊为神医，其水可疗病，远近多挟盎缶而来汲者。

[民国《重修正阳县志》卷末《异闻》]

扁鹊墓，在县东北三十里。按：扁鹊，它处亦有墓。

[康熙《陕西通志》卷二十八《陵墓·临潼县》]

神医扁鹊墓，在临潼县东北三十里《贾志》。扁鹊，渤海郡郑人徐广曰："郑"，当为"鄚"。为医，名闻天下。来入咸阳，秦太医令李醯自知伎不如鹊，使人刺杀之《史记·扁鹊传》。

按：《河间府志》：鹊墓在任邱郑城东北。盖鹊故里也，岂见刺后遂归葬欤？特史传不载其事，别无可考。又《明一统志》《彰德府志》俱云：鹊墓在汤阴伏道社。其说无所征信，当以临潼者为近是耳。

[雍正《陕西通志》卷七十《陵墓·临潼县》]

扁鹊墓，《贾志》：在县东北三十里。《扁鹊传》：扁鹊，渤海郡郑人徐广曰："郑"，当为"鄚"。医名天下，来入咸阳，秦太医令李醯自知伎不如鹊，使人刺杀之。

按：《河间府志》：鹊墓在任邱郑城东北。郑为鹊故里，岂见刺后复归葬欤？又《明一统志》《彰德府志》俱云：鹊墓在汤阴伏道社。其说并无征信，今从《通志》。

[乾隆《西安府志》卷六十三《陵墓·临潼》]

扁鹊墓，县东北三十里。本传：扁鹊，渤海郑人徐广曰："郑"，当为"鄚"。为医，名闻天下。来入咸阳，秦太医令李醯自知伎不如鹊，使人刺杀之。

按：《河间府志》：鹊墓在任邱郑城东北。盖鹊故里也，岂见刺后遂归葬欤？史传不载其事，别无可考。又《明一统志》《彰德府志》俱云：鹊墓在汤阴县伏道社。其说无所征信，当以临潼者为近是。

[乾隆《临潼县志》卷三《陵墓》]

[民国《临潼县志》卷三《陵墓》]

神医扁鹊墓，在临潼县东北三十里。扁鹊，渤海郡郑人徐广曰："郑"当为"鄚"。为医，名闻天下。来入咸阳，秦太医令李醯自知伎不如鹊，使人刺杀之《史记·扁鹊传》。

按：《河间府志》：鹊墓在任邱郑城东北。盖鹊故里也，岂见刺后遂归葬欤？特史传不载其事，别无可考。又《明一统志》《彰德府志》俱云：鹊墓在汤阴伏道社。其说无所征信，当以临潼者为近是耳。

[雍正《陕西通志》卷七十《陵墓一·临潼县》]

广应王扁鹊碑，在县南十里岗立。

[崇祯《汤阴县志》卷二《碑刻》]

鹊王庙碑记
明李恒茂

鹊王庙，在都治之乾，俗称下庙。盖自鹊王有庙，而此其下者也。按史：鹊王姓秦，名越人。生渤海，在赵名扁鹊。简子病，瘳，赐田四万亩，是为蓬鹊山。宋嘉祐初，仁宗疾愈，从医许希有请，封神应侯。不知王号起何时。周显德中，安国军节度使陈思让碑刻已有王称，其来远矣。每岁三月至望，四方来谒，周数千里，络绎不绝，称一方奇盛。望后之二日，郡男妇不能谒山者，于下庙奉香火焉。庙建自国初，历成、弘、嘉、隆葺修之者凡数四，或益之厦，或周之垣，或设其门，或藻其栋，其体攸存，大观未备。至垣以堵计者百门，以层计者二厦，以楹计者四廊，以间计者二十祀。后□于□傍，复建广生、水德二祠，规模深□，丹垩鳞砌，则自万历丙辰（1616）乡善李云龙始，庙成，龙即世，方左片石，久未登书。又十四年为崇祯己巳（1629），庙住持萧来凤、时来真与乡善常鉴持前流谒余，请曰：庙新而碑仍故，非所以昭往事示来兹也，敢邀惠一言为此地金汤。余曰：碑如志姓名云，尔为善不必人知焉，用书弟载其年月，以拳石嵌壁间足矣，焉用碑也？余为若记其大者：鹊玉，一医耳。医赵简而效，医之能事耳。乃自战国，历宋迄今，追而侯之，进而王之，且尊而神之，奔走金弊，逾数千百里，顶礼不替者，王果至今存哉？盖生人一心，自居不朽也。尔乡众宫王而貌事之矣。如忍念□□杀权不杜无论，非王当年生人本意，虽祀必吐而已。罹于罪，王即复作，有起死回生之术，何能挽三尺不尔加哉！乡人遇门则悚，拜神像则肃，皆足用为□者也。顾名思义，触类而兴起焉。以共跻人道，无即死趋，庶不负云龙数十年募修之意与尔众求碑意也。区区姓氏年月，记亦可，不记亦可。

[乾隆《邢台县志》卷十八《碑文》]

扁鹊庙碑，鹊王庙在郡治乾隅。不知王号起何时。周显德中，安国军节度使陈思让碑刻已有王称，其来久矣明李恒茂《鹊王庙碑记》。

[光绪《邢台县志》卷八《金石》]

扁鹊庙碑，鹊王庙在郡治乾隅。不知王号起何时。周显德中，安国军节度使陈思让碑刻已有王称，其来久矣。

[民国《邢台县志》卷八《金石》]

扁鹊城，在县西南四十里。相传扁鹊尝居此。《郡国志》：城下有泉，天旱，以羊投之，即雨。

[嘉靖《陕西通志》卷十三《古迹下·城固县》]

扁鹊城，西南四十里。相传扁鹊曾居此。《郡国志》云：城下有泉，天旱，以羊投之，即雨。

[康熙《城固县志》卷二《古迹》]
[康熙《陕西通志》卷二十七下《古迹·城固县》]

扁鹊城，在城固县西南四十里。相传扁鹊尝居此《雍胜略》。

[雍正《敕修陕西通志》卷七十三《古迹二·郊坰》]

扁鹊城，西南四十里。相传扁鹊曾居此。《郡国志》云：城下有泉，天旱，以羊投之，即雨。

[民国《汉南续修郡志》卷六《古迹》]

扁鹊村，在南宫县西三里。《史记》：赵简子疾，五日不知人。使扁鹊治之愈，因赐田四万亩于山下。有元博士康继礼碑。

[康熙《畿辅通志》卷十《古迹·真定府》]

灵应池，在平定州西鹊山，池上旧有神应王庙。

[万历《山西通志》卷四《山水上·太原府》]

灵应池，在州西北鹊山，上有神应王扁鹊庙。

[乾隆《平定州志》卷二《山川》]

扁鹊洞，在伏虎山悬崖。扁鹊丹灶处，故洞名因之。俗名"仙人洞"。

[光绪《卢氏县志》卷十三《古迹》]

樊深曰：尝闻韩昌黎有言：古谓吉凶，乡射宾燕之礼，民得而见焉者，今皆废。而州县幸有社稷释奠、风云雷雨师之祭，民犹得以识。先王之礼器焉。是今郡邑之祭，在前代已如此矣。但有法制常祀者，有郡各自为祀者，如任原之扁鹊、河间之八蜡，皆自近时制祀焉。今以是意而推之，他邑则凡有功德而未祀者，皆可以义起矣。

[嘉靖《河间府志》卷九《典礼志》]

按：河间府所隶州县卫属，其岁时应举祀典，略与府同，惟名宦、乡贤各有所主，若夫献县之献王陵，任丘之药王庙，景州之董子祠、周亚夫庙，沧州之龚遂祠，宁津之大禹庙，故城之澹台祠，吴桥之武清祠，考其始创，皆非泛然，则固一方之所独也。至于循良有司，实惠在民，民不能忘，建祠肖像，伏腊奔走，盖所在有之。礼以义起，孰非祀典之所应载者乎？虽郡乘弗详可焉。

樊深曰：尝闻韩昌黎有言：古谓吉凶，乡射宾燕之礼，民得而见焉者，今皆废。而州县幸有社稷释奠、风云雷雨师之祭，民犹得以识。先王之礼器焉。是今郡邑之祭，在前代已如此矣。但有法制常祀者，有郡各自为祀者，如任原之扁鹊、河间之八蜡，皆自近时制祀焉。今以是意而推之，他邑则凡有功德而未祀者，皆可以义起矣。

[万历《河间府志》卷六《祀典》]

四月廿八日，古鄭州有药王庙，传系扁鹊诞辰，居民竞结社聚镪，驾舟以往，三日始返。

[康熙《霸州志》卷一《风俗·四时》]
[民国《霸县新志》卷六《轶闻·四时》]

鱼龙洞

唐李商隐

扁鹊得仙处，传是西南峰。年年山下人，常见骑白龙。洞门黑无底，日夕唯雷风。清斋采入时，戴花兼抱松。石径阴且寒，磬声如远钟。又若山林外，双屦声謷謷。低碍更俯身，声远昼夜同。时时白蝙蝠，飞入茅衣中。行人路转窄，静涧水淙淙。但愿逢人世，自得朝天宫。

[嘉靖《石埭县志》卷八《诗》]

鱼龙山，在县西三十里。有鱼龙洞，其洞凡二，东西相望仅里许。唐李商隐诗：扁鹊得仙处，传是西南峰。年年山下人，常见骑白龙。洞门黑无底，日夕唯雷风。清斋采入时，戴花兼抱松。石径阴且寒，磬响如远钟。又若山林外，双屦声謷謷。低碍更俯身，声远昼夜同。时时白蝙蝠，飞入茅衣中。行久路转窄，静涧水淙淙。但愿逢人世，自得朝天宫。

[嘉靖《池州府志》卷一《山川·石埭》]

鱼龙洞

李商隐怀州人，吏部员外

扁鹊得仙处，传是西南峰。年年山下人，常见骑白龙。洞门黑无底，日久唯雷风。清斋采入时，戴花兼抱松。石径阴且寒，磬声如远钟。又若山林外，双屦声謷謷。低碍更俯身，声远昼夜同。时时白蝙蝠，飞入茅衣中。行人路转窄，静涧水淙淙。但愿逢人世，自得朝天宫。

[万历《池州府志》卷十《诗》]

鱼龙洞，在县西三十里舒泉乡六都地。上为鱼龙山，峃崿峻拔；下为洞，洞口如池水，绀碧可爱。水旱未尝加损。乘船秉烛而入，奇石纷列，惊心夺目。有莲花玉桂、攒戟钟皷、狮子仙蛙、仙人奕棋、仙翁出龛等名，皆以其形目之。凡历七水，渐狭，舟不可入，舍舟而上，有石屋，可容百人，见天光日影之彩，中蹲磐石，可布席命觞，游人稍憩，乃出。土人云：中有银鱼白鸟，岁一见之。自洞而北逾四五里，始及青阳之境。

[嘉靖《石埭县志》卷一《岩洞》]

秦越人洞中咏

唐于鹄

扁鹊得仙处，传是西南峰。年年山下人，长见骑白龙。洞门黑无底，日夜惟雷风。清斋将入时，戴花兼抱松。石径阴且寒，地响如远钟。似从山林外，闻叶履声重。低碍更俯身，渐远昼夜同。时时白蝙蝠，飞入茅衣中。行久路转窄，静闻水淙淙。但愿逢一人，自得朝天宫。

[康熙《顺德府志》卷十六《艺文下》]
[嘉庆《邢台县志》卷十《诗》]

崇祯五年（1632）三月，火焚内邱扁鹊庙广生殿，木石俱烬，神须如故。

[康熙《顺德府志》卷十六《杂事》]
[道光《内邱县志》卷三《怪异》]

房居士，临晋人。名景圆，号睡松子。少精书算，主有司案牍，偶被上官责督，喟然叹曰：人生如朝露，何自苦辱如此。遂弃家，入中条山，修道闭关十一年，粮绝出山，止宿邑之虞乡村扁鹊庙中。夜有真人来呼居士，口授先天真诀，遂往汾北麻衣山，默坐二十一年，移居平阳之姑射山，洞山之虎狼皆驯服，饮食给于奉道者，或旬月不至，亦不炊爨。少保于公谦巡抚晋豫时，问将来休咎，笑而不答，谓弟子曰：无结果。卒如其言。人有访之者，必先知，辄避去。太守胡睿叩之曰：老农无所知也。后三年，成化甲辰（1484）三月十五日，沐浴端坐，书十劝文，皆教人忠孝语。书毕，卧化，顶上白光直上烛天，颜面如生，体不腐秽。先是洞中有二石床，左右相对，唐有得道者卧化，塑其尸于左；至居士亦卧化，弟子塑其尸于右，千百年若相待者。是冬无雪，胡太守祷于居士曰：汝既尸解，当不死，愿现神光，降瑞雪，否则，死矣。乃造洞，未至三里许，五色光自洞中出，少顷敛如箕，覆洞上，已而还至山下，阴云四布，抵城，雪已弥漫矣。都御史王越撰《记》。

[康熙《平安府志》卷二十七《仙释》]

乾隆四十七年壬寅（1782），山右商民李春元忽遘疟疾，势甚危窘。夜梦道士授以药，曰：服此可活。春元夙闻卢仙神应王多著灵异，尝化道士以救人，今所梦得非仙耶？遂王（往）求药，服之立愈，为刊石卢医庙中，志其事。

[光绪《卢氏县志》卷十三《古迹》]

张起芳，麻村人。性至孝，家贫以佣养。父殁，鬻子葬，苫寝，丧次终制。母病，祷于扁鹊祠，叩头流血，梦神赐药，愈。比殁，庐墓三年。有狼引雪道、奇草生茔之异。知临晋县事贾公振裘表其门，里人立石纪事。

[民国《续补虞乡县新志》卷五《孝友·明》]

张拱琳，恩贡生。父敬已，庭训极严，先意承志，能得其欢。母王氏早世，事继母赵氏，问寝视膳，有如所生。赵尝患病，医疗不痊，虔祷神应王庙，净瓶有水，药气扑鼻，作归，服之立愈。父及继母殁，哀毁骨立，迁母王氏合葬。王入茔已久，族人惑堪舆之说，恐泄地脉，力阻其事，拱琳泣曰：吾母与父不及偕老，忍异穴耶？如有祸灾，吾一人膺之。卒启圹同窆焉。遵父遗教，以孝友耕读，课其子，珏、甡等皆入胶庠。

[民国《重修汜水县志》卷八《懿行》]

卢国，旧《府志》：在任邱，即卢国庄。或云在郑州东。

今按：此因郑人扁鹊有"卢医"之称，而附会以为乡名耳。实本济北地也。

[乾隆《任邱县志》卷一《古迹》]

艾，扁鹊墓旁者佳。

[崇祯《汤阴县志》卷六《风土·药》]

艾，出汤阴扁鹊墓傍。

[嘉靖《河南通志》卷十一《物产·彰德府》]

效霞按：扁鹊与秦越人并非同一个人——关于扁鹊里籍的争论可以休矣。

扁鹊的里籍与地望，虽然《史记·扁鹊仓公列传》开篇即有"扁鹊者，勃海郡郑人也"之语，但自东晋徐广在《史记音义》中指出"'郑'当为'鄚'。鄚，县名，今属河间"后，就纷争四起，至今尚未得以平息。综观古今学者就这一问题，以"处则充栋宇，出则汗牛马"喻之也不过分的鸿篇大论，之所以各逞歧见，争鸣不休，乃是将扁鹊与秦越人视为同一个人看待的缘故。

扁鹊与秦越人并非同一个人，前人早已有所怀疑。

西汉司马迁在《史记·扁鹊传》中说："扁鹊……姓秦氏，名越人。"同时代的韩婴在《韩诗外传·卷第十》中也说："扁鹊曰：入言郑医秦越人能治之。"根据这两处出自西汉人之手的记载，扁鹊，姓秦，名越人，扁鹊或是其字号；扁鹊与秦越人是同一个人，似乎毫无疑义，但也并非没有异响。其实早在唐代就已有人对此提出了质疑，继而出现了一些不同的认识和说法。

唐·杨玄操在《集注难经序》中首倡"两位扁鹊说"："秦越人……以其与轩

辕时扁鹊相类，乃号之为扁鹊。"意思是说，历史上至少有两个扁鹊，一是黄帝时期的扁鹊，二是战国时期的秦越人。唐·张守节在《史记正义》中引述了杨玄操的这段话，赞同和支持"两位扁鹊说"。厥后，清·陆以湉在《冷庐医话·古书》中也说："雷公、扁鹊，皆上古时人，战国时秦越人慕扁鹊学，因称扁鹊。"实事求是地说，"两位扁鹊说"的可取之处是首次对扁鹊是否只是一人提出了怀疑，并从此开启了正确认识"扁鹊之谜"的钥匙。

1770年，日本学者滕惟寅在《扁鹊仓公列传割解》中提出了扁鹊是"良医代称"的观点："扁鹊，上古神医也。周秦间凡称良医皆谓之扁鹊，犹释氏呼良医为耆婆也，其人非一人也。司马迁泛来摭采古书称扁鹊者集立之传耳。其《传》中载医验三条，文体各异，可以证焉。盖虽司马迁而不知扁鹊非一人也。但受术于长桑君、治虢太子病及著《难经》者，是即秦越人之扁鹊也；其诊赵简子者、见齐桓侯、在《国策》所谓骂秦武王、在《鹖冠子》所谓对魏文侯者、又为李醯所杀者，皆是一种之扁鹊也。"客观公正地说，"良医代称说"其实是"两位扁鹊说"的进一步发挥，且向正确解读扁鹊的历史真貌又迈出了关键性的一步。

史书有关扁鹊活动的记载，表明扁鹊确实不只一个人。

现存两汉之前的书籍中，有诸多关于扁鹊活动或言论的记载。不论这些记述是驳杂不纯，还是互相之间扞格抵牾，甚或是有的还荒诞不经，我们都可以暂且搁置不论。为了简洁明了地论说问题，且避免繁琐称引，先以图表形式将文献中有关扁鹊的记载及其所对应的历史年代罗列出来，然后再对其稍微加以简单的分析，则历史上是否仅有一个扁鹊，明眼人一睹便知矣。

文献	史实	年代	备注
《韩非子·喻老》	望蔡桓侯之色	公元前695年	蔡桓侯在位时间为公元前714—前695年
《韩诗外传·卷第十》《史记·扁鹊传》	诊虢太子尸厥	公元前655年	历史上有古虢国、东虢、西虢、南虢、北虢。东虢亡于西周末，西虢亡于公元前687年，北虢亡于公元前655年
《列子·汤问》	为鲁国公扈、赵国齐婴二人治病并为之换心	公元前511年	此虽怪诞之寓言，但人名或有所本。《公羊传》昭公三十一年记有公扈子，为邾娄之父兄，亦即《说苑·建本篇》之公扈子。齐婴，事迹不详

续表

文献	史实	年代	备注
《史记·赵世家》《史记·扁鹊传》	诊赵简子疾	公元前501年	《史记·赵世家》："晋倾公之十二年（公元前514年）……后十三年（公元前501年）……赵简子疾。"《史记索隐》："按《左氏》，简子专国在定、顷二公之时，非当昭公之世，且《赵世家》叙此事亦在定公之初。"
《汉书·古今人物表》	列为与勾践同时期的人	公元前458年	越王勾践执政时间为公元前496—前458年
《鹖冠子·世贤》	与魏文侯论扁鹊兄弟三人医术水平	公元前396年	魏文侯在位时间为公元前446—前396年
《史记·扁鹊传》	望齐侯之色	公元前357年	《史记集解》："谓是齐侯田和之子桓公午也。"在位时间为公元前375—前357年
《史记·扁鹊传》	来入咸阳	公元前350年	秦迁都咸阳在公元前350年
《说苑·辨物》	诊赵太子尸厥	公元前349年	赵成侯在位时间为公元前374—前350年，其子赵肃侯（即赵太子）即位时间为公元前349年
《战国策·秦二》	见秦武王	公元前307年	秦武王在位时间为公元前310—前307年

由上表可以很明显地看出，历史上有10位扁鹊之多，且其活动年代的时间跨度达388年之久。当然，这其中有以医学为例游说，各自政见时而为之述说者，有显系寓言故事、科学幻想者，不足以尽信。但即使仅就《史记·扁鹊传》而论，"诊虢太子尸厥"与"诊赵简子疾"，在时间上已至少相差150年以上；"望齐侯之色"与"诊虢太子尸厥"相距近300年之久，与"诊赵简子疾"相隔也近200年之远。纵使扁鹊是"神人"，还是"真人""至人""圣人""贤人"，能有是理乎？因此，历史上扁鹊不只一个人，是不证自明的。

秦越人可称为扁鹊，但扁鹊不一定专指秦越人。

确认历史上扁鹊不只一个人，而是几个人之后，再重读《史记·扁鹊传》，我们还可以从中找到两个不同的"扁鹊"。

太史公自云:"为医或在齐,或在赵,在赵者名扁鹊。"务请注意,这里是"在赵者名扁鹊",若是"在赵时名扁鹊",则"扁鹊"有可能是"在齐者"于赵国行医时的绰号。但明言"在赵者名扁鹊",则这位"在赵者",即为赵简子诊病的"扁鹊"。根据《史记·赵世家》"大夫皆惧,医扁鹊视之"的原始记载来看,"扁鹊"无疑就是此人之名,其身份当是服务于赵府之中的官医(或称医官),因而才有可能在赵简子有病时马上应召入视。也就是说,春秋时期在赵国有一个以"古扁鹊"为名的医家,其里籍在今河北省任丘县。那么,"在齐者"的姓名又是什么呢?

在《史记》"诊虢太子尸厥"一段中,在虢宫门下,对中庶子自称"秦越人",当与中庶子争辩时又说:"越人之为方也。"治愈虢太子的病后又自谦地说:"越人非能生死人也,此自当生者,越人能使之起耳!"并对中庶子自报家门说:"臣齐勃海秦越人也,家在于郑。"很显然,"为医或在齐,或在赵"的"在齐者",本名应该是秦越人。亦即在齐国的"扁鹊"名叫秦越人,其籍贯在今山东省济南市长清区。

综上所述,司马迁是综合当时社会上流传或记载的众多以扁鹊为宗师的医家群体的相关资料而撰就《扁鹊传》的。如果硬要把《史记·扁鹊传》当作一个人之行状,就会非此即彼,意见纷然。其结果肯定是既说服不了别人,自己也心虚。因在不同的历史时期,在不同的地域范围,有着诸多祖承扁鹊之学的医家,所以秦越人可以称之为"扁鹊",但是称为"扁鹊"者却不一定专指秦越人。于是,关于扁鹊里籍是在山东长清,还是河北任丘,甚或是河南范县的争论,就没有任何存在的必要了。推而论之,凡是历史上或今天有扁鹊墓(山东长清东灵岩山、山东济南鹊山、河北内邱鹊山、河北任丘药王庙、河北朝城县罗城、河南开封闾间门、河南汤阴县伏道村、山西永济县清华镇、陕西临潼县南陈村、陕西咸阳城东等)、扁鹊庙(山东曹县枣堌集、河北南宫县龙岗、河南卢氏县城东、河南镇平县石佛堡、山西潞城县卢医山等)、扁鹊祠(河北鸡泽县三陵村等)、鹊山(山东济南、河北内邱等),甚或是扁鹊村(河北南宫县)、扁鹊城(陕西南郑县)的地方,历史上都肯定有一个打着扁鹊旗号并传绍扁鹊衣钵的医家,因其姓名现在已难查考,将他们称之为"扁鹊",也未尝不可。

◎ 子 阳 ◎

子阳,春秋战国间齐人。秦越人弟子,善以砭石治病,曾随师扁鹊治虢太子疾。

[《山东中医药志》第六篇《人物表》]

◎ 子 豹 ◎

子豹，春秋战国间齐人。秦越人弟子，精熨法及药剂，助师扁鹊治虢太子疾。

[《山东中医药志》第六篇《人物表》]

◎ 子 容 ◎

子同，春秋战国间齐人。秦越人弟子，善制药，随师扁鹊治虢太子疾。《韩诗外传》："子同捣药。"

[《山东中医药志》第六篇《人物表》]

◎ 子 明 ◎

子明，春秋战国间齐人。秦越人弟子，善灸法，随师扁鹊治虢太子疾。《韩诗外传》："子明吹耳。"

[《山东中医药志》第六篇《人物表》]

◎ 子 仪 ◎

子仪，春秋战国间齐人。秦越人弟子，随师扁鹊治虢太子疾。《韩诗外传》："子仪反神。"撰有《子仪本草》一卷。

[《山东中医药志》第六篇《人物表》]

◎ 子 游 ◎

子游，春秋战国间齐人。秦越人弟子，善按摩，随师扁鹊治虢太子疾。《韩诗外传》："子游矫摩。"

[《山东中医药志》第六篇《人物表》]

◎ 子 越 ◎

子越，春秋战国间齐人。秦越人弟子，随师扁鹊治虢太子疾。《韩诗外传》："子越扶形。"

[《山东中医药志》第六篇《人物表》]

元

◎ 李 坚 ◎

　　李坚，元时人。麻衣洞在东山。麻衣先生李坚长于风鉴，鬼眼惊人。尝卖卜于长安市，寿夭穷通，无不切中。洞是其隐处也旧志。李坚，号麻衣先生。来游长清，尝以药济人，或预告人休咎，无不验。年逾百岁，一日过石涧铺，谓人曰：某日，吾葬此。至期果化去《通志》。互见《祠祀》及《丘墓》。

[道光《长清县志》卷十三《方技》]

　　李坚，《通志》云：号麻衣先生，来游长清，尝以药济人，或预告人休咎，无不验。年逾百岁，一日过石涧店，谓人曰：某日，吾葬此。至期果化去。

[道光《济南府志》卷六十《仙释》]

　　李坚，长清人。号麻衣先生。长于风鉴，鬼眼惊人。尝卖卜于长安市，寿夭穷通，无不切中。来游长清，尝以药济人，或预告人休咎，无不验。年逾百岁，一日过石涧铺，谓人曰：某日，吾葬此。至期果化去。

　　按：长清县东山有麻衣洞，是其隐处。

[道光《济南府志》卷六十一《方伎》]

　　李坚，宋人。号麻衣先生，曾传相法于陈搏。灵岩山外口有麻衣洞。

[民国《长清县志》卷十三《寓贤》]

　　李坚，号麻衣先生。居长清。抱道潜真，醉歌自娱，常以妙药济人，或预告人吉凶，无不应者。声若巨钟，走如飞马。年逾百岁，一日过石涧店，指丛木之侧曰：某日，吾葬此也。后其日果化去。详《麻衣先生传》。

[嘉靖《山东通志》卷三十四《仙释·济南府》]

　　李坚，号麻衣先生。居长清，常以药济人，或预告人吉凶，无不应。年逾百岁，一日过石涧店，指丛木之侧曰：某日，吾葬此也。后其日果化去。详《麻衣先生传》。

[康熙《山东通志》卷四十七《仙释·济南》]

李坚，号麻衣先生。来游长清，尝以药济人，或预告人休咎，无不验。年逾百岁，一日过石涧店，谓人曰：某日，吾葬此。至期果化去。

[雍正《山东通志》卷三十《仙释志》]

李坚，号麻衣先生。居长清。抱道潜真，醉歌自娱，常以妙药济人，或预告人吉凶，无不应者。年逾百岁，一日过石涧店，指丛木之侧曰：某日，我葬此也。后其日果化去。

[宣统《山东通志》卷二百《杂志·仙释》]

麻衣洞，在东山。麻衣先生李坚，长于风鉴，鬼眼惊人。尝卖卜于长安市，而寿夭穷通，无不切中。洞是其隐处也。

[康熙《长清县志》卷十四《技术》]

麻衣先生李坚墓，在石涧铺西山。互见《人物志·方技》及《祠庙》。

[道光《长清县志》卷十《墓》]

麻衣先生李坚墓，《县志》云：在石涧铺西山。

[道光《济南府志》卷六十三《陵墓·长清》]

李坚墓，在石涧铺西山。坚，世称"麻衣先生"。

[宣统《山东通志》卷三十四《古迹一·长清县》]

麻衣李坚祠，石保石涧铺南。互详《人物志·方技》，又见《丘墓》。

[道光《长清县志》卷十《庙》]

◎ 赵文昌 ◎

赵文昌，字明叔。宿州人。后迁长清，因家焉。至元十年（1273），选为本县尹。甫期月，治声藉甚。尝建三皇庙，聚历代医书于中，会邑人习之，以祛民病。擢行台侍御史，累官国子监察祭酒，谥"献肃"。

[宣统《山东通志》卷一百六十一《人物志第十一·历代循吏》]

效霞按：赵文昌，虽不以医为业，也可能不懂医学，但任职长清时，"建三皇庙，聚历代医书于中"的记载，可为我们今天研究"三皇庙"的历史，提供资料与线索。姑且收录于此，识者鉴之。

明

◎ 胡宗道 ◎

医学，县治西，洪武二十九年（1396）医生胡宗道建，今废。

[道光《长清县志》卷二《营署》]

胡宗道，明代长清县人。明洪武二十九年建"医学"于县治之西。

[《山东中医药志》第六篇《人物表》]

◎ 曹 铨 ◎

明太医院御医官曹铨墓。

[民国《长清县志》卷十《丘墓》]

曹铨，明代长清县人。太医院御医。《长清县志》载：墓在城西南十五公里翟庄西北一公里处。

[《山东中医药志》第六篇《人物表》]

◎ 张 铠 ◎

明故运宰张公墓志铭

郯城任文献撰

运宰张公既殁之四年，其次子鼐持其叔舜钦先生所述行状，谒予于济南客寓，求一言以铭其墓。呜呼！公墓木拱矣，有子如是，诚知所以寿其亲矣。予尚容默耶！按状：公姓张，讳铠，字国用。其先密云人，四世祖曰伯亮，洪武初徒长清，遂占籍焉。祖谨，由司谏晋思南守。叔纲，由御史历升中丞大夫。宦业炳炳，其他群从昆弟，鸣宓贱之琴者有一人，峨斯立之松者有二人，司教于大都名邑者二三人，储养于黉宫者五六人，书香之美，科不乏人。独公以刑名起身藩省，致位陕西临洮府河州之三盆递运所运使。尝曰：位之崇卑皆有定分，君子以尽其在己者而已。未尝以品秩之卑微，稍异清白之操，故其理官政如家政，以称职闻于当道。无何以去乡万里，年近从心偶莼鲈念动，归兴浩然，遂致仕而归。济人利物之心不以去位而少衰，见民间有医、卜奇书，遂借手录，亲为修合药饵，凡里人之贫病而不能致医者济之，疑不能自决者释之。暇则课读诸孙，外种柏树万余株，分植各庙宇前，至今扶疏郁葱，人号"张公柏"云。乃于正德十二年（1517）六月二十一日卒于正寝，距生之年得寿七十有六。室人宋氏，内助称贤，先公一年卒。男二，长鼎，先公卒；次即鼐，长身玉立，有父风。孙男六，珣、瑜、珍、玭、琏、琼；孙女三人。鼐等卜于是年端阳前一日竖石墓阡，用垂不朽，并摭其生平梗概，以为铭曰：惟德之方兮，惟性之正才可远施兮，而秩弗竞，盖所能者人所不可能者。命勒诸贞珉兮，表公之政。大明正德龙集上章执徐夏五月之吉。

[民国《长清县志》卷十《丘墓》]

◎ 萧 岩 ◎

萧岩，字鲁瞻。五岁丧母，六岁丧父，继母路氏教之学，发愤读书，文誉早著，循循雅饬，有古儒者风。十八岁，遭乱被掳几死，不忍忘继母，乘大雨防疏遁归，母已自杀，哀号欲绝，改葬尽礼。土寇乱河西辛店屯，其旧家也。或先知之，岩遂携妻子，负琴书避乱济阳。人知其儒者，礼聘授徒。数年归，置产城东之小柿子园，益力于学。乡试曾以元荐不售弟子归之者众，房舍不能容，成名之士多出其门。岳公修邑《志》，岩任采访，逸事赖以传。康熙中，训导东阿，阿令王公雅重之，培植庠序，多德教焉。且精针法，诸生苏五侯子病危，一针而愈，亦屡以活人云。

[道光《长清县志》卷十二《选举》]

（崇祯）十四年（1641），饥民作乱，盗贼蜂起。

岁贡萧岩，方弱冠，有文誉，被虏将死之，念继母恩，承雨遁归，母已自杀，乃避居辛店屯，寇复乱河西，遂挈家避人济阳。

[道光《长清县志》卷十六《纪事》]

清

◎ 张世祺 ◎

举人

康熙十一年壬子（1672）科

张世祺，字肇祥，号介眉。郭保中店铺人。生而颖异，离褓褓，赠君口授句读即不忘，后且日诵千言。年十五始就外傅，明年试历城，遂补博士弟子员。二十二岁领乡荐，两上公车不售。奉亲事葬，一准于礼。岁丁丑（1697），宰蜀之蓬溪，征粮旧有浮费，悉为裁减，勒石志之。邑鲜应童子试者，庠学或致缺额，世祺多方训迪，文教肇兴；尤留心谳狱，判决如流，狱无留滞，至蓬蒿满图圄中。壬午（1702）春，打箭炉寇滋事，大军征剿，选任莲粮，储散有方，兵欢民逸。乙酉（1705），行取补缮部职司，筦钥出纳唯谨。曾有藩邸民修墙，绳价三百五十两。世祺曰：计银取料可数千斤，岂一墙而需此多绳乎？止予十五金。己丑（1709），入台省，抗疏言事，不避权贵，承审闽省陈五显一案，以年貌可疑，赓然有"严究民命"之奏，平反全活者数十人。又以时当炎夏，奏请清理狱囚，不使染疾。圣祖动容称善，即令所司速行审结，通行各省，永著为令。乙未（1715）春，总宪范时崇破格特荐，升补通政右参议。范即"严究民命"所劾之浙闽总制也。自是叠邀恩眷，赐有《御制避暑山庄记》《一统地舆全图》《佩文韵府》《康熙字典》、松花石砚。戊戌（1718）科会试，充殿试读卷官，世祺益尽忠谠供职。年七十致仕，优游村墅，不入城市者，又十年卒。精于岐黄，求治无吝，朝野尤称焉《通志》：历城人。

[道光《长清县志》卷十二《选举》]

张世祺，字肇祥。其先河间人，明成化间徙济南，六传至世祺，举康熙十一年乡试。久之，选蓬溪知县。征粮旧有浮费，世祺豁除之，为勒石纪其事。三十八年（1699），分校四川乡试，所取半知名士。四十一年（1702），大军征打箭炉檄，世祺收散军粮，备历险峻，以劳绩著。事平，行取工部营缮司主事，管宝源局，督修琉璃河有功，迁都水司员外郎。四十八年（1709），考选授掌山西道监察御史。巡视南城，上疏言：今刑官于重案不能速行审拟，以致图圄壅积，闻现收刑部狱者多至一千三百七十余人，地狭不能卧，皆排立，今当溽暑，秽恶郁蒸，不能保无疫疠，请饬速为清理，其罪轻应发遣，及牵连者宜即发遣或释放，俾无淹滞，并通行各省，以此清理。报可得释者数百人。五十年（1711），转江南道，历掌山东、陕西、河南诸道，掌登闻鼓，疏劾福建督抚朦溷成狱，其略曰：福建解到盗陈五显等二十二人，有司拟置大辟，臣与监察御史董宏彪赴刑部审三日，竟有与原揭悬绝者二十二人，今实二十人，惟五人实经审讯，余十五人有在狱从未讯者，有县府虽审而院司未讯者，亦有拷至六七次未承者，虚悬定罪，其草菅人命，尚忍言哉！又冯秘者，一无须少年，自称二十岁，而原揭注四十九；李瑞自称六十三，苍颜白发，原揭注四十一，若问官，果皆亲鞫，有如是之颠倒者乎！且有以弟代兄、父代子者，臣思督抚掌封疆臬司总刑名，守令膺民社，遇此重案，竟假捏朦溷，其何以成信谳！乞令法司同鞫，若臣言不虚，则将诸臣下吏治罪。疏上，诏总督范某等自陈得释者十余人。范迁左都御史以前，奏器世祺，谢曰：道长教我！世祺后以范某荐，迁通政使司右参议。年七十致政归，又十年卒。

[乾隆《历城县志》卷三十八《列传四》]

张世祺，字肇祥。其先河间人，明成化间徙济南，六传至世祺，举康熙十一年乡试，选蓬溪知县。征粮旧有浮费，豁除之，为勒石纪其事。三十八年，分校四川乡试，所取半知名士。四十一年，大军征打箭炉橄，收散军粮，备历险峻，以劳绩著。事平，行取工部营缮司主事。有藩邸下钩帖，取修垣绳银三百五十两，立驳之，止予十五两。管宝源局，督修琉璃河有功，迁都水司员外郎。四十八年，考选授掌山西道监察御史，巡视南城，上疏言：刑官于重案不能速行审拟，闻现收刑部狱者多至一千三百七十余人，地狭不能卧，皆排立，今当溽暑，不能保无疫疠，请饬速为清理。报可得释者数百人。五十年，转江南道，历山东、陕西、河南诸道，掌登闻鼓，疏劾福建督抚范时崇，以福建解到盗二十二人，惟五人实经审讯，余十五人有在狱从未讯者，有县府虽审而院司未讯者，亦有拷至六七次未承者，虚悬定罪，其草菅人命，尚忍言哉！乞令法司同鞫，若臣言不虚，则将诸臣下吏治罪。疏上，得释者十余人。迁通政司右参议。年七十致政归，又十年卒。

[道光《济南府志》卷五十三《人物九》]

张世祺墓，在中店铺北。

[道光《长清县志》卷十《墓》]

吟鹭流芳坊，在中店铺东首，为监察御史张世祺建。

[民国《长清县志》卷二《楯橄》]

（康熙）十一年壬子

张世祺，第二十六名，仕至通政司右参议。有"传"。

[乾隆《历城县志》卷三十《选举表三》]

康熙十一年壬子科

张世祺，字肇祥。历城人。官至通政司右参议。

[道光《济南府志》卷四十二《选举四》]

蓬溪县知县

张世祺，山东历城县监生，三十六年（1697）任。

[光绪《新修潼川府志》卷十九《题名》]

蓬溪县知县

张世祺，山东举人，康熙三十七年（1698）任。

[嘉庆《四川通志》卷百五《题名》]

◎ 卢大本 ◎

◎ 卢德恒 ◎

卢大本，庠生。瑶头庄人。父彦，廪生。勤学力行，邑侯予"本行克敦"匾。大本与弟监生德恒俱善承父志，友爱力学，不徒事章句，其训后人亦先德行后文艺，兄弟并为世所推重。于轩岐家言能究精微。学宪德定圃先生内升，暴患痿痹，诸医皆以中风治，不效。大本独曰：此即景岳所谓非风者也，须用峻补五剂可瘳。条列调摄及饮食宜忌甚悉，果克应期赴都。德欲保荐入京，大本以亲在辞，公赐以"理气灵枢"匾。德恒治疗亦多类此。大本好施，不吝重资，每冬季必煮粥以济穷饿。长子岸，早故；继孙，庠生；续泽，忠厚醇谨，常以古道自持。次子监生崐，踵行不息，至周济惟恐缓，常以"待有余而后济人，则终无济人之日"二语为箴铭，尤好代具修俸饮馔以助人读书成名，岁贡张梦龙、廪生刘瑛、庠生张联枝、武举张梦魁、监生卢勷皆其所培植，其余难以悉数也。

[道光《长清县志》卷十三《懿行》]

卢大本，长清人。父彦，廪生。"本行克敦"邑令奖之。大本善承父志，友爱力学，不徒事章句。精轩岐家言。学宪德定圃内升，患痿痹，诸医以中风治，不效。大本曰：此景岳所谓非风者也。五剂而瘳。德欲保荐，以亲在辞。好施，不吝重资，每冬季必煮粥以济穷饥，子孙踵行不息。

[道光《济南府志》卷五十六《人物十二》]

卢大本，清代长清县人。幼攻儒术，后为邑庠生。善承父志，勤学力行，攻读经史，不徒事章句。其训后人，亦先德行而后文艺，为世人所重。生当"乾嘉盛世"，目睹科场之弊，无意仕途，遂弃儒业医，终为长清县一代名医。

[《山东中医药志》第六篇《人物表》]

◎ 张秉乾 ◎

张秉乾，字海峰。庠生。拔贡生岱甫之曾孙。幼失怙事母能得欢心，甘旨之供尤其余事，母病求以身代，母终，诚信尽礼，远近以孝称。无兄弟，视堂兄弟如同胞。少贫，日□升合为计，又必以分诸从兄弟之尤贫者。负耒横经，尝朝出耘夜课艺。入泮后馆于家，以修身明理自期。侄从辈簧序接踵，皆公教泽所及也。授徒于外，学规谨严，晨必早起，长日无惰容，然诺必践，从不作戏谑语，岩岩气象，令人望而生畏，及接语则蔼然可亲。其诲人也，身教居多，亲炙者受益不浅。又精于医，治病不受谢，贫无资者更助之，救人无算。捐馆后，吊者甚众，皆痛哭不能起。年三十余失配偶，守义不再娶。寿七十七卒。生平行事皆士林之模范，为一邑所共推云。

[道光《长清县志》卷十三《懿行》]

张秉乾，字海峰。岱甫之曾孙。幼失怙，事母能得欢心，甘旨之供尤其余事，母病求以身代，母终，诚信尽礼。无兄弟，视堂兄弟如同胞。负耒横经，尝朝出耘夜课艺，以修身明理自期。授徒于外，学规谨严，然诺必践，岩岩气象，令人望而生畏，诲人以身教。精于医，治病不受谢。年三十余失偶，不再娶。卒年七十七。

[道光《济南府志》卷五十六《人物十二》]

◎ 刘泽浩 ◎

刘泽浩，字湘若。丰保孝女铺人。吏部希尹六世孙也。善岐黄术，治病不计谢，亦不扰餐，贫者且资助之，一方皆感德焉。及丧葬，哭吊者数日不绝。

[道光《长清县志》卷十三《懿行》]

刘泽浩，字湘若。长清人。希尹六世孙。善岐黄术，治病不计谢，贫者资助之，一方感德。及丧葬，哭吊者数日不绝。

[道光《济南府志》卷六十一《方伎》]

刘泽浩，字湘若。清代长清县人。工医术，治病不计酬谢，诊贫困者尝出资助之。

[《山东中医药志》第六篇《人物表》]

◎ 郭 森 ◎

举人

光绪二十八年（1902）庚子、辛丑恩正并科

郭森，字茂堂。顺屯七里铺人。著有《梦髯集诗稿》《怀抱山文集》《医学自镜》，存于家。

[民国《长清县志》卷十一《选举》]

郭森，字茂堂。七里铺人。光绪庚子（1900）、辛丑（1901）恩正并科举人。先生天资超迈，诗文清隽拔俗，性情洒脱，一如其时文。家徒壁立，饔飧不给，先生处之泰然。尝有句云：事大如天须放胆，家贫无地也清心。可以觇先生之为人矣。著有《梦髯集》《怀抱山文集》《医学自镜》，存于家。

[民国《长清县志》卷十三《文苑》]

《梦髯集诗稿》，举人郭森撰。

自 序

余自幼爱读唐宋诸名家诗，初不能解其言也。少长，纵观史籍，然后稍稍悟其旨趣。洎乎涉世久，更变多，乃亦觉其有味外味焉。大抵诗之为道，发乎情，止乎义礼；发乎情，止乎忠孝，不可以苟焉者也。自《国风》雅、颂以还，体虽屡变，而要无不本乎三百篇之遗旨，否则词调虽工，无当于诗。余弱冠时，常常学步，自以不得诗中之味，故概弃掷之。犹记有偶成绝句云：昂首豪吟自达观，何嫌岛瘦与郊寒。生平不必存诗稿，流布人间作画看。盖听其散失也久矣。乙未（1895）秋，客沂都传习所。丙午（1906），混迹中学堂，公务棼如，重以室家之累，不遑及此。戊申（1908）之岁，公余多暇，辄复拈髭苦吟，诗成，或歌，或哭，或狂笑，或拍案大叫，亦不自知其所以然。久之，得若干首，若仍弃之，良有不忍，乃集而录之，留作异日之自镜。而回首十数年来所呕之心血，已付落花流水，前路茫茫。余怀渺渺，素乏交游，孰与晤对？知我者其管城子，即墨侯楮先生乎！集成之夜，梦一修髯丈夫，衣冠古雅，揖余而言曰：子好是乎？余惶然逊谢不敏，揖之坐，而叩其所以工诗者，丈夫曰：是岂易言，然温柔敦厚，自然而然，虽未能至，思过半矣。若有意求工，便落下乘。且古来工诗之人，多穷于遇，子亦何苦求工哉？言讫，遂不见。余惕然惊觉，因忆其言，爱名吾集为《梦髯》云。

[民国《长清县志》卷十五《邑人著述》]

◎ 孙盘柱 ◎

孙盘柱，字松岩。季南大孙庄人。光绪己丑（1889）贡，正蓝旗官学教习，河南知县。性鲠介，不枉道媚人，屡奉差委，未获握篆。精岐黄，一时有"名医"之目。

[民国《长清县志》卷十一《选举》]

◎ 孙华林 ◎

孙华林，字重斋。丰保名甲庄人。公天资颖异，秉性刚直，嗜读，境遇不偶，遂弃读务农，有暇则习卜筮、星命、风鉴之术，兼理岐黄，古今方书，靡弗揣摩有得，遇症即著手回春。有烦公堪舆者，有求必应，概不索聘仪。又善排解，不烦言而息，故庄内无雀角鼠牙之讼。乡人感其德，禀请董知事奖以"齿德并尊"匾，又制锦屏以祝其寿。公之子寿祺，廪膳生；次子培祺，亦廪膳生。山东师范毕业，调京复试，给举人出身，七品；小亦官，分部录用。咸云积德之报云。

[民国《长清县志》卷十三《懿行》]

◎ 王元中 ◎

◎ 王汝昇 ◎

◎ 潘　氏 ◎

◎ 王格鹏 ◎

◎ 王格凤 ◎

◎ 王格龙 ◎

王汝昇，字凌霄。邑乘所载"懿行"王之孚八代孙也。自河西辛店屯迁居石家庄，及君已数世矣。君父元中，尝悯人患疮疾，或发宿毒，或婴传染，呻吟之苦，惨不忍睹，又因外科无良医，慨然以专门疡医为志。自维年老，命子汝昇习焉。且嘱曰：不但愿汝精此，并愿自汝以后，世世业此。君遵父嘱，特于疡医一途，潜心研究，遇疮调理并舍药材，设有家贫疮剧，往返颇难者，假馆授餐焉。君有三子，长格鹏，次格凤，季格龙，俱精此业，求医者踵踵相接。君之孺人潘氏，亦善此。妇女患疮，孺人为之寓目，施刀圭。君殁，孺人率子施行不稍衰。同治十年（1871），邑侯张锡纶赠孺人匾曰"节扬柏舟"；又褒以"乐善好施"匾，并制锦屏赠之。数年，长、次子俱殁，孺人与季子仍持义举，患疮者环集其门，一一施治，无难色。又十余年，孺人殁，格龙独担其任，屡治屡效，群以"生佛"目之。光绪己亥（1899），东抚毓督学荣会奖"功德良医"；乙巳年（1905），东抚胡督学载会奖"功侔良相"各字样；乡里亲友亦送匾额、伞牌，经数世之积德累仁，至是而大彰厥德。苟非汝昇公善承父志，严课诸子，曷克臻此！

[民国《长清县志》卷十三《懿行》]

◎ 王立楹 ◎

王立楹，字临轩。潘保潘家店人。进士芝兰、蕙兰之祖也。性旷达好义，家虽贫，不屑营产业，慕启期、范仲淹之为人，尝自咏曰：启期有三乐，吾亦为其俦。少业儒，中年学医术，设药肆于家，无论贫富远近、寒暑昼夜，有求者即应，虽贫者负逋不偿，仍医之，与以良药。人或以为言佛然，曰：人命重耳！岂可因其有积逋而坐视不救哉？秋购新谷，至来春翔贵，仍以原值售于贫民，叹为善举。"矢必行之"，手书于纸，以遗后人。捐馆之日，乡里闻之，莫不坠泪焉。著有《伤寒论补注》，藏于家。

[民国《长清县志》卷十三《懿行》]

◎ 于泉清 ◎

于泉清，字廉堂。潘保于家屯人。性孝，母疾沉，号泣奔走，延医诊治罔效，乃跪祷皇天曰：吾母有疾，倘蒙呵护，情愿捐资施药，济世活人，并苦心学医，为四方消疹迎和，苏疲癃而跻仁寿。越数日，病果愈。乃多购医书，潜心岐黄，苦攻十余年，极有心得，遂出诊，著手回春。无论贫富，悉屏车马，徒步往视，所活虽众，终其身未尝一索聘仪。尝语人曰：吾之行医为母病故耳！若索人分文，是违初心矣。不孝孰甚焉！

[民国《长清县志》卷十三《懿行》]

◎ 艾象恒 ◎

艾象恒，号冀山。乐善好义，寒暑施茶粥，灾疫施汤药，修废冢，补圯路，岘山修文昌阁，首捐资材以为之倡。又购名家医书、善籍分散劝人，一时乡里悉化仁厚之风，以"艾善人"呼之。著有《宝善说略》《普渡船指南车》《二十四孝二十四节二十四义新编》等书，尤笃惜字纸，著《惜字律井》，梓行于世。

[民国《长清县志》卷十三《懿行》]

艾象恒，字子占。时保周王庄人。光绪壬寅（1902）贡。互见《懿行》。

[民国《长清县志》卷十一《选举》]

◎ 孙乐春 ◎

孙乐春，字熙如。潘东白草林庄人。监贡，保举大宾。性谦和，事孀母以孝闻。生平好善乐施，遇乡里之贫乏，或丧葬不能成礼者，辄倾囊助之。岁饥馑，施赈三四次，无德色，亦无吝情。其他如捐资修桥，施药济人，种种善德，不能罄述，以故乡人有"善人"之称。尤喜曲成后进，聘名师，助膏火，奖勤劝惰，恳切周至。子占堃，名籍国学。孙印荣，师范毕业。邑绅胥钦其行，赠屏致贺。及殁后，立"德行碑"。邑侯王锡予"德音宛在"，并送占堃"德绍先人"匾，以荣其门。

[民国《长清县志》卷十三《懿行》]

◎ 杜鸿洲 ◎

杜鸿洲，字瀛桥。杜保里杨家庄人。云桥孝廉之弟也。天性豪爽，喜自负，体貌魁梧，严重有威，口辩滔滔，剖决事理如流水，乡人遇争执不相下，辄就质于公，及至，一言而解，既桀黠者亦相率畏而敬之，闾里坐是少讼端。充里正三十余年，遇公益事，罔不竭力以图，为历任邑侯器重，然未尝干以私。尤精医术，岁施药饵无算。民国九年（1920）冬，四方醵资制屏匾以寿公，题曰"望重闾里"。非虚誉也。子二，春荄，早岁入邑庠，士林有声；筠，师范科，举人，历佐大幕，所至以勤慎著称。孙绍琦、绍弼，中学毕业，均循规矩，庶几克嗣家声者。

杜瀛桥先生七秩晋二寿序
邑人邢化成撰

孔子称"仁者寿"，言仁者，性体贞固不摇，有得寿之理。又称大德者，必得其寿。言必得者，盖以天人感召，固有不爽，虽不拘拘于因果报应之说，而亦有如左券之操。吾乡杜瀛桥先生，长于余十五岁，为先进荐鹗公季子。有兄东桥先生，清邑庠生。云桥先生，光绪己卯（1879）科举人。先生幼随兄读，聪颖迈等伦。

十五六岁时，以两兄攻帖括，习举业，无人经纪家政，弃儒就农贾，家日以裕。嗣以伯父早卒无子，出为嗣，产故不丰，仅遗田十数亩，减于本支七之六。先生不以为少，乃专注意农贾，擘划而经理之。居濒河，造舟运粟，西南抵汴，东南抵淮沂，东北沿无棣千乘至渤海，卒以是增产倍而又蓰焉。然天性孝友，不以出嗣违甘旨之奉，不以析产绝棣萼之欢。其居乡，好排难解纷，息闾里雀鼠之争。为里正，急公好义，锐于家私，近河数十村有疑难事必质之，类皆倚先生为重。岂非所谓仁而有德者哉！如是而克享大年宜也。犹忆余壮年时，先生之长嗣问字于余，以西席谒荐鹗太翁于先生里第，方瞳玉颜，白发皤皤，尝羡为神仙中人，计太翁春秋当有七八十岁。又阅六七年，余以微秩走食四方，复阅十三四年始归，今年春得与先生遇于县城，叙契阔焉，而须发苍白，亦如当年谒太翁时形容，盖已七十有二矣。道及近来情况，则家道之殷实犹昔也。哲嗣二人，一捐青衿，理家事；一由师范，司教铎。孙五人，长者二人升入省校，桂茁兰芽，门庭济济，其娱乐犹远胜于昔也。《诗》云：岂弟君子，神所劳矣。将为先生咏之。夏历十二月四日为先生览揆嘉辰，先生之里人仰其仁，感其德，拟以是日祝寿，而乞俚言侑甲子之觞，余义不容辞，因为三复孔子之言以序之。

[民国《长清县志》卷十三《懿行》]

◎ 柴积功 ◎

柴积功，字勋铭。茶棚庄人。生有至性，父母年八十余，先生亦须发苍，然终日承欢膝下，饶有"彩衣娱亲"之风。精岐黄术，施诊不索一文，轻财好义，名重一乡。民国二年（1913），优贡柴廷琦、里董梁殿甲禀请邑令旌其门。

[民国《长清县志》卷十三《懿行》]

◎ 谭申孝 ◎

谭申孝，字景舆。刘官庄人。清太学生。天性醇厚，乐善好施，幼嗜读，兼习拳术，延少林派刘先生汉常为之师，从学数年，尽得窍要。清光绪二十八年（1902），拳匪乱起，公练乡众自卫，附近一带庄村得免糜烂者，公之力也。尤精外科及按摩术，人有断筋折骨或腹内患癖块者，经手辄效，累年施药，迄今人犹感念不置云。

[民国《长清县志》卷十三《懿行》]

◎ 张重庆 ◎

张重庆，字熙堂。永坦子东菜园人。真醇有至性。尝谓：孝弟为食之酰醢，人生所不可一日无者。以故孝友岿然为一乡冠。晚年，糟粕帖括，专攻医术，于眼科尤精，远近求方者络绎于门如市，刀圭所及，应手奏效，"国手"之名噪一时。

[民国《长清县志》卷十三《艺术》]

张重庆，字熙堂。清代长清县永坦子东菜园子人。早年习儒术，晚年攻医学，尤精眼科，远近求诊者络绎不绝，为长清一方名医。

[《山东中医药志》第六篇《人物表》]

◎ 杜鸿洙 ◎

杜鸿洙，字文泉。杜保里杨家庄人。精岐黄，尤擅外科，所制丹药，冠绝一时，痈疽、疔疮之属，敷之立效。生平所治险症，以数十计，群推"外科圣手"。

[民国《长清县志》卷十三《艺术》]

杜鸿洙，字文泉。清代长清县归德杨家庄人。工岐黄术，尤长外科。所制丹药，冠绝一时，凡痈疽、疔疮诸症，敷之立效，有"外科圣手"之誉。

[《山东中医药志》第六篇《人物表》]

◎ 李灿显 ◎

李灿显，字焕章。杜保里李家庄人。少读书，屡试不售，改业岐黄，精研医理，立方甚简而应手奏效。先生性和易，不问贫富贵贱，无间风雨寒暑昼夜，有延请者辄徒步而往，不作片刻逗留也。以是人咸服其术而感其德。

[民国《长清县志》卷十三《艺术》]

李灿显，字焕章。清代长清县归德李家庄人。善读儒书，屡试不第，改修医道，立方精简，多应手奏效。其性平易近人，不问贫富贵贱，无问风雨寒暑昼夜，有请，辄徒步而往。是以人咸服其术而感其德。

[《山东中医药志》第六篇《人物表》]

◎ 王芝兰 ◎

王芝兰，字伯芳。长清人。与弟蕙兰孪生，未弱冠，俱有声庠序。光绪六年（1880）成进士，以知县分发江苏，补丹徒县。丹徒为镇江首邑，华洋杂处，供亿浩繁，号称难治。芝兰和辑洋商，严禁倡赌，暇则与民讲礼让，以文学教士，期月化行，一邑有"神君"之号。甲午（1894）春再任，值荒旱成灾，野无青草，自芜湖至上海，焚毁教堂、抢掠粮肆之案，时有所闻。芝兰与镇江府王仁堪，和衷共济，维持大局，尤以救灾赈饥为急务，捐廉募款，设粥厂，办平粜，散棉衣，施医药，全活不可胜计。复令挖蝗子，以绝民害。虑农耕失时，给民牛种。荒政之善，几为百余年之冠。凡前后三任丹徒，廉勤诚信，始终一迹，丹徒人称诵其德，历久弗衰。署吴县，摄上元，亦有政平讼理之效。历任督抚贤之，褒荐卓行，循良课最，荐保至道员，遇缺题奏。庚子（1900）拳匪肇衅，銮舆西幸，由是愤恨填膺，遽以疾卒于苏省。弟蕙兰，字仲芳。光绪九年进士。直隶即用知县，补阜平，摄武强，兴利除弊，捍患御灾，调任邱，署抚宁，修学劝农，赈荒拯厄，善政不可殚述。至庚子年，拳匪乱作，各国联军至京时，蕙兰再调任邱。任邱为入都往来孔道，军书旁午，警报频闻，蕙兰一力支持，内辑民气之动摇，外防洋军之蹂躏，寝食俱废，心力交劳，遂婴痼疾。次年，和议成，引疾乞休，未及回籍，遽卒。

[宣统《山东通志》卷一百六十九《人物志第十一·国朝济南府》]

光绪六年庚辰科

王芝兰，字伯芳，号绳轩。潘保潘家店人。希真公长子。与弟蕙兰孪生。性严肃，不苟言笑。天资高明，读书过目辄不忘。年十五，偕弟应童子试，即冠群英，列胶庠。家贫，以舌耕为业，以脩脯为奉养资。己卯（1879）举于乡，联捷成进士。通籍后，历任江苏丹徒、上元、长洲等县，兴利除弊，多有惠政。光绪戊子（1888），充江苏同考官，所荐拔多知名士。及庚子，銮舆西幸，慨然捐廉万金，以充军饷。上书云：自恨宿疾缠绵，不能囊笔荷戈，以偿上马杀贼、下马作露布之志，情愿将历任所储薪金，充作军糈，藉伸报效，不敢仰邀奖叙云云。是年，卒于苏，年五十岁。生平为文，华丽典赡，著有《兰室制艺》二卷、《丹柿轩诗稿》三卷、《双桂轩》三卷、《古体文约稿》三卷，行于世。

[民国《长清县志》卷十一《进士》]

王芝兰，字伯芳。长清人。三为邑令，先后十余载。邑旱灾叠见，而田赋又重，禀请减免，漕粮大吏批驳，则以去就争，必得减而后已。辛卯（1891）、壬辰（1892），襄王守仁堪协办工赈，隆冬巡视，不避风雪。凡大吏政策，有不便于地方者，则力请豁除。每陈商民困苦，洋洋数千言，罔知顾忌，邑中称为"强项吏"。以俸余设培风书院，与生童等谈文艺，娓娓动听，士人额其院曰"诲人不倦"。罢官之日，一无所有，图书数册而已。

[光绪《丹徒县摭余》卷六《名宦》]

王芝兰，字伯芳。长清人。由进士任丹徒县令，先后将十载。勤政爱民，实心任事。邑屡旱荒，田赋又重。辛卯、壬辰，随同郡守王公协办工赈，隆冬巡视四乡，不避风雪，郡守甚倚重之。凡政策有不便于地方者，必力请豁除。又减徒邑漕费，以惠农民。设培风书院，以课士子。清廉自励，教养兼施。去官，一无所有，惟图书自随，邑人士至今颂之。

[民国《续丹徒县志》卷十《名宦》]

光绪六年庚辰科黄思永榜

王芝兰，长清人。三甲六十三名。

[宣统《山东通志》卷九十六《进士表》]

光绪五年己卯科

王芝兰，长清人。

[宣统《山东通志》卷一百四《举人表》]

培风书院，在县署。岁己丑（1909），邑令王芝兰创设。每月捐廉，另增膏火，加课士子，士林爱戴，公上"诲人不倦"四字匾额于署。

[光绪《丹徒县摭余》卷三《学校志·书院》]

王芝兰，山东长清人。庚辰（1880）进士。光绪十四年（1888）先署，后补。

[光绪《丹徒县摭余》卷四《官制表·知县》]

王芝兰，山东长清人。庚辰进士。十五年（1889）任。

王芝兰，十七年复任。

王芝兰，二十二年复任。

王芝兰，二十四年复任。

[民国《续丹徒县志》卷十《职官表·知县》]

王芝兰，著《兰室制艺》《丹柿轩诗稿》《双桂轩》《文约稿》详《进士》。又著《游灵岩集序》见《灵岩志略》。

[民国《长清县志》卷十三《文苑》]

《兰室制艺》二卷、《丹柿轩诗稿》二卷、《古体文约稿》三卷、《双桂轩》三卷，以上四种，进士王芝兰撰。

[民国《长清县志》卷十五《邑人著述》]

◎ 李行芳 ◎

李行芳,清代长清人。业医,工针灸术,著有《医学补遗》《针灸摘要六十二证》,未刊。

[《山东中医药志》第六篇《人物表》]

[《齐鲁文化大辞典》]

[《中医人物词典》]

[《中医人名大辞典》]

◎ 刘铭彝 ◎

刘铭彝,清代山东长清县人。廪生。著有《症治便览》若干卷,今未见。

[《中医人名大辞典》]

◎ 冯培英 ◎

冯培英,清代山东长清县人。廪生。著有《儒医说》,未见流传。

[《中医人名大辞典》]

民国

◎ 刘万仓 ◎

刘万仓,字子丰。松竹店人。世传外科,施药救人,谢绝报酬,受惠者感其德,在该庄东南槐树坡立碑以表扬之,题曰"一片婆心"。盖纪实也。

[民国《长清县志》卷十三《艺术》]

刘万仓(1857—1937),字子丰。长清县孝里公社松竹店人。自幼读私塾,至十八岁辍学后在坦山西崖张家馆学生意,三十岁回家,当年因喉部生疮延医诊治,医者但以饮酒为事,竟忘记给其施术。刘万仓借医者饮酒之机,将其手术器械取之内屋,对镜将喉部小疮切开,排出脓血,旋愈。通过此事,亲感得病之痛苦和求医之难，乃决心精研外科，为患者解除痛苦。首先攻读《外科全生集》，又参阅了古代医籍，至四十岁已成为周围数县的外科高手。治病救人，不论贫富，有求必应，待病人如亲人。一次，在村边遇一贫穷人，卒患心口痛，施以针灸后，把病人背到自己家中，亲自煎药伺候，直到病愈才把病人送走。至于周围数县，因患疮疡而求治者，莫不应诊治疗。故九个县被治疗过的患者，感其医惠，捐款立碑以作纪念，题曰"一片婆心"。终前曾著成《外科》十四本，惜毁于"文化大革命"期间。先生之医德高尚，医术超群，实为医界学习之楷模。

[《长清县中医药志》第四章《医林人物事迹》]
[《济南中医药志》第二章《列表人物》]
[《山东中医药志》第六篇《人物表》]

◎ 郝百川 ◎

郝百川，字东桥。城东关人。少习医术，家学相承，故所造独精。贫者施治，富者亦不索资，无昼夜寒暑，患者延请立至。民国乙丑（1925）、丙寅（1926）间，虎疫盛行，且传染速，患者多猝不及治。联军第九师第一团适驻防城内外，延及官佐士兵，病者累累，经先生一一诊治，无不立愈。团长感其德，率领全体官佐恭送"济惠为怀"匾额以表敬谢云。

[民国《长清县志》卷十三《艺术》]

郝百川（1860—1929），字东桥。长清县东关人。幼读儒书，科试不第，遂弃儒承家业习医。施治贫者，不分昼夜寒暑，延请立至。传术于侄媳石志贞，为长清县唯一女中医，其德可风。

[《山东中医药志》第六篇《人物表》]

◎ 吴子元 ◎

吴子元，名长裕，道号中一。精岐黄术，方药与世俗殊科，主药动以二三两计，群医相顾咋舌，然服之无不效者。凡遇险怪症，应手立愈，以故名播遐迩。先生素以修道为名，赞敬之有无不计也。

[民国《长清县志》卷十三《艺术》]

◎ 王去执 ◎

王去执，字明道。去非之弟也。应进士试，不合，即拂衣闭门，讲究经传，文学与兄齐名。以父母多病，尤精于医。世宗时试医，京师第一，入翰林院。号榆山先生，详见《艺文》。从祀乡贤。

[嘉庆《平阴县志》卷八《乡贤》]

榆山先生墓表

同知制诰赵沨

先生，讳去执，字明道。故醇德先生之从弟也。先生襟度凝远，神气朗秀。泰山老人李时行识于稠人中，注目久之，曰：六逸之流也。先生幼好学，长应进士举，一试不合，即拂衣去，乃闭门益究经传百家之说，古今上下，经纬异同，靡不淹贯，遂与醇德齐名。先生尤淡于世味，然平生所学，皆天人之极致，经纶之远业，盖时人未能尽识也。先生以父母多病，于《黄帝内经》《老子》摄生之旨，尤尽心焉。积其所得以事亲，故卒保康强无恙，俱享寿以终。至宗族乡党，亦赖以安。昔文中子因亲疾而通医，范文正公亦通医，谓"为人子者不通医，非纯孝"。先生可谓孝矣。大定二十九年（1189），诏征天下深医者补翰林，乡人劝先生行，曰：医虽小道，倘因此得行其志，不犹愈于独善乎！先生重违其意，遂来京师。及试艺春官，有司第先生之文为第一。是时充试者六十余人，议者谓虽数百千人，必无出其右者。其为人所许如此。然在先生平日所学，此特其余事耳。先生既入翰林，议论长而理趣深，不斤斤求合于古人而卒与古人合。一时侪辈皆服之，欲受业于门。未几，先生卒。实明昌元年（1190）正月八日也。初，进士王世用合东阿、平阴数百人，荐先生德行才能于朝，方图录用，至是遂寝其议，竟不克究所学。呜呼！命也。其子仲元扶护旅榇归，以是年三月十九日葬于邑之石峡村先茔之侧。会葬之日，几千人哭皆尽哀，行路为之流涕。既葬，乡人相与谋曰：醇德先生之葬也，有文表诸墓。今先生之德亦醇德也，岂可无言以刊诸石，为天下后世劝耶？仲元以乡人之意，遣介致书于赵沨曰：先人既殁，铜城高致远先生已状其事，愿得子之文，以光丘墓，则吾父不亡矣。沨自念与先生为友几三十年，其志向相同，忍以不文为辞哉！乃遂论次其平生之梗概，以告来者。先生先世，见于醇德先生墓刻为详，兹不重录。先生家榆山，故以为号云。先生性宽厚，未尝见喜怒之色，口不言人过，人有寸长，辄称之不置。尤好宾客，贫困者必济之，患难者必救之，闻见未达者必发明之。一乡之人化而为善者，皆以好利为耻，以不孝不义为戒。求之古人，其郭林宗、陈太邱之流乎！先生享年五十九。生子仲元，清修端愿，文称其德，今为名士，异时奋发，所就未可量也。方知积善之报，不在其身，必在其子孙。斯言有足征矣！乃系之以词曰：猗与先生，纯素垣彝。才大而难未用，道长而不克施。化虽被于一乡，而泽不及于天下，此其可悲。至于平生之行己，孝敬忠信，温厚慈祥，足为世师。其英灵光气，或为列星，或为仙灵，则予不可得而知也。

[嘉庆《平阴县志》卷十八《墓表》]

[光绪《平阴县志》卷八《碑记》]

[乾隆《泰安府志》卷二十七《艺文八》]

王去非……从第去执，字明道。举进士不第，闭户研经，文学与兄齐名。以亲病习医，尤精。世宗特试，医第一，入翰林。号榆山先生。

[《平阴乡土志》耆旧录《实行》]

王去执，字明道。应进士试不合，即拂衣，闭门讲究经传，文学与兄广道齐名。以父母多病，尤精于医。世宗试医，京师第一，入翰林院。号榆山先生。

[万历《兖州府志》卷四十《文苑》]

[嘉靖《山东通志》卷三十《人物三·兖州府》]

王去执，字明道。去非弟。应进士试不合，即拂衣去，杜门讲究经传，文学与去非齐名。以父母多病，遂精医学。金世宗时试医，京师第一，入翰林。号榆山先生。从祀乡贤。

[乾隆《泰安府志》卷十八《儒林》]

王去非，字明道。金代平阴县人。去非尝应举不得意，仍转就他业。携妻子耕织自给，家居设教，囊有余，尝分以惠人。弟子班忧贫不保朝夕，一女及笄，去非为办资装嫁之。北邻有丧，忌东去，西与北皆人居，南则去非家，为坏家屋使出。党怀英谓其学比韩欧，门人谥曰"醇德先生"。以父母多病，工医术，世宗时，试医第一，入翰林院，号榆山先生。祀乡贤。

[《山东中医药志》第六篇《传记》]

乡贤祠祀邑人

翰林王去执。

[光绪《平阴县志》卷二《祀典》]

三贤祠在南石峡村，元至治元年（1321）达鲁花赤也先建，祀邑人。

处士王去非、翰林王去执、侍讲学士李之绍。

[光绪《平阴县志》卷二《祀典》]

二王先生祠，在县西二十里石峡村，祀金醇德先生王去非、榆山先生王去执，元至治元年建祠，即二先生故居。

[雍正《山东通志》卷二十一《秩祀志》]

处士王去非、翰林王去执墓，在石峡。

[光绪《平阴县志》卷六《坟墓》]

明

◎ 于应震 ◎

于应震，号旸东。岁贡。博学能文，教授生徒甚众，兼精医理。东阿乔贡生绪启患伤寒症，以肩舆迎之至，则闻哭声大作，云已逝矣。于进而吊之，曰：试抚胸前若何？家人试之，曰：犹有微息。乃调药，徐灌之，入数匕而苏。数日后，辄起饮食。其伎之精妙如此。

[嘉庆《平阴县志》卷八《行业上》]

于应震，岁贡生。博学能文，兼精医理。东阿乔绪启，患伤寒，迎之至，闻哭声作，云已逝矣。于曰：试抚胸前若何？家人试之，曰：尤有微息。乃调药灌之，入数匕而苏。其伎之精妙如此。癸未（1583），城陷殉难。

[光绪《平阴县志》卷五《忠义》]

于应震，号旸东。平阴贡生。博学能文，教授生徒甚众，兼精医理。东阿乔绪启，患伤寒症，以肩舆迎之至，则闻哭声大作，云已逝矣。于曰：试抚胸前若何？家人候之，曰：犹有微息。乃调药徐灌之，入数匙而苏。

[乾隆《泰安府志》卷十八《方技》]

丁应震，字旸东。平阴人。博学能文，兼通医理。有东阿人，暴病而亡，隔一日，胸犹温，微动，急迎应震，视之曰：是痰壅气噤。针其动处，调药灌数匙，其人获甦。

[雍正《山东通志》卷三十一《方伎志》]

按《平阴县志》：于应震，号旸东。岁贡。博学能文，教授生徒甚众，兼精医理。东阿乔贡生绪启，患伤寒症，以肩舆迎之至，则闻哭声大作，云已逝矣。于进而吊之，曰：试抚胸前若何？家人候之，曰：犹有微息。乃调药，徐灌之，入数匕而苏。数日后，辄起饮食。其伎之精妙如此。

[《古今图书集成医部全录》卷五百十六《医术名流列传》]

于应震，精医药，利多人。（癸未）城陷殉难。

[嘉庆《平阴县志》卷六《贡生》]

于应震，明代平阴县人。贡生。博学能文，兼精医理。

[《山东中医药志》第六篇《人物表》]

岁贡

于应震_{崇祯年}。

[光绪《平阴县志》卷三《选举》]

◎ 何可量 ◎

何可量，字汝器，号玉谿。事亲至孝，恭兄友弟，中外无间言，名誉籍甚。以屡困省试，由廪贡判邳州治河，勤瘁有功，寻迁晋臬知事。解组归里，修谊益著。好善乐施，亲族有不能婚葬者，皆赖以襄事。庚辰（1640）、辛巳（1641）岁荒，煮粥救人，为人醇厚有余。工书画，自成一家。又精医理。举乡饮大宾，年七十而终。

[嘉庆《平阴县志》卷八《行业上》]

何可量，字汝器，号玉谿。由廪贡判邳州治河，勤瘁有功，寻迁晋臬知事。解组归里，修谊益著。好善乐施，亲族不能婚葬者佽助之。崇祯庚辰、辛巳岁荒，煮粥以救饿者。工书画，自成一家。举乡饮大宾，年七十而终。

[光绪《平阴县志》卷八《仕宦》]

何可量，字汝器，号玉谿。平阴人。事亲至孝，恭兄友弟，中外无间言。与人谦谨，终身无疾言厉色。精医术，凡有求者，虽昏夜，亦起应之。善奕，工书，尤好水墨丹青，在云林石田间，文誉籍甚。以屡困省试，由廪例判邳州治河，勤瘁有功，寻迁晋臬知事。解组归里，修谊益著。亲族有不能婚葬者，多所资给。庚辰岁荒，赈恤甚众。举乡饮大宾，年七十而终。

[《乾隆泰安府志》卷十七《列传》]

按《平阴县志》：何可量，号玉谿。邳州州判。精医术，凡有求者，虽昏夜，亦起应之，施不责报。善奕，工书，不拘拘摹帖，而自成一家。至水墨丹青，尤笃好之，在云林石田之间。

[《古今图书集成医部全录》卷五百十六《医术名流列传》]

何可量，廪生。例官邳州州判，升陕西按察司知事。

[嘉庆《平阴县志》卷七《辟举》]

何可量，廪生。历官按察知事。有"传"。

[光绪《平阴县志》卷三《选举》]

知事何可量墓，在文笔山西北。

[嘉庆《平阴县志》卷三《坟墓》]

[光绪《平阴县志》卷六《坟墓》]

《玉谿集》，何可量撰。可量，字汝器，号玉谿。平阴人。诸生。官邳州州判。是集见《府志》。

[宣统《山东通志》卷一百四十二《艺文志第十·集部·别集》]

◎ 傅鸣岩 ◎

傅鸣岩，庠生。善医术，究心内养，善谈理，事亲以孝闻。亲死，庐墓，举德行。

[嘉庆《平阴县志》卷八《行业上》]

傅鸣岩，明代平阴县人。庠生。工医道，究心内养，事亲以孝闻。

[《山东中医药志》第六篇《人物表》]

◎ 张之锡 ◎

张之锡，因父病，究悉医理，奉汤药不离左右。比殁，庐墓三年。

[嘉庆《平阴县志》卷八《行业上》]

[光绪《平阴县志》卷五《孝悌》]

张之锡，平阴人。因父病，究悉医理，奉汤药不离左右。比殁，庐墓三年。

[乾隆《泰安府志》卷十八《孝义》]

张之锡，明代平阴县人。以医名乡里，且有孝行。

[《山东中医药志》第六篇《人物表》]

◎ 于秉纯 ◎

于秉纯，字诚菴。庠生。善医理，绝意仕进。晚年，日游会仙山，吟咏自适，自号"真真子"。有"莫笑老，真真真真，自有人"之句。年近九十，庞眉皓首，拄杖逍遥。一夕，无疾而终。

[嘉庆《平阴县志》卷八《行业上》]

[光绪《平阴县志》卷五《隐逸》]

于秉纯，字诚菴。平阴诸生。善医药，得金丹要诀，以神仙为必可得，绝意仕进。晚年日游会仙山，吟咏自适，自号"真真子"。有"莫笑老，真真真真，自在人"之句。年近九十，庞眉皓首，拄杖逍遥。一夕，无疾而逝。

[乾隆《泰安府志》卷十八《隐逸》]

于秉纯，平阴人。诸生。精医药，善养生术，号"真真子"。

[康熙《山东通志》卷四十六《隐逸》]

于秉纯，字诚庵。明代平阴县人。庠生。号"真真子"。善医。

[《山东中医药志》第六篇《人物表》]

于秉纯，《诚菴诗》。

[光绪《平阴县志》卷六《著述》]

《诚庵诗》，于秉纯撰。秉纯，字诚庵。平阴人。诸生。自号"真真子"。是编见《府志》。

[宣统《山东通志》卷一百四十二《艺文志第十·集部·别集》]

◎ 靳尚才 ◎

靳尚才，贡生。任颍上训导。精医术。有巡按使者过邑，偶延诊视，靳曰：虽无病，会当失血，宜先防之。按君不听，至长清，忽晕眩，呕血数升，不能起。遂檄县令，恳请至长，授药二剂而愈，传者以为神异。

[嘉庆《平阴县志》卷八《行业上》]

靳尚才，贡生。颍上训导。精医术。有巡按使者过邑，偶延诊视，靳曰：虽无病，会当失血，宜先防之。使者不听，至长清，忽晕眩，呕血数升，不能起。遂檄县令，延至长，授药二剂而愈，传者以为神异。

[光绪《平阴县志》卷六《轶事》]

靳尚才，平阴贡生。精医术。有巡按使者过邑，偶延诊视，靳曰：虽无病，会当失血，且先防之。巡按不听，至长清，忽晕眩，呕血数升，不能起。遂檄县令，恳请至长清，授药二剂而愈。

[乾隆《泰安府志》卷十八《方技》]

靳尚才，平阴人。贡士。以医驰名。巡按过平阴访之，尚才诊视良久，曰：目下无病，十日后当失血，恐道远不及侍从，调药数剂以备之。后果如其言，服其所遗之药，一剂而愈。

[雍正《山东通志》卷三十一《方伎志》]

按《平阴县志》：靳尚才，贡生。精医术。有巡按使者过邑，偶延诊视，靳曰：虽无病，会当失血，宜先防之。按君不听，至长清，忽晕眩，呕血数升，不能起。遂檄县令，恳请至长清，授药二剂而愈，传者以为神异。

[《古今图书集成医部全录》卷五百十六《医术名流列传》]

靳尚才，明代平阴县人。贡生。颖上训导。兼精医术，善诊视，多验。

[《山东中医药志》第六篇《人物表》]

贡生

万历年

靳尚才，颖上训导。

[嘉庆《平阴县志》卷六《选举》]

清

◎ 程鐏 ◎

程鐏，字象三。太学生。长泰县知县自迩之仲子也。性孝友，为人小心谨慎，动必循礼法。好博览群书，每借书有破坏者，必为之缉补完备，务极工整，故有书者皆乐借与之观。每读书有会心，必手录存之。有《憨叟新志》十卷，藏于家。又最爱惜字纸，见则拾而付诸火，埋其灰于深坎中，恐为煤污也。为人办事，丝毫不苟，故事事得宜。又善医理，治病不论贫富，不受人谢而慎重，不敢轻用药也。寿八十岁而终，遗命不许厚葬。子淑瀛，庠生。孙荣、楣，俱庠生。

[嘉庆《平阴县志》卷九《行业》]

程鐺，字象三。太学生。长泰县知县自迓之仲子也。性孝友，动循礼法，好博览群书，每借书有破者，则必为之缉补完备，务极工整，故有书者乐借。每读书有会心，必手录存之。有《憨叟新志》十卷，藏于家。寿八十岁而终，遗命不许厚葬。

[光绪《平阴县志》卷五《行谊》]

《憨叟新志》十卷，程鐺撰。鐺，平阴人。是书见尹彭寿《通志·经籍志稿》。

[宣统《山东通志》卷一百四十《艺文志第十·子部·小说》]

◎ 崔伟烈 ◎

崔伟烈，字宏功。庠生。持己端方，待人谦和。施舍丸药，济人。有求者，不论贫富，待之以礼。虽时值匆忙，无迟延后与者。医好人，不可数计，从不受谢。人称为"长者"，寿登耄耋而终。

[嘉庆《平阴县志》卷九《行业》]

◎ 王者民 ◎

王者民，字培公。天宫人。人慕其德，称为"皥皥先生"。先生性至孝且仁，尝以放生为念。善岐黄，病而贫者，立方施药，不索其资，故活人甚多，一时号为"二半堂"，言半积阴功，半养身也。居家孝义著闻，人无间言。兄弟析居，因兄人多地少，让产与之，至今传为美谈。本府颜公赐匾额曰"孝义可嘉"。登诸郡《志》。八十六岁，无病而终。

[嘉庆《平阴县志》卷九《行业》]

王者民，字培公。人慕其德，称为"皥皥先生"。居家以孝义著闻。兄弟析居，因其食指繁，让产与之。性仁慈，喜放生。善岐黄，贫病求治者，立方施药，不索其资。八十六岁，无病而终。

[光绪《平阴县志》卷五《孝悌》]

王者民,字培公。清代平阴县人。善医术,济贫乐施,贫病求治者,立方施药不索谢。

[《山东中医药志》第六篇《人物表》]

◎ 朱光晌 ◎

肇南朱公传

颜怀悫

公讳光晌,字肇南。辛酉拔贡生续睿之子。性忠直,胸无城府,尤好施予,未尝为子孙计,人咸以"长者"称之。援例分发广东府经历,委署高要县丞,士俗强悍好斗,斗常数十人。公留心讼狱,随事开晰,不少拖累,时大宪皆器重公,同僚目以为"古人"。乃以太孺人春秋高,遂告终养以归。居家振救贫乏,广行善事。邑中凡有修造,公捐资监修者居多。亲族有贫不能读者,公为之延师。有仕者,公为之赠金。有称贷者,公为之代券。济人之事,不可枚举。家虽渐落,而挥霍益甚。虽人屡负公,公不计。公屡施德于人,公亦卒不言也。尤留心岐黄,邑中贫婆之户,招之即至,尽心调理,不惮步履之劳。故问病者,踵接于门,活人甚众。有时饮食之,或并与之药,未尝自以为德也。又好植花木,与宗族戚好豪饮为乐。至七十二岁时,太孺人寿九十二,公问寝方退,忽中痰,片时而终。邑中人闻之,莫不惊讶悲叹焉。公二子:长衍嶙,增生;次衍岣,廪生。孙:庆扬,庠生。余诸孙,皆读书尚幼。识者,卜公后之必大,岂臆论哉!余承乏于兹,与公相交甚厚,因略记其梗概如此。

[嘉庆《平阴县志》卷十五《传》]

朱光晌,署广东高要县丞,候补府经历。

[道光《平阴县志》卷七《例贡》]

朱光晌,署广东高要县丞。

[光绪《平阴县志》卷三《杂仕》]

◎ 亓永宁 ◎

汉城亓公墓志铭

朱续孜

《易》曰:积善之家,必有余庆。吾盖观于翁之德与其夫人之贤仁而益信。亓氏之兴，非适然之。数其根抵者，深矣！膺荣名而享厚实，启后嗣而振家声，不亦宜乎！翁，亓姓，讳永宁，字汉城。先世自淮迁莱芜，明永乐十二年（1414），复自莱芜迁平阴。世以儒业，有声于时。至祖讳蓁，庠生，诰赠武显将军。父讳士炳，庠生，诰赠武显将军。生男二，翁其仲子也。翁天资醇厚，冲年失怙，哀毁逾成人。识者，固已觇其德器之过人远矣。及长，事母尽孝。从兄入武塾，补邑庠生，援例授守御所千总。遂经理家务，克勤克俭，衣不尚华，食不求美，无疾声厉色，而内外肃然。先茔旧有祭田百余亩，至翁时仅存十余亩，□木亦毁坏殆尽。翁慨然以为己任，会族人增田如旧数，又植树四百余株。每至祭扫之期，族众咸至，翁必举祖宗之嘉言懿行，反复训示。又诫以兄弟叔侄宜式好无，尤勿相争讼，贻怨恫于前人。故亓氏一族，人多长厚之行，皆翁之教也。翁善医理，尤深于堪舆。于地理之书，博观而约守之，以是得其精奥。大凡择地、施药，皆有成效，而不矜其能，羞伐其德。虽晚年位望逾尊，而朴素谦光，无改于旧，故里中称为"长者"，爱而敬之。翁之长君九功、次君九叙，以翁教并成进士，出仕福建、贵州等处。翁以道远不赴任所，独与太夫人家居。每岁，二君遣使问视，来则以珍馐进，翁必延亲族共餐之，献酬交错，极宾主之欢，岁数次以为常。而年近古稀，趋庭无人，每不能不戚戚于怀。及长君升天津游击，乃迎翁于官署。居数月，系念家中，决意归。而长君慕恋深切，遂告病亦归。人于是益羡翁之福祉为不可及也。已官于外者，极禄养之；隆侍于家者，尽班文之乐；富寿而康宁，要皆翁之好德所致也。积善有余庆，岂不信哉！翁生于康熙五十三年（1714）正月初三日午时，卒于乾隆五十一年（1786）二月初三日巳时，享年七十二岁。诰封武翼大夫，晋赠武显将军。配王太君，系出顺治辛卯（1650）科武举、讳朝屏公孙女，候选县丞讳启祚公女。夫人，温厚和平，寡言笑，事孀姑，愉色婉容，曲尽妇道，人皆称孝焉。族妇中有尚华饰不事女红者，必戒以非妇人所宜。乾隆五十一年（1786），山左大旱，道殣相望。太夫人闻之，恻然出储粟，鬻服用，煮粥赈之。自冬徂春，日凡数百人，人赖以济。生平不谈人过，虽仆役、妇女每加宽恕。年逾七旬，视听步履不衰，纺织一如少时。然则太夫人与翁相与以有成，其享高年而受荣封也，天笃之矣。太夫人生于康熙五十五年（1790）三月初六日卯时，卒于嘉庆三年（1798）五月十三日亥时，享年八十二岁。太叔人晋封太夫人。子二：长名九功，己卯科武举，庚辰进士，授福建督标左营守备，升台湾北路淡水都司，又升直隶天津镇标右营游击；次名九叙，乙酉科武举，己丑进士，恩赏蓝翎侍卫，乾清门行走，授贵州新添营都司，升长坝营游击、广东督标右营参将，提三江口副将，擢四川建昌总兵，调福建建宁总兵，又调江南苏松总兵。今其孙择日安葬，出所为，乃祖父母行状，示予。予不文，不足以发潜德之幽光，然予与翁姻亲也，知之最稔，不敢以固陋辞，形容莫□，知不免尔。铭曰：天生蒸民，厥有恒性。公于其间，乃得其正。孝以事亲，冬温夏凊。和睦乡邻，训诲同姓。齐义比德，夫贤妻令。积善动天，阴骘感应。凤毛呈祥，麟趾衍庆。难弟难兄，金辉玉映。宜力皇家，番苗退听。纶音奖美，赐予优盛。一岁三迁，煌煌锡命。忠心报国，功莫与竞。晋封祖考，宠光谁并。卓哉是翁，素守克定。贵而不骄，雅度逾胜。泽裕后昆，其何有竟。于万斯年，福禄是并。

[嘉庆《平阴县志》卷十七《志铭》]

亓永宁，庠生。授守御所千总。

[嘉庆《平阴县志》卷七《武科》]

亓永宁，九叙之父。赠武显将军。

[嘉庆《平阴县志》卷七《封赠》]

赠武显将军亓永宁墓，在城南。

[嘉庆《平阴县志》卷三《坟墓》]

◎ 胡纯修 ◎

胡纯修，字若渊。襁褓中嗣伯父天佑为子。少长，即知孝敬，先意承志，曲得欢心。母病延医调治，久不痊，乃广积医书，博观而会通之。及母卒，哀毁逾礼。父意不复娶，纯修曰：父年未逾花甲，康强尚可得子，且人老而无室，虽子女满堂，不免形单影只之叹，况仅一子一妇乎！父乃娶继室，纯修事之若所生。父卒，三年之内未尝有笑容。纯修既善医，求乞者不以为烦。有某者，家贫甚，其女近十龄，生恶疮，两足皆腐，行将毙矣，负而弃诸野。纯修闻之，使人负之，还置于家，饮食而调治之，半岁平复如旧，乃使归。凶岁辄施米粥，乡党中有不能嫁娶者，助以资财；贫不能葬者，并与之地，人称盛德焉。子麟长，性孝友，弱冠时，同弟麟杰俱受知于邑宰刘代闻。为人质朴醇厚，与人无争竞，而嗜学不倦。素有目疾，试时疾辄发，故不售。麟长既以目疾不能应试，且念父母春秋高，弃读，理家务。后其父病笃，麟长亦病。父殁，力疾治葬。自知不起，焚香祝天，求暂缓数日，葬父后死。及葬，命家人以床抬赴墓所，家人泣谏，不听。视葬毕，伏地，强稽首，谢客。观者叹息，而麟长亦不数日逝矣。

[光绪《平阴县志》卷五《孝悌》]

若渊胡君志略

邑举人朱光笠

胡公，讳纯修，字若渊。平邑之旧族也。襁抱中嗣于伯父太学生天佑为子。少长，即知孝敬，乡邻咸器重之。十余岁，事事代太翁劳，先意承志，曲得其欢心。是时，太母多病，延医调治，久不痊，公愀然曰：古云"为人子者不可以不知医"，谅哉！乃广积诸书，博观而会通之，务尽其精微。遇有经验良方，必手录存之。及母卒，公哀毁逾礼。太翁已无意复娶，公曰：父年未逾花甲，康强尚可得子，且人老而无室，虽子女满堂，犹不免形单影只之叹，况仅一子一妇乎！太翁乃娶继室，公事之与前母等。太翁寿至八十二岁而终，公三年之内，未尝有笑容。是时，亦年近四十，有子数人矣。公赋性仁慈，遇病者，富则与之以方，贫则施之以药。又得膏药良方，熬以施人。数百里内，求者接踵于门，不以为烦也。有某者家贫甚，其幼女近十龄，生恶疮，两足皆腐，行将毙矣，某负诸野，欲生埋之。公闻，趋止之，使人负至家，饮食而调治之，半岁而平复如旧，乃使归。凡贫人之有求者，应之无难色。遇凶岁，必施米饭。乡党中，有不能嫁娶者，则助以资财；贫不能葬亲者，则并与之地。盖不以已之费为惜，而以成人之美为乐，故人人称盛德焉。公有子五人，长麟长，太学生，孝友如其父。公八十二岁卒。其葬也，有乞丐数十，祭以豕羊，皆痛哭失声，亦可以见其为人矣。

[嘉庆《平阴县志》卷二十《志略》]

胡纯修，字若渊。清代平阴县人。精医术，善扶贫助弱。

[《山东中医药志》第六篇《人物表》]

◎ 张　煊 ◎

张广韶，字云门。父煊，岁贡生。少攻举业，授徒于家。中年习医，精其术，世号为"仙机"。选即墨训导，未仕，卒。广韶性颖异，尤长于词赋。道光乙酉（1825）拔贡，辛卯（1831）举人，大挑一等，署江苏金山知县，再署武进县。以捐资助赈，晋通判衔。广韶为人，嗜书而疏于世故，同官多不悦，以失意上台，挂吏议去。旋起，复以教职改用。后选授昌邑教谕，而广韶已卒。自被议，久羁江南，日沉于酒，所藏书史、图画及生平著录皆散佚。其殁也，肥城朱家惠及族侄希曾欲哀集其诗文而存之，求无所得，后于东平杜桂林家得其《诗》一卷，则乙未年

（1835）在济南读书时作也。

[光绪《平阴县志》卷四《仕宦》]

◎ 孙秉治 ◎

◎ 孙怡桂 ◎

孙秉治，盐运使衔，道员用，题补曹州府知府。大兴邵承照撰《孙公鉴堂传》曰：公讳秉治，字鉴堂。兵部侍郎怍庭公之来孙。高祖陶村公，户部郎中。曾祖镇符公，考授州同。祖远斋公，候选训导。远斋公生莲溪公，讳廷奎，公之父也。署长清、肥城、霑化诸县教谕，所至得士心，坦白质直，不事圭角。公母许太恭人，母李太恭人，咸能佐莲溪公以治内政，肃然有家法，远近称焉。辛勤积累，以兴其家。乾隆乙巳（1785）、丙午（1786）间，岁饥，莲溪公在历城之锦绣川别墅，减价为平粜法，因之四峪无流亡者。又苦山村距市远，在近乡西营庄立市集，乡人便之。开垦田亩，遇有贫者授之地，使课农稼，借以赡养多人。道光八年（1828），岁又饥，人相食，寖大疫，因施药以免疫，乡人德之。设醮三日，为其先人祈福。平生步履甚健，卒年八十余。公赋性正直，而于天伦尤笃，以孝友承其家。幼年补博士弟子员，旋食饩。踬棘闱者屡，因叹曰：人非竭力奉亲，冉冉至亲暮年则娱亲，晚矣。因援例入贡，授广西永宁州吏目。然恋亲之心，未尝一日忘也。之任甫三月，捕巨寇，上宪方倚重公，遽以奉养告，上宪留之，曰：汝勿归，将擢汝作牧矣。公不从，旋归。入门，见双亲矍铄，喜形于色。亲殁，尽礼。公居次，事胞兄尤谨。兄殁，待兄女如己出。性好施，亲族乡里贫乏者，贷之。觅生理者，必代为之谋。以故托于公者，衣食必周。每日食客满座，有数载不归，而父子相藉以养者。疾病则躬调药饵，殁则棺殓送之家焉。遇人婚嫁丧葬不给者，倾囊所不惜也。凡平日之教人，必以周急为心。咸丰初，粤匪北窜，临清失守，省垣办团防，发帑饷，募勇。公自捐宅作公所，备资斧，罄家财以济。公又荐乡人之硕德者，分置里长，训练严明，士气以振。巡抚张公亮基、崇公恩、藩伯刘公源灏、太守陈公宽，时造其庐，咨访焉。省中安堵无恐，崇公将奏请于朝，以酬公庸并偿公之赔累者。公曰：吾世受国恩，故图报效，如稍邀名利，是违初志也。终弗受。公善医，所治全活多人，尤善治婴儿。晚年寓居南乡之亓集，待人谦和。凡天文、理数、堪舆之学，无一不究，以致宾客盈门。尤善导养术。幼年习《易筋经》，音若巨钟，步履轻健，人弗及也。又捐修省垣宗祠，时以课长孙建策，延书香一脉为念。敕封文林郎，晋赠朝议大夫。卒年七十有八。原配张恭人，事姑孝。姑殁，过姑像前，懔懔侍立，历久不渝。一生无疾言遽色，喜持斋放生。寿八十四岁。次吴恭人，善持家，尤好拯人之贫困者。子二，长怡禄，字廉坡。辛亥（1791）举人，仕四川荣经县知县；次怡桂，字蟾宾。增广生。心性和平，以孝友称，工书法，邃经史，乐谈古今成败，手钞古文词最多。又好岐黄之学，诊脉最精，治人多效。时观《铜人图》曰：此道活人最疾，吾所愿学也。卜筮多奇中。平居教子，必以利物济人为怀。又好恤寒士，见峄县族人毓麒之文，识其必发，拯之于困苦中，备为周恤。后以辛酉（1861）成拔贡，有名于时。咸丰末，长兄宦蜀，家产亏其半，无怨色。值南捻扰济郡，双亲年迈，肩巨任，忧深于怀而病，遂不起。殁之日，乡里感泣，至今人颂其德。卒年四十有三岁。其长子建策有《眷日思亲诗》四章，曰：嗟我仁考，竟我遐弃。雨露既匀，节序已易。生不逢时，徒抱利器。仿佛形容，永怀堕泪。西堂有树，森森其节。年华方盛，殒于霜雪。寰宇茫茫，忽焉永别。心之忧矣，泣涕成血。和风煦煦，园条渐荣。日已云迈，月已斯征。瞻彼高堂，不见所生。忧心睍睍，恍惚远行。有冠有履，渐生尘土。心肝崩裂，不忍目睹。孝弗及时，悔之何补。秋去春来，茫茫千古。

[光绪《平阴县志》卷四《仕宦》]

◎ 熊衍文 ◎

熊衍文，字墨仙。道光甲辰（1844）岁贡。为人寡言笑，敦质行。于从游者，不论贤愚，无不谆谆训诲。博学强识，淹通经传。自诸子百家，下及医卜、堪舆，皆深究其旨，而尤肆力于史学。采诸史之精华，成《史腴》六卷。又集诸子粹语，汇为《饷贫录》六卷。弟衍学，字翰臣。道光甲午（1834）举人，平原县教谕。励品绩学，博览群书。经史文集外，兼攻天文、性理、数学，平、肥两邑诸生，半出其门。著《训家迩言》，平易，切中事理；所纂辑书：《三辰仪说》二卷、《算法利用》四卷。

[光绪《平阴县志》卷五《行谊》]

◎ 尹肇烜 ◎

尹肇烜，字子燿。先世籍肥城。曾祖行铎，应山县知县。祖绵祀，武庠生，守御所千总，始由肥迁居平阴之天香村。家本素封，乐善好施。父鸿琮，太学生。能继先志。道光十三年（1833），荐饥，出粟，设粥厂，以饷饿者。冬施棉衣，流民就之，全活以数百计。勉族人读书，贫不能给者助之。年近五旬，始生肇烜。肇烜幼聪颖，读书目数行下。十三岁居嫡母丧，哀毁如成人。厥后，父染沉疴。生母翟，晚年多病。肇烜昼夜侍疾，尤慎奉药物。取医书观之，深通其理，遂精医。咸丰六年（1856），补博士弟子员。益肆力，书史、百家、杂流，咸究其蕴奥。十一年（1861），捻匪北窜。肇烜练乡团，筑围堡，所费巨万计。堡未成而匪至，县令高湆招入城防守，城赖以安。时黄崖寨以伪学惑众，远近争趋附之。肇烜识其奸，戒戚族绝弗与通。后数年，果败。光绪十年（1884），河北岸筑长堤，当事者委总办，本邑工绅董例有薪水，却弗受，曰：灾黎失业，大役方兴，吾不能拯一邑疮痍，敢贪此以耗国帑乎！工成，奏保四品顶戴，以同知选用，覃恩赠两代，如其秩。肇烜急公好义，地方公事皆倚以办，遇有急辄助以家资，邑人感之。乡人额其门曰"望重榆枌"，族人曰"谊笃葛藟"。

[光绪《平阴县志》卷五《行谊》]

◎ 贾汝适 ◎

贾汝适，廪生。士良子。六岁失恃，事继母归氏至孝。母责备多端，无怨色。侍父病，百余日不脱衣带，夜寒则蹲草囷中，闻呼即起。父殁，哀毁逾节。继母病，奉侍二十余年，尽心调护。得暇，即潜心于医，以医母病，病乃瘥。母临终呼：孝儿汝适。偕弟俱至，弟固母所生，母挥去之，曰：非尔也。抱汝适颈，连呼"吾孝儿者"三而卒。

[光绪《平阴县志》卷五《孝悌》]

◎ 涂我梗 ◎

涂我梗，字澄清。清代平阴县人。博览群书，精研医术，技艺纯熟，名重一方。卒封中宪大夫。著有《涂氏耐冬轩医案》，未刊。

[《山东中医药志》第六篇《人物表》]

◎ 涂令昭 ◎

涂令昭，字耀华。邑名医涂我梗之子。承父志业医，善治温病，颇有名声。卒赠奉政大夫。

[《山东中医药志》第六篇《人物表》]

民国

◎ 戒 行 ◎

戒行（1856—1937），原籍山东省平阴县薄头村人。原石横圣佛寺主持。青年时代到圣佛寺出家为僧，潜心佛学。曾三次到五台山受戒，在佛门中有一定威望，民初即为圣佛寺主持。

圣佛寺周围有庙田数十亩，带领众僧亲自劳作，以自食其力。除研究佛经外，尚认真习读中医医籍，研究经旨。经常到山上采中药，为群众治病，分文不取。一般内科疾病，药到病除，治疗恶疮，更有独到之处。被其治愈者，无以核计。患者感其恩德，以礼相谢，皆被婉言谢绝。

圣佛寺村及附近八道岭村，偏僻贫穷，无力办学，识字人寥寥无几。1932年春，两村欲办学育人，既无校舍又无经费。戒行闻讯，主动让出两间庙宇当教室，并献出十亩庙地，急办学之需，学校很快办起。两村适龄儿童如期入校读书。

戒行和尚热心兴办教育，受到群众称赞。1935年，山东省教育厅长何思源亦赠予手书"热心教育"匾额。

1937年6月，戒行圆寂。戒行生前，曾著《医疗礼记》《百疮疗法》等医著，均佚于战乱。

[《肥城市志·人物传》]

◎ 题仙令 ◎

题仙令（1868—1942），名春绪，以字行。平阴县大兴王人。清末邑庠生。幼读经史，爱文学，工诗词。为人淳朴忠厚，热心于公益事业。废除科举后，在"不能医国，当能医人"的思想影响下，专心研究医术，通读医典名著，尤精于仲景之学说。后自设"济生"药铺，挂牌应诊。

经多年实践，经验丰富，医术精湛，长于方脉，尤擅长妇科；对虚弱痨伤的治疗，以调理脾胃为主。在日军侵华期间，天灾兵祸，民不聊生，当地群众多有断炊，饥饿成疾。创制"辟谷丸"，以挽救饥饿垂死者。行医五十余年，救治病人很多，名声传遍四乡。

[《泰安卫生志》第十章《医界人物传略》]

题春绪（1868—1942），字仙龄。平阴县大兴庄村人。邑庠生，业医五十余年，通脉理，精妇科，承东垣之旨尤重脾胃。蜚声遐迩，全活甚众。

[《山东中医药志》第六篇《人物表》]

◎ 乔允生 ◎

乔允生（1854—1917），平阴县洪范乡周河村人。工医，善治瘟疫、伤寒，活人甚众。乡公赠"行高月旦"匾，以彰其德。

[《山东中医药志》第六篇《人物表》]

济 阳

元

◎ 成文晁 ◎

◎ 尹 端 ◎

曲堤镇修建大成庙碑记 并铭
元王士熙

《语》有之"子在齐闻《韶》，三月不知肉味。曰：不图为乐之至于斯也"。自尧、舜、禹、汤、文、武皆制乐，所以宣通八音，作则万世者也。帝王之德，莫圣于舜，是以孔子在齐闻《韶》不知肉味。天之高也，地之下也，有形则有声。合天地之中，拟德比道，陶成万物。《韶》之不作，久矣。圣人于周室衰微之时，所以羡慕之、谐和之，至于不能自已也。齐之陈氏，适异国而子孙昌者，故《韶》独存，而历山在焉。岂圣帝寄美于是乎？风声习俗，系乎人心。致民于和乐之成化，于以丕变，殆无似也。况于山川之奇秀，泉石之灵异，声从而起，远乎古典，不知然而胥化之。二圣人之渐摩齐民也，良由是。夫济阳县在历山东北，民物丰阜，有居仁乡，曰曲堤镇。镇之左有废台一所，里人因而登眺游息。在宋金时，周廉访点，洎王著作绘学称表，表周氏居第，有黄太史遗墨，因刻于石。金大定间，廉访诸孙始作文庙。贞祐之乱，荡无存者。方今我圣朝同文致治，熙熙浩浩。儒生张友仁，卓然有文，与朋友琢磨攻业，谋之彭温宣差哈剌歹、教授杜琳，镇之宣圣庙，废圮兴叹，肇谋修建，佥言允之。遂于故庙艮隅附阙故台，购地广袤二亩，剪其芜秽，中起大成殿四楹，像事圣哲，以阙礼经，讲堂、斋舍、庖厨毕备，棂星门居外。朔望有所，肄业毕从。二丁礼器，焕然一新。凡费楮币余五千缗。乡人知莒州事刘忠，率府掾马克敬、医士成文晃，洎友仁伯兄友恕、友钦，乐助兴工，泰定四年（1327）九月落成。我圣朝通祀令典，遍于四方，品秩不及，虽十室之邑，皆得作焉，广开学者，来者不拒。古者，乡饮酒之礼，先立先师之位，拜相抑扬，饮酒以齿，肃肃有仪，猗欤盛哉！里中之民敬，必有先相胥告，校其进业，将见《鹿鸣》之诗，复闻今日矣！延安耆儒傅澄，有功义事，偕友仁征文于余，敬为叙述云。为状记其兴建，卫与立也。来为介绍，济南医学提举尹端也。系之以铭，铭曰：天作高山，靡靡而西。济水孔扬，视海以归。韶音不绝，万古熙熙。圣人在齐，尔鲁言训。秩有礼文，僭忒必慎。刻石章之，有规不紊。

[乾隆《济阳县志》卷十《记》]

尹端，济南医学提举。

[宣统《山东通志》卷四十六《历代职官表五·年代无考者附录于后》]

清

◎ **李从善** ◎

李从善，任太医院御医。

[乾隆《济阳县志》卷七《乡宦》]
[民国《济阳县志》卷十《乡宦》]

◎ 张尔岐 ◎

张尔岐，字稷若，一字蒿庵。邑西乡宣约人也。幼端悫，好沉思。自诸生时，即穷究程朱之学，以帖括抄袭陈言为耻，以羽翼经传为业，于天人理数、圣学绝续、风俗之颓、人心之蔽，反复论著数千言，莫不引经析义，卓可见之施行。为文辩驳如康成，雅洁如永叔，艺林著述得其一言以为重。至性纯笃，痛父行素之死，哀毁号泣，终身抱戚，门人为废，蓼莪。食饩，需次当贡入太学，以母老弟幼不果行。事母竭力奉养，母多病，究心岐黄，闾里有疾来问者，虽溽暑初寒，亦必详询，检方应之。两弟析居，田庐之美好者，俱让于弟。以二弟废疾，为代纳赋税三十余年。易箦时，犹嘱子代纳终其身。训弟尔崇，淹贯经史。游其门者如艾大司寇辈，历仕显秩，未尝丝毫干贷。贫士来学，悉训诲不倦，绝不计束脩有无。康熙十有六年（1677），自春月抱疴，著《春秋传议》一书，至季冬卒。平生著述有《仪礼郑注句读》《周易说略》《诗经说略》《夏小正传注》《弟子职注》《老子说略》《蒿庵集》《蒿庵闲话》《春秋传议》《新济艺文》《济阳县志》等书，受业及邑后进为次第付梓，传于世。崇祀乡贤。

[乾隆《济阳县志》卷八《乡贤》]

张尔岐，字稷若，一字蒿庵。邑南乡人。幼端悫，好沉思。自诸生时，即穷究程朱之学，以帖括抄袭陈言为耻，以羽翼经传为业，于天人理数、圣学绝续、风俗之颓、人心之蔽，反复论著数千言，莫不引经析义，卓可见之施行。为文辩驳如康成，雅洁如永叔，艺林著述得其一言以为重。至性纯笃，痛父行素之死，哀毁号泣，终身抱戚，门人为废，蓼莪。食饩，需次当贡入太学，以母老弟幼不果行。事母竭力奉养，母多病，究心岐黄，闾里有病来问者，虽溽暑祁寒，亦必详询，检方应之。两弟析居，田庐之美好者，俱让于弟。以二弟废疾，为代纳赋税三十余年。易箦时，犹嘱子代纳终其身。训弟尔崇，淹贯经史。游其门者如艾大司寇辈，历任显秩，未尝丝毫干贷。贫士来学，悉训诲不倦，不计束脯有无。康熙十有六年，自春月抱疴，著《春秋传议》一书，至冬季卒。平生著述有《仪礼郑注句读》《周易诗经说略》《书经直解》《夏小正传注》《弟子职注》《老子说略》《蒿庵集》《蒿庵闲话》《春秋传议》《新济艺文》《济阳县志》等书，受业及邑后进为次第付梓，传于世。崇祀乡贤。

[民国《济阳县志》卷十一《乡贤》]

张尔岐，字稷若，一字蒿庵。济阳人，居邑西乡宣约。幼端悫，好沉思。自诸生时，即穷究程朱之学，以帖括抄袭陈言为耻，以羽翼经传为业，于天人理数、圣学绝续、风俗之颓、人心之蔽，反复论著数千言，莫不引经析义，卓可见之施行。为文辩驳如康成，雅洁如永叔，艺林著述得其一言以为重。至性纯笃，痛父行素之死，哀毁号泣，终身抱戚，门人为废《蓼莪》。食饩，需次当贡入太学，以母老弟幼不果行。事母竭力奉养，母多病，究心岐黄，闾里有疾来问者，虽溽暑祁寒，亦必详询，检方应之。两弟析居，田庐之美好者，俱让于弟。以二弟废疾，为代纳赋税三十余年。易箦时，犹嘱其子代纳，终其身。训弟尔崇，淹贯经史。游其门者如艾元征等，历仕显秩，未尝丝毫干贷。贫士来学，训诲不倦。康熙十六年春，抱病犹著《春秋传议》一书，季冬卒。生平著述有《仪礼郑注句读》《周易诗经说略》《夏小正传注》《弟子职注》《老子说略》《蒿庵集》《蒿庵闲话》《春秋传议》《新济艺文》《济阳县志》等书，受业及邑后进为次第付梓，传世。祀乡贤。

[道光《济南府志》卷五十六《人物十二》]

张尔岐，济阳人。顺治初贡生。淹贯经史，远近学者宗之。性孝友，服亲丧三年，号泣不辍，殡葬悉遵古礼。与两弟分居，田庐之美好者，皆让于弟。以二弟有残疾，为代纳赋税三十余年。及易箦时，犹遗言嘱子代纳，以终二弟之身。著有《蒿庵集》《仪礼郑注句读》《周易说略》《新济艺文》等书。卒祀乡贤。弟尔崇，亦知名于世，著有《尚书通义》五卷。

[雍正《山东通志》卷二十八之四《人物四》]

张尔岐，字稷若。济阳人。明诸生。性至孝，父行素官石首驿丞，明崇祯己卯（1639）罹兵难，尔岐恸愤，欲投水死弗得，又欲弃家入山，以母郭在不果。顺治七年（1650），当贡太学，以母老不行，日愒塞于蓬蒿败屋之中，题其室曰"蒿庵"，义取《蓼莪》之诗也。身愈困，学愈笃，凡天人性命，无不毕究，旁通壬遁，又善风角，日与诸弟研穷"十三经"蕴奥。母殁后，及门艾元征讽之仕，不应。教授乡里以终。著有《仪礼郑注句读》《周易说略》《春秋传议》《夏小正传注》《弟子职注》《老子说略》《蒿庵集》《蒿庵闲话》《新济艺文》等书。弟尔崇，亦以文学知名，著《尚书通议》，国史列《儒林传》。

[宣统《山东通志》卷一百七十《人物志第十一·国朝济南府》]

清蒿庵处士张长公自叙墓志铭

蒿庵处士张尔岐者，字稷若。济阳人。其远祖讳大论，徙自枣强，谱牒失次。自五世祖讳清，高祖讳旻，曾祖讳信，祖讳兰，皆力农。父讳行素，龙溪府君，好儒。生四子：次失目，其三子悉教以儒。时值异说正炽，处士独守程朱说，虽从事科举，日与两弟讲究《大全》《蒙引》，存疑不少，变者六七年。一旦，府君履大变，三弟尔征亡，四弟尔崇死。复苏，又值大祲，处士形神惨悴，茕茕孤立。忽狂作，欲蹈水死，自焚所业书义；又欲着道服，弃家入山。返顾堂上老母郭孺人莫谁事者，复强自抑制，教授乡里。未几，当贡太学，以病废不果行，遂贫贱以终其身。处士性好沉思，喜论著，所著有《易经说略》《诗经说略》，学者多传录之。《仪礼郑注句读》鲜受者，遇昆山顾宁人炎武录一本，藏山西祁县所立书堂；长山刘友生、孔怀取据点一本藏其家。《夏小正传注》一卷、《弟子职注》一卷、《老子说略》二卷、《蒿庵集》三卷、《蒿庵闲话》二卷、《济阳县志》九卷、《吴氏仪礼考注订误》一卷，俱藏家塾。草《春秋传义》未成，遂病。娶朱氏，继娶徐氏，妾齐氏。子三人，女一人；孙二人，孙女七人。处士生于万历壬子（1612）七月二十二日，殁于康熙丁巳（1677）十二月二十八日。处士病既困，自顾无可志其墓，口占数语以志生平云。

眷门人徐洪祺顿首笔受
受业门人崔炳文顿首订正
眷窗弟金保顿首书丹并篆盖

康熙十七年戊午（1678）三月二十五日，不孝男孝宽、孝窠、孝完率孙睿源、睿淳泣血纳石。

［民国《济阳县志》卷十七《志慕》］
［《济南历代墓志铭》］

乡贤张尔岐墓，《县志》云：在城西二十里。

［道光《济南府志》卷六十三《陵墓》］

《易经说略》八卷、《诗经说略》五卷、《仪礼集注句读》十卷、《吴氏仪礼考注订误》一卷、《春秋三传驳义》十二卷、《夏小正传注》一卷、《弟子职注》一卷、《老子说略》二卷、《蒿菴集》三卷、《蒿菴闲话》二卷、《新济艺文》三卷、《济阳县志》九卷逸，以上俱张尔岐著。

［乾隆《济阳县志》卷十三《著述》］

《周易说略》四卷、《诗经说略》《春秋传义》四卷、《吴氏东堂礼考注订误》《弟子职注》《仪礼郑注句读》十七卷附《监本正误》《石经正误》二卷、《夏小正传注合辑》一卷、《新济艺文》《济阳县志》《蒿菴闲话》二卷、《老子说略》一卷、

《蒿菴集》三卷，济阳人张尔岐撰。尔岐，字稷若。详《人物》。

[道光《济南府志》卷六十四《经籍》]

《周易说略》四卷，张尔岐撰。尔岐，字稷若，自号蒿菴处士。济阳人。诸生。是书，《四库存目》有康熙己亥磁刊本，徐志定"序"略云：本《本义》而为《说略》，因象析义，销融偏滞，迹其不沾沾指事，略矣，而理无不包；不斤斤辨理，略矣，而象无不该。此其宁为略而不为详者，正乃所以为详而恐涉于略也。

[宣统《山东通志》卷一百二十七《艺文志第十·经部·易》]

《诗经说略》五卷，张尔岐撰。尔岐有《周易说略》，见易类。是书载《县志》。桂馥《书尔岐自叙墓志后》云：《诗经说略》写本，今在莱阳赵擢彤处。

[宣统《山东通志》卷一百二十八《艺文志第十·经部·诗》]

《仪礼郑注句读》十七卷，附《监本正误》《石经正误》二卷，张尔岐撰。尔岐见易类。是书，《文渊阁》著录，初名《仪礼节释》，后易此名。长山刘孔怀、李斯孚参订，孔怀门人于湜音字。原本藏艾元征家，乾隆癸亥（1743）邑人高廷枢集资刊之，又有同治壬申（1872）山东书局重刻本。孔怀"序"略云：于郑注则录其全，于贾疏则间有去取，而时于段后附以己说。所见皆确不可易，且多前人所未发。顾炎武"序"略云：参定监本脱误凡二百余字，并考石经脱误凡五十余字，作《正误》二篇附于其后。

《吴氏仪礼考注订误》一卷，张尔岐撰。见《蒿菴集·自序墓志》。《蒿菴闲话》云：《仪礼郑注句读》成，乃取《考注》为之勘订。其不用郑、贾者四十余事，唯《少牢篇》"尸入正祭"章，补出"尸受祭肺"四字为有功于经，余皆支离之甚，不须剖击，疵病立见。疑其书殆庸妄者托为之。

《夏小正传注》一卷，张尔岐编。见《自序墓志》。北平黄叔琳增订本载尔岐"序"云：并录《传》《注》，庶几得失互形自见。又黄本"凡例"云：《夏小正》一卷，戴氏传，元金仁山别为之注，济阳张稷若辑合《传》《注》，附以己说。又：《注》应在经下者，如辨音、正字之类，张本并列《传》后。

[宣统《山东通志》卷一百二十八《艺文志第十·经部·礼》]

《春秋传议》四卷，张尔岐撰。尔岐见易类。是书，《四库存目》又有十五卷之本，见《学部图书馆善本书目》。《存目提要》曰：意在折中三传，归于至当。然发明胡《传》之处居多，犹未敢破除门户。同时有乐安李焕章为尔岐作"传"云：著《春秋传议》，未辍而卒。今此本阙略特甚，盖未成之稿，而好事者刻之也。

[宣统《山东通志》卷一百二十九《艺文志第十·经部·春秋》]

《甲申纪闻》一篇,张尔岐撰。尔岐有《周易说略》,见经部易类。《蒿庵集》载其"自序"略云:闽人甘昌作《传真录》,"自序"云:匿城中两月,所见闻甚真甚确,少涉疑似,不敢传亦不忍传,如有半字之欺,必遭神人之殛。其言如此,似可信矣。然其书荒芜不治,似全不解纪事体例者,前后详略单复之间,多失事理。吾视甘生殆朴人也,朴则其言虽缺略,已可信矣。嗟乎!君父存亡之大故,贤士君子致命之大节,小人苟且险诈摧沮之情状,苟得言之朴而可信者以示后,已足矣。且其月日差详,吾本其月日,参之所闻,为正其失,且阙所不知者,作《纪闻》一篇。

[宣统《山东通志》卷一百三十一《艺文志第十·史部·杂史》]

《济阳县志》九卷,张尔岐撰。尔岐见经部易类。《蒿菴集》载是编"序"云:予自弱冠以来,每思少佐邑《志》之所未备,访问故事,搜剔逸闻,间有所获,即录简端,涂乙增窜,笔迹重沓,几不自辨。偶因农暇,命儿子、门人笔录之,稍依原目,定为九卷。间有鄙见,附书首末,以贻后之有心斯事者。曰《志》也者,史属也,非具良史才,不可以作《志》,此特其朴而已矣。作器者必先朴,朴苟具矣,乃砻之,错之,涂髹之,而以为良,当亦国工之所乐藉也。

[宣统《山东通志》卷一百三十三《艺文志第十·史部·地理》]

《弟子职注》一卷,张尔岐撰。尔岐有《周易说略》,见经部易类。是书见尔岐《自叙墓志》。据《县志》载于湜"叙",乃尔岐长子孝宽所刊。湜"序"称其考据精详,诠释明备,甚便学者。

《邵子节录》,张尔岐撰。《蒿菴集》载是书"序"云:有宋邵康节先生之学主于数,所著《皇极经世书》十二卷,其十卷皆列图以明数,末二卷则图说也,曰《观物篇》。其子伯温又取学者所记,为《观物外篇》,性理所载,仅蔡氏《纂图指要》。愚每叹学如康节,即使学者拥其全书,竭聪明心思之力,如明道所云二十年功者,不知加倍法竟当何似,乃欲守兹梗概,而冀测其涯际,难矣!独是《观物篇》天道、物理、人事、经术,先生之自得者实具于此,诚吾人穷理修身之助。因节录之,以资省览。于凡言数者,则阙焉。

[宣统《山东通志》卷一百三十五《艺文志第十·子部·儒家》]

《风角书》八卷,张尔岐撰。尔岐有《周易说略》,见经部易类。是书有开州李若琳校刊本。尔岐"自序"云:昔人论《风角书》,共若干卷。余删其重复,为八卷,录而藏之。又云:贵其色者,难其辨也;贵其度者,鲜其学也;贵其谨伺者,惮其勤也。三者之患,于风角知免矣。吾姑先其易者,若夫王充之独归之天,以天占人，扬子云所谓不善占天者也据本书。

[宣统《山东通志》卷一百三十七《艺文志第十·子部·术数》]

《日记》，张尔岐撰。尔岐见经部易类。《蒿菴文集》"日记序"略云：予少感子野之言而为《衾影注》，以他故废。至二十三岁，始得日记之，说盖有合焉，乃效而为之。其法年自为卷，篇题之月，月缀之日，凡有所举，罔不注之。其日篇末计其大凡，而勤与怠可自考矣，倘所谓日新者耶案：《文集》又载《日记又序》，详绎其词，盖即读群书之札记也？

《蒿菴闲话》二卷，张尔岐撰。《四库存目提要》曰：是编乃其札记之文，凡二百九十六条。顾炎武《与汪琬书》自称精于三礼，卓然经师，不及尔岐。故原"跋"以是编为《日知录》之亚。然《日知录》元元本本，一事务穷其始末，一字务核其异同。是编特偶有所得，随文生义，本无意于著书，谓之零玑碎璧则可，至于网罗四部，镕铸群言，则实非《日知录》之比。如"曾子易簣"一条，称"尝见一书，说楚国曾聘曾子为相，是当时亦曾作大夫，故季孙得以为遗"云云。案：《韩诗外传》称：曾子仕于莒，得粟三秉。方是之时，曾子重其禄而轻其身，亲殁之后，齐迎以相，楚迎以令尹，晋迎以上卿。方是之时，曾子重其身而轻其禄。又称：曾子仕齐为吏，后南游于楚，得尊官。尔岐所谓"尝见一书"，当即指此。然韩婴采掇杂说，前后已自相违异，岂可引以诂经？顾炎武必无是语矣。其论吴澄《三礼考注》出于依托，极为精核。盖尔岐本长于礼，故剖析凿凿。使尽如斯，则方驾《日知录》可也。

[宣统《山东通志》卷一百三十九《艺文志第十·子部·杂家》]

《册府元龟总序》五卷，张尔岐编。尔岐见经部易类。《蒿庵文集》载其"序"略云：近有辑其"总序""小序"为《元龟独制》者，合三十卷，以为全书皆采经、传、子、史成文，序则当时词臣手所自著。《元龟》之为《元龟》，不在彼，在此也。备其梗概，挹其芳泽，可谓能约矣。然"总序"言规制，而"小序"主论说。予今年五十，于华艳之文，渐不喜观，唯朝家制度、名物之详，犹欲稍志其一二，以备遗忘，补空疏也。故舍"小序"不录，录"总序"为五卷。一千一百四门，则附见其目焉。

[宣统《山东通志》卷一百四十《艺文志第十·子部·类书》]

《老子说略》二卷，张尔岐撰。尔岐见经部易类。是书，《文渊阁》著录。《四库提要》曰：《道德经》解者甚多，往往缴绕穿凿，自生障碍。尔岐是编，独屏除一切，略为疏通大意。其"自序"谓"浏览本文，读有未通，辄以己意占度，稍加一二言于句读隙间。觉大意犁然。回视诸注，勿计不能读，亦已不欲读"云云。又有"自跋"，称"人问朱子：道可道，如何解？应之曰：道而可道，则非常道；名而可名，则非常名。朱子生平未尝解《老》，使其解《老》，此即其解《老》之法，亦即可谓解一切书之法。要在不执解求解，反之是书以解是书而已"云云。盖其大旨在于涵泳本文，自得理趣。故不及纵横权谲之谈，又不涉金丹、黄白之术，明白简当，颇可以备参览焉。

[宣统《山东通志》卷一百四十《艺文志第十·子部·道家》]

《蒿菴集》三卷，张尔岐撰。尔岐有《周易说略》，见经部易类。《四库存目提要》曰：是集，尔岐所自定，凡杂文七十篇。大抵才锋骏利，纵横曼衍，多似苏轼，而持论不免驳杂。盖尔岐之专门名家，究在郑氏学也。

[宣统《山东通志》卷一百四十三《艺文志第十·集部·别集》]

《新济艺文》二卷，张尔岐编。尔岐见经部易类。《蒿庵文集》是编"序"云：吾邑大夫士文若诗，自金元讫明崇祯，凡二卷，题曰《新济艺文》，以别于古济也。盖自济阳改隶，而以章邱西徼、临邑南徼为济阳地，异故封矣。既不得援其文以为重，章邱、临邑又各有其文，亦不得于自为一邑之后，追录其分隶二邑之时之文。则录《新济艺文》，即以新济托始之年为断宜尔。曰：自金天会至明崇祯年，逾五百矣。兹所录者，代几人？人几篇？操觚之家尽此乎？曰：曷为乎其尽此也？金之肇兹邑也，其俗尚可知也。时已有杨君烈以词赋登进士矣，进士李仲熊辈倡建庙学矣，周廉访点、王著作绘知好黄太史遗墨刻之石矣。元受之，其俗尚亦可知也。时则有杨文郁以好学荐知制诰修国史矣，其伯父珪以《易》为专门之学矣，而学士墓碑所称张、杨、杜三先生者，又其所严事者也。囊加歹之同知制诰修国史孙景益之为中书左丞，张珪之为兵部侍郎，亦皆以进士致显位。至于张炳，发身吏事耳，而积书至八万卷；张友仁，儒生耳，《闻韶台碑》称其卓然有文，元好问荐材于耶律中书云，皆天民之秀，有用于世者。济阳张辅之，亦与列焉。此岂尽伧荒俚诞、不辨行墨者乎？乃今损斋独以一表一笺一记一诗传，其为湮佚也多矣。有明三百年，文教覃敷，邑中入贤书者六十余人，而明经不与，其著述为文章自信不朽者，必不止今兹所存。黄、戴诸人，寥寥而已也。《通志》称贾昭学行卓越，邑中人士不能举其片语；高贡士《咸宁矢端》一论，明天纲，昭人纪，至令天子动容称叹，亦极伟矣，而文逸不传；黄中丞臣斥张真人于嘉靖崇向方士之日，岂不有功名教，而仅以二三语传。余可例知矣。奈何乎其尽此也？不尽乎此，而所及见者尽乎此？予第据其所见，勿敢失坠而已。及今录之而止于此，失今不录，恐后将录其止此者而莫及也。昔之君子，既出所学，发为文章。使其散落不收，无以示四方而遗后世，非生其土者之责乎？吾所为为斯录也。又《新济艺文外篇叙》云：既录吾济文若诗为一书，又录四方贤士君子文若诗之涉兹邑者为外篇。以其非吾土之人也，故外之。外之而仍汲汲乎录之者，将以为兹土重也。

[宣统《山东通志》卷一百四十六下《艺文志第十·集部·总集》]

清朝汉学师承记

江 藩

张尔岐，字稷若，自号蒿菴居士。济阳人也。少为县诸生，逊志好学，工古文词，著《天道论》《中庸论》《笃终论》，为时所称。年三十，读《仪礼》，叹曰：汉初，高堂生传《仪礼》十七篇。武帝时，有李氏得《周官》五篇，河间献王以《考工》补《冬官》，共成六篇，奏之。后复得古经五十六篇于鲁淹中，其十七篇与高堂生所传同，余三十九篇无师说。《汉志》所载传《礼》者十三家，其所发明，皆《周官》及此十七篇之旨也。十三家独《小戴》大显，近代列于经以取士，而"三礼"反日微。盖先儒于《周官》疑信各半，而《仪礼》则苦其难读故也。夫疑《周官》者，尚以新莽、荆国为口实。《仪礼》则周公之所定，孔子之所述，当时圣君贤相君子之所遵行，可断然不疑者，而以难读废，可乎？因郑康成注文古质，贾公彦释义曼衍，学者不能寻其端绪，乃取经与注章分之，定其句读，疏其节，录其要，取其明注而止；有疑义则以意断之，亦附于末。始名《仪礼郑注节释》，后改名《仪礼郑注句读》。又参定监本脱误凡二百余字，并考石经脱误凡五十余字，作《正误》二篇，附于后。成书之时，年五十有九矣。崑山顾炎武游山左，与尔岐友善，读其书而为之序，手录一本，藏山西祁县所立书堂。尝《与汪琬书》称：尔岐之学，根本先儒，立言简当。又《与友人论师道书》曰：独精"三礼"，卓然经师，吾不如张稷若。其为亭林所推重如此。尔岐闭户著书，是以世无知者。平生交游，炎武之外，长山刘友生、乐安李象先、关中李中孚、王宏撰四人而已。所著书有《夏小正传注》一卷、《吴氏仪礼考注订误》一卷、《弟子职注》一卷、《老子说略》二卷、《济阳县志》九卷、《蒿菴集》三卷、《蒿菴闲话》二卷，《春秋传议》未成。晚年萧然物外，不与世接，自为墓铭而卒。

[民国《济阳县志》卷十六《碑记》]

◎ 艾元烈 ◎

艾元烈，邑人前令李能白修闻韶台，费千金。台成人亡，圣像残缺，元烈捐修，以补所未逮。又因济南历山有舜禹稷神像，日久损坏，出财修焉。每寒暑，施茶水。见病者，施汤药。癸未（1763）岁饥，竭力赈贷，时人以"艾三佛"呼之。

[乾隆《济阳县志》卷八《善行》]

艾元烈，邑令修闻韶台，费千金。台成人亡，圣像残缺，捐修以补所未逮。历山有舜禹稷像，损坏，出资修焉。每寒暑，施茶水。见病者，施汤药。癸未岁饥，竭力赈贷，人以"艾三佛"呼之。

[道光《济南府志》卷五十六《人物十二》]

艾元烈，济阳人。以出嗣子朝玺官赠文林郎。有"传"。

[道光《济南府志》卷四十四《封赠》]

◎ 鲁宗贤 ◎

鲁宗贤，太学生。兄宗圣患病，悉心调治，不辞烦劳。素急公好义，助修文庙奎阁。施药以疗人病，三十余年矣。

[乾隆《济阳县志》卷八《善行》]

鲁宗贤，太学生。兄宗圣患病，悉心调治，不辞烦劳。急公好义，助修文庙奎阁。施药疗人三十余年，乡里感之。

[民国《济阳县志》卷十一《善行》]

◎ 高 仁 ◎

高仁，太学生。候选州同。父早世，事母得欢心，母九十六岁卒，仁年七十有二矣，哀泣同孺稚，葬时隆冬，大雪跣足，抚柩槥不知寒。素通医，遇人疾，辄馈药调治，不计其资，人称颂之。

[乾隆《济阳县志》卷八《善行》]
[民国《济阳县志》卷十一《善行》]

◎ 王华年 ◎

王华年，邑廪生。家素贫，每岁舌耕，遇寒士，悉心训诲，不问脩脯，赖以成名者甚众。族党有不睦事,委曲和解,不令致讼公堂。岁施药,以救人疾苦。殁,世人咸思慕之。

[乾隆《济阳县志》卷八《善行》]

[民国《济阳县志》卷十一《善行》]

王华年,廪生。家贫,遇寒士,悉心教诲。族党不睦,委曲和解,不令致讼。岁施药,以救人疾苦。

[道光《济南府志》卷五十六《人物十二》]

◎ 艾启源 ◎

艾启源,字崑峰。太学生。事祖父母,得欢心。执亲丧,哀毁成疾。抚两幼弟,怡怡无间言。精岐黄术,请谒者,即盛暑祁寒,无倦色。囊储药饵,以周贫病,邑人赖以全活甚众太史毛辉祖为撰《墓志铭》。

[乾隆《济阳县志》卷八《善行》]

[民国《济阳县志》卷十一《善行》]

艾君崑峰暨配李孺人墓志铭

毛辉祖

艾君,讳启源,字崑峰。世为济阳之孙耿里人。自始祖子敬,由枣强迁山左,十一世而至丙戌进士刑部尚书元征,是为君叔祖。戊子举人馥,君之曾祖。太学生赠文林郎元烈,君之祖。候选征仕郎朝锦,君之考也。征仕公举丈夫,子三,而君居长。幼有文名,以主持家政,入太学不得,终举子业。事王父母,得其欢心。执亲丧,哀毁成疾。抚两幼弟,怡怡无间言。君家自司寇时,门族鼎盛,人文科第,著于济南。君虽世胄,而独甘恬淡,不逐于声色货利。闲居,恒植小景花石,以自娱乐。精岐黄之术,请谒者,即盛暑祁寒,无倦色,囊储药饵,以周贫病,乡人赖以全活者甚众。卒之日,四方奔走吊奠,多感泣下者。昔人有言:士君子立身处世,凡一事一言,皆期于物有济。公之蕴负,虽未克展用于时,而施济无穷,是以仁心为质之一验矣。享年六十有五。配李孺人,顺天府丙戌进士、礼部尚书奭棠公曾孙女。孝事继姑,族党贤之。母氏老,无依托,孺人迎养于家,殓葬之丰,皆自经理。喜施与,而慈以逮下,亦可谓贵而不骄,能执妇道者。享年六十有七。男五:人、冢、子、藻、将。以戊寅冬月卜葬祖茔之次,述状赴楚,请铭于余。余故世讲且戚谊也,不得以不文辞,爰志,而系以铭曰:孝笃于家,惠孚于世,厥配襄之；休哉弗替，寿考同归，永昌后裔。

[乾隆《济阳县志》卷十二《志铭》]

艾启源，字崑峰。监生。事祖父母，得欢心。执亲丧，哀毁成疾。抚两幼弟，怡怡无间言。精岐黄术，请谒者，即盛暑祁寒，无倦色，囊储药饵，以周贫病，邑人赖以全活甚众。

[道光《济南府志》卷五十六《人物十二》]

◎ 王　湛 ◎

王湛，字露斯。邑庠生。赋性醇厚，工岐黄术，尤善儿科。虽风雪，无不应，赖全活者甚多。邑中有"春满杏林"之称。

[乾隆《济阳县志》卷八《善行》]

王湛，字露斯。邑庠生。赋性醇厚，工岐黄术，尤善儿科。有延请者，虽风雪，无不应，赖以全者甚多。邑中有"春满杏林"之称。

[民国《济阳县志》卷十一《善行》]

◎ 周文蔚 ◎

周文蔚，字云章。奉祀生，事亲克孝。素工岐黄，来求者无难色，人咸德之。

[乾隆《济阳县志》卷八《善行》]

[民国《济阳县志》卷十一《善行》]

◎ 艾承芳 ◎

◎ 艾树滋 ◎

艾承芳，字蝶村。廪贡生。武缘令兆麟长子也。事重闱，以孝闻。初不知医，以父病，日夜究心，遂通岐黄。性沉毅，寡言笑。读书有得，下笔千言，悉根柢经史，尤工四体诗。肄业泺源书院，视学南岗徐公方伯、崑圃黄公并器之，屡荐不售，绝意仕进。著有《榴轩文集》《榴轩诗话》，未梓。

弟树滋，字雨村。增贡生。天资伉爽，性乐施与。邑有公举及善事，靡不首倡，捐资以襄其事。兄弟友爱，乡里无间言，比于田荆、姜被云。

[乾隆《济阳县志》卷八《善行》]

艾承芳，字蝶村，廩贡生。武缘令兆麟长子也。事重闱，以孝闻。初不知医，以父病，日夜究心，遂通岐黄。性沉毅，寡言笑。读书有得，下笔千言，悉根柢经史，尤工四体诗。肄业泺源书院，视学南冈徐公方伯、崑圃黄公并器之，屡荐不售，绝意仕进。著有《榴轩文集》《榴轩诗话》，未梓。弟树滋，字雨村。增贡生。天资伉爽，性乐施与。邑有义举及善事，靡不首倡，捐资以襄其事。兄弟友爱，乡里无间言，比于田荆、姜被云。

[民国《济阳县志》卷十一《善行》]

效霞按：此传所记，未有艾树滋业医之事。民国《续修历城县志》卷二十三《艺文考二》载李敷荣《治痘经验随笔自序》云："家岳父济阳艾公雨村，名医也。尝论治痘之法，如禹之治水，行所无事而已，湮之而为灾者鲧也，决之以殃人者圭也。盖远宗发、透、托之正法，而深戒攻毒清热之害也。其用药制方，亦必准此。"故据补。

艾承芳，字蝶村。光绂子。廩贡生。事重闱，以孝闻。初不知医，以父病，遂通岐黄。性沉毅，寡言笑。读书有得，下笔千言，悉根柢经史，尤工四体诗。肄业泺源书院，学使黄崑圃深器之。著有《榴轩文集》《榴轩诗话》。

艾树滋，字雨村。承芳弟。增贡生。天资伉爽，性乐施与。邑有公举及善事，靡不首倡，捐资以襄其事。兄弟友爱，乡里无间言，比于田荆、姜被云。

[道光《济南府志》卷五十六《人物十二》]

《榴轩文集》《榴村诗话》，济阳人艾承芳撰。承芳，字蝶村。详《人物》。

[道光《济南府志》卷六十四《经籍》]

《榴轩文集》，艾承芳撰。承芳，字蝶村。济阳人。贡生。是编见《县志》。

[宣统《山东通志》卷一百四十五下《艺文志第十·集部·别集》]

《榴轩诗话》，艾承芳撰。承芳有《榴轩文集》，见别集类。是编见《县志》。

[宣统《山东通志》卷一百四十六下《艺文志第十·集部·总集》]

◎ 邝 垫 ◎

邝垫，耆民。两弟早亡，死葬之事，独任之。诸侄男女，视若己子，抚养成人，俾有家室。族中孤寒无依者，辄安全之。婚娶殡殓不赡者，出资周济焉。素善排难解纷，常施药济人，里党称其善行。前令李予"懿行可风"额，以示奖励。

[乾隆《济阳县志》卷八《善行》]

邝垫，耆民。两弟早亡，死葬之事，独任之。诸侄男女，视若己子，抚养成人，俾有家室。族中孤寒无依者，辄安全之。婚娶殡殓不赡者，出资周济焉。素善排解，尤常施药济人，里党称善。县令李予"懿行可风"额，以示奖励。

[民国《济阳县志》卷十一《善行》]

邝垫，济阳人。两弟早亡，视诸侄若己子。族中孤寒者，安全之。排难解纷，施药济人。邑令李给额曰"懿行可风"。

[道光《济南府志》卷五十六《人物十二》]

◎ 胡永平 ◎

胡永平，字蝶村。西乡胡家庄人。嘉庆四年己未（1799）恩赐岁进士。生平好善乐施，恤贫怜寡。对于医学，极有研究。凡有延请者，皆自备药料，纯以济世活人为心。著有《妇人科胎产心法》三卷，刊行于世。

[民国《济阳县志》卷十一《善行》]

胡永平，字蝶村。为清朝乾隆、嘉庆时代人（生卒年月不详）。籍贯济阳西乡胡家。嘉庆四年恩赐进士，对医学极有研究，著有《妇人科胎产心法》三卷，刊行于世。

[《德州地区卫生志》第十篇《历代医林人物》]
[《济阳医药卫生志》第十六章《已故名医传略》]
[《山东中医药志》第六篇《人物表》]

◎ 李兹丙 ◎

李尚和，字春融。公正无私，忠信服人。村中办公多年，解纷排难，几于无讼。功不伐，名不居。后家道殷实，辄分多润，寡性泊如也。长子兹丙，业岐黄；次子兹辰，摒挡家政，俱以轻财好义称。

[民国《济阳县志》卷十一《善行》]

◎ 李文选 ◎

李文选，字清涛。性孝友，好施与。四岁丧母，事继母，得欢心；处兄弟，无间言。精岐黄术，有人来请，即盛暑严寒，无倦色。施药饵，以疗贫寒；垫资财，以息争端。凡有义举，无不捐助，故人皆称之。

[民国《济阳县志》卷十一《善行》]

◎ 艾允业 ◎

艾允业，字世守。秉性孝友，制行端方。精岐黄术，施药治病四十余年，每年所费不下百元，活人甚多，咸感其德。

[民国《济阳县志》卷十一《善行》]

艾允业，清末民初济阳县人。施药医人四十余年，年费百元之多，活人甚众。

[《山东中医药志》第六篇《人物表》]
[《济阳医药卫生志》第十六章《已故名医传略》]

◎ 高椿岭 ◎
◎ 高庆五 ◎

高椿岭，字寿山。白衣店人。举乡饮大宾。工岐黄术，于痘疹尤精，著手多奇效，活人无算。一时感戴者，为之立碑，额曰"德行"。五子庆五，亦能世其术。

[民国《济阳县志》卷十一《艺术》]

◎ 李默传 ◎

李默传，字宪章。窝沟李庄人。好学过人，屡试不售，遂弃儒就医，志在活人。凡脉理、药性等书，无不穷其精微。临症治疗，十愈八九，名震一时。

[民国《济阳县志》卷十一《艺术》]

◎ 齐凤奎 ◎

齐凤奎，字仲元。吕家庄人。幼读时，即有救人济世之心。捻匪乱后，痘疹流行，目击死于药者，甚夥。乃专攻医学，诊治痘疹，研究尤力，按症用药，多奇效，活人无数。举乡饮大宾，寿八十余岁而终。

[民国《济阳县志》卷十一《艺术》]

◎ 艾依塘 ◎

艾依塘，庠生。工楷书，精岐黄术。著有《赞育真诠》一部，上函分甲、乙、丙、丁、戊、己、庚、辛、壬、癸十本；下函分子、丑、寅、卯、辰、巳、午、未、申、酉、戌、亥十二本，均系手抄，工整异常，颇为名医所赏识。

[民国《济阳县志》卷十一《艺术》]

艾依塘，济阳县人。生卒年代不详。工楷书，精岐黄术。著有《赞育真诠》，未刊。

[《济阳医药卫生志》第十六章《已故名医传略》]
[《山东中医药志》第六篇《人物表》]
[《中医人名大辞典》]
[《山东省科考名录汇编》]

◎ 张依智 ◎

张依智，字睿斋。精于外科，凡有疮症而来求者，无不力为救治，著手成春。又好善乐施，乡邻贫困有疾者，辄舍药，并步行治疗，无倦容，遐迩咸称便焉。

[民国《济阳县志》卷十一《艺术》]

◎ 曹恒祥 ◎

曹恒祥，字麟卿。高家楼人。学未显达，弃儒就医，精脉理，活人无算，一时称为"名医"。

[民国《济阳县志》卷十一《艺术》]

曹恒祥，字麟卿。济阳县高家楼人。精脉理，活人无算，名重一时。

[《山东中医药志》第六篇《人物表》]
[《济阳医药卫生志》第十六章《已故名医传略》]

◎ 李光汉 ◎

李光汉，字杰三。沙窝李家庄人。精接骨术，祖传三世，至伊尤精。凡有骨碎、崩裂几成废残者，一经其手，无不立奏奇效。虽至重者，兼旬必痊。乡人感戴，额其门曰"著手成春"。

[民国《济阳县志》卷十一《艺术》]

民国

◎ 陆锦燧 ◎

陆锦燧，字晋笙。江苏吴县举人。民国四年（1915）一月任，五年（1916）四月回任，十年（1921）七月又回任，前后宰吾济者三。性慈祥而刚正不阿，妒奸如寇仇，一时土劣为之敛迹，政简刑清，民乐其不扰。尤精岐黄术，尝乘案牍暇，为平民诊治痼疾，辄著手成春。著有《孵溪医述》及《医论选》等书行世。末次宰济时，值上宪变卖官产，境内有河淤地十五顷余，悉在应卖之列。公连牍累请上峰，竟蒙邀准，留价洋六千元作教育基金，且为体恤贫民计，定价綦廉，士民无口不碑。离任时，祖饯者盈街衢焉。

[民国《济阳县志》卷九《宦绩》]

◎ 艾庆琛 ◎

艾庆琛，字献廷。太学生。鸿胪寺序班、举人尔杰长子。邑第三区孙耿镇人。品行端方，质直好义，善理财，置田数百亩，收租廉，而且缓。族党贫乏者，周恤备至。施膏药四十余年，每逢集期，乞叶者不绝于门，辄予之而不烦。尝监修本镇文昌楼，慷慨捐输，无吝色。家训严明，长子肇振，次子肇铨，同年入庠。家道亦蒸蒸日上，咸谓食德之报云。

[民国《济阳县志》卷十一《善行》]

◎ 郭联甲 ◎

救济院

民国十七年（1928）十月，县长杨光衡为改良医术、便利平民起见，商同各机关议决，组立平民医院。艾庆藩为院长，并聘西医李奎元、中医郭联甲，分别施诊，不收药费。院址蒿庵祠后院，即前道院。房舍经费，由地方款临时费项下领支。十八年（1929）六月，西医改聘阎毓忠充任，来院求诊者日多。二十年（1931）一月，院长艾庆藩因有他就，路县长又令委艾肇霖接充院长，并附设戒烟所。是年八月，奉令改组为救济院，内设施医、育婴、贷款、戒烟等所，各设主任一人，艾肇霖仍为院长，贺炳午为副院长，任阎闾毓忠为施医所主任，田兴仁为戒烟所主任兼医员。至育婴、贷款两所，均因款项支绌，致未正式成立。该院为县地方慈善事业之总机关，前途发展正未有艾。而施医、戒烟等所设置完备，一般平民多赖救济。城乡地方，咸称便焉。

[民国《济阳县志》卷十三《慈善》]

◎ 王福五 ◎

《心斋日记》《丧礼必须》《金经要略补注》《医学三字经解》，以上俱王福五著。

[民国《济阳县志》卷十九《著述》]

王福五，岁贡。试用训导……以上均光绪时人。

[民国《济阳县志》卷十《贡生》]

王福五，清末山东济阳县人。岁贡生，试用训导。撰有《医学三字经解》一书，未见刊行。

[《中医人名大辞典》]

[《德州地区卫生志》]

效霞按：民国《济阳县志》卷十八《寿序》载有《杨公丛华百秩寿序》，署名为"岁贡王福五锡之"。由是知其字为"锡之"。

◎ 康明德 ◎

康明德（1826—1906），曲堤西街人。年二十业医，长于妇科，对《胎产心法》颇有研究，自制"红蔻丸"对胃寒痛有良效，在当地名望甚高。其孙康启海、曾孙康炳耀，皆承其业。

[《济阳医药卫生志》第十六章《已故名医传略》]
[《山东中医药志》第六篇《人物表》]

◎ 姚清琴 ◎

◎ 高　五 ◎

姚清琴（1842—1914），曲堤西街人。清末秀才。学医于高五先生，熟读《冯氏锦囊秘录》《医书四法要略》《医宗必读》等书，长于内科。其子峰云继承父业，有医名。

[《济阳医药卫生志》第十六章《已故名医传略》]
[《山东中医药志》第六篇《人物表》]

◎ 周长明 ◎

周长明（1863—1936），字东暄。青宁区周家村人，学医于齐河赵三先生，对《注解伤寒论》《济阴纲目》等书研究有素，长于伤寒和妇科。能运用五运六气之说，预断病人轻重生死之期。处方用药多著奇效，名望甚高。写有《医案》，传于其孙周广仁，1958年被黄河水灾淹没。广仁，字伯良。继承祖业，名著当时。

[《济阳医药卫生志》第十六章《已故名医传略》]

◎ 刘宝善 ◎

刘宝善（1863—1939），曲堤区刘家村人。年二十中秀才，后弃儒就医，长于内科，在当地很有名望。其子年幼，未承父业。

[《济阳医药卫生志》第十六章《已故名医传略》]
[《山东中医药志》第六篇《人物表》]

◎ 姚峰云 ◎

姚峰云（1865—1927），清琴先生之长子。清末秀才。年二十得医名，长于内科，用药多滋补，辨证用药得当，有奇效，为乡民所钦敬。

[《济阳医药卫生志》第十六章《已故名医传略》]
[《山东中医药志》第六篇《人物表》]

◎ 丁绍诚 ◎

丁绍诚，武庠生。效力河工，奖给五品顶戴。后善岐黄术。民国三年（1914），齐河县长吴福森率同城关乡绅送金匾云"著手成春"。著有《素经难经释义》等书。

[民国《济阳县志》卷十一《艺术》]

丁绍诚（1866—1949），回族。清末武秀才。孙耿镇大路村人。是齐河、济阳、历城、禹城等县交界地区享有较高威望的名医。自幼勤奋好学，知识渊博，同时练就一身好武艺。1886年（光绪十一年）考中武秀才。其父丁玉升先后在文登、济宁、曹州任知府，为官清正，秉公执法，在黎民百姓中享有较高的威望。在其父的教育影响下，同情劳动人民的疾苦，又亲眼目睹当时社会上各种疾病盛行，群众缺医少药，便立志行医为民除病，并拜冯家村老中医艾××为师，精心钻研经典著作《内经》《难经》《类经》等。由于深研经典，又注重实践，在行医中得心应手，诊断准确，用药简练，疗效显著，几乎都是药到病除，故有"神医"之称。还编著了《内经难经释义》等书，对《内经》的《素问》《灵枢》两部分和《难经》的八十一难皆做了详细的解释和阐述。生前将此书赠送给老杜村孙纯如先生，现有孙南阳先生保存。

在齐河城里开设了"仁义堂"药店。光绪二十三年（1898）夏，洪水泛滥成灾，万名民工修堤筑坝，因阴雨连绵，又正值盛暑，疾病一时流行。丁绍诚奔赴工地，为民工煎汤熬药，三至五日病情稳定，控制蔓延。后来光绪皇帝赐给五品顶戴以资嘉奖。

1915年，齐河城一带瘟疫四起。四处奔波，昼夜不停，将中草药分给四乡。大锅煎熬，大碗服药，连服三日瘟疫即退，黎民百姓感激不尽。齐河县县长吴福森率同百余名乡绅为丁绍诚赠送"著手成春"金匾。

1925年，又回到家乡开设药店，行医看病。为了给乡亲们既治好病，又少花钱或不花钱，学习了《本草纲目》，充分利用当地药材，带领全家老少四处挖掘搜集中草药。如蒲公英、望月砂、车前子、地骨皮、小蓟、马齿苋、冬瓜皮、蝉蜕、土鳖、蝎子、牛黄、狗宝等七十多种。通过加工制作给群众治病。他的药店里大部分是自制的药品，所以他卖的草药货真价廉，深受群众欢迎。

非常同情黎民百姓，平易近人，态度和蔼，服务热情，无贫贱富贵之分，无论大病小病都是细心揣摩，精心治疗。每天求医的人多达三四十人。有近村的，还有章丘、长清、商河、临邑、齐河、禹城等县的，门前大车小辆来往不断。有时还送药上门。那年，本村张木匠病倒，卧床不起，丁先生得知后，便连续三日送药上门，亲自煎熬，分文不要。待病人转危为安，又赠送大洋两块，以补养身体，张木匠深为感动，乡亲们赞不绝口。

[《济阳文史资料》第七辑《清末名医——丁绍诚》]
[《济阳医药卫生志》第十六章《已故名医传略》]
[《山东中医药志》第六篇《人物表》]
[《齐鲁文化大辞典》]
[《中医人名大辞典》]

◎ 张鸿儒 ◎

张鸿儒（1868—1940），字振声。济阳城里人。清末秀才。教读兼行医，长于妇科，有胆识，遇有疑难病症，敢于力排众议，大胆投药，转危为安，乡民赞颂不已，成为当时名医。晚年因拒绝为日伪官属出诊而被辱，归家后突然中风而死。

[《济阳医药卫生志》第十六章《已故名医传略》]

[《山东中医药志》第六篇《人物表》]

◎ 高裕文 ◎

高裕文（1872—1941），稍门区高楼村人。自幼读儒书，屡试不第，时值疫病流行，死亡甚众，慨叹缺医之痛，弃儒学医，后遂行医乡里，长于内科，治多奇效。

[《济阳医药卫生志》第十六章《已故名医传略》]

[《山东中医药志》第六篇《人物表》]

◎ 范得卿 ◎

范得卿（1872—1944），字相侯。垛石桥老开河村人。清末秀才。务农行医，熟读《本草纲目》《脉诀》等书。长于内科、针灸、正骨等，医德高尚，志在活人，无论贫富，有求必应，名望甚高。写有《验方》，年久失传，门人有寺前刘村刘天章。

[《济阳医药卫生志》第十六章《已故名医传略》]

[《山东中医药志》第六篇《人物表》]

◎ 李凤远 ◎

◎ 李万绪 ◎

李凤远（1873—1933），字心泉。城西店子前陈寨人。李万绪，房家庙人。李乃彬（1873—1954），字文轩。洼子头杨家人。人称"名医三李"。其中以凤远精于内科、妇科，名望最高，殁后乡民为之筹建祠堂，以表其功。李万绪精于外科，其子世广能继父业。李乃彬精于内科，长于治虚劳病，处方用药颇为谨慎。每天车马盈门，为解决请医争论，先生规定先贫后富，先近后远，长年为病人奔波，至今乡民称赞不已。

[《济阳医药卫生志》第十六章《已故名医传略》]

◎ 孟传荣 ◎

孟传荣（1878—1929），字厚斋。青宁区孟家村人。资质聪颖，敏而好学，是以早岁成名，设帐稷门。讲授之余，旁及方书，寝馈有年，颇有造诣。迨后辞馆旋里，从事医疗，专攻内、妇科，医术高明，临症多效。其临症也，小心谨慎，如临大敌，寻根问底，弄清来龙去脉，辨证务求明确。其处方也，寥寥数味，看似平平，以之疗宿疾，起沉疴，效如桴鼓。其为人也，谦虚和善，舍己为人，无论贫富，有求必应，诊毕即去，从不叨扰病家，枵腹奔波，恒至终日。不独医精，亦且厚德。距今去半个世纪，众人有口皆碑，交相赞誉。殁后，乡人为之立碑，以表其功。

[《济阳医药卫生志》第十六章《已故名医传略》]
[《山东中医药志》第六篇《人物表》]

◎ 姜金声 ◎

姜金声（1880—1948），字离全。姜集公社后姜村人。幼读经书，兼研医学，在学堂教学时即教学生背诵医书文章，如《内经知要》的《阴阳》和《汤头歌诀》等。一面任教，一面为当地百姓治病，远近慕名求医者踵趾相接。后放弃教学，以医为业，成为北至商河、东至惠民一带的名医。长于内、妇、小儿和眼科，处方多用寒凉，并重视脾胃，善于健脾和胃。1933年，姜集一带瘟疫流行，死人不计其数，仅林家桥（商河境内一村）就死了三百多口，人心惶惶，死尸无人埋葬。许多医生拘泥于温补，往往加重病势而待毙。先生却让病家到野外挖生地，到池塘刨芦根，用凉血解毒类药治疗，多奏奇效。并不顾疲劳出入病家，常旬日不归。还善于用清凉药物治疗天花、黄疸、麻疹等，活人无算。对图财骗人之巫祝，甚厌恶之。县衙高贵延请，常托辞不去，而贫穷百姓则随请随到。曾因此得罪土豪绅士，勾结土匪掠去其十岁之子，为赎子借债，几乎倾家荡产。先生生前遗有医案和验方，"文化大革命"中被斥为"四旧"毁之炬。擅长书法，存有《痘疹诗赋》《温疫便录》《医书四法要略》《医宗全论》等，均为先生手抄本。

[《济阳医药卫生志》第十六章《已故名医传略》]
[《山东中医药志》第六篇《人物表》]

◎ 贺云龙 ◎

贺云龙（1885—1945），字在田。新市区贺家村人。精于医学，尤善妇科，名望甚高。子凤文，侄凤州、凤阁，皆世其业。

[《济阳医药卫生志》第十六章《已故名医传略》]

[《山东中医药志》第六篇《人物表》]

◎ 张兆利 ◎

张兆利，济阳城北八里庄人。学本王清任，拟方善用桃仁、红花。民国三十年间，霍乱流行，张氏用解毒活血汤，疗效颇显，活人无算，以此知名于邑。

[《山东中医药志》第六篇《人物表》]

商 河

明

◎ 马 铟 ◎

明乡饮正宾马公忠菴墓志

万历癸酉举人杨一跃

忠菴公，原籍乐安西关簸箕市人。始祖宗儒，元顺帝末年，黑眚见于济北诸郡，触其气者立毙。商邑巷无居人，诏下迁青州，居民实其地。公六世祖成徙商河，始家焉。成生守中，守中生荣，荣生林。林五子：仪、渊、增、哲、沛。渊，字德深，即公父也。立心公正，持家端严。母孙太孺人，素娴女训，治家勤俭。公少聪慧,以儒道自奋。缘公孤立,家业巨繁,始不遂文学志。父母疾,则亲汤药,问医卜。其终,痛哭绝食,葬祭如礼。生平乐义好施,助人婚葬,救人危急,咸以"马佛"称之,致有"陈君复生"之目。故周贫乏,均差役,而逃亡得以悉还故土者,莫非公力也。训子惟以义方,登名天府,蜚声庠序者,悉培植之厚。晚年。屏迹城市,惟观古史,听瞽箴,与里老吹篪饮蜡以为乐。嘉靖癸亥(1563),邑侯史公慕其高风,荐为乡饮正宾。隆庆壬申(1572),颁优礼高年之诏,赐爵一级加冠带焉。年享大耋,无疾而终,闻者莫不悲伤。公成化二十三年(1487)正月二十七日吉时生,嘉靖四十五年(1566)五月十一日吉时卒。继配陈孺人。三子:长梦豸,任宣府万全都司断事吏目;次梦麒,邑庠生。隆庆六年(1572)应诏冠带;三梦鲤,邑庠生。任德王府奉祀官。俱刚孺人,出孙十人,梦豸出者二:长銮,次钿,太医官;梦麒出者二:长钝,庠生;次钦,庠生;梦鲤出者六:长铎,次锟,庠生;三铨,四铜,庠生;五锦,六用。今为家西南祖茔葬地狭隘,卜新阡于家西北,爰立石而勒铭曰:良金匪镕,良玉匪琢,韬辉蕴润,萃美于德也。冠带是颁,褒崇其寿也。顺成乎天,考终于福也。新阡之丰卜,其幽宫也。为揭斯铭,百世有征也。

[民国《重修商河县志》卷十三《墓志》]

◎ 刘 綮 ◎

刘綮,万历间任训导,医术精妙。

[民国《重修商河县志》卷九《方伎》]

刘綮,商河县人。明代万历间训导。旁通岐黄学,医术精妙。

[《山东中医药志》第六篇《人物表》]

◎ 王 运 ◎

王运,邑庠生。万历十四五年(1586—1587)大疫,运佐知县曾一侗,设方施药,活人万计。

[民国《重修商河县志》卷九《方伎》]

清

◎ 王宇熙 ◎

王宇熙，字廓若。康熙中拔贡生。教谕费县。学问渊博，情性冲和。知县沈庆曾题其堂曰"树槐"，并赞。著有《四书辑略》《六经纂要》《医方便览》。寿八十二而终。

[民国《重修商河县志》卷八《贤行》]

王宇熙，字廓若。山东商河人。康熙年间拔贡生，任山东费县教谕。著《医方便览》等，未见流传。卒年八十二。

[《中医人物词典》]
[《中医人名大辞典》]
[《中国历代医家传录》]
[《德州地区卫生志》]

颂王母骆太孺人节孝
邑拔贡、费县教谕王宇熙

萧瑟翔风冽，凄怆落木悲。慈帏音已邈，壶范杳难期。凤驾芳洲远，鹤归华表迟。几翻回首望，泪满夕阳碑。

[民国《重修商河县志》卷十五《艺文志》]

《六经纂要》，王宇熙撰。宇熙，字廓若。商河人。康熙中拔贡，官费县教谕。是书见《县志》。

[宣统《山东通志》卷一百二十九《艺文志第十·经部·五经总义》]

《四书辑略》，王宇熙撰。宇熙有《六经纂要》，见五经总义类。是书见《县志》。

[宣统《山东通志》卷一百三十《艺文志第十·经部·四书》]

效霞按：据光绪《费县志》卷三《职官表》载：王宇熙于康熙四十八年（1709）任费县教谕。

◎ 薛桂龄 ◎

◎ 薛仁溥 ◎

◎ 薛仁杰 ◎

薛桂龄，字步月。薛家庄人。郡庠生。性磊落光明，工诗画，尤精医脉。无论贫富，有求必应。次子仁溥，历升一等军医官；三子仁杰，以医名世；五子仁山，任讨贼联军军需正。家复裕时，呼儿孙辈至前而诫之曰：凡人生于忧患，死于安乐；成家难，败家易。今虽小康，勿忘前日之艰难也。年九十，耳聪目明，精神不衰，大德必寿，其信然欤！

[民国《重修商河县志》卷八《贤行》]

◎ 李凤翙 ◎

李凤翙，字羽丰。清例授登仕佐郎。幼明敏好学，度量宽宏。因遭逢不偶，未至显达，遂弃儒就医。尤好结纳贤士，有豪侠风，三十余岁即为一方领袖，抑强扶弱，弭盗除奸，附近村庄依为保障。

[民国《重修商河县志》卷八《贤行》]

◎ 路冠甲 ◎

路冠甲，字乙轩。城东路庄人。郡廪生。性情朴厚笃实，读书沉潜深刻。自科举停止，即隐于田亩，不求闻达。兼习岐黄，以济乡里。年五十余岁卒，人多惜之。

[民国《重修商河县志》卷八《贤行》]

◎ 马绶卿 ◎

马绶卿，字若甫，号绾亭。廪贡生。马家菴人。品端学优，事亲孝，教子严，与人和。设帐授徒，受裁成者，咸持绳墨。晚岁，精岐黄，存心济世，乡里有"忠厚"之称。

[民国《重修商河县志》卷八《贤行》]

◎ 王化久 ◎

王化久，字召棠。优廪生。张六诊庄人。性情倜傥，卓荦不羁，吟诗则典雅风流，书法则笔力遒劲，尤精卢扁术，多所全活。

[民国《重修商河县志》卷八《贤行》]

◎ 郑维翰 ◎

郑维翰，字干止。父早卒，母张氏以节著。读书未竟业，乃以医术利济无方，虽徒步相延，无不至者。母卒，维翰意从厚，其弟以资用不足为虑。维翰曰：吾辈少孤，母兼教养，劬劳甚矣。虽竭力不足以报，殓葬之事，吾独任之，无烦弟也。里党称贤。

[民国《重修商河县志》卷八《孝友》]

郑维翰，字干止。商河人。父早卒，母张氏以节著。读书未竟业，乃以医术利济无方，虽徒步相延，无不至者。母卒，维翰意从厚，其弟以资用不足为虑。维翰曰：吾辈少孤，母兼教养，劬劳甚矣。虽竭力不足以报，殓葬之事，吾独任之，无烦弟也。里党称贤。

[咸丰《武定府志》卷二十五《孝友》]

◎ 于 铜 ◎

于铜，字敕文。布政司照磨同知世安长子，出嗣叔父世全。事马孺人，以色养，服勤，无异亲生。兄弟亦相友爱，一庭之内，怡怡如也。好施与，宗族乡党多赖周恤。尤精岐黄，施医药，远近称盛德焉。子孙三世，济济列胶庠，人皆以为修德之报。

[民国《重修商河县志》卷八《孝友》]

◎ 刘大省 ◎

刘大省，字曾三。白菜刘庄人。少不甚读，能明大义。父母亡，庐墓六年，孝思出于天性。后精医理，有起死回生之术。尤工书法，时人啧啧称之。

[民国《重修商河县志》卷八《孝友》]

◎ 魏干成 ◎

魏梦龄，字锡九。城西魏家庄人。赋性颖敏，处事忠诚，事亲孝。读书，辄过目成诵。同治七年（1868），遭捻匪乱，父廷栋、长兄春龄均殉难，梦龄亦被掳至德州，匪首喜其聪颖，不忍加害，且待遇优厚。后匪败，逃归，举家庆喜。年二十三岁入邑庠，旋补增生。事亲孝，教子弟严。尤工书法，设帐授徒，负笈来学者众。乡邻因事纷争，得一言可解。值母病，昼夜侍侧，衣不解带者数月。母故后，哀毁逾恒，三日未进饮食，而身体孱弱，即伏于此。光绪二十九年（1903）病卒，年仅三十七岁。四方闻者，惊骇感泣，咸谓失一闻人。子三，长干成，精医术；次诚成，早卒；三儒成，日本工业大学毕业，详《文秩》。

［民国《重修商河县志》卷八《孝友》］

◎ 庞 湘 ◎

庞湘，字南浦。邑廪生。少颖悟，貌温好，如处子。作文高华典赡，试辄冠军，宿学皆推为翰院才。暇及星相、医卜，各臻其奥。尝引镜自决，不寿。卒年二十四，闻者无不惜之。

［民国《重修商河县志》卷八《文苑》］

◎ 张绮兰 ◎

张绮兰，字朋芝。岁贡生。性敦厚。父殁，事母能色养。欲博一第，以荣亲，专肆举子业。岁科试，屡冠军。棘闱七荐不售，而学益励。尤喜奖借后进，受经者不远数十百里，藉藉户外，屡为之满。邑侯孙公咏仙、吴公莘初，皆器重之。皋比余闲，旁及岐黄、青鸟、子平、隶首诸术，俱有心得，行之奇效。老举乡饮大宾，以寿终。门人立石墓侧，岁时犹多致祭焉。

［民国《重修商河县志》卷八《文苑》］

清例授修职郎岁进士候选教谕张公墓志

邑教谕李汝霖

张公，讳绮兰，字朋芝。麦邱名儒也。余闻公之先世，居于商邑城北八里许张老庄。至四世三戒祖，继居马宫寨，卜茔家东。十世祖，太学生，讳裕昆，卜葬于祖茔之东。公祖，太学生，讳联溪，又卜葬于祖茔之南。是为本茔。公父，太学生，讳元良，附葬茔次。公亦按次而葬焉。公生平敬以持己，恕以待人，宗族称为孝友，乡党仰其德行。性温和，有学识，通经史，工制艺，若医、若卜、若算术、堪舆与星命等，亦无不晓。学问既博，涵养再深，喜怒不形于色，贫富无动于衷，弱冠游庠，遂食廪饩。棘闱中，七荐不售，人共惋惜，而公毫不介意，操守固，意气平，置功名于度外。殆孟子所谓"修身俟命"者耶！设帐课徒，多所造就，领其余绪，入泮食饩者六十余人，非谆谆善诱，何以能此？胞弟馥兰，字次芝。承公指教，入郡庠。原配王孺人，继配刚孺人，均称"贤内助"。以故庆衍似续，愿后永昌。儿女侄孙辈，皆循循有家法。子三：长襄宸，秉持家政；次拱宸，业儒；季丰宸，邑廪生。侄二：长蔼宸，业农；次赞宸，郡增生。女二，侄女二，孙五，侄孙五，均详《家乘》，不备载。此公之生平梗概。余所目睹其履历，众声又余闻之，甚详者也。公生于道光九年（1829）九月十六日丑时，卒于光绪十五年（1889）五月六日午时，享年六十一岁。因公门人追慕师德，同欲建石，而求文于余。余愧不能文，遂质言焉，而为之记。

[民国《重修商河县志》卷十三《墓志》]

◎ 马价藩 ◎

马价藩，字甸侯。马家庄人。邑庠生。器宇轩昂，性情豪爽。善属文，下笔有奇气。凡邑中公益，有为民兴利除害者，莫不竭力襄之。晚年，讲学家塾，性耽咏吟。著有《醉仙堂诗草》。兼精岐黄，著有《咽喉脉理杂症》数种，藏于家。

[民国《重修商河县志》卷八《文苑》]

马价藩，字甸侯。清代商河县马家庄人。邑庠生。工医，精喉科。著有《咽喉》《脉理》《杂症》数种，未刊。

[《山东中医药志》第六篇《人物表》]

◎ 梁凤彩 ◎

梁凤彩，字桐菴。邑增生。城西梁家庄人。刻志下帷，不以敏慧自恃，场屋屡荐辄蹶。慨然曰：一介之士，苟存心爱物，于人必有所济。何必抛却白纻，乃谓之利市哉！遂弃儒攻岐黄术。当时以"名医"称。凡病可为、不可为，一见即决。后世子孙，功名不绝。人以为济人之报。著有《脉理真诀》，藏于家。

[民国《重修商河县志》卷八《文苑》]

梁凤彩,字桐菴。清代商河县城西梁家庄人。邑增生。业医,精脉学。著有《脉理真诀》,未刊。

[《山东中医药志》第六篇《人物表》]

◎ 王懋魁 ◎

王懋魁,字梅占。郡廪生。天资聪敏,学有心得,著有《欲海慈航》行世。晚年,尤精岐黄。

[民国《重修商河县志》卷八《文苑》]

◎ 孟广溪 ◎

孟广溪,字渠川。邑庠生。精岐黄术,当时医生,无出其右者。中年,舍医求学,博通经史,人皆称为"书痴"。著有《学庸直讲合参》,阅其书者,无不拍案称奇。县知事嘉其品谊,赠额曰"熙朝人瑞"。

[民国《重修商河县志》卷八《文苑》]

◎ 卢守礼 ◎

卢守礼,字仪文。精医术,性直乐施。有张某,醉过守礼肆,遗银二封,时宾朋杂沓,不知谁物。守礼纳柜中,张某不知失银处,已置不问。月余,偶谈及,启柜予之,毫无德色。年八十卒。

[民国《重修商河县志》卷八《义行》]

◎ 段曰迁 ◎

段曰迁,字允升。郡贡生。慷慨乐善,授徒不计脩脯。晚精岐黄。里党雀鼠之争,一言立解。

[民国《重修商河县志》卷八《义行》]

◎ 马文光 ◎

马文光,字照临,号松亭。天性淳朴,为一乡所重。凡有义举,捐重资,不少吝。尤精岐黄,曾医历下于某,病愈酬之三百金,不受。人服其清高,例授登仕佐郎、候选鸿胪寺鸣赞。

[民国《重修商河县志》卷八《义行》]

◎ 王天一 ◎

王天一，字以清，一名好仁。秉性端直，幼受业于胞兄情田门下，沉虑研精，不染浮靡。弱冠，淹通经史，于《易理》直抉蕴奥。行文清遒刻峭，自成一家言。二十六岁，补郡庠生。教授生徒，纯尚威严。士经指导，皆懔懔有规则。尤精岐黄，凡病可为、不可为，一见即决。求医者，不论贫富，尽心医治，不索谢。光绪壬寅（1902）、丁未（1907）两年，天疫流行，道殣相望。每日延请者，不下数十家，皆亲为诊视。自朝至昃，不遑暇食，无倦意。间有不问姓名，为之诊脉，授方以去者。人或以疫多传染为虑，天一慨然正色曰：岂有济世活人之人，尚见侮于疫鬼耶！苟为救人而死，死亦正命。吾何惧！由是，持之益力，全活甚众。广施药材，贫无资者，尤感德焉。尝捐资刊印《三经合编》及《孝经》等书，广为分送，以劝世。寿七十二岁卒，闻者莫不悲悼。

[民国《重修商河县志》卷八《义行》]

王天一，字以清，名好仁。清末民初商河县人。庠生。于疫病流行之时，日诊数十户，不辞劳苦，广舍药饵，活人无算。

[《山东中医药志》第六篇《人物表》]

◎ 刘象山 ◎

刘象山，字世安。邑北关人。幼与本街举人王健堂同学，友善。家素丰，好善乐施，施药饵，施绵衣，施棺木，垂五十余年，口碑载道。新城宋龙峰先生长麦邱书院时，曾作一长联奖之。晚年，选举乡饮大宾。

[民国《重修商河县志》卷八《义行》]

◎ 王士倩 ◎

王士倩，字又东。家丰裕。精医术，有问疾者，与以方药，不索值。庚申年（1860），乡有疫疾，诊疾施药，活人甚众。迄今子孙繁庶，皆谓积德之报。

[民国《重修商河县志》卷八《义行》]

王士倩，字又东。清代商河县人。精医道，有问病者与方药，不索值。每乡有疫疾，施药活人甚众。

[《山东中医药志》第六篇《人物表》]

◎ 马可长 ◎

马可长，字振久。有气节，闻望俱尊，以儒学保举乡饮介宾。教子以义方，尤好鼓励人才，后进多赖之。遇事敢言，里党推重。于堪舆、星卜，皆通。晚年，以医济世，活人无数。殡日，观者莫不坠泪。

[民国《重修商河县志》卷八《义行》]

◎ 王秀嵌 ◎

王秀嵌，字清泉。邑庠生。性笃孝，恩情切友。于母患病，以身请代。弟有子，竭力完婚。术精岐黄，活人无算。广施医药，馈谢悉辞。光绪末叶，捐款兴学，命子云行充任教习，不受束脩。邑中两广文，重其品行，赐额曰"急公好义"。姚知事表其道学，赐额曰"作述可风"。

[民国《重修商河县志》卷八《义行》]

◎ 卢绍基 ◎

卢绍基，字磁云。城东卢家河沟人。弱冠，入邑庠。性情敦厚，重义轻财，邻里有贫乏者，解衣推食以周恤之。设教于乡，不计束脩，俨如义塾。又精医术，每遇灾疫流行，昼夜奔驰，施药治疗，活人无算。寿七十九岁。殡葬之日，农夫为之辍耕，妇孺为之流涕。其义行之昭著，至今相传不朽云。

[民国《重修商河县志》卷八《义行》]

卢绍基，字磁云。清代商河县城东卢家河沟人。邑庠生。业医，每灾疫流行之时，昼夜奔走，挨门施药，活人甚多。

[《山东中医药志》第六篇《人物表》]

◎ 王崑玉 ◎

王崑玉，字西圃。廪贡生。行笃孝友，医精岐黄，多义举，不与人争先而人皆下之。光绪戊子（1888）科恩赐举人。

[民国《重修商河县志》卷九《耆德》]

◎ 宋永桂 ◎

宋永桂，字立天。为人醇厚朴诚。精于外科，一时来求者，近则屡给药饵，不索价值；远则兼予饭食，不求谢仪；要必使痊而始慰。厥后，家道渐兴。仲孙逢甲、曾孙曰节，并列邑庠，咸为立公积德之报。

[民国《重修商河县志》卷九《耆德》]

宋永桂，字立天。清代商河县人。工医，尤精外科。诊病，近者屡舍药不索值，远者兼予食宿，不收谢仪。

[《山东中医药志》第六篇《人物表》]

◎ 韩厥初 ◎

韩厥初，字乾一。城北韩庄人。太学生。性情清高，才学敏捷。明医理，尤精外科，有求必应。本庄有病者，朝夕诊视，不待延请，丸散诸药，概不取值。晚举乡饮介宾，寿八十余岁卒。著有《脉理正宗》《医方精选》，藏于家。

[民国《重修商河县志》卷九《耆德》]

韩厥初，字乾一。清代商河县城北韩庄人。太学生。业医，精切诊，工外科。有求必应，丸散诸药概不收费。著有《脉理正宗》《医方精选》，未刊。

[《山东中医药志》第六篇《人物表》]

◎ 刘之芳 ◎

刘之芳，字帝馨。太学生。城西燕家庄人。早失怙，事母孝，重然诺，饬廉隅，亲师信友，义方垂训。善岐黄术，活人甚多。邑宰陈锟赠额，姚宰必观赠诗，寿逾古稀终。

[民国《重修商河县志》卷九《方伎》]

刘之芳，清代商河县城西燕家庄人。善岐黄术，活人甚众。

[《山东中医药志》第六篇《人物表》]

◎ 徐友三 ◎

徐友三，精于医，凡病可为、不可为，一见而决。尝有母病，甚笃。友三许无忧，其父从旁戏求切脉，友三曰：宜急治殓具。众未信。果三日而卒，人以为"神"。

[民国《重修商河县志》卷九《方伎》]

徐友三，清代商河县人。业医，精四诊，明验吉凶。

[《山东中医药志》第六篇《人物表》]

◎ 赵继芳 ◎

赵继芳，字子莲。有异才，淡于名利，达而能断，人多借以决疑。晚年，精医，兼工术数之学。谈未来事，多奇中。及卒，预知其期。有五色香气，缭绕不散，人皆谓"仙去"。

[民国《重修商河县志》卷九《方伎》]

◎ 于世塽 ◎

于世塽，字明远。邑诸生。精于医，一时黎邱安陵，沉疴延治，无不立应。平原张太史称为"良医"。

[民国《重修商河县志》卷九《方伎》]

◎ 孙希发 ◎

孙希发，字启明。幼颖悟，习童子业，不就。学岐黄，困而得通。尝语人曰：平时务得书中之意，及乎用药，又得书外之意。每出奇思以疗疾。

[民国《重修商河县志》卷九《方伎》]

孙希发，字启明。清代商河县人。以医术知名。

[《山东中医药志》第六篇《人物表》]

◎ 吕孟坚 ◎

吕孟坚，邑庠生。精岐黄，望气色，知人死生，所投药饵，十不失一。邑侯赵公得奇症，诸医罔效，延之调治，一剂而痊，赵公称善。

[民国《重修商河县志》卷九《方伎》]

吕孟坚，清代商河县人。业医，精四诊，尤善望色。

[《山东中医药志》第六篇《人物表》]

◎ 张莲溪 ◎

张莲溪，太学生。赋性醇谨，精于岐黄，问病者甚夥，辄如意以去，人多德之。

[民国《重修商河县志》卷九《方伎》]

张连溪，清代商河县人。精岐黄术。

[《山东中医药志》第六篇《人物表》]

◎ 翟赓谟 ◎

翟赓谟，字殿飏。孝友端方，闾里无间言。精岐黄，尤其余事。道光八年（1828），举乡饮宾。寿至八十三岁。

[民国《重修商河县志》卷九《方伎》]

翟赓谟，字殿飏。清代商河县人。业医，善治时令温病。

[《山东中医药志》第六篇《人物表》]

◎ 郑善文 ◎

郑善文，学名天申。邑增生。精岐黄业，察脉视色，投剂立效，造福一方，至今犹思之。

[民国《重修商河县志》卷九《方伎》]

郑善文，名天申。清代商河县人。工医，于诊法尤精。

[《山东中医药志》第六篇《人物表》]

◎ 王宗禹 ◎

◎ 王程和 ◎

王宗禹，字拜言。郭八社庄人。善扁鹊术，治病攻其腠理，有起死回生之妙，百里外咸耳其名。今其孙程和，犹行其术。

[民国《重修商河县志》卷九《方伎》]

王宗禹，字拜言。清末民初商河县郭八社庄村人。善扁鹊之术，治病多起沉疴。

[《山东中医药志》第六篇《人物表》]

◎ 康 敦 ◎

康敦，字文山。郭八社庄人。精刀圭、针灸之术，得华佗不传之秘。凡临症，必先察其血脉经络，辨其阴阳表里，认清病源，然后用药施治，全活者众。

[民国《重修商河县志》卷九《方伎》]

康敦，字文山。清代商河县人。业医，善外科及针灸术。

[《山东中医药志》第六篇《人物表》]

◎ 牛肇统 ◎

牛肇统，字承三。齐家庄人。咸丰间，帮办团练，奖给七品军功。暮年，精岐黄术，研究脉理，著手成春，时人以"良医"目之。

[民国《重修商河县志》卷九《方伎》]

牛肇统，清末民初商河县齐家庄村人。业医，精脉理。

[《山东中医药志》第六篇《人物表》]

◎ 王利成 ◎

王利成，精于斑疹，凡小儿之危险者，常赖保全，时人皆颂其德。

[民国《重修商河县志》卷九《方伎》]

王利成，清代商河县人。工医，善治儿科，尤精痘疹。

[《山东中医药志》第六篇《人物表》]

◎ 王成林 ◎

王成林，贺庄人。邑庠生。品学皆优，因屡试不售，弃儒就医。多年沉疾，一经诊治，无不立见功效，一时有"名医"之称。

[民国《重修商河县志》卷九《方伎》]

王成林，清末民初商河县贺庄村人。工医术，每起沉疴痼疾。

[《山东中医药志》第六篇《人物表》]

◎ 楚 宁 ◎

楚宁，西关人。素精医术，通脉理，识药性。尝语人曰：何地无药，特人不识耳！本地之药，即可疗本地之病。何必参、苓？其生平，治病立方，不用贵重药品，至今犹有传其方者。

[民国《重修商河县志》卷九《方伎》]

楚宁，清代商河县人。业岐黄术，精通脉理，善识药性。

[《山东中医药志》第六篇《人物表》]

◎ 王 濂 ◎

王濂，太学生。精羲轩术，有著手成春之妙。

[民国《重修商河县志》卷九《方伎》]

◎ 王瑞廷 ◎

王瑞廷，字辑五。南刘家庵人。廪贡生。天资明敏，好学不倦。年十八岁，因亲老家贫，应临邑蹉贾，聘司笔札，仍不废读。二十二岁，入泮，旋食饩焉。尤精堪舆学，言多验。家道渐丰，延名师以教子侄。子之干，侄之朴，均廪生；幼子之杞，以附生举孝廉方正。晚年，嗜古物，精赏鉴，讲养生术。宣统二年（1910），被举为本县自治筹备所所长。著有《地理五诀》《辩正地理分段秘诀》《阳宅分气指南》，行于世。寿八十一岁，无疾终。

[民国《重修商河县志》卷九《方伎》]

◎ 杨中山 ◎

杨中山，字兴云。杨家市人。性聪明端方。精岐黄业，尤善痘疹科。小儿痘疹为生死大关，当时引种牛痘之术，未传。经其医治，均庆安全，咸称其有起死回生之术。寿七十七岁。

[民国《重修商河县志》卷九《方伎》]

杨中山，字兴云。清代商河县杨家市人。精研岐黄术，擅长儿科，尤精痘疹。

[《山东中医药志》第六篇《人物表》]

◎ 王九龄 ◎

王九龄，字梦锡。李家集人。孝友性成，读书未能上进，乃弃儒习医，志在济世。遐迩，延请者，车马盈门，乡里有病，不召自至。尤精痘疹、小儿、妇人各科。同治九年（1870），以修圩工，保举赏六品顶戴。寿六十余岁卒。

[民国《重修商河县志》卷九《方伎》]

王九龄，清代商河县李家集人。业医，专妇、儿两科，善治胎产及痘疹。

[《山东中医药志》第六篇《人物表》]

◎ 娄峻山 ◎

娄峻山，字霄峰。于家屯人。性和平。工岐黄，尤善外科。无论远近，有求必应，不索谢。年三十六岁卒，人多惜之。

[民国《重修商河县志》卷九《方伎》]

娄峻山，字霄峰。清末民初商河县于家屯村人。工岐黄术，尤精外科。

[《山东中医药志》第六篇《人物表》]

◎ 王恩普 ◎

王恩普，武庠生。存心忠厚，品行端方，通医术。

[民国《重修商河县志》卷九《方伎》]

◎ 王川荣 ◎

王川荣，字涉凡。黄家屯人。性高旷，嗜书画，耽吟咏。幼虽家贫，不贪非义之财。老精岐黄，脉理能穷其奥，善用奇方重剂，不落庸医蹊径，救人无数，远近知名。

[民国《重修商河县志》卷九《方伎》]

王川荣，清末民初商河县黄家屯村人。对脉理能明其奥，于临证善用奇方重剂。

[《山东中医药志》第六篇《人物表》]

◎ 王玉泉 ◎

王玉泉，字瑶臣。王相吴庄人。邑庠生。精医学，尤善治瘟疫、伤寒，有起死回生之妙。

[民国《重修商河县志》卷九《方伎》]

王玉泉，字瑶臣。清代商河县王相吴庄人。工医，学宗仲景之术，善治伤寒、温病。

[《山东中医药志》第六篇《人物表》]

◎ 赵本潭 ◎

赵本潭，字淞泉。城北十牌甲赵庄人。邑庠生。品行端方。早失怙，事母至孝。精岐黄术，凡病可为、不可为，一见而决，尤善治瘟疫、伤寒，兼妇人科，有起死回生之妙，乡人均以"名医"称之。寿六十八岁。

[民国《重修商河县志》卷九《方伎》]

赵本潭，字淞泉。清代商河县城北十牌甲赵庄人。业岐黄术，善治伤寒、温病，尤精妇科杂病。

[《山东中医药志》第六篇《人物表》]

◎ 张文元 ◎

赵氏，道口张庄张安禄之妻。年二十一，夫殂。家綦贫，子女皆无继。姑邢遇氏苛析令自度，氏坚忍自守，永矢靡他。抚育夫侄文元于襁褓中，过为嗣，孤孀苦度，艰辛备尝。及文元稍长，力贫备脩赘，俾从塾师读，卒能业医成名。氏现年八十二岁，体犹健，孙男满堂，福寿兼臻，人以为苦节之报。

[民国《重修商河县志》卷九《节孝》]

◎ 孙 沈 ◎

恩贡愚谷孙公教思碑阴记

孙原吉

吾师愚谷先生，姓孙氏，讳沈，字允升，愚谷其号也。其先，累世簪缨，一时显者多出其门，故邑中号为"文章渊薮"。至先生曾大父盛宇公，始以力农起家，性勤俭而乐善好施，里中推为长者。大父太学生泽远公，家益丰，而性喜宾客，所交皆当时名流。考八品衔又虞公，承先世之宏规，慨然以兴起斯文为念。每遇儒雅之流，辄折节下之。识者知其文运将开，定有异人以主持之矣。会于先生悬弧前一夕，梦一道士踉跄来投宿，而神气不甚暇豫。既寤，而报弄璋者至矣。公曰：是子，学当聪明，恐不利于科第。盖以道士之神气卜之也。先生幼而颖异，髫龄弄笔，便为长老所惊。年弱冠，即蜚声黉序。刘金门学使得先生文，一见即许为远到之材人。皆谓孙氏之门闾，至此光大矣。无如文章憎命，棘闱屡荐不售。道光辛卯（1831），始以覃恩贡入成均。先生遂绝意进取，因弃举子业，而专肆力于古上。自典坟下迄百家语，无不一一窥其奥突，而撷其菁华。凡阴阳、医卜，皆精义如神。又时出入释典、道书，于人所暗塞不通者，胥有以契其隐微，而资以博其天趣，故执笔为文，恒有指于物化，不以心稽之妙。壬辰（1832）、癸巳间（1833），吉日侍皋比，备承教养，常怪先生成文之易。先生曰：孔子谓有德者必有言，盖言以道其所得也。以己之口，道己之所得，如按旧簿数家珍，美恶精粗皆所素悉，不必一一阅实也；如驾轻车就熟路，高下险易皆所夙历，不必一一打探也；心中义理充足，借言以宣，如万斛珠泉一涌而出，不必一一绳削也。此吾六十年来阅历之言，汝久后当自得之尔。时吉犹未尽领略，惟求循序渐进而已。丁酉（1837）春间，先生偶得反胃之症，入夏益剧。吉趋往问之，时辟谷已数日矣，犹慷慨论文，历抉古人之精髓，以相剖示。临别，复谆谆以"恕能克己，俭可助廉"二语相勖，吉谨书绅以退。越数日，再往，则哲人萎矣。呜呼痛哉！先生平日，惟公恕居心，而至性过人，尤笃于伦理。中岁，太夫人疾，躬亲汤药二十余年，无倦色。事叔父劼如，礼度终身，无违言。其学归于实践，类如此。然后知先生之文如翻水而成者，其素所蓄积然也。夫以先生学问文章，使其早步青云，则发名成业，当必有以表见于时。乃遭逢不偶，竟寂守萤案，以终其身。岂天之报施善人，果或爽欤！抑何命之穷也！然使之优游岁月，从容指授，使吾乡代有传人，以衍斯文之一脉于不替，以视世之功名烜赫，仅夸耀于一时，其相去为何如也！兹特举其大纲，以示后之学者，知所取法，又以见予小子学识疏浅。而平生习为文章，不为流俗所移者，其渊源盖有自矣。先生本传，载在《家乘》者，甚详。恐于无穷之教，思有所未尽，作《教思碑》。

[民国《重修商河县志》卷十一《记》]

◎ 王立魁 ◎

清例赠登仕郎太学生超群王公暨德配韩孺人合葬墓志铭

王心廉

太学生王公，讳立迈，字超群。其先河南尉氏县大坟王庄人，后以故迁商。世多隐德，公八世祖，讳应巽，生二子，次养可。可子三，季福奎与素还、讳完真者，为再从昆弟。素还有高行，人以字名其里，曰"王素还"。云奎子轸，民轸子二，长大兴。大兴子保，保二子，伯临、如仲，辉如，字显廷，齿德兼优，援例入国庠，乡有"善士"之目。子四，长善长，讳立元，出嗣临如叔；占鳌，讳立魁，太医院肄业学生……

[民国《重修商河县志》卷十三《墓志》]

◎ 刘鹤仙 ◎

刘鹤仙公家传

邑拔贡彭文炳星如

鹤仙老伯，清邑庠生。性仁慈，与弟槎仙伯一生友于，未尝有忤言。老伯无子，视犹子如子。长侄同祥早卒，妻李孺人守柏舟节，老伯为请旌于朝，得旨嘉奖。老伯不惜重资，为建石坊，一时名人云集，歌咏拜祝，不远千里，择其尤佳者，镌于石。此坊遂为一邑之冠。次侄少仙，抚之如己出，为延名师教授，竭诚敬礼，选一方俊秀为伴读，饮食供给，无少缺乏，故游其门者，皆成通儒。少仙，尤所造渊深，为诸生冠。老伯为人，和易坦白，蔼然可亲，接人抚物，胥出至诚。乡党有事，排难解纷，阴为救济，有王彦方、陈太丘之风。忆炳幼时，从先君至老伯家，与少仙兄一见投契，蒙老伯厚爱，许以大器，令与少仙兄为友。嗣后，往来流连，饮食教诲，视炳亦亲爱有加。惜炳落拓一生，羊公之鹤，实深惭悚。老伯雅善岐黄术，用药少而专，能得法外意。乡邻贫苦有疾，知则亲往诊视，多赠药，不受资。炳内人，生乳岩，红肿突起，号泣不食。延老伯至，敷以药，痛立止，隔宿而愈。予友马石轩，耳下生疮，颈部肿起，溃烂，水不能下咽，家人环泣无策。适予闻知，为延老伯至。敷以药，立食粥一器。特疮已溃，敷药甚多，廿余日始痊。石轩携重金，偕予至老伯家，用示酬报。老伯仅留钱五串，曰：足吾炼药之费而已，何多为？余坚辞不受。石轩感极而泣。予邻村庞汶世伯，猝得痪症，右半身死，不能动转。予闻，往视。见伊村数医为筹方，予立言曰：此症非请鹤仙老伯不可。爰书一函，命车往。老伯立至，服药十余剂，即平复如常。滨县于苹洲，名士也。予及少仙兄皆与友。伊有一女，年已及笄，足部生疮，不能起立，坐榻已三年。武郡岁试，相见，予为言：少仙兄家老伯，医中圣手也。必能为令爱除此疾。试后，苹洲遂偕其女及伊嫂至，嫂亦有宿疾，已数年。住老伯家，廿余日，伊女能步行上车，伊嫂宿疾亦除，欣喜以去。此数重症，皆经予亲见。余治奇症无数，皆奏神效。乡党父老，类能道之。老伯家子侄辈，得其一二良方，已足普救四方病苦，知老伯之德泽长矣。乃老伯年登上寿，少仙兄亦先亡。及老伯卒后，家顿落，田产荡尽，三孙亦相继死。哲人无后，天道其可问与！予每至老伯之乡，惟见老伯家石坊，岿然独存，未尝不惕然伤之。予愿告老伯家族姓，良友尚其，告诫乡人子弟，妥慎保护此坊，即以留老伯之手泽于永永无穷，是深所祷祝者耳。

[民国《重修商河县志》卷十四《传》]

刘鹤仙，清代商河县人。邑庠生。精医术，用药少而专，乡邻贫苦有疾，知则不延而至，多舍药不收费，以善治外科知名。

[《山东中医药志》第六篇《人物表》]

◎ 刘少仙 ◎

刘少仙先生传

彭文炳

少仙，予如兄也。忆予七八岁时，从先君至兄家，一见投契，戏嬉甚欢。鹤仙老伯顾先君而笑曰：一对小友，他时或能光门楣也。问汝二人，愿作盟兄弟否？皆曰：愿。先君亦顾而欣然。噫！此言如昨，转瞬五十年。少仙兄家，不惟鹤仙、槎仙两老伯及两伯母皆寿终，即少仙兄夫妇、三子、四媳、二女、一孙、一孙女，亦皆化去。今所存者，惟两女耳。朝露泡影，人生固幻，而少仙兄竟得如此结果造化，小儿任意播弄，其信然耶！予书及此，不意悲从中来，几不能成字，然少仙兄一生行事及诸子状，惟有书之《家乘》，略存梗概，使后之览者，知有少仙其人，又乌可以不为详述？少仙兄聪颖智慧，倜傥风流，乡里有"璧人"之目。能文章，尤长韵学。登高作赋，对物咏怀，每有篇什，辄惊名宿。十八岁，入邑庠，蜚声簧序，一时名士多与从游，皆期以远到。乃文章憎命，数试秋闱，辄叹铩羽，戚友咸为惋叹。少仙兄亦不以为意，后遂无志功名。脱略诗酒，性尤好客，座上常满。遇乡党有困难事，辄为奔走挽救，毁财私助，有侠烈风。一方有大事，往往奔走相告，各得其所愿而去。因家世岐黄，亦稍为研究，遂穷精医理。偶一著手，辄奏奇效。论者皆谓：少仙兄不得志于文场，定当以医自豪，为一方福星，亦足快意。乃运数不齐，二竖牵缠，年仅三十有四，遂赴召玉楼。时鹤仙老伯，年已高，因思侄情切，未几得疾，亦归道山。少仙兄遗三子，长珍田，次宝田，次瑞田。珍田先丧二妻，未几，珍田卒，其第三妻亦亡。无何如嫂刘孺人亦亡，茕茕孑立，只遗两孤，尚幸瑞田幼慧，从予读二年，喜其可就，适予从戎昌黎，瑞田至予所，值予从军出塞，恐其畏劳，为荐之友军，令练习军书。瑞田勤谨，得主将欢，积功荐升稽察队长。每寄予函，辞句整练，书法韶秀。予喜告诸友曰：瑞田能如此，少仙兄为有后矣。旋因直奉战役，受劳过甚，得咯血症，遂愈遂犯，积而益甚，养疴保定僧寺。予长子兴铨，时在直军，数寄洋补助。嗣铨随军进京，亦召瑞田至，为赁寓所，延医诊治，前后约费数百金，卒无效，遂送之归家。时值予自惠旋里，趋往相视。瑞田见予，泪下如雨，已不能言，至夜遂卒。归家甫六日耳。痛哉！宝田先因妻及子女皆卒，已悲伤有疾，至是因恸，瑞田病渐加重，未几又卒，而少仙兄遂无后矣。所遗两女，夫家皆贫，即使春露秋霜，来哭祭一杯土，又焉能有力为议嗣续，使奉永久香烟耶！是不能不望于刘氏族中之贤者。

[民国《重修商河县志》卷十四《传》]

◎ 孙京玉 ◎

◎ 王 书 ◎

孙光瑞先生事略

邑庠生贾云亭鹤汀

先生，讳京玉，字韫山，号光瑞。晓岩先生之叔父也。少晓岩十三岁，执经于晓岩之门。每元旦，拜节先生，先拜晓岩。晓岩止之，先生曰：弟子安可不拜师？拜已，晓岩又拜先生，先生不敢当。晓岩曰：犹子何敢轻叔父？岁以为常。先生才敏捷，工书法，下笔千言，为晓岩所深许。后弃儒就医，学痘疹科于王先生书之门，尽传其业。尤博览医书，凡《素问》《灵枢》《甲乙》《难经》《神农》各学，及张、刘、朱、李诸大家，无不窥其精微，得法外意。故一出济世，其效如神。有房维珍者，有疾就医。先生诊之，命之归。曰：不药得中医，养之可也。何必服药？维珍归而泣曰：先生不药予，予殆将死也。既而果然。又有房□□者，先生之同村兄弟行，有疾就医，先生以轻剂投之，未愈而转剧。命伊子若孙往迎先生。先生曰：汝亲老矣，勿数来，其急备后事。果如先生言。有患瘟者，昼夜不得卧，渴欲死。医者嘱其不可寒饮，既而群医束手。延先生诊之，病者语先生曰：余腹如火，欲饮冰，虽死无憾。家人以前医之嘱告，先生曰：无伤也。听之，愈多愈佳。是疾能愈也。家人犹不敢多与疾者，饮已，又索家人出，告先生。先生哂曰：吾不已告汝乎！伊能饮即与之。疾者饮数斗，汗滚滚流，疾大愈。兴隆镇刘平东病，群医束手，迎先生至，诊脉而不立方。刘翁强之，则与一方，重不过二钱。刘翁谓先生曰：病势如此，此方何能疗？留先生，不遣归。先生曰：此名黄病，不治之症也。刘翁强先生出方，先生曰：亦可救一时，终无益。乃为方投之，病痊大半后，病复发，迎先生，先生不欲往，知其不可为也。强之始往，至则举家欢迓，病者亦喜，执先生手，不忍释。先生慰之曰：夜已深，明晨诊视，出而就寝。命仆人曰：

翌晓，早驾余家，有急事，恐不及。未及晓，即命驾。途中语御者曰：驱之，否，恐还不能。及先生下车，使速返，返未至家，而刘已殁。先生族孙患痘，族侄原常子也。先生疗之，嘱其家人曰：兹异症，切忌向器百日。不然，头将崩。痘愈，已落甲，有姻家童来，偶击铜盘，儿头忽崩，血涔涔下。家人惊骇，以为是儿死矣。迎先生至，观之，曰：无妨，可愈也。投以补天火□丸，果瘥。或问之，先生曰：是可谓解□症尔。人遂以先生比"扁华"。仆三弟，幼患喉蛾，先生视之，曰：不治也。未及六日而亡。又村人房何，康健无疾，戏令先生切脉。先生晒而诊之，骇然失声，旋自悔房。异而问之，先生曰：君宜自慎，据脉，大险不出五日。房不怿而归。至四日，无恙。房告子若孙曰：渠谓我将死，明日吾将往责之。未及晓，病果不起，迄今人犹艳称云。卒于光绪二十一年（1895）十一月三日丑时，寿六十九。先生手不释卷，喜花鸟，殆靖节和靖之伦。初，先生之少，有精风鉴者，过先生祖茔，侧异而言曰：兹名医之兆域也。先生适当之，阴阳风水之说，其果可凭耶！

[民国《重修商河县志》卷十四《事略》]

孙京玉，字韫山，号光瑞。清代商河县人。邑庠生。精于医，每疫疠流行之时，昼夜不得卧息，活人甚多。

[《山东中医药志》第六篇《人物表》]

民国

◎ 马忠藩 ◎

马忠藩，字荩卿。城北马庄人。进士翊宸之后裔也。早年入泮，补增广生员。性情忠厚，尤善书法。邑中碑志，所书者甚多。字学欧、柳，临池至老不懈。年逾七十，每晨尚庄书楷字三百、仿字一百，以为常。兼精岐黄，有求必应，活人无算。民国二十三年（1934），重修《县志》，石县长聘为分纂，任编《田赋门》，业已脱稿。至二十四年二月，寿七十六岁，无疾卒于家。

[民国《重修商河县志》卷八《文苑》]

◎ 李冠三 ◎

李冠三,字巨卿。洼埃子人。性敦厚,无疾言遽色。少业儒,后精岐黄。现年八十二岁。

[民国《重修商河县志》卷九《耆德》]

◎ 王安仁 ◎

王安仁(1843—1924),商河县小冯庄村人。业医,工内科,尤善针灸术。

[《山东中医药志》第六篇《人物表》]

◎ 侯福田 ◎

侯福田(1860—1930),商河县栾庙村人。工医,术精内科。

[《山东中医药志》第六篇《人物表》]

◎ 侯润田 ◎

侯润田(1865—1940),商河县栾庙村人。学本长沙,治专内科。

[《山东中医药志》第六篇《人物表》]

◎ 王云广 ◎

王云广(1869—1933),商河县小冯家村人。学宗傅山女科,术精妇科经带。

[《山东中医药志》第六篇《人物表》]

◎ 张盛勋 ◎

张盛勋(1872—1918),商河县聂家村人。工医,精内、妇两科。著有《临证验方》,未刊。

[《山东中医药志》第六篇《人物表》]

◎ 王成河 ◎

王成河(1878—1948),商河县郭八庄村人。工岐黄术,善治伤寒热病。

[《山东中医药志》第六篇《人物表》]

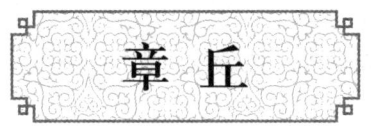

战国

◎ 邹 衍 ◎

《重道延命方》，邹衍撰。衍有《邹子四十九篇》，见《术数类》。前《汉书·刘向传》云：上复兴神仙方术之事，而淮南有《枕中鸿宝苑秘书》。书言神仙使鬼物为金之术，及《邹衍重道延命方》，世人莫见，而更生父德，武帝时治淮南狱，得其书。更生幼而读诵，以为奇，献之。

[宣统《山东通志》卷一百四十《艺文志·子部·道家》]

齐有三驺子。其前驺忌，以鼓琴干威王，因及国政，封为成侯而受相印，先孟子。其次驺衍，后孟子。驺衍睹有国者益淫侈，不能尚德，若《大雅》整之于身，施及黎庶矣。乃深观阴阳消息而作怪迁之变，《终始》《大圣》之篇十余万言。其语闳大不经，必先验小物，推而大之，至于无垠。先序今以上至黄帝，学者所共术，大并世盛衰，因载其禨祥度制，推而远之，至天地未生，窈冥不可考而原也。先列中国名山大川，通谷禽兽，水土所殖，物类所珍，因而推之，及海外人之所不能睹。称引天地剖判以来，五德转移，治各有宜，而符应若兹。以为儒者所谓中国者，于天下乃八十一分居其一分耳。中国名曰赤县神州。赤县神州内自有九州，禹之序九州是也，不得为州数。中国外如赤县神州者九，乃所谓九州也。于是有裨海环之，人民禽兽莫能相通者，如一区中者，乃为一州。如此者九，乃有大瀛海环其外，天地之际焉。其术皆此类也。然要其归，必止乎仁义、节俭、君臣、上下、六亲之施，始也滥耳。王公大人初见其术，惧然顾化，其后不能行之。是以驺子重于齐。适梁，惠王郊迎，执宾主之礼。适赵，平原君侧行襒席。如燕，昭王拥彗先驱，请列弟子之座而受业，筑碣石宫，身亲往师之。作《主运》。其游诸侯见尊礼如此，岂与仲尼菜色陈、蔡，孟轲困于齐、梁同乎哉！故武王以仁义伐纣而王，伯夷饿不食周粟；卫灵公问陈，而孔子不答；梁惠王谋欲攻赵，孟轲称大王去邠。此岂有意阿世俗苟合而已哉！持方枘而内圆凿，其能入乎？或曰，伊尹负鼎而勉汤以王，百里奚饭牛车下而缪公用霸，作先合，然后引之大道。驺衍其言虽不轨，傥亦有牛鼎之意乎？

[《史记》卷七十四《孟子荀卿列传第十四》]

邹衍"邹"，《史记》作"驺"，共传曰：齐有三驺子，其前驺忌，其次即衍。衍睹有国者淫侈，不能尚德，乃深观阴阳消息而作怪迂之辨，《终始》《大圣》之篇十余万言。其语闳大不经，必先验小物，推而大之，至于无垠。先序今以上至黄帝，学者所共术，大并音蒲浪反，随也世盛衰，因载其禨祥度制，推而远之，至天地未生，窈冥不可考而原也。先列中国名山大川，通谷禽兽，水土所殖，物类所珍，因而推之，及海外人之所不能睹。称引天地剖判以来，五德转移，治各有宜，而符应若兹。以为儒者所谓中国者，于天下乃八十一分居其一分耳。中国名曰赤县神州。赤县神州内自有九州，禹之序九州是也，不得为州数。中国外如赤县神州者九，乃所谓九州也。于是有裨海环之，人民禽兽莫能相通者，如一区中者，乃谓一州。如此者九，乃有大瀛海环其外，天地之际焉。其术皆此类也。然要其归，必止乎仁义、节俭、君臣、上下、六亲之施，始焉滥耳。王公大人初见其术，惧音勋然顾化，其后不能行之。是以驺子重于齐。适梁，惠王郊迎，执宾主之礼。适赵，平原君侧行襒席。如燕，昭王拥彗先驱，请列弟子之座而受业，筑碣石宫，身亲往师之。作《主运》。其游诸侯见尊礼如此。

[道光《章邱县志》卷十《文苑》]

邹衍（约前305—前240），"邹"，一作"驺"。战国末期哲学家、阴阳家。在"稷下学派"中，与孟轲、淳于髡、荀况并列。与邹忌、邹奭合称"三邹子"。齐国人，墓在相公庄镇郝庄村西北角长白山麓。他学究天人，"深观阴阳消息"，历游魏、燕、赵等国，受到诸侯"尊礼"。提出以"五行相次用事，随方面为服"。即一方面，以"五行相胜"为序；另一方面，以"五行相生"为序。创"五德始终"论。把春秋战国时流行的"五行论"，附会到社会历史变迁和王朝兴替上，借以论述世运之转移，盛称"禨祥制度"。开"月令""十二纪"之门，成为两汉谶纬学说的理论根据之一。研究方法是"必先验小物，推而大之，至于无垠"。提出所谓"大九州说"，论证中国（他称为"赤县神州"）仅为全世界八十一州中之一州。每九州为一集合单位，称"大九州"，有小海环绕。九个"大九州"，另有大海环绕。再往外才是天地的边际。他雄于辩才，出口"闳大不经"，当时人称他为"谈天衍"。邹衍虽然在"百家"中自成一家（阴阳家），但他的"五行始终"之说，却源于儒家孔丘、孟轲的"五行说"。由于这一关系，后又被儒家改头换面为其托古改制服务。《汉书·艺文志》著录有《邹子》四十九篇、《邹子终始》五十六篇，今皆不传。另据《汉书·刘向传》载，邹衍还有《重道延命方》一书，系一部医药养生之著作。这不禁使人联想到中医以心、肝、脾、肺、肾附益金、木、水、火、土理论和阴阳五行的渊源。旧章邱城东关鱼市街北口，有邹衍祠，明万历年间知县董复亨撰有《碑记》，今无存。

[《章丘县志》第二十六篇《人物》]

[《临淄巡古》]

邹衍墓，在县东一十里。

[嘉靖《章邱县志》卷四《坟墓》]

邹衍祠，在县治东门外，万历年建，有《碑记》，详《金石录》。

[道光《章邱县志》卷二《坛庙》]

邹衍祠碑，在东关鱼市北头庙内。

[道光《章邱县志》卷十四《金石录》]

《邹子》四十九篇、《邹子终始》五十六篇，邹衍撰。衍，齐人。为燕昭王师，居稷下，号谈天衍。二书《汉志》著录。《史记·孟荀列传》云：驺衍睹有国者益淫侈，不能尚德，若《大雅》整之于身，施及黎庶矣。乃深观阴阳消息而作怪迂之变，《终始》《大圣》之篇十余万言。其语闳大不经。又云：谓要其归，必止乎仁义、节俭、君臣、上下、六亲之施，始也滥耳。《汉志考证》曰：《封禅书》云：自齐威宣之时，邹子之徒论著《终始》《五德》之运原注：如淳曰：今其书有《五德》《始终》，《五德》各以所胜为行。及秦帝，而齐人奏之，故始皇采用之。又云：邹衍以阴阳主运显于诸侯原注：如淳曰：今其书有主运五行相次转用，事随方面为服。公孙臣上书曰：推《终始》传则汉当土德《盐铁论》及《论衡》并以衍言迂诞虚妄。东莱吕氏曰：方驺衍推五德之运，人视之特阴阳末术耳，若无预于治乱之数也。及至始皇，始采用之，定为水德，以为水德之治，刚戾深事，皆决于法刻削毋、仁恩和义，然后合五德之数，于是急法久者不赦，则其所系岂小哉？案：是二书，马国翰有辑本，并邹奭书为一卷。

[宣统《山东通志》卷一百三十七《艺文志第十·子部·术数》]

宋

◎ 李惟清 ◎

李惟清，字直臣。下邑人。父仲行，为章丘簿，因徙家焉。惟清，开宝中，以三史解褐涪陵尉。蜀民尚淫祀，病不疗治，听于巫觋，惟清擒大巫笞之，民以为及祸。他日又加棰焉，民知不神。然后教以医药，稍变风俗。时遣宦官督输造船木，纵恣不法，惟清奏杀之，由是知名。秩满，迁大理寺丞。太平兴国三年（978），迁为荆湖北路转运判官。五年，改左赞善大夫，充转运副使，升正使，就改监察御史，兼总南路。尝入奏事，太宗问曰：荆湖累年丰稔，又无徭役，民间苏否？惟清曰：臣见官卖盐斤为钱六十四，民以三数斗稻价，方可买一斤。乃诏斤减十钱。徙京西转运使，入为度支判官，改主客员外郎。雍熙三年（986），大举取幽州，惟清以为兵食未丰，不可轻动。朝廷业已兴师，奏入不报。判度支许仲宣建议通盐法，以卖盐岁课赋于乡村，与户税均纳。惟清奉诏往荆湖诸路详定，奏言以盐配民非便，遂罢。使还，上又问民间苦乐不均事，惟清言：前在荆湖，民市清酒务官酿转鬻者，斗给耗二升，今三司给一升，民多他图，而岁课甚减。诏复其旧。未几，出为京东转运使。会募丁壮为义军，惟清曰：若是，天下不耕矣。三上疏谏，繇是独选河北，而余路悉罢。擢屯田郎中、度支副使。端拱初，迁右谏议大夫，历户部使，改度支使。会遣使河朔治方田，大发兵。惟清以盛春妨农，恳求罢废。太宗曰：兵夫已发矣。止令完治边城而已。淳化三年（992），迁给事中，充盐铁使，遂以帐式奏御。太宗曰：费用若此，民力久何以堪？如可减省，即便裁度。惟清曰：比开宝军兴之际，其数倍多，盖以将帅未得其人，边事未宁，屯兵至广也。臣闻汉有卫青、霍去病，唐有郭子仪、李晟，西北望而畏之。如此则边事息而支用减矣。望慎擢将帅，以有威名者俾安边塞，庶节费用。上言：彼一时，此一时也。今之西北变诈，与古不同。选用将帅，亦须深体今之几宜。韩、彭虽古之名将，以彼时之见，制今之敌，亦恐不能成功。今纵得人，未可便如古委之。此乃机事，卿所未知也。淮南榷货务卖岳茶，斤为钱百五十。主吏言陈恶者二十六万六千余斤，惟清擅减斤五十钱，不以闻。滁、泗、濠、楚州、涟水军亦以岳茶陈恶，减价市之。计亏钱万四千余贯，为勾院吏卢守仁所发，左授卫尉少卿，黜判官李琯为本曹员外郎，赐守仁钱十五万。俄出知广州。至道初，就拜右谏议大夫。太宗闻其廉平，诏奖之。二年，徙广南东、西路都转运使，寻召拜给事中。逾月，同知枢密院事。惟清倜傥自任，有钩距。临事峻刻，所至称强干。然以俗吏进，无人望。才数月，真宗即位，加刑部侍郎，复除御史中丞。既去枢要，怫郁尤甚，肆情弹击。咸平元年（998）卒，年五十六，赠户部尚书。

[《宋史》卷二百六十七《列传第二十六》]

刑部侍郎李惟清，开宝中，以三史释褐赠户部尚书。为人有钩巨，临事峻刻，所至称强干。

[嘉靖《章邱县志》卷三《人物九》]

李惟清，字直臣。下邑人。父仲行，为章邱簿，因家焉。开宝中，以三史释褐为涪陵尉。笞巫觋，给民医药。宦官督木不法，奏杀之。改御史。请减盐价，复酒耗。迁给事，充盐铁使，累官刑部侍郎，赠户部尚书。惟清为人倜傥自任，有钩距，所至称强干。

[道光《章邱县志》卷十一《仕绩》]
[康熙《章邱县志》卷六《名贤》]

李惟清，字直臣。其先下邑人。父仲行，为章邱簿，因家焉。初任涪陵尉，禁绝淫祠，笞巫觋，振兴风化，给民医药。有宦官督船木，恣纵不法，惟清奏杀之。遂知名，三迁至监察御史。减荆湖盐价，复酒耗。端拱初，历户部度支使，时大发兵，治方田，惟清以春妨农，奏罢之。出知广州，太宗奖其廉平。召拜给事中、同知枢密院事。惟清倜傥自任，所至称强干。至刑部侍郎、御史中丞。

[道光《济南府志》卷四十七《人物三》]

李惟清，字直臣。下邑人。父仲行，为章丘簿，因家焉。开宝中，为涪陵尉，笞巫觋，变民医药。宦官督木不法，奏杀之。改御史。清减盐价，复酒耗。迁给事，充盐铁使，累官刑部侍郎。

[嘉靖《山东通志》卷二十九《人物二·济南府》]

李惟清，字直臣。其先下邑人。父仲行，为章邱簿，因家焉。初任涪陵尉，禁绝淫祀，振兴风化。宦官督输船木，纵恣不法，惟清奏杀之。遂知名，三迁至监察御史。减荆湖盐价，复酒耗。端拱初，历户部度支使，时大发兵，治方田，惟清以方春妨农，奏罢之。出知广州，太宗奖其廉平。寻召拜给事中，同知枢密院事。惟清倜傥自任，所至称强干。官至刑部侍郎、御史中丞。

[雍正《山东通志》卷二十八之二《人物二》]

李惟清，字直臣。济南人。父仲行，为章丘簿，因家焉。开宝中，为涪陵尉，笞巫觋，变民医药。宦官督木不法，奏杀之。改御史。清减盐价，复酒耗。迁给事，充盐铁使，累官刑部侍郎。

[康熙《山东通志》卷三十九《人物·济南府》]

李惟清，字直臣。下邑人。父仲行，为章邱簿，因家焉。开宝中，惟清以三史解褐涪陵尉。蜀民尚淫祀，病辄延巫，惟清擒大巫笞之，民知不神，然后教以医药，俗稍变。宦官督输造船木，纵恣不法，惟清奏诛之。由是知名，累迁左赞善大夫。雍熙三年，为京东转运使。会募丁壮，为义军。惟清曰：若是，天下不耕矣！三上疏，乃诏独选河北，余路悉罢。端拱初，迁右谏议大夫。会遣河朔，大发兵，治方田。惟清以盛春妨农求罢遣，上曰：兵夫已发，乃止令完治边城。淳化三年，迁给事中，以事左授卫尉卿。出知广州，以廉平称。真宗即位，除御史中丞，未几卒。惟清倜傥自任，有钩距。临事峻刻，所至称强干。

[宣统《山东通志》卷一百五十七《人物志第十一·历代名臣》]

李惟清，字直臣。下邑人。开宝中，以三史解褐、历卫尉少卿出知广州，谨敕不苟，珍货一无所取。至道初，就拜右谏议大夫。太宗以廉平诏奖之。二年，徙广南东、西路都转运使，召拜给事中。终御史中丞卒。

[万历《广东通志》卷二十一《名宦》]

李惟清，字直臣。下邑人。父仲行，为章丘簿，因徙家焉。开宝中，惟清以三史解褐，累迁给事中，充盐铁使。淮南榷货务，左授卫尉少卿。俄出知广州，谨敕不苟，珍货一无所取。至道初，就拜右谏议大夫，太宗以廉平诏奖之。二年，徙广南东、西路都转运使，召拜给事中。终御史中丞卒。

[万历《粤大记》卷十《宦绩类·清白流风》]

李惟清，字直臣。下邑人。太宗初年，为湖北路转运判官，太宗问：荆湖丰稔，民甦否？对曰：臣见官卖盐，民以称易，其价数倍。又官酿酒，民以价鬻，其害加倍。太宗恻然，诏减免之。拜谏议大夫。

[万历《湖广总志》卷六十三《宦绩八》]

李惟清，开宝中，以三史解褐涪陵尉，累官京西转运使。太宗将大举，取幽州，惟清以为兵食未丰，未可轻动。至道初，同枢密院事。

[嘉靖《夏邑县志》卷六《仕籍》]

李惟清《宋史》本传，字直臣。下邑人。开宝中，以三史解褐涪陵尉。蜀民尚淫祀，病不疗治，听于巫觋。惟清擒大巫笞之，民以为及祸。他日又加笞焉，民知不神。然后教以医药，稍变风俗。时遣宦官督输造船木，纵恣不法，惟清奏杀之，由是知名。秩满，迁大理寺丞。

[嘉庆《四川通志》卷一百十二《政绩》]

李惟清（942—998），字直臣。北宋齐州章丘人。原籍下邑（今河南夏邑），其父李仲行任章丘主簿，遂迁家章丘。李惟清于开宝年间以三史及第，出任涪陵尉。蜀民崇尚巫术，有病不去求医问药，唯知求神问卦。李惟清派人抓来巫师，鞭笞一顿，并治其假冒神灵之罪，同时又教蜀民使用医药治病，涪陵风俗稍有改变。时朝廷派遣一宦官押运造船木，该宦官纵恣不法，李惟清上疏历陈其罪，奏请杀之，由此名声大噪，不久升为大理寺丞。太平兴国三年（978），李惟清转任荆湖北路转运判官。后历官左赞善大夫、转运副使、转运使、监察御史兼总南路。某次上朝奏事时，宋太宗垂问："荆湖累年丰稔，又无徭役，民间苏否？"惟清答道："臣见官卖盐斤为钱六十四，民以三数斗稻价，方可买一斤。"太宗乃下诏每斤盐减钱十文。

雍熙三年（986），朝廷拟大举发兵幽州。李惟清以为兵粮不足，不可轻举妄动，但朝中业已兴师，惟清所奏按压不报。判度支许仲宣建议实行通盐法：向农户征收盐税，与户税一同交纳。李惟清奉旨往荆湖诸路实地考察，回奏不宜实行，此议遂罢。太宗又问起荆湖民间疾苦，惟清回奏说酒务官卖酒价太高，百姓多转买私酒，致使税收减少。太宗遂下诏仍恢复旧价。不久，惟清出任京东转运使。时朝中下征兵令，惟清坚决反对，并接连三次上疏，朝廷折中处理，将募丁范围限制在河北路。

淳化三年（992），李惟清升为给事中，充盐铁使。后因私减茶价，左迁卫尉少卿。至道初年，拜为右谏议大夫、给事中、同知枢密院事。真宗即位（997年）后，历任刑部侍郎、御史中丞。咸平元年（998）去世，追赠户部尚书。

[《济南市志》第十八卷《人物传》]

金

◎ 葆光子 ◎

葆光子，姓郭，不知何许人。尝居女郎山之三阳洞，学炼神服气术。土人相传，于此得仙云。

[道光《章邱县志》卷十一《方外》]

葆光子，姓郭，不知何许人。尝居三阳洞，学炼神服气之术。土人相传，于此成仙。

[康熙《章邱县志》卷六《仙释》]

葆光子，《通志》云：郭姓，章邱人。居城北女郎山之三阳洞，学炼神服气之术。自号"葆光子"。后仙去。

[道光《济南府志》卷六十《仙释》]
[雍正《山东通志》卷三十《仙释志》]

女郎山，在章邱县北一里。《通志》云：又名小田山。旧志云：山顶有三阳洞，深邃可游憩。《县志》云：相传葆光子学道于此。

[道光《济南府志》卷五《山水一》]

◎ 郭志空 ◎

郭志空，字超然，号长春真人。尝遇异人，传秘法，遂不卧。善运气，久之闻于朝，赐金冠锦服。今城西北六十里，有村名郭太师庵，其祠在焉。或云即葆光弟子，号"明德真人"。

[道光《章邱县志》卷十一《方外》]

郭志空，金人。字超然，号长春真人。尝遇异人，秘传真法，遂长坐不卧。善运气，有时化为灵风通透关节，有时化为玉液灌溉骨骼，神幻变化，不止一端。闻于朝，赐金冠锦服。今城北六十里，有村名郭太师庵，志空之庵与墓在焉。旧志云：即葆光弟子，号"明德真人"。

[康熙《章邱县志》卷六《仙释》]

郭志空，《通志》云：章邱人。别号超然。尝遇异人，传授秘法，遂长坐不卧。吐纳运气，或化为灵风，或涎为玉液。章宗时召见，赐金冠锦服。道号长春真人。

《章邱志》云：字超然，号长春真人。尝遇异人，传秘法，遂不卧。善运气，久之闻于朝，赐金冠锦服。今城西北六十里，有村名郭太师庵，其祠在焉。或云即葆光弟子，号"明德真人"。

[道光《济南府志》卷六十《仙释》]

郭志空，字超然。章邱人。号长春真人。尝遇异人，秘传真法，遂长坐不卧。

善运气，或化为灵风而通透关节，或化为玉液而溉灌骨骼，神幻变化，非止一端。闻于朝，赐金冠锦服。

[嘉靖《山东通志》卷三十四《仙释·济南府》]
[宣统《山东通志》卷二百《杂志下·仙释》]

郭志空，字超然。号长春真人。尝居蒲城东南北陆庵。遇异人，秘传真法，长坐不卧。善运气，有时化为灵风而通透关节，有时化为玉液而灌溉骨骼，神幻变化，非止一端。闻于朝，赐金冠锦服，加"宏阳普化纯德真人"。其所撰诗歌及《太清观碑记》，迄今尚存。

[咸丰《武定府志》卷二十六《仙释》]

郭志空，字超然。章邱人。号长春真人。居邑东南北陵庵。遇异人，秘传真诀，长坐不卧。善运气，神幻变化，不止一端。金时闻于朝，赐金冠锦服，加"宏阳普化纯德真人"。其所撰《青天歌》云：生涯朗朗青霄月，和气飘飘太古风。颠蹶往来无伴侣，黄河一水万波通。今《太清观碑记》尚存。

[乾隆《蒲台县志》卷四《仙释》]

太清仙迹，金时郭志空养真处。至今旧迹尚存，有遗诗刻石。见《寺观》《仙释》。

[乾隆《蒲台县志》卷一《附八景》]

太清观，在城东南七里，即郭志空修真处。废久，有《碑记》尚存，邑境八景之一，即北陵庵。旧志误分为二。

[乾隆《蒲台县志》卷四《寺观》]

太清仙迹，城东七里，金时郭志空养真处也。至今旧迹尚存，有遗诗刻于石。

[咸丰《武定府志》卷三十八《杂记》]

明

◎ 于 翰 ◎

于翰，弘治年岁贡生。正德初，阉瑾闻袁公冕名，欲致之门下，教其从子。公冕辞，因延致翰。清介自饬，一毫不干预，求者虽积金满前不顾也。瑾诛查其党羽，独翰无片纸相往还，公论以是高之马广。以天性乐施人，因字以济周，勇决有胆略，以务农大其家，喜济穷困，尝捐财为义社，族凡下户四十余人，马价徭银俱为代输，他姓贫者亦多依之。善制药，以应病者，无弗愈。尤精骑射。正德间，流贼张兴、张旺等三千人屯驻埠村，分掠四出，有七十余骑直抵大冶，广挟弓矢，跃马横冲，贼皆惊散。嘉靖丙午（1546）春，莱芜巨寇吉关等二十四人，白昼劫人，亦据埠村为巢，广令长子为应，躬率精勇，至寇所，远射近屠，止逃一崔伦，余俱肝脑涂地矣。次年，有杨龙、杨虎两兄弟，誓众二十余人，昼劫邻村范思升，已有救援者，广从而助之，二杨殪死，余悉逃窜。自是绝警者十七八年。子既闲、既同，俱庠生。享寿七十五岁。李太常开先为之"传"。

[道光《章邱县志》卷十一《义行》]

（弘治）十四年（1501）辛酉

于翰，有"传"，载《义行》。

[道光《章邱县志》卷八《贡生》]

◎ 云生起 ◎

云生起，字从龙。不知何许人。万历辛亥（1611）来章邱。气韵潇洒，善谈谕，娓娓可听。善书，能吟咏，以水墨写花卉，颇生动，有意态，间作山水，淡远有致。晚年，兼精岐黄，以老寿终。

[康熙《章邱县志》卷六《流寓》]

云生起，字从龙。不知何许人。万历辛亥来章邱。洒脱善谈。工书，能吟咏，以水墨写花卉，生动有意态，作山水，亦淡远有致。晚兼精岐黄，以老寿终。

[道光《章邱县志》卷十一《流寓》]

云生起，字从龙。不知何许人。万历中来寓章邱。气韵潇洒，善谈论，娓娓可听。善书，能吟咏，以墨水写花卉，颇生动，有意态，间作山水，淡远有致。晚年，兼业岐黄，以老寿终。

[道光《济南府志》卷六十二《侨寓》]

云生起，字从龙。明代人，万历中寓居章丘。善谈论，好书画。晚岁兼事岐黄术，以老寿终。

[《山东中医药志》第六篇《人物表》]

◎ 陈得祥 ◎

　　陈得祥，东锦之普济人。少好玄学，尝遇一黄冠，双鬓方瞳，倾盖语合，得祥邀至家，因尽授《太素脉诀》。复语之曰：世所传《脉经》《脉诀》，大谬！汝持此游人世，可无两手！后数十年，当遇我。而里中人沿习高阳生说，不肯信。乃北走燕，始落落难合，后其医益奇验，名暴起，遂倾诸国手，塞上缙神迎之无虚日。复归里，董君复亨试其脉，应如响，恨相遇之晚，颜其门曰"长桑真脉"。

[康熙《章邱县志》卷六《方伎》]

　　陈得祥，普济人。少好玄学，尝遇一黄冠，倾盖语合，因授《太素脉诀》。语之曰：世所传《脉经》《脉诀》，大谬！汝持此游人世，可无两手。里中人多不之信，乃北至燕，试其术奇验，名大著，缙绅招之无虚日。后归里，邑令董复亨颜其门曰"长桑真脉"。

[道光《章邱县志》卷十一《艺术》]

　　陈得祥，章邱人。尝遇一黄冠，倾盖语合，因授《太素脉诀》。语之曰：汝持此，游人世，可无两手！乃北至燕，试其术奇验，缙绅招之无虚日。后归里，邑令董颜其门曰"长桑真脉"。

[道光《济南府志》卷六十一《方伎》]

　　按《章邱志》云：陈得祥，东锦之普济人。少好玄学，尝遇一黄冠，双鬓方瞳，倾盖语合，得祥邀至家，因尽授《太素脉诀》。复语之曰：世所传《脉经》《脉诀》，大谬！汝持此游人世，可无两手！后数十年，当遇我。而里中人沿习高阳生说，不肯信。乃北走燕，始落落难合，后其医益奇验，名暴起，遂倾诸国手，缙神迎之无虚日。后归里，董复亨试其脉，应如响，恨相遇之晚，颜其门曰"长桑真脉"。

[《古今图书集成医部全录》卷五百十六《医术名流列传》]

　　陈得祥，明代章丘县人。路遇异人，语合，邀至家，授《太素脉诀》，习之，为人治病，里中人多不肯信，乃北走燕赵试其术，治病多奇验，名震，遂倾诸国，塞上缙绅迎之无虚日。后归故乡，邑令董复亨试其术，应如响。赠匾曰"长桑真脉"。

[《山东中医药志》第六篇《人物表》]

◎ 李　炜 ◎

◎ 王春山 ◎

◎ 张 洵 ◎

◎ 陈月山 ◎

　　李炜，字屏岩。张家林人。与王春山，字小村。俱诸生。及张洵，字西泉；陈月山，凡四人，皆以医名于世据《闲居集》增补。

　　　　　　　　　　　　　　　　　　［道光《章邱县志》卷十一《艺术》］

　　李炜，字屏岩。王春山，字小村。俱章邱诸生。张洵，字西泉。与陈月山四人，皆以医名于世。

　　　　　　　　　　　　　　　　　　［道光《济南府志》卷六十一《方伎》］

　　李炜，字屏岩。明代章丘县张家林人。庠生。以医名于时。
　　王春山，字小村。明代章丘县人。庠生。生卒年代不详。当时为县邑之名医。
　　陈月山，明代章丘县人。业岐黄术，为县中名医。

　　　　　　　　　　　　　　　　　　［《山东中医药志》第六篇《人物表》］

◎ 李 观 ◎

　　李观，字洞开。通医，济人若渴，至老不倦据《李氏族谱》增补。

　　　　　　　　　　　　　　　　　　［道光《章邱县志》卷十一《艺术》］

　　李观，字洞开。章邱人。通医，济人若渴，至老不倦。

　　　　　　　　　　　　　　　　　　［道光《济南府志》卷六十一《方伎》］

清

◎ 郭有年 ◎

◎ 李 淇 ◎

◎ 王延普 ◎

　　医官雍正元年以前，无考。

郭有年

李淇，雍正七年（1729）授。

王延普，雍正十年（1732）授。

[乾隆《章邱县志》卷六《医官》]

◎ 巩廷相 ◎

巩廷相，性孝友，与兄同居，至老无间言。通岐黄术，以济众为心，受治者多立愈。

[道光《章邱县志》卷十《孝友》]

巩廷相，清代章丘县人。性孝友，与兄同居，至老无间言。通医术，以济众为怀，治多立愈。

[《山东中医药志》第六篇《人物表》]

◎ 张兴伦 ◎

张兴伦，字慎徽。诸生。父斗琇，中年病废，晨夕侍奉，无少闲。事兄兴佐，恂谨如礼。周孤寡，施药饵，兴里塾。寿九十余。其子毓楷，贡生。

[道光《章邱县志》卷十《孝友》]

◎ 焦尔启 ◎

焦尔启，字文发。性慈厚，以父衍曾患痿痹，遂习《内经》，调汤药，侍抑搔，三年无懈。同堂兄弟六五人，乏子嗣，葬祭之事，一以身任。产业悉分给女侄辈。年逾四十，亦无子。形家以其父葬地失宜，宜改葬。启曰：子嗣有无，不可必。先令吾亲遗骸，迁移暴露，不忍也。议遂寝。后有子二、孙五，寿至八十四岁。妻马氏，亦孝谨，寿至九十岁。儒学杨培甲为之"传"。

[道光《章邱县志》卷十《孝友》]

焦尔启，字文发。衍曾子。以父患痿痹，遂习《内经》，调汤药，三年无懈。年四十无子，形家欲改葬，不听。后有子二、孙五，年八十四岁。

[道光《济南府志》卷五十四《人物志十》]

◎ 孟云峰 ◎

孟云峰，字岚亭。初由廪生任昌乐训导，后官户部主事。乞养归里，缮宗祠，置祭田。精岐黄，设药饵济人，尤能孝事继母。尝手辑古今伦常事十余卷，曰《人镜集》。

[道光《章邱县志》卷十《文苑》]
[《章邱乡土志·耆旧录·学问》]

孟云峰，字岚亭。章邱人。由廪生任昌乐训导，后官户部主事。乞养归里，缮宗祠，置祭田。精岐黄，设药饵济人，尤能孝事继母。尝手辑古今伦常事十余卷，曰《人镜集》。

[道光《济南府志》卷五十四《人物志十》]

孟云峰，字岚亭。清代章丘县人。廪生。任昌乐训导，后官至户部主立事，乞养归里。精通医学，常备药济人。

[《山东中医药志》第六篇《人物表》]

孟云峰，章邱人。例贡。官户部主事。

[道光《济南府志》卷四十三《国朝贡生》]

嘉庆六年辛酉（1801）

孟云峰，章邱人。廪贡。

[嘉庆《昌乐县志》卷十四《训导》]

《人镜集》五十四卷，孟云峰撰。云峰，字岚亭。章邱人。官户部主事。是编刊于咸丰辛亥（1851），分君臣、父子、夫妇、兄弟、朋友五类。长山李芳实"序"云：语不皆经，而人纪明。事不皆史，而人事备。百家诸子，撷其精华。杂说丛谈，征为故实。又"凡例"云：五伦不足以赅人类，然以类附从，如胥吏、主仆附于君臣，祖孙、诸父母、诸子、姑侄及异姓尊属附于父子，妾婢附于夫妇，嫂叔、嫂姑、姊妣、群从、疏属及异姓异弟附于兄弟，师弟、宾主及闾里交际附于朋友，亦可以尽人类之相与矣据本书。

[宣统《山东通志》卷一百四十《艺文志第十·子部·类书》]

◎ 赵继兴 ◎

赵继兴，字丕振。性孝友，有子一而侄三，析产时，分田宅为四，而自取其一。有贷钱者，挟农具以偿息，遂出券焚之，更周以粟。通医，遇贫者辄留家调治之。曾孙镛，领乡荐。

[道光《章邱县志》卷十一《义行》]

赵继兴，字丕振。章邱人。性孝友，有子一而侄三，析产时，分田宅为四，自取其一。有贷者，以农具偿息，出券焚之，更周以粟。通医，遇贫者留家调治之。曾孙镛，领嘉庆丙子（1816）乡荐。

[道光《济南府志》卷五十四《人物志十》]

◎ 张兴儒 ◎

张兴儒，字道传。邑诸生。构康山园，读书课徒其中。兼习医，求者无不应，一方倚赖之。

[道光《章邱县志》卷十一《义行》]

◎ 史瑞仪 ◎

史瑞仪，字怡堂。候选通判。乐善好施，制药济人，虽重资不吝。

[道光《章邱县志》卷十一《义行》]

◎ 郝茂榕 ◎

郝茂榕，字灵岩。绍宗子。由举人历任汶上、莱阳教谕，条教有方，兼通医，以济众为心。所得俸余，悉周族党匮乏者。

[道光《章邱县志》卷十一《义行》]

嘉庆三年（1798）戊午科
郝茂榕，章邱人。解元。官汶上训导。

[道光《济南府志》卷四十二《选举四》]

◎ 王生周 ◎

◎ 李柔克 ◎

王生周，业岐黄，与翟玉华齐名。李柔克，字从仲。与生周比邻，为莫逆交。慕其术，购经方，日夜读。王闻，辄大笑。柔克知王有洁癖，乃伺其下榻处，跣足洒扫，率以为常。王心异之。一日，佯出，逾时归，则李适役焉。自是倾心指授如师弟。岁余，曰：夺我席者，必从仲也，然我死乃显。生周殁，李名大著。会邑令女病，延之医，预饰一婢，置幕中，试之。诊毕，语令曰：无病且脉贱，非公女也。令大惊异。女服其药，一夕而愈。又尝诊历下李友馨，预决其有贵子，后子衮果以进士为礼部主事。生周尝称：玉华为七分医，己五分，柔克可三分。著有《脉诀珠囊集》。殁后，李树敏为之合"传"焉。

[道光《章邱县志》卷十一《艺术》]

王生周，章邱人。业岐黄，与翟玉华齐名。李柔克，字从仲。与生周比邻，慕其术，购经方，日夜读。王闻，辄大笑。柔克知王有洁癖，乃伺其下榻处，跣足洒扫。王心异之。一日，佯出，逾时归，李适役焉。自是倾心指授岁余。曰：夺我席者，必从仲也，然我死乃显。生周殁，李名大著。邑令女病，延之医，预饰一婢，置幕中，试之。诊毕，语令曰：无病且脉贱，非公女也。令大惊异。女服其药，一夕而愈。又尝诊历下李友馨，预决其有贵子，后子衮果以进士为礼部主事。生周尝称：玉华为七分医，己五分，柔克可三分。著有《脉诀珠囊集》。

[道光《济南府志》卷六十一《方伎》]

王生周，清代章丘县城北关人。业精岐黄术，名显一时。著有《脉诀珠囊集》，已佚。

李柔克，字从仲。清代章丘县城北关人。从师于毗邻王生周，尽得其术，治多奇验，以医闻名。

[《山东中医药志》第六篇《人物表》]

◎ 牛元佐 ◎

牛元佐，字绅扉。雍正癸卯（1723）副贡生。习岐黄术，所治多奇效。后之习医者，犹遵其遗书用之。

[道光《章邱县志》卷十一《艺术》]

牛元佐，字绅扉。章邱人。雍正癸卯副贡。习岐黄，所治多奇效。后之习医者，犹遵其书用之。

[道光《济南府志》卷六十一《方伎》]

牛元佐，字绅扉。清代章丘县人。雍正癸卯副贡。工医学，治病多验。

[《山东中医药志》第六篇《人物表》]

◎ 李 佩 ◎

李佩，字斑麓。通医。有孕妇某，患闭结。李诊毕，谓其夫曰：只须倒持摇之，可无药也。夫如言，遂愈。诘其故，曰：胎动下垂耳。同里某，自命伤寒专门，遘疾自治，弗效。素嫉李，其兄与李善，为延之，一服而瘳。历任邑令皆嘉奖之。

[道光《章邱县志》卷十一《艺术》]

李佩，字斑麓。章邱人。通医。有孕妇患闭结，诊毕，谓其夫曰：须倒持摇之，可无药也。如言，遂愈。诘其故，曰：胎动下垂耳。历任邑令皆奖之。

[道光《济南府志》卷六十一《方伎》]

李佩，字斑麓。清代章丘县人。精医术，延请者虽严寒盛暑不辞，其心愈诚而术愈精，诊必立效，治多奇验。邑令嘉奖之。

[《山东中医药志》第六篇《人物表》]

◎ 吕 越 ◎

吕越，邑诸生。业医，值时疫熏染，多暴死。越施方药，全活甚众，尤善痘疹科。有延者，溽暑冱寒必往，邑令席扁奖之。

[道光《章邱县志》卷十一《艺术》]

吕越，章邱人。诸生。业医，值时疫熏染，多暴死。越施方药，全活甚众，尤善痘疹科。有延者，溽署冱寒必往，邑令席扁奖之。

[道光《济南府志》卷六十一《方伎》]

吕越，清代章丘县人。庠生。业岐黄术，尤善痘疹科，适值疫疠暴行，人多死，赖越施方，活者甚众，治者盈门，延请者虽溽暑严寒必往。

[《山东中医药志》第六篇《人物表》]

◎ 王毓朴 ◎

王毓朴，字子实。值母病，求良医不获，母亡。毓朴深以不自知医为恨，遂弃帖括之学，究心岐黄者十载，竟以医名。诊脉能洞达病源，预决死生。邑令杨有诗赠之。

[道光《章邱县志》卷十一《艺术》]

王毓朴，字子实。章邱人。母病，求良医不获，母亡。深以不知医为恨，遂弃帖括，究心岐黄者十载，竟以医名。诊脉能洞达病源，预决死生。邑令杨有诗赠之。

[道光《济南府志》卷六十一《方伎》]

王毓朴，字子实。清代章丘县人。幼习儒学，母病，求良医不得，失治而卒，深以不知医为恨，遂弃儒习医，究心岐黄十载，寒暑不辍，终成良医。诊脉能洞察病源，预决死生。

[《山东中医药志》第六篇《人物表》]

◎ 王思简 ◎

王思简，进士王忻孙。笃学敦行，素解医，尤精痘疹科。遇贫者，拯恤之，馈遗一无所受。寿八十三。子者佐，孙居敬，以读书世其家。

[道光《章邱县志》卷十一《艺术》]

王思简，章邱人。进士忻之孙。素解医，尤精痘疹科。遇贫者，拯恤之，馈遗一无所受。年八十三卒。子孙以读书世其家。

[道光《济南府志》卷六十一《方伎》]

王思简，清代章丘县人。儒医，尤精痘疹科，求诊者日填其门，馈赠一无所受，贫穷者恤之。卒年八十三岁。子孙世其业。

[《山东中医药志》第六篇《人物表》]

◎ 高 择 ◎

高择，习岐黄术，求无不应，家贫，不受馈谢。寿九十四。邑令马扁奖之。

[道光《章邱县志》卷十一《艺术》]

高择，章邱人。习岐黄术，求无不应，家贫，不受馈谢。年九十四。邑令马扁奖之。

[道光《济南府志》卷六十一《方伎》]

高择，清代章丘县人。约生活于顺治至乾隆年间。性纯朴，善医道，有德行，求无不应，家虽贫不受酬谢，邑令马公赠匾曰"春满杏林"。寿至九十四岁。

[《山东中医药志》第六篇《医林寿星小传》]

◎ 高如崐 ◎

◎ 高泽长 ◎

高如崐，字峻甫。以儒术治岐黄，融贯诸书，投剂辄效。著有《伤寒摘要》，藏于家。孙泽长，亦以医名世。邑令张扁其门。

[道光《章邱县志》卷十一《艺术》]

高汝崐，字峻甫。章邱人。以儒术治岐黄，融贯诸书，投剂辄效。著有《伤寒摘要》。孙泽长，亦以医名世。邑令张扁其门。

[道光《济南府志》卷六十一《方伎》]

高汝崐，字峻甫。清代章丘县人。幼业儒，以儒术治学岐黄，融贯诸书，投剂辄效。著有《伤寒摘要》，已佚。

[《山东中医药志》第六篇《人物表》]

◎ 焦 现 ◎

焦现，通医，每以药饵济人。

[道光《章邱县志》卷十一《艺术》]

焦现，章邱人。通医，每以药饵济人。

[道光《济南府志》卷六十一《方伎》]

焦现，清代章丘县人。通晓医学，重医德，常以药济人。

[《山东中医药志》第六篇《人物表》]

◎ 焦汝桂 ◎

焦汝桂，诸生。通医，有《医学良方》四卷。

[道光《章邱县志》卷十一《艺术》]

[道光《济南府志》卷六十一《方伎》]

焦汝桂，清代章丘县人。县学生员。工医道。著有《医学良方》四卷，已佚。

[《山东中医药志》第六篇《人物表》]

◎ 胡元懋 ◎

胡元懋，善岐黄术，著有《胎产方脉集要》。邑令严扁奖之。嘉庆丙辰（1796）给顶带。寿九十有四。

[道光《章邱县志》卷十一《艺术》]

胡元懋，章邱人。善岐黄术，著有《胎产方脉集要》。邑令严扁奖之。嘉庆丙辰给顶带。寿九十有四。

[道光《济南府志》卷六十一《方伎》]

胡元懋，清代章丘县人。生于康熙四十二年（1703），卒于嘉庆元年（1796）。善岐黄术，著有《胎产方脉集要》。

[《山东中医药志》第六篇《医林寿星小传》]

[《中医人物词典》]

[《中医人名大辞典》]

◎ 吕希舜 ◎

◎ 吕纯嘏 ◎

　　吕希舜，字慎徽。父越所集《医镜》及《灵》《素》诸书，读之得其要领，遂通医。其从子纯嘏，亦以医世其家。

　　　　　　　　　　　　　　　［道光《章邱县志》卷十一《艺术》］

　　吕希舜，字慎徽。章邱人。父越所集《医镜》及《灵》《素》诸书，读之得其要领，遂通医。其从子纯嘏，亦以医世其家。

　　　　　　　　　　　　　　　［道光《济南府志》卷六十一《方伎》］

　　《医镜集要》，吕希舜撰。希舜，字慎徽。章邱人。是书见《府志》。本传云：父越所集《医镜》及《灵》《素》诸书，读之得其要领，遂通医。

　　　　　　　［宣统《山东通志》卷一百三十六《艺文志第十·子部·医家》］

　　吕希舜，字慎徽。清代章丘县人。父吕越为邑内名医，承父业，修岐黄术，精医道。著有《医镜集要》。其侄纯嘏，亦以医名于时。

　　　　　　　　　　　　　　　［《山东中医药志》第六篇《人物表》］

◎ 李克广 ◎

◎ 李体诚 ◎

　　李克广，字德心。监生。慎修次子。得吴六吉诊脉术，能知人夭寿贵贱。著有《医学寻源》十卷。次子体诚，得其传，尤好施予，遇疾贫乏者，辄解囊医治。

　　　　　　　　　　　　　　　［道光《章邱县志》卷十一《艺术》］

　　李克广，字德心。章邱人。得吴六吉诊脉术，能知人夭寿贵贱。著有《医学寻源》十卷。子体诚，得其传，好施予，遇疾贫乏者，辄解囊医治。

　　　　　　　　　　　　　　　［道光《济南府志》卷六十一《方伎》］

　　李克广（1713—1761），字德心，号东陵。太学生。历城西营佛峪人。自幼跟随在京为官的父亲李慎修读书，天资聪颖，幼年时期即能出口成章。但体弱多病，其父认为他不宜步入仕途，便请宫廷御医吴六吉先生教他学医。吴先生官授太医院判，是上极天文，下穷地理，中悉人事，力圭聊投的神医。李克广在吴先生的亲自传授下读了很多医书，特别是读了皇帝钦点、吴先生编纂的《医宗金鉴》后，医学知识长进很快。吴先生非常满意，对慎修说：如果能再加努力并多加实践，就是我得意传人了。自此，克广更是专心攻读医书并广为群众诊病，不论冬夏寒暑、风雨雪飘，有请必到，药到病除，成为远近闻名的名医。在此基础上，又广收博览，阅读轩岐遗书及诸家载籍，结合实际，探索研究，博采古圣方论，汰粗存精，敛烦归约，日积月累，叙成是编，书名《医学寻源》。在其"序"中说：《灵枢》《素》《难》，医理之源也。《神农本草经》《汤液》，药性之源也。仲景《伤寒论》《金匮要略》，方法之源也。阴阳表里、寒热虚实，疾病之源也。书中对医学理论、药物、方剂都做了深刻论述，是中医药界的珍贵书籍。

李克广的儿子李体诚（1748—1807），字圣本。太学生。子承父志，认真研读了《医学寻源》和诸家医说，也是远近闻名的医生。性情豁达，乐善好施，专心医道，治病救人，遇到病人贫困，便解囊相助，受到了群众的称颂。晚年，子侄们劝他节劳自娱，笑而答道：但恐不能活人耳，救人危苦，吾固乐自不疲也。无济于人，劳不可惮，况乎有济而敢自逸也。充分体现他的医德之高。邓连熙据《李氏族谱》辑。

[《历城文史资料》第九辑《清代名医李克广》]
[《济南中医药志》第二章《列表人物》]
[《山东中医药志》第六篇《人物表》]

◎ **康士珩** ◎

◎ **王长明** ◎

◎ **康如浩** ◎

◎ **康如英** ◎

康士珩，字楚白。尝师名医王长明，得其传。救人疾苦，不受馈遗。著有《伤寒易简录》一卷。后以痘疹术，授其族孙如浩；以内科术，授从孙如英，皆以医名一时。

[道光《章邱县志》卷十一《艺术》]

康士珩，字楚白。章邱人。尝师名医王长明，得其传。救人疾苦，不受馈遗。著有《伤寒易简录》一卷。后以痘疹术，授其族孙如浩；以内科术，授从孙如英，皆以医名一时。

[道光《济南府志》卷六十一《方伎》]

康士珩，字楚白。清代章丘县人。拜王长明为师学医，深得其传。救人疾苦，不受馈谢，著有《伤寒易简录》一卷，已佚。后以其痘疹术授其族孙如浩，以内科术授其从孙如英，因此皆以医名。

[《山东中医药志》第六篇《人物表》]

[《简明实用伤寒论词典》]

[《中医人物词典》]

[《中医人名大辞典》]

◎ 徐绳武 ◎

徐绳武，因母病学医，遂通其术。著有《铭心医录》。

[道光《章邱县志》卷十一《艺术》]

徐绳武，章邱人。因母病学医，遂通其术。著有《铭心医录》。

[道光《济南府志》卷六十一《方伎》]

徐绳武，清代章丘县人。因母病苦无良医，遂发奋学医。著有《铭心医录》，已佚。

[《山东中医药志》第六篇《人物表》]

◎ 张子宏 ◎

◎ 李启承 ◎

张子宏与李启承，并攻医，当时有"子宏善补，启承善攻"之语。

[道光《章邱县志》卷十一《艺术》]

张子宏，章邱人。与李启承并攻医，当时有"子宏善补，启承善攻"之语。

[道光《济南府志》卷六十一《方伎》]

张子宏，清代章丘县人。业医，治病善用补法。

李启承，清代章丘县人。业医，治病善用攻法。

[《山东中医药志》第六篇《人物表》]

◎ 张应光 ◎

张应光，习医，尤善痘疹科。

[道光《章邱县志》卷十一《艺术》]

张应光，章邱人。习医，尤善痘疹科。

[道光《济南府志》卷六十一《方伎》]

张应光，清代章丘县人。业医，尤善痘疹科。

[《山东中医药志》第六篇《人物表》]

◎ 苏　松 ◎

苏松，字带湖。习医六十年，尤善外科，应手多奇效。邑令张扁奖之。

[道光《章邱县志》卷十一《艺术》]

苏松，字带湖。章邱人。习医六十年，尤善外科，应手多奇效。邑令张扁奖之。

[道光《济南府志》卷六十一《方伎》]

苏松，字带湖。清代章丘县人。业医六十年，善治外科，应手多奇效，邑令张匾奖之。

[《山东中医药志》第六篇《人物表》]

◎ 高振方 ◎

高振方，字休亭。少习举业，屡试弗售，乃学医，以医名，尤精痘疹科。

[道光《章邱县志》卷十一《艺术》]

高振方，字休亭。章邱人。少习举业，屡试弗售，乃学医，以医名，尤精痘疹科。

[道光《济南府志》卷六十一《方伎》]

高振方，字休亭。清代章丘县人。少习举业，屡试不售，遂弃儒学医，精痘疹科，以医名时。

[《山东中医药志》第六篇《人物表》]

◎ 刘　琯 ◎

刘琯，住进家庄。习疡医，性廉介，不受馈谢，出资制药饵济人，虽老迈未尝辞劳，乡人德之。

[道光《章邱县志》卷十一《艺术》]

刘琯，章邱人。习疡医，性廉介，不受馈谢，出资制药饵济人，虽老迈未尝辞劳，乡人德之。

[道光《济南府志》卷六十一《方伎》]

刘琯,清代章丘县住进家庄人。工医术,善外科,性廉介,不受馈谢,尝出资制药济人,虽年老仍不辞诊。乡人感之。

[《山东中医药志》第六篇《人物表》]

◎ 隗良能 ◎

隗良能,善医痘疹。

[道光《章邱县志》卷十一《艺术》]

[道光《济南府志》卷六十一《方伎》]

隗良能,清代章丘县人。业医,善痘疹科。

[《山东中医药志》第六篇《人物表》]

◎ 冯联松 ◎

冯联松,字秀岭。好义,通医,刀圭所投,每有奇效。新城举人伊训为之"传"。

[道光《章邱县志》卷十一《艺术》]

冯联松,字秀岭。章邱人。好义,通医,刀圭所投,每有奇效。

[道光《济南府志》卷六十一《方伎》]

冯联松,字秀岭。清代章丘县人。好行义,通医术,治多奇效。

[《山东中医药志》第六篇《人物表》]

◎ 张志文 ◎

张志文,善医。寿八十九岁。

[道光《章邱县志》卷十一《耆寿》]

◎ 张廷机 ◎

张廷机,善针灸术,于人无所取。立义学,以教乡党子弟。现年八十岁。

[道光《章邱县志》卷十一《耆寿》]

张廷机,清代章丘县人。擅长针灸术,为人治病无所取。立义学以教家乡子弟。

[《山东中医药志》第六篇《人物表》]

◎ 宋振楷 ◎

◎ 刘 氏 ◎

　　刘氏，宋振楷妻。二十六岁，寡。翁精岐黄，刘亦通药性。操作之余，代翁服劳，尤能得亲欢心。现已六十三岁。

[道光《章邱县志》卷十二《孝妇》]

◎ 张 鏿 ◎

　　张鏿，业岐黄，尝裹粮医人，毫无所取。

[道光《章邱县志》卷十六《艺术补遗》]

　　张鏿，清代章丘县人。业岐黄术，为人治病，分毫不取。

[《山东中医药志》第六篇《人物表》]

◎ 苏 洲 ◎

　　雪簑，姓苏，名洲，别号雪簑道人。每大书及诗词后，冒雪披簑，手押奇古骇观。原河南杞县人，徙居唐县。伯父名百当，以卖酒为业。雪簑年方十一二，随之度日。肆中，偶有一人，醉卧而毙，告于所司，上下使用，遂困穷逃散。雪簑无所依，恃其颖性，而字书、弹琴、蹴鞠、歌唱，皆可居海内第一流，作半笔片纸小画，亦差可人意。所作，多生硬奇怪，或杂。里中常谈方外异语，高洁不染尘埃，疏放难拘礼法，善搭配古董和制药材，戏谑调笑有足动人者，但玩世不恭，人难亲近耳。详《李中麓集》中。

[道光《章邱县志》卷十五《轶事志》]

◎ 韩兆禧 ◎

◎ 韩式伋 ◎

◎ 韩成师 ◎

　　韩兆禧（1800—？），章丘市文祖镇东田广村人。其父之友授予骨科术，遂善医骨科病。其子式伋、孙成师，承家传，亦善骨科。

[《章丘卫生志》第十二篇《人物》]

民国

◎ 徐士刚 ◎

徐士刚（1841—1919），章丘市明水办事处王白庄人。弱冠习医，攻读经典，尤对《审视瑶函》《龙木论》《眼科正宗》潜心研读，以善眼科名于世，三十岁即为县内名医。其子守福承其业，亦善眼科。

[《章丘卫生志》第十二篇《人物》]

[《山东中医药志》第六篇《人物表》]

◎ 马云亭 ◎

马云亭（1855—1919），章丘县埠村镇大冶村人。回族。清光绪二十年（1894）中日"甲午之战"时，曾随回族爱国将领左宝贵赴高丽（今朝鲜）抗击日军。左宝贵阵亡后，马云亭目睹清军腐败，愤离军队返乡。后在济南开设"保安堂"中药店，自任坐堂先生。因他医学造诣颇深，为人热忱，深得患者信赖。1919年"五四运动"爆发后，年已64岁的马云亭毅然走出药房，投身"五四运动"，日夜奔走于回族群众之中，召集回族穆斯林在济南西关秘密开会，发起并组织"回民救国后援会"，马云亭被选任会长。7月21日，马云亭率回族青年，参加捣毁亲日派"安福系"在山东的喉舌《昌言报》和一家日商报馆。济南镇守使马良派骑兵前往镇压。骑兵不忍践踏同胞，马良亲自操刀狂喊亦无济于事。山东督军张树元下令严厉镇压。7月22日夜，马良派卫队以"结党扰乱社会治安"罪名，将马云亭及回族爱国青年朱春涛、朱春祥逮捕。马云亭在狱中受尽折磨，坚贞不屈；公堂之上，痛斥段祺瑞、张树元、马良等人卖国罪行。1919年8月5日上午，与朱春涛、朱春祥同时在济南南圩子门外刑场被杀害。

[《济南市志》第十八卷《人物传》]

[《市中区志》第二十六篇《人物传记》]

[《章丘县志》第二十六篇《人物》]

◎ 朱静庭 ◎

朱静庭（1865—1940），章丘市刁镇朱家村人。自幼习岐黄术，擅长内、妇科。诊病细心，经验丰富，名噪县境北部及邹平县南部地区。

[《章丘卫生志》第十二篇《人物》]

◎ 冯汝坤 ◎

冯汝坤（1865—1949），章丘市刁镇冯家村人。一生业医，擅长骨科、按摩，闻名于县内及商河、乐陵一带。

[《章丘卫生志》第十二篇《人物》]

◎ 袁荣贵 ◎

袁荣贵（1868—1938），章丘市白云湖镇苏家码头村人。一生业医，医理谙熟，善治热病。常为旧军孟家延之医病，足迹遍及各大"祥"字号。但贫者一呼即应，从不受馈赠，声望很高。殁后，乡民为其立墓碑纪念。

[《章丘卫生志》第十二篇《人物》]

◎ 沈恒久 ◎

沈恒久（1868—1943），字凤湘。章丘市刁镇左家村人。青年时，其侄殁于庸医误治，遂立志学医，竟以医名。不仅在县内，且沿胶济铁路闻名于济南、青岛等地。德高业精，尤擅长脉诊，治愈不少危重病人，对贫家常施医舍药，为众敬仰。

[《章丘卫生志》第十二篇《人物》]

[《山东中医药志》第六篇《人物表》]

◎ 张延年 ◎

张延年（1871—1942），字寿轩。章丘市东关北村人。庠生。从父学医，治学严谨，擅长内、妇科，治妇科病以《傅青主女科》为准，从不冒险，深得民众敬重。

[《章丘卫生志》第十二篇《人物》]

[《山东中医药志》第六篇《人物表》]

◎ 高荆蔚 ◎

高荆蔚（1878—1949），章丘人，行医于陵县。善治内科杂病，尤精妇科，名重一时。

[《章丘卫生志》第十二篇《人物》]
[《山东中医药志》第六篇《人物表》]

◎ 彭庆阶 ◎

彭庆阶（1880—1937），字兰生。章丘市埠村镇彭家庄人。自幼从父在山西习医，后独返故里应诊，擅长内、妇科。熟谙医理，诊病细心，用药精当，善以平易之品而获良效，深得众誉。

[《章丘卫生志》第十二篇《人物》]

◎ 李允守 ◎

李允守（1882—1939），字廉泉。章丘市埠村镇东鹅庄村人。生于世医之家，十六岁随父学医，刻苦攻读，历四载而应诊。擅长内科，善治伤寒，广纳各家学说而无门户之见。性忠厚，尚医德，为众赞誉，名噪埠村、明水一带。

[《章丘卫生志》第十二篇《人物》]
[《山东中医药志》第六篇《人物表》]

◎ 牛嗣玉 ◎

牛嗣玉（1897—1946），曾用名牛嗣林、牛蕴山。相公庄镇牛推官庄人。少时读书三年，家贫辍学。十四岁去济南，先后在铜店、药店学徒。1925年（民国十四年），加入中国共产党。1928年，奉命去沈阳，以开药店为掩护任地下交通员。其妻张苏生在他影响下，亦加入中国共产党。根据组织指令，先后活动在沈阳、大连、长春、哈尔滨、青岛、上海等地。1933年，在上海被捕入狱。出狱后，与党组织失去联系，回原籍开药店行医。1945年，通过区长张万里找到党组织，重新入党。1946年春，调任簧山区副区长。同年4月，在簧山前村开展工作时，被叛徒骗到花山子（地名）遭敌人杀害。

[《章丘县志》第二十六篇《人物》]

◎ 郭恒祯 ◎

郭恒祯(？—1938)，字干臣。章丘市东关村人。通医学，多义举。善治伤寒，用药精简。是时县长冯某之母病，医治半月无效，后延郭诊治，投药一匕而愈。

[《章丘卫生志》第十二篇《人物》]

青岛

即 墨

唐

◎ 王 旻 ◎

王旻者，得道人也。常游五岳，貌如三十许人。元宗时，诏至阙。天宝四年（745），同南岳道士李华周，请高密牢山为上炼长生之药，元宗许之，改牢山为辅唐山。

[同治《即墨县志》卷十二《释道》]

明

◎ 周 禧 ◎

周禧，太医院吏目。

[同治《即墨县志》卷七《掾阶》]

◎ 黄克家 ◎

黄克家，字明菴。性倜傥，喜为人解纷。万历癸巳（1593），荒旱，乃煮粥施药，修醮掩骸，虽室无盈余，泊如也。邑人杨盐为题《异行图》，以传其事。

[同治《即墨县志》卷九《懿行》]

清

◎ 黄玉衡 ◎

黄玉衡，字音素。拔贡。承胞叔嗣，应得田产，与侄辈共之。以病弃举子业，善医，常治药以活人。

[同治《即墨县志》卷九《懿行》]

黄玉衡，（乾隆）丁酉（1777）拔贡。

[同治《即墨县志》卷七《贡士》]

黄玉衡，貤赠知州清河知县，以孙寿豹贵。

[同治《即墨县志》卷七《褒封》]

《二水山房诗集》，黄玉衡撰。玉衡，字音素，号南园。即墨人。乾隆丁酉拔贡。是集有《约选》一卷，附《黄氏诗钞》后。

[宣统《山东通志》卷一百四十五下《艺文志第十·集部·别集》]

效霞按：由宣统《山东通志》所记，可知黄玉衡"号南园"。

◎ 王之霖 ◎

王之霖，号凤南。祖一中，有异术，能煮石成金。之霖颖悟，八岁通古文《尚书》。游庠后，累试不第，发愤自矢。取典坟邱索、百家诸子，并涉猎一切阴阳、医卜之术，靡不精入妙解。遇不如意事，即闭户诵读。遘奇疾，人皆危之，自诊曰：脉不疾。果无恙。逾年复病，自诊曰：危矣。遂不起。

[同治《即墨县志》卷十二《方伎》]

◎ 王生本 ◎

王生本，邑人。号得一子。康熙时，居白云洞。工医术及堪舆，食五谷不去皮。年百一十三，发须返黑。一日，聚其徒众，曰：今日立春，吾将去矣。言毕，端坐而逝。

[同治《即墨县志》卷十二《释道》]

王生，即墨人。号得一子。康熙时，居白云洞。工医及堪舆，食五谷不去皮。年百一十三岁，发须反黑。一日，聚其徒众，曰：今日立春，吾将去矣。言毕，端坐而逝。

[宣统《山东通志》卷二百《杂志下·仙释》]

效霞按：宣统《山东通志》作"王生"，疑误。

明

◎ 官 位 ◎

官位，以子淳敕封文林郎、太医院御医。

[道光《重修平度州志》卷七《封赠》]

◎ 崔廷桂 ◎

崔公梅庄先生暨配曹孺人合墓表

于慎行

梅庄崔公者，故东海上世家也。元祖世荣，元初为定海军节度判官，累至昭武大将军，驻节东莱，乐其土俗，遂占籍为平度州。子澍，明威将军。世祖时，诛叛臣阿合马，抗节致忠，事见《元史》。其后有得福，得福生文进，文进生秉，秉生璘，璘生镐，即公父也。隐德不仕。配李太孺人，生六子，公行第三。十余岁，失怙。李太孺人教兄弟，同时授书。公负奇资，嗜学，既通经旨，而以羸弱成病。太孺人惜之，命视家人、家产，以宽兄弟于学，乃遂辍经生业。久之，太孺人即世。为孺子慕不忘，作亭望墓，题曰：永感。长吏嘉其意，为记褒焉。其时，六室同爨，食指且千，子侄彬彬辈起，公独持家政，抚摩教训，无异己出，一家之内，雍雍如也。昭武故墓在城北四十里，至是即其遗址，创奉祀，且置别业其旁，贮谷数百斛，婚丧有助，凶馑有给，宗人赖之。平居慷慨好义，能济人缓急。里有少年，群斗殴其夫而妻死，公为此诹伤也。召亡妇之夫，譬以情法，出数千缗，佐之，使更娶，事遂得解。其他所行德义事，多类此。公，讳廷桂，字公芳。卜筑荆山之阳泉，土多梅，因号"梅庄"。为人仪容魁岸，识度阔宏，好览群书，尤精方论，尝奉例为衡府良医正。虽藉其衣冠，亦以德业应也。配曹孺人，郡二尹时中之女。生而敏慧，少闻讲说女训，辄能通晓，父母奇之。相攸得公，既笄而归。事太孺人，孝谨。太孺人曰：新妇贤，可任也。令佐公治家，事无巨细，井井有条，越二十余年，情礼周洽，大小无间言。姑尝寝疾，昼夜谨侍，命之息，不去；即去，少顷辄复来，疾愈乃已。太孺人每与人言，辄曰"孝妇"云。中年称未亡人键关，设帷自课诸子及孙，使成先业。仲子淳，尤以文著。隆庆戊辰（1568），诏选诸生茂秀，贡入太学。仲子为东士冠，久之，谒选得威县令，迎养孺人于官。至而喜且泣，勖以利物守己，无玷官当。仲子奉训惟谨，无何孺人，遂以湿病，卒于令舍。邑人环县门而哭，如丧私亲，以仲子莅任有仁政故也。仲子服除，则补官顺义，擢知昌平州。州在陵京大道，兼有寿宫之役，送迎供亿，劳勩为多，考满奏最，升永平府同知，荐书屡上，归田。后十年，奉诏进阶四品。公生弘治癸亥（1503）八月五日，卒嘉靖丁未（1547）十月十七日，得年四十有五。孺人生弘治甲子（1504）四月八日，卒万历庚辰（1580）八月二十三日，得年七十有七。子三：长澄郡，庠生；次淳前，任永平府同知；次津，授鸿胪寺序班。孙男七：侃，廪生；佽，庠生；倓，庠生；伟淳，出占廪生，保礼部儒士倧，习举子业。公墓在紫荆山麓，太孺人卒之次年，乃奉祔焉。始兄弟六人，皆学为儒，而伯兄廷槐举南宫大魁，仕至金宪，子桓省试第一，后竟不第，官至武邑令。而仲子历仕赤畿，以才望著，乃至二千石□□，今年七十有七矣。一日遣使千里，为公征墓道之表。余读其书，三叹。盖余与武邑同年，而游永平更久，皆称石交。武邑已矣，独永平在数相闻问，而以垂耄之年，托其先人之铭于友，孝思可念也。即病不能文，愧无以报，乃取赵中丞状，稍诠次其大略，略而系之。铭曰：维岱之邱表大东，扶桑日主万壑宗。其旁扶舆气所种，保世滋大文武雄。梅庄之隐桂树丛，施仁砥行伉俪同。有德司契报果丰，北州良牧国股肱。金章玉检墓道封，绳绳云耳炽且隆。树之桓楹夹梓松，双璧耿耿耀永终。

[道光《重修平度州志》卷十四《艺文》]

崔廷桂,衡府官。以子淳敕赠文林郎、顺义县知县。

[道光《重修平度州志》卷七《封赠》]

赠顺义县知县、衡王府医正崔廷桂墓,在柴荆山下。

[道光《重修平度州志》卷二十三《古迹》]

崔廷桂,衡府官。赠文林郎、顺义县知县,以子淳贵。

[乾隆《莱州府志》卷八《封荫》]

清

◎ 官 谔 ◎

官谔,字轶千。乾隆甲子(1744)乡魁。北峰先生之季弟也。性倜傥,期远到。甫业儒十余载,恒以太翁罹弱疾,太孺人又卧床者数稔,为夙夜忧。慨然曰:士人之失德,不孝为甚。苟可以捐沉疴,娱天年,虽三公弗介意也。于是弃制艺,效岐黄,研《素问》诸书,与俞跗、扁仓相颉颃。著有《医方折衷》《解醒论》,藏于家。前州刺史王化南、郭清芳为制匾以旌之。尝以亲之弗豫为戚戚。其侍疾也,衣带弗解者凡数年,一汤一药慎之,再三尝,然后献。且窘于家计,每值时鲜,不惜重资以供焉。其或未及尝新者,遇诸宾筵,必却之。平生酷嗜酒,及守制时,不宴会,不离苫块者,终始无少间。一时踵其门者,贫乏不能给,辄以药予之,或病势垂危,并为之废寝食,数临其家,未尝惮烦。《诗》曰:孝子不匮,永锡尔类。此之谓夫!

[道光《重修平度州志》卷十九《孝友》]

官谔,字轶千。山东平度人。乾隆九年(1744)乡魁。业儒十余载,以父母多疾,弃制艺,习岐黄,研究《素问》诸书。著有《医方折衷》《解醒论》等,未见流传。

[《中医人物词典》]

[《中医人名大辞典》]

[《山东中医药志》第六篇《人物表》]

◎ 谢士杰 ◎

谢士杰，字俊卿。先世由栖霞迁平度。伯祖江，以孝友闻登、莱、青道，熊绎表其门焉。祖涟，雍正壬子（1732）武举。父世瑞，性严厉，暮年鳏而失明。士杰以家窭贫，思可以养亲济人者，医为最。肆力于《素问》《灵枢》、仲景《金匮》等书，遂精医理。事父，先意承志，左右无违。兄嫂早卒，遗孤钰，抚如己子，称为孝友。士杰医既有名，求医者踵门，必先往贫家，后往富家。病愈，亦弗索谢。道光辛巳（1821），瘟疫流行甚盛，人咸自危。业医者有居奇心，士杰谓：此非常之灾，乌忍因以为利？乃制药济人，不计钱。至者不问姓名，辄予药，夜半犹假寐待之。如是者月余，多所全活。尝曰：医虽薄技。孙思邈有言：胆欲大，为用药也；心欲小，为察病也。非兼是二者，则必有误。为人诚笃谨慎，造次必依于礼。著有《医学管见》十二卷，藏于家。卒年六十有七。

[道光《重修平度州志》卷十九《笃行》]

谢士杰，字俊卿。清代平度县人。精医术，医德高尚，疫病流行时，制药济人，活人甚众。

[《山东中医药志》第六篇《人物表》]

◎ 崔汝苏 ◎

崔汝苏，字新斋。父寅，岁贡生。以经学传家。汝苏才高质敏，倜傥不凡。英年入学，时以"伟器"目之。两举不第，旋弃举业，深于岐黄、阴阳之学，救危拔疴，应手奏效。四十岁后，杜门不出，教授生徒，多所成就。所著有《方症筌蹄》《选指》《地指》等书，藏于家。卒年五十。

[道光《重修平度州志》卷十九《笃行》]

崔汝苏，字新斋。清代平度县人。救危拔疴，应手奏效。四十岁后，杜门不出，教授生徒，多所成就。著有《方证筌蹄》《选指》《地指》等书，未刊。

[《山东中医药志》第六篇《人物表》]

《地指》一卷，崔汝苏撰。汝苏见医家类。是书见《州志》。

[宣统《山东通志》卷一百三十七《艺文志第十·子部·术数》]

◎ 傅振霄 ◎

傅振霄，字青九。鸣谦子，出继为堂叔、监生扬谦嗣。孝养生母，如其所嗣焉。以县丞终养。平生好施与，族中嫁女娶妇，力不能给者，必出资财，俾得完婚。堂弟无力读书，捐田二百余亩，作延师诵读之资。族中及亲友贫寒者，不时周恤。尝游蜀中时，大兵征金川，入大将军幕，司粮饷出入。遇军士多疾疫，兼染瘴气，施舍参药，资助饮食，所有束金及资本，大半捐助，多所全活。子候选布经历兰薵，克承其志，助族中婚姻及周恤贫乏，一如父在时。道光丙申（1836），岁大饥，捐资赈贷，赖以全活者甚众。大宪给额曰"心力殚施"。孙候选盐大使锦川，由捐赈议叙八品衔，解推施与之义，盖世济其美云。

[道光《重修平度州志》卷十九《笃行》]

傅振霄，候补县丞。

[道光《重修平度州志》卷六《国朝选举》]

◎ 尚经方 ◎

尚经方，字印九。现西，其别号也。祖克忠，父光祖，世有积德，秉承家教，继述无替，孝慈成性，人无间然。宗祠，岁时朔望，自备祭享。每月，宴会族人一次，展亲睦族，于斯为笃。为人恬静沉默，不妄交接。常兀坐一室，手格言自警。编《善庆录》《寸耕钞略》。诸事玩味不置，又时举圣谕《广训》十六条，为乡人劝勉。至邻里之子弟，才质颖异，无力读书者，亲教之，成就甚多。辛未（1811）、壬申（1812），岁大祲，与有力诸家，捐粮助赈。亲族之窘乏者，尤不时周恤。疠疫流行，更倡率同人，传方施药，全活无算。居邑东，邻现（岘）河，山水涨溢，秋冬间，民以徒涉为艰。桥梁之修，独任其事，盖已六七十年矣。岁辛巳（1821），以孝廉方正上之朝《水利》一策，具见经济秉衡者，有"经世伟人"之目。遂以乙酉（1825）举于乡，候铨未仕。年甫六十而卒。著有《心耕文稿》《现居诗钞》，藏于家。

[道光《重修平度州志》卷十九《文苑》]

尚经方，字印九。平度人。道光元年（1821）孝廉方正，五年举乡试。性好施，于同治中，岁大祲，捐粟助赈，又施药以救疠疫，修岘河桥，人不病涉。著有《心耕文稿》《岘居诗钞》。

[宣统《山东通志》卷一百七十七《人物志第十一·国朝莱州府》]

效霞按：尚经方之著作，道光《重修平度州志》本传作"《现居诗钞》"，道光《重修平度州志》卷十四《艺文》作"《现西诗钞》"，宣统《山东通志》本传作"《岘居诗钞》"，宣统《山东通志》卷一百四十六上《艺文志第十·集部·别集作"《岘西诗钞》",未知孰是,故列于此,以待博考焉。

◎ 李朋瑞 ◎

李朋瑞,城南关人。季弟朋瑜,廪生。设馆远乡,中毒卒。朋瑞讼之,以贿不得直,坐诬告,遣戍穷荒,嚼冰雪,读医书晏如也。赦归,为名疡医。

[民国《平度县续志》卷七《孝友》]

◎ 石维翰 ◎

石维翰,字勤之。宁公社马哥庄人。附生。善事父母,兄弟友爱,乡人称之。尤善医,求诊者,无弗应。

[民国《平度县续志》卷七《孝友》]

◎ 李文汉 ◎

李文汉,军寨人。少失怙,事母孝。习医术,求者,或以食物馈,必奉诸母,母不受,必郄之。为人排难解纷,捐资修祠宇、桥梁。与弟秀,亦友爱,终其身焉。

[民国《平度县续志》卷七《孝友》]

◎ 王之官 ◎

王之官,字晋卿。大驾埠人。精医术,活人无算。捻匪之乱,邑人被匪掳而东者,多逃归,道经莱阳,或疑为贼,之官竭力保全之。

[民国《平度县续志》卷八《笃行》]

◎ 于天秩 ◎

于天秩,字礼堂。门村人。州学生。家贫,佐父兄耕且读,兼习岐黄,应乞诊者弗倦。兄弟既析居,多窘乏,改葬父母及庶祖母费,皆独任,复不时伙助之。清季始重乡长之任,乡人佥举之,至再三不就。

[民国《平度县续志》卷八《笃行》]

◎ 张立周 ◎

◎ 李永修 ◎

张立周,双庙镇人。李永修,台头人。均善医,贫者不索药资。与刘家小庄人刘赓善、招凤庄人许继、行官庄人王彦,皆有排纷难、恤贫厄、急公益之德焉。

[民国《平度县续志》卷八《笃行》]

◎ 于溥泽 ◎

于溥泽,字皆霖,一字芥林。古庄人。乾隆甲午(1774)举人。滨州训导。于书无所不读,尤工词章,嗜考据,著《群经错简》四十卷。而专精致力者,尤在于医学。尝游于昌邑黄坤载之门,得其指授。凡奇难疑症,经手辄愈。著有《云巢医案》《要略厘辞》《医学诗话》《伤寒指南》。邑之以医名者,其渊源多出于溥泽。

[民国《平度县续志》卷八《艺术》]

于溥泽,字皆霖,一字芥林。幼颖异,嗜学读书,每彻昏旦。中乾隆甲午(1774)科举人,文名噪一时,屡试礼部不售,借选滨州训导。嘉庆九年(1804)卒,年五十九。溥泽于书无所不读,少工词章,凡经史百家,莫不手抄默诵,考证异同。著《群经错简》四十卷,为通儒所许可。其诗古文词,则上蹑秦汉,出入《庄》《骚》。三十六岁以后,忽悟章句为糟粕,乃尽弃所著而研究性学。又以为秦火后,三代学术,不复睹,今所户诵者,汉人之经也,惟医书乃古圣真传,学不伪诬而于物有济,乃取《素问》《灵枢》《伤寒》《金匮》各书,融会贯通,详加厘正,复检《内经》《外台》《千金》诸册,凡《金匮》所脱漏者,皆在其中,按步就班,各为收入,勒成一书,曰《要略厘辞》,刊行后犹手自改订,实为医家正宗。又有《性学纂言》十一卷、《云巢医案》若干卷、《医学诗话》若干卷,皆佚失。《伤寒指南》二卷,今刊行。

[《平度州乡土志》卷四下《耆旧录》]

于溥泽(1745—1804),字皆霖,又字芥林。清代平度州古庄村人。自幼聪颖,为学勤奋,诗文词赋名噪当时。二十九岁时考中乾隆甲午科举人。曾任滨州州学训导。

除长经史之外,尤爱研读医书,中年之后,潜心医学研究。认为中国古代医学源远流长,既有精深的理论体系,又积累了丰富的临床经验。对《素问》《灵枢》《伤寒论》《金匮要略》等医学经典名著,都有深入的研讨,并且亲自临床,不避辛劳，常为百姓解除疾苦。综合自己的理论研究和实践，除考订了许多古代医书，还撰写了《医学诗话》《云巢医案》等医学专著。至今尚有《伤寒指南》二卷传世，为医家所重视。

医术高明，善治疑难之症，且乐于授徒。近二百年来，平度西乡多医，与他的传授与影响关系很大。

[《青岛市志·人物志》第二篇《传略》]

于溥泽，（乾隆）庚寅（1770）副贡。

[道光《重修平度州志》卷六《国朝选举》]

于溥泽，平度州人。举人。（嘉庆）元年（1796）任。

[咸丰《滨州志》卷七《训导》]

[咸丰《武定府志》卷十八《训导》]

《五经厘辞》，于溥泽撰。溥泽有《要略厘辞》，见医家类。是书见《州志》。

[宣统《山东通志》卷一百四十《艺文志第十·子部·类书》]

◎ 陈　濂 ◎

◎ 马景烈 ◎

◎ 侯丕模 ◎

◎ 侯人鹔 ◎

◎ 侯宅汾 ◎

陈濂，西乡沙岭村人。父礼宗，被诬戍边。濂少聪颖能文，入州试，取前列，忌者讦其先世事，遂弃儒习医，受业于于溥泽，尽得其秘。病者接踵，诣其门，罔弗效。濂传其业于马景烈等。景烈传于尚华侯丕模，号梅溪。其高祖，自吴庄迁居赖家庄，家贫，因事被族人讥其失学，遂发愤读书，得入州庠。时贫民犹稀种牛痘，儿病者辄死。丕模悯之，弃举业，精研小儿疹痘科，诊治罔弗愈，贫者舍药与之。子人鹔、孙宅汾，世其业。

[民国《平度县续志》卷八《艺术》]

陈濂，清代平度县西沙岭村人。受业于邑名医于溥泽，文医并茂。

[《山东中医药志》第六篇《人物表》]

◎ 史圣周 ◎

◎ 史毓泰 ◎

◎ 史毓和 ◎

史圣周,字景文。同哥庄人。精于外科,凡患疮疽者,一见即辨其可治与否。可治,留饭;否,弗留也。无子,以侄世肇为嗣。孙毓泰、毓和,传其业,亦有名。

[民国《平度县续志》卷八《艺术》]

史圣周,字景文。清代平度县同哥庄人。业医,术精外科,善治痈疽。孙毓泰、毓和,传其业,亦有名。

[《山东中医药志》第六篇《人物表》]

◎ 焦诜桂 ◎

焦诜桂,武庠生。蓼兰人。累世素封,善治疡疽,自制丹药,皆用地道上品,广施舍,不问贫富亲疏皆与之。每日乞诊者、乞药者,踵错于门,应之弗倦也。

[民国《平度县续志》卷八《艺术》]

◎ 刘 温 ◎

刘温,字润玉。蓼兰后寨人。治疹痘,最有名。不卖药,不索谢。无贫富贵贱,以求者先后次第为之诊治。凡患疹痘者,一见即能辨其吉凶,乡人为之立"善行碑"。

[民国《平度县续志》卷八《艺术》]

刘温,字润玉。清代平度县蓼兰后寨人。工医,以善治痘疹闻名。为贫家诊治,不索谢,乡人为之立"善行碑"。

[《山东中医药志》第六篇《人物表》]

◎ 王廷橘 ◎

◎ 王允浩 ◎

◎ 王 曾 ◎

王廷橘,字扬贡。城南关人,世居油房胡同。以治疹痘名,著有《痘科微言》。

传其术于子允谐。允谐,字孟亭。守父训,活婴儿无算。至今孙曾,犹守其业。

[民国《平度县续志》卷八《艺术》]

王廷橘,字扬贡。清代平度县城南关人。业医,以善治痘疹知名。著有《痘疹微言》,未刊。子孙传其术。

[《山东中医药志》第六篇《人物表》]

◎ 尚玉方 ◎

尚玉方,字石溪。上观村人。为人诚笃,亦有能治疹痘名。

[民国《平度县续志》卷八《艺术》]

◎ 孙炎丙 ◎

孙炎丙,字次乙,号文峰。盆裹孙家屯人。尝客京师,同乡士夫有疾,乞为诊治,辄愈。著有《素问悬解》《灵枢悬解》《难经悬解》诸书。回籍后,耽玩经旨,又著有《增补易经图考》《易经浅解》。其乡人为立碑,志其德。

[民国《平度县续志》卷八《艺术》]

孙炎丙,字次乙,号文峰。清代平度县孙家庄人。以医术客居京师。对黄元御之《素问悬解》《灵枢悬解》《难经悬解》做了补充和注释,著有《增补易经图考》《易经浅解》。晚岁归乡,治病乡里,乡人立碑志其德。

[《山东中医药志》第六篇《人物表》]

《孙氏遗书八种》,孙炎丙撰。炎丙有《周易浅解》,见经部易类。所著各种,皆就黄元御书为之补注。见《采访册》。

[宣统《山东通志》卷一百三十六《艺文志第十·子部·医家》]

◎ 戴春显 ◎

戴春显,附贡。在省垣东济生药肆受聘行医,求者接踵。光绪壬寅(1902),济南瘟疫盛行,独经春显治者,辄愈。以是活人无算。复传其业于子某。

[民国《平度县续志》卷八《艺术》]

戴春显,东乡前头村人,徙居青州城。余见《艺术》。

[民国《平度县续志》卷八《外徙》]

◎ 陈　俊 ◎

陈俊，少负才名，喜读经史，潜心医学，诊治多效。在本省独立旅陆军第一团部任军医长。年八十二卒。

[民国《平度县续志》卷八《艺术》]

◎ 张清濬 ◎

郭氏，昌邑崔家集敬三女，东张家张玉兰妻。夫殁，抚子女，励节养亲，课子清濬读，兼习医术，有声于时。光绪二十二年（1883）立碑。

[民国《平度县续志》卷九《列女》]

◎ 李　氏 ◎

李氏，东涌泉冯安元妻。安元客外殁，躬操舂汲，以供孝养，抚从子鞠爱。中年后，悯妇孺之疢疾，艰于医也。乃习方药、针砭术，多所全活。举人于莲以"淑德常存"表之。

[民国《平度县续志》卷九《列女》]

民国

◎ 荆中允 ◎

荆中允（1849—1927），名致信，字中允，号凭虚子。平度县荆家村人。自幼业儒，屡试不第，遂无意于功名，乃以教书为业，兼习岐黄之术。尤工仲景之学，故临症善用经方，亦喜用小方、验方。观其一生所遗方药，皆平正通达之品，从容徐缓，不求近功。一向临症审慎，投剂辄效，常说：药兵一理，贵以约精，不贵广荒。因其所处药方做到药精价廉，故甚受贫苦百姓欢迎。曾云：用药治病，有轻病立愈，重病悠轻，小症忽大，危症猝死，峻猛大剂是也；有小病略瘥，大病小效，轻症不重，重症不危者，轻淡小方是也。盖以峻猛治病，恒治十而愈六，而四者必损，何者？不有大胜，必有大败也；以轻淡治病，每疗十而愈四，而六者无损，何者？总无大功，亦无大过也。《医林笔记》《验案秘诊》为其临证验案，惜皆散失不传，尚存寥寥数篇，后经同乡陈荫械整理，发表于1963年第十二期《山东医刊》，颇得医界好评。

不仅医术高明，而且医德高尚，对前来诊病者，不分贫富贵贱，一视同仁，故整日门庭若市，但从不收取诊金，偶遇极贫之病人，还解囊资助。据邻里老人回忆，荆氏早年曾设药店，因施药与贫困者过多，资金亏耗，终至闭门休业。晚年乃只拟方，不售药，日诊百人之多，不收诊金，遇极贫之人，且解囊相助。沙河杜家，为掖县巨富，其主人病，百治无效，慕荆氏大名，轿车来请。荆氏坚辞不往，曰：吾不能因治一人之病，耽误百余人之病。后杜家连请数日，不得已，乃嘱登堂求诊者安坐等候，始去杜家诊视。诊毕，杜家备丰筵款待，荆氏谢绝，酬以重金，不受。惟求备车速归，至家已晚，不暇休息，将久坐求诊者，一一诊毕。时已近午夜，为远道来诊者留饭留宿。

学识渊博，才思敏捷。其治学态度，尚实际，避空谈，认为"善读古人书，为明析其义理，理明则病无不悉，义析则症无不解，标仿其方，变化用之，治病无不响应"。临症之余，有所得即录之，日久集篇成册，故其著述颇多，计有《伤寒解义》《金匮解义》《伤寒说约》《伤寒原方》《玉镜新拭》《脉理绍圣》《难经二解》《脉法指南》《长沙遗蕴》《兰宝遗蕴》《医林笔记》《本草易读》《针灸指南》《司天运气》《妇科提纲》《疡科必用》《药宝嬉戏》《疹痘类方》《异方合编》《验案秘珍》《济生纲目》《医法精约》等二十二种之多。其中《本草易读》一书，得其乡人资助，民国十五年（1926）上海大东书局曾予出版。其《伤寒解义》《玉镜新拭》《长沙遗蕴》三书汇为《先圣遗范》一书，由烟台福裕东书局刊行。以上两书，今存。其余各种，均散佚不可考。

荆氏对医学研究面广，成就较大，但由于著述大多未梓，且原稿亦散失未传，加以一生未出乡里，且不善交游，无大力者为之表彰，故知者甚少。考其现存遗著，荆氏一生对《伤寒论》研究功夫最深，其学术思想受柯韵伯、尤在泾二氏影响较大，注重理论联系实践，旨在便于指导临症。其注文明白如话，不尚空谈，亦未烦琐考证，作到有话则长，无话则短，以阐明经义，便于临症为目的。其《先圣遗范》一书，仿《伤寒来苏集》《伤寒贯珠集》体例，以六经为纲，每经又以证类方，各类之前，首列"传经影子"一篇，阐明本经传经之变化，次列提纲，阐明此一经之主旨，再次列本经正文及荆氏注语。披阅一过，义显词明，医家读之，颇切实用，誉荆氏为仲景之功臣，洵非虚语。

对药物的研究，能融会百家，博采众长，除推崇《神农本草经》外，对历代各家本草之长，均能如实评价并取其精华。尤其对李时珍氏《本草纲目》，更是推崇备至，认为李氏书，引证百家，收罗宏富，堪称医家鸿宝，有功于医林不浅。其撰《本草易读》一书，即从《本草纲目》中借鉴了不少有益材料，全书共收药物四百六十二种，大多为临床习用之品。

[《山东中医药志》第六篇《传记》]
[《青岛市志·人物志》第二篇《传略》]

◎ 王金湖 ◎

王金湖（1863—1941），字洞泉。平度县人。业医，重元气，治多用温补，鲜用寒凉攻下。

[《山东中医药志》第六篇《人物表》]

◎ 姜德清 ◎

姜德清（1863—1943），字澄斋。平度七里河子东村人。在本村开设"永春堂"药店五十余年，活人甚众。善用石膏。

[《山东中医药志》第六篇《人物表》]

胶 县

明

◎ 吴 彻 ◎

知州

吴彻，太医院籍，弘治八年（1495）任。

[乾隆《胶州志》卷二《职官》]

（弘治）八年，吴彻，太医院籍。

[万历《莱州府志》卷二《职官表》]

◎ 麻衣赵 ◎

麻衣赵，轶其名。冬夏常衣麻，洪武中隐大珠山石室，辟谷得仙。门勒"朝阳庵"三字，今遗迹尚存。

[乾隆《胶州志》卷五《仙释》]

麻衣赵，遗其名。明人。旧志：冬夏恒衣麻，隐大珠山石室，辟谷得仙。其门上勒"朝阳庵"三字，至今人呼"赵先生庵"。

[道光《重修胶州志》卷三十《艺术》]

[民国《增修胶志》卷四十七《艺术》]

麻衣赵，其名不传。冬夏恒衣麻，隐胶州大珠山石室，辟谷得仙。其门上勒"朝阳庵"三字，至今人呼"赵先生庵"。

[万历《莱州府志》卷六《仙释》]

◎ 去留馨 ◎

去留馨，范姓。幼好道，遇异人，授以辟谷、导引术。身轻如槁叶，行住处异香袭人，因称为"去留馨"。终日行歌于市。洪武中飞升去。

[乾隆《胶州志》卷五《仙释》]

去留馨，旧志：世传其姓范氏，元人。自幼灵秀好游，遇异人，授以辟谷、导引之术。既长，绝饮食，身轻如槁叶，行住处异香袭人，自号"去留馨"。歌舞于市，不以言笑假人。明洪武间飞升去。

[民国《增修胶志》卷四十七《艺术》]

去留馨，相传姓范，胜国时人。自幼灵秀好游，遇道人，授以辟谷、导引之术。既长，绝不饮食，身轻如槁叶，行住处异香袭人，自号"去留馨"。歌舞于市，不以言笑假人。国朝洪武间乘云上升，胶州屡年丰稔。

[万历《莱州府志》卷六《仙释》]

去留馨，范姓，胶州人。自幼好道，遇真人授以辟谷、导引之术。身轻如叶，行住处异香袭人，人因称为"去留馨"。终日行歌于市。洪武中乘云仙去。

[雍正《山东通志》卷三十《仙释志》]

◎ 孙养气 ◎

孙养气，学医于兄而名突过，诊治悉验，当道者嘉其术，衣冠荣之。

[乾隆《胶州志》卷五《方伎》]

孙养气，旧志：明布衣，学医于兄某而名突过，诊治无不验。当道者喜其术，褒以衣冠荣之。

[民国《增修胶志》卷四十七《艺术》]

孙养气，清代胶县人。学医于兄某，术精于兄，诊治无不验。当道者喜其术，褒以衣冠荣之。

[《山东中医药志》第六篇《人物表》]

◎ 孙 逊 ◎

孙逊，字怀虚。补弟子员。兼精岐黄术，救危拔疴，所至立起。为人敦厚曲谨，学宪屡取优行。

[乾隆《胶州志》卷五《方伎》]

孙逊，字怀虚。旧志：养气同族。诸生。精岐黄术，救危拔疴，所至立起。为人敦厚曲谨，学宪屡取优行。

[道光《重修胶州志》卷三十《艺术》]

[民国《增修胶志》卷四十七《艺术》]

孙逊，字怀虚。清代胶县人。名医孙养气之同族。庠生。精岐黄术，危救拔疴，所至立起，为人敦厚，多善行。其弟亦工医。

[《山东中医药志》第六篇《人物表》]

◎ 孙 迪 ◎

孙迪，字启吾。业医，法朱丹溪，有心得，用剂辄效。年七十余，鹤发童颜，无病而逝。

[乾隆《胶州志》卷五《方伎》]

孙逊……弟迪，字启吾。旧志：业医，法朱丹溪，有心得，用剂辄效。年七十有余，无病而逝。

[道光《重修胶州志》卷三十《艺术》]

[民国《增修胶志》卷四十七《艺术》]

孙迪，字启吾。清代胶县人。业医法朱丹溪，独有心得，投剂辄效。与兄逊皆时之名医。

[《山东中医药志》第六篇《人物表》]

◎ 宋启先 ◎

宋启先，州典科。精通岐黄业。

[乾隆《胶州志》卷五《方伎》]

◎ 高若锡 ◎

高汝澥，字岱青。凤翰从子。监生。早孤，凤翰教之成立，诗文、字画皆有所指承。凤翰晚岁作，多汝澥代创稿，凤翰左手点缀为题识，人鲜辨焉。凤翰殁，汝澥收其著述，表章之。凤翰孙攀鳞，字雷鲤。早丧父，为凤翰所钟爱，才高姿敏，为书画，不守古人藩篱，神韵超逸，往往出人意表；若锡，字朋百。诸生。性豪爽。凤翰族子。亦工画，学攀鳞。尤精岐黄，闻邻里病者，每辍食往救之。

[道光《重修胶州志》卷三十《艺术》]
[民国《增修胶志》卷四十七《艺术》]

◎ 法　樟 ◎

法樟，字岘山。若真子。廪荫生。性孝友，好施与。承父命，抚孤侄杰□如己出。岁饥，大疫，出粟煮粥，佐以药饵，全活甚众。生平嗜学，足迹不入城市。著有《又敬堂诗草》。寿八十余。

[乾隆《胶州志》卷四《人物》]

法樟，字岘山。廪荫生。性孝友，好施与。岁饥，大疫，出粟煮粥，施药饵，全活者甚众。德州卢见曾《山左诗钞》称樟"恬退不仕，有古人风"。年八十余卒。著有《又敬堂诗草》。

[道光《重修胶州志》卷二十七《事功》]

法樟，廪荫生。赠征仕郎、中书舍人，以子辉祖贵。

法樟，廪生。以父若真授官生。

[乾隆《莱州府志》卷八《封荫》]

◎ 常宪夏 ◎

常宪夏，字西河。庠生。好行其德，尝施义地，舍药材，修桥梁。岁歉，出粟济贫，乐施不倦，州大夫给匾旌之。年八十而卒。

[乾隆《胶州志》卷五《善行》]

常宪夏，字西河。旧志：诸生。好行其德，尝置义田，舍药材，修桥梁。岁歉，出粟济贫，乐施不倦，知州某表之。年八十而卒。

[道光《重修胶州志》卷二十九《笃行》]

◎ 匡从先 ◎

匡从先，字元公。善医，别有心得，施剂不拘古方，沉疴立起，全活甚众。

[乾隆《胶州志》卷五《方伎》]

匡从先，字元公。善医，读《灵枢》诸书，独有心得，施剂不拘古方，沉疴立起，世有"扁华"之目。

[道光《重修胶州志》卷三十《艺术》]

[民国《增修胶志》卷四十七《艺术》]

匡从先，字元公。清代胶县人。读《灵枢》《素问》诸书，独有心得，施剂不拘方，沉疴立起。

[《山东中医药志》第六篇《人物表》]

◎ 邹圣裔 ◎

邹圣裔，字鲁辉。精岐黄术，游京师，人皆重之，授太医院吏目。召诊保和殿，有功，升御医。

[乾隆《胶州志》卷五《方伎》]

邹圣裔，字鲁辉。精岐黄术，时游京师，人皆重之，授太医院吏目。召诊保和殿，有功，升御医。

[民国《增修胶志》卷四十七《艺术》]

邹圣裔，清代胶县人。精岐黄术，时游京师，人皆重之，召诊保和殿有功，升御医,授太医院吏目。

[《山东中医药志》第六篇《人物表》]

◎ 高珂执 ◎

高珂执,字玉重。通岐黄术,尤精痘疹,所至辄效,人称"神奇"。历任州牧多以额表之,授典科。

[乾隆《胶州志》卷五《方伎》]

高珂执,字玉重。通岐黄术,尤精痘疹,所至辄效,人称"神奇"。历任州牧多表门焉,授典科。

[民国《增修胶志》卷四十七《艺术》]

高珂执,字玉重。清代胶县人。通岐黄术,尤精痘疹,所治辄效,人称"神奇"。历届州牧多表其门。

[《山东中医药志》第六篇《人物表》]

◎ 赵 系 ◎

赵系,字友竹。幼感疠症,治不效,因扃户,检历代名家书,皆究其微,三年病已,而术大进。甲申(1764)岁,大疫,死者相望,系至辄效,人称为"神"。授典科。寿八十三。

[乾隆《胶州志》卷五《方伎》]

赵系,字友竹。感疠症,治不效,因扃户,检历代名家书,皆究其微,三年病已,而术大进。乾隆二十九年(1764),大疫,死者相望,系至辄效,人称为"神"。授典科。年八十三卒。

[道光《重修胶州志》卷三十《艺术》]

赵系,字友竹。感疠症,治不效,因扃户,检历名家书,皆究其微,三年病已,而术大进。乾隆二十九年,大疫,死者相望,系至辄效,人称为"神"。授典科。年八十三卒。

[民国《增修胶志》卷四十七《艺术》]

赵系,字友竹。清代胶县人。感疠症,治不效,遂闭门绝客,自学自治,三年病已,术大进。乾隆二十九年,大疫,死者相望,系治辄效,人称"神医"。

[《山东中医药志》第六篇《人物表》]

◎ 张 佩 ◎

张佩，字调菴。精医术，救拔甚众，有求必应，于贫者尤加意。邑人议举典科，托疾辞之。寿八十，无病而逝。

[乾隆《胶州志》卷五《方伎》]

张佩，字调菴。精医术，救拔甚众，求者必应，于贫者尤加意。邑人欲举典科，托疾辞焉。年八十，无病卒。

[民国《增修胶志》卷四十七《艺术》]

张佩，字调菴。清代胶县人。工医术，活人甚众。求者必应，诊治贫者，尤加注意。

[《山东中医药志》第六篇《人物表》]

◎ 邹师尹 ◎

邹师尹，以子圣裔赠登仕郎、太医院吏目。

[道光《重修胶州志》卷十一《移赠》]

◎ 逄克家 ◎

◎ 逄润古 ◎

◎ 逄之训 ◎

◎ 逄进如 ◎

逄克家，字季绳，一字介民。世宽孙。父洵殁，克家时年十三，哀毁如成人。既长，敏悟好学，师事王毅、张维祺、张敦谦、王克掞、王夏诸名宿。初为诸生，有经世之志，而屡试不售。按察使李文耕初来知州事，议治河道，克家上潴云议。文耕嘉其留心世务，大有才识。克家性孝友，兄克传久病，克家亲侍汤药者年余，卒获愈。以母胡氏病患咯血，克家潜心《内经》，遂精岐黄术。家渐落，兄弟群从，皆仰给于医，然未尝索人谢。从妹高，贫寡无所依，克家迎养终身。道光十四年（1834），州牧戴屺至，闻其名，延诊疾，遂为文字交。屺厅事内外皆悬克家所书己诗，克家朝夕出入，未尝言公事。屺赠诗曰：得友澹台似，斯人偃室来。其见重如此。克家为文能脱时蹊，得古文意，书学褚登善。孙虔礼，尤以诗名，著有《析酲忆录》八卷。

[道光《重修胶州志》卷二十八《文苑》]

逢克家（1816—1861），胶城进德街人。清咸丰元年（1851）在胶城创办"鉴古堂药庄"，相继五世，经营达百余年，为胶县和邻县的药材供应及全国南北药材交流做出了贡献，同时对中药材加工技艺形成了传统特色，曾赢得了"北方四大流派"之一的声誉。

聪敏有才，文化素质颇高，原系胶城儒医，视胶州处胶州湾西畔，跨胶济铁路东端，水陆交通方便，实为南北方药材转运之要地，于是毅然将"鉴古堂药庄"由零售扩大为批发相兼。开业之日，聘莱州知县、书法家林风管为商号题字"鉴古堂药庄"，并邀请胶城政、商、医、艺界等名士祝贺，以立根基。

逢润古（1821—1891），系克家之族孙，因克家无子而继承药业。勤奋好学，四十岁时考中翰林，放任汉阳府知府，于是又将药庄移其叔兄之子逢之训掌管。逢之训（1811—1887）病逝，由其子逢进如（1875—1947）、逢文篆（1875—1956）孪生兄弟继承，二人执掌有方，使药业很快达到鼎盛期。1919年，逢进如被推选为胶县商会会长，相得益彰。与其他药庄竞争，名列前茅。

逢进如注重经营管理，从前店门市到后厂房，以及账房、食堂都有严格的规章制度，对原药加工、收购调运、贮藏保管、饮片炮制等全设专人把关，因人量才而施。店员、技工、内掌柜、走街先生要驾轻就熟称职。前店站柜人员，不准坐卧，要和颜悦色、恭立待客。店员劳累一天，晚上还要照顾住宿的客人吃饭、洗澡，送城隍庙大院听戏。若待客不周，或吵架，视为大过错，都要内掌柜出面领肇事者向客人道歉。

逢文篆对制药技工要求颇严，经常嘱咐他们要吸收百家之长，结合本店经验进行创新，还专程去河北祁州聘二位名师传授切药刀法。凡对制药已形成的工艺流程，都必须遵守，故每味药在形状、色泽、气味、酥脆等方面，均能具上成货色。如鹿茸切片，先用细麻绳缠绕，切一刀松一扣，使切片完整无损，既保证服用效速，又令人赏心悦目。受行家赞赏的品种还有天麻蝴蝶片、黄芪柳叶片、南星亮光片、泽泻像铜钱、枳实鹦鹉眼、槟榔不见边。

治店有方。每到年终，对工作成绩突出者，都有吃花红的份。1947年，胶县解放时，逢进如故于济南。此时，"鉴古堂药庄"大部分药材调滨北大药房，所剩数量无几，仅勉强维持零星批发和门售。1956年，由逢文篆主持，"鉴古堂药庄"加入公私合营。

[《胶州市卫生志》第十篇《名医传记》]

◎ 胡 锜 ◎

胡锜,字华九。世居土城口,明季世袭千户振十世孙。性端严,贫而能守。幼业儒,兼精医术。礼貌不备,虽厚仪不往,而以所得资,造药材,施舍,无德色。又好阐扬古昔忠孝节义事。张将军思选墓,近锜里,埋没草中,已近百余年,无过问者。锜恐其湮也,与李柔木共倡义举,高大其冢,筑墙垣为围,勒石以表其事。州牧刘复善继修之,胶人于是咸仰拜祭奠焉。

[道光《重修胶州志》卷二十九《笃行》]

◎ 周士宪 ◎

周士宪,字叔度。诸生。宽厚好施,邻里亲族,婚丧被其惠者甚众。有江南曹振兴者,至莱阳投其姻戚,不遇于路,得急疾,不能言,逆旅主人摈之。士宪素通医,遂舁至其家而药之,疾已,体复故,赆之使归。邻村某,侵士宪田,或谓士宪讼之官,吾助若质。士宪谢焉,卒弗较。子官典、与典,俱诸生。皆笃厚,有父风。

[道光《重修胶州志》卷二十九《笃行》]

◎ 高若铜 ◎

高若铜,字同源。候选州同知。精绘事。为人坦易豁达,轻财,好急人难,乡里不能葬者助之,或无葬地者予之。冬夏施衣食、方药,无间。尝买人地,怜其老无所养,令食其地租终焉。

[道光《重修胶州志》卷二十九《笃行》]

◎ 逄迪远 ◎

逄迪远,字惠可。治东北韩家庄人。父希尚,以贫游学远方。迪远幼为人牧牛,年十四,告母姜曰:父外游,儿无兄弟,不忍以佣故,劳母持家,乃归代母爨。尝佃外兄姜某田,为养母资。姜鬻其田,乃多方称贷,以得之田六亩,尽种豆,秋大熟,悉偿所负。喜曰:天以是田俾吾母子,以糊口,无待外求矣。父闻有田,乃归。晚年,积至六十亩。父殁,告于母,庐墓三年。母殁,又庐墓三年,冻饿濒死者数次。嘉庆时,学使钱表其门曰"至性过人"。庐墓时,初不识书,僧道过者,辄教之,使诵《释经》,欲引之归山,皆力辞。有道人,知不可夺,授以五雷符咒,救人疾,辄效。年八十,言及父母,犹泣下。筑墓所掘土坎,至今严寒不冻。

[道光《重修胶州志》卷二十九《孝友》]

◎ 赵守经 ◎

◎ 赵声闻 ◎

赵守经,字正方。祖声闻,为州名医。守经以祖传为医学典科。乾隆五十一年(1786),疫大作,多死亡,守经医辄愈,传其方,无不立效。州牧张玉树表其门。

[道光《重修胶州志》卷三十《艺术》]

[民国《增修胶志》卷四十七《艺术》]

赵守经,字正方。清代胶县人。以祖传为医。乾隆五十一年,疫大作,多死亡,守经治辄愈。州牧张玉树表其门。

[《山东中医药志》第六篇《人物表》]

◎ 陈棕荣 ◎

陈棕荣,字蜀英。诸生。教授为业,性好医,家贫不能购书,手抄岐黄书数百卷,业既精,活人甚众,医贫者必却其馈。尤以裙带医著名,所制方,世医多珍藏之。

[道光《重修胶州志》卷三十《艺术》]

[民国《增修胶志》卷四十七《艺术》]

陈棕荣,字蜀英。清代胶县人。弃教从医,手抄岐黄书数百卷,精妇科,医贫者必却其馈。

[《山东中医药志》第六篇《人物表》]

◎ 徐友直 ◎

徐友直,字质君。性纯朴,事无所私曲。好读朱子《小学》,每举以训子弟。又好集成方,制药济人。遇善医者,辄款于家,以求秘授,人谓之"医癖"。

[道光《重修胶州志》卷三十《艺术》]

[民国《增修胶志》卷四十七《艺术》]

徐友直,字质君。清代胶县人。性纯朴,好集成方,制药济人,遇善医者辄请至家,以求传授,人称"医癖"。

[《山东中医药志》第六篇《人物表》]

◎ 宋保和 ◎

宋保和，字复元。监生。云会子。屡试不售，习岐黄术，尤善小儿痘疹，医治辄效。贫者馈遗，必却之。

[道光《重修胶州志》卷三十《艺术》]
[民国《增修胶志》卷四十七《艺术》]

宋保和，字复元。清代胶县人。监生。习岐黄术，尤精痘疹，医治辄效，贫者酬谢必辞。

[《山东中医药志》第六篇《人物表》]

◎ 邓鹏翥 ◎

邓鹏翥，字万九。诸生。为人重然诺，寡言笑。以母有痼疾，医药罔效，潜心岐黄术，至忘寝食五年，母疾愈。由是以医知名，延请者踵接，所至辄效。家虽贫，未尝索人谢。

[道光《重修胶州志》卷三十《艺术》]
[民国《增修胶志》卷四十七《艺术》]

邓鹏翥，字万九。清代胶县人。因母病，医治无效，遂潜心学医，至忘寝食，五年母愈，医术亦成，延请者比肩接踵，治多效。家虽贫，未尝索人谢。

[《山东中医药志》第六篇《人物表》]

◎ 王 谨 ◎

王谨，字伯醇。元浩孙。监生。好岐黄术，荟萃医说，披吟无倦，有所诊治不自是，尝中夜起，披书相印证。晚游江西，得《扁鹊书》一卷，不忍暂释，以为医家真传，大旨统于"扶阳抑阴"。道光元年（1821），州患大疫，施药以救穷乏，其方远播高密、诸城间，皆宗之。

[道光《重修胶州志》卷三十《艺术》]
[民国《增修胶志》卷四十七《艺术》]

王谨，字伯醇。清代胶县人。监生。工岐黄术，荟萃医说，披吟不倦，尝中夜起，披书相印证。道光元年，患大疫，施药以救贫乏。

[《山东中医药志》第六篇《人物表》]

◎ 匡懋忠 ◎

◎ 匡虎弼 ◎

匡懋忠，太医院医士，由吏目保升院判，加五品衔。见《外徙》。

[民国《增修胶志》卷二十七《清选举》]

匡懋忠，字砚农。少业儒，及长，精医术。家居落拓，因兄懋敕寓都中，授童子读，往依焉。一生因母疾祈诊，应手而愈。生之母，系服役宫中，盛誉之，得入太医院。适值清慈禧后疾，众太医各以药进。独懋忠识为娠，即穆宗也。诞生后，由吏目升为院判，加五品衔。懋忠久客京师，娶妻生子，遂家焉。子三：谐弼、虎弼，山西巡检；虎弼，亦以医世其业。

[民国《增修胶志》卷四十八《外徙》]

◎ 徐植本 ◎

徐植本，监生。考授太医院吏目、黑龙江绥化厅巡检。见《议叙》。

[民国《增修胶志》卷二十七《清选举》]

徐植本，太医院医士，检补黑龙江绥化厅巡检，兼巡政厅理事通判，调任江西萝塘，分司军功议。

[民国《增修胶志》卷二十七《议叙》]

◎ 匡　侠 ◎

匡侠，副贡。平阴县教谕。以子懋忠赠奉政大夫、太医院六品院判，加五品衔。

[民国《增修胶志》卷二十七《清选举》]

匡侠，胶州副贡。（道光）九年（1829）署任。

[光绪《文登县志》卷五《训导》]

[光绪《增修登州府志》卷三十三《训导》]

（道光）五年（1825）

匡侠，见《书院碑》。

[光绪《平阴县志》卷二《职官·教谕》]

◎ 赵兰洲 ◎

◎ 赵意诚 ◎

赵兰洲,字湘圃。父意诚,精岐黄,应手辄效。兰洲能继父业。少嗜学,性慷慨,不喜阿谀。髫年入郡庠,旋以优等食饩。锐意进取,尝于治南西石耳读书,足不历城市者数年。文肆力于古,不落恒蹊,秋闱屡荐不售。光绪己卯(1879)科房考,已荐列前魁,竟因额滞,抑置副车,时论惜之。后居家,教授生徒,从游者率皆成名以去。所交皆一时名宿,若杨际清、法伟堂、高英俊、王其慎,每以疑义质,辄据理剖析,无不叹服。所著文稿多散佚。

[民国《增修胶志》卷四十二《文苑》]

◎ 逄瑗贞 ◎

逄瑗贞,字景玉,号仁复。克家从子。家贫,依药肆为生。与兄瑞贞,友爱甚笃。兄性急,稍不怿,辄色然怒,厉声谴责,勿敢违。析爨时,以兄食指繁,所有产推多取少,里党称之。性谦和,与人无忤。子润古,登第,入词林。瑗贞益恂恂见者,不知其为封翁也。

[民国《增修胶志》卷四十四《忠节》]

◎ 赵玺绸 ◎

赵玺绸,字蕙可。从九品。父宜,字允中。自幼好善乐施,清乾隆五十一年(1786),岁大饥,尝出钱,市米数百石,由海舶运胶,以济贫乏,全活甚众。玺绸生而笃实,善继父志。遇人有急难,辄慷慨捐金,不少吝值。道光元年(1821),大饥,瘟疫流行,传染者十死八九。玺绸为舍药饵,施棺木,邑人多赖之。当疠疫极盛时,死亡日相枕藉,棺木至造作不及,工肆为之一空。玺绸悯死者无以殓,乃权舍大席二,以免暴露。当时咸称便焉。

[民国《增修胶志》卷四十五《笃行》]

◎ 张允武 ◎

◎ 张基升 ◎

张允武,字绳祖。自黄县以小贸易至胶,渐致富,多财为邑冠,遂占籍。咸丰辛酉（1861），捻匪之乱，允武适以海舟运米薪至，悉散给乡里，不取值。又修道路，建桥梁，设义塾，捐义田，以及施粥、施药、施棉衣诸善举，不可胜纪。性俭朴，尚义气，重交游。州牧余师濂、李翼清先后旌其门。以助纳军饷功，议叙都司衔，授武翼都尉、候选游击。卒年八十四。子基升，字东甫。援例候选同知。自幼朴讷，有大度，天真烂然。每于途次遇小儿，揶揄之，置弗较。居家以孺慕，博亲欢，尤乐为善。光绪五年（1879），邑大水，允武出重资以赈灾民，基升赞助之力居多。二十二年，又大水，踵行之有加焉。他如捐义田，设义塾，浚河渠，修庙宇，恤孤贫，施医药，惜字纸，纂谱系诸善举，行之累累，曾无德色。年四十七岁卒。

[民国《增修胶志》卷四十五《笃行》]

◎ 彰　键 ◎

彰键，字季宿。诸生。平生隐行善事，惟恐人知。为人所传述者，如刊印敬信录、造空白册换旧书、埋枯骨、施药剂等诸义举。咸丰辛酉（1861）之乱，捻匪至其家，秋毫无犯，但书屏风"忠厚传家"四字而去。

[民国《增修胶志》卷四十五《笃行》]

◎ 潘伯壎 ◎

潘伯壎，字惠卿。有孝行，好善乐施。春夏常制药饵，以济人。尤友爱两弟，同居三十余年，无间言。及殁，邻里乡党私谥曰"成懿先生"。

[民国《增修胶志》卷四十五《笃行》]

◎ 张建桢 ◎

张建桢，字景周。拔贡生。性孝友，父会源殁，哀毁骨立。事母高，善色养。敬兄如严师友。兄经商，每日晚归，建桢必俟兄归乃寝，数十年如一日。平居，循循有法度；与人交，言必信，谋必忠，尤廉于财，取与不苟。与同志赵文运、宋希周、徐宗勉诸人，结"心谷社"，放棉衣，施药饵，舍棺木，惜字纸，力行诸善，岁以为常。州牧余则达闻建桢名，聘为中校教员。初，胶邑顺德钱庄经理赵炳昌，有侄某在济南落拓无依，值丁酉乡试，拟乞胶人来试者，解囊相助。建桢乃遍告同人，醵资助之。次年，赵某殁于济，其妻复以函乞援于建桢。建桢力说炳昌，寄其妻银五十两，嘱在济友人，代为安厝立碑焉。赵某夫妇存殁，均有所赖，皆建桢力也。

[民国《增修胶志》卷四十五《笃行》]

◎ 傅俭堂 ◎

傅俭堂，字叔勤。性孝友，喜为善。亲殁后，兄儒功、儒敏俱出仕，两弟均幼，赖俭堂教养成立。族人有因贫鬻女者，已受直，俭堂闻知，慨以金赎女，归养于家。稍长，为具奁资，择配世家子嫁之，且为谋生计，竟致小康。尤好施丹药，遵古方，亲炮炙，岁縻数百金，以为常。咸丰辛酉（1861）春，捻匪扰胶，适兄儒功供职部曹，因请假回籍办团练。时风鹤屡惊，阖邑戒严，有难民数十人，自西南来，众疑为贼谍，欲骈戮之。俭堂察其情状，似避乱者。详讯之，果然。为言于官，俾栖宿于城隍庙，派勇守护，日给饘粥。匪退后，助以川资，遣之归。濒行时，皆感泣，曰：微傅公活我，皆死矣。八月，贼复至，幸团防未尽撤，俭堂躬率团勇，风雨梭巡，力保危城。事平，由都司擢升游击。当兵燹后，廛市邱墟，负债者多匿财产，出少许折还。俭堂置不与较，然未尝负人，乃自出田六百亩，变价偿己债，家遂贫。族人乏嗣者，木主无所妥，俭堂于家庙后，购屋数椽，供奉之，岁时奠祭。乱后，家庙被毁，而此数椽，独无恙。族人公议，拟将正厅主位迁于其内。俭堂不谓然，曰：楚炬成灰，先灵失所凭依，子孙之过也。乃以己所存余者，悉捐以充公。命予振曾立据，交族中。执事族人感服，皆出资重建，家庙复旧制。先是邑绅创修土圩，壕深丈许，枯骨被掘，皆暴露。俭堂出资，购棺掩埋之。同治丁卯（1867），捻匪复扰胶东。东抚丁檄邑绅，设局，办防务，俭堂复襄办其事。一时，悍兵骄将，借端滋扰，俭堂悉心应付，凡两阅月，未受巨害。事平，当道以守城功，议叙俭堂让其师陈冬邺，由训导加六品衔。己巳（1869）冬，兄儒敏任沧州牧，因公亏帑，俭堂亲赴沧，为兄偿公款。时值除夕，归途冒风雪，病几殆，寻愈。然因积劳成疾，日渐衰弱，卒年六十有四。

[民国《增修胶志》卷四十五《笃行》]

傅俭堂，都司衔。咸丰十一年（1861），军功议叙，赏加游击衔。有"传"。

[民国《增修胶志》卷二十七《议叙》]

◎ 刘成圻 ◎

刘成圻，字方千。庠生。炳蔚子。附贡。素嗜学。子岱东、从子敷锡、孙清寅，俱受成圻教，入泮。四世芹香，著闻乡里。族有佳子弟贫者，尝代备脩脯，为之延师。兄与析居，成圻以田二百亩让兄。道光十三年（1833），邑大饥，成圻出粟赈济，家无余粟，又质田百亩，以助不足，全活甚众。谈疃铺南阻胶河，独捐资，造石桥一座，行人称便。道光间，农民缺豆种，自南海籴豆八百余石，按亩均分。咸丰十年（1860），捻匪警报至，成圻倡办乡团，捐巨资，购火药。同治六年（1867），贼复至胶，众以牧马城可避乱，共推成圻为团长，督修牧马城垣，六十村之生灵，赖以免祸。又善治小儿痘疹，所至辄效，不受报酬，人以是愈重之。年八十五卒。

[民国《增修胶志》卷四十五《笃行》]

◎ 张奉玙 ◎

张奉玙，字伯珩。诸生。精岐黄术。同治元年（1862），疠疫盛行，请诊者日不暇给。奉玙素不乘车，徒步勤劳，日用二巾拭汗，自晨至午，巾尽湿，午后再易二巾。有戚家匡某，延视母疾，适奉玙晚归，惫不能行，急授一方，约于翌晨往诊。比至匡某家，施药一剂，病霍然愈。又尝闻邻居土姓妇，哭甚哀，问之，则因疯犬啮其子，病创不能营生，又无食，馁甚。奉玙即令家人馈盘飧，并授一方，投药立效。其周人之急，类如此。

[民国《增修胶志》卷四十七《艺术》]

张奉玙，字伯珩。清代胶县人。精岐黄术，以济贫救人为乐，每疫疠流行时，诊治日夜不息。

[《山东中医药志》第六篇《人物表》]

◎ 邹峄阳 ◎

邹峄阳，字鹤龄。童试不利，遂愤而习医，慨然有济人之志。昼夜攻苦十余年，成国手。治病多用重剂，辄奏奇效，尤善治伤寒症。州牧李翼清全眷染伤寒，兼患双单蛾，遍延诸医诊治，皆无效，已废二公子矣。峄阳至，曰：此症非猛治，不能起死回生。翼清韪其议，投以重剂。数日，阖署全愈。为赠"著手生春"匾额，旌其门。又尝治匡某母气症，浆粒不入口者累日，诸医皆棘手。后延峄阳视之，药剂颇重，家人不知火候，一沸而干，仅得半匙许，服之，病爽然若失，遂连服二剂，乃全愈。其神妙如此。

[民国《增修胶志》卷四十七《艺术》]

邹峄阳，字鹤龄。清代胶县人。童试不利，遂发奋习医，昼夜攻读十年，术成，治病多用重剂，辄奏奇效，尤善治伤寒。州牧李公眷属染伤寒，遍延诸医无效，峄阳遣药而愈。李公赠"著手回春"匾，旌表其门。

[《山东中医药志》第六篇《人物表》]

◎ 匡严共 ◎

◎ 匡崇略 ◎

匡严共，字静菴。世习医，兼痘科。性廉介，医病不受谢。适家有喜事，戚属妇女杂沓，有孙氏婢，抱幼女嬉笑于庭。严共注目凝视，或加诮议。严共曰：此婢，数日内必生痘。痘出，无医矣。孙宅闻之，遣还母家。及期，果亡。人神其术。子崇略，字符之。诸生。精痘科，小儿出痘，能一见决生死，或几日成熟、脱痂，糜不亿中。善挑管痘，每施针，飞行绝迹，顷刻而毕。其立品尤高，有求者，无富贵贫贱，皆立往。愈后，不受谢。家有一室，置痘科书，高可充栋。族祖梦云四子鸿庆，痘出危险，因服某医凉剂，痘反缩，一息恹恹。崇略一见，惊愕曰：是必服凉剂之过也。盖北方气寒，南方气暖，必须因地施宜。今误服凉剂，日后必周身白癜。遂易数方而愈，后果发现白癜。人呼为"痘儿哥哥家"。

[民国《增修胶志》卷四十七《艺术》]

匡严共，字静菴。清代胶县人。世习医，精痘科。性廉介，医病不受谢。

[《山东中医药志》第六篇《人物表》]

◎ 赵邦畿 ◎

赵邦畿，字华堂。少力学，因小试不遂其志，遂弃去，专攻岐黄术，尤长妇人科，并善治时疫等症，全活甚众，附近一带至今称之。

[民国《增修胶志》卷四十七《艺术》]

赵邦畿，字华堂。清代胶县人。工岐黄术，尤长妇科，并善治时疫症。

[《山东中医药志》第六篇《人物表》]

◎ 堵仲陶 ◎

堵仲陶，以字行。邑东北乡前店口人。庠生。精岐黄术，妇人科推为神手。著有《堵氏家藏》一卷。至今，沽河两岸习妇科者，皆宗之。

[民国《增修胶志》卷四十七《艺术》]

堵仲陶（1800～1878），以字行，号南溪老人。胶州东乡前店口村人。自幼天资聪敏，好学不辍，熟通"五经"，谙于诗文，私塾十余年，得中庠生。遂弃儒，矢志习医。精研《内经》《难经》等经典，且涉猎百家，广撷博采，尤殚于妇科。悬壶沽河两岸，求诊者比肩接踵，沉疴屡起，深得病家信仰。诊务之暇，著有《堵氏家藏女科》《妇科经论》（已佚）各一卷。

日常临诊，组方巧妙，用药审慎，令人折服。如对素患坠胎小产妇人，认为一是胎成之前，母体脏气有损必不牢；二是胎成之后，母体保养无法实难固。据此卓见提出，妇人自身孕起即常服"三合丸"（怀生地、鲜生姜、砂仁、当归、白术、黄芩、杜仲、川断、黄酒、蜜丸），此为脾肾双补剂，其间每于九十日再进"十二味顺胎散"及"参桔饮"三剂，服至七个月则停用。上述三方相配，契合病机，断无胎坠之虞，验之屡有奇效。

小产之后，漏血不止或血凝气滞，如不及时调治，往往难以再孕，或孕后再坠胎。他认为，妇人怀胎十月，一朝分娩，正如瓜熟蒂落，果熟壳开，此乃自然造化之妙，小产如生摘瓜，如生采栗，破其皮壳，断其根蒂，非自然也。盖脏气损伤，胞系不固，然后胎坠，岂不重于大产？故小产之后，尤恐胞宫内瘀血不净，再孕亦然。因此极重视小产后的处理，提出以养血祛瘀为主的治疗原则，首服家藏秘方中的"益母丸"，药只当归、益母草二味，取其辛温和血，补而能行，入肝经、心包络及冲脉，药味平淡无奇，毫无直折之势，又作丸剂取缓行之意，极益于小产之后。待小产月余，体力恢复，再进"归军汤"（当归、川军、丹皮、桃仁、红花、半夏、鳖甲、陈皮、云苓、炙甘草）一至二剂，以祛余邪，旋即继用前药，再孕则无小产之患。

对于月经不调的认识与治疗，也颇有见地。认为月经病不外妇人正气不足，感受邪气而致。故治疗重在调经以治本。业医数十年，最喜用"调经丹"。指出："调经丹"可治妇人经前腰腹疼痛，平素小腹发板发凉，小腹下坠，有时伴有冷热，食欲不振，经色不正，经期一般错后，有时伴有带下，久不受孕。方中当归、川芎养血为主，元胡、丹皮辛苦以行肝气，香附、陈皮以调脾气。此二经合而治之，然云苓、炙甘草渗以利之、和以缓之，桃仁、红花破以行之，然二味性苦、甘，行中有养；鳖甲味咸，咸以软坚，性横以开，达阴滋肾，又血肉有情之品，味厚力宏，非草木之滋而能及，终以制川军统肝脾诸药，涤荡瘀血，则血结可去，血枯可生，所谓推陈致新，此立方之意。不大攻大破而沉积能去，不大补大热而诸虚能疗。在服用方法上，告诉病人，必须经前服二三剂，经后再服一二剂，后再视其病症所主，虚实之轻重，以平剂调养，俟下月再依前法续进，庶几三月，诸证胥蠲。其辨析入微，立方和缓纯正，药能切病而收治效。又如一产妇癃闭，延他医束手，求治于他，一剂竟告霍然。嗣后有请教者，则说：癃闭一证，凡产后皆与气化有关，又常责之于肺肾，此例病人取用变法，着眼在肺。肺为气之主，又为水之上源，司通调水道、下输膀胱之职，开提肺气可浚其源，上窍通则下窍利，正如前人提壶揭盖法同，如用五苓类则失其治。由此可见其治病之精当，法圆方活。虽毕生致力于妇科，然医术之全面也为人所称赞。如有一日，出诊归家途中，遇一窑人盖造茅舍，窃语于同事，欲自高墙跃下，测其医术，他见其跳下，初意为嬉戏，后至近前，观其面色，大惊，又诊其脉，遂说：内脏已损，断无生矣。后窑人果丧其命。

不仅医术精湛，医德亦极为后人推崇。远近乡村，凡病家相求，无有不应，每至病家，详细诊察，毫不草率。无论富贵贫贱，一视同仁。

[《胶州市卫生志》第十篇《名医传记》]
[《山东中医药志》第六篇《传记》]

◎ 张锡玉 ◎

张锡玉，字少美。善岐黄术，博涉群书，精究医理，喜读张仲景《伤寒论》，独有心得。凡所诊治，一以四时气候、五行生克为标准，由是以医知名，所至辄效。与人交，重义气。遇有贫富交延者，每停车道左，步至寒者门，恐以仆马费累友也。以是文士乐与之游。著有医书数卷，惜未梓。

[民国《增修胶志》卷四十七《艺术》]

张锡玉，字少美，号琢堂。生于清咸丰十一年（1861）七月十六日，卒于民国九年（1920）二月十九日。胶县小旺町人。少进私塾，学而有成，考取前清太学生。

年甫三十时，胶县疫病流行，乡民求诊最难。目睹民众之苦，莫大于病，便致力攻读医籍，探究医理。初出临症时，便具有一定胆识。如邻村大旺疃村一患者，诊为"结症"，派病家持方取药，堂中店员视药量过重而拒付。于是其亲自去抓药，且看着煎服。进药后，须臾间，肠动腹鸣，便通身爽而愈。事后他解释说：病户家庭生活富裕，患者身壮体肥，且新染烟毒癖，耐药力有异常人，如此闭结重症，非强攻何能取效？因人制宜，其要在此。

四十岁时，在胶城开设"广生堂"药店，坐堂行医。此期间，安丘巴山一绅士，因母疾危重，当地诸医无策，竟不惮百里，邀他诊治，获愈。病家大喜，遂捐资进言圣公府，拣选其为知印官，以酬救母大恩。

年满五十岁，医术已誉满邑里，县知事要他在县衙内住，任官职，尽医事。衙门深宅，乡间求诊者不易，故常出门闲溜，有意寻找病人。一次，逢本村邻居进城购置寿衣，言家有危重病人，准备后事。当他问明病情后说：我与他同年生，熟其人，知其病，他是旧病发作，并非绝症，将备寿衣的钱取几副药，急速回家灌服为好。果然药尽病除，至今仍被当地人传为美谈。

治学有方，读仲景《伤寒论》，独有新得，临症探究四时六气与发病的关系，归纳五行学说在临床运用时的辨证施治规律，其论断在当时胶地医界影响颇深。且撰有数卷医论和制方，惜多家传阅，下落不明。现家中后人，仍存有他的医药手稿四册，分别署名《金匮经》《寿世仁》《伤寒论条举》《外科方药集》。诸本多是选抄前贤著述，间有评语，以毛笔书写，字迹清晰，少有笔误，特别是蝇头小字，挥洒流畅，排列规整，具有书法工力。

为人敦厚，善结交，重义气，常邀请文士远游于外，或呼唤乡邻谈笑于家。晚年返回故里，仍操医业，对病人关怀备至，冬时为来诊者设火炉收暖，夏日又置茶水相待。凡寒门邀诊，路途远近不辞，徒步而至，从不乘车马。

[《胶州市卫生志》第十篇《名医传记》]

[《山东中医药志》第六篇《传记》]

◎ 张骏声 ◎

张骏声，字文誉。治北赵家庄人。性质朴，豪于饮。善岐黄术，尤长外科，脉息精密，不与常医同。匡超父，腰部生一恶疽，大如碗，他医皆束手，闻骏声名，延治之，未半月而愈，酬以金不受，惟与超结为义友而去。

[民国《增修胶志》卷四十七《艺术》]

张骏声，字文誉。清末民初胶县北赵家庄村人。性质朴，豪于饮，善岐黄术，尤精外科，以活人为得，不受谢。

[《山东中医药志》第六篇《人物表》]

◎ 周汉南 ◎

周汉南，字宗海。邑西南乡人。性方鲠，善医术。家素裕，尝施义浆，舍药饵，全活甚众，里中有"善人"之目。城西裕春号王某，得奇疾，群医皆束手，病几殆。闻汉南名，延请诊治，数药而愈。王某喜且感，厚赠之，由是名益高。民国八年（1919），诸城绅士赠"国士无双"匾额，日照亦赠"济世活人"匾额，以旌其门。

[民国《增修胶志》卷四十七《艺术》]

周汉南,字宗海。清末民初胶县西南乡人。性方鲠,善医术,家富裕,尝施粥舍药,活人甚众。民国八年(1919),诸城人士赠"国士无双"匾。

[《山东中医药志》第六篇《人物表》]

◎ 王 淦 ◎

王淦,字翼帆。浙江山阴人。供事,光绪十一年(1885)选补胶州州同,俸满,调即墨知县,未赴任,旋升直隶州知州,在省候补,而妻孥仍寓于胶。淦两袖清风,以艰于资,未获陛见,乃借戚友之力始北上,后终未补缺,卒于胶。淦精岐黄,尤长于裙带科。请诊者,无富贵贫贱,必急赴,以是人皆称之。子二:寿同、福同;福同聘邑人傅氏女,遂占籍。

[民国《增修胶志》卷四十八《侨寓》]

◎ 王吉震 ◎

《卫生一隅》四卷,王吉震撰。吉震有《周易辑说》,见经部易类。《采访册》载是书云:详列前人卫生论说,以方药附焉。

《卫生绪言》三卷,王吉震撰。见《采访册》。

[宣统《山东通志》卷一百四十《艺文志第十·子部·道家》]

王吉震,字海霆,号雨桥。曜子。鳌山廪生。世居胶。吉震貌丰伟,有夙慧,读书数行下。性至孝,年十三即能默诵"六经",博父母欢。同治癸酉(1873)科拔贡。东抚丁宝桢一见,许为"国器"。乡试屡荐不第后,宝桢督川,犹致书数劝勉焉。以捐赈授教谕,再授内阁中书舍人。家居奉亲,不乐仕进。父曜,好施予,吉震能继先志,凡修桥梁,施米粥,赡戚族,倾囊不吝。家故丰裕,藏书多,披览外,暇辄抄录子史,集成巨册。尤善草书,时人得片纸以为珍。卒年六十一。著有《周易辑说》《春秋释地》《汉书音义字例》《史论》《说文便览》及《诗集》《平平斋古文》,均藏于家。

[民国《增修胶志》卷四十二《清人物传·文苑》]

王吉震,(同治)癸酉拔贡。

[同治《即墨县志》卷七《贡士》]

《周易辑说》四卷,王吉震撰。吉震,字雨桥。胶州鳌山卫人。同治癸酉拔贡,官内阁中书。是书见《采访册》。其说以来氏为宗。

[宣统《山东通志》卷一百二十七《艺文志第十·经部·易》]

《春秋释地》，王吉震撰。吉震见易类。是书见《采访册》。

[宣统《山东通志》卷一百二十九《艺文志第十·经部·春秋》]

《说文便览》八卷，王吉震撰。吉震见易类。《采访册》载是书云：自一部起，至龠部止。

[宣统《山东通志》卷一百三十《艺文志第十·经部·小学》]

《汉书音义字例》一卷，王吉震撰。吉震有《周易辑说》，见经部易类。是编见《采访册》。

[宣统《山东通志》卷一百三十《艺文志第十·史部·正史》]

《王氏家乘续编》二卷，王吉震撰。吉震见经部易类。《采访册》载是编云：辑前明之家传为一卷，国朝之家传为一卷。

[宣统《山东通志》卷一百三十二《艺文志第十·史部·传记》]

《史论》六卷，王吉震撰。吉震见经部易类。是书见《采访册》。

[宣统《山东通志》卷一百三十四《艺文志第十·史部·史评》]

《平平斋诗钞》四卷，王吉震撰。吉震有《周易辑说》，见经部易类。《采访册》载是编云：一名《补斋未定草》。

《平平斋古文》，王吉震撰。见《采访册》。

[宣统《山东通志》卷一百四十六上《艺文志第十·集部·别集》]

◎ 宋言扬 ◎

《脉诀便记歌》《伤寒便记歌》《痘科便记歌》《本草便记歌》，宋言扬撰。言扬，有《左传汇编》，见经部春秋类。四种，见《采访册》。

[宣统《山东通志》卷一百三十六《艺文志第十·子部·医家》]

《左传汇编》，宋言扬撰。言扬，字春农。胶州人。是书见《采访册》。

[宣统《山东通志》卷一百二十九《艺文志第十·经部·春秋》]

民国

◎ 陈景瞻 ◎

陈景瞻，字轼朋。性坦白，好施与，尤善医。虽贱夫走卒，有求必应。广施药饵，岁耗巨资。遇瘟疫发生，必刊布经验良方，全活甚众。年七十卒。

[民国《增修胶志》卷四十六《民国人物》]

陈景瞻，字轼朋。清代胶县人。性坦白，好施与，尤善医。虽贫穷苦贱，有求必应，广施药饵，岁耗巨资。遇瘟疫发生，必刊布经验良方，全活甚众。

[《山东中医药志》第六篇《人物表》]

◎ 李文海 ◎

李凤五妾，诸城农民高斗女。入门后，生子二，文海、文山俱幼，凤五病故，氏年二十。矢志坚守，嫡妻赵氏虐待之，欲夺其志。氏备受凌辱，侍奉惟谨而终不易操。未几，次子文山亡，氏哭之哀，赵妒如故。氏曰：承先人后，恃有两孤，今殇其一，如此孩提，设教养无人，敢望其成立耶！不然，氏一身之生死去留，固无关重轻耳。言甚凄婉，赵颇感悟。文海长，氏为延师课读，偶见其嬉戏，辄督责之，不少纵。族邻有所求，必商诸赵，与之，而不责其偿，自奉俭约，里党称焉。后，文海读书多材艺，尤善医。旌年六十二，守节四十余年。

[民国《增修胶志》卷五十一《列女》]

◎ 李会青 ◎

◎ 李为本 ◎

◎ 李桂清 ◎

李会青（1835年11月15日—1931年2月6日），胶县大刘家疃村人。自幼进塾学，成绩优良，考取庠生。擅外科，疗疔疽、痈疡有名。1922年与同村人李为本、李桂清合伙办"普生堂"药铺，坐堂行医。

[《胶州市卫生志》第十篇《医林名录》]

◎ 白芳春 ◎

白芳春（1842—1917），胶县白家屯村人。七岁进塾学，二十岁专习医术，精于内科。自制《脏腑图谱》一册，用于授徒。晚年集《经验方》数册，惜传阅中遗失。

[《胶州市卫生志》第十篇《医林名录》]

◎ 赵 恂 ◎

赵恂，字认斋。生于清道光二十四年（1844），卒于民国十三年（1924）。胶县前朱陈家沟村人。出身于农民家庭，自幼入村塾读书，无意科举，奋发习医。1874年设"天成堂"铺号开业行医，擅长中医外科，对治疗外科病积累了丰富的临床经验，医名播及现胶南、诸城、高密县境，延医者不绝于门。

教子训徒时常说：医者，辨证莫忘纲，行医莫忘德。这句话，是其一生遵循的座右铭。

治外科病证，善辨阴阳，别善恶而知顺逆；谙内消、内托及虚实之治法，内治外治配合得当；在外治方面，善用针砭方法，注重疮疡的早期排脓，并长于运用升降丹及膏药，是当地较全面掌握中医外科理法方药的医生。如有一老者，因患疮疡前来求治，言曾多方诊治，溃后，久不收口。症见面黄肌瘦、疮面色淡、脓水清稀，切其脉虚。诊毕曰：此系虚实不别，阴阳不分之误。遂用清补助脾之法，数剂而愈。如遇脓毒已成者，施术开疮排脓时，手内暗度钹针，同时与病者闲谈，分散其注意力，借一瞬之机，将疮疡切开，病人未觉疼痛。切开后，用药捻作引流，敷上膏药包好。因施治得法，收效甚捷。

具有优良的医德医风，最使人不忘的，是其给徐春治疮的事迹。徐春以乞讨度日，患脑疽，俗称"对口疮"，无钱医治，为充饥肠，仍沿街讨饭。见此惨状，将其领到了自己的药铺里说：您住在这里吧，吃饭我管着，治病不要钱，治好了，要饭还能上去门。徐春感动的声泪俱下。隔很长一段时间，又来"天成堂"千恩万谢的要交药费。赵恂说：你要几个钱实在不容易，我不能收，您留着买点吃的吧。无奈几天之后，又送来两条上等的鲜鱼，赵恂依然谢绝，并对在场的人说：全施舍我办不到，吃药要钱，向有钱有势的大户要，我要叫穷人吃药，财主拿钱。其医德医风，至今仍为人传颂。

[《胶州市卫生志》第十篇《名医传记》]

◎ 杨利业 ◎

杨利业（1855—1939），胶县水牛村人。1880年习医术，精究《寿世保元》《傅青主女科》《针灸大成》等医籍。擅内、妇科及针灸术，在胶北乡有盛名。晚年，撰《经验方》一册，传于后人。

[《胶州市卫生志》第十篇《医林名录》]

◎ 苟希道 ◎

苟希道，字敬五。生于清咸丰十年（1860）年，卒于民国二十八年（1939）。胶县毛家庄人。家境富裕，七岁入私塾，寒窗苦读十二载，通"四书""五经"。1880年设塾教书，曾因妻子患疗疮症，数次去外乡求医生诊治，但总未请动，遂愤而习医，立志济人。教学余暇，诵读方药，穷究医理，昼夜不懈，经过十余年的努力，遂成良医。

1890年，在家独操医业，开张之日，立下戒律："病人上门，随到随诊；初诊识途，复诊自去。"自此，他的医德医风传颂开来，求诊者门庭若市。目睹远道来的患者，马驮车运，费时耗资，为心不忍。他揣度，若多处诊室，邻近就医，岂不更方便于人？于是同四方集市药铺家约定，每逢古历一六日（含初一、初六、十一、十六、二十一、二十六日）到崂山县王林庄集"大生堂"；逢二七日，到石拉子集"东新成堂"；逢三八日，到马戈庄集"鹤林堂"，三家药铺坐堂行医。距诊室地址，近者六七里，远者十八里，方圆三十余里内，都可到近处定时、定点就医。余四九日、五十日，在自家候诊，不设药铺。每年之中，还有数次远处出诊，如青岛、烟台等。每次外出，对家中或各集市诊室都嘱托有一定医术的弟子代之，从无顾此失彼、忙乱失约之事。

善外科，喜创新。如疗疗疮肿毒症，起初施用针刺、割疗术，见患者痛苦大，遂改制外用"溃药"，使毒疮溃腐而愈；又嫌疗程长，换药麻烦，于是探讨内服效验药。几经改进，屡有提高，仍穷究不辍。一次，烟台的一位病人，患"眼赘"，曾四方求医无效，慕名求他诊治。用药十剂尽，赘肉退缩，复归于旧。

理病谨慎，每晚对日间诊视的病例，作逐一思考，凡存疑虑者，翻阅方书，对照析疑以利再诊，且相沿成俗。他说：看病就是学习，再看病，再学习，相辅相成，这是一种最好的学习方法。

性情质朴，不摆势派。尤其贫家邀诊，车马费自理，从不吃酒饭，律己律徒甚严。晚年，视力下降，仍利用业余时间整理医案，曾写出一宗外科临症诊治验案资料，惋惜的是在"文化大革命"中，连同抄写的古今医籍，均被家中后人焚烧无余。

[《胶州市卫生志》第十篇《名医传记》]

[《青岛市志·人物志》第一篇《传记》]

[《胶州市志》人物《人物传记》]

◎ 姜涵尘 ◎

姜涵尘，原名太儒。生于清同治七年（1868），卒于民国三十五年（1946）。胶县大店人。自幼聪敏好学，青年时意欲进取，时值清朝科举制度废除，仕途无望，易辙学医，探讨医术达二十年，于民国年间参加青岛市中医界会考，成绩优异。1900年去青岛市办"复生堂"药店，领衔主治中医师。

辛亥革命期间，革命党一度辖烟台，又弃医从政，被选为烟台市军管会副司令之职。后革命党受挫，退出政界，重操医业。此时其医、学、政，声望大振，已为南海一带有影响的人物。当地解放初期，胶东行政公署聘其对姜立川部队进行统战活动。1943年出任胶县第一届临时参议会参议长、胶东参议会参议员。

有学识，又喜著述，一生写下很多专集手稿。在医学方面，仅后人回忆有《中医杂症论治》和《温症初探》两书，曾托弟子李玉真整理，惜日本侵华，焚烧已尽。对儒学、佛教也有一定研究，著有《孔道管见录》一书，由广东出版社发行。故时人称其为"儒林中之通儒，医林中之良医"。

[《胶州市卫生志》第十篇《名医传记》]

◎ 乔培坚 ◎

乔培坚（1868—1944），高密县张罗大屯村人。1930年迁居胶城行医。擅妇、儿科，以治温病、肝胆疾患见长。曾研究中西两法治病，名传高密、胶县、青岛等地。晚年练习养生术，每日坐禅，习"五禽内功"。一生带徒教人，施教诚挚。

[《胶州市卫生志》第十篇《医林名录》]

◎ 张仕敏 ◎

张仕敏（1881—1945），胶县北乡柏兰村人。三世业医。仕敏专内、儿科，且明医理，重医德。三代传术，皆择品行端正者继业。

[《胶州市卫生志》第十篇《医林名录》]

◎ 刘维校 ◎

刘维校（1886—1948），胶县西南乡牛沟村人。一生遵循"医者仁术"的传统教育，专心致志地深究岐黄术。临床以内、妇科疾病见长。诊暇集有《妇科学心得》《经验方》两册，手稿已失。

[《胶州市卫生志》第十篇《医林名录》]

◎ 王纯德 ◎

王纯德（1887—1947），字喜文，号起颠。胶县柏果树村人。初教读兼医，后弃教业医，对中医经典著作与诸家名著多有探求。民国年间，胶县医界会考，名列榜首。临床以外科见长，尤善治"杨梅疮"。辑有《马到成功》一书，载方150首。

[《胶州市卫生志》第十篇《医林名录》]

[《山东中医药志》第六篇《人物表》]

◎ 王石民 ◎

王石民（1911—1942），又名王世民。小麻湾镇葛家庄人。革命烈士。于1928年考入胶县师范讲习所，开始接触进步书籍和马列主义。不久，参加了共产党外围组织互济会，同年参加了中国共产党，经常到刘凤扬家参加集会，秘密开展宣传活动。1930年冬，于胶县师范讲习所毕业，第二年春去青岛教师训练班学习。同年秋返乡，先后在胶县中学、胶城北佛地小学、胶县前店口小学和胶县南乡薛家岛（今属黄岛区）小学任教。1935年秋，辞教回乡务农，遂与地下党组织失去联系。1938年秋，去青岛私人医院学医。翌年春，在原互济会会员刘凤雷的帮助下，赴即墨县马戈庄药房当坐堂医生。

1940年秋，在中共胶县县委书记李奎生的帮助下，经中共胶东区委批准恢复了党组织关系。同年冬，回乡担任了中共胶县县委宣传部部长兼统战部长。以在小麻湾村开设一家"拯民药房"作掩护，建立了中共地下党秘密联络站。先后在毛家庄、大麻湾、石龙屯、葛家庄等村庄成立党组织，介绍发展了十余人加入中国共产党。1941年上半年，在大麻湾、毛家庄、石龙屯三处完全小学发展共产党员，组织动员一批进步青年学生参军参战。同年10月，遭到汉奸相铭忱部逮捕。经地下党组织的营救，继续以开药房为掩护从事革命活动。1942年春夏间，中共南海地委调王石民到南海军分区工作，在办理工作交接手续时，遭日伪特务逮捕，不久转押青岛日本宪兵队被杀害。

[《胶州市志》人物《人物传记》]

淄博

◎ 张至发 ◎

《医验编》,张至发撰。至发有《阁汇》,见史部职官类。《乡园忆旧录》载是编云:念东先生谓:与张太保华东《悬袖便方》、新城王方伯康宇《便方》,皆仁人之用心。然则谓公继周延儒之后以忮刻为衣钵者,殆未深知其人矣。

[宣统《山东通志》卷一百三十六《艺文志第十·子部·医家》]

张至发,淄川人。万历二十九年(1601)进士。历知玉田、遵化。行取,授礼部主事,改御史。时齐、楚、浙三党方炽,至发,齐党也,上疏陈内降之弊。因言:陛下恶结党,而秉揆者先不能超然门户外。顷读科臣疏云:日来慰谕辅臣温旨,辅臣与司礼自相参定,方听御批。果若人言,天下事尚可问耶?语皆刺叶向高,帝不报。时言官争排东林,户部郎中李朴不平,抗疏争。至发遂劾朴背公死党,诳语欺君,帝亦不报。寻出按河南。福王之藩洛阳,中使相望于道。至发以礼裁之,无敢横。宗禄不给,为置义田,以赡贫者。四十三年,豫省饥,请留饷备振,又请改折漕粮,皆报闻。还朝,引病归。天启元年(1621),进大理寺丞。三年请终养。魏忠贤党荐之,矫旨令吏部擢用,至发方养亲不出。崇祯五年(1632),起顺天府丞,进光禄卿。精核积弊,多所厘正,遂受帝知。八年春,迁刑部右侍郎。六月,帝将增置阁臣,以翰林不习世务,思用他官参之,召廷臣数十人,各授一疏,令拟旨。遂擢至发礼部左侍郎兼东阁大学士,与文震孟同入直。自世宗朝许赞后,外僚入阁,自至发始。时温体仁为首辅,钱士升、王应熊、何吾驺次之。越二年,体仁辈尽去,至发遂为首辅。万历中,申时行、王锡爵先后柄政,大旨相绍述,谓之"传衣钵"。至发代体仁,一切守其所为,而才智机变逊之,以位次居首,非帝之所注也。尝简东宫讲官,摈黄道周,为给事中冯元飙所刺。至发怒,两疏诋道周,而极颂体仁孤执不欺,复为编修吴伟业所劾。讲官项煜论至发把持考选,庇儿女姻任浚而抑成勇。至发上章辩，帝遂逐煜去。内阁中书黄应恩悍戾，体仁、至发辈倚任之，恃势恣横。及为正字，不当复为东宫侍书，恐帝与太子开讲同日也。至发不谙故事，令兼之。应恩不能兼，讲官撰讲义送应恩缮录，拒不纳。检讨杨士聪论之，至发揭寝其疏，士聪复上书阁中，极论其事，至发终庇之。会复故总督杨鹤官，许给诰命，应恩当撰文。因其子嗣昌得君，力为洗雪。忤旨，将加罪，至发拟公揭救。同官孔贞运、傅冠曰：曩许士柔事，吾辈未尝救，独救应恩何也？至发咈然曰：公等不救，我自救之。连上三揭。帝不听，特降谕削应恩籍，嗣昌疏救，亦不听。无何，大理寺副曹荃发应恩赇请事，词连至发。至发愤，连疏请勘。帝虽优旨褒答，卒下应恩狱。至发乃具疏，自谓当去者三，而未尝引疾，忽得旨回籍调理，时人传笑，以为遵旨患病云。至发颇清强。起自外吏，诸翰林多不服，又始终恶异己，不能虚公延揽。帝亦恶其泄漏机密，听之去。且不遣行人护行，但令乘传，赐道里费六十金、彩币二表里，视首辅去国彝典，仅得半焉。既归，捐资改建淄城，赐敕优奖。俄以徽号礼成，遣官存问。十四年夏，帝思用旧臣，特敕召周延儒、贺逢圣及至发，独至发四疏辞。明年七月病殁。先屡加太子太傅、礼部尚书、文渊阁大学士。及卒，赠少保，祭葬，荫子如制。

[《明史》卷二百五十三《列传第一百四十一》]

　　张至发，字圣鹄，号宪松。父敬，进士。礼部仪制司主事。善属古文辞，生平不问家人生计，卒至贫不能葬。公生十三岁而孤。既入庠，则从泰安少崖李先生游，阐明理学。后既贵，为先生刻其语录，曰"还朴心声"云。万历丁酉（1597）举乡试，辛丑（1601）登第，受玉田令。邑故饶陂池，然每淫雨，则山涛怒激成巨浸。公相地筑堤，至今蓟父老犹相传曰：此张公堤也。岁歉，公劝大家捐赈，旌间复役，益以官帑，躬亲散给，全活者数万户。会疠疫大作，手制药饵，随地给予，活人无算。迨后里居，犹时时以善药疗人也。岁荒多盗，立传箭法，一闻枹鼓，不移晷而达县，捕之立获矣。调繁遵化县，均徭役，革火耗，下令曰：收银至毫而止。纳钱者听支兵饷，军民两利焉。里豪某黠而忍，与其仇讼不胜，阴毙己子而噬之，历六七谳，皆悬坐仇者。公廉得其状，一讯而服。邑为蓟抚驻节地三屯营，镇密云，督抚掎角建牙相望，供亿繁多，公游有余也。报政，授监察御史。时明神宗倦勤，叶向高以独相辍机务，出典癸丑（1613）试。有廷尉某者，复从而劝驾。公上疏曰：独相，非祖制也。请即允枚卜，以充揆路。一时咸服劲直云。巡视西城务，清军匠占役之弊。巡按河南时，福藩将之国使者相望于道。公星驰赴任，以礼制裁。诸大珰沿途需索，为苏各属郡邑输纳朝贺之使，例有导行费，亦一切以法抑之。王素耳公名，顾深器之，不以为简也。尝驻节某邑使院，贮金匮二焉。左右曰：例也。公置弗顾。所荐剡有以旧例谢者，力却之。巨憨苗之硕，险养盗魁，以睚眦杀平民，持上官短长，捏款送访，非酿金厌其欲不得释，诸大吏无敢发其奸者，公令刑官摄之。甫下，吏请托踵至，未启函，即按其罪杖杀之。熊朝会者，王妃弟也。怙势长恶，汴人为之重足立。公捕之，乃匿王府，百计为请。公曰：职为朝廷守三尺耳。卒置于法。时矿盗哨聚数千人，官军莫敢问。公召其渠魁曰角脑者，晓以利害，令各复业，封塞洞口，其患悉平。任内赎锾差竣，一无所取。念宗禄不给，为置义田，以赡贫者。至如选婚、请封、请名等礼，无不如期题请，以故宗人感焉。又为宋邵、程两先生后裔题请衣冠永奉祀，按部一年例应代。时诸台臣以福藩故，咸推毂公，复被命留按中州。万历四十二年（1614），以冰雹题请捐税赈济。四十三年（1615），以饥请留正项，以备赈恤，改折兑运全折漕粮，以苏重困。皆报闻。其赈饥也，出示通省，令就空便官舍、民居设粥厂，男女异处，择耆民长厚者司之。富民有收买幼稚子女者，至来春捐其直而归之，全活多者，赏赉有差。又严禁略买者。时潞王以币来，已却之，转念曰：吾且以成贤王之名。于是尽易钱给贫民。时卫辉饥尤甚，公括公私钱施袄袴等数万具，免死者无算。庚申（1620），差按应天，未任，以病请告。天启元年（1621），升大理寺左寺丞。时以兄处士公卒，亲老子独，祈终养。壬申（1631），乃起顺天府府丞。癸酉（1633），升光禄寺卿。寺司诸祀及上供事烦，而侵渔者多端。公握计精核，白粮至收贮，不移晷刻，无复插和侵冒之弊。初行藉田礼及治庆成宴，虽酒幂果筵，皆豫定图式，无不恪整。疏请增修仓廒，皆自行估计，吏不得欺，节省大农钱巨万。旧例祀典，牲牷由太常，颁胙由光禄。牲既献庙，则内监从，而侵冒弊难直摘，因特上《福胙交领宜明》一疏，令太常、光禄各遣官交领，奉旨尊为永例。任光禄二载，事事详核，帝眷由此深矣。八年（1635），升刑部右侍郎，召至中左门，看本拟票。旋升礼部左侍郎，兼东阁大学士。明季，卜相皆出词垣，公以卿寺未及四载，遂跻政地。外官入相自公始，盖异数也。既执政，寓书戒臧获辈曰：毋宁负屈，毋宁让人，务使吾家若无官。其笃慎如此。九年，进礼部尚书。时国计日绌，千户韩伯孝乞开矿鼓铸，公疏谏止。大略言：凿山则聚众滋扰，而矿盗之患兴；增局则工本徒消，而赔累之患起。报可。丁丑（1637），充会试正主考，取吴贞启等三百余人，如陈子龙、夏允彝辈，皆海内名士也。会温体仁去位，遂为首辅。旧例考选衡文后，合以乡评，顾奔竞易起。公建言：有官评瑕瑜互见者，即先予别职。其优者，糊名考试，进呈上裁。各省人数，不必取盈，推知上选为台省。更有文望者，授翰林编检。奉旨定为例。然以考选事与词臣议不合，而公始有去志矣。滇抚王世德以清介不谐于时，言路诬以通贿，公力辩其诬。其为国惜财如此。旋见时事多舛，以病请告。其略曰：皇上本欲集嘉谋也，而烦言之乱政不少；本欲刷颓习也，而金人之扞纲愈多。且以驵侩箝缙绅，以蜩螗摇韬铃。言路似开，反为闭言路之渐矣。若文臣而欲以武监，文试而欲以武录，国体朝纲，悉紊旧典。鼎铉谁司！横议丛棘，愿赐解组归田，苟全休致。疏累上，得归。十二年（1639），以捐资倡建淄城，遣官赐敕奖谕。十一月，以徽号告成，敕行人存问，赐文绮白金、上尊羊果等物。以淄川解边饷累弊难堪，从田间具奏《民穷势必走险安民莫先察吏》一疏。内反复言监司宜久任，钱粮宜循旧典，总归藩司汇解。词甚剀切，奉旨议行。自是征书频下，公累疏控辞。疏四上，乃已。壬午（1642）七月，梦绯衣者手板谒榻前，越日终于正寝。素蓄一鹤别墅，忽登阶历门堂回翔，延颈作欲语状，异矣。遗命勿请恤，勿立家庙，勿入祀乡贤，勿用墓志。抚臣奏闻，赠少保，荫子，祭葬如礼。盖奄冉一载，而明社墟矣。旧史氏曰：公在政府，丝纶皆藏副本，及所著《阁汇》三十函，皆不存。传其可知者，然观按豫所刊《巡方约略》及《檄略》等书，官民情伪，燎如握火，盖绣斧百世师也。当魏珰用事时，公见几远引，在告十年。暇日，兄弟躬奉板舆，侍太母宴娱近郭园中，至令乡里艳称之。非乐道者，能如是乎！己所置善田宅器，具与兄处士公中分之。遇恩荫，辄推以与兄子泰瑞。曰：庶以慰吾兄于九京也。昔李少崖先生尝榜其堂云：孝友承家。岂不然哉！公在朝，方党议大起，独岳岳正色，孤骞中立。及致政，与江夏宜兴同被召，公独不起，盖国事可知矣。然创石城，建义仓，代输丁银，捐橐赡士，桑梓绸缪，何重以周也。迹其生平，清严详慎，有陶士行、霍子孟之风焉。子姓恪守家训，若男泰来、泰孚，孙繻等，彬彬贤科相继。孙曾三十余人，若明经绂，文学笃庆，昆季皆一时琳琅之选也。以今方古，庶几过之矣。唐梦赉撰。载《通志》。

[乾隆《淄川县志》卷六《名臣》]

张至发，万历辛丑张以诚榜，授玉田知县，调遵化，擢云南道御史，巡按河南，巡视通仓，升大理寺寺丞、顺天府丞、光禄寺卿、刑部右侍郎，进文渊阁大学士、礼部尚书，晋阶光禄大夫、太子太保。告病，驰驿回籍，遣官存问。卒，赐祭葬，赠少保。有"传"。

[乾隆《淄川县志》卷五《进士》]

张至发，字圣鹄，号宪松。敬之子。少孤，从泰安李少崖游，阐明理学，后为刻其语录，曰"还朴心声"云。万历丁酉举乡试，辛丑登第，授玉田令。邑故饶陂池，每霪雨，山涛激成巨浸。至发相地筑堤，至今蓟人犹曰"张公堤"。岁歉，助赈，旌间复役，益以官帑，躬亲散给，全活数万户。疠疫大作，手制药饵，随地给予，活人无算。岁荒多盗，立传箭法，一闻枹鼓，不移晷而达县，捕之立获。调遵化县，均徭役，革火耗，下令曰：收银至毫而止。纳钱者听支兵饷，军民两利焉。里豪某黠而忍，与其仇讼不胜，阴毙己子嗾之，历六七谳，皆坐仇者。至发廉得其状，一讯而服。邑为蓟抚驻节地三屯营，镇密云，督抚掎角建牙相望，供亿繁多，游刃有余。报政，授监察御史。时神宗倦勤，叶向高以独相辍机务，出典癸丑试。至发上疏曰：独相，非祖制也。请即允枚卜，以充揆路。巡视西城，清军匠占役之弊。巡按河南时，福藩之国使者相望。至发赴任，以礼制裁。诸大珰沿途需索，为苏郡邑输纳朝贺之使，例有导行费，亦以法抑之。王素耳其名，深器之，不以为简也。尝驻节某邑使院，贮金匮二。左右曰：例也。置弗顾。所荐以旧例谢者，却之。巨憝苗之硕，以睚眦杀平民，持上官短长，捏款送访，至发令刑官摄之。甫下，吏请托至，未启函，即杖杀之。熊朝会者，王妃弟也。怙势长恶，捕之，匿王府，百计为请。至发曰：职为朝廷守三尺耳。卒置于法。时矿盗啸聚数千人，召其渠魁，晓以利害，令各复业，其患悉平。任内赎锾，一无所取。宗禄不给，为置义田。选婚等礼，如期题请，宗人感焉。又为宋邵、程两先生请奉祀。万历四十二年，以冰雹请捐税赈济。四十三年，以饥请留正项备赈。皆报闻。其赈饥也，设粥厂，男女异处。富民有买子女者，至来春捐其直而归之，全活多者，赏赉有差。潞王以币来，已却之，转念曰：吾且以成贤王之名。于是尽易钱给贫民。时卫辉饥尤甚，括官私钱施袄袴等数万具。天启元年，升大理寺左丞，以亲老乞独祈终养。壬申，起顺天府丞。癸酉，升光禄寺卿。初行藉田礼，治庆成宴，无不恪整。请修仓廒，自行估计，吏不得欺，节省大农钱巨万。八年，升刑部右侍郎，召至中左门，看本拟票。旋升礼部左侍郎，兼东阁大学士。外官入相，自此始。既执政，戒臧获曰：毋宁负屈让人，务使吾家若无官。九年，进礼部尚书。时国计日绌，千户韩伯孝乞开矿鼓铸，上疏谏止。会温体仁去位，遂为首辅，以考选事与词臣议不合。滇抚王世德以清介不谐于时，言路诬以通贿，至发力辩其诬。旋见时事多舛，以病请告疏，累上得归。十二年，以捐资倡建淄城，遣官赐敕奖谕。十一月，以徽号告成，敕行人存问，赐文绮白金、上尊羊果等物。以淄川解边饷累弊难堪，从田间具奏《民穷势必走险安民莫先察吏》，因言监司宜久任，钱粮宜循旧典，总归藩司汇解。词甚剀切，奉旨议行。壬午七月，终于正寝，遗命勿请恤，勿立家庙，勿用墓志。抚臣奏闻，赠少保，荫子，祭葬如礼。著有《阁汇》三十卷、《巡方约略》及

《檄略》等书。

［道光《济南府志》卷五十《人物六》］

张至发，字圣鹄。淄川人。万历辛丑进士，擢御史，按河南，剪旷盗，却赎锾，置义田，改漕折予告，起顺天府丞、光禄卿，修仓厂，饷省巨万，升刑部侍郎暨大学士、太子太保，登首揆，清严致政，赐存问。

［康熙《山东通志》卷三十九《人物·济南府》］

张至发，淄川人。爽豁明允，有决断。县有一二豪奸，藉珰为虐者，竟置于法。调遵化，升云南道御史。历升大学士，崇祯年枚卜入相。

［康熙《玉田县志》卷四《名宦》］

张至发，淄川进士。明允决断。县有豪奸，藉珰为虐者，竟置于法。调遵化，升云南道御史，官至首辅。崇祯十五年卒，赠少保，祭葬，荫子如职。别详《明史》本传。

［光绪《玉田县志》二十《名宦》］

张至发，山东淄州人。万历二十九年进士，知玉田、遵化。《明史》称其著有能声。向有"遗爱碑"，今碑无存。

［乾隆《直隶遵化州志》卷十四《名宦》］

张至发，山东淄川人。万历辛丑进士，二十九年任玉田县。明允决断。县有豪奸，藉珰为虐者，竟置于法。调遵化县，著有能声。升云南道御史，官至首辅。崇祯十五年卒，赠少保，祭葬，荫子如职。别详《明史》本传。遵化有"遗爱碑"。

［光绪《遵化通志》卷四十八《名宦》］

张至发墓，故明谕葬邑北十里贾利北。

［乾隆《淄川县志》卷二《冢墓》］

环青园，在淄川县北二十五里范阳湖北，明少保张至发别业。

［雍正《山东通志》卷九《古迹志》］

环青园，《通志》云：在县北二十五里范阳湖北，明少保张至发别业。

［道光《济南府志》卷十一《古迹一》］

张至发，山东淄川人。由进士崇祯五年□月任。

［万历《顺天府志》卷四《府丞》］

《阁汇》三十函，张至发撰。至发，字圣鹄，号宪松。淄川人。万历辛丑进士，历官文渊阁大学士，赠少保。《县志》本传云：公在政府，丝纶皆藏副本，及所著

《阁汇》三十函,皆不存。

《巡方约略》《橄略》,张至发撰。《县志》本传云:观按豫所刊《巡方约略》及《橄略》等书,官民情伪,燎如握火,盖绣斧百世师也。

[宣统《山东通志》卷一百三十四《艺文志第十·史部·职官》]

◎ 张泰象 ◎

张泰象,字仲开。泰昌(1620)恩选贡元。至发子。闭户力学,不与外事。虽贵介,一如寒素。中年抱病,究心岐黄,尤善痘疹。无问贫富,皆亲为调治,不取片值尔。举乡饮大宾。素善书,东城门额书带篆及"王铨部祠碑记",皆遗迹也。

[乾隆《淄川县志》卷五《贡生》]

张泰象,字仲开。淄川人。泰昌恩选贡元。至发子。闭户力学,不与外事。虽贵介,一如寒素。中年抱病,究心岐黄,尤善痘疹。无问贫富,皆亲为调治,不取其值。两举乡饮大宾。素善书,东城门额书带篆及"王铨部祠碑记",皆遗遗迹也。

[道光《济南府志》卷七十二《补遗》]

泰昌

张泰象,字仲开。淄川人。恩选。

[道光《济南府志》卷四十一《选举三》]

◎ 高之骖 ◎

◎ 高肇昆 ◎

高之骖,字两如。附贡。玶子。精于岐黄。幼子肇昆,能世其业。

[乾隆《淄川县志》卷五《例贡》]

◎ 高 捷 ◎

高捷,字中白。少家贫,荷薪负米,力学养亲。三试皆冠,擢超等。肆业苍龙峡,潜心理学,著《四书疏义》《易学辞象二集》。万历丁酉(1597),魁于乡。辛丑(1601),隽礼闱,辄旋里,益开议席,邑名公多出其门焉。甲辰(1604),廷对,授行人,历使荆、鲁、蜀、晋。补司正序,应使江右。蔡毅中使蜀,蔡以母老远行为难,公慨易之。册封蜀藩,跋涉万里不辞也。升户部郎中,分司云南。遇瑞邸婚礼,例管金商轮纳,悉除勒折,商人讼焉。出守淮安府,遇山左大饥,流民走淮上,饿殍盈路,剽贩横行,乃发仓出粟以赈之,兴工煮粥以食之,施药以疗病,严兵以防乱,赎还妇女,周给归资,赖以存活者不可握算。计其注东省官册,复业者十五万六千余名。抚按荐疏,有汲黯发粟河内,富弼救赈青州。其取况奖荐如此。寄俸金以赡淄庠,有碑纪其事焉。政成报最,举卓异,升淮徐兵备副使,疏浚挑筑,河工赖之。淮人为立生祠。国朝采举乡贤,于康熙五年(1666)奉旨祀于学宫。

[乾隆《淄川县志》卷六《循良》]

高捷,万历甲辰杨守勤榜授行人,司行人,升户部郎中、淮安府知府、淮徐道副使,改遵化道副使。祀乡贤。有"传"。

[乾隆《淄川县志》卷五《进士》]

高捷,字中白。淄川人。少家贫,荷薪负米,力学养亲。三试皆冠,擢超等。肄业苍龙峡,潜心理学。万历丁酉,魁于乡。辛丑,隽礼闱,辄旋里,益开讲席,名士多出其门。甲辰,廷对,授行人,历使荆、鲁、蜀、晋。补司正序,应使江右。蔡毅中使蜀,以母老远行为难,捷慨易之。册封蜀藩,跋涉万里不辞也。升户部郎中,分司云南。遇瑞邸婚礼,例管金商输纳,悉除勒折,商人颂焉。出守淮安府,遇山左大饥,流民走淮上,饿殍盈路,剽贩横行,乃发仓出粟以赈之,兴工煮粥以食之,施药以疗病,严兵以防乱,赎还妇女,周给归资。计其注东省官册,复业者十五万六千余名。寄俸金以赡淄庠。政成报最,举卓异,升淮徐兵备副使,疏浚挑筑,河工赖之,淮人为立生祠。

[道光《济南府志》卷五十《人物六》]

高捷,淄川人。万历二十九年(1601)进士,历官淮徐道。当乙卯(1615)、丙辰(1616),东省连岁大饥,相率流移淮上。捷设法赈济,兴工作以食,其力设药局以疗其病,赎妇女以完其室,严兵卫以诘其奸,给路费以劝其归,活流民数十万,资送回东者凡十五万六千有奇云。

[宣统《山东通志》卷一百六十一《人物志第十一·历代循吏》]

高捷,淄川人。进士。万历间知淮安府,明作任事。东省凶饥,流民涌至,当事恐聚为乱,捷劝民出粟,发帑供籴,大建粥厂,施药给槥,收赎子女,全活不下数万人。擒剧盗渠魁,淮民以安。河决,狼矢沟运船阻滞,捷负薪督筑,露宿堤上,飞挽无误。他若表节义,建社仓,设官渡,平籴粜,修书院以课士子,善政多端,立祠西门外《山阳县志》。

[乾隆《淮安府志》卷十九《艺文志》]

高捷，淄川人。万历间知淮安府。东省饥，流民麇至，捷劝民出粟，大建粥厂，全活无算。收赎子女，表彰节义，建社仓，设官渡，创浮桥，起书院。民为立祠西门外《淮安府志》。

[乾隆《江南通志》卷一百一十五《名宦》]

高捷，淄川人。进士。（万历）四十三年（1615）任。

[光绪《淮安府志》卷十《职官表》]

遵化兵备道按察司副使正四品，天启元年设畿辅唐《志》作二年设，国朝顺治二年（1645）裁。

天启

高捷，山东淄川人。万历甲辰进士。

[光绪《遵化通志》卷二十七《职官·道》]

《易学辞象》，淄川人高捷撰。捷，字中白。详《人物》。

[道光《济南府志》卷六十四《经籍》]

《易学象辞二集》十二卷，高捷撰。捷，字中白。淄川人。万历甲辰进士，历官河南按察副使。是书见《明志》及《经义考》。蔡复一谓其"以苦思入悬解，以变动不居为宗，而不执于一局"云。

[宣统《山东通志》卷一百二十七《艺文志第十·经部·易》]

高捷墓，在昭村北，墓碑尚存。

[乾隆《淄川县志》卷二《冢墓》]

◎ 高所蕴 ◎

高所蕴，字尔施，号宏室。中丞公举子也。以子珩赠中宪大夫、内翰林秘书院侍讲学士，累赠通奉大夫、宗人府丞加一级。孝友温恭，蚤年食饩。万历壬子（1612），已入彀而置副卷，论者惜之。生平以畏天为心，以济人为事，以孝弟为躬行，以性命为向往。自葬中丞公后，即弃家习静于磨庄，至家百里，日与方外之士恭叩伭诠，意有所会，辄笔之。有《随得录》《续录》《长生诀》《无生诠》等书，皆深入二氏之室。与子微坐，忘文无法，藏相出入也。长山李大司寇五弦尝言：当明万历癸丑（1613）年，东省大饥，窗友陈浣初偶相过，有忧色，询之则曰：宏室折简相邀，或为予所逋耶。翼日再过，则有喜色，人询之，则曰：往岁，予以试事曾贷宏室数金，后止完其六，昨抵其里，具酒款语，移时乃出前金，曰：二釜不登，得无苦炊烟断耶。前物幸完璧，以归他人，恐有侵渔，故烦枉驾耳。噫！即此一节，可概其他矣。宜乎后之甲第蝉联也。

[乾隆《淄川县志》卷五《封赠》]

高所蕴，字尔施，号宏室。举之子。兄弟六人，友爱甚。至下帷攻苦，补府学廪生。万历四十年（1612）秋闱，本第三，抑置副卷。父卒，遂不应试，习静于山中之磨庄。慈俭忍让，过于寒士。好施而不德，积借券三四千金，后悉焚之。教子严而有法，不拂人情，不愧衾影。以畏天为心，以济人为事。崇祯六年（1633）卒，年四十九。子玮珩、孙之駉，继成进士。

[道光《济南府志》卷五十《人物六》]

高所蕴，字尔施，号宏室。淄川人。以子珩官赠中宪大夫，累赠通奉大夫。

[道光《济南府志》卷四十五《选举六·封赠》]

高所蕴，字尔施。淄川人。中丞公举之子。幼食饩。孝友温恭。生平以畏天为心，以济人为事。长山李大司寇尝言：东省大饥，一友相过，有忧色，询之则云：公折简相邀，或为所逋耶。翼日，友再过，则有喜色，又询之，则云：曾贷公数金，止完其六，昨抵其里，具酒款语，乃出前金，曰：二釜不登，得无苦炊烟断耶！前物全璧，托人恐误，故烦枉驾耳。噫！即此可概其他矣。后甲第蝉联。以子珩赠宗人府丞。

[康熙《山东通志》卷四十五《孝义》]

高所蕴，《长生诀》一卷，又《无生诠》一卷。字尔施，淄川人。

[雍正《山东通志》卷三十四《经籍志》]

《随得录》《续录》，高所蕴撰。所蕴，字尔施，号宏室。举子。诸生。以子珩赠中宪大夫、宗人府丞。《县志》称所蕴与方外之士参叩玄诠，意有所会，辄笔之。有《随得录》《续录》等书，深入二氏之室。

[宣统《山东通志》卷一百三十九《艺文志第十·子部·杂家》]

《无生诠》一卷，高所蕴撰。所蕴见杂家类。是书见旧《通志》。

[宣统《山东通志》卷一百四十《艺文志第十·子部·释家》]

《长生诀》一卷，高所蕴撰。所蕴见杂家类。是书见旧《通志》。

[宣统《山东通志》卷一百四十《艺文志第十·子部·道家》]

高所蕴墓，谕葬邑南关之西。

[乾隆《淄川县志》卷二下《冢墓》]

明高所蕴墓，《县志》云：在邑南关之西。

[道光《济南府志》卷六十三《陵墓》]

◎ 胡 锐 ◎

胡锐，雅宜怡旷，居恒恂恂若愚人，而胸次芥轩冕。弃名求闲，筑圃丰水之阳，长溪静碧，远墅凝青，垣潫一水，屋背万竿，日徙倚其中，萧然世外。时读黄老，话耕樵。客至，钓鲜烹葵，意陶陶乐也。尤精岐黄术，药曰自随，诸以沉疴造者，辄以一匕起之。盖四十余稔，迹不至篱以外。九十八龄，无疾而逝。

[乾隆《淄川县志》卷六《续耆硕》]

胡锐，淄川人。雅宜恬旷，筑圃丰水之阳，长溪静碧，远墅凝书，垣潫一水，屋背万竿，日徙倚其中，萧然世外。尤精岐黄术，药曰自随，以沉疴造者，辄一匕起之。四十余稔，迹不至篱外。九十八龄，无疾而逝。

[道光《济南府志》卷五十《人物六》]

按《淄川县志》：胡锐，雅性恬旷，居恒恂恂若愚人，而胸次轩昂。弃名求闲，筑圃丰水之阳，长溪静碧，远墅凝青，垣深一水，屋背万竿，日徙倚其中，萧然世外。时读黄老，话耕樵。客至，钓鲜烹葵，陶陶乐也。尤精岐黄术，药曰自随，诸以沉疴至者，辄以一匕起之。盖四十余稔，迹不至篱以外。九十八龄，无疾而卒。

[《古今图书集成医部全录》卷五百十六《医术名流列传》]

胡锐，明代淄川沣水人。性恬淡若愚，不谋名利。筑室于沣水之阳，或耕、或樵、或钓，闲时或游山林，或读黄老之书，萧然物外。精岐黄术，自备药饵，造者辄以一匕起之，凡四十余年。九十八岁无疾而逝。

[《山东中医药志》第六篇《医林寿星小传》]

清

◎ 李 宪 ◎

李宪，字玉春。淄川人。好读书，虽隆冬不近火，至春，脚皮脱如蝉壳。为文云蒸霞蔚，不可端倪。丙子（1636），受知于忠清公凌义渠，丙戌（1646）成进士，令孝丰。山僻多盗，人无固志。一夕，盗薄城，宪方病，戒百姓勿哗，间出人觅众数百，声言援至，摇旗击鼓，若相袭者，贼果遁。后知王姓、陈姓者为盗魁，因计抚王某，责令自效，王遂擒陈母、妻以献，宪质而招之，陈终无降意，遂纵其母、妻，谕曰：质尔无益，杀尔不忍，其归谕尔子自为计。陈感泣夜书于石曰：誓李公任，不践丰土。临安令刘某遂构以纵盗殃邻，赖督抚廉察，不行。后，陈部下有行劫于丰者，陈戮以谢。因积劳卒于官。著有《养生录》百卷、《四香斋集》三十卷、《黄庭经集注》，藏于家见《府志》。

[乾隆《淄川县志》卷六《续文学》]

李宪，字王春。淄川人。顺治丙戌进士，为孝丰令。山僻多盗，人无固志。一夕，盗薄城，宪方病，戒百姓勿哗，间出人觅众数百，声言援至，摇旗击鼓，若相袭者，贼果遁。后知王陈、二姓为盗魁，因计抚王，责以自效，王遂擒陈母、妻以献。纵之去，谕曰：质尔无益，杀尔不忍，归谕尔子，自为计。陈感泣书石曰：誓李公任，不践丰土。后，陈部下有行劫于丰者，陈戮以谢。因积劳卒于官。著有《养生录》百卷、《四香斋集》三十卷。

[道光《济南府志》卷五十四《人物十》]

《养生录》一百卷、《四香斋集》三十卷，淄川人李宪撰。宪，字王春。详《人物》。

[道光《济南府志》卷六十四《经籍》]

《养生录》百卷、《黄庭经集注》，李宪撰。宪，字王春。淄川人。顺治丙戌进士，官孝丰知县。二书见《县志》。

[宣统《山东通志》卷一百三十一《艺文志第十·子部·道家》]

《四香斋集》三十卷，李宪撰。宪有《养生录》，见子部道家类。是集见《县志》本传。本传云：为文云蒸霞蔚，不可端倪。

[宣统《山东通志》卷一百四十三《艺文志第十·集部·别集》]

◎ 汪如龙 ◎

汪如龙，字健川。宣城人。举人，十八年（1679）任。天性慈祥，一介不取。催科之入，仅供鞘费而已。服御俭素，以门板为卧榻，高司冠曾以木床。数载瘝居，不以家累相随。辑《寿世汇编》，著《阳坡诗集》行世。设立义学，捐施药饵，四民煦煦，如登春台。引疾致政，邑人醵资相助，始克归。可谓古遗爱矣。

[乾隆《淄川县志》卷四《知县》]

汪如龙，字健川。江南宣城人。举人，康熙十八年知淄川县。天性慈祥，一介不取。服御俭素，以门板为卧榻，高司寇赠以木床。不以家累相随。辑《寿世汇编》，著《阳坡诗集》。设立义学，捐施药饵。引疾致政，邑人醵资相助，始克归。

[道光《济南府志》卷三十八《宦绩六》]

秋日登敬亭

汪如龙邑人知县

突兀昭亭古，秋空雾气清。疏林群鸟集，红叶数峰明。李谢风期在，江城景色横。登临穷胜迹，不问白云程。

[嘉庆《宣城县志》卷二十六《诗》]

[嘉庆《宁国府志》卷二十五《诗》]

◎ 张 允 ◎

张允，字实辉，号梅村。永跻子。诸生。居家孝友。以父病潜心方书，博通医理，以病请者，多应手取效。卒年七十。子作仪，府增生。

[乾隆《淄川县志》卷五《贡生附录》]

◎ 沈三变 ◎

沈三变，字太和。以子润封奉政大夫、浙江宁绍台道按察司佥事。天性愿谨，自奉恒如寒素。远迹城市，遁世林泉。孜孜为善，惟恐不及。周贫乏，恤孤寡，设义学，施药饵，难以悉述。身膺诰封，未尝一施舆盖款。段行乡曲间，遇人必让路焉。登耄寿，亨荣封，有由然矣。

[乾隆《淄川县志》卷五《封赠》]

沈三变，字太和。淄川人。以子润封奉政大夫、浙江宁绍台道按察司佥事。天性愿谨，自奉恒如寒素。远迹城市，遁世林泉。孜孜为善，惟恐不及。周贫乏，恤孤寡，设义学，施药饵，难以悉述。身膺诰封，未尝一施舆盖款。段行乡曲间，遇人必让路焉。寿登大耋，荣享崇封，有由然矣。

[道光《济南府志》卷七十二《补遗》]

沈三变，字太和。淄川人。以子润官封奉政大夫。

[道光《济南府志》卷四十四《选举六》]

◎ 韩茂桂 ◎

韩茂桂，字秋华。明附监。以子允嘉遇覃恩，应赠文林郎、广东东安县知县。

少孤，事祖父母，以孝闻。弟茂梧殁，无子，遗两女，皆厚嫁之。万历壬子（1588）科试第一人，入闱，偶不合格，慨然叹曰：举子业，何足羁我哉！乃畋渔书林，靡不洞晓，尤精于形家言。为邻近诸家卜牛岷者，皆捷应。喜济世术，于婴儿尤笃。所著有《痘疹秘诀》与《地理窃选》，俱行于世。

[乾隆《淄川县志》卷五《封赠》]

韩茂桂，字秋华。淄川人。少孤，事祖父母以孝闻。弟茂梧殁，无子，遗两女，皆厚嫁之。万历壬子科试第一人，入闱，中副车，卒业太学。乃畋渔书林，靡不洞晓，尤精于形家言。为邻近诸家卜牛岷者，皆捷应。喜济世术，于婴儿尤笃。所著有《痘疹秘诀》与《地理窃选》，俱行于世。以子允嘉赠文林郎、广东东安知县。

[道光《济南府志》卷七十二《补遗》]

韩茂桂，字秋华。明代淄川人。著有《痘疹秘诀》。

[《山东中医药志》第六篇《人物表》]

《地理窃选》，韩茂桂撰。茂桂有《痘疹秘诀》，见医家类。是书见《县志》。

[宣统《山东通志》卷一百三十七《艺文志·子部·术数》]

◎ 王曰璟 ◎

王曰璟，字华崑。阴阳学训术。忍让谦冲，与人无忤。其叔父无嗣，璟事之如父，丧葬皆尽礼。好周济贫乏，制药饵以施病者，乡里间称其厚德。卒年七十。子绪文，亦训术。

[乾隆《淄川县志》卷五《续杂职》]

◎ 毕盛钜 ◎

毕盛钜，字韦仲，一字耳豫，号豫园。际有子。性英敏，于书无所不读。事父母，以孝闻。父殁，事母孺慕益笃。以拔贡，选授黄县教谕，因母老，辞不就。怡怡色养，人无间言。尝因母老，攻方书，遂精脉理。求诊视者接踵，按症授方，多奏奇效。卒年七十有四。著有《石隐园唱和诗》。邑人李尧臣为撰《墓志》。

[乾隆《淄川县志》卷六《续孝友》]

毕盛钜，字韦仲。清代淄川人。精脉理，求诊者接踵，按症授方，多奏奇效。

[《山东中医药志》第六篇《人物表》]

毕盛钜，字韦仲。丙寅（1686）府学拔贡。际有子。任黄县教谕，举乡饮大宾。

[乾隆《淄川县志》卷五《贡生》]

毕盛巨，字韦仲。淄川人。（顺治）丙寅拔贡，官黄县教谕。

[道光《济南府志》卷四十三《选举五》]

黄县

教谕

国朝

顺治

毕盛巨，淄川。丙寅拔贡。

[光绪《增修登州府志》卷六十八《补遗》]

《石隐园唱和诗》，毕盛巨撰。盛巨，字韦仲，一字耳豫，号豫园。际有子。康熙丙寅拔贡，选黄县教谕，以母老辞不就。是编见《县志》。

[宣统《山东通志》卷一百四十四《艺文志第十·集部·别集》]

效霞按：道光《济南府志》、光绪《增修登州府志》俱云"（顺治）丙寅拔贡"，查顺治朝，无"丙寅"年。宣统《山东通志》所载"康熙丙寅拔贡"，可纠其误。

◎ 王久珵 ◎

王久珵，字长明。邑廪生。生四岁，出嗣赵氏。赵先有嗣子，较长久珵，兄事之如同胞。顾常念所生，泪渍枕席，不敢言。赵氏父母怜其孝思，令省视。入门，几不相认，已乃相持大哭，几不能归。年十二，就乡塾。甫亲书卷，心领神会，有如宿契。二十四，生父卒，哀毁摧痛，自丧迄葬，哭泣不绝。未几，赵氏父母相继亡殁，含殓槀圹，尽哀尽礼。襄事毕，乃哭告于赵氏父母之墓，而归王氏。以父遗产，尽归于兄，而自奉其母，甘旨无缺。数年母终，不茹荤酒者三年。三十四，始为诸生。旋食饩，再入棘闱。不售，遂弃举子业，一以力田读书自娱。性敏悟，于书无所不读，而尤精于《灵》《素》、长沙之学。远近来求者，因症与方，应手取效，而不受其报。雍正二年（1724），诏举孝廉方正。邑令将以久珵应，力辞不赴。自是，优游田园者，几三十年。卒年七十有七。乡人私谥曰"孝隐"。子佳寅、佳宾；孙生哲，皆诸生。邑人张元有《孝隐先生传》。

[乾隆《淄川县志》卷六《续孝友》]

孝隐先生传

先生讳久呈，字长明，姓王氏。淄川人。祖讳孟复，父讳自新。生于淄，为望族，而先生独贫。四岁，就食赵氏，赵亦家贫，嗣族子较长，先生以兄事之如同胞。居近市，八岁尝鬻饦以养赵父母，顾常念所生，泪渍枕席，不敢言。赵父母怜其孝思，慰令省视。入门，几不相识，已乃相持大痛，几不能归。年十二，赵氏长者，知其颖慧，始令就乡塾。甫亲书卷，心领神会，有如宿契。二十四，生父卒，自丧迄葬，哭泣不绝，见者莫不动容。未几，赵氏父母亦相继亡殁，含殓楯塓无所出，书鬻贮分赵氏薄产，佐以所得脩金，始得襄事，既复为赵氏近属，营葬连举四丧。事毕，乃哭告于赵父母之墓，而归王氏。先生上止一兄，既归以父所遗产书推于兄，而别买宅于兄侧，奉母以居。数年母终，不饮酒食肉三年。服阕，出应童子试，不利。三十四，始以第一补博士弟子。旋以第一食饩，两入棘闱不售，遂弃举子业，以力田读书自娱。先生性敏悟，于书无所不读，自"六经"诸书以及律历、农圃、卜筮、谶纬之属，靡不综贯，而尤精于《内经》、长沙之学，以故远近来求者，座上常满，先生予方虽应手取效，而卒不受其报。雍正二年，诏下各省郡县举孝廉方正，于是邑绅士合词上之邑令，而以先生应诏。他具呈力辞，至于再三，始获应允。庚午（1750）七月十八日卒于家，时已七十七岁。先生有子二人，长佳寅，次佳宾，均为邑庠生。

[《山东中医药志》第六篇《传记》]

王久珵（1674—1750），字长明。淄川县黄家铺乡招村人。幼时因家境贫寒，四岁出嗣赵氏，十二岁入乡塾就读。二十四岁生父卒，不久，赵氏父母相继去世，丧事完毕归宗。后科举落第，一面种田，一面学习医学。上至经典，下至名著，精心细研，尤精于《灵枢》《素问》之学，能灵活运用，且断病确切，用药得当，热心为乡亲除病解难，深得患者信任，享誉乡里。凡遇病人，尽心竭力为其治疗，不予出方者皆是患有不治之症，故有"神医"之称，现民间仍有"王长明不开方——不治之症"的说法。

素以济世救人为己任，又热心传医术于他人，以便于更多患者能及时得到治疗。对病人无贵贱之分，凡找他看病的人，均精心治疗，从不图病人之报。曾行医于外乡，名贯章丘、济南等地。病愈者曾荐职酬谢，均婉言谢绝。济南府尹之母，患顽症，多方医治无效。闻王氏之名，亲赴求方，药到病除。遂聘长明至济南，行医数载，名满泉城。后因府尹推荐任职，谢而不受，辞归乡里，行医桑梓。长明行医于民间，非独长于实践，又精通医理，潜心《内经》《难经》《伤寒论》之旨，集河间、东垣、丹溪诸家之所长，补各家之所偏。如其论中风曰：肥人多中风，以其气胜于外而歉于内也。风病多因热甚，非谓肝木之风实甚而卒中之，亦非外中于风，良由将息失宜，而心火暴甚，肾水虚衰，不能制之，则阴虚阳实而热怫郁，心神昏乱，筋骨不用，而病倒无所知也。其论火则曰：火力热病，是固然矣。然火得其正则为阳气，火失其正是以邪热。既能上溯《灵枢》《素问》之源，下效诸家之说，又能参己意，另辟蹊径，别有见地。其对五志化火致病论曰：河间云：五志所伤皆热也。丹溪云：五志之动各有火起。而《经》曰：天有四时五行，以生长化收藏；人有五脏化五气，以喜怒思忧恐，是所谓五志也……且人有此生，皆有此志，而未闻以五志之动皆为火也。第或以用志失宜，则未免有伤脏气，故在《内经》则但合五脏之伤各有所属，五气之伤各有所病，亦未闻以五志之伤皆为火也……自二子之言行，似乎五志悉化为火，理岂然乎？余尝察五志所伤之人，但见其憔悴日增，未见其俱为热病也。即因志动火者，非曰必无，但伤气者十之九，动火者十之一，又岂五志皆能动火乎？

晚年隐居故里，为将医术传于后世，撰著《医学扼要》四卷、《伤寒百病歌》一卷、《外科医方》三卷、《五亩园经验秘方》数卷。这些医学专著，汇集了其一生行医的经验，具有很高的理论水平和使用价值。《五亩园经验秘方》是其代表作，虽几经变乱，散失不全，但仅从见到的七卷中，就包括近四十种病症的疗法。曾治一人，年四旬。因伤寒误治，危在旦夕，乃以大剂参、附之类，幸得挽回。愈后未及两月，忽病足股肿胀及于腹。遂进加减肾气汤数剂，无小效。复改拟参附理阴煎加白术大剂与之，三剂足肿消，二十余剂肿胀尽退。又治一人，年力正壮，素日多饮酒，失饥伤饱。一日饭后胁肋大痛，自服行气化滞药。胁痛虽止，而胸膈胀痛更甚，且加呕吐。长明用行滞破气等药，呕吐渐止，而在乳胁下，结聚一块，胀实拒按。于戌、亥、子、丑时，则胀不可当。因其呕吐已止，可用下药，凡大黄、芒硝、巴豆之类，无所不尽，毫无所效。而愈攻愈胀，因疑为脾气受伤。用补又觉不便，乃细为揣度。乳下肋间乃胃气所出之道路，夜重昼轻，本非有形之积。按之痛连胸腹，病在气分无疑。乃制神香散，日服三四次，不三日胀满平复。

[《淄博市志·人物简介》]

[《淄川区志》第三十二篇《传略》]

[《淄博市卫生志》第十九篇《人物传略》]

[《淄川区卫生志·人物传略》]

[《山东中医药志》第六篇《传记》]

王久琔墓,在南石谷庄。

[宣统《三续淄川县志·三续冢墓》]

◎ 韩允大 ◎

韩允大,字孚征。事父母以孝闻。析箸时,自取其瘠者,而以膏腴者让诸弟。晚年,留心岐黄,痘疹一科,更入越人三昧。岁首,出百金市药备施,岁终必尽,后至鬻产为之。四十年来,未尝少倦。顺治己亥(1659)岁贡,应选训导,以父母耄年不仕。为人轩轩霞举,见义必为,间左诮让者必赴,允大直之,人比之王彦方云。

[乾隆《淄川县志》卷六《续义厚》]

韩允大,字孚征。淄川人。事父母以孝闻。析箸时,自取其瘠者,而以膏腴者让诸弟。晚年,留心岐黄,痘疹一科,更入越人三昧。岁首,出百金市药备施,岁终必尽,后至鬻产为之。四十年来,未尝少倦。顺治己亥岁贡,应选训导,以父母耄年不仕。为人轩轩霞举,见义必为,间左诮让者必赴,允大直之,人比之王彦方云旧志。

[道光《济南府志》卷七十二《补遗》]

韩允大,字孚征。淄川人。贡生。

[道光《济南府志》卷四十三《选举五》]

◎ 蒲松龄 ◎

蒲松龄,字留仙,号柳泉。岁贡生。弱冠应童子试,受知于施学使闰章,名藉藉诸生间。既屡试不利,遂肆力于古文,积日砥淬,当濩落郁塞,有以激发其志气,故其文踔厉奋迅,自成一家。又以余闲搜抉奇怪,著为《志异》一书。事既荒幻,而笔致诙诡,足以副之。要于警发薄俗,则犹是所为古文者,非漫作也。少与邑名士张笃庆、李尧臣结"郢中诗社",以文章道义相劘切,号"郢社三友"。新城王尚书士正数称其才。所著有《文集》四卷、《诗集》六卷、《聊斋志异》十二卷。卒年七十有六。邑人张元有《墓表》。子箬,岁贡生;孙立德,邑庠生,皆有文名。

[乾隆《淄川县志》卷六《续文学》]

蒲松龄,字留仙,号柳泉。辛卯(1711)岁贡。以文章风节著一时。弱冠应童子试,即受知于施愚山先生,文名籍甚。乃决然舍去,一肆力于古文,悲愤感慨,自成一家言。性朴厚，笃交游，重名义。与同邑李希梅、张历友诸名士结为诗社，以风雅道义相切劘。新城王渔洋先生素奇其才，谓非寻常流辈所及也。家所藏撰著颇富，而《聊斋志异》一书，尤脍炙人口云。

[乾隆《淄川县志》卷五《续贡生》]

蒲松龄，字留仙，号柳泉。淄川岁贡生。弱冠应童子试，受知于学使施愚山，名藉藉诸生间。既屡试不利，遂肆力于古文，积日砥淬，当濩落郁塞。又以余闲搜抉奇怪，著为《志异》一书。事既荒幻，而笔致恢诡，足以副之。要于警发薄俗，则犹是所为古文者，非漫作也。少与邑士张笃庆、李尧臣结"郢中诗社"，以文章道义相劘切，号"郢社三友"。新城王尚书数称其才。著有《文集》四卷、《诗集》六卷、《聊斋志异》十二卷。卒年七十六。子箬，岁贡生；孙立德，邑庠生，亦有文名。

[道光《济南府志》卷五十四《人物十》]

蒲松龄，字留仙，号柳泉。淄川人。岁贡。以文章风节著一时。弱冠应童子试，受知于学使施闰章，文名籍甚。屡踬场屋，乃决然舍去，一肆力于诗古文辞，悲愤感慨，自成一家言。性朴厚，笃交游，重名义。与同邑张笃庆等结"郢中社"，以风雅道谊相切劘。新城王士禛素奇其才，谓非寻常流辈所及也。著有《文集》《诗集》各若干卷，而《聊斋志异》一书，尤脍炙人口云。

[宣统《山东通志》卷一百七十《人物志第十一·国朝济南府》]

蒲松龄（1640—1715），字留仙，又字剑臣，别号柳泉居士，世称"聊斋先生"。清代杰出文学家，淄川县（现淄川区洪山镇）蒲家庄人。

自幼聪慧好学，十九岁应童子试，以县、府、道三考皆第一而闻名籍里。补博士弟子员，但后来却屡应省试不第，直至七十一岁时才成为岁贡生。为生活所迫，除了应同邑人宝应县知县孙蕙之请，为其做幕宾数年之外，主要是在本县西铺村毕际友家做塾师，舌耕笔耘，几近四十年，直至七十一岁时方撤帐归家。

一生怀才不遇，穷困潦倒。毕一生精力完成《聊斋志异》八卷，约四十余万字。内容丰富多彩，故事多采自民间传说和野史轶闻，将花妖狐魅和幽冥世界的事物人格化、社会化，继承和发展了我国文学中志怪传奇文学的优秀传统和表现手法，情节幻异曲折，跌宕多变，文笔简练，叙次井然，是我国古代文言短篇小说中成就最高的作品集。鲁迅先生在《中国小说史略》中，称此书是"专集之最有名者"；郭沫若先生为蒲氏故居题联，赞其著作"写鬼写妖高人一等，刺贪刺虐入骨三分"。

《聊斋志异》书成后，蒲松龄因家贫无力印行，直至清乾隆三十一年（1766）方刊刻行世。后多家竞相翻印，国内外各种版本达三十余种，著名版本有青柯亭本、铸雪斋本等，近二十个国家有译本出版。全国《聊斋》出版物有一百多种，以《聊斋》故事为内容编写的戏剧、电影、电视剧达一百六十多出（部）。

除《聊斋志异》外，蒲松龄还有大量诗文、戏剧、俚曲以及有关农业、医药方面的著述存世。计有文集十三卷四百余篇；诗集六卷一千余首；词一卷一百余阕；戏本三出（考词九转货郎儿、钟妹庆寿、闹馆）；俚曲十四种（墙头记、姑妇曲、慈悲曲、寒森曲、翻魇殃、琴瑟乐、蓬莱宴、俊夜叉、穷汉词、丑俊巴、快曲、禳妒咒、富贵神仙复变磨难曲、增补幸云曲），以及《农桑经》《日用俗字》《省身语录》等多种杂著。此外，他看到群众求医买药非常困难，在六十七岁时博采众说，编了一本汇集偏方、验方的《药祟书》，其特点是"不取长方，不寻贵药"，意在减少病家负担，充分体现了其关心群众疾苦的高贵品德。尔后，又撰《伤寒药性赋》《草木传》，宣教医药知识。

[《淄博市志·人物传》]
[《淄川区志》第三十二篇《传略》]

《蒲松龄所辑书》□卷，松龄，字留仙，一字剑臣，号柳泉。淄川人。诸生。《乡园忆旧录》云：松龄纂辑古来言行有关修身、齐家、接物、处事之道者，成书五六十卷，粹然醇儒之学。特无力刊行。

[宣统《山东通志》卷一百三十九《艺文志第十·子部·杂家》]

《聊斋文集》四卷、《聊斋诗集》六卷，蒲松龄撰。松龄见杂家类。《山左诗钞》引张榆村元《蒲先生墓表》云：柳泉屡试不利，遂肆力于古文，积日砥淬，当瀴落郁塞，有以激发其志气。故其文踔厉奋迅，绝去町畦，自成一家。又以余闲搜抉奇怪，著为《志异》一书。事既荒幻，而笔致诙诡，足以副之。要于警发薄俗，则犹是其所为古文者，非漫作也。所著《文集》四卷、《诗集》六卷、《聊斋志异》十二卷。

[宣统《山东通志》卷一百四十四《艺文志第十·集部·别集》]

◎ 李尧佐 ◎

李尧佐，字友龙。好读书，与兄尧臣自相师友。尝捐义冢，在开河庄东，至今犹累累在望也。偶出门外，拾行囊一具，中贮百余金。守候，失者至，悉付之。值庚戌（1790）大水，捐园租七十余金。又多蓄善药济人。居心平恕，与物无争，有娄师德之风，时人比之元方、季方云。邑侯黄公举乡饮介宾。寿九十三岁，无疾终。

[乾隆《淄川县志》卷六《乡饮》]

◎ 张 绅 ◎

张绅，字公绶。相国至发诸孙，邑庠生。以少年多病，淡于荣禄，弃举子业，留心岐黄及导引之术。尝鹫田得金，与弟侄二人，习静长白山之醴泉寺，居数日，宿疴若失。命奚童携酒壶、饼饵及古诗二卷，游三十二峪，日历其一。又遍游柳庵、摩诃书堂、会仙诸名胜，徒步往返，日五六十里，率以为常。自作《游记》，谓借境移心。确有妙理。高侍郎珩，极欣赏之。晚年自号"白火道人"，居常独坐一室，不问家事。惟以病请者，有求必应，不惮其烦。为人潇洒淡逸，与物无忤，识者以为有道骨仙风焉。寿八十有七，无疾终。所著有《白火道人诗集》二卷。孙道元、曾孙午，皆岁贡生。《续志》列于《乡饮》，今移入《隐逸》。

[乾隆《淄川县志》卷六《续隐逸》]

张绅，字恭寿。邑庠生。举乡饮介宾。好善乐施，与物无忤。精岐黄术，以病请者，有求必应，从不取人谢仪。其仁心为质如此。年八十有七，无疾终。著有《白火道人诗集》二卷，藏于家。

[乾隆《淄川县志》卷六《乡饮》]

张绅，字公绶。明相国至发诸孙，邑庠生。以少年多病，弃举业，留心岐黄及导引之术，习静长白山之醴泉寺，居数日，宿疴若失。命奚童携酒壶、饼饵及古诗二卷，游三十二峪，日历其一。遍游柳庵、摩诃书堂、会仙诸名胜，自作《游记》，谓借境移心。确有妙理。独坐一室，不问家事。以病请者，有求必应。年八十七，无疾终。著有《白火道人诗》二卷。

[道光《济南府志》卷五十四《人物十》]

《白火道人诗》二卷，张绅撰。绅，字公绶，晚年自号"白火道人"。至发诸孙，诸生。是编见《县志》。

[宣统《山东通志》卷一百四十三《艺文志第十·集部·别集》]

效霞按：张绅之字，乾隆《淄川县志》一作"公绶"，一作"恭寿"；道光《济南府志》、宣统《山东通志》均作"公绶"。据古人之名与字之关系例之，当作"公绶"为是。

◎ 邵 璟 ◎

邵璟，字姚仲。邑东南乡人。以开肆卖药，移居城中。一日入学宫，见庙庑墙垣倾圮破坏，矢志修葺。康熙五十五年（1716），修文昌阁缭垣。六十一年，修两庑。雍正四年（1726）至七年，修大成殿及大成棂星两门。前后所费，计钱六百余千，皆璟首倡募化为之。又自捐金，佣工一人，不时洒扫内外。每逢朔望，必竭诚瞻拜看视，历三十年如一日。自晋、宋以来，多惑于福田利益，捐资破产以修寺观，而璟以乡曲编氓，顾独心知尊圣如此，传记所未有也。其他善事，如拾字纸，葬枯骨，买物放生，因疫施药，修补桥路，刊印格言，尤不一而足。年七十三，以寿终。邑人张元有"传"。子子慕，邑诸生。

[乾隆《淄川县志》卷六《续耆硕》]

邵璟，字姚仲。淄川人。卖药居城中，一日入学宫，见庙庑倾圮，矢志修葺。康熙五十五年，倡修文昌阁缭垣。六十一年，修两庑。雍正四年，修大成殿、棂星门。计费六百余千。又佣工人，不时洒扫。朔望瞻拜，三十年如一日。其他善事，如拾字纸，葬枯骨，放生，施药，修补桥路，刊印格言。年七十有三卒。子子慕。邑诸生。

[道光《济南府志》卷五十四《人物十》]

◎ 韩庚长 ◎

韩庚长，字仲白。乾隆壬辰（1772）岁贡，任东昌府学训导。教士子以德行为先，以疾告归，舌耕二十余年。精岐黄、堪舆。卒年七十五。著有《纲鉴太古钞》《堪舆注解》。

[宣统《三续淄川县志·三续仕宦》]

韩庚长，字仲白。淄川人。明淮安同知競秀五世孙。少敦至性，刻苦读书。弱冠入邑庠，食饩，益肆力于经史及秦、汉、唐、宋诸大家。为文涵演雄博，顾艰于一遇。乾隆壬辰，以岁资贡成均。壬子（1792），任东昌府学训导。教士子以德行为先，以疾告归，舌耕二十余年。精岐黄、堪舆。卒年七十五。有《堪舆注解》。

[道光《济南府志》卷五十四《人物十》]

韩庚长，淄川岁贡。五十七年（1792）任。

[嘉庆《东昌府志》卷十五《训导》]

《堪舆注解》，韩庚长撰。庚长，字仲白。淄川人。乾隆壬辰岁贡，官东昌训导。是书见《府志》。

[宣统《山东通志》卷一百三十七《艺文志第十·子部·术数》]

◎ 郭启魁 ◎

郭启魁,字伯翼,号香南。道光乙未(1835)举人,大挑二等,官掖县教谕。工楷法,善岐黄,应手辄效。卒于官。

[宣统《三续淄川县志·三续仕宦》]

(道光)二十七年(1847)

郭启魁,淄川人。举人署。

[光绪《利津县志》卷三《职官表第一·教谕》]

◎ 张元厚 ◎

张元厚,道光甲辰(1844)恩科。字静山,一字仲山。隐居不仕,善岐黄,卖药自给,老于家。

[宣统《三续淄川县志·三续举人》]

◎ 牛滋蓝 ◎

牛滋蓝,字蔚光。监生。以子文仔贵,诰封朝议大夫。性慈祥,乐施予。舍棉衣,施药饵,立义学,置义田,修桥补路。历城周太史永年撰《墓志铭》。

[宣统《三续淄川县志·三续封赠》]

◎ 李尚年 ◎

李尚年,字东峰。监生,分发四川候补直隶州吏目,告归。精岐黄,活人甚众。

[宣统《三续淄川县志·三续杂职》]

李尚年,字东峰。清代淄川人。监生,分发四川候补直隶州吏目,告归。精于医,活人甚众。

[《山东中医药志》第六篇《人物表》]

◎ 韩鳌修 ◎

韩鳌修,号云峰。遥授太医院吏目。

[宣统《三续淄川县志·三续杂职》]

◎ 梁景曾 ◎

　　梁景曾，字又鲁。沉静寡言，性至孝。幼贫窭，常卖薪以供二亲。每外出，必市食物归，以求亲欢。父母殁，年四十余，即谢人事，令其五子各爨，而自屏居于吕祖庙中。每年令其子各出谷十五斗，名为养老，其实皆以供施药饵，济贫乏之用。其衣食，仍令五子奉养。每出外，见寒苦无衣者，解衣予之；无履者，脱履赠之，一乡有"善人"之目。寿八十五岁，端坐而逝。

　　　　　　　　　　　　　　　　[宣统《三续淄川县志·三续孝友》]

◎ 邵　谊 ◎

　　邵谊，字友堂，号纯庵。附贡生。候选训导。性至孝，兄弟三人，烝烝色养。遭刘逆据城之变，家中落，舌耕奉亲。善岐黄，应手辄效。馆济南，闻父病，冒暑热，星夜驰归。比抵家，父已殁。伏柩前，一恸而绝。家人唤醒，则病已不起矣。未逾月，竟以毁卒。

　　　　　　　　　　　　　　　　[宣统《三续淄川县志·三续孝友》]

◎ 王廷桂 ◎

　　王廷桂，字丹亭，号步蟾。少失怙，事孀母，先意承志。兄弟三人，相依为命。甫弱冠，长兄弃世。未几，季弟夫妇又相继卒。俱无子，顾影伶仃，家计竭蹶。不得已，弃儒课耕。以吏员考取从九品，非本志也。中年生一子，甫周岁，即继于长兄为嗣，而己乃取族侄为子。又以次孙，续季弟后。其笃于友爱如此。生平见义勇为，不辞劳怨。邑城隍庙旧制卑陋，嘉庆辛酉（1801）重修，身任其役，增旧规，创新式，选材召匠，悉出心裁。阅十年工竣，同事者莫不称善。他如崇圣祠、文昌阁诸善工，靡役不与。道光辛巳（1821），瘟疫大行，纠同志捐资施药，赖以回生者甚众。至济困扶危，急人之急，尤至老不倦焉。

　　　　　　　　　　　　　　　　[宣统《三续淄川县志·三续义厚》]

◎ 韩映坤 ◎

　　韩映坤，字介贞，号念坡。充德子。太学生。性笃实，好善。凡遇亲邻困乏，辄赒济之，无少吝。尝训迪后进曰：处世必须勤俭，顾勤非徒劳。要在：事不失时，俭非吝啬，贵于用适其宜。人皆以为名言。耽医学，采辑医方，详加注解，题曰《经验良方集解》，藏于家。

[宣统《三续淄川县志·三续义厚》]

韩映坤，字介贞，号念坡。清代淄川人。著有《经验良方集解》。

[《山东中医药志》第六篇《人物表》]

◎ 束继宗 ◎

束继宗，字承志，号禹峰。西关慕王庄人。世业贾，十三岁即随父贸易宿迁，以祖母年高，左右乏人，乃回家，就近学营运，偕母奉祖母以终。迨父客卒江南，迎榇归，乃与同里徐永昌合伙生理，同辛共苦四十余年，艰险不避，卒以成家。虽古称管鲍、陈雷，不是过焉。性乐施予。善疡科，居常出重资，合善药，以疗贫苦之不能医药者。后迁溯䌹庄，以幼苦家寒，未得卒读，遂甚敬读书人。于庄外关帝庙，立会课局，备几案，捐奖费。又买孙姓空园一所，作为义学，建精舍，颜曰"公善书屋"。岁饥，煮粥施赈。蒙上宪奖给匾额曰"存心济世"。凡邑中建桥、补路诸事，靡役不从。以慕王庄为祖居之处，晚岁仍迁回故里居焉。子梦庚，豁达好施，乐善不倦，亦善承先德者。

[宣统《三续淄川县志·三续义厚》]

束继宗，字承志，号禹峰。清代淄川慕王庄人。工疡科。经常出资合善药，以疗贫苦之无力购药者。

[《山东中医药志》第六篇《人物表》]

束继宗，见《义厚》。以子梦庚授职五品，诰封奉直大夫。

[宣统《三续淄川县志·三续封赠》]

◎ 蒲立德 ◎

蒲立德，字毅菴，号东谷。诸生。松龄孙，箬子。幼承家学，喜著书。性至孝，敦宗睦族，尤笃友谊。静海常元素，卒于淄，其子贫，倡义助之，千里归榇。阿城张望五病，馆之园中，日饵汤药者累月。比愈，送之归里。生平好古，自经传子史，以及百家二氏，与夫医卜、术数，无不究其义蕴。晚尤嗜《易》，著《易学汇解》，未竟而卒。所著有《东谷文集》四卷、《诗集》一卷、《修志备采》一卷、《古今年表》一卷、《道书会通》四卷、《家政汇编》四十卷，藏于家。

[宣统《三续淄川县志·三续文学》]

《东谷诗》二卷，蒲立德撰。立德，字毅菴，号东谷。松龄孙。诸生。是集见

《山左诗续钞》。

[宣统《山东通志》卷一百四十五上《艺文志第十·集部·别集》]

◎ 孟詹绎 ◎

孟詹绎,字弇穀,号柳谷。嘉庆甲子(1804)举人。性洒脱,好诗酒,喜临法书。以母病习医,人试之辄效。乡举后,从学日众,作"凌云社",会文常百余人,经其指授,多掇巍科。交人以诚。著有《悦斋诗集》。门人私谥"文悫先生"。

[宣统《三续淄川县志·三续文学》]

孟詹绎,字翕穀,号柳谷。淄川人。为诸生,有声。性洒脱,好诗酒,临法书。以母病好医,人试之辄效。嘉庆甲子举于乡,从游日众,作"凌云社",会文常百余人,经其指授,多掇巍科。交人以诚。著有《悦斋诗集》。门人私谥"文悫先生"。

[道光《济南府志》卷五十四《人物十》]

◎ 曹 昣 ◎

曹昣,字无憾。淄川人。读书多悟解。家贫,务农圃业,暇日端居一室,手抄"五经""三传"与《素问》《灵枢》诸书,精医学,人以病请,随手辄效。曰:吾师古人之意,非敢变易古人也。好莳花木,为菊圃,每岁九月会文士,谭艺吟诗,饮酒酣畅,无一亵语。闾里争讼,一言剖解。好谈古今忠孝节义事。卒年八十。遗训以"行好事,出正言,勿随世俗,为好尚"。

[道光《济南府志》卷五十四《人物十》]

◎ 袁法位 ◎

袁法位,字而传,号萌东。性孝友,笃族谊。精岐黄,尤邃于眼科,应手辄效。同治二年(1862),邑侯张举行乡饮酒礼,以耆宾得与焉。

[宣统《三续淄川县志·三续乡饮》]

袁法位,字而传,号萌东。清代淄川人。术精眼科,应手辄效。

[《山东中医药志》第六篇《人物表》]

◎ 孙 沆 ◎

孙沆,字济东,号小山。善岐黄,乐善好施。由太学生举乡饮大宾。

[宣统《三续淄川县志·三续乡饮》]

孙沈，字济东，号小山。清代淄川人。善岐黄术，乐善好施。由太学生举乡饮大宾。

[《山东中医药志》第六篇《人物表》]

◎ 袁斯彬 ◎

袁斯彬，字子文。幼习岐黄，家贫无书，从人借观，抄读辄不忘。晚岁，医愈精进。公举乡饮介宾。

[宣统《三续淄川县志·三续乡饮》]

袁斯彬，字子文。清代淄川人。幼习岐黄，家贫无书，从人借读，抄读辄不忘。晚岁，医术益精。

[《山东中医药志》第六篇《人物表》]

◎ 路希周 ◎

路希周，字梦园，号蔬村。岁贡生。鉴堂翁第二子也。性洒落，不甚理家人，生产亦不善。工时艺，喜吟咏。工绘事，遇林泉胜迹，辄以尺幅写之。暇时，作《宗炳卧游》。中岁，家渐落，有时飨飧不给，晏如也。后精岐黄，假馆博山县之"万福堂"。年过古稀，仿石成金先生大意，著有《蔬村画本》八十余页。亨寿九十岁，无疾而逝。

[宣统《三续淄川县志·三续耆硕》]

◎ 王玉琅 ◎

大湖山房记

曹佳和邑进士

王子玉琅，以不屑文战，弃儒而贾，历三十载，归自荆南。既饶于资，而其学亦益进。能诗工琴，旁及百氏；岐黄、堪舆之术，尤精。归后，苦所居嚣尘，又少子，□及侄若孙辈，皆秀起，思得静处课读。去村里许，地名大湖石者，以巨石幽秀得名。山蜿蜒自西北来，再折而东，下临清溪，水声潺潺，东流数百步，入汜水。王子乃于其南岸高处，筑屋三楹，粉壁纱窗，启南北户，冬夏分向，为师弟子馆所，别构数椽于其西偏，可容八九人座，而王子偃仰其中。周围墙垣，则因岸之高下,叠见层出,手植花木,驯养鱼鸟,水色山光,如坐画图。既成,请额而余,名之曰"太湖山房"。夫山水之乐,高旷者苦于目所未睹,卑俗者目相对而不知。今计王子所历,涉洞庭,过衡阳,下姑苏,惊波怒涛,崇岩绝壁,猿鹤之所游,蛇龙之所窟,无不心赏情移,收贮胸中。既老而归,乃从容布置,而寄胜于一丘一壑之间,始知其去儒而贾者,迹也;贾而山水者,趣也。鱼监耕稼,不累圣贤,其学之所以益进,殆以职此故欤! 余既额其室,而又为之记,以见王子之所得者在此,不在彼也。

[宣统《三续淄川县志·三续艺文》]

◎ 翟 潢 ◎

翟潢,字天五,号澄斋。建书子,监生。少失恃,善事继母,出为叔父建常嗣。事祖母,无缺仪,每进膳,必曲体亲意,尝进二箧,祖母食之甘,召问烹调法,为之解颐,远近咸传为养老之珍。胞兄藻,以县佐分江西,艰于迎养,售田以助。又施义田若干亩。习岐黄术,尤精眼科、痘疹,全活甚众。晚慕蘧贤号,知非道人。年六十四,无疾卒。

[道光《济南府志》卷五十四《人物十》]

翟潢,字天五。习岐黄术,精眼科、痘疹。

[《淄博市卫生志》第十九篇《人物简介》]

[《山东中医药志》第六篇《人物表》]

◎ 姜文梦 ◎

姜文梦(1782—1838),字先甫。柳行村人。二十岁中秀才。善医,著有《难症辑要》《验方集锦》。

[《淄博市卫生志》第十九篇《人物简介》]

◎ 王六先生 ◎

王六先生,淄川县张赵村人。清朝著名医生。曾给皇家女治愈疾病,皇家赠御匾曰"涪溪家学"。

[《孝妇河畔明清名人传·方技》]

[《沣水镇志》第十四编《著名人物》]

◎ 孙守曾 ◎

孙守曾，字化鲁。邑庠生。生于清乾隆五十一年（1786），卒于同治四年（1865），享年七十九岁。七岁入私塾，考试连连榜首，深得老师喜爱。嘉庆十三年（1808）中秀才，众亲友登门志喜数日。二十五岁后，遵父命弃儒习医。熟读《内经》《伤寒杂病论》等典籍，掌握望、闻、问、切诊病之技巧，不断实践，对医病得心应手，尤以妇科、儿科、针灸之艺精湛，誉满城乡。医德高尚，见疾便诊，遇贫好施，从不贪图利禄，百姓喻为"神医良父"，地方称之为"国医大师"。道光十六年（1836），皇帝传旨进京，为皇后诊病痊愈，由黄旗遵旨赐金匾一块，上书"华洁筠清"。业余爱好书法，村中重修广济、洪济二桥，碑文书丹均出自其手。著有《诗文印本》和《从医笔记》四册，虽毁于"文化大革命"，但其针灸、医学之道，至今流传。

[《孝妇河畔明清名人传·方技》]

◎ 张 诜 ◎

张诜，字振子，号印蕃。淄川县城南巷人。精医术，著有《小儿推拿》二卷，行于世。

[《孝妇河畔明清名人传·方技》]

◎ 王 辉 ◎

王辉，张二村人。清朝著名医生，开药铺，堂号"梦鱼堂"。医术高明，但架子很大，人称"王三大架子"。

[《沣水镇志》第十四编《著名人物》]

◎ 邹 伟 ◎

邹伟，字冠辂。昌城村人。专于内科及妇科，善针灸。行医二十余年，常以祖传秘方"乌金散"为人治病，不索酬谢。

[《沣水镇志》第十三编《个体医生》]

◎ 胡永怀 ◎

胡永怀，炒米村人。著名外科医生，自炼丹药，专治疗痈。

[《沣水镇志》第十三编《个体医生》]

◎ 赵振霞 ◎

赵振霞，字庆云。张赵村人。为人淳朴敦厚，精读《内经》《伤寒论》等医书，自学成医。技术精湛，求诊者众多。当年旧军孟家有一病人，多方求医，久治不愈，慕名求治。及至视病，开方下药，病情顿减。复加治疗，数日而愈，时名噪一方。

[《沣水镇志》第十三编《个体医生》]

◎ 吴懿杰 ◎

吴懿杰（1791—1860），字汉三。范王村人。清末秀才。早年曾设馆教学，后因家有病人，深感求医之难，遂弃教习医，苦研医书，四方拜师，众成一方名医。善内科、外科，尤对炼丹熬膏之术有所改进，所炼之红升丹、白降丹，不结不燥，四季皆宜，其法传于后人。曾辑《百家医录》四卷、《经验良方》二册，今已亡佚。

[《淄博市卫生志》第十九篇《人物简介》]

[《山东中医药志》第六篇《人物表》]

[《沣水镇志》第十三编《个体医生》]

◎ 赵舜朋 ◎

赵舜朋（1870—1946），大高村人。祖父三代行医，专善外科，方圆百里闻名。曾著《经验病方》一书。

[《沣水镇志》第十三编《个体医生》]

◎ 胡国治 ◎

胡国治，清代四川永宁县人，侨居淄川。行医于民间，著有《伤寒汇集歌诀》。

[《山东中医药志》第六篇《人物表》]

民国

◎ 张克俊 ◎

◎ 辛汉臣 ◎

张克俊（1815—1869），号张八先生。张庄乡东峪村人。祖传中医外科，长于炼丹术。术传转道辛汉臣。

[《淄川区志》第二十九篇《名医验方》]

[《淄川区卫生志·人物表》]

[《山东中医药志》第六篇《人物表》]

◎ 常兆海 ◎

常兆海（1861—1940），字岱峰。罗村镇瓦村人。一生在原籍行医，擅长中医妇科，德高望重，名扬百里。

[《淄川区志》第二十九篇《名医验方》]

[《淄川区卫生志·人物表》]

◎ 陈道济 ◎

陈道济（1861—1939），字仲普。太河乡北下册村人。清末秀才。在太河行医六十余年，善内、妇两科，驰名一方。医术传于女婿孙传进。

[《淄川区志》第二十九篇《名医验方》]

[《淄川区卫生志·人物表》]

◎ 翟玺成 ◎

翟玺成（1863—1939），字印宗。东坪乡大东坪村人。在原籍行医五十余年，以治伤寒病出名。

[《淄川区志》第二十九篇《名医验方》]

[《淄川区卫生志·人物表》]

[《山东中医药志》第六篇《人物表》]

◎ 郭肇坊 ◎

郭肇坊（1880—1947），字子九。杨寨乡牛家村人。祖传中医，擅长伤科、妇科，名至周围各县。著有《伤外科经验》二卷、《妇科医秘》一卷，均毁于"文化大革命"中。

[《淄川区志》第二十九篇《名医验方》]
[《淄川区卫生志·人物表》]

◎ 韩旭臣 ◎

韩旭臣（1888—1948），别号韩八。罗村镇瓦村人。民国年间，来淄川东关行医，内、妇、儿各科技术均佳。为人孤傲难求，脱离群众。

[《淄川区志》第二十九篇《名医验方》]
[《淄川区卫生志·人物表》]

◎ 张希仲 ◎

张希仲（1897—1939），字仲甫。博山县七区（今淄川区口头乡）小口头村人。少时读书勤奋刻苦，卒业于高小。弃学务农后，仍坚持自学，终于成为一名怀有远大志向的地方名儒。为解救乡亲缺医少药的疾苦，专心习医，并热心为患者送医上门，群众对其均感戴不已。后来他觉着只靠治病，并不能从根本上解救民难，摆脱愚昧落后状况。于是，他积极筹资，操置教具，弃医办学，为提高山区人民的文化水平而辛勤耕耘。任教期间，循循善诱，诲人不倦，培养出许多思想进步的人才。待人和蔼可亲，在学生家长中享有颇高的威望，群众都愿接近他，成为群众的贴心人。"七七"事变后，积极参加抗日救亡运动，加入中国共产党。1938年春，率领三十余名革命青年赴莱芜参加八路军，任山东抗日游击队第三中队队长。不久，又返回口头开展抗日工作，为中共博山县七区区委负责人。1939年春，任二区区委书记。回家治病期间，被敌人发现，家人将他藏至烂草堆中，敌人惨无人道地摧残凌辱其家属，他气愤难忍，含恨去世。

[《淄博市志·人物简介》]
[《淄川区志》第三十二篇《传略》]

◎ 李光祥 ◎

李光祥（1903—1939），字庆华。黄家铺乡贾村人。出生于穷苦家庭，仅读完小学。青年时代，为谋生计，自学成医，并苦习武术。"七七"事变后，日本人侵入淄川。1938年1月30日—2月6日，仅八天的时间，制造了骇人听闻的河东、杨寨、龙口三大惨案。李光祥目睹惨景，怒火灼胸，立誓不做亡国奴。他利用行医看病之机，积极向乡亲们宣传抗日道理，想方设法秘密组织抗日力量。不久，他与挚友孙喆一起邀集爱国青年聚会于赵家庄，组成抗日游击队，后整编为山东抗日救国军第五军第十四中队，李光祥任队长。自此，他率部活动于肖庄、牟村、庵头、萌水一带，出其不意地打击敌人。1938年秋，党组织派李光祥到鲁南抗日军政干校学习深造期间光荣地加入了中国共产党。学习结业后，又回到淄川地区任锄奸团团长，并负责组建抗日自卫队的工作。12月20日，李光祥到县委汇报工作，返回途中在山周村与敌军遭遇，展开了殊死拼斗，子弹打光，徒手与敌拼搏，英勇牺牲。

[《淄川区志》第三十二篇《传略》]

明

◎ 孙志武 ◎

◎ 孙国琦 ◎

孙志武，字景烈。本扬州之江都人，少年避仇来此，遂家焉。为人潇爽，喜读书，善谈议，泼墨作梅竹，皆疏挺有生气。既入庠，为益都诸生，教授生徒，来者日众，乃于屋后，起小亭子，棐几竹榻，怪石花药，节事为工，有篱菊悠然之意。每晨兴，升讲席，诸生长幼，各以班处，危坐横纵，抗声讲义，四座情然。稍倦，辄掩卷说他事。乃古今人物，杂以笑谑，听者粲然，为之解颐破颜，殆忘其烦，乃整襟复讲。以此，人人自得，如对友朋之乐，学日进而不自知其故也。既罢，退入竹亭，散发偃仰，具香茗。客至，则谦谈终日。诸生即有疑难，转相教说，人尽其意，亦不复数数进溷先生也。后徒居颜泉东墅，年已八十，尚日夕动励，引烛抄书，纤纤作细字，或步屧颜泉之上，吟风弄月以归，不知老之将至焉。子国琦，庠生。究心青囊诸书，亦不求闻达。

[乾隆《博山县志》卷七《隐逸》]

◎ 诚 臻 ◎

僧诚臻，字静庵。居金山寺，有道术，施医活人，不受馈遗。羽化于明嘉靖年间，乡人感其惠，立像祀之，屡著灵迹。每岁四月朔，四方辐辏，咸来叩谒。

[民国《续修博山县志》卷十二《仙释》]

◎ 李 宝 ◎

李宝，字鲁峰。颜神镇人。教诸子以儒学显，而自隐居药笼间。人慕其乐，易所居，辄倍售同业，皆不及。又卜别业孝水之滨，种植竹树，蓄琴酒，狎渔樵，以自娱。以子时辉举进士，有学行，实为孝乡之倡。

[康熙《益都县志》卷九《隐逸》]

李宝，字鲁峰。少以力闻，长更折节，教诸子以儒学显，而自隐居药笼间。人慕其乐，易所居，辄倍售同业，皆不及。又卜别业于孝水之滨，种植竹树，蓄琴酒，狎渔樵，以自娱。尝有句云：手香丸药后，心静理琴余。其风趣可想矣！又有题竹诗云：主人爱竹比琅玕，几度栽培几度看。今已枝枝成大节，直将斫作钓鳌竿。寄兴有在也。以子时辉举进士，有学行，封如其官。

[民国《续修博山县志》卷十二《隐逸》]

李宝，字鲁峰。益都人。教诸子以儒学显，而自隐居药笼间。居辄倍售同业，皆不及。尝卜别业于孝水之滨，种植树，蓄琴酒，渔樵，以自娱。

[康熙《山东通志》卷四十六《隐逸》]

李宝，字鲁峰。明万历年间人。以子时辉贵，赠推官。少以力闻，长教诸子以儒学，显而自隐，从事药业。又以种植竹子、蓄琴酒、狎渔樵而自娱。

[《孝妇河畔明清名人传·方技》]

效霞按：康熙《山东通志》云其为"益都人"，且列于"青州府"下，考博山置县，始于清雍正十二年（1734），应归属今青州，但康熙《益都县志》云其为"颜神镇人"，今属博山辖制，故列于此。

清

◎ 钱如刚 ◎

医学，钱如刚。

[乾隆《博山县志》卷二《公署》]
[民国《续修博山县志》卷三《县府》]

◎ 赵济美 ◎

赵济美，字岐叔。朝议公振业第三子也。少赡文辞，弱冠补博士弟子，旋入饩，后以人事杂沓，不得已援例入太学，而进取之志始衰。为人慨爽，综理家政，内外肃然。事亲，先意承志，得其欢心。而比间族党，往往周其贫乏，解其患难。即以绝不谋面之人，抱片长而来者，无不如其意以去。中岁，嗜岐黄术，于痘疹尤得其秘，远近襁负来者踵相接，应之无倦色。其贫者，更予良药，岁全活不可胜计。又置义冢数亩，以待贫不能葬者，至今人犹颂德不置焉。以子作楫，例赠儒林郎。

[乾隆《博山县志》卷七上《义厚》]
[民国《续修博山县志》卷十二《义行》]

赵济美，字岐叔。清代博山人。中岁嗜医，于痘疹尤得其秘。远近求诊者，不绝于途，岁全活不可胜计。

[《山东中医药志》第六篇《人物表》]

太学生赵济美置义冢九亩三分零,一在掩的庄后河滩,一在虎趵崖山麓。

[乾隆《博山县志》卷五上《义冢》]

赵济美,作楫父。赠儒林郎、候选州同知。见《义厚传》。

[乾隆《博山县志》卷五下《封赠》]

◎ 赵执谷 ◎

赵执谷,字稼民。少入国子学读书,养高不试。通医,工书法,尤善画花卉,以叶繁见长,钩描处绝无复笔。虽宗恽南田,却独出新意也。居恒见花卉,必取叶,注视良久。谓人曰:此即是师。故落笔惟肖。座间无杂宾,唯与一二故人,谈往事,证方书而已。晚年,益习静,竟日端坐,未尝出户,可谓避俗者矣。

[乾隆《博山县志》卷七《隐逸》]

◎ 光若愚 ◎

光若愚,字仲韬。幼业儒,性颖悟。经史子集,无所不窥。家贫,弃举子业,究心岐黄之术,借以济世养生。暇则手不释卷,心维口诵,一有所得,便欣然忘食。而于《礼经》,尤多所发明。故其为人谦卑自牧,虽横逆当前,怡然受之,无忤色。所著有《礼记类纂》二十二卷,三易稿而后成,时年七十有四矣。呜呼!世之习一经者,抄录成行,以猎取科第,幸而得之,则傲然自负,不复措意。以视若愚,其贤不肖,必有能辨之者。

[乾隆《博山县志》卷七《隐逸》]
[民国《续修博山县志》卷十二《隐逸》]

光若愚,字仲韬。博山人。幼颖悟,博览经籍,无所不窥,旁涉岐黄之术。于《礼经》尤多所发明,著有《礼记类纂》三十二卷,三易稿而成。晚年自订其诗二百余首,手录二册,一遗友人,一藏于家,曰《苦海集》。

[咸丰《青州府志》卷四十九《人物传十二》]

《礼记类纂》三十二卷,光若愚撰。若愚,字仲韬。博山人。《县志》云:于《礼经》多所发明,著《类纂》三十二卷,三易稿而成,年七十四矣。

[宣统《山东通志》卷一百二十八《艺文志第十·经部·礼》]

《苦海集》二册,光若愚撰。若愚有《礼记类纂》,见经部礼类。《山左诗钞》载是集及"自序"云:年来啼饥号寒,羸惫益甚,行将形销物化。友人索予旧作,不能违其意。少时《燕游》《锦川》二集，久已失去，得己卯以后二百余首，手录二册，一遗友人，一藏于家。昔郑光业取时人之诗鄙俚可嗤者，投诸巨箱，号曰《苦海》，以资笑柄。予诗亦苦海中物也，因袭其名。

[宣统《山东通志》卷一百四十四《艺文志第十·集部·别集》]

◎ 翟 良 ◎

翟良，字玉华。弱冠，聪悟有思理。从父宦游武昌，婴弱疾剧甚，会遇明医，数月得瘥。从此刻意方书，躬治冥缅，如是七年，转得统绪，既尽发古人之奥府，又能以意参互用之。及归为诸生，方治博士家言，而其好方书，日益甚。乡里友朋，或病者，时一投药，试之辄效。尝有患闭秘者，延医数辈，皆不可。乃迎良至，按其前方，曰：我知之矣。乃取提气一药，倍投之。诸医皆相顾笑。良曰：第观之。方就食，药熟以进。食未既，主人报曰：可矣。一座尽惊，乃谢曰：此病气不下行也，我辈力下之，犹不得，今反提其气，而效若是，此何理也？良曰：诸君独不见含水葫芦乎？满而不泻者，只有一孔，气不得通故也。今吾上通其气，而下自行。此自常理，顾诸君不察耳！众乃服。其生平持论通亮如此。顺治戊子（1648），被召诣京师，辄赐燕见。会有心害其能者，居数月，罢去。年七十余，叹曰：医，小道也。后生不敏，或束书不读，或复读之，不能通其意，将以救人，适足杀人者，盖多多矣。乃综辑旧闻，辨其同异，摘其谬误，著其机要，其未发者，间以己意，疏演并论次之。著书数编，曰《脉诀汇编》《经络汇编》《药性对答》《本草古今讲意》《痘科编》，刊行于世。

[乾隆《博山县志》卷七下《方技》]

翟良，字玉华。弱冠，聪悟有思理。从父宦游武昌，婴弱疾，剧甚。会遇明医，数月得差。从此刻意方书，穷治冥缅，如是七年，转得统绪，既尽发古人之奥府，又能以意参互用之。及归，为诸生。其好方书，日益甚。凡有病者，一投药饵，小试小效，大试大效。轮蹄童叟，日集门庭，所活不可量数。声蜚海岱间，自抚军下，罔不钦奉，名日益彰，遂数被召。年八十四岁。著书数编，曰《脉诀汇编》《经络汇编》《药性对答》《本草古方讲意》《痘科编》，刊行于世。

[康熙《益都县志》卷十《方技》]

翟良，字玉华。弱冠，聪悟有思理。从父宦游武昌，婴弱疾，剧甚。会遇明医，数月得差。从此刻意方书，穷治冥缅，如是七年，转得统绪，既尽发古人之奥府，又能以意参互用之。及归，为诸生。方治博士家言，而其好方书，日益甚。乡里友朋，或病者，时一投药，试之辄效。尝有患闭秘者，延医数辈，皆不可。乃迎良至，按其前方，曰：我知之矣。乃取提气一药，倍投之。诸医皆相顾笑。良曰：第观之。方就食，药熟以进。食未既，主人报曰：可矣。一座尽惊，乃谢曰：此病气不下行也，我辈力下之犹不得，今反提其气，而效若是此，何理也？良曰：诸君独不见含水葫芦乎？满而不泻者，只有一孔，气不得通故也。今吾上通其气，而下自行。此自常理，顾诸君不察耳。众乃服。其生平持论通亮如此。顺治戊子，被召诣京师，辄赐燕见。会有心害其能者，居数月罢去。年七十余，叹曰：医，小道也。后生不敏，或束书不读，或复读之，不能通其意，将以救人，适足杀人者，盖多多矣。乃综辑旧闻，辨其同异，摘其谬误，著其机要，其未发者间以己意，疏演并论次之。著书数编，曰《脉诀汇编》《经络汇编》《药性对答》《本草古今讲意》《痘科编》，刊行于世旧志。

[民国《续修博山县志》卷十二《方技》]

翟良，字玉华。益都人。世居颜神镇。少为诸生，好岐黄之学，凡施治必用古方，参以己意，一加诊视，投剂辄效。顺治戊子，征请京师，数赐燕见，寻乞归。远近造请，无虚日，活人无算。凡有馈，辄购药广施，终身不倦。所著《脉诀汇编》《经络汇编》《药性对答》《本草古方讲意》《痘疹科汇编》行世。土人为祠祀之。

[康熙《青州府志》卷二十《方技》]

翟良，字玉华。益都人。生员。精岐黄术。顺治间，征诣京师，数赐燕见，旋乞归。远近造请，无虚日。人有馈遗，辄购药广施，终身不倦。尝叹曰：医，小道也。后生不敏，或束书不读，或读之不能通其义，将以救人，适足杀人者，盖多矣。乃综辑旧闻，摘其谬误，前人所未发者，悉以己意参之。著书数编，曰《脉诀汇编》《经络汇编》《药性对答》《痘科编》，行于世。

[咸丰《青州府志》卷五十一《艺术》]

翟良，益都人。精于医。所著有《医学启蒙》《痘疹全书》《药性对答》《古方讲意》，皆为世所珍。

[康熙《山东通志》卷四十九《方技》]

翟良，益都人。字玉华。世居颜神镇。少为诸生，好岐黄术，凡施治用古方，参以己意，投剂辄效。顺治戊子，征诣京师，数被燕见，寻乞归。远近造请，应手辄愈。有馈遗者，辄易药广施。所著有《医学启蒙》《药性问答》《古方讲意》《痘疹全编》行世。郡人建祠祀之。

[雍正《山东通志》卷三十一《方伎志》]

按《益都县志》：翟良，字玉华。弱冠，聪悟有思理。从父宦游武昌，婴弱疾，剧甚。会遇明医，数月得差。从此刻意方书，穷治冥邈，如是七年，转得统绪，既尽发古人之奥府，又能以意参互用之。及归，为诸生。其好方书，日益甚。凡有病者，一投药饵，小试小效，大试大效。轮蹄童叟，日集门庭，所活不可量数。声謦海岱间，自抚军下，罔不钦奉，名日益彰，遂数被召。年八十四岁。著书数编，曰《脉诀汇编》《经络汇编》《药性对答》《本草古方讲意》《痘科编》，刊行于世。

[《古今图书集成医部全录》卷五百十七《医术名流列传》]

翟良（1587—1671），字玉华。益都县颜神镇西河村人（今淄川区西河镇西河村）。明末清初著名医学家。

自幼求知勤勉，善于思考，因学识渊博而闻名乡里。二十岁随父翟聘贤宦游武昌时，幼疾复发，幸遇名医治愈，从此立志从医。为习医术，不避寒暑，攻读诊断、用药医书，数年不断，系统地学习了中医理论知识，对脉学和痘诊的研究尤为深湛。

从南方返故里后，乡里亲朋有病试求医诊，久而名声渐大，方圆数百里外，慕名就医者络绎不绝。同里乡贤赵济美在为其《治症提纲》一书所撰"序"中说：先生精医以来，吾乡之老者、稚者、少者、壮者、羸者、危者、富者施方，贫者济药，立起沉疴者不计其数。至于膏肓危症，群医敛手者，经先生诊治而回生者，亦所在多有。因而上至朝廷，下及乡国，远道来求医者，肩摩中庭，履满户外。有一妇难产，三日胎不下而亡，以席卷出葬。路遇翟良。良见血滴未凝，断此妇未死，急唤抬至密室抢救。将一个温瓶放在此妇腋下，盖上被子；又处方煎药，再用一布袋，一端置于煎好药的锅口上，一端束于漏斗，架于妇面部，使药气熏于口鼻，并定穴扎针。刹那间，此妇气回声出。翟将所煎汤药徐徐灌入妇口。少时，婴儿呱呱落地，母子俱安。通过临床实践，他的诊察技术日趋熟练。为了使慕名而来的求医者及时就诊，"左手诊脉，右手书方，耳聆彼问，目辨病色，口宣调摄"，加快诊治，减少候诊时间。对求医的人，一视同仁，精心施治，并实行"富者给方，贫者给药"的原则。由于勤于钻研，医道日进。对病入膏肓危症，群医束手无策，经他诊治起死回生者不计其数。对高官厚禄从不羡慕。清顺治五年（1648），应诏为皇帝诊病，"赐燕内廷，并赐多珍"，但"授官不受"，乃施医庶民，名振乡里。

不仅精于医，而且善于教，对继承和发展医学事业十分重视。对求教者诲人不倦，说理通达。为启发教育从医者，他综合自己的中医理论知识及实践经验，对历代医学理论学说辨其同异，去其谬误，取其精华，撰成《脉诀汇编说统》《经络汇编》《药性对答》《本草古方讲意》《痘疹类编释意》《医学启蒙汇编》《痘疹全书》等医书，既有医学原理之辨析，又有真知灼见经验之谈，言简意赅，深入浅出。这些著述刊印、传抄散见于民间，充实了我国的医学宝库。尤其是《脉诀汇编说统》一书，不仅融贯古人之精义，且又增其独特之见解，强调"四诊合参，以脉为统"，阐明了切脉的重要性及望、闻、问三法在诊断上的作用，是翟良长期临床经验与学术思想之结晶。从医五十余载，治病救人不计其数，并立言施教，深受广大群众爱戴。故世后，当地群众曾建祠祭之。

[《淄博市志·人物简介》]

[《淄川区志》第三十二篇《传略》]

[《淄博市卫生志》第十九篇《人物传略》]

[《淄川区卫生志·人物传略》]

[《博山区卫生志》第十章《传略》]

[《潍坊市卫生志》第八篇《名人传略》]

[《山东中医药志》第六篇《传记》]

[《博山历史文化名人》]

《益都县志》：翟良，著《脉诀汇编》《经络汇编》《药性对答》《本草古方讲义》《痘科编》各若干卷，行于世。

[咸丰《青州府志》卷六十四《杂记》]

旧志有翟良，乃今之博山人。又有柯美，已见《艺文志》，并不录。

[光绪《益都县图志》卷四十六《艺术传》]

药王庙，在凤凰山南，名医翟良建。祀唐医圣韦慈藏，亦系私祭。

[乾隆《博山县志》卷二《祀典》]

[民国《续修博山县志》卷六《祀典》]

药王庙，在凤凰山南麓，医翟良建。祀唐医韦慈藏。

[咸丰《青州府志》卷二十六《坛庙》]

◎ 马致远 ◎

马致远，与翟良同世，医术也很闻名。

[《博山区卫生志》第十章《博山历代名医录》]

◎ **韩应魁** ◎

◎ **刘致南** ◎

　　韩应魁，字洛田。亦精于医术，与翟同时，艺亚于翟，且未尝征君，名稍逊焉。其时，又有刘致南者，亦闻名。

[乾隆《博山县志》卷七下《方技》]
[民国《续修博山县志》卷十二《方技》]

　　韩应奎，益都人。精医术，宗《东垣十书》，得其窾要，所至奏效。

[康熙《山东通志》卷四十九《方技》]

　　韩应奎，益都人。精于医，宗《东垣十书》，得其窾要，所治无不效。

[雍正《山东通志》卷三十一《方伎志》]

　　按《山东通志》：韩应魁，益都人。精医术，宗《东垣十书》，得其肯窾，所至奏效。

[《古今图书集成医部全录》卷五百十七《医术名流列传》]

　　韩应魁，字洛田。清顺治间博山人。与翟良同时。

[《山东中医药志》第六篇《人物表》]

　　效霞按：《古今图书集成医部全录》当引自康熙《山东通志》，作"韩应魁"，而《山东通志》康熙四十一年刻本则作"韩应奎"。据此可知"韩应魁"与"韩应奎"当是同一人。

◎ **岳含珍** ◎

◎ **何鹤松** ◎

　　岳含珍，字玉也。储珍之弟。性聪慧，好读书，经史子集，靡不博览，尤旁通岐黄之术。年十四，补博士弟子员。屡战棘闱，不克。值明季世乱，慨然曰：古人云：宁为百夫长，胜作一书生。乃投笔从军，为材官。皇朝定鼎，除山西潞安道中军，寻升浙江金华府都司签署。时海寇内犯，有平定功，迁陕西延绥靖边游击，兼定边副总兵，敕授昭勇将军。未几，乞骸骨归，键户著书，有《灵素区别》《针灸阐奇》《古方体用考》《分经本草》《大病论》若干卷。以文学之士而从事戎行，置身通显,卒之休沐林泉,复理故业,以终其天年,亦可谓人杰也哉。

[乾隆《博山县志》卷七《武功》]

岳含珍,字玉也。储珍之弟。性聪慧,好读书。经史子集,靡不博览,尤旁通岐黄之术。年十四,补博士弟子员。屡战棘闱,不克。值明季世乱,慨然曰:古人云:宁为百夫长,胜作一书生。乃投笔从军,为材官。清定鼎,除山西潞安道中军,寻升浙江金华府都司签署。时海寇内犯,有平定功,迁陕西延绥靖边游击,兼定边副总兵,敕授昭勇将军。未几,乞骸骨归,键户著书,有《灵素区别》《针灸阐奇》《古方体用考》《分经本草》《大病论》若干卷。以文学士而从事戎行,置身通显,卒之休沐林泉,复理故业,以终其天年,亦可谓人杰也哉旧志。

[民国《续修博山县志》卷十二《武功》]

岳含珍,精医理,著有《灵素区别》《针灸阐奇》《经穴解》《六一衡训》《咳嗽议》《针灸类证》《古方体用考》《大病论》诸书。

[民国《续修博山县志》卷十二《方技》]

岳含珍(1602—1693),字玉也,号思莲子,又号念慈。益都县孝妇乡浮屠滩庄(今博山区岳家庄)人。自幼聪慧颖异,备受其父岳东第钟爱,延师让其读书。勤奋好学,经史子集靡不博览,医农卜医、兵法律书莫不涉猎。十四岁补博士弟子员。中年,禀祖训,弃文习武,练就一身绝技,弯弓射弹,百发百中。精通医术,以擅长针灸而驰名乡邑。

时值明末世乱,乃投笔从戎。据《岳氏族谱》记载:以材官随营,历任潞安道中军、金华府都司。时海寇内犯,平定有功,迁陕西延绥游击,兼定边副总兵,敕授昭勇将军。不久,申退归里。

行医济世是岳含珍的夙愿,还乡后施医于乡,盛名数百里。对待求医者,不分贵贱,一视同仁,治病一丝不苟,被誉为"当世神医""活神仙"。所著《针灸阐岐》一书,载有这样一则医案:辛酉,夏中贵患瘫疾,不能动履。有医何鹤松者,久治未愈。召予视,曰:此疾一针可愈。鹤松惭去,予遂针环跳穴,果能履。夏厚赠,予受之。又例:先生外出,路遇乡妇,背负一幼男孩,孩伏母背,呻吟不已。急问其故,方知乡妇距此十余里,夫亡寡居,独守此子,腹痛三日,医治无效,心急如焚,欲去岳家庄求先生诊治。曰:吾乃尔欲寻之人。乡妇甚喜。立令去路旁近村,借会诊视,遂取针刺数穴,腹痛立止。

晚年,为遗泽于世,造福于民,乃积平生之经验,键户著书。有《经穴解》《灵素区别》《针灸阐奇》《古方体用考》《分经本草》《大病论》《咳嗽议》《针灸阐岐》

《针灸类症》《针经考穴精义》《幼科阐岐》等著作。其中，《经穴解》一书，对针灸经络学说，作了条分缕析的阐述，且对诸穴命名之本义、治病之缘由，都作了详尽的论述，有较高的理论研究意义与临床使用价值。曲阜名医陈祥甫为《针经考穴精义》一书作"序"云：岳先生籍博山，含珍其名，玉也其字。清季之名医也，尤于针学，而抱起死回生之志。又云：时至晚近，针灸久湮，不学者疏，对于针经之穴名以及各穴之主治，多有知其当然，而不知其所以然者，何也？盖以命名之意义与治病之缘由，历考针灸诸书，从未见有深切著名者。闲尝与友论及，窃盼能将针经所有穴道，莫不详究其命名之意义，而复论列其治病之缘由。俾后之学者，不惟知其当然，且能知其所以然。浅学如余，此愿难偿，忽于丁丑年，得读岳著《经穴解》，不禁额手称快，曰：是籍也，先得我心矣。即名为《针灸大成疏证》，亦无不可。

[《淄博市志·人物传》]

[《博山区志》第二十七卷《历史人物》]

[《淄博市卫生志》第十九篇《人物传略》]

[《博山区卫生志》第十章《传略》]

[《山东中医药志》第六篇《传记》]

[《颜山广记·博山区志资料汇编》第二辑]

[《淄博名人》]

[淄博历史人物》]

[《淄博市科学技术志》]

[《博山地名趣闻录》]

[《中医大辞典》]

[《中医人物词典》]

[《中医人名大辞典》]

[《中国历代医家传录》]

[《针灸学通史》]

[《齐庋》]

《博山县志》：岳含珍著《灵素区别》《针灸阐奇》《古方体用考》各若干卷。

[咸丰《青州府志》卷六十四《杂记》]

靖边营游击

岳含珍，山东益都人。顺治十七年（1660）任。

[雍正《陕西通志》卷二十三《选举四》]

靖边营游击一员旧设守备

（顺治）十七年，岳含珍，益都人。

[嘉庆《重修延安府志》卷二十二《职官》]

靖边营游击

岳含珍，益都人。（顺治）十七年任。

[光绪《靖边县志稿》卷二《武职》]

昭勇将军、陕西副总兵、绥远靖边游击岳含珍墓，在岳家庄南坡。

[民国《续修博山县志》卷二《坟墓》]

◎ 赵景李 ◎

赵景李，字少白。廪贡生。善岐黄，擅长外科。

[民国《续修博山县志》卷九《例贡》]

◎ 刘毓麟 ◎

刘毓麟，字瑞生。敕授承德郎，邑庠生。自幼从父梅溪公，在肥城广文署读书。性明敏，尤长于岐黄之术。每值府院试，辄随其父赴泰安检场。凡父饮食起居，无不亲身奉侍，往返二百余里，无论寒暑，必步驰以从，片刻弗离。如是者十余年，不稍懈。及其父升任濮州学正，年已七旬，缘佐助有人，常居于家，寻常例行公事，皆委公代。光绪十七年辛卯（1891）冬，大雪，道路不通，值院试期迫，公不得已，请于州牧，代父赴曹州送考。事竣返署，因积劳伤寒成疾。初，不肯函告，以贻亲忧。迨病笃，始告，又以雨雪间阻，不得达，遂殁于学署，竟不获与父诀，闻者惋悼。

[民国《续修博山县志》卷十一《孝友》]

◎ 孙善全 ◎

孙善全，字德宇，号月泉。国学生。性格爽迈，不嗜利禄。晚年，精岐黄。好诗酒，与邑之诸名流，唱和往来，一时称为"小月泉诗社"。著有《凝翠馆诗集》。

[民国《续修博山县志》卷十二《文苑》]

◎ 吕 荣 ◎

吕荣，字伯仁。清增生。工书法，善岐黄。著有《鸡肋集诗草》。

[民国《续修博山县志》卷十二《文苑》]

◎ 杨进功 ◎

杨进功，字敏斋。好急人之急，乡人有借贷者，轻其息以济之。又善医，远近求医者，予以良药。贫乏者，更助以资，人颂其德。寿至八十五岁。

[民国《续修博山县志》卷十二《耆德》]

◎ 吕伯仁 ◎

吕重熙，字协之。性慷爽耿介，遇人之急，如痾瘵在身。族有兄弟阋墙者，公往，晓譬不能解，至为屈膝请和，族人感愧，遂为兄弟如初。族叔伯仁以种痘擅名，每届种痘之期，公必延伯仁于家，以行其术。襁褓踵门者，络绎不绝。公命长子培田辍学，司茶水，以款之。既种痘，公犹虑有疏虞也。必计日，沿门询问之。道远者，或止宿留餐。人感其惠，或有馈遗，却弗受。适县令某馈仪丰隆，使命往返三四，卒却之。有蒋先生者，赠折扇二柄，将却之，展视已有题款，不得已受之。一介之微，谨严若此，大者可知矣。以子培田任教谕，卒后蒙覃恩赠奉直大夫。

[民国《续修博山县志》卷十二《义行》]

◎ 蒋今懿 ◎

蒋今懿，字淑臣。究心岐黄，多所全活。雍正元年（1723），青州粮捕通判马公世贵旌其门曰"太古济世"。

[民国《续修博山县志》卷十二《方技》]

蒋今懿，字淑臣。清雍正时博山人。工于医，多所全活。雍正元年，青州粮捕通判马世贵旌其门曰"太古济世"。

[《山东中医药志》第六篇《人物表》]

◎ 孙世柱 ◎

孙世柱，字砥中。精医学，工书法，有《见山堂医鉴》。

[民国《续修博山县志》卷十二《方技》]

孙世柱，字砥中。清代博山人。精医术，工书法。著有《见山堂医鉴》。

[《山东中医药志》第六篇《人物表》]

◎ 孙淑璐 ◎

孙淑璐，字逵夫。性冲淡寡营，品格超洁。好读书，兼善医。在玉清宫下之南园，劈山种树，凿一池养鱼，优游如世外人。著有《浣雪轩古方精义》。

[民国《续修博山县志》卷十二《方技》]

孙淑璐，字逵夫。清代博山人。好读书，兼喜医。著有《浣雪轩古方精义》。

[《山东中医药志》第六篇《人物表》]

◎ 刘存祀 ◎

刘存祀，字存思。清太学生。性慷爽，好施与。尝以贫家弟子无力从学，因捐城北掩的地，设义学，以便贫民。精于医，擅名于时，应手奏效。遐迩求诊者众，户限为穿。邑侯叶肇栴感其惠，为额其门曰"世遗仁术"。

[民国《续修博山县志》卷十二《方技》]

刘存祀，字存思。清代博山人。太学生。精于医，遐迩求诊者众，户限为穿。

[《山东中医药志》第六篇《人物表》]

◎ 栾尚贵 ◎

栾尚贵，字馨五。晋封奉政大夫、鱼台教谕蕴岑公之嗣子。性恬默，寡言语，恂恂孝谨。自幼随任在博平、鱼台广文署，读书经史之外，尤精岐黄术。返籍后，以医术济世。每制一方，应手奏效。求医者众，不惮劬劳，活人多，公未尝自矜诩。晚年厌嚣，授之子，并以家政付之。年七十四，无疾终。

[民国《续修博山县志》卷十二《方技》]

栾尚贵（1858—1923），字馨五。博山城人。以医济世，活人甚多。

[《山东中医药志》第六篇《人物表》]

◎ 李仙师存 ◎

李仙师存，不知何许人。尝客博，以医术济人。殁后，士人感其惠，为立祠，有祷辄应。

[民国《续修博山县志》卷十二《仙释》]

◎ 岳树屏 ◎

岳树屏，岳家庄人。邑庠生。通医，尝设肆售药，贫者即施予之，兼善导引之术。与妻别院居。怛化前一日，即悉焚其账簿，至夕而殁。盖已预知其仙去矣。

[民国《续修博山县志》卷十二《仙释》]

◎ 马来崐 ◎

二郎山西崖根有石洞，深十数步，内有马道人枯骸。道人名来崐，淄川增生。厌俗修道，自号"无能道人"。乾隆间，驻锡二郎山，与王来素为师兄弟。精丹药，善疗病，活人无算。年六十二，厌尘居，乃凿石洞，辟谷于此百余日，洞内坐化。洞门有刻诗二则，道人自咏也。诗云：难抛皮布袋，无地可深藏。独辟还真境，谁开辟谷方。澄心清万象，合眼认家乡。一夕灵源透，悠悠止水旁。扫尽尘埃始出家，任他浮世斗繁华。离中填坎全收火，柳上生梅别吐花。休想丹成飞五岳，且图性定祛千邪。果能持戒清心地，功不停留道不赊。民国二年（1913），邑侯丁公竹怡于洞门上题"道窟"二字。七年，徐公克恒为题"鹤去云留"四字于石壁。源泉人复建东亭一所，映对洞口，雄峙山巅，下临淄水，景极清幽。

[民国《续修博山县志》卷十二《仙释》]

◎ 钱振邦 ◎

赵氏方筠者，果毅公珠浦先生之女。幼聪慧，喜读书。年五岁，从父宦游闽省。针黹而外，兼通经史。后因发匪扰闽，公以战事亡于阵。是年，筠十八岁。随同兄三人，奉母扶柩回籍。越一年，二兄方松追踪赤松仙游，不知所往。母翟夫人痛夫念子，忧感成疾。筠亲事汤药，旦夕不离侧。疾渐沉，遂窃剪左臂肉，和药以进，疾竟得痊。孝之感天，理固然也。于归同邑庠生钱君振邦。奉翁姑至孝，闾里称贤。翁世业岐黄，亏累甚巨，业渐不支，终日焦灼。筠察知其故，慨出奁资，以解翁忧。由是，家困稍纾。姑宋氏殁，继姑赵氏又生夫弟二。筠奉姑抚弟，一如前。筠生子四女三。第三女，字田氏，早亡。由此食指日繁，家渐落。未几，翁卒。夫因遭继母毒悍，被析出，遂幕游西安二十年，未曾一顾家室。筠昼勤井臼，夜课子女读，炊烟几断，典裙钗以济。境虽坎坷，而课读如常。后子女渐长，见左臂有割痕，询知其故，莫不感泣。戚族闻之，欲名于邑。筠曰：子之孝亲，是其职也。何名为！长女汝慧适张，次女汝熹适徐，俱邑之名门。长子汝颜，三子汝孔，皆入邑庠；四子汝孟，食饩；二子汝曾，得授广文。此二十年中，课子训女，艰苦备尝，继姑亦颇称贤。年及五旬，夫自西安归。继姑适殁，与夫经营丧葬，一切如礼。是时，子女成立，家道稍裕，皆筠之力也。长女生子敬颢，幼敏，筠常抱之读。曰：是儿福相，他日启门楣者，必是儿也。诸子生孙九人，皆抑然受教。夫于光绪戊申（1908）殁，享年六十九岁。筠于民国戊午（1918）卒，享年七十九岁。现外孙敬颢筮仕晋省，有政声。诸孙亦安分就商业，亦筠之余教也。

[民国《续修博山县志》卷十三《褒扬》]

◎ 魏孔彰 ◎

魏孔彰，清末博山八陡人。贡生。食廪饩，暇习医。晚年著有《医学脉诀浅说》。

[《淄博市卫生志》第十九篇《医林寓贤》]

◎ 孙续端 ◎

《退学集》，孙续端撰。续端，字中郎。廷铨冢孙。监生，官翰林孔目。《饴山文集·孙中郎家传》云：续端性高伉俊爽，不能屈曲随人。于书稍窥大义，多所好而不专，凡天文、地志、医药、卜筮、算数之学，有不知以为耻，既知之旋即弃去。其为人轻取舍，果去就，慕尚古之狂士，以是不为流俗所喜。而海内雄豪长者，或反以此重之。德州冯舍人廷櫆尤所爱赏，勉以为诗。诗得舍人风格，殊健举。著有《退学集》，藏于家。

[宣统《山东通志》卷一百四十四《艺文志·集部·别集》]

孙续端，大学士廷铨孙。荫翰林院孔目，未仕。

[乾隆《博山县志》卷五下《恩荫》]
[民国《续修博山县志》卷九《恩荫》]

◎ 谢英才 ◎

谢英才，字子美。谢家店人。邑庠生。深于医，尽窥《灵枢》《素问》之奥，而于温病一门，尤探其秘。活人甚多，名噪一时。

[民国《续修博山县志》卷十二《方技》]

谢英才，字子美。清代博山谢家店人。邑庠生。善治时疫，活人甚众，名噪一时。

[《山东中医药志》第六篇《人物表》]

民国

◎ 谭维桢 ◎

谭维桢，字千臣。西石门庄人。以医名。性复慷慨好善，于本村创立男女学校。复提倡蚕业，一方利赖。遇乡邻有争，辄为排解，曲直立判，罔不悦服。卒年七十八岁，乡人怀其德，为立纪念碑。

[民国《续修博山县志》卷十二《耆德》]

◎ 李连胜 ◎

李连胜（1848—1917），莱芜县上法山庄人。自幼丧父，家境贫寒，曾随祖父两次迁居。晚年，方定居于博山颜神镇。行医于莱芜、博山、章丘、淄川一带，且大有医名。

三十岁时，禀师江南一隐士，跟其学习整骨之术。其师游至莱芜时，骤染足疾，寄居于李氏家中，日夜受李氏精心关照，甚感其惠，故将其整骨医术，挚手相授。自此，李随师串铃行医于他乡三载，又专心务术四十余年，勤学明理，术验俱富。晚年始有"李半仙"之美誉。故博山及周围邻县，骨伤环脱者都来博山求医，皆欢悦而归。李氏的两则医案足以证明其医术之精湛。其一：曾治淄川一少女，因攀树采桑，失手坠地致伤，医者皆言腿骨已断。应友人请前往诊视。细询伤情，望其部位，触扪其局部音响形象后断言：非腿骨断，乃髋关节脱臼。遂服护心散，防止恶血上冲心神，且化瘀通络止痛。经手法整复后，接连按摩数次而愈。其二是治一妇人，年三旬，系国画家李佐泉之妻。因晚上失足倒地而伤，当时尚能自行走动，但夜间，左膝关节下肿痛更甚。医言筋伤，按摩数日，肿痛愈加，遂请李诊视。经细询触扪，言明辅骨已断。经李氏手法整复固定后，病人立感疼痛减轻。由此可见，李氏整骨医术高明。

自行医后，不仅秉承师传之法，且又能在实践中不断提高和创新。创立了"气足于身，巧施于人"的整复手法，做到外观上轻松自如，实则气已充身，力聚双手，牵引得当，手法应症，力求一次整复。对骨折病人，除手法上宜症而外，并注重在整个损伤恢复过程中动静结合，应症施术，提出了"静甚必滞，动甚必离"的主张。对骨折或习惯性脱臼的处理，极为重视固定用具和方法的选择以及固定后的处理，以采用木质或竹质夹板、硬布壳固定为多。根据恢复程度的不同，适时给予松解、按摩，以提高对开放性骨折、习惯性脱臼、复杂骨折等整复的效果。特别是对骨折整复固定后的早期按摩手法，通过多年的临床实践归纳出的六字妙诀："推、搓、揉、捏、扪、掌"，实为李氏对整骨学手法的发展和创新。

李氏验方

护心散

主治：伤后疼痛或整复后疼痛。

功效：化瘀止痛，防止恶血冲心。

药物及制法：乳香、绿豆粉各五钱，没药、元胡各三钱，朱砂二钱，甘草一钱。共为细末，贮藏备用。每次半钱至一钱，日服二三次，黄酒或白开水送下。

接骨膏

主治：骨折肿痛。

功效：消肿止痛，舒筋接骨。

药物及制法：乳香二斤，没药、土元各半斤，山榆皮（内层嫩皮晒干者）、红黍谷各三斤，自然铜五两，炉甘石、山羊角粉（烧制存性）各半斤。上药共为细末，每次用二三两，加入适量食醋，熬成粥状摊于白布上，敷于伤处固定。每次松解按摩时，再另换药一次，用法如前。

接骨散

主治：骨折及局部肿胀瘀血。

功效：活血化瘀止痛，促进骨质愈合。

药物及制法：乳香、没药各半斤，土元五两，川断一斤，红花、自然铜各三两，川牛膝、牛骨髓（焙干者）各半斤。共为细末，装瓶备用。每次一钱至一钱半，用黄酒三至五钱送服，每日二三次。

煨敷散

主治：骨折久不愈合。

功效：促进局部气血运行，加速骨质愈合。

药物及制法：刘寄奴、透骨草各三两，麸皮一斤。共为细末为一剂，加入食醋半斤，拌均后炒热装入布袋内煨敷局部，每日两次，每次煨一至二小时，每剂可连用二至四次，每次均需加入食醋炒热。

生肌散

主治：开放性骨折。

功效：防腐祛毒，止血生肌。

药物及制法：乳香、没药各三钱，冰片九分，煅龙骨、血竭各五钱，轻粉、制象皮、煅寒水石、赤石脂、海螵蛸各三钱半，儿茶一钱半。上药共为细末，贮藏备用，开放性骨折待整复后敷于患处。每日换药一次。

祛毒散

主治：开放性骨折伤口久不愈合或其他外伤久不收口愈合。

功效：拔毒祛腐，生肌敛口。

药物及用法：乳香、没药各三钱，雄黄二钱，血竭一钱半，轻粉二钱，麝香三分。上药共为细末，封闭贮藏备用，用时视创面大小而定，撒敷均匀不宜过厚，每日换药一次。

外用烫洗方

主治：肌肉筋脉损伤瘀血肿痛，骨折后遗症的关节僵硬活动不灵等。

功效：活血化瘀，舒筋通络，消肿止痛。

药物及用法：荆芥、防风、红花、乳香、没药各三钱，透骨草五钱，刘寄奴四钱，伸筋草二钱。水煎加入少量食醋烫洗局部。每日两次，每次烫洗三十至六十分钟，每剂可使用二至四次。

[《淄博市卫生志》第十九篇《人物传略》]

[《博山区卫生志》第十章《传略》]

[《山东中医药志》第六篇《传记》]

◎ 张培之 ◎

张培之（1855—1925），字馨亭，别号书忍。清末贡生。自幼聪慧，勤奋好学，博览群书。弱冠设私塾，余暇则嗜读医学典籍。年三十行医，各科悉通，尤擅外科。因医术精湛，享誉历城、章邱、邹平、淄川、长山、桓台、临淄、益都等地。常教其子孙曰：欲从医，务须精诚，医德至上，切莫粗庸！著有《张氏验方萃锦》《痈疽病症诊籍》《时疫验案》《外科杂症验方》，惜在"文化大革命"中化为灰烬。

[《淄博市卫生志》第十九篇《人物简介》]
[《淄博文史资料选辑》第五辑]
[《山东中医药志》第六篇《人物表》]

◎ 刘虎臣 ◎

刘虎臣，曾为太医院太医，后在北京行医，清末迁居博山，擅长儿科及风湿病。

[《博山区卫生志》第十章《博山历代名医录》]

◎ 焦瀛州 ◎

焦瀛州，字海峰。民国年间博山郭庄村人。自幼业医，在博山城南农村享有"南有海峰"之称。撰《脉学》一书。

[《淄博市卫生志》第十九篇《人物简介》]
[《山东中医药志》第六篇《人物表》]

◎ 公孙光 ◎

公孙光，西汉齐人。精于医，善为古传方。

[《淄博市志》第十九篇《人物简介》]

◎ 公乘阳庆 ◎

阳庆，临淄元里人。公乘，其爵也。家富，善医，不肯为人治病。淳于意从受学，庆爱之。谓曰：尽去尔方书，非是也。庆有《黄帝扁鹊脉书五色诊病》，知人生死，决嫌疑，定可治及《药论》书，甚精。我家给富，心爱公，欲尽以我禁方书悉教公。意再拜受书，遂为国工。

[民国《临淄县志》卷三十《艺术》]

公乘阳庆，临淄人。精医，年七十余，无子，喜淳于意，教之曰：尽去尔方书，非是也。庆有古先道遗传黄帝扁鹊之《脉书》《五色诊病》，知人生死，决嫌疑，定可治及《药论》书，甚精。我家给富，心爱公，欲尽以我禁方书悉教公。意学之三年，医道遂精。

[嘉靖《青州府志》卷十五《方技》]

公乘阳庆，临淄人。精医，年七十余，喜淳于意，教之尽去方书，传以黄帝、扁鹊之《脉书》《五色诊脉》，知人生死。意学之三年，医道遂精。

[康熙《青州府志》卷二十《方技》]

公乘阳庆，临淄人。精医，年七十余无子，喜淳于意，教之曰：尽去尔方书，非是也。庆有古先遗传黄帝扁鹊之《脉书》《五色诊病》，知人生死，决嫌疑，定可治及《药论》书，甚精。我家给富，心爱公，欲尽以我书悉教之。意学三年，医道遂精。

[康熙《山东通志》卷四十九《方技》]

公乘阳庆，临淄人。精于医。尝遇异人，授以《黄帝扁鹊之脉书》，诊病，知人生死，决嫌疑，定可否，及论药性甚精。年七十无子，授同里淳于意，尽得其传。

[雍正《山东通志》卷三十一《方伎志》]

公乘阳庆，临淄元里人。善为医，家富不肯为人治病。高后八年（180），淳于意因淄川公孙光得事庆，甚谨，庆谓意曰：尽去尔方书，非是也。庆有古先道遗传黄帝扁鹊之《脉书》《五色诊病》，知人生死，定可治及《药论》书，甚精。我心爱公，欲尽以我禁方书悉教公。意事之三年，为人治多验，精良《史记·扁鹊仓公传》。

[宣统《山东通志》卷一百六十八《人物志第十一·历代艺术》]

公乘阳庆，临淄人。精医。年七十余无子，喜淳于意，教之曰：尽去尔方书，非是也。庆有古先遗传黄帝扁鹊之秘书，《五色诊病》，知人生死，决嫌疑，定可治及《药论》书，甚精。我家给富，心爱公，欲尽以我书悉教之。意学之三年，医道遂精。意，亦临淄人。文帝时为太仓长，后以罪逮，其女缇萦上书，文帝因之除肉刑，诏问意医学，意条举以对，其论精美。具《史记·扁鹊仓公列传》。

[宣统《山东通志》卷一百九十九《杂志上·异闻琐事》]

阳庆，临淄元里人。西汉名医。精医术，善于运用古传方药为人治病，诊脉尤精。五色诊病，知人生死，为仓公淳于意之师。著《黄帝扁鹊脉书》，为中医学脉案之宗。

[《淄博市志·人物表》]

[《淄博市卫生志》第十九篇《人物传略》]

[《临淄区卫生志》附录《医林人物》]

◎ 淳于意 ◎

太仓公者，齐太仓长，临淄人也，姓淳于氏，名意。少而喜医方术。高后八年，更受师同郡元里公乘阳庆。庆年七十余，无子，使意尽去其故方，更悉以禁方予之，传黄帝、扁鹊之脉书，五色诊病，知人死生，决嫌疑，定可治，及药论，甚精。受之三年，为人治病，决死生，多验。然左右行游诸侯，不以家为家，或不为人治病，病家多怨之者。文帝四年中，人上书言意，以刑罪当传西之长安。意有五女，随而泣。意怒，骂曰：生子不生男，缓急无可使者！于是少女缇萦伤父之言，乃随父西。上书曰：妾父为吏，齐中称其廉平，今坐法当刑。妾切痛死者不可复生，而刑者不可复续，虽欲改过自新，其道莫由，终不可得。妾愿入身为官婢，以赎父刑罪，使得改行自新也。书闻，上悲其意，此岁中亦除肉刑法。意家居，诏召问所为治病死生验者几何人也，主名为谁。诏问故太仓长臣意：方伎所长，及所能治病者？有其书无有？皆安受学？受学几何岁？尝有所验，何县里人也？何病？医药已，其病之状皆何如？具悉而对。臣意对曰：自意少时，喜医药，医药方试之多不验者。至高后八年，得见师临淄元里公乘阳庆。庆年七十余，意得见事之。谓意曰：尽去而方书，非是也。庆有古先道遗传黄帝、扁鹊之脉书，五色诊病，知人生死，决嫌疑，定可治，及药论书，甚精。我家给富，心爱公，欲尽以我禁方书悉教公。臣意即曰：幸甚，非意之所敢望也。臣意即避席再拜谒，受其脉书上下经、五色诊、奇咳术、揆度阴阳外变、药论、石神、接阴阳禁书，受读解验之，可一年所。明岁即验之，有验，然尚未精也。要事之三年所，即尝已为人治，诊病决死生，有验，精良。今庆已死十年所，臣意年尽三年，年三十九岁也。齐侍御史成自言病头痛，臣意诊其脉，告曰：君之病恶，不可言也。即出，独告成弟昌曰：此病疽也，内发于肠胃之间，后五日当臃肿，后八日呕脓死。成之病得之饮酒且内。成即如期死。所以知成之病者，臣意切其脉，得肝气。肝气浊而静，此内关之病也。脉法曰：脉长而弦，不得代四时者，其病主在于肝。和即经主病也，代则络脉有过。经主病和者，其病得之筋髓里。其代绝而脉贲者，病得之酒且内。所以知其后五日而臃肿，八日呕脓死者，切其脉时，少阳初代。代者经病，病去过人，人则去。络脉主病，当其时，少阳初关一分，故中热而脓未发也；及五分，则至少阳之界；及八日，则呕脓死。故上二分而脓发，至界而臃肿，尽泄而死。热上则熏阳明，烂流络，流络动则脉结发，脉结发则烂解，故络交。热气已上行，至头而动，故头痛。齐王中子诸婴儿小子病，召臣意诊切其脉，告曰：气鬲病。病使人烦懑，食不下，时呕沫。病得之忧，数忔食饮。臣意即为之作下气汤以饮之，一日气下，二日能食，三日即病愈。所以知小子之病者，诊其脉，心气也，浊躁而经也，此络阳病也。脉法曰：脉来数疾去难而不一者，病主在心。周身热，脉盛者，为重阳。重阳者，逿心主。故烦懑食不下则络脉有过，络脉有过则血上出，血上出者死。此悲心所生也，病得之忧也。齐郎中令循病，众医皆以为厥入中，而刺之。臣意诊之，曰：涌疝也，令人不得前后溲。循曰：不得前后溲三日矣。臣意饮以火齐汤，一饮得前溲，再饮大溲，三饮而疾愈。病得之内。所以知循病者，切其脉时，右口气急，脉无五脏气，右口脉大而数。数者中下热而涌，左为下，右为上，皆无五脏应，故曰涌疝。中热，故溺赤也。齐中御府长信病，臣意入诊其脉，告曰：热病气也。然暑汗，脉少衰，不死。曰：此病得之当浴流水而寒甚，已则热。信曰：唯，然！往冬时，为王使于楚，至莒县阳周水，而莒桥梁颇坏，信则揽车辕未欲渡也，马惊，即堕，信身入水中，几死，吏即来救信，出之水中，衣尽濡，有间而身寒，已热如火，至今不可以见寒。臣意即为之液汤火齐逐热，一饮汗尽，再饮热去，三饮病已。即使服药，出入二十日，身无病者。所以知信之病者，切其脉时，并阴。脉法曰：热病阴阳交者死。切之不交，并阴。并阴者，脉顺清而愈，其热虽未尽，犹活也。肾气有时间浊，在太阴脉口而希，是水气也。肾固主水，故以此知之。失治一时，即转为寒热。齐王太后病，召臣意入诊脉，曰：风瘅客脬，难于大小溲，溺赤。臣意饮以火齐汤，一饮即前后溲，再饮病已，溺如故。病得之流汗出㴖。㴖者，去衣而汗晞也。所以知齐王太后病者，臣意诊其脉，切其太阴之口，湿然风气也。脉法曰：沉之而大坚，浮之而大紧者，病主在肾。肾切之而相反也，脉大而躁。大者，膀胱气也；躁者，中有热而溺赤。齐章武里曹山跗病，臣意诊其脉，曰：肺消瘅也，加以寒热。即告其人曰：死，不治。适其共养，此不当医治。法曰：后三日而当狂，妄起行，欲走；后五日死。即如期死。山跗病得之盛怒而以接内。所以知山跗之病者，臣意切其脉，肺气热也。脉法曰：不平不鼓，形弊。此五脏高之远数以经病也，故切之时不平而代。不平者，血不居其处；代者，时参击并至，乍躁乍大也。此两络脉绝，故死不治。所以加寒热者，言其人尸夺。尸夺者，形弊；形弊者，不当关灸镵石及饮毒药也。臣意未往诊时，齐太医先诊山跗病，灸其足少阳脉口，而饮之半夏丸，病者即泄注，腹中虚；又灸其少阴脉，是坏肝刚绝深，如是重损病者气，以故加寒热。所以后三日而当狂者，肝一络连属结绝乳下阳明，故络绝，开阳明脉，阳明脉伤，即当狂走。后五日死者，肝与心相去五分，故曰五日尽，尽即死矣。齐中尉潘满如病少腹痛，臣意诊其脉，曰：遗积瘕也。臣意即谓齐太仆臣饶、内史臣繇曰：中尉不复自止于内，则三十日死。后二十余日，溲血死。病得之酒且内。所以知潘满如病者，臣意切其脉深小弱，其卒然合合也，是脾气也。右脉口气至紧小，见瘕气也。以次相乘，故三十日死。三阴俱抟者，如法；不俱抟者，决在急期；一抟一代者，近也。故其三阴抟，溲血如前止。阳虚侯相赵章病，召臣意。众医皆以为寒中，臣意诊其脉曰：迵风。迵风者，饮食下嗌而辄出不留。法曰：五日死。而后十日乃死。病得之酒。所以知赵章之病者，臣意切其脉，脉来滑，是内风气也。饮食下嗌而辄出不留者，法五日死，皆为前分界法。后十日乃死，所以过期者，其人嗜粥，故中脏实，中脏实故过期。师言曰：安谷者过期，不安谷者不及期。济北王病，召臣意诊其脉，曰：风厥胸满。即为药酒，尽三石，病已。得之汗出伏地。所以知济北王病者，臣意切其脉时，风气也，心脉浊。病法：过入其阳，阳气尽而阴气入。阴气入张，则寒气上而热气下，故胸满。汗出伏地者，切其脉，气阴。阴气者，病必入中，出及瀺水也。齐北宫司空命妇出于病，众医皆以为风入中，病主在肺，刺其足少阳脉。臣意诊其脉，曰：病气疝，客于膀胱，难于前后溲，而溺赤。病见寒气则遗溺，使人腹肿。出于病得之欲溺不得，因以接内。所以知出于病者，切其脉大而实，其来难，是厥阴之动也。脉来难者，疝气之客于膀胱也。腹之所以肿者，言厥阴之络结小腹也。厥阴有过则脉结动，动则腹肿。臣意即灸其足厥阴之脉，左右各一所，即不遗溺而溲清，小腹痛止。即更为火齐汤以饮之，三日而疝气散，即愈。故济北王阿母自言足热而懑，臣意告曰：热厥也。则刺其足心各三所，案之无出血，病旋已。病得之饮酒大醉。济北王召臣意诊脉诸女子侍者，至女子竖，竖无病。臣意告永巷长曰：竖伤脾，不可劳，法当春呕血死。臣意言王曰：才人女子竖何能？王曰：是好为方，多伎能，为所是案法新，往年市之民所，四百七十万，曹偶四人。王曰：得毋有病乎？臣意对曰：竖病重，在死法中。王召视之，其颜色不变，以为不然，不卖诸侯所。至春，竖奉剑从王之厕，王去，竖后，王令人召之，即仆于厕，呕血死。病得之流汗。流汗者，法病内重，毛发而色泽，脉不衰，此亦内之病也。齐中大夫病龋齿，臣意灸其左大阳明脉，即为苦参汤，日嗽三升，出入五六日，病已。得之风，及卧开口，食而不嗽。淄川王美人怀子而不乳，来召臣意。臣意往，饮以莨䕆药一撮，以酒饮之，旋乳。臣意复诊其脉，而脉躁。躁者有余病，即饮以消石一齐，出血，血如豆比五六枚。齐丞相舍人奴从朝入宫，臣意见之食闺门外，望其色有病气。臣意即告宦者平。平好为脉，学臣意所，臣意即示之舍人奴病，告之曰：此伤脾气也，当至春鬲塞不通，不能食饮，法至夏泄血死。宦者平即往告相曰：君之舍人奴有病，病重，死期有日。相君曰：卿何以知之？曰：君朝时入宫，君之舍人奴尽食闺门外，平与仓公立，即示平曰，病如是者死。相即召舍人而谓之曰：公奴有病不？舍人曰：奴无病，身无痛者。至春果病，至四月，泄血死。所以知奴病者，脾气周乘五脏，伤部而交，故伤脾之色也，望之杀然黄，察之如死青之兹。众医不知，以为大虫，不知伤脾。所以至春死病者，胃气黄，黄者土气也，土不胜木，故至春死。所以至夏死者，脉法曰：病重而脉顺清者曰内关。内关之病，人不知其所痛，心急然无苦。若加以一病，死中春；一愈顺，及一时。其所以四月死者，诊其人时愈顺。愈顺者，人尚肥也。奴之病得之流汗数出，于火而以出见大风也。淄川王病，召臣意诊脉，曰：厥上为重，头痛身热，使人烦懑。臣意即以寒水拊其头，刺足阳明脉，左右各三所，病旋已。病得之沐发未干而卧。诊如前，所以厥，头热至肩。齐王黄姬兄黄长卿家有酒召客，召臣意。诸客坐，未上食。臣意望见王后弟宋建，告曰：君有病，往四五日，君腰胁痛不可俯仰，又不得小溲。不亟治，病即入濡肾。及其未舍五脏，急治之。病方今客肾濡，此所谓肾痹也。宋建曰：然，建故有腰脊痛。往四五日，天雨，黄氏诸倩见建家京下方石，即弄之，建亦欲效之，效之不能起，即复置之。暮，腰脊痛，不得溺，至今不愈。建病得之好持重。所以知建病者，臣意见其色，太阳色干，肾部上及界要以下者枯四分所，故以往四五日知其发也。臣意即为柔汤使服之，十八日所而病愈。济北王侍者韩女病腰背痛，寒热，众医皆以为寒热也。臣意诊脉，曰：内寒，月事不下也。即窜以药，旋下，病已。病得之欲男子而不可得也。所以知韩女之病者，诊其脉时，切之，肾脉也，涩而不属。涩而不属者，其来难，坚，故曰月不下。肝脉弦，出左口，故曰欲男子不可得也。临淄氾里女子薄吾病甚，众医皆以为寒热笃，当死，不治。臣意诊其脉，曰：蛲瘕。蛲瘕为病，腹大，上肤黄粗，循之戚戚然。臣意饮以芫华一撮，即出蛲可数升，病已，三十日如故。病蛲得之于寒湿，寒湿气宛笃不发，化为虫。臣意所以知薄吾病者，切其脉，循其尺，其尺索刺粗，而毛美奉发，是虫气也。其色泽者，中脏无邪气及重病。齐淳于司马病，臣意切其脉，告曰：当病迵风。迵风之状，饮食下嗌辄后之。病得之饱食而疾走。淳于司马曰：我之王家食马肝，食饱甚，见酒来，即走去，驱疾至舍，即泄数十出。臣意告曰：为火齐米汁饮之，七八日而当愈。时医秦信在旁，臣意去，信谓左右阁都尉曰：意以淳于司马病为何？曰：以为迵风，可治。信即笑曰：是不知也。淳于司马病，法当后九日死。即后九日不死，其家复召臣意。臣意往问之，尽如意诊。臣即为一火齐米汁，使服之，七八日病已。所以知之者，诊其脉时，切之，尽如法。其病顺，故不死。齐中郎破石病，臣意诊其脉，告曰：肺伤，不治，当后十日丁亥溲血死。即后十一日，溲血而死。破石之病，得之堕马僵石上。所以知破石之病者，切其脉，得肺阴气，其来散，数道至而不一也。色又乘之。所以知其堕马者，切之得番阴脉。番阴脉入虚里，乘肺脉。肺脉散者，固色变也乘也。所以不中期死者，师言曰：病者安谷即过期，不安谷则不及期。其人嗜黍，黍主肺，故过期。所以溲血者，诊脉法曰：病养喜阴处者顺死，养喜阳处者逆死。其人喜自静，不躁，又久安坐，伏几而寐，故血下泄。齐王侍医遂病，自练五石服之。臣意往过之，遂谓意曰：不肖有病，幸诊遂也。臣意即诊之，告曰：公病中热。论曰：中热不溲者，不可服五石。石之为药精悍，公服之不得数溲，亟勿服。色将发臃。遂曰：扁鹊曰：阴石以治阴病，阳石以治阳病。夫药石者有阴阳水火之齐，故中热，即为阴石柔齐治之；中寒，即为阳石刚齐治之。臣意曰：公所论远矣。扁鹊虽言若是，然必审诊，起度量，立规矩，称权衡，合色脉表里有余不足顺逆之法，参其人动静与息相应，乃可以论。论曰：阳疾处内，阴形应外者，不加悍药及镵石。夫悍药入中，则邪气辟矣，而宛气愈深。诊法曰：二阴应外，一阳接内者，不可以刚药。刚药入则动阳，阴病益衰，阳病益著，邪气流行，为重困于俞，忿发为疽。意告之后百余日，果为疽发乳上，入缺盆，死。此谓论之大体也，必有经纪。拙工有一不习，文理阴阳失矣。齐王故为阳虚侯时，病甚，众医皆以为厥。臣意诊脉，以为痹，根在右胁下，大如覆杯，令人喘，逆气不能食。臣意即以火齐粥且饮，六日气下；即令更服丸药，出入六日，病已。病得之内。诊之时不能识其经解，大识其病所在。臣意尝诊安阳武都里成开方，开方自言以为不病，臣意谓之病苦沓风，三岁四肢不能自用，使人瘖，瘖即死。今闻其四肢不能用，瘖而未死也。病得之数饮酒以见大风气。所以知成开方病者，诊之，其脉法奇咳言曰：脏气相反者死。切之，得肾反肺，法曰三岁死也。安陵阪里公乘项处病，臣意诊脉，曰：牡疝。牡疝在鬲下，上连肺。病得之内。臣意谓之：慎毋为劳力事，为劳力事则必呕血死。处后蹴鞠，腰厥寒，汗出多，即呕血。臣意复诊之，曰：当旦日日夕死。即死。病得之内。所以知项处病者，切其脉得番阳。番阳入虚里，处旦日死。一番一络者，牡疝也。臣意曰：他所诊期决死生及所治已病众多，久颇忘之，不能尽识，不敢以对。问臣意：所诊治病，病名多同而诊异，或死或不死，何也？对曰：病名多相类，不可知，故古圣人为之脉法，以起度量，立规矩，县权衡，案绳墨，调阴阳，别人之脉各名之，与天地相应，参合于人，故乃别百病以异之，有数者能异之，无数者同之。然脉法不可胜验，诊疾人以度异之，乃可别同名，命病主在所居。今臣意所诊者，皆有诊籍。所以别之者，臣意所受师方适成，师死，以故表籍所诊，期决死生，观所失所得者合脉法，以故至今知之。问臣意曰：所期病决死生，或不应期，何故？对曰：此皆饮食喜怒不节，或不当饮药，或不当针灸，以故不中期死也。问臣意：意方能知病死生，论药用所宜，诸侯王大臣有尝问意者不？及文王病时，不求意诊治，何故？对曰：赵王、胶西王、济南王、吴王皆使人来召臣意，臣意不敢往。文王病时，臣意家贫，欲为人治病，诚恐吏以除拘臣意也，故移名数，左右不修家生，出行游国中，问善为方数者事之久矣，见事数师，悉受其要事，尽其方书意，及解论之。身居阳虚侯国，因事侯。侯入朝，臣意从之长安，以故得诊安陵项处等病也。问臣意：知文王所以得病不起之状？臣意对曰：不见文王病，然窃闻文王病喘，头痛，目不明。臣意心论之，以为非病也。以为肥而蓄精，身体不得摇，骨肉不相任，故喘，不当医治。脉法曰：年二十脉气当趋，年三十当疾步，年四十当安坐，年五十当安卧，年六十已上气当大董。文王年未满二十，方脉气之趋也而徐之，不应天道四时。后闻医灸之即笃，此论病之过也。臣意论之，以为神气争而邪气入，非年少所能复之也，以故死。所谓气者，当调饮食，择晏日，车步广志，以适筋骨肉血脉，以泻气。故年二十，是谓易贸。法不当砭灸，砭灸至气逐。问臣意：师庆安受之？闻于齐诸侯不？对曰：不知庆所师受。庆家富，善为医，不肯为人治病，当以此故不闻。庆又告臣意曰：慎毋令我子孙知若学我方也。问臣意：师庆何见于意而爱意，欲悉教意方？对曰：臣意不闻师庆为方善也。意所以知庆者，意少时好诸方事，臣意试其方，皆多验，精良。臣意闻淄川唐里公孙光善为古传方，臣意即往谒之。得见事之，受方化阴阳及传语法，臣意悉受书之。臣意欲尽受他精方，公孙光曰：吾方尽矣，不为爱公所。吾身已衰，无所复事之。是吾年少所受妙方也，悉与公，毋以教人。臣意曰：得见事侍公前，悉得禁方，幸甚。意死不敢妄传人。居有间，公孙光闲处，臣意深论方，见言百世为之精也。师光喜曰：公必为国工。吾有所善者皆疏，同产处临淄，善为方，吾不若，其方甚奇，非世之所闻也。吾年中时，尝欲受其方，杨中倩不肯，曰：若非其人也。胥与公往见之，当知公喜方也。其人亦老矣，其家给富。时者未往，会庆子男殷来献马，因师光奏马王所，意以故得与殷善。光又属意于殷曰：意好数，公必谨遇之，其人圣儒。即为书以意属阳庆，以故知庆。臣意事庆谨，以故爱意也。问臣意曰：吏民尝有事学意方，及毕尽得意方不？何县里人？对曰：临淄人宋邑。邑学，臣意教以五诊，岁余。济北王遣太医高期、王禹学，臣意教以经脉高下及奇络结，当论俞所居，及气当上下出入邪逆顺，以宜镶石，定砭灸处，岁余。淄川王时遣太仓马长冯信正方，臣意教以案法逆顺，论药法，定五味及和齐汤法。高永侯家丞杜信，喜脉，来学，臣意教以上下经脉五诊，二岁余。临淄召里唐安来学，臣意教以五诊上下经脉，奇咳，四时应阴阳重，未成，除为齐王侍医。问臣意：诊病决死生，能全无失乎？臣意对曰：意治病人，必先切其脉，乃治之。败逆者不可治，其顺者乃治之。心不精脉，所期死生视可治，时时失之，臣意不能全也。

太史公曰：女无美恶，居宫见妒；士无贤不肖，入朝见疑。故扁鹊以其伎见殃，仓公乃匿迹自隐而当刑。缇萦通尺牍，父得以后宁。故老子曰：美好者不祥之器。岂谓扁鹊等邪？若仓公者，可谓近之矣。

[《史记》卷一百五《扁鹊仓公列传第四十五》]

淳于意，官太仓令。喜医术，师事公孙光，受其方。光曰：吾方尽矣，吾身已衰，无所复事之，悉与公，毋以教人。意曰：幸甚！意死不敢妄传人。光曰：公必为国工，然吾不如阳庆。即为书以意属阳庆。意乃从庆受禁方，为人治病，决死生多验。然不以家为家，或不为人治病，病家多怨之者。文帝四年（前176），人上书言意以刑罪。以缇萦故得免，家居。文帝诏问所治几何人，意悉举以对。

崔象穀诗，长安会逮意彷徨，悔不生男暗自伤。千载良医犹有憾，青囊却少毓麟方。

[民国《临淄县志》卷三十《艺术》]

淳于意，即太仓公。临淄人。汉文帝时为太仓长。善医，师事同郡元里公乘阳庆，得扁鹊术，论医甚精，治病多验。帝诏问所验几何？意历举以对。帝嘉之。

[嘉靖《青州府志》卷十五《方技》]

淳于意，即太仓公。临淄人。汉文帝时为太仓长。善医，师事同里公乘阳庆，得扁鹊术，论医甚精。

[康熙《青州府志》卷二十《方技》]

太仓公者，齐太仓长，临淄人也。姓淳于氏，名意。少而喜医方术。高后八年，更受师同郡元里公乘阳庆。庆年七十余，无子，使意尽去其故方，更悉以禁方予之，传黄帝扁鹊之《脉书》《五色诊病》，知人生死，决嫌疑，定可治及《药论》，甚精。受之三年，为人治病，决死生多验《史记·扁鹊仓公列传》。

[咸丰《青州府志》卷五十一《艺术》]

淳于意，临淄人。汉文帝时为太仓长。善医，师事同郡元里公乘阳庆，得扁鹊术，论甚精，治多验。帝诏问所验、病何？意历举以对，帝嘉之。

[康熙《山东通志》卷四十九《方技》]

淳于意，临淄人。少习医术，自谓能得妙悟。闻公乘阳庆有异授，乃师事之。阳庆曰：尽弃尔故所习方。悉以所传者授之，三年而学成。为人治病，决生死，多验。意尝为太仓长，故又号仓公云。

[雍正《山东通志》卷三十一《方伎志》]

淳于意，临淄人。为齐太仓长，齐中称其廉平。少而喜医方，师公乘阳庆。庆年七十余，无子，悉以禁方与之。为人治病，决生死，多验。然左右行游诸侯，或不为人治病，病家多怨之者。文帝四年，人上书言意以刑罪，当传西之长安。以少女缇萦上书得免，意既家居。诏问安所受学，所为治病死生验者几何人，意历举以对《史记·扁鹊仓公传》。

[宣统《山东通志》卷一百六十八《人物志第十一·历代艺术》]

案：仓公，高后八年受师公乘阳庆。高后八年，距悼惠王始封二十余年，悼惠王在位十三年，阳庆当是哀王官属。哀王，惠帝七年袭封，次年高后称制。哀王在位十年，高后八年即哀王之九年。是年，仓公始得师阳庆，阅三年，为人已病，所治诊齐王国官属、内史繇诸人，当皆文王时。

[咸丰《青州府志》卷十四《王侯官属表》]

淳于意，临淄人。约生于公元前215年，卒年不详。曾任齐国太仓长，世称"仓公"或"太仓公"。医术精湛，为我国西汉初期著名医学家。

自幼喜爱医学，初行医，所用药方多不灵验，遂外出求名师。先向淄川唐里公孙光学习，全部接受并记下了所授医方变化、阴阳理论及口传诊治方法。与公孙光研讨医方医术，见解精辟，公孙光深为赞赏，以"国医"相誉，并介绍他去临淄元里阳庆那里学习。当时，阳庆年七十余，精医道而不肯为人诊治。淳于意学习三年，尽得其所藏真传古医秘方，包括脉书上下经、五色诊、揆度阴阳外变、药论、砭石神术、房中术等。经实践体会，医术大进，已能准确诊断病情，决断疑难杂症，判断是否可治，对药剂理论也掌握得精深。他到各地行医，遇医术高明者即虚心学习，力求理解他们所传的医书理论。不治家产，也无固定住处，长期行医民间，对封建王侯却不肯趋承。赵王、胶西王、济南王、吴王都曾召他做宫廷医生，都一一谢绝了。因常拒绝对朱门高第出诊行医，汉文帝四年（前175）被人诬陷，罗织罪名，押赴长安受肉刑。其幼女淳于缇萦毅然随父西去京师，上书汉文帝，痛切陈述父亲廉平无罪，自己愿意身充官婢，代父受刑。文帝受到感动，宽免了淳于意，且废除了肉刑。《史记·扁鹊仓公列传》载其二十五例医案，对患者姓名、住址、职业、症状、脉象、病名、诊断、病理、治疗方式与过程、预后推断及效果，均有详细记载。称为"诊籍"，是我国现存最早的病案记录。

淳于意不但是一个著名的医学家，而且是一位热心传播医学的教育家。他广收弟子，精心传授。据《史记·扁鹊仓公列传》记载，就有宋邑、冯信、唐安、高期、王禹、杜信等六人。医圣张仲景在《伤寒杂病论》序文中说："上古有神农、黄帝、岐伯；中古有长桑、扁鹊；汉有公乘阳庆、仓公；下此以往，未之闻也。"

[《淄博市志·人物传》]

[《临淄区志》第三十三卷《人物传略》]

[《淄博市卫生志》第十九篇《人物传略》]

[《临淄区卫生志》附录《医林人物》]

[《临淄文史资料选辑》第二辑]

[《齐都名人》]

淳于意墓，在中正区淳于韩姓茔北，墓方十二步，高八尺。清光绪间，施植柏树七株，颇壮观。意，临淄人。仕齐为太仓令，廉平，号"太仓公"。因误被逮，临行骂其女曰：生女不生男，缓急气所恃。少女缇萦请从入关，上书救父。汉文帝为之除肉刑。意精于医，因地施治。史迁以之与扁鹊合传。意后裔《家乘》，意墓在奉高县。得此，可实其说。

[民国《重修泰安县志》第三册《古墓》]

◎ 宋 邑 ◎

宋邑，从淳于意学医，意教以《五诊》。

[民国《临淄县志》卷三十《艺术》]

宋邑，西汉文帝时临淄人。性情直率仁爱，立志终生为医。从师淳于意，学习《五诊》《脉论》之术，遂为良医。

[《淄博市卫生志》第十九篇《人物简介》]

[《临淄区卫生志》附录《医林人物》]

[《临淄文史资料》第六辑]

◎ 唐 安 ◎

唐安，从淳于意学医，未成，除为齐王侍医。

[民国《临淄县志》卷三十《艺术》]

唐安，西汉文帝时召里人。为人凤仪文雅，性好医学，自幼拜仓公为师，教以《五色诊》《上下经脉》《奇咳术》，得其真传，为其著名弟子，后为齐王侍医。

[《淄博市志·人物表》]

[《淄博市卫生志》第十九篇《人物简介》]

[《临淄区卫生志》附录《医林人物》]

[《临淄文史资料》第六辑]

◎ 王 禹 ◎

《史记》：王禹，素以术艺为济北王太医，王以禹识见犹浅，令就太仓公意学医，经脉俞穴所在悉通之，以此知名汉代焉。

[《历代名医蒙求》]

◎ 冯 信 ◎

《史记》：冯信，临淄人。为齐太仓长。性好医方，精于诊处，而淄川王犹以其为识见未深，更令就淳于学方。意教以《按法》《逆顺》《论药法》《定五味》及和剂汤法。信受之，擅名汉世。

[《历代名医蒙求》]

冯信，西汉文帝时名医，精通医法。从师淳于意，教以《按法》《逆顺》《论药法》《定五味》及和剂汤法。精学之后，遂成名医，享誉汉世。

[《淄博市志·人物表》]
[《淄博市卫生志》第十九篇《人物简介》]
[《临淄区卫生志》附录《医林人物》]
[《临淄文史资料》第六辑]

◎ 李少君 ◎

◎ 马明生 ◎

李少君，临淄人。汉武帝募方士，少君学于安期生，得神丹炉火之方。以方见帝，云：丹砂可成黄金，丹成服之，升仙。天子甚尊敬之。少君见帝有故铜器，因识之曰：此齐桓公时故器，常陈于寝庭。帝验其刻，果然。因知少君已数百岁矣。尝谓帝曰：陛下不能去骄奢，遣声色，杀伐不止，喜怒不除，神丹大道，未可得成。乃以药方与，帝便称疾。是夜，帝梦与少君俱上嵩山，有使者乘龙时节云中来，言：太一请少君消息。旦往视之，并使人受其方，事未竟而卒。及敛，忽失尸所在。

马明生，临淄人。姓和，字君实。少为贼伤，殆死，忽遇一女子，乃太真夫人也。与药一丸，服讫即愈。乃自号"马明生"，随夫人入岱山石室，试以鬼怪狼虎不惧，挑以美女不动。夫人曰：可教。有安期生至，夫人以明生付之，以诗留别而去。后得安期生丹经神方，入华阴山修炼。汉灵帝时，太傅胡广访以国事，俱验。

遂饵金丹，白日升天。

[嘉靖《山东通志》卷二十二《仙释·青州府》]

李少君，齐人。受安期生炉火术，贫不能办。汉武帝募方士，乃以其术上之，言：丹砂可成黄金，金成服之，升仙。天子甚尊，之礼，赐遗无数。帝前有古铜器，少君言是齐桓公柏寝所陈。帝验其刻字，果齐故器。少君数百岁人，视之如五十许，面色、肌肤甚有色泽，乃作神丹，谓帝曰：陛下不能绝骄奢，遣声色，杀伐不止，喜怒不胜，大道盖未可成也。以丹砂少许，与武帝，便尸解而去。

马明生，临淄人。本姓和，字君实。少为县吏，捕贼被伤，死，遇神人以药活之，遂弃职，随神周游天下。遇安期生，授《太阳神丹经》三卷，归入华山合药，不乐升举，但服半剂为地仙。恒居人间，不过三年，辄易其处，辗转五百余年，人多识之。

[雍正《山东通志》卷三十《仙释志》]

◎ 楼 护 ◎

楼护，字君卿。齐人。父世医也，护少随父为医长安，出入贵戚家。护诵医经、本草、方术数十万言，长者咸爱重之，共谓曰：以君卿之材，何不宦学乎？由是辞其父，学经传，为京兆吏数年，甚得名誉。是时，王氏方盛，宾客满门，五侯兄弟争名，其客各有所厚，不得左右，唯护尽入其门，咸得其欢心。结士大夫，无所不倾，其交长者，尤见亲而敬，众以是服。为人短小精辩，论议常依名节，听之者皆竦。与谷永俱为五侯上客，长安号曰"谷子云笔札，楼君卿唇舌"，言其见信用也。母死，送葬者致车二三千两，闾里歌之曰：五侯治丧楼君卿。久之，平阿侯举护方正，为谏大夫，使郡国。护假贷，多持币帛，过齐，上书求上先人冢，因会宗族故人，各以亲疏与束帛，一日数百金之费。使还，奏事称意，擢为天水太守。数岁免，家长安中。时成都侯商为大司马卫将军，罢朝，欲候护，其主簿谏：将军至尊，不宜入闾巷。商不听，遂往至护家。家狭小，官属立车下，久住移时，天欲雨，主簿谓西曹诸掾曰：不肯强谏，反雨立闾巷！商还，或白主簿语，商恨，以他职事去主簿，终身废锢。后护复以荐为广汉太守。元始中，王莽为安汉公，专政，莽长子宇与妻兄吕宽谋以血涂莽第门，欲惧莽令归政。发觉，莽大怒，杀宇，而吕宽亡。宽父素与护相知，宽至广汉过护，不以事实语也。到数日，名捕宽诏书至，护执宽。莽大喜，征护入为前辉光，封息乡侯，列子九卿。莽居摄，槐里大贼赵朋、霍鸿等群起，延入前辉光界，护坐免为庶人。其居位，爵禄赂遗所得亦缘手尽。既退居里巷，时五侯皆已死，年老失势，宾客益衰。至王莽篡位，以旧恩召见护，封为楼旧里附城。而成都侯商子邑为大司空，贵重，商故人皆敬事邑，唯护自安如旧节，邑亦父事之，不敢有阙。时请召宾客，邑居樽下，称"贱子上寿"。坐者百数，皆离席伏，护独东乡正坐，字谓邑曰：公子贵如何！初，护有故人吕公，无子，归护。护身与吕公、妻与吕妪同食。及护家居，妻子颇厌吕公。护闻之，流涕责其妻子曰：吕公以故旧穷老托身于我，义所当奉。遂养吕公终身。护卒，子嗣其爵。

[《汉书》卷九十二《游侠传第六十二》]

　　楼护，齐人。父为世医，护举方正，为谏大夫，使郡国。上书求上先人冢，过齐，会宗族故人，各以亲疏与束帛，一日散百金之费。使还，奏事称意，擢天水太守。有故人吕公，无子，护养之终身。

[嘉靖《青州府志》卷十五《忠义》]

　　楼护，齐人。父为世医，护举方正，为谏大夫，使郡国。上书求上先人冢，过齐，会宗族故人，各以亲疏与束帛，一日散百金之费。使还，奏事称意，推天水太守。有故人吕公，无子，护养之终身。

[康熙《青州府志》卷十八《卓行》]

　　楼护，字君卿。齐人。护少随父为医，后学经传，举方正，为谏大夫，使郡国。过齐，上书求上先人冢，会宗族故人，各以亲疏与束帛，一日散百金之费。使还，奏事称意，擢天水太守。元始中，王莽征为前辉光，后坐免为庶人。

[嘉靖《山东通志》卷三十二《人物五》]

　　楼护，字君卿。齐人。护少随父为医，后学经传，举方正，为谏大夫，使郡国。过齐，上书求上先人冢，会宗族故人，各以亲疏与束帛，一日散百金之费。使还，奏事称意，擢天水太守。

[康熙《山东通志》卷四十一《人物》]

　　楼护，字君卿。举方正，封息乡侯。

[光绪《增修登州府志》卷三十八《选举》]

　　楼护，《汉书》：字君卿。齐人。少随父为医长安，出入贵戚家。护诵医经、本草、方术数十万言，长者咸谓曰：以君卿之材，何不官学？由是学经传，为京兆吏，数年甚得名誉。护为人短小精辩，议论常依名节，听者皆竦。与谷永俱为五侯上客。母死，送葬者车二三千两，闾里曰：五侯治丧楼君卿。举方正，为谏大夫，擢天水太守，复为广汉太守。

[乾隆《西安府志》卷三十七《流寓》]

楼护，字君卿。齐人。父世医也，护少随父为医长安，出入贵戚家。护诵医经、本草、方术数十万言，长者咸爱重之，共谓曰：以君卿之材，何不宦学乎？由是辞其父，学经传，为京兆吏，数年甚得名誉。护为人短小精辩，议论常依名节，听之者皆竦。与谷永俱为五侯上客。母死，送葬者致车二三千两，闾里歌之曰：五侯治丧楼君卿。举方正，为谏大夫，擢天水太守，复为广汉太守《汉书》本传。

[雍正《陕西通志》卷六十四《流寓》]

[雍正《敕修陕西通志》卷六十四《流寓》]

楼护，《汉书·游侠传》：字君卿。齐人。王氏方盛，护与谷永俱为五侯上客，擢天水太守。免，复以荐为广汉太守。元始中，王莽为安汉公，专政，莽长子宇与妻兄吕宽谋以血涂莽第门，欲惧莽令归政。发觉，莽大怒，杀宇，而吕宽亡。宽父素与护相知，宽至广汉过护，不以事实语也。到数日，名捕宽诏书至，护执宽。莽大喜，征护入为前辉光，封息乡侯。吕公归护，护身与吕公、妻与吕妪同食。及护家居，妻子颇厌吕公。护闻之流涕，责其妻子曰：吕公以故旧穷老托身于我，义所当奉。遂养吕公终身。按：所谓吕公，即宽父也。

[嘉庆《四川通志》卷一百二十一《杂传》]

隋

◎ 许智藏 ◎

◎ 许道幼 ◎

许智藏，高阳人也。祖道幼，尝以母疾，遂览医方，因而究极，世号"名医"。诫其诸子曰：为人子者，尝膳视药，不知方术，岂谓孝乎？由是世相传授。仕梁，官至员外散骑侍郎。父景，武陵王咨议参军。智藏少以医术自达，仕陈为散骑侍郎。及陈灭，高祖以为员外散骑侍郎，使诣扬州。会秦孝王俊有疾，上驰召之。俊夜中梦其亡妃崔氏泣曰：本来相迎，比闻许智藏将至，其人若到，当必相苦，为之奈何？明夜，俊又梦崔氏曰：妾得计矣，当入灵府中以避之。及智藏至，为俊诊脉，曰：疾已入心，即当发痫，不可救也。果如言，俊数日而薨。上奇其妙，赉物百段。炀帝即位，智藏时致仕于家，帝每有所苦，辄令中使就询访，或以舆迎入殿，扶登御床。智藏为方奏之，用无不效。年八十，卒于家。

[《北史》卷九十《列传第七十八》]

许智藏，澄宗人。祖道幼，尝以母疾，遂博览医书，究极其理，时号"名医"。语诸子曰：为人子者，尝膳视药，不知方术，岂谓孝乎？由是世相传授。智藏事隋文帝为员外散骑侍郎，秦王俊有疾，召之。俊夜梦其亡妃崔氏泣曰：本来相迎，闻许智藏将至，当必相苦，为之奈何？明夜俊又梦崔氏曰：妾得计矣，当入灵府中避之。及智藏至，为俊诊脉，曰：疾已入心，当发痫，不可救也。俊果数日而薨。

[道光《新城县志》卷十二《艺术》]

许智藏，世相以医传，遂以医术自达。仕陈为散骑常侍。陈灭，隋文帝以为员外散骑侍郎，使诣扬州。会秦王俊有疾，上驰召之。俊夜梦其亡妃崔氏泣曰：本来相迎，闻许智藏将至，其人若到，当必相苦，为之奈何？明夜俊又梦崔氏曰：妾得计矣，当入灵府中以避之。及智藏至，为俊诊脉，曰：疾已入心，即当发痫，不可救也。果如言，俊数日而薨。炀帝即位，智藏时致仕，帝每有苦，辄令中使就宅询访，或以舆迎入殿，扶登御床。智藏为方奏之，用无不效。卒于家。

[雍正《高阳县志》卷六《杂志》]

许智藏，高阳人。少以医术知名。文帝以为散骑侍郎，使诣扬州。会秦王俊有疾，上召视之。俊夜梦其亡妃崔氏泣曰：本欲相迎，闻许智藏至，为之奈何？明夜复梦崔氏曰：妾得计矣，当入灵腑中以避之。及智藏至，诊其脉曰：疾已入心，不可救矣。俊数日果薨。上奇其术，赉物百段。宗人许澄，亦以医术显于时。仕梁为中军长史，入长安，与姚僧垣齐名，后拜上仪同三司，封贺川县伯。

[嘉靖《河南通志》卷三十六《方伎》]

许智藏，高阳人也。祖道幼，尝以母疾，遂览医方，因而究极，时号"名医"。诫诸子曰：为人子者，尝膳视药，不知方术，岂谓孝乎？由是世相传授。仕梁，位员外散骑侍郎。父景，武陵王咨议参军。智藏少以医术自达，仕陈为散骑常侍。陈灭，隋文帝以为员外散骑侍郎，使诣扬州。会秦王俊有疾，上驰召之。俊夜梦其亡妃崔氏泣曰：本来相迎，闻许智藏将至，其人若到，当必相苦，为之奈何？明夜俊又梦崔氏曰：妾得计矣，当入灵府中以避之。及智藏至，为俊诊脉，曰：疾已入心，即当发痫，不可救也。果如言，俊数日而薨。上奇其妙，赉物百段。炀帝即位，智藏时致仕，帝每有苦，辄令中使就宅询访，或以舆迎入殿，扶登御床。智藏为方奏之，用无不效。卒于家，年八十岁。

[康熙《畿辅通志》卷三十三《艺学》]

许智藏，临淄高阳人。生于官宦之家，家传世医。其祖父遍览医药方技，疗效颇验，以成当世名医。智藏自幼受家学影响，酷爱医学，对医学经典著作，苦心追求，锲而不舍，力争领悟通达，医学造诣根底颇深。仕陈，官至散骑侍郎。及陈灭，往扬州任职。会秦孝王有疾，上驰召之。及智藏至，为其诊脉曰：疾已入心，即当发痈，不可救也。后果如所言。隋炀帝即位，智藏回归故里，为民治病，活人者众。宋濂在《赠医师葛某序》中，将许智藏与华佗并列，认为许智藏是一代名医，其治病如神。

[《淄博市卫生志》第十九篇《人物传略》]
[《临淄区卫生志》附录《医林人物》]
[《山东中医药志》第六篇《传记》]
[《临淄文史资料》第六辑]

效霞按：许智藏，在山东旧方志中，只见于道光《新城县志》，而在至大《金陵新志》、嘉靖《河南通志》、万历《开封府志》、万历《保定府志》、康熙《畿辅通志》、雍正《高阳县志》中皆有传记。《北史》本传云其"高阳"人，高阳应是县名，临淄有高阳镇，故许智藏不应是临淄人，但《淄博市卫生志》《临淄区卫生志》等有收录，故列之。

宋

◎ 麻希梦 ◎

麻希梦，前青州录事参军。年九十余，居临淄，太宗以高年诏至阙，询及人间利害，敷对详明；访以养生之理，对曰：臣无他术，惟寡情欲，节声色，薄滋味。诏以尚书工部郎中。致仕，赐金紫。子景孙，兴国中登进士甲科。孙温其、温舒，祥符中，相继第三人及第，衣冠以为盛事，天下称麻氏教子有法。孙仲英，幼有俊才，七岁能诗，以亲亡，禄不及养，不复肯仕，退居临淄七里别墅，博学高行，乡党化服，虽凶年，盗不入其家。富韩公、文潞公、庞庄公相继镇青，皆致书币，荐其行义，诏以为国子四门助教、州学教授，东方学者咸师之，亦年九十余卒。

[至元《齐乘》卷六《人物》]

麻希梦，前青州录事参军。年九十余，居临淄，太宗以高年诏至阙，询及人间利害，敷对详明；访以养生之理，对曰：臣无他术，惟寡情欲，节声色，薄滋味。诏以尚书工部郎中。致仕，赐金紫。子景孙，兴国中登进士；孙温其、温舒，祥符中，相继第三人及第，衣冠以为盛事，天下称麻氏教子有法。

[嘉靖《青州府志》卷十五《隐逸》]

麻希梦，青州临淄人。青州录事参军。端拱初，诏访天下高年，希梦年九十余，召至阙下，延见便殿，赐座，语极从容，问民间利害尤详，多蒙听纳。它日，访以养生之理，对曰：臣无他术，惟少寡情欲，节声色，薄滋味，故得至此。诏以为尚书工部郎中。致仕，赐金紫。希梦好学，善训子孙。子景孙，兴国中登进士甲科；孙仲英，别有"传"；温其、温舒，祥符中，相继登进士第，为天下第三人，衣冠以为盛事，天下称麻氏教子有法以《渑水燕谈录》修。

[咸丰《青州府志》卷四十一《人物传四》]

端拱初，太宗诏访天下高年，前青州录事参军麻希梦，年九十余，居临淄，召至阙下，延见便殿，赐座，语极从容，询及人间利害，对之尤详，多蒙听纳。它日，访以养生之理，对曰：臣无他术，惟少寡情欲，节声色，薄滋味，故得至此。诏以为尚书工部郎中。致仕，赐金紫。工部好学，善训子孙。子景孙，兴国中登进士甲科；孙温其、温舒，祥符中，相继登进士第，为天下第三人，衣冠以为盛事，而天下称麻氏教子有法。

[宣统《山东通志》卷一百九十九《异闻琐事》]

明

◎ 于九皋 ◎

于九皋，贡生。授宝鸡县丞，服官清廉。后归里，施棺施药，里人歌颂。捐宅扩学宫，今明伦堂即其基也。

[民国《临淄县志》卷二十三《宦绩》]

于九皋，临淄人。例贡。授宝鸡县丞。旧志云：服官清廉有声，后归里，捐宅扩学宫，今明伦堂其基也。

[咸丰《青州府志》卷四十五《人物传八》]

◎ 路九篇 ◎

路九篇，敦品励行，居乡以厚德见称。新城布政使王象晋为表其墓。

王象晋《路处士墓碑》：公讳九篇，字集之，号静安。世为青州临淄南田尹社人，尚义公讳敬四世孙也。尚义公家殷富，好施予，值岁大祲，出粟千石赈饿者，朝廷敕旌其闾。自是，后裔多习于长厚。公生而乐易温良，与物无竞。处宗族以睦，待乡党以和。潜德隐耕，好施乐善。比王烈居乡，似庞公之避俗。盛世高□，公殆庶几焉。以耆德推重乡里，后赐冠带。邑大夫廉其贤，请入乡饮。配李氏，先公早卒。继配王孺人，处士公王构女也。婉昵淑慎，执妇道惟谨，孝敬奉先，勤俭自励。虽耄耋之年，而昧爽即兴，夜分始卧，躬操作为家人倡。奉瞿教法，持齐素。即弥留之顷，不少变。总之，孺人于公，咸有一德云。公生于正德元年（1506）九月二十六日，卒于万历二年（1574）十二月十一日，享年六十八岁。王孺人，生于嘉靖四十三年（1564）九月十五日，卒于万历三十二年（1604）十二月十二日，享年八十一岁。子一人，女四人，皆王孺人出。予母诰封淑人，行第三。孺人新阡及墓道石案，皆余母淑人所置。新阡在祖居乌河之阳，为甲庚向。东至道，南至路，西至河，北至路，三顾计地，官亩九亩。王甥曰：路于淄、青称望族，逮于外祖、外祖母，中落矣。乃乐施一念，不减尚义。时时手制药饵，施病人，所全活甚众。赒人之急，解人之纷，险阻艰难弗避也。有求于外祖及外祖母者，即辍釜中粟，济之无惜。予近会朱兰隅太史公，极称予外祖为善人。谓其尊公令临淄时，泰安人病背疽几殆，外祖授一方，一服辄愈。即名医逊公焉。迄今追思，感之不置。一再传而予之表弟万年，遂列青衿。是振振济济，尚未可量。语曰：天道无亲，常与善人。于予外祖、外祖母益信云。

[民国《临淄县志》卷二十六《学行》]

◎ 徐嘉嗣 ◎

徐嘉嗣，善医，全活甚众。

[民国《临淄县志》卷三十《艺术》]

按《青州府志》：徐嘉嗣，临淄人。善医术，活人甚多。

[《古今图书集成医部全录》卷五百十一《医术名流列传》]

徐嘉嗣，明代临淄人。善医，活人甚众。

[《山东中医药志》第六篇《人物表》]

万历至崇祯

徐嘉嗣

[康熙《青州府志》卷十三《选举》]

贡　生

徐嘉嗣

[民国《临淄县志》卷十九《贡生》]

清

◎ 王克仁 ◎

王克仁，字善长，号愚庵。孙娄店人。博学善《易》，性慈爱，喜医术。家素封，振贫济乏，无所吝惜。病者求药，虽夜分必给。设医院，内有房舍数十楹，为远来就诊者养病之所。所内设夫役，供使令，时称"善人"。晚年，子孙昌盛。以孙贵，赠朝议大夫。

[民国《临淄县志》卷二十七《学行》]

◎ 王　碤 ◎

王碤，字修武。王家桥庄人。武庠生。善诗工书，精医。久在叔父友询幕中，露布章疏，半出其手。著有《蓼村诗集》《伤寒论注》。

[民国《临淄县志》卷二十七《学行》]

王碤，字修武。清代临淄王家桥人。生于康熙四十五年（1706），卒于乾隆四十一年（1776）。武庠生。善诗工书，精医。著有《蓼村诗集》《伤寒论注》。

[《山东中医药志》第六篇《人物表》]

◎ 郑书帙 ◎

郑书帙，字文绱。附生。敦厚朴诚，善卜筮，精医术。

[民国《临淄县志》卷二十七《学行》]

◎ 于 棠 ◎

于棠，字荫南，号时源居士。韩家庄人。工医，喜施予。又好奖掖后进。村有关帝庙，康熙时进士王瀛，于此立文社，久废矣。棠复捐资备几案，延师衡文，人才蔚起。著有《时源集方》行于世。

[民国《临淄县志》卷二十七《学行》]

于棠，（康熙）辛卯（1711）。济宁州学正。

[民国《临淄县志》卷十九《举人》]

◎ 徐 琎 ◎

徐琎，道光辛卯（1831）顺天举人。善属文，医术湛深，一时称为"国手"。

[民国《临淄县志》卷二十七《学行》]

徐琎，临淄人。顺天榜。

[咸丰《青州府志》卷十八下《选举表四下·举人》]

徐琎，临淄人。（道光）五年乙酉（1825）。见《举人》。

[咸丰《青州府志》卷十八下《选举表五·拔贡》]

◎ 郑民效 ◎

郑民效，字德庵。性孝友。幼嗜读，耻习帖括。咸丰间，以办团练功，议叙州吏目。慕太仓公之为人，习医术，施济三十年，活人无算。而于贫寒之家，尤加体恤。

[民国《临淄县志》卷二十七《学行》]

◎ 赵为献 ◎

赵为献，字鹤亭。增生。志气高雅，淡于名利，常以诗酒自娱。晚年，又邃于医，济世活人，一乡称"善士"焉。年八十九岁而终。

[民国《临淄县志》卷二十七《学行》]

◎ 史承德 ◎

史承德，字袭九。寇家庄人。幼孤，有至性，颖性嗜读。稍长，以贫故，欲弃儒业农。母张氏责以坠家声，罪大不孝。因益刻苦。弱冠食饩，文名噪甚，人多延诲其子弟，先后成茂才者数十人，有登贤书，捷南宫者。性严厉，居停无敢稍失礼。授徒四十年，家以小康。母少寡，晚婴目疾。承德每归省，必与所得脩金置床头，引母手，使抚摩之，色喜乃已。光绪乙亥（1875）恩科成贡生。晚习方书，邃于妇科。为人短小精悍，善谈论，一时诸名士皆自以为不及。卒年六十有五。

[民国《临淄县志》卷二十七《学行》]

恩贡。
史承德，（光绪）丁亥（1887）。

[民国《临淄县志》卷十九《恩贡》]

效霞按：同一本《县志》，史承德获取"恩贡"的时间，记载不一致。因无其他资料，故仍其旧。

◎ 王绎曾 ◎

王绎曾，字子敷，号筱眉。附贡生。少孤，性至孝。奉事慈闱，能得欢心。侍母病，三年无稍懈。母殁，适值捻匪之乱，丧葬未尽如礼，憾之终身。先是孙娄村堡未建，比年匪至，飘忽靡常。绎曾思所以捍御之者，与兄绪曾、怀曾，分督村众，昕夕修筑。首捐千缗以助工役，版筑甫撤而寇已逼，又督众坚守，是以得免于辛酉（1861）八月之难。时局稍定，下帷攻苦。潜心经史，旁及诸子百家之书，浏览靡遗。为文能深造，不蹈恒蹊。□京省闱，屡荐不售，遂绝意进取，精研医理，以方药济人。复以著述自娱，学终不辍。从弟复曾，无力求学，教之且饮助之，卒为诸生。训子之惠等，克传家学。教授乡塾，兼主讲时阳文社，从游日众，各因其才，施以教育，知名士多出其门。性素好客，每于月夕风晨，与良友作诗酒之会。又喜作山水游，尝携笠屐，登岱岳及防尼诸名胜。所至浏览云物，俯仰古今，辄作为歌诗，留题石壁间。阅者知其胸怀坦荡，超然世俗外也。生平尤热心公益，邑创建闻韶书院，暨改建考院，皆与有力。岁甲午（1894），东方不靖，奉札委办团练出力。李抚宪秉衡，给予"好义可风"匾额旌其门，叙功加五品衔。及殁，门人金为勒石以志铭感。著有《师古斋文集》一卷、《茗余诗话》一卷。子：之惠，举人；

之覃，军功七品衔。

[民国《临淄县志》卷二十七《学行》]

◎ 路嘉鱼 ◎

路嘉鱼，廪贡生。敦品励行，博通典籍，兼精医。

[民国《临淄县志》卷二十七《学行》]

◎ 边继善 ◎

边继善，西关人。承家传，精于医学。喜济人之急，凡求诊者，无问识与不识，虽深夜雨雪必往，活人无算。当咸丰匪乱时，抚军丁葆桢驻节西关，徇军士意令开城寻食物，其时贼梳兵篦，人心惶恐，妇女有谋自尽者。邑令恇怯，将遵令纵兵入，赖继善力阻而止，人尤德之。

[民国《临淄县志》卷二十八《侠义》]

◎ 顾曰琢 ◎

顾曰琢，字玉成。从提督徐华清于福建受牛痘法于西医，回籍后，广行其术，小儿始免夭札。著有《引痘略》，行于世。

[民国《临淄县志》卷三十《艺术》]

顾曰琢，字玉成。清代临淄人。从福建受牛痘法于西医，回乡广行其术，小儿始免痘害。著有《引痘略》，行于世。

[《山东中医药志》第六篇《人物表》]

◎ 管应宗 ◎

管应宗，埋付庄人。以善医闻。

[民国《临淄县志》卷三十《艺术》]

◎ 崔昌龄 ◎

◎ 崔质庵 ◎

◎ 胡教业 ◎

◎ 崔延龄 ◎

崔昌龄，西古城庄人。精于痘科，著有《保赤摘录》，行于世。

[民国《临淄县志》卷三十《艺术》]

崔昌龄，字锡武。临淄西古城人。先人累世善文学，且精医道。自幼多病，十八岁起，随族叔崔质庵学医，精研了张仲景的《伤寒杂病论》，博阅了历代医家著作。二十岁时，爱女死于痘疹。从此，励志研究痘疹一科。博览张琰的《种痘新法》、冯兆张的《冯氏锦囊秘录》及《医宗金鉴》《痘疹百问》《保赤全书》等医籍，日久应诊多验。中年以后，盛名远播，求诊者车乘纷繁，年治愈婴儿达百多人。南迄徐州、泰安，东至滨海，越境延诊者来往不绝。收弟子胡教业、崔延龄等人于门下。

行医五十余年，见人之疾，死于病者有之，然死于医者亦有之。及年近八旬，乃集毕生学验之精华，撰《保赤摘录》六卷。自云：使赤子纵折于痘，而不折于治痘者手，所深望也。第一至第四卷专论痘疹的气运、病因、病机、诊断、治疗等内容，载方一百二十首，第五至第六卷专论本草，其中对九十三种药物的性味、功效做了论述，特别强调应用，内附治疗小儿杂病方九十五个。重点强调了外因的作用，从病因的角度上认识痘疹病的形成和发展。在学术见解上，承袭了金朝名医刘完素《素问玄机原病式》中以运气变化来统论诸病的理论。取诸家之长，结合临床实践，奏以有效验方，是一部理法方药较为完整的痘疹科专著。于清道光十二年（1832），由"四宝堂"刊行于世。

[《淄博市卫生志》第十九篇《人物传略》]

[《山东中医药志》第六篇《传记》]

[《临淄区卫生志》附录《医林人物》]

◎ 王媚川 ◎

王媚川，精于痘疹，著有《痘疹精言》，行于世。

[民国《临淄县志》卷三十《艺术》]

王媚川，清代临淄人。精痘疹科，著有《痘疹精言》。

[《山东中医药志》第六篇《人物表》]

◎ 崔宝和 ◎

崔宝和，字用斋。西古城人。武生。精医术，尤工正骨科。手足折伤，敷以膏，月余复故。家素富，岁出三百金，为购药费。愈不受谢，远近争辏其门。尝有军士御重车，经淄河驿，车覆股折，颠于沟中。大军委之去。宝和舁归，为之治疗。既愈，服役半载，叩谢再生恩而去。子孙犹传其业。

[民国《临淄县志》卷三十《艺术》]

崔宝和，字用斋。清代临淄西古城人。武庠生。精医术，尤工骨科。家素富，岁出三百金，置药施人，愈不受谢，远近争辏其门。

[《山东中医药志》第六篇《人物表》]

◎ 邢万林 ◎

邢万林，字茂泉。大交流庄人。精于外科，尝为王某治伏骨疽，有奇验。著有《小儿疯症录》《针灸辑要》，行于世。

[民国《临淄县志》卷三十《艺术》]

邢万林，字茂泉。清代临淄交流庄人。精外科。著有《小儿疯症录》《针灸辑要》，行于世。

[《山东中医药志》第六篇《人物表》]

◎ 张 孟 ◎

张孟，善医。知县董益旌其门曰"春融绛雪"。

[民国《临淄县志》卷三十《艺术》]

张孟，清代临淄人。善医。知县董益旌其门曰"春融绛雪"。

[《山东中医药志》第六篇《人物表》]

◎ 刘毓松 ◎

刘毓松，工外科，著有《外科经验图方》。

[民国《临淄县志》卷三十《艺术》]

刘毓松，清代临淄人。工外科术，著有《外科经验用方》。

[《山东中医药志》第六篇《人物表》]

◎ 李士俊 ◎

李士俊，上庄人。工外科。

[民国《临淄县志》卷三十《艺术》]

李士俊，清代临淄上庄人。工外科。

[《山东中医药志》第六篇《人物表》]

◎ 翟公硕 ◎

翟公硕，字逊甫。赵王庄人。善治瘟疫。

[民国《临淄县志》卷三十《艺术》]

翟公硕，字逊甫。清代临淄赵王庄人。善治瘟疫。

[《山东中医药志》第六篇《人物表》]

◎ 徐克明 ◎

◎ 徐 悌 ◎

徐克明及子悌，精于内科。

[民国《临淄县志》卷三十《艺术》]

徐悌，清末民初临淄户王村人。承家技业医，术精内科。

[《山东中医药志》第六篇《人物表》]

◎ 王海晏 ◎

王海晏，西南羊庄人。精于喉科。

[民国《临淄县志》卷三十《艺术》]

王海晏，清代临淄西南羊庄人。精于喉科。

[《山东中医药志》第六篇《人物表》]

◎ 崔象毂 ◎

《中西解毒问答》一卷、《西药便览》一卷、《西药制造举隅》一卷、《新本草经》一卷，崔象毂撰。

[民国《临淄县志》卷三十四《艺文志》]

崔象毅，庚子（1900）辛丑（1901）并科。以上光绪。

[民国《临淄县志》卷十九《登进志·副贡》]

民国

◎ 郑 銈 ◎

郑銈，字晋阶。郑家新庄人。幼慧嗜读，诗思隽拔，楷法秀润。弱冠食饩，乡先达皆以"奇才"目之。父患脚疾，銈朝夕不离侧。以侍疾不可不知医，举业而外，兼读方书，是为究心医学之始。服阕以，同治庚午（1870）举于乡。母老家贫，急待禄养，遂就教职，授历城教谕。迎母至署，颐养备至。课士余暇，以诗文与济南名士相唱和。医术日工，当路争迎致焉。丁内艰，去职起复后，七上公车。中丙戌（1886）进士副榜，再选海阳教谕。绅耆诸生，闻风倾慕，求字延医者，接踵于门。暇则寄怀山水，以诗自娱。裒所作，为《洗心阁集》二卷。时方废科举，兴学校，銈任海阳县立高等小学监督，学界凤重其名行，故校风严肃，无浮嚣气习。又命诸子孙肄业于巡警、法政、实业各校，淄邑风气为之大开，升武定府学教授。民国改元，解组归里。生平廉介自持，不计脩脯。故其归田也，宦囊空虚，无以自给。晚岁侨居青郡，治疗千计，多所全济。年七十七岁而殁。

[民国《临淄县志》卷二十四《宦绩》]

郑銈（1843—1919），字晋阶。临淄区北羊乡郑家辛村人。清同治九年（1870）举人。清光绪十二年（1886）中进士副榜，历任历城、海阳县教谕、武定府学教授。晚年寓居益都，以医济世，在一方颇有影响，求医者不绝于途。一生清贫，以行医糊口，医德高尚，为群众所爱戴。

精于医学外，工诗擅书。书与广饶宋伯庄（名其端）齐名，时有"临淄郑，广饶宋"之说。诗作有《洗心阁诗集》二卷，歌行体咏史长诗《荣城记事歌》一首。

[《临淄区志》卷三十三《人物简介》]

[《临淄区卫生志》附录《医林人物》]

◎ 徐 澂 ◎

《本草》一卷、《脉诀》一卷，以上皆徐澂撰。

[民国《临淄县志》卷三十四《艺文志》]

徐澂，字临清。增生。博学，工制艺。著有《易象传解》《学文楷杖》《四书理解》。

[民国《临淄县志》卷二十七《学行》]

◎ 崔忠恕 ◎

《崔氏医案》四卷、《莲塘诗集一卷》，崔忠恕撰。

[民国《临淄县志》卷三十四《艺文志》]

监狱在县署西南，有杂居室十一间，独居室、看守室、值宿室各一间，四周有内外围墙，外墙高丈余，系青砖砌成，监房四围安有石窗以透光线，通空气。又有女监一所，在内围墙外。囚粮，每人每日津钱一百八十文。县知事舒孝先聘倪景纲为教诲师，每星期集合囚犯教诲一次。暇自营织带业。并聘崔忠恕为中医士，韩俊士为西医士。遇有死亡，无家属具领者，发棺殓费七千文。

[民国《临淄县志》卷九《监狱》]

◎ 郑洪顺 ◎

◎ 郑贻璋 ◎

郑洪顺（1853—1930），原籍临淄区北羊乡郑家辛村人，光绪九年（1883）迁居召口乡召口村。其父郑贻璋承先祖"宁为良医，不作良相"的家教，便开始习医济世。至郑洪顺继续行医各地，并在召口村开设"橘源堂"药铺。精研《易经》，深通气功。认为中医理论源出于《易经》，把阴阳五行相生相克的辩证理论，用于临床实践，许多疑难杂症，经其治疗能转危为安，名播四方，故成一时良医。一生著述有《杂病论》《眼科阐微》《妇科撮要》《民间验方》等。

[《临淄区志》卷三十三《人物简介》]
[《淄博市卫生志》第十九篇《人物简介》]
[《临淄区卫生志》附录《医林人物》]

◎ 王基发 ◎

王基发（1857—1927），自幼酷爱医学，对伤寒造诣颇深，尤以内科见长。1895年，开设"荣春堂"药店。抱疾求医者众多，每遇疑难危症，多能妙手回春。临淄县长舒孝先之夫人久病，多方就医无效，邀基发诊治，投药数剂而愈。县长赠送匾额曰"功同良相"。

[《临淄区卫生志》附录《医林人物》]

◎ 王文同 ◎

王文同（1873—1935），清末廪生。自幼聪慧，八岁入塾读书，十八岁中秀才。后屡试不第，遂发奋学医。医道精湛，有起死回生之术，登门求医者，接踵而至，医名誉满临淄。

[《临淄文史资料》第六辑]

◎ 王树芬 ◎

王树芬（1876—1934），基发子。幼承庭训，及长承父业，行医于"荣春堂"。民国九年（1920），在冯玉祥部第十三混成旅做随军医官。民国十五年（1926），驻军曲阜。其旅长拜谒孔府，正值孔夫人久病卧床，本府医官屡治罔效，即邀树芬诊视。辨证精明，紧扣病机，投药数剂，病有转机，渐向痊愈。之后，孔府指令将其留录府第，充当医官至卒。

[《临淄区卫生志》附录《医林人物》]

◎ 史玺书 ◎

史玺书（1877—1943），字玉符。临淄区敬仲镇大寇村人。精小儿科，家设药肆，就医者接踵其门。民国中叶，青岛考试医生，分上、中、下三等录取，玺书上取第二名，领取证书。亲友馈赠匾额，曰"潜德幽光"。著有《史氏医学八种》，分"脉诀""内科""小儿科""女科""痘科""疹科""痧科""生理"八种，以歌赋形式写就。医理简明，立方精良，读之朗朗上口，易于记忆。现仅存"内科""痧科"两册。

[《淄博市卫生志》第十九篇《人物传略》]
[《临淄区卫生志》附录《医林人物》]

◎ 寇衍庆 ◎

寇衍庆（1896—1944），字子云。临淄区敬仲镇寇家庄人。务农兼习中医外科，又工于隶书，为乡里所推重。1937年秋，日军大举入侵。寇衍庆手书"国家兴亡，匹夫有责"的横幅悬于中堂。三个儿子在他的教诲下，先后参加了八路军山东人民抗日游击三支队十团，当时被誉称为"寇氏三杰"。1938年4月，衍庆也以年近半百年龄，投身临淄三大队，从事救死扶伤的医务工作。1941年冬，传来次子牺牲噩耗后，他没有说别的，眼里滚动着泪花，俯身桌上，连连写着"死得其所"，然后走向病房。1944年4月，在渤海军区直属团医院任职时，不幸被敌掳获，殉难于张店日军监狱。

[《临淄区志》第三十三卷《人物传略》]

◎ 李光祥 ◎

李光祥（1903—1939），字庆华。淄川县八区（现淄川区黄家铺乡）贾村人。少时家境贫寒，读完小学后为谋生计，自学成医。"七七"事变后，日军侵入淄川，1938年初连续制造了河东、杨寨、龙口三大惨案。他耳闻目睹惨景，立誓不做亡国奴，利用行医看病之机，积极向乡亲们宣传抗日救国道理，秘密组织抗日力量。不久，与挚友孙吉一起邀集爱国青年聚会于赵家庄，组成抗日游击队，后整编为山东抗日救国军第五军第十四中队。3月15日，十四中队奉命与其他部队配合攻打淄川城。他率领"敢死队"竖云梯，爬城墙，占领伪县府大院，首次解放淄城。国民党土顽司令翟超派人策动一部分不坚定分子脱离十四中队，闻讯带领二十多人的特务队追至官三元村，打退了土顽二百余人的三次进攻，追回了受蒙蔽的战士。国民党游击司令秦启荣委任他为第十七梯队副司令，被他严词拒绝。夏天，上级根据斗争需要将二十五中队合编到十四中队，李国林任队长，李光祥任副队长，杜心斋任参谋。土顽司令翟超策动李国林、杜心斋叛变，将李光祥扣押。他寻机脱身，火速到部队宿营地，指挥战士转移，保住了十四中队这支抗日武装力量。

是年秋，党组织派他到鲁南抗日军政干校学习期间加入中国共产党，结业后回淄川任锄奸团团长，并负责组建抗日自卫队。1939年12月20日，他到县委汇报工作，返回途中于周村和敌军遭遇，在弹尽之后，徒手与敌拼搏，英勇牺牲。

[《淄博市志·人物传》]

◎ 郝梦斗 ◎

郝梦斗，字向辰。太学生。性慷慨，能任大事。清咸同间，发匪肆扰，梦斗亲率乡人，修寨练团，铸铁炮数十尊，多方捍御，村人赖以安全。晚年，通医学，尤精小儿痘科。病者到即诊治，不问贫富。有馈谢者，峻拒之。

[民国《桓台县志》卷三《懿行》]

郝梦斗，字向辰。清代新城县人。太学生。晚年修医术，尤精小儿痘疹。

[《山东中医药志》第六篇《人物表》]

◎ 周振祥 ◎

周振祥，性狷介，取予不苟。尝拾遗金于路，后闻失者，与数相符，即慨然予之。乡人高其义，为请于县王令，题赠匾额曰"拾金不昧"。晚年，尤精针灸之术，病者应手辄效，不取分文。年八十余岁卒。

[民国《桓台县志》卷三《懿行》]

周振祥，清代新城县人。晚岁，精针灸术，应手辄效，不取分文。

[《山东中医药志》第六篇《人物表》]

◎ 成履中 ◎

成履中，字坦园。性刚介慈祥。精骨术，有损伤筋骨者，求无不应。人感恩酬谢，辄拒不受。又喜施与，舆颂益洽。晚以子维靖贵，益广其济物之心。与其妻朱氏，皆以善行称。享寿七十二岁。

[民国《桓台县志》卷三《善行》]

成履中，字坦园。清代新城县人。精整骨术，有损筋伤骨者，求无不应。人感恩酬谢，辄拒不受。

[《山东中医药志》第六篇《人物表》]

◎ 成元溥 ◎

成元溥，字麟泉。家素传正骨学，活济甚多，元溥术尤精。远近受创来医者，悉为捺按接调，无烦心，贫乏者且给以饮食居处，愈而后归。有馈谢者，峻不受。

[民国《桓台县志》卷三《方伎》]

成元溥，字麟泉。清代新城县人。家传整骨术，活人甚多，元溥术尤精。诊贫乞者，不收费，且留食宿。

[《山东中医药志》第六篇《人物表》]

◎ 胡英云 ◎

胡英云，字采同。因场屋不利，淡于进取，弃儒就医，于眼科尤精。求无不应，舍药给食，无德色。

[民国《桓台县志》卷三《方伎》]

胡英云，字采同。清代新城县人。弃儒业医，尤精眼科。求无不应，贫者舍药给食。

[《山东中医药志》第六篇《人物表》]

◎ 牛清和 ◎

牛清和，字霁园。太学生。为人爽直无私。光绪十四年（1888），修筑村后大堤，以御锦秋湖潦水，乡里赖之。又精医学，专门妇女、小儿、咽喉诸科。著有《医学喉科述余》，藏于家。

[民国《桓台县志》卷三《方伎》]

牛清和，字霁园。清代新城县人。太学生。精医学，工妇、儿及咽喉科。著有《医学喉科述余》，未刊。

[《山东中医药志》第六篇《人物表》]
[《中医人物词典》]
[《中医人名大辞典》]
[《中国历代医家传录》]

◎ 张渡浩 ◎

张渡浩，字瀚洲。邑廪生。忼爽多才，意事能中，邑中烦巨事，往往赖之。村东有桥已倾圮，行旅苦之渡。浩倡众捐输，鸠工庀材，跨溡水为石桥。又精岐黄术，施医施药，所全活者众。

[民国《桓台县志》卷三《方伎》]

张渡浩，字瀚洲。清代新城县人。邑廪生。精岐黄术，施医舍药，活人甚众。

[《山东中医药志》第六篇《人物表》]

◎ 王毓璋 ◎

王毓璋，字湘琬。廪贡生。善岐黄业，熟于叔和脉理。著有《症治便览》十二卷行世。

[民国《桓台县志》卷三《方伎》]

王毓璋，字湘琬。清代新城县人。廪贡生。工医，著有《证治便览》十二卷行世。

[《山东中医药志》第六篇《人物表》]

[《中医人物词典》]

[《中医人名大辞典》]

王毓璋，（光绪）戊子（1888）。

[民国《重修新城县志》卷十二《岁贡》]

◎ 张中芬 ◎

张中芬，字兰陔。增贡生。天资英迈，学问博洽。诗文外，书牍楹联尤工。晚岁，精医学，活人无算。伤寒症尤擅长，有"仲景再世"之称。著有《伤寒论质疑》二卷、《脉诀或问》一卷。

[民国《桓台县志》卷三《方伎》]

张中芬，字兰陔。清代新城县人。增贡生。晚岁，精医术，活人无算。著有《伤寒论质疑》两卷、《脉学或问》一卷，未刊。

[《山东中医药志》第六篇《人物表》]

[《淄博市科学技术志·人物传略》]

[《齐庋》]

◎ 赵得春 ◎

赵得春，字鹤亭。性慷爽，学精粹。笃于孝友，因诸弟贫困，以田园之半让之，无德色。精医术，施丹药，全活者众。馈赠，概不领受。其廉介，尤为人所难能。著《傅青主女科韵语》，传于世。诗工近体，七绝百余首，尤脍炙人口。

[民国《桓台县志》卷三《方伎》]

赵得春，字鹤亭。清代新城县人。工诗，精医，施丹药，全活者众。馈赠，概不领受。著有《傅青主女科韵语》传世。有近体诗百余首。

[《山东中医药志》第六篇《人物表》]

[《齐庋》]

◎ 王树愿 ◎

◎ 王毓璟 ◎

王树愿，字子厚。精针灸术，病者应手辄效。晚年，术尤精妙，人谓其得异人传授。著有《针灸揭要》，藏于家。其子毓璟，颇能传其术。

[民国《桓台县志》卷三《方伎》]

王树愿，字子厚。清代新城县人。精针灸术，针到辄效。著有《针灸揭要》，未刊。子毓璟，传其术。

[《山东中医药志》第六篇《人物表》]

[《孝妇河畔明清名人传·方技》]

[《齐庋》]

[《中医人名大辞典》]

[《中国历代医家传录》]

王树愿，候选千总。

[民国《桓台县志·新城县志补遗》]

◎ 田殿举 ◎

田殿举（1820—1866），桓台县起凤镇夏庄人。世代为农，青年时干活不慎摔断右腿，延请临淄县槐树务一医生治疗，数月未见成效。后经亲友介绍，请来河北省一骨科老医，给予手法整复，外贴膏药，带束板护后，又内服汤药，不久即痊愈康复。遂拜老医生为义父，并恳留家中，执礼如仪，极尽孝养。老医感其诚，乃将家传之正骨术和接骨膏之秘方,传于殿举。并告之曰:此方善治骨折,如将鸡、犬腿骨折断,贴膏固定,不过十余日,即可痊复,奔跃如故。经屡试果然。从事骨科一生,为赚钱糊口,整骨技术秘不外传,声名不显,影响不大。

[《淄博文史资料选辑》第二辑]

[《桓台县史志资料》第一辑]

◎ 荆协堂 ◎

荆协堂,荆家庄人。清代名医。医德高尚,贫者不索酬。

[《淄博市卫生志》第十九篇《人物简介》]

民国

◎ 张凤仙 ◎

张凤仙(1840—1920),龙东村人。一生业医,术精德高,精《内经》,长内科、针灸,尤精治疗偏瘫。

[《淄博市卫生志》第十九篇《人物简介》]

◎ 田淑玠 ◎

田淑玠(1852—1935),田殿举之子。虽目不识丁,但聪敏好学,悟性极高,因而尽得父传,理法皆通。常独自静坐,用手探测和细心揣摩自身骨骼及关节的结构,一一默记。有疑难处,就外出拜师访友,虚心求教,因而技术日进。还常到坟地观察迁葬骸骨,悉心观察人体骨骼的形状特点、相对部位,并反复揣摩,十数年如一日,正骨技术与日俱增。不论是脊柱骨、上下肢、胁肋骨,不论是骨折、脱臼,经其整治,大多痊愈。即便是开放性或粉碎性骨折,也多能治好。因而声誉大振,名传数县,人称"大先生""活神仙"。

[《淄博文史资料选辑》第二辑]

[《桓台县史志资料》第一辑]

◎ 周敬夔 ◎

周敬夔（1870—1943），字佐禹。桓台县新城镇昝家庄人。自幼聪明好学，读书颖悟。稍长，博览群书，尤喜医籍。二十岁中举人，被选为苏州候补知州。赴任不久，辛亥革命爆发，遂返故里，致力医学。文理功深，深得《内经》《难经》之奥旨，又博览历代各家学说，并能领会贯通，故能取众家之长，弃偏见之短。诊病审慎辨析，组方严谨，用药精当，疗效颇著，声名日噪。淄川、博山、周村一带病家常来延请，求医者终日盈门。对于奇病异疾，往往手到病除。擅长内科，尤精于妇科。性情慷慨，刚正不阿，不慕财利，不畏权贵，治病不分贫富，一视同仁。其高尚医德，为医界推崇，为贫病者敬仰。晚年著有《妇科权衡》一书，颇受诸士推崇。

[《桓台县志》第二十一卷《人物传》]

[《惠民地区中医药志·医林人物表》]

[《淄博市卫生志》第十九篇《人物简介》]

[《桓台文史资料》第二辑]

[《山东中医药志》第六篇《人物表》]

新 城

元

◎ 郭上善 ◎

郭上善,济阳人。医学提举。

[民国《重修新城县志》卷十《元职官》]

[道光《济南府志》卷二十四《秩官》]

明

◎ 王之垣 ◎

《摄生编》,王之垣撰。之垣见史部诏令奏议类。是编见《分甘余话》。《县志》载郭正域"序",略云:所著《摄生集》,尽除隐言罕譬,悉破外道旁门,直指深渊,妙探象罔,语约而显,道奥而显,大有功于丹经。

[宣统《山东通志》卷一百四十《艺文志第十·子部·道家》]

王之垣,字尔式,号见峰。太仆少卿重光次子。始太仆未第,家食贫。公儿时常卧□絮,食粗粝。少□者,之垣无少狗。人谓其执法颛固,然未尝为刻深。景王故宫火,或诬府官燕客遗烬,当坐。之垣验视无状,释之。诏捕妖人鲁光,枭臣以疑似榜掠诬服,冀邀赏。之垣劾罢之,当途者滋不悦。会陵工成,竟薄其赏。满三载,诏锡赠封如例。庚辰(1580),擢户部右侍郎,奉命摄理京营戎政。明年,转左侍郎,总督仓场。疏乞归省,虚席以待者六阅月,之垣竟称疾。诏予告,病痊起用,遂卧家不复出矣。既归子舍,日娱侍太淑人。太淑人为加匕箸,诸子群从,以方伯、郡守、尚书郎称寿者,骈肩而立,乡人豔之。葺家庙,创忠勤祠,祀太仆公。剂祀田之人,以赡族人及外家。里中谓:公也孝,好行其德。归二十年而卒,年七十有八。讣闻,诏赐祭葬,赠户部尚书。始,之垣绩学时,攻苦茹淡,穷日夜不辍。教诸子亦如之。伯子司马以参政备兵上谷。谓曰:吾家世儒生耳,委尔于连野,犯铎镝不慈;以为难也而避之,逆上命不忠。吾终不以慈废忠矣。立趣之行。司马当入蜀,念父老,不欲行。又谓曰:上方西顾,岂臣子顾家时耶!若当移孝为忠,恋恋菽水,非吾愿也。既行,数遣人申谕。以故司马尽瘁西事,不敢有岵屺之嗟。之垣虽家居,犹拳拳为国如此。平居无鲜甘之奉、华美之饰,即病足御篚舆,入里必下。子孙遵用其教,常布衣履而行市,无导从者;出入有期,不失晷刻。诸子侄取科第者二十余人。子三:象乾,兵部尚书;象贲,户部员外郎;象晋,浙江右布政使。大学士申时行撰"传"节文。

[康熙《新城县志》卷七《人物志》]

王之垣,字尔式,号见峰。重光次子。嘉靖壬戌(1562)进士。起家司理,仕至户部侍郎。正色立朝,事上接下,皆以至诚相感,格有古大臣风。疏乞归省,虚席以待者六月。之垣称疾,竟不复出。家居二十年,卒。讣闻,赐祭葬,赠户部尚书,崇祀乡贤。

[民国《重修新城县志》卷十四《人物志·明二》]

王之垣,字尔式,号见峰。重光次子。少能文章。嘉靖戊午(1558)举乡试。父殁,与兄之翰诣京师,请恤,或谓:分宜用事,非重贿不可。之垣曰:贿而徼恩泽,非孝也。遂归。壬戌成进士,授荆州府推官。听断平反,一禀三尺,两造庭立,出片语折之,耆然而解。监司直指数倚任之。辽王恣不法,扑杀郡吏,尽捕王左右为奸者十余人,王怒,履及门,大诟之,不为阻,竟按如律。隆庆丁卯(1567),征入为刑科给事中。疏陈安民,固本四事。时西北不靖,石州陷,都下震恐,陈言边事,以其策为第一。寻擢礼科右、兵科左。持节使郑,还,升礼科都给事中。以言事激切,忤旨夺俸。疏论诚意伯贪横不法状,时论称之。请急归省。明年起刑科。先是科臣某,以攻华亭斥遣时,宰欲援之,遣所亲谕意。之垣曰:吾何敢有成心,惟省中公论是凭耳。给事某躁而发狂,被发入左掖,哭具言其有心疾,迷惑失次。诏勒归,金以为得体。寻擢太仆寺少卿,改鸿胪寺卿。论者谓自囧卿迁,为稍抑。选郎意不可。主者曰:此强为曒曒者,借烈日暴之。谓胪卿近魑升常暴日中也。鸿胪多杂流,黩窳失职。绝请谒,申旧章,肃然改观。甲戌(1574),擢大理寺右少卿,寻转左。时抚臣阙,叙当属之垣。同官欲越次,欣然许之。久之，迁南京太仆寺卿，寻转北京。逾年，擢顺天府尹。所辖辇毂下，多贵豪，侵冒奸窦百端。之垣严审，编裁冗滥，民以获苏。采珠令下，部檄京兆，责办民间，不为动。都人置产，例有税格，中人多不入，司农督之急，语侵京兆，疑有私。之垣排众怨，尽征之。擢都察院右副都御史。巡抚湖广，楚地辽阔，俗又剽悍，以镇静临之，扬激拊循，吏奉职而民安业。奸人何心隐亡命，窜讲学中，受诏，缉捕，毙之狱。其党为称冤，请覆勘，优诏不许。黄梅举人某，坐殴县官，编徽处，缙绅多为居间者，无少狥。执法颉固，然未尝为刻深。景王故宫火，或诬府官燕客遗烬，当坐之。验视无状，释之。诏捕妖人曾光，臬臣以疑似榜掠诬服，冀邀赏。劾罢之，当途者不悦。满三载，诏锡赠封如例。庚辰，擢户部右侍郎，奉命摄理京营戎政。明年，转左侍郎，总督仓场。疏乞归省，虚席以待者六阅月，竟称疾。诏予告，遂归，不复出。日娱侍太淑人，葺家庙，创忠勤祠，祀太仆公。剂祀田之入，以赡族人。归二十年而卒，年七十八。讣闻，诏赐祭葬，赠户部尚书。子三：象乾、象贲、象晋。

[道光《济南府志》卷五十一《人物七》]

王之垣，字见峰。新城人。嘉靖壬戌进士。荆州推官。藩王不法，之垣捕王左右十余人，王怒，之垣不为动。擢刑科。劾诚意伯贪横，宰执有修郄讽之垣，之垣力持不可。历官至府尹。裁抑中官贵豪。巡抚湖广。景王故宫火，或诬府官燕客。之垣验视无状，尽释之。升左侍郎，赠尚书。

[雍正《山东通志》卷二十八之三《人物三》]

王之垣，字见峰。新城人。嘉靖壬戌进士。荆州推官。藩王不法杀人，垣捕王左右十余人，王怒，垣不为动。擢刑科。劾诚意伯贪横，宰执有修郄讽垣，垣力持不可。历官至府尹。裁抑中官贵豪。巡抚湖广。景王故宫火，或诬府官燕客。垣验视无状，尽释之。升左侍郎。督置祭田，以赡族人。赠尚书。

[康熙《山东通志》卷三十九《人物》]

王之垣，字见峰。新城人。嘉靖四十一年（1562）进士。荆州推官。藩王不法，之垣捕王左右十余人，王怒，之垣不为动。擢刑科给事中。劾诚意伯贪横，宰执讽止之，之垣力持不可。累迁府尹。裁抑中官贵豪。历官至尚书。

[宣统《山东通志》卷一百六十《人物志第十一·历代名臣》]

《谏议疏稿》四卷，王之垣撰。之垣，字尔式，号见峰。新城人。嘉靖壬戌进士。历官户部侍郎，赠本部尚书。是编见《分甘余话》。《府志》云：四卷。

[宣统《山东通志》卷一百三十一《艺文志第十·史部·诏令奏议》]

《律解附例》八卷，王之垣撰。见《明志》。《钦定续通考》云：隆庆五年（1571）四月，刊布律例诸书。刑科给事中王之垣等言：律解不一，理官所执互殊。请以《大明律》诸家注解，折中定论，纂辑成书，参以续定事例，列附条例之后，刊布中外，以明法守。

《承天大志纪录事实》三十卷，王之垣撰。之垣见诏令奏议类。是书见《明志》。

[宣统《山东通志》卷一百三十一《艺文志第十·史部·政书》]

《念祖约言世记》二册，王之垣撰。之垣有《谏议疏稿》，见诏令奏议类。是书有王与胤刊本。之垣"自序"云：予年跻八十，自幼闻见祖父一二勤俭诗书事迹，恐遂遗忘，因录遗后，以防子孙之忘勤俭、贱诗书者，或可动其警惕之心，亦庶几乎保家守业之一助云。据本书。

《历仕录》一卷，王之垣撰。《四库存目提要曰》：是编自记其历官行事，自荆州府推官，历御史、给事中、太仆寺少卿、鸿胪卿、顺天府尹、湖广巡抚，至户部左侍郎止。后附录二条。又纪友、纪梦、纪异各一条。之垣即劾诛何心隐者。是编详纪其事。万历中，御史赵崇善论其杀心隐为媚张居正，故其曾孙士禛杂著中屡辨之。是编之"跋"，亦惟争此事耳。

《基命录》三卷，王之垣撰。见《府志》。

[宣统《山东通志》卷一百三十二《艺文志第十·史部·传记》]

《新城县志备考》，王之垣撰。之垣见诏令奏议类。康熙《新城志》"凡例"云：山川、古迹、艺文多从司徒王公所纂《备考》一帙，撷拾纂辑。王士禛康熙《新城志序》云："志"初修于嘉靖，先曾祖大司徒公实任分较。度《备考》，即分较时作也。

[宣统《山东通志》卷一百三十三《艺文志第十·史部·地理》]

《百警编》一卷，王之垣撰。之垣有《谏议疏稿》，见史部诏令奏议类。是编刊入《正谊堂丛书》。江夏郭正域"序"略云：今世谈玄空者，扫躬行而靡顾；骋权术者，竞波荡以忘归。先生此书，有深思乎孔圣之教，大旨不外伦常，科条不出言行，忠恕谨信，临深履薄，比于今人，皆庸德耳；大圣诱人，抑何兢兢也？展诵此书，约文举要则毂鉴可征，顾目书绅则户牖不爽。培其本如松柏之有心，防其逸如规矩之有度。岂若夸毗之子，诐淫之说，听其言词，荡心骇目，综其行事，要驾诡闲也哉！

[宣统《山东通志》卷一百三十五《艺文志第十·子部·儒家》]

《炳烛编》，王之垣撰。之垣见史部诏令奏议类。《县志》载是编"自序"，略云：往哲格言懿行，载诸简编，若珠海玉山，记忆不能，委置未安。暇中手录成编，分类十二，列款一百二十，间杂以释、老、列之语。苟可缮性尊生，何必五谷？师旷曰：少而学为日出之光，老而学为炳烛之明。予今所辑，亦炳烛类也，因名《炳烛编》，藉明一隙，犹愈于昧行云尔。

[宣统《山东通志》卷一百三十九《艺文志·子部·杂家》]

西园，在新城县城内西南。一名长春园。明尚书王之垣建。至国朝康熙中，之垣孙士祯即故址增葺，名西城别墅，内有圣祖御书赐额，曰：带经堂信古齐。士祯累官至刑部尚书。

[雍正《山东通志》卷九《古迹志》]

王尚书墓，西南二里许万厂。三十五年（1607）敕建，葬户部尚书王之垣。

[康熙《新城县志》卷一《冢墓》]

王之垣墓，在县西南二里。

[雍正《山东通志》卷三十二《陵墓志》]

◎ 王象晋 ◎

《保安堂三补简便验方》四卷，王象晋撰。象晋见经部小学类。是书"自序"略云：此旧刻也，稿凡三易，初梓于万历甲寅（1614），再梓于崇祯己巳（1629），逮壬午（1642）季冬，穷搜旧本，类附新知，两阅岁华，始克就绪据本书。

[宣统《山东通志》卷一百三十六《艺文志第十·子部·医家》]

王象晋，字子进，号康宇。祖重光，太仆寺少卿。父之垣，户部尚书，俱加赠柱国光禄大夫、太子太师、兵部尚书，以司徒。长子象乾，官推恩；象晋，司徒公季子也。中万历甲午（1594）举人、甲辰（1604）进士。请养归，丁外艰，释服，授中书科中书舍人。癸丑（1613），考选。同乡诸公皆欲以台省处之，适太师公方以蓟辽总督召为本兵，而故事父兄官内阁及六卿者，子弟无得居言路。其见居职者，例改翰林官。故太师欲暂归为象晋地，即来而翰林可得也。象晋力争，不可以私恩宿君命，遂平调礼部仪制司主事，人皆服象晋之正。贤官保公之友爱，以为两得之。甲辰，移疾里居。久之，中忌者以京察调外，补江西按察司知事。未赴，迁行人司左司副，又迁礼部精膳司员外郎。闻继母路太夫人病，请急归。时三原来户部复名善医，方榷关临清，躬冒冰雪，驰五百里，邀之来视。不瘳，则祷于岳祠，愿以身代母命。太夫人临殁，感动唏嘘，执手叹其孝不置云。服阕，补仪制司员外郎,扈惠五之国荆州。戊辰(1628)春,报命赐银币加一级。是春,升按察司副使,备兵淮扬。乙巳(1629),通州奸民乱猝起,聚众数千,烧劫豪家,势汹汹且及官府,象晋自泰州驰赴之,擒戮其首事者数人,乱遂定。俄以参政督苏、松、常、镇粮储,会漕卒与吴江民不平,殴伤粮官,焚漕艘,以妄语相煽动,象晋下令肃然,投弁于法,民不知变。其持重能处大事,皆如此。升河南按察使,精心鞫狱。兰陵王母刘诬陷许州诸生五十人,巡抚受其词,下司捕治,象晋察其枉状,争之百端得止。于时,宗室骄行纵恣,于郡县势乃稍戢。为按察使经年,所部谳决称平。迁浙江右布政使。冬,左使姚永济入觐,象晋摄其事,时崇祯十有一年(1638)也。是时,寇讧岁饥,帑藏虚竭,上计吏视赋入赢绌为殿,最唯谨。姚至京,以征解不及,额下狱。象晋闻之,敕守藏吏籍所贮,悉输之,吏辞以考成不便。象晋曰:若所言,吾岂不知?顾姚事急,吾视事日浅即不及降秩耳!姚祸且不测,与人同僚,濒危而忍秦越视之乎?于是,择吏趋,解至部,验牒课如额,姚遂得释还,而率其子弟顿首谢门下,曰:微公吾不复至此,吾今余年皆公赐也。起相持,象晋泣数行下。象晋为人宽厚,及见义勇决,不择利害为趋避,赴人之难如不及,然终不为崖异激切之行。其以丁巳(1617)京察降外也,给事中亓某、御史韩某、赵兴邦辈,所谓四凶者,力翻辛亥(1611)之案。朋比攘臂将尽,捂正人而去之,因坐以浮躁。象晋在家闻之,怡然曰:此党人自图报复耳!非朝廷意,于吾何损?然自此案成,而海内清流无得脱漏。其间,有不胜其忿而争之者,争之不已,至于门户角立,因门户生是非,因是非滋议论,始于宫闱,及于封疆,不十年间而钩党之祸极矣。其延及于崇祯之末,南渡之余,尚忍言哉!小人之为患,此昔人所言"吾党当分受其过者"也。象晋七十致仕,有子四人,次子与胤以御史,与忾就政里居,甲申(1644)四月殉国变死。于是,象晋益绝人事,自号"明农隐士",阖门谢宾客,不为通,虽郡邑长吏屏车骑到门庭,不与见。制先令为自祭文饰巾,待尽而已。生平喜淡泊,室无媵侍,盛暑整衣冠,危坐,读书不辍,常举唐柳玭言诫子孙:无矜门第,务力学为善。故其家累世贵盛,至于今尤显。卒时年九十三。子:与胤,监察御史;与敕,贡士,封国子祭酒,赠户部右侍郎。孙:士禄,吏部考功员外郎;士祜,进士;士祯,经筵讲官、户部左侍郎。象晋以士祯贵,亦赠户部右侍郎。

[康熙《新城县志》卷七《宦绩》]

　　王象晋,字子进,号康宇。之垣季子。万历甲午举人、甲辰进士。请养归,丁外艰,释服,授中书科中书舍人。癸丑,考选,适兄象乾以蓟辽总督召为本兵,欲暂归为象晋地。象晋力争,不可以私恩宿君命,调礼部仪制司主事,人皆服其正。

甲辰，移疾里居。以京察调外，补江西按察司知事。未赴，迁行人司左司副，又迁礼部精膳司员外郎。闻继母病，请急归。服阕，补仪制司员外郎。扈惠王之国荆州。戊辰春，报命赐银币加一级。是春，升按察司副使，备兵淮扬。乙巳，通州奸民猝起，聚众数千，烧劫豪家，自泰州驰赴之，擒戮其首事数人，乱遂定。俄以参政督苏、松、常、镇粮储，会漕卒与吴江民不平，殴伤粮官，焚漕艘，象晋下令肃然，投弁于法，民不知变。升河南按察使，精心鞫狱。兰陵王母刘诬陷许州诸生五十人，巡抚受其词，下司捕治，察其枉状，争之百端得止。于时，宗室势乃稍戢。莅任经年，所部谳决称平。迁浙江右布政使。左使姚永济入觐，摄其事，时崇祯十一年也。寇讧岁饥，帑藏虚竭，上计吏视赋入赢绌为殿，最唯谨。姚至京，以征解不及，额下狱。闻之，敕守藏吏籍所贮悉输之，吏辞以考成不便。象晋曰：若所言，吾岂不知？顾姚事急，与人同僚，濒危而忍秦越视之乎？于是择吏趋，解至部，验牒课如额，姚遂得释。象晋为人宽厚，赴人之难如不及，然终不为崖异激切之行。其以丁巳京察降外也，四凶者，朋比攘臂将尽，掊正人而去之。象晋在家闻之，怡然曰：此党人自图报复耳！非朝廷意，于我何损？然自此案成，而海内清流无得脱漏。其间，有不胜其忿而争之者，争之不已，至于门户角立，因门户生是非，因是非滋议论，始于宫闱，及于封疆，不十年间而钩党之祸极矣。小人为患，当分受其过者也。七十致仕，卒年九十二。子二人：与胤、与敕；孙：士禄、士祜、士禛。

[道光《济南府志》卷五十一《人物七》]

王象晋，字康宇。新城人。万历甲辰进士。由中书历官浙江右布政使。为河南按察使时，宗室兰阳王起大狱，晋力持之，所全活甚众。任浙江时，左辖姚永济以考成不及，额下诏狱，晋摄篆，尽以所征银代，姚起解，姚以额足得复官。七十引年，优游林下二十年。著书数十种，济人利物，常恐不及。年九十余卒。

[雍正《山东通志》卷二十八之三《人物三》]

王象晋，字康宇。新城人。万历三十二年进士。由中书历官浙江右布政使，为河南按察使时，宗室兰阳王起大狱，象晋力持之，所全活甚众。任浙江时，左辖姚永济以考成不及，额下诏狱，象晋摄篆，尽以所征银代，姚起解，姚以额足得复官。七十引年，优游林下二十年。著书数十种，济人利物，常恐不及。年九十余卒。

[宣统《山东通志》卷一百六十一《人物志第十一·历代循吏》]

王象晋（1561—1653），字子进，一字康候，号康宇。桓台新城人。明万历三十二年（1604）中进士，授中书舍人。明万历四十一年（1613）考选，升任翰林、御史等职。时值魏忠贤阉党之祸炽盛，他与兄王象乾都是东林党人，阉党力图拉拢他二人入伙，遭拒绝，遂触怒阉党，被迫辞职回乡。数年后复职，历受河南按察使、浙江右布政使等职。

为人宽厚，见义勇为，乐于助人，晚年优游林下，从事园艺和医药研究，自号"明农居士"，有时到田间做些轻微劳动。一生著述颇多，有《二如堂群芳谱》二十八卷、《赐闲堂集》二十卷、《清寤斋心赏编》《剪桐载笔》《奏张诗余台壁》等行世。《群芳谱》按十二谱分类，药居一类，对中药学有一定参考价值。此外，尚有《保世药石》《卫生铃铎》《广受仁寿》《神应心书》《保安堂三补简便验方》等医药专著。《保安堂三补简便验方》四卷三册（春秋集、夏集、秋集），分为立方用药、针灸、延寿、调经、保胎、伤寒、中风、痘疹、血病、痰火、折伤、瘀瘵、泻痢、疮疡等三十余门，八百余方，涵括内、外、妇、儿各科，有经方、时方、单方、验方等。援经据典，有论有方，所列病症以常见多发病居多，所用方剂多平和朴实，简而易行，且经济价廉。名为"三补"者，即经历了三次修补：初刊于万历甲寅（1614），"期与人共之"；第二次梓印于崇祯己巳（1629），"又剖刊论类，次第卷帙，庶几披阅方便"；崇祯甲申（1644），在"我桓忽遭焚掠，旧版沦于灰烬，知己相求，愧无以应"的情况下，"穷搜旧本，类附新知"，进行了第三次修补。综观全书，王象晋在医药学方面，造诣精深，理法圆通，论断精辟，为人所折服，为实践所验证。如在《立方用药》中说：立方，当明气味；用药，应察四时。方从法立，以法统方，然必先岁气，勿伐天和，无伐化，无违时，必养其和，待其来复……升降浮沉则顺之，寒热温凉则逆之，凡用药须看时令。针对四物汤的运用，说道：四物汤虽云治血有功，而男女通用。盖女子以血为主，以气为本，气顺则血活，气滞则血死，故欲治血当先理气。男子以精为主，而血为之本，血盛则精强，血衰则精惫，故欲益精当先补血。女子宜加重川芎，男子宜重用熟地。补虚去热，莫善于此。总之，《保安堂三补简便验方》是一部实践经验丰富、理法方药完备的医学著作。

[《淄博市志·人物简介》]

[《淄博市卫生志》第十九篇《人物传略》]

[《桓台县史志资料》第一辑]

[《桓台文史资料》第二辑]

[《山东中医药志》第六篇《传记》]

《字学快编》，王象晋撰。象晋，字子晋（进），号康宇。新城人。万历甲辰进士，历官浙江右布政使。是书见《府志》。

[宣统《山东通志》卷一百三十《艺文志第十·经部·小学》]

《保境集议》，王象晋撰。象晋有《字学快编》，见经部小学类。《府志》载是书，作《保镜集议》。"镜"疑"境"之误，今作"境"。

[宣统《山东通志》卷一百三十二《艺文志第十·史部·传记》]

《新城县志》，王象晋撰。象晋有《字学快编》，见经部小学类。王士禛《康熙新城志》"序"云：再修于天启，先祖方伯公盖秉笔焉。

[宣统《山东通志》卷一百三十三《艺文志第十·史部·地理》]

《星署纪言》《春曹纪言》，王象晋撰。象晋见经部小学类。二书见《府志》。

[宣统《山东通志》卷一百三十四《艺文志第十·史部·职官》]

《救荒成法》《蓻政纪略》《董漕副墨》，王象晋撰。象晋见经部小学类。诸编见《府志》。

[宣统《山东通志》卷一百三十四《艺文志第十·史部·政书》]

《日省撮要》，王象晋撰。象晋有《字学快编》，见经部小学类。是书见《府志》。

[宣统《山东通志》卷一百三十五《艺文志第十·子部·儒家》]

《佐济刑书》，王象晋撰。象晋见经部小学类。是书见《府志》。

[宣统《山东通志》卷一百三十六《艺文志第十·子部·法家》]

《火经》《灶经》，王象晋撰。象晋见经部小学类。二书见《府志》。《蒿菴闲话》云：桓台王大司马辑《火经》言，随时改火，人不病火症，凤尾蕉可厌火灾。

[宣统《山东通志》卷一百三十七《艺文志第十·子部·术数》]

《群芳谱》三十卷，王象晋撰。象晋见经部小学类。《四库存目提要》曰：是书凡天谱三卷、岁谱四卷、谷谱一卷、蔬谱二卷、果谱四卷、茶竹谱三卷、桑麻葛苎谱一卷、药谱三卷、木谱三卷、花谱三卷、卉谱二卷、鹤鱼谱一卷，略于种植而详于疗治之法，与典故艺文割裂饤饾，颇无足取。

《贝经》，王象晋撰。见《府志》。

[宣统《山东通志》卷一百三十七《艺文志第十·子部·谱录》]

《手书遗训》，王象晋撰。象晋见经部小学类。《香祖笔记》云：先大父方伯赠尚书公《手书遗训》有"吾既无厚遗，而使汝辈过营丧葬之费，心殊不忍；虚地上以实地下，又所深恶"云云。盖本汉《禹贡》"众庶葬埋，皆虚地上以实地下，其过自上"之语。

《清寤斋欣赏编》一卷，王象晋撰。《四库存目提要》曰：是书分六类，曰葆生要览，曰儆身懿训，曰佚老成说，曰涉世善术，曰书室清供，曰林泉乐事，皆摭明人说部为之，犹陈继儒诸人之习气也。

[宣统《山东通志》卷一百三十九《艺文志第十·子部·杂家》]

《蕲桐载笔》，王象晋撰。象晋见经部小学类。《四库存目提要》曰：是书因奉使册封途中所作，故取义于"蕲桐"。所载皆嘉言善行，然多涉因果。其《四公厚德解》等篇，体近于戏；卷首列《贺登基》一表、《贺惠王升位》一启，尤不伦也。

[宣统《山东通志》卷一百四十《艺文志第十·子部·小说》]

《金刚经直解》一册，王象晋撰。象晋见经部小学类。是书刊于崇祯甲申（1644）。册首署"学觉居士直解"。学觉居士者，象晋别号也。《直解》后附《释教源流》《历代释义》《古今显应》《十斋日念佛式》《逐月礼佛日期》，亦象晋所裒辑。册末载象晋"跋"略云：有宋开国杨公杨名圭，浦城人。号开国居士。此本载其绍定辛卯序，遴其大鄙正宗者十有七家，汇而成书。其用心良勤，其有功于禅学者良博已。就中语涉玄渺、见相龃龉者，亦间有之。不揣固陋，略为调停，或录全文，或摘数语，或撮众说而少为融会，或外众说而谬为发明。总之平实可行，浅近易晓，期不悖乎宗旨，庶足裨于浅学，想亦如来普度之心所不弃也据本书。

[宣统《山东通志》卷一百四十《艺文志第十·子部·释家》]

《赐闲堂集》二十卷，王象晋撰。象晋有《字学快编》，见经部小学类。是集见旧《通志》。

[宣统《山东通志》卷一百四十二《艺文志第十·集部·别集》]

《扶舆闲气》《词坛汇锦》，王象晋编。象晋见经部小学类。二编见《府志》。

[宣统《山东通志》卷一百四十六上《艺文志第十·集部·总集》]

《秦张诗余合璧》二卷，王象晋编。象晋见经部小学类。《四库存目提要》曰：是书乃以宋秦观《淮海词》、明张綖《南湖词》合为一编，以二人皆产于高邮也。然一古人，一时人，越三四百年而称为合璧，已自不伦；况綖词何足以匹观？是不亦老子、韩非同传乎。

[宣统《山东通志》卷一百四十六下《艺文志第十·集部·词曲》]

◎ 刘嘉谟 ◎

刘嘉谟，号南川。十余岁方就塾，读书不解，旋从事于岐黄，搜古今医书，寻绎之，终不解。一日遇雨，投古刹少休，出行笈内叔和《脉诀》朗诵。忽一人，衣冠甚伟，冒雨至，问：所读何书？答云：《脉诀》。问：解否？曰：不解。曰：吾正喜汝不以不解为解也。开陈指示，当下了然。雨止，其人亦不见。自是，投剂无弗愈者。先慈韩孺人忽病失血，危甚。一视，云：勿药，俟十五年乃为之计。果如其言。毕荩臣，其高弟也。给事中张元徵撰"传"。

[康熙《新城县志》卷八《方伎》]

刘嘉谟，字南川。新城人。十余岁好读古今医书，不能解，然心甚嗜之。一日，避雨古刹中，出袖中《脉诀》诵之。忽一人，衣冠伟丽，入，问：所读何书？曰：《脉诀》。曰：解否？曰：不解也。曰：吾甚喜汝不以不解为解也。逐一开示，刘竟了然。雨止，其人忽不见。自是，诊疾无不立效，遂成名医。

[道光《济南府志》卷六十一《方伎》]
[雍正《山东通志》卷三十一《方伎志》]

按《新城县志》：刘嘉谟，号南川。十余岁方就塾，读书不解，旋从事于岐黄，搜古今医书，寻绎之，终不解。一日遇雨，投古刹少休，出行笈内叔和《脉诀》朗诵之。忽一人，衣冠甚伟，冒雨至，问：所读何书？答曰：《脉诀》。问：解否？曰：不解。曰：吾正喜汝不以不解为解也。开陈指示，当下了然。雨止，其人亦不见。自是，投剂无弗愈者。

[《古今图书集成医部全录》卷五百十六《医术名流列传》]

刘嘉谟，字仲猷，号南川。桓台县索镇刘茅村人。生于明万历年间，卒于明末清初。出身于一般农家，十余岁方就塾，性行务实，恶官场，近群众。因读书不解，旋从岐黄。旧时乡村，卫生医疗落后，逢疫病传染、沉疴痼疾，患者殂于无知、误诊、不治者尤甚，公每睹之则凄恻不安。于是，立足群众，攻医之志愈坚。常自忖医虽小道，亦非小可，欲断病投剂，绝须深析洞晓，始可言医而司人命，乃虔心求教，不耻下问，搜古今医书寻绎之。但对书中玄妙则如障云翳，终不得解，苦无师从。一日，公外出遇雨，投古刹（传说系后毕村北三官庙）少休，出行笈内《脉诀》朗诵，且蹙额揣摩，忽一衣冠甚伟者冒雨至，问所读何书，公答《脉诀》，彼问解否？答云不解，彼随言：吾正喜汝不以不解为解也。当下开陈指示，书中疑难，豁然了悟。自此，公自强不息，悉心实践，凡经他诊病者无不霍然，遂名传遐迩。

[《桓台历史名人》]

◎ 毕荩臣 ◎

　　毕荩臣，字致吾。赠副都御史理五世孙，霍州知州成元孙也。浑厚有古君子风，少喜读书，家贫不能具脡脯，乃去而学岐黄，从游名医刘南川之门。久之，名噪远近，授太医院吏目冠带。其于病也，辨南北，审强弱，察四时阴阳气候，投一二剂，无不霍然。其最精者，尤在伤寒、痘疹，诊视立辨生死，百不爽一，全活无算。晨起，虽车骑盈门，必次第而至，不先富贵，不遗贫贱，时时悬药施人，不索其值。益都王太仆瀠性严重，荩臣至，躬自执爨进食，俨如大宾。青城合某病胀，绝粒数日，荩臣至，一匕而愈。邑王大司马建牙宣大，每病，数千里迎迓，非荩臣不他任也。一日远出，父病亟，家人环泣。荩臣归，急诊脉，曰：无虑也。才一剂，血出数升，病良已。其术奇妙，类如此。崇祯壬午（1642），城陷殉难，年四十八。荩臣殁，灵爽如在。子元宰及其妻女病痢痦，或病瘫痿，或病痘疔，屡梦荩臣投以药，且示以某日当痊，皆如言响应。异哉！知府李鸿霍撰"传"。

　　　　　　　　　　　　　　　　　　［康熙《新城县志》卷八《方伎》］

　　毕荩臣，新城人。精于医。邑侯某病胀，数日绝粒，荩臣一剂而愈。其视病，辨南北，审强弱，察四时阴阳气候。迎者盈门，品节尤高，不先富贵而后贫贱。

　　　　　　　　　　　　　　　　　　［乾隆《青城县志》卷八《方伎》］
　　　　　　　　　　　　　　　　　　［民国《青城续修县志》卷四《方伎》］

　　毕荩臣，新城人。业医得刘嘉谟之传。其于病也，辨南北，审强弱，察四时阴阳气候，投一二剂，无不霍然。尤精伤寒、痘疹，诊视立辨生死，百不爽一。崇祯壬午殉难。

　　　　　　　　　　　　　　　　　　［道光《济南府志》卷六十一《方伎》］
　　　　　　　　　　　　　　　　　　［雍正《山东通志》卷三十一《方伎志》］

　　按《新城县志》：毕荩臣，字致吾。赠副都御史理五世孙，霍州知州成元孙也。浑厚有古君子风，少喜读书，家贫不能具脡脯，乃去而学岐黄，从游名医刘南川之门。久之，名噪远近，授太医院吏目冠带。其于病也，辨南北，审强弱，察四时阴阳气候，投一二剂，无不霍然。其最精者，尤在伤寒、痘疹，诊视立辨生死，百不爽一，全活无算。晨起，虽车骑盈门，必次第而至，不先富贵，不遗贫贱，时时悬药施人，不索其值。益都王太仆瀠性严重，荩臣至，躬自执爨进食，俨如大宾。青城合某病胀，绝粒数日，荩臣至，一匕而愈。邑王大司马建牙宣大，每病，数千里迎迓，非荩臣不他任也。一日远出，父病亟，家人环泣。荩臣归，急诊脉，曰：无虑也。才一剂，血出数升，病良已。其术奇妙，类如此。崇祯壬午，城陷殉难，年四十八。荩臣殁，灵爽如在。子元宰及其妻女病痢疟，或病瘫痪，或病痘疔，屡梦荩臣投以药，且示以某日当瘥，皆如言响应。异哉！知府李鸿霪撰"传"。

[《古今图书集成医部全录》卷五百十七《医术名流列传》]

毕荩臣（1595—1642），字致吾。桓台县唐山镇西毕庄人。幼年入塾，后因家贫辍学，拜当地名医刘南川为师学医。数年后尽得真传，临床施药多奏奇效，世人以为孙思邈复出。后为官署保举晋京，授太医院吏目。

诊治病症，善于审度阴阳，考察四时气候变化影响，投一二剂，多能痊愈，尤以治疗伤寒、外感症为长。对痘疹等流行性疾患，往往能判定生死，挽救垂危。

青城县令病重腹胀，几天粒米不进，当地名医断无活理。其用重药一剂而愈。本籍人大司马王象乾，率军在山西阳和卫镇守，每患疾病，都派车马行千里延请其诊治。一次到外地行医，其父在家得急病，命在垂危，家人已环绕病榻三昼夜，毕荩臣来家急诊父脉说：不要紧。只服一药，其父病情大减，再用两剂，病已痊愈。

医德高尚，为人厚道。对求医者，不分豪富贫贱，依次诊治。对预约病人，向不违约，常带些成药给病家，不索高价。益都有个王太仆，病势较重，派车马请毕荩臣到家，亲自做好饭菜伺候，待为贵宾。时座间有个自称"山人"者，与其耍笑，有轻慢之意。王太仆为此勃然大怒，撕掉那人的胡须，以示惩戒。

明崇祯十五年（1642），清军袭扰山东，攻破新城，毕荩臣参加守城斗争，城破被执，不屈而死。

[《淄博市志·人物简介》]
[《桓台县志》第二十卷《人物传》]
[《淄博市卫生志》第十九篇《人物简介》]
[《山东中医药志》第六篇《传记》]
[《中医大辞典》]
[《中医人物词典》]
[《中医人名大辞典》]
[《齐鲁文化大辞典》]
[《齐鲁文化志》]

◎ 王近光 ◎

王近光,太医院吏目。

[民国《重修新城县志》卷十《明职官》]

◎ 王尚忠 ◎

王尚忠,有德行而精医理。举乡饮耆宾。

[民国《重修新城县志》卷十五《人物志·明二》]

◎ 于 濂 ◎

于濂,字文河。诸生。留意《素》《难》之书,若有夙悟,不待循习,卒成名医。年七十九卒。

[康熙《新城县志》卷八《方伎》]

于濂,字文河。新城人。诸生。留意《素》《难》之书,若有夙悟,不待循习,卒成名医。年七十九卒。

[道光《济南府志》卷六十一《方伎》]

按《新城县志》:于濂,字文河。诸生。留意《素》《难》之书,若有夙悟,不待循习,卒成名医。年七十九卒。

[《古今图书集成医部全录》卷五百十三《医术名流列传》]

于濂,字文河。明代新城县人。庠生。邑内名医。

[《山东中医药志》第六篇《人物表》]

◎ 刘文开 ◎

奎星阁,县东北十五里小寨东,医士刘文开创建。

[康熙《新城县志》卷二《坛庙》]

刘文开,字际明。专门外科,治罔弗效。品行尤为医家所少。益都孙文定公重其医,尤重其人。城东北文昌阁,其创建也。

[乾隆《青城县志》卷八《方伎》]

刘文开,字际明。新城人。专门外科,治罔弗效。品行为医家所少。益都孙文定,尤重其人。城东北文昌阁,其创建也。

[道光《济南府志》卷六十一《方伎》]

按《新城县志》：刘文开，字际明。专门外科，治罔弗效。品行尤为医家所少。益都孙文定公重其医，尤重其人。城东北文昌阁，其创建也。

[《古今图书集成医部全录》卷五百十三《医术名流列传》]

刘文开，字际明。明代新城县人。术专外科，治无不效。品行尤为医家所贵。

[《山东中医药志》第六篇《人物表》]

◎ 曲 伸 ◎

◎ 曲彦贞 ◎

曲伸，字仁宇。性温和孝友，生平以济人利物为事。业岐黄术，活人甚多。

[康熙《新城县志》卷八《方伎》]

曲伸，字仁宇。新城人。性温和孝友，生平以济人利物为事。工岐黄术，活人甚多。

曲彦贞，字含章。伸子。通方脉，外科尤精。济南朱某，有瘤疾，诸医以为虚怯。王大司寇荐彦贞，至曰：肠痈也。后两月可疗。及期，命制银针尺余，一针而愈。周村梁某祈诊其脉，曰：将为痈。梁实无病，因出语戏之。月余，胯痈作，再三延不至，三月乃至，梁谢过。彦贞曰：非也。痈已成，早至无益，计今熟，故至耳。子孙至今世其业。

[道光《济南府志》卷六十一《方伎》]

按《新城县志》：曲伸，字仁宇。性温和孝友，生平以济人利物为事。业岐黄术，活人甚多。子彦贞，世其业。

[《古今图书集成医部全录》卷五百十三《医术名流列传》]

曲伸，字仁宇。明代新城县人。生平以济人利物为事，工岐黄术，活人甚众。子彦贞，世其业。

[《山东中医药志》第六篇《人物表》]

清

◎ 伊应徵 ◎

伊应徵，字建五。新城人。捐职州同。精于医理。有金姓者腹疼，诊之曰：无病，旋当愈。然至来年二月，病即死，非方药所能延也。至期果然。有病失音者，制方嘱其服百剂，服八十余剂无效，求再诊，答曰：未九十剂，百剂方愈耳！如其数，音响铿铿矣。

[道光《济南府志》卷六十一《方伎》]

伊应徵，候选州同知。

[康熙《新城县志》卷六《例贡》]

◎ 王兆闿 ◎

王兆闿，新城人。候选经历。好岐黄术，尤精小儿科，治痘疹如神，上下六十年，全活无算，生平不取一钱。年八十五卒。

[道光《济南府志》卷六十一《方伎》]

◎ 张嗣灿 ◎

张嗣灿，字英三，号星川。新城人。幼颖悟，工书法。长学方书，尤精于痘疹，每一见，立辨生死，百不失一，远近踵求，全活无算，馈遗一无所受。晚年咸议制安车赠之，力止曰：吾苟能至劳，不惮也。孝廉于崇敕以"保赤国手"额其堂。今其遗方，多奇效。

[道光《济南府志》卷六十一《方伎》]

◎ 伊 矩 ◎

伊矩，字均方，号洗心居士。璛子。康熙癸未（1703）、甲申（1704），岁大祲，作粥哺饥者，每晨门如市。制药，施及百里外。设义学，延师，训族人之贫不能读者。晚年，栖心内典，与亲友为放生焚字。会暇，则焚香习静。

[民国《重修新城县志》卷十六《人物志·清一》]

伊矩，字均方，号洗心居士。性慈仁。岁大祲，施粥门外，每晨如市者二年。制药，施及百里外。建义塾，延师，训族人之不能读者。晚年结放生惜字诸社，暇则焚香静室习经史。配傅氏，亦聪慧知书。每论辨往古某忠孝受福若何、某奸佞受祸若何，以相惩劝，僮仆习闻其说话及桑麻间，故乡有"伊家奴会说书"之语。训子严而有法，经史诗文皆亲指授。仲子应鼎，乾隆丙辰（1736）进士。

[道光《济南府志》卷五十五《人物十一》]

◎ 周 玠 ◎

周玠，字径尺。幼时，父时游不返。稍长，与兄寻诸海上，数年始遇，痛哭乃还。父妹甚贫，外祖母家亦中落，皆为置产。季父有狂病，委曲扶持。与兄尤笃。善痘疹科，并施药饼。举乡饮耆宾。年七十九卒。

[民国《重修新城县志》卷十六《人物志·清一》]

周玠，字径尺。新城人。幼时，父出游不返。稍长，与兄寻诸海上，数年始遇，痛哭，父乃还。父妹甚贫，父外祖家亦中落，皆为置产。季父有狂疾，委曲扶持。与兄尤笃。善痘疹科，并施药饵。年七十时，患痢甚剧，医以粪苦甜征救与否，次子淑纪为尝之，果味苦而愈。举乡饮耆宾。年九十七卒。

[道光《济南府志》卷五十五《人物十一》]

◎ 胡贵让 ◎

胡贵让，字允恭。年十二岁，失恃，事继母孝。既为诸生，遣往别业，收获秋尽，犹着败葛。盖未奉亲命，弗敢易也。析产时，美宅良田，让与兄弟。于农隙，纠村中子弟，课以诗书。又辟塾延师，集村中之无资就学者，肄业其中。弟某不事生产，田宅尽，割百亩与之，为更筑新宅，移与共居。丙午（1786），大饥，施粥，活人无算。晚好岐黄术，其服药无资及无人保护者，常煎药自持授病者。年七十八岁，无疾而终。

[民国《重修新城县志》卷十六《人物志·清一》]

胡贵让，字允恭。新城人。邑诸生。事继母至孝，遣往别业，收获秋尽犹着败葛。未得慈命，弗敢易也。析产时，兄贵谦得东毛庄，嫌其陋，即与易之。辟塾延师，集亲族子弟肄业，助以膏火，多成名以去。弟贵谨居城，产遽尽，割百亩给之，更筑新宅，移与共居。有宗姓纳妇无措，出资周全，宗偕妇求佣以谢，却使去。乾隆丙午，大饥，施粥，活人甚众。晚好岐黄术，服药无资者，恒手煎以授；

无人调护者，并给饮食。年七十八卒，村中老幼皆失声。

[道光《济南府志》卷五十五《人物十一》]

◎ 张思敬 ◎

张思敬，字严翼。县学俏生。多材艺，喜积德。幼孤事母，以贫废读。时多劫盗，鱼肉里闬。因纠少年数十，练习少林技。寇夜至，则令人伏村旁。已当其冲突起，获厥魁盗，遂相戒不敢近。后习马经，兼习痘疹，活小儿无算。又按验方和药丸以济人。乾隆中岁，大饥，买田二顷，各署契尾，许以原价赎。丙午（1786），又饥，买地四顷，约赎如前。又为粥以饲饿人。邻封淄、沂间荒歉尤甚，人多鬻女。思敬贷乡人资，俾得买以完婚，不下十余家。

[民国《重修新城县志》卷十六《人物志·清一》]

◎ 于允昱 ◎

于允昱，字星曙，号华若。廪贡生。官中书舍人，升兵部督捕司主事，职司逃人。时例严峻，允昱多平反。奉委查狱，每出资以给群犯，督放旗米，积弊一清。出司河工，屡有建白。喜检方书，施药饵，囊空不悔。补兵部武选司，寻卒。著有《继善堂诗》《经验海上仙方集本》。

[民国《重修新城县志》卷十六《人物志·清一》]

于允昱，字星曙，号华若。新城人。廪贡生。官中书舍人，升兵部督捕司主事，职司逃亡。持例严峻，多所平反。奉委查狱，严寒，出资以给群犯，督放旗米，积弊一清。出司河工，屡有建白。喜检方书，施药饵。补兵部武选司，寻卒。著有《继善堂诗》《经验海上仙方集本》。

[道光《济南府志》卷五十五《人物十一》]

于允昱，桓台人。字星曙，号华若。清初廪贡，历官兵部督捕司主事、兵部武选司。著有《继善堂诗草》《经验海上仙方》。

[《齐庋》]

[《中医人名辞典》]

华佗祠，在索镇，乡官于允昱建。

[民国《重修新城县志》卷五《祠宇》]

华佗祠，在索镇，邑人于允昱建。

[道光《济南府志》卷十八《祠祀》]

《继善堂诗草》，于允昱撰。允昱有《经验海上仙方集》，见子部医家类。是集见《山左诗钞》。

[宣统《山东通志》卷一百四十四《艺文志第十·集部·别集》]

◎ 王士禧 ◎

王士禧，字礼吉，一字仲受。与敕第二子。性豁达而笃于孝友。同母兄弟四人，其三皆成进士，宦游在外，士禧独以奉养为重，终身不入仕途。老嗜岐黄术，于痘疹尤精，多所全活。著有《抱山堂诗集》行世。

[民国《重修新城县志》卷十七《人物志·清二》]

王士禧，字礼吉，一字仲受。与敕第二子。跌宕简易，家庭孝友。年十六为诸生。明末避乱，奔迸山中，甲申（1644）后归，与长兄复理故业，邑中诸名士修社事为二，士禧与兄主晓社。丁亥（1647），学使吴蕃之较士济南，士禄第一，士禧第三，文名甚著。丁未（1667），游太学，准贡，考授州同知。兄弟三人宦游在外，独朝夕侍养父母，殁时唯士禧在侧，衣衾含敛，无不如礼。少好金石、篆刻。晚留意岐黄之书，于痘疹尤精，贫者予药，全活无算。著有《抱山堂集》二卷、《和月泉吟社诗》五十余章。卒年七十一。

[道光《济南府志》卷五十五《人物十一》]

《抱山堂集》一卷《四库存目》、《送怀草》一卷、《豫游草》一卷据后稿、《和月泉吟社诗集》一卷据《府志》、《表余落华合选》十一卷，上，王士禧著。

[民国《重修新城县志》卷二十五《艺文志二》]

《抱山诗集》二卷，王士禧撰。士禧，字礼吉，一字仲受。士禄弟。太学生。《蚕尾续文·仲兄墓志》云：仲兄所刻《抱山集诗》凡二卷。尝《和月泉吟社诗》五十余章，多警策，未及锓梓。

《抱山集选》一卷，王士禧撰。《四库存目提要》曰：殁后四年，士禛选其遗诗三分之一刊之。其诗绰有风调，而才地较弱。本书士禛"序"末云：曰抱山者，兄少日所居堂，因以自名其诗，盖取诸孟东野句云。

[宣统《山东通志》卷一百四十三《艺文志·集部·别集》]

◎ 张振祚 ◎

◎ 张宗元 ◎

张振祚，邑诸生。因场屋不利，遂专研岐黄业，深有会心，变化古方以治奇疾，皆效。富不索谢，贫不惮烦，全活甚众。著有《脉理会心真解》。子宗元，诸生。世其业。

[民国《重修新城县志》卷十七《人物志·清二》]

张振祚，字玉声。新城人。诸生。因试不利，学岐黄，遂精其业。于古方变化以治奇病，皆有效。著《脉理会心真解》。

[道光《济南府志》卷六十一《方伎》]

张振祚，清医家。字玉声。山东新城人。诸生。后改学岐黄，遂精其术，能变化古方，治效颇著。撰有《脉理会心真解》。

[《中医人物词典》]

[《中医人名大辞典》]

[《齐乘》]

◎ 伊 翕 ◎

伊翕，字合浦。乾隆乙卯（1795）岁贡，为峄县训导。性颖捷，多恢奇之论。精岐黄术，扣门辄往，皆奇验。或劝其书不可，曰：医书挺刃矣！乌可于古书外，增杀人具哉！年八十三岁，卒于官。

[民国《重修新城县志》卷十七《人物志·清二》]

伊翕，字合浦。新城人。乾隆己卯（1759）岁贡，为峄县训导。性颖捷，多恢奇之论。精岐黄术，扣门辄往，皆奇验。或劝其著书不可，曰：医书皆挺刃矣！乌可于古书外，增杀人具哉！年八十三，卒于官。

[道光《济南府志》卷五十五《人物十一》]

◎ 崔振纲 ◎

◎ 崔兆行 ◎

崔振纲，字彝常。监生。父兆行，善岐黄术。振纲绍父志，嗜医学，以救人为怀，施药施医，不索值。里之南，有汉儒辕固冢，没于荆榛。振纲商诸邑中耆宿，请于官，已施地捐资，并募诸四方，为建祠而春秋致祭焉。

[民国《重修新城县志》卷十七《人物志·清二》]

崔振纲，字彝常。新城人。监生。父兆行，善岐黄术。绍父志，嗜医学。不先富贵，不后贫贱，合药施人，不索其值。里之南，汉儒辕固冢在焉，没于荆榛，士过其偆者，心窃伤之。其父欲筑祠堂奉祀，未果。独身任之，高其封土，除其荒芜，且商诸邑中诸耆宿，请于官。时滇中刘大绅来莅兹土，嘉其勇于为义，捐俸为之倡。振纲施地捐资，募诸四方，嘉庆癸亥（1803）祠成，二千年不举之废坠，一朝创之，使文人学士弦诵其中，春秋致祭，俎豆弗衰者，振纲之力居多。卒年五十四。

[道光《济南府志》卷五十五《人物十一》]

◎ 王允熙 ◎

王允熙，字敬止，号少海渔人。恩贡生。学问渊博，诗以神韵为主。渔洋尝著《七古平仄论》，允熙广其说而梓之。尤以善书名，兼工印章，旁及阴阳、医卜之书，无不研究而得其理。年八十余，犹能于灯下作蝇头书。著有《退斋诗稿》。

[民国《重修新城县志》卷十七《人物志·清二》]

王允熙，字敬止，别号少海渔人。恩贡生。学问博综，诗以神韵为主，恪守渔洋家法。渔洋尝著《七古平仄论》，为家塾课本，未刻。允熙广其说而梓之。尤以善书名，兼工印章，旁及阴阳、医卜之书，无不研究而得其理。八十余，犹于灯下为蝇头小楷。著有《退斋诗》。

[道光《济南府志》卷五十五《人物十一》]

王允熙，（乾隆）六十年（1795）恩（贡）。有"传"。

[民国《重修新城县志》卷十二《五贡》]

《退斋诗》，王允熙撰。允熙，字敬止，别号少海渔人。新城人。恩贡。《府志》本传云：诗以神韵为主，恪守渔洋家法。著有《退斋诗》。

[宣统《山东通志》卷一百四十五下《艺文志第十·集部·别集》]

◎ 马维坤 ◎

马维坤，屡以丹砂活人，县尹予"保元寿世"额以表之。寿九十九。

[民国《重修新城县志》卷十七《人物志·清二》]

◎ 王玉德 ◎

王玉德，字恒圃。锡嘏长子。增贡生。候选训导。少承家学，弱冠有文名。善训迪，邑内知名士多出其门。尤笃内行，修谱系，建宗祠，以敦睦。为族人，倡义仓、义塾诸法轨，皆踵行勿替。晚精岐黄业，施医施药，多所全活。殁后，乡人表其间曰"世济其美"。

[民国《重修新城县志》卷十八《人物志·清三》]

◎ 李承训 ◎

李承训,字海先。家素贫,嗜岐黄术,合药施人,济活无算。有酬谢者,力却不受。尝于途拾银一锭、夹衣数件,至家,命其子持候于途,待寻者与之。邻村修锦龙桥、石佛寺,工费不赡,鬻产助之。晚举乡饮大宾。

[民国《重修新城县志》卷十八《人物志·清三》]

◎ 汤茂峒 ◎

汤茂峒,字同山。性谨厚,外和顺而内有毅力。以廪贡就教职,初任乐陵教谕,以母老告归。服阕后,授邱县教谕。在任以经明行修相训饬,绝馈进,格陋规,士风为之丕变。公事余暇,则临帖作画,以笔墨自娱。尤精医理,在明伦堂设一榻,有抱病求治者,识与不识皆为诊脉疏方,所全活甚众。以病卒任所,邱县人民至今称之。

[民国《重修新城县志》卷十八《人物志·清三》]

汤茂峒,新城县贡生。光绪十五年(1889)六月任。

[民国《邱县志》卷八《清教谕》]

◎ 王丹书 ◎

王丹书,字敬胜。太学生。天性孝友,胸怀坦易,言行必端谨。训诫少年,以立品为要。排解纷难,一言立释。乾隆丙午(1786),岁饥,为粥与饿者,或赈以粟钱,保全甚众。助人婚娶,不惜资。晚年施药,活人无算。

[民国《重修新城县志》卷十八《人物志·清三》]

◎ 王立缤 ◎

王立缤,字绚亭。例授登仕佐郎。业岐黄,有却老之术。寿九十五。

[民国《重修新城县志》卷十八《人物志·清三》]

◎ 张平祚 ◎

张平祚，业医，尤精外科。寿九十二。

[民国《重修新城县志》卷十八《人物志·清三》]

◎ 牛与琜 ◎

牛与琜，字时珍。精岐黄，心存济世，不以谋利为怀。寿九十岁。

[民国《重修新城县志》卷十八《人物志·清三》]

◎ 穆云龙 ◎

穆云龙，乡饮耆宾。精医术，多阴德。寿九十一。

[民国《重修新城县志》卷十八《人物志·清三》]

◎ 黄元型 ◎

黄元型，乡饮耆宾。精眼科，著有《眼科要集》。寿九十二。

[民国《重修新城县志》卷十八《人物志·清三》]

◎ 荣裕俊 ◎

荣裕俊，字秀卿。精岐黄，活人甚多。举耆宾。寿九十岁。

[民国《重修新城县志》卷十八《人物志·清三》]

◎ 王嘉禄 ◎

王嘉禄，邑人。少入劳山，遇道士教以五禽之术，久遂不食，但以石为饭，或食松柏叶，渴则饮涧水，久之遍体生毛寸许。一旦思其母归，复火食，毛尽落，然食石如故，常囊石自随，映日视之，即辨其味，着齿无声，如粉餐然。后母死，复入劳山，不知所往。

[民国《重修新城县志》卷二十六《方外》]

◎ 张中鼎 ◎

戒僧觉定，俗姓张，名中鼎。傅家庙人。生而好静，父母早殁，遂出家，住持济南干石桥外泰安行宫。寻受戒于京师法源寺，面壁功深，垂三十年。倡教之余，兼以医术济人。

[民国《重修新城县志》卷二十六《方外》]

◎ 刘思忠 ◎

刘思忠，字荩臣，别号锦湖渔人。邑诸生。精导引之术，于桑园内辟斗室独居，每日除静坐外，以送迎日月为功，数十年不与世通。一日，忽语家人曰：吾某月某日将赴瑶台会。遍告亲戚里间，嘱子弟制葬具。至日，衣冠危坐，谈笑不异平时，日将午，乃拂床就枕而逝。

[民国《重修新城县志》卷二十六《方外》]

◎ 王启溶 ◎

王启溶，字衍波，号彦远。新城县曹村人。生于清顺治二年（1645）八月二十四日。增监生，候选州同知。宁静端方，不染纨绔习气。晚年，精岐黄，施方药，人多感之。卒于康熙六十一年（1722）二月二十七日。

[《孝妇河畔明清名人传·方技》]

王启溶，候选州同知。廉静端方，举乡饮大宾。

[道光《济南府志》卷五十五《人物十一》]

王启溶，候选同知。以齿德举乡饮大宾。

[民国《重修新城县志》卷十七《清二》]

◎ 王宸拊 ◎

王宸拊，字石斋。新城县黄家庄人。生于乾隆十五年（1750）。庠生。聪明品端，学问渊博，制艺精醇，尤精岐黄，得真谛，全活无算。著有《批解证治准绳》等医书。卒于道光十九年（1839）。

[《孝妇河畔明清名人传·方技》]

◎ 王允焕 ◎

《外科辑要》，王允焕著。

[民国《桓台县志》卷三《艺文篇》]

王允焕，字灿章，号渔村。新城县黄家庄人。生于乾隆六十年（1795）。究心医术，尤精外科，施方药，活人无算。著有《外科辑要》。卒于咸丰八年（1858）。

[《孝妇河畔明清名人传·方技》]

◎ 王维岩 ◎

王维岩,字鲁蟾,号杏塘。新城县城里人。贡生。尚简朴,居家俭以自奉,处事宽以待人。管理全县社仓数十年,不辞劳怨,累给六品衔。精针灸,每逢瘟疫,求者络绎不绝。无分雨夜,招之即至。卒于光绪二十三年(1897),七十四岁。例授承德郎。

[《孝妇河畔明清名人传·方技》]

◎ 张淑瑗 ◎

《医学示掌》《医学指南》据《后稿》,上,张叔瑗著。

[民国《重修新城县志》卷二十五《艺文志》]

张淑瑗,新城县人。著有《医学示掌》《医学指南》。

[《淄博市卫生志》第十九篇《医林寓贤》]

[《孝妇河畔明清名人传·方技》]

张叔瑗,清代山东新城人。生平未详。著有《医学示掌》《医学指南》二书,未见流传。

[《中医人名大辞典》]

高 苑

元

◎ 刘　源 ◎

元医学教谕刘源。

[康熙《高苑县志》卷三《杂职》]

明

◎ 李思直 ◎

医学训科一员，李思直。

[康熙《高苑县志》卷三《杂职》]

◎ 何 扬 ◎

何扬，浩之子。少入邑庠，既而幡然，厌事举子业，退居郭外，阖扉自娱，专心《素问》，兼事吟咏，人以"隐德"称之。

[康熙《高苑县志》卷六《隐逸》]

◎ 张惟一 ◎

◎ 王名高 ◎

张惟一，字贯之。学道崂山，遇异人，遂得丹书，精于医，能疗奇疾。同时王名高，亦隐于方术云。

[康熙《高苑县志》卷六《隐逸》]

张惟一，高苑人。学道劳山，遇异人，遂得丹书，精于医，能疗奇疾。同时王名高，亦隐乎方术云。

[雍正《山东通志》卷三十一《方伎志》]

按《高苑县志》：张惟一，字贯之。学道劳山，遇异人，遂得丹书，精于医，能疗奇疾。同时王名高，亦隐于方术，与惟一相埒云。

[《古今图书集成医部全录》卷五百十七《医术名流列传》]

张惟一，字贯之。清代高苑县人。精于医，善疗奇疾。

[《山东中医药志》第六篇《人物表》]

清

◎ 何公玠 ◎

何公玠，字美含。赋性慷慨，乐善好施。己巳（1689），邑大疫，施药济人。又于北关外施地三亩，作义冢。岁侵，煮粥救饥，四方就食者，无数。前抚军佛扁旌其门曰"能体皇仁"云。

[康熙《高苑县志》卷六《孝义》]

己酉科康熙八年（1669）

何公玠，高苑人。

[雍正《山东通志》卷十五之三《武举》]

民国

◎ 景丹云 ◎

景丹云（1870—1944），字耀南。高苑县樊家林村人。光绪末年庠生。天资聪慧，学识渊博，邑中闻名。而立后，目睹人民贫病交加，病者甚多，遂无意宦途，弃儒从医。博览《内经》《难经》《伤寒杂病论》等医学名著，广纳各家之长，医术日精。为人沉默寡言，不与庸俗、富贵人交往。暇时，常喜独步田林，登高远眺，有古贤清高之风。为病家诊疾，尤重脉诊，精思慎辨，丝丝入微。善于活用仲景之方，大青龙汤加附子治久热不退，大剂量六味地黄汤医吐泻伤阴，疗效颇佳，确有独到之处。临床经验丰富，在当地负有盛名。

[《高青县志》第二十七卷《人物传略》]
[《惠民地区卫生志》第十四篇《名医简介》]
[《惠民地区中医药志·医林人物表》]
[《高青县卫生志》第十七章《地方名医》]
[《山东中医药志》第六篇《人物表》]

◎ 宫振堂 ◎

宫振堂（1873—1945），字允生。高苑县（今高青县花沟镇）宫旺庄人。清末庠生。自幼颖悟，禀赋过人，后因举业未达，遵古人"不为良相，则为良医"之训，弃儒学医。研岐黄，究长沙，旁涉诸家，于内、外、妇科，无不精通，尤专温热之学。光绪二十九年（1903），开业行医，堂号"济生堂"。诊疾明审，遣药精当，危难重症，每药到病除。对病家不分贫富，有求必应，一视同仁。医德之高，医术之精，名噪一时，声震遐迩。

[《惠民地区卫生志》第十四篇《名医简介》]
[《高青县卫生志》第十七章《地方名医》]
[《山东中医药志》第六篇《人物表》]

青 城

明

◎ 张允贞 ◎

张允贞，一名张和尚。十余岁入寺为僧，患癣，一方士见而奇之，投之剂，立愈。遂从为弟子，受其方，后返儒服。尤精外科，多奇效。邑人张倬，少时患癣，投二丸即愈。以余丸置牖上，数年后，虫啮矣！邻人杨俊，患前症，出丸予之，复愈。又邑人杨某患某症，久不愈，允贞投之药，即效。杨喜曰：此神医也。但其视病以财为先后，竟无嗣。张倬曰：先儒有言，不为良相，必为良医。岂非以仁术故耶！若毕之不循，势利君子善之，张以耽利，殃后。吁可戒矣！

[乾隆《青城县志》卷八《方伎》]

[民国《青城续修县志》卷四《方伎》]

张允贞，一名张和尚。幼为僧，精外科，治多奇效。

[《山东中医药志》第六篇《人物表》]

清

◎ 杨作质 ◎

杨作质，字义亭。游家庄人。善针法，日请诊医者，接踵不绝。光绪年间，邑人杨立泉充四氏学校教授，衍圣公偶染时疫，医药罔效，杨公荐先生为之针。公及阙里，著手成春。圣公增授郓城屯官，升郓城百户厅。公性淡白，懒于仕进，辞官归田，以针术济世，活人无算，时称"神砭"云。

[民国《青城续修县志》卷四《方技》]

杨作质，字义亭。清代青城游家庄人。术精针灸，活人无算，时称"神砭"。

[《山东中医药志》第六篇《人物表》]

清

◎ 杜念祖 ◎

杜念祖，清光绪年间高苑县（今高青县花沟镇）杜家村人。早年行医，以《内经》《难经》《医宗金鉴》《本草纲目》为基础，医术精湛，造诣颇深。常在众医束手无策之际，挽救病人于危笃之中。遐迩闻名，久负盛誉。著有手抄本《怀茂堂女科》，惜已亡佚。

[《高青县卫生志》第十七章《地方名医》]

◎ 蔡达德 ◎

蔡达德，字淑章，外号"刘知县"。清光绪末年秀才。高苑县（今高青县高城镇）河西村人。自幼性情刚果，善为人排难解纷，急公好义。壮年，无意宦途，乃闭门习医。晚年培训生徒十数人，以《医宗金鉴》《瘟疫论》《济阴纲目》《本草备要》等为教学参考资料。好学不倦，言传身教，循循善诱，并访求县境名医经验，指导临床实践。

[《高青县卫生志》第十七章《地方名医》]

民国

◎ 李林源 ◎

李林源，字汉卿。田镇镇石坡庄人。清末廪生。学识渊博，曾任军阀时代老第五师军医，驻扎武汉一带。后来，军阀混战失败，返里行医。期间，应国民党高苑县政府邀请，任《县志》编制局主任。晚年，深邃医术，中医理论造诣颇深，又兼通西医，治学不分派别界域之见。在县内西部，曾名噪一时，堪称一代名医。

[《高青县卫生志》第十七章《地方名医》]

◎ 崔乘云 ◎

崔乘云（1870—1945），字御龙。花沟镇胡家店村人。自幼聪明过人，读书能过目不忘。暇时，其父教以医学，十八岁弃儒专攻医学，对《内经》《难经》及《伤寒杂病论》诸书，无不精研深究。1899年，承继父业，开业于家传堂号"经庸堂"。态度和蔼，平易近人，无论贫富贵贱，随叫随到。诊断治疗胆大心细，往往力排众议，独任其责。群医束手无策之症，经其以大剂生之，因而远近驰名。

曾在桓台县昝家庄开业行医，并为当地医生开设中医讲座，深受同仁欢迎。晚年，归还故里，求诊者络绎不绝，车马盈门。高苑张循皋病甚危笃，多方求治，毫无少效，据说属"不治之症"。经其诊治，很快病愈，题词赠匾以谢之，匾文为"医术冠军"。从医一生，经验丰富，不但治愈了很多疑难病症，还培育了不少中医后继人才。虽无著作，但医案、医话、经验良方甚多，惜经"文化大革命"，荡然无存矣。

[《高青县卫生志》第十七章《地方名医》]

峄 县

南北朝

◎ 萧静之 ◎

萧静之，兰陵人。举进士不第，性颇好道，委书策，绝粒练气，出游结庐漳水之上十余年，而颜貌枯悴，齿发凋落。一旦，引镜而怒，因迁居邺下，逐市人求什一之利。数年而资用丰足，乃置地葺居。掘得一物，类人手，肥而且润，其色微红，叹曰：岂非太岁之神，将为祟也。即烹而食之，美。既食尽，逾月而齿发再生，力壮貌少，而莫知其由也。偶游邺都，值一道士，顾静之，骇而言曰：子神气若是，必尝饵，仙药也。求诊其脉焉。乃曰：子所食者肉芝也。生于地，类人手，肥润而红，得食者寿同龟鹤矣。然当深隐山林，更期至道，不可自混于臭浊之间。静之如其言，舍家云水，竟不知所之见《神仙感遇传》。

[康熙《峄县志》卷四《仙释》]

萧静之，兰陵人。举进进士不第，性好道，绝粒练气，出游结庐漳水之上十余年，而颜貌枯悴，齿发凋落。引镜而怒，因迁居邺下。置地葺居，掘得一物，类人手，肥而且润，其色微红，烹而食之，美。逾月而齿发再生，力壮貌少。偶游邺都，值一道士，顾静之，骇而言曰：子神气若是，必尝饵仙药也。求诊其脉焉。乃曰：子之所食者肉芝也。生于地，类人手，食者寿同龟鹤矣。然当隐深山林，更期至道，不可自混于臭浊之间。静之如其言，舍家云水，竟不知所之。

[乾隆《兖州府志》卷三十一《杂志》]

萧静之，兰陵人。举进士不第，性好道，委书策，绝粒练气。尝掘地，得一物，类人手，肥而且润，色微红，烹食之，美。逾月，齿发再生。游邺都，值一道士，顾静之，笑曰：子必饵仙药。诊其脉，乃曰：子所食者肉芝也。寿同龟鹤矣。但当深隐山林，更期至道。静之如其言，舍家云水，竟不知所之。出《杜阳编》。

[乾隆《沂州府志》卷二十七《人物》]

[民国《临沂县志》卷十《人物》]

萧静之，兰陵人。举进士不第，性好道，绝粒练气，结庐漳水之上十余年，而貌悴发落。引镜而怒，因迁邺下，逐市人求什一之利。资用丰足，乃置地葺居，掘得一物，类人手，肥而润，色微红，叹曰：太岁之神，将为祟。即遂烹而食之。逾月而貌复少壮。一道士，顾而骇曰：子必尝饵仙药。求诊其脉，乃曰：子所食肉芝也。生于地，类人手，肥润而红，得食者，寿同龟鹤。然当深隐山林，更期至道，不可自混于尘浊之间。静之果如其言，舍家而去，不知所终。

[雍正《山东通志》卷三十《仙释志》]

萧静之，兰阳人。举进士不第，结庐漳水上，避谷练形十余年，形容枯槁。一日，葺居太行，掘地得一物，形类人手，质肥润，色微红，烹而食之。逾月，发生。一日，游邺都，有道士，顾而骇曰：子神气如是，必服仙饵。静之具道所以。曰：此肉芝也。食之寿同龟鹤。后莫知其所终。

[乾隆《长子县志》卷十二《仙释》]

萧静之，兰阳人。举进士不第，结庐漳水上，避谷练形十余年，颜貌枯槁。一日，葺居太行，掘得一物，形类人手，肥润微红，烹而食之。逾月，发生，力强，颜少。偶游邺都，一道士顾而骇曰：子神气如是，必服仙饵。静之与言。曰：此肉芝也。食之寿同龟鹤。后莫知其所终。

[乾隆《潞安府志》卷二十四《仙释》]

效霞按：萧静之，山东省各《县志》《府志》《通志》，均作"兰陵人"；乾隆《长子县志》、乾隆《潞安府志》，均作"兰阳人"。其生平年代，康熙《峄县志》、乾隆《兖州府志》作"南北朝"，乾隆《沂州府志》、雍正《山东通志》、民国《临沂县志》、乾隆《潞安府志》作"唐"朝。未知孰是，以待方家考证。

隋

◎ 萧 吉 ◎

萧吉，字文休。梁武帝兄长沙宣武王懿之孙也。博学多通，尤精阴阳、算术。江陵覆亡，归于魏，为仪同。周宣帝时，吉以朝政日乱，上书切谏，帝不纳。及隋受禅，进上仪同，以本官太常，考定古今阴阳书。吉性孤峭，不与公卿相浮沉，又与杨素不协，由是摈落，郁郁不得志。见上好征祥之说，欲乾没自进，遂矫其迹为悦媚焉。开皇十四年（594），上书曰：今年岁在甲寅，十一月朔旦，以辛酉为冬至。来年乙卯，正月朔旦，以庚申为元日。冬至之日，即在朔旦。《乐汁图征》云："天元十二月朔旦冬至，圣王受享祚。"今圣主在位，居天元之首，而朔旦冬至，此庆一也。辛酉之日，即至尊本命。辛德在丙，此十一月建丙子，酉德在寅，正月建寅，为本命与月合德，而居元朔之首，此庆二也。庚申之日，即是行年。乙德在庚，卯德在申，来年乙卯，是行年与岁合德，而在元旦之朝，此庆三也。《阴阳书》云："年命与岁月合德者，必有福庆。"《洪范传》云："岁之朝，月之朝，日之朝，主王者。"经书并谓三长，应之者，延年福吉。况乃甲寅，蔀首；十一月，阳之始；朔旦冬至，是圣王上元。正月，是正阳之月，岁之首，月之先；朔旦是岁之元，月之朝，日之先，嘉辰之会。而本命为九元之先，行年为三长之首，并与岁月合德。所以《灵宝经》云："角音龙精，其祚曰强。"来岁年命，纳音俱角，历之与经，如合符契。又甲寅、乙卯，天地合也。甲寅之年，以辛酉冬至；来年乙卯，以甲子夏至。冬至阳始，郊天之日，即是至尊本命，此庆四也。夏至阴始，祀地之辰，即是皇后本命，此庆五也。至尊德并乾之覆育，皇后仁同地之载养，所以二仪元气，并会本辰。上览之悦，赐物五百段。房陵王时为太子，言东宫多鬼魅，鼠妖数见。上令吉诣东宫禳邪气。于宣慈殿设神坐，有回风从艮地鬼门来，扫太子坐。吉以桃汤苇火驱逐之，风出宫门而止。谢土于未地，设坛为四门，置五帝坐。于时寒，有虾蟆从西南来，入人门，升赤帝坐，还从人门而出，行数步，忽然不见。上大异之，赏赐优洽。又上言：太子当不安位。时上阴欲废立，得其言，是之。由此，每被顾问。及献皇后崩，上令吉卜择葬所。吉历筮山原，至一处，云：卜年二千，卜世二百。具图而奏之。上曰：吉凶由人，不在于地。高纬父葬，岂不卜乎？国寻灭亡。正如我家墓田，若云不吉，朕不当为天子；若云不凶，我弟不当战殁。然竟从吉言。表曰：去月十六日，皇后山陵西北，鸡未鸣前，有黑云方圆五六百步，从地属天；东南又有旌旗、车马、帐幕，布满七八里，并有人往来检校，部伍甚整。日出乃灭。同见者十余人。谨案《葬书》云："气王与姓相生，大吉。"今黑气当冬王，与姓相生，是大吉利，子孙无疆之候也。上大悦。其后上将亲临发殡，吉复奏曰：至尊本命辛酉，今岁斗魁及天冈临卯酉，谨案《阴阳书》，不得临丧。上不纳。退而告族人萧平仲曰：皇太子遣宇文左率深谢余云：公前称我当为太子，竟有验，终不忘也。今卜山陵，务令我早立。我立之后，当以富贵相报。吾记之曰：后四载，太子御天下。今山陵气应，上又临丧，兆益见矣。且太子得政，隋其亡乎！

当有真人出矣。吾前给云"卜年二千"者，是三十字也；"卜世二百"者，取世二运也。吾言信矣，汝其志之。及炀帝嗣位，拜太府少卿，加位开府。尝行经华阴，见杨素冢上有白气属天，密言于帝。帝问其故，吉曰：其候，素家当有兵祸灭门之象。改葬者，庶可免乎！帝后从容谓杨玄感曰：公宜早改葬。玄感亦微知其故，以为吉祥，托以辽东未灭，不遑私门之事。未几而玄感以反族灭，帝弥信之。后岁余卒官。著《金海》三十卷、《相经要录》一卷、《宅经》八卷、《葬经》六卷、《乐谱》二十卷及《帝王养生方》二卷、《相手版要诀》一卷、《太一立成》一卷，并行于时。

[《北史》卷八十九《列传第七十七》]

萧吉，字文休。梁长沙王懿孙也。博学多通，尤精阴阳、算术。江陵覆亡，归魏，为仪同。周宣帝时，吉以朝政日乱，上书切谏，不纳。隋受禅，进上仪同，兼太常，考定古今阴阳书。吉性孤峭，不与公卿相浮沉，又与杨素不协，郁郁不得志。见上好征祥之说，遂矫其迹为悦媚焉。炀帝立，拜太府少卿，加开府。尝行经华阴，见杨素冢上有白气属天，密言于帝。帝问故，吉曰：素家当有兵祸灭门之象。改葬，庶可免乎！帝后从容谓杨元感曰：公宜早改葬。元感亦微知其事，以为吉祥，托以辽东未灭，不遑私门之事。未几而元感以反族诛。其言果验。著《金海》三十卷、《相经要录》一卷、《宅经》八卷、《葬经》六卷、《乐谱》二十卷、《相手版要诀》一卷、《太一立成》一卷，并行于时。

[宣统《山东通志》卷一百六十八《人物志第十一·历代艺术》]

萧吉，字文休。梁武帝兄长沙宣武王懿之孙也。博学多通，尤精阴阳、算术。江陵陷，遂归于周，为仪同。宣帝时，吉以朝政日乱，上书切谏，帝不纳。及隋受禅，进上仪同，以本官太常，考定古今阴阳书。吉性孤峭，不与公卿相沉浮，又与杨素不协，由是摈落于世，郁郁不得志。见上好征祥之说，欲乾没自进，遂矫其迹为悦媚焉。开皇十四年，上书曰：今年岁在甲寅，十一月朔旦，以辛酉为冬至。来年乙卯，正月朔旦，以庚申为元日。冬至之日，即在朔旦。《乐汁图征》云："天元十一月朔旦冬至，圣王受享祚。"今圣主在位，居天元之首，而朔旦冬至，此庆一也。辛酉之日，即是至尊本命。辛德在丙，此十一月建丙子，酉德在寅，正月建寅，为本命与月德合，而居元朔之首，此庆二也。庚申之日，即是行年。乙德在庚，卯德在申，来年乙卯，是行年与岁合德，而在元旦之朝，此庆三也。《阴阳书》云："年命与岁月合德者，必有福庆。"《洪范传》云："岁之朝，月之朝，日之朝，主王者。"经书并谓三长，应之者，延年福吉。况乃甲寅，蔀首；十一月，阳之始；

朔旦冬至，是圣王上元。正月，是正阳之月，岁之首，月之先；朔旦是岁之元，月之朝，日之先，嘉辰之会。而本命为九元之先，行年为三长之首，并与岁月合德。所以《灵宝经》云："角音龙精，其祚曰强。"来岁年命，纳音俱角，历之与经，如合符契。又甲寅、乙卯，天地合也。甲寅之年，以辛酉冬至；来年乙卯，以甲子夏至。冬至阳始，郊天之日，即是至尊本命，此庆四也。夏至阴始，祀地之辰，即是皇后本命，此庆五也。至尊德并乾之覆育，皇后仁同地之载养，所以二仪元气，并会本辰。上览之大悦，赐物五百段。房陵王时为太子，言东宫多鬼魅，鼠妖数见。上令吉诣东宫禳邪气。于宣慈殿设神坐，有回风从艮地鬼门来，扫太子坐。吉以桃汤苇火驱之，风出宫门而止。又谢士于未地，设坛为四门，置五帝坐。于时至寒，有虾蟆从西南来，入人门，升赤帝座，还从人门而出，行数步，忽然不见。上大异之，赏赐优洽。又上言：太子当不安位。时上阴欲废立，得其言，是之。由此，每被顾问。及献皇后崩，上令吉卜择葬所。吉历筮山原，至一处，云：卜年二千，卜世二百。具图而奏之。上曰：吉凶由人，不在于地。高纬父葬，岂不卜乎？国寻灭亡。正如我家墓田，若不吉，朕不当为天子；若云不凶，我弟不当战殁。然竟从吉言。表曰：去月十六日，皇后山陵西北，鸡未鸣前，有黑云方圆五六百步，从地属天；东南又有旌旗、车马、帐幕，布满七八里，并有人往来检校，部伍甚整。日出乃灭。同见者十余人。谨案《葬书》云："气王与姓相生，大吉。"今黑气当冬王，与姓相生，是大吉利，子孙无疆之候也。上大悦。其后上将亲临发殡，吉复奏上曰：至尊本命辛酉，今岁斗魁及天冈临卯酉，谨案《阴阳书》，不得临丧。上不纳。退而告族人萧平仲曰：皇太子遣宇文左率深谢余云：公前称我当为太子，竟有其验，终不忘也。今卜山陵，务令我早立。我立之后，当以富贵相报。吾记之曰：后四载，太子御天下。今山陵气应，上又临丧，兆益见矣。且太子得政，隋其亡乎！当南有真人出，治之矣。吾前给云"卜年二千"者，是三十字也；"卜世二百"者，取世二运也。吾言信矣，汝其志之。及炀帝嗣位，拜大府少卿，加位开府。尝行经华阴，见杨素家上有白气属天，密言于帝。帝问其故，吉曰：其候，素家当有兵祸灭门之象。改葬者，庶可免乎！帝后从容谓杨元感曰：公家宜早改葬。元感亦微知其故，以为吉祥，托以辽东未灭，不遑私门之事。未几而元感以反族灭，帝弥信之。后岁余卒官。著《金海》三十卷、《相经要录》一卷、《宅经》八卷、《葬经》六卷、《乐谱》十二卷及《帝王养生方》二卷、《相手版要诀》一卷、《太一立成》一卷，并行于世。

[光绪《武阳志余》卷九之一《史传》]

《乐谱集》二十卷，萧吉撰。吉，字文休。兰陵人。官太府少卿，加位开府。是书见《隋志》。新、旧《唐志》作《乐谱集解》，《北史》但作《乐谱》，卷数同。马国翰有《辑本》一卷。

[宣统《山东通志》卷一百三十《艺文志第十·经部·乐》]

《注孙子》一卷，萧吉撰。吉有《乐谱集》，见经部乐类。是书见《宋志》。《通志·兵略》作二卷。

《金海》三十卷，萧吉撰。见《隋志》。《唐志》：四十七卷。

[宣统《山东通志》卷一百三十五《艺文志第十·子部·兵家》]

《洪范五行消息诀》一卷，萧吉撰。吉见经部乐类。是书见《通志》。

《宅经》八卷、葬经六卷《唐志》二卷，萧吉撰。见《北史》本传。

《相经要录》二卷，萧吉撰。见《隋志》。《北史》本传作一卷。

《五行大义》五卷，萧吉撰。《四库未收书目》云：是编日本人用活字板摆印，前有"自序"，称"博采经纬，搜穷简牒，略谈大义。凡二十四段，别而分之，合四十段。二十四者，节数之气总；四十者，五行之成数"云云。考《隋书·经籍志》《唐书·艺文志》均未著录《唐志》载吉《五行记》五卷，度即此书。本传述吉所著书，亦无是册，然史称吉博学多闻，精阴阳、算术。今观其书，文义质朴，征引谶纬诸籍，有条不紊，且多佚亡之秘籍，尤非隋、唐以后所能伪也。

《太乙立成》一卷，萧吉撰。见《北史》本传。

《相手版要诀》一卷，萧吉撰。见《北史》本传。

[宣统《山东通志》卷一百三十七《艺文志第十·子部·术数》]

五代

◎ 萧　炳 ◎

萧炳，兰陵人。精岐黄，于书无不读。取本草药名每上一字，以四声相从，作《四声本草》五卷，以便讨阅，盖前人所未有者。终隐居不仕见《广记》。

[康熙《峄县志》卷四《方术》]

按《峄县志》：萧炳，兰陵人。精岐黄，于书无不读。取本草药名每上一字，定《四声本草》五卷，以便讨阅，盖前人所未有者。终隐居不仕。

[《古今图书集成医部全录》卷五百七《医术名流列传》]

萧炳，兰陵人。精岐黄之术，书无不读。取本草药名，作《四声本草》五卷，以便讨阅，盖从前未有者。

[民国《临沂县志》卷十《方技》]

萧炳，峄州人。精于医，于书无所不读。取本草药名，以四声相从，作为五卷，以便讨阅，盖前人所未有者。

[乾隆《兖州府志》卷三十一《杂志·方技》]

[雍正《山东通志》卷三十一《方伎志》]

萧炳，唐代兰陵人。精岐黄术，于书无不读，终隐居而不仕。《宋史·艺文志》载：《四声本草》四卷，唐萧炳撰。《补注神农本草经》云：此书"取本草名每上一字，以四声相从，以便讨阅。"原书已佚，部分佚文见《证类本草》。1966年，台儿庄镇顺河街尚存萧炳墓碑。

[《山东中医药志》第六篇《传记》]
[《临沂地区中医药志·医林人物表》]
[《中国医学大辞典》]
[《中国医学人名志》]
[《中医大辞典》]
[《枣庄卫生丛书·枣庄医林学术录》]

◎ 李匡王 ◎

匡王祠，在县西四十里。相传五代时，有神医匡姓者寓此，乡人为立祠。病者诣祠虔祷，取祠前溪水，注器中，须臾成五色药，往往愈疾，有灵验。

[康熙《峄县志》卷二《寺观》]

匡王祠，在城西北四十里东邹坞村。考《碑记》云：神姓李，琅邪匡王里人。善医，流寓殁此，里人为立祠，不敢称其姓字，遂以里名其神。疾而祷者，以杯水乞药，饮之立愈。祠创始无考。元元贞元年（1295），邹坞镇宣使周泽重修；泰定四年（1327），重修；明崇祯九年（1636），重修；国朝康熙五十年（1711），胡执鹭重修。

[光绪《峄县志》卷十《坛庙》]

匡王祠，在县西四十里。相传五代时，有神医匡姓者寓此，乡人为之立祠。病者诣祠虔祷，每有灵验。

[乾隆《兖州府志》卷二十《祠祀志·峄县》]

元

◎ 蔡受益 ◎

蔡受益，初陕州人。为人倜傥，重然诺，辩博有文。始由检校吏部徽政院，积三考，除会福院都事。初选入掾中书，再转大医院都事。泰定间出守峄州，遂家于峄。天历间，累迁兵部主事、度支监丞、河北江南行中书省参知政事、工部尚书，与翰林院待制彭寅亮、奎章阁学士虞集相友善。凡阅历俱以干集闻，朝廷材其为，滋欲柄用，与同官议不合，白宰相，愿退养亲。想其人盖非落落者。

[光绪《峄县志》卷十九《职官考列传》]

蔡受益墓，在县南一里。官度支监丞、行中书省参知政事、工部尚书。有翰林学士虞集《志》。

[乾隆《兖州府志》卷二十一《陵墓志》]

明

◎ 郭　东 ◎

郭东，本单县人，世为名医，及东始徙峄。精诊视，明运气，所投剂，无不立效。晚号元仝子，避城市，居邑北九阳洞山下，种杏千余株，余田种胡麻，隐然若仙家。性敦朴简静，乡党雅重之。年逾八十，精神不衰。家在邑东郊关外，人亦称为"东郭先生"云。

[康熙《峄县志》卷四《方术》]

郭东，本单县人，世为名医，及东始徙峄。精诊视，所投剂，无不立效。晚号元仝子，避城市，居邑北九阳洞山下，种杏千余株，田多种胡麻，隐居若仙家。性敦朴简静，乡党雅重之。年逾八十，精神不衰。家在邑东郊关外，人亦私称为"东郭先生"。

[光绪《峄县志》卷二十一《方技》]

云谷山，县北五十里。山东有洞，曰觉林，一名朝阳。林木上荫，茑萝下垂，境极幽异。又南二里为九阳洞。地多桐树，大至数围，一鸟道上通，甚险峻。洞下如井甃其上，四壁廖阔，如屋数楹，一泉出石窦中，寻常可供二三人，增至十数人亦不竭。昔有元仝子于此炼汞，山下种杏几千余株，山顶有莲花峰，寨垒犹在，灶砲宛然。盖元至正间，土人避兵处也。其西北为梁王洞，旧传梁武帝所凿。峭壁数十仞，云梯达其上。

[光绪《峄县志》卷五《山川》]

按《峄县志》：郭东，本单县人，世为名医，及东始徙峄。精诊视，明运气，所投剂，无不立效。晚号元仝子，避城市，居邑北九阳洞山下，种杏千余株，余田种胡麻，隐然若仙家。性敦朴简静，乡党雅重之。年逾八十，精神不衰。家在邑东郊关外，人亦私称为"东郭先生"云。

[《古今图书集成医部全录》卷五百十六《医术名流列传》]

郭东，原为明代单县人，世为名医。他东迁峄县。精望诊，所投药无不立效。晚号元仝子，避城市，居邑北九阳洞山下，种杏千余株，田多种胡麻，隐居若仙家。性敦朴简静，乡里雅重之。年逾八十，精神不衰。因住东关郊外，人亦称之为"东郭先生"。

[《山东中医药志》第六篇《人物表》]

◎ 贾宗鲁 ◎

贾宗鲁，字希参。其先东郡博平人，明初因兵乱徙家于峄。大父铭，以明经入太学，除华县丞，政尚慈惠，人至以"佛"称之。父访，由乡举历三州博士，擢理建昌，性果毅有执持。时有大珰以织造御服至郡，大张威福，郡守以下皆庭辱之。公独乘高舆出入与抗礼，终不屈。民为谣曰：知府是堆泥，同知是块土，若无贾推官，坏了建昌府。其刚毅不挠类如此。宗鲁性醇厚，为诸生时，事继母至孝，朝夕跪，上食百端，凌挫见逐，不能自存，终无怨色，所事益谨。知县赵鈇闻其事，送扁旌之。公以茂才异等，累举不第，年未强仕，以选贡任安肃、山海、高淳、南阳诸郡邑博士，犹移檄分俸事母，无宿怼焉。历官四庠，前后二十余年，教范有矩度，操履清约，诸士馈遗一切却之。所得俸廪，时时周贫恤孤。往任高淳，岁饥，民流移，多瘟死者，公日施汤药，所全活不啻万人。南阳张生，贫无家，公朝夕馆谷，为出资娶室。以此诸郡邑人士多尸祝之。后卒于南阳邸舍，宦橐萧然，一无所遗，惟有青毡尔。生五丈夫子，仲与叔俱茂才，不终年；季曰梦龙，由贡任内邱学博，以长子三近得封户科都给事中、太常寺少卿；少曰梦鲤，高才有韫籍，历砀山、赵州、高密、泽州四庠博士。宗鲁历履，详具《家乘》大传及南阳王文庄公所撰《志铭》，今不具载。

[康熙《峄县志》卷三《官师志》]

贾宗鲁，字希参。坊之子。性醇厚，事继母尽孝，虽劳不怨，奉色笑益谨。年三十余，以选贡任安肃、山海、高淳诸郡邑教职，前后二十余年，课士有方，操履清约。所得俸廪，悉供周贫恤孤之用。任高淳时，岁饥，民流移，多疫死者，日施汤药，所全活不啻万人。为南阳张生出资娶室，兼朝夕馆谷焉。诸郡邑人士多传道而尸祝之。卒南阳邸舍。有南阳王文庄所撰《志铭》，不具载。子五人，梦龙、梦鲤尤著。梦龙别"传"。梦鲤，高才有蕴籍，以贡生历砀山、赵川、高密、泽州学正。

[光绪《峄县志》卷二十一《乡贤》]

贾宗鲁，字希参。访之子。性醇厚，事继母尽孝，虽劳不怨。年三十余，以选贡任安肃、高淳、南阳诸郡邑博士，课士有方，操履清约。所得俸廪，悉供周贫恤孤之用。郡邑人士多传颂而尸祝之。

[乾隆《兖州府志》卷二十三《人物志》]

贾宗鲁，三近祖，赠光禄寺卿。

[康熙《峄县志》卷四《封赠》]

贾宗鲁，山东兖州府峄县人。由监生嘉靖二年（1523）任（教谕）。

[嘉靖《高淳县志》卷二《教谕》]

效霞按：据万历《兖州府志》卷三十七，贾宗鲁为正德年间峄县岁贡，升"教授"。

清

◎ 王鼎铭 ◎

恤授云骑尉世职彝轩王公墓碑

　　余莅峄之明年，集诸文士修邑乘，求百年以来之伟人硕士，足为简策光者，则皆曰彝轩王公。会公之子泽溥以事状来请载入《志》，且匄文揭于阡。余曰：公生平大节，足不朽矣。遑藉鄙言抑峄也！公之桑梓也，迩者俗亦稍漓矣。萑苻啸聚，群不逞趋若鹜，芟夷斩伐而未知悛也。意有移风易俗之责者，实职厥咎欤！则表章忠烈，以砭愚而格顽，亦守土者所宜急务也。其又敢辞！按状：公讳鼎铭，字新之。彝轩，其别号也。其先费县人，明万历间始迁峄之郭里集。曾祖士楚，岁贡生。祖灼，乡饮宾。考鸿基，太学生。妣高氏，两世皆以公仕，赠如其官。公幼勤学，十五入郡庠，十九食饩，乡举屡不遇。嘉庆庚午（1810），由廪贡援例得授中书。辛未（1811），充武会试同考官。甲戌（1814），加捐主事。因母老，陈情归里。遭丧后，庐墓三载，以孝闻。道光己丑（1829），授湖南新田县令。奉职廉洁，孚以惠心，政行而民不扰，讼有疑辄潜访，俾无遁情。尝旱祷雨弗得，乃自械暴烈日中，移时雨霈足。人服其诚。历三载，未携眷属。家故饶于资，俸薪弗赡，时取给焉。坐是，田产多耗。壬辰春（1832），江华逆瑶赵金陇滋事，新与接壤，峒瑶多其族，恐煽变。公在省闻之，急归，筹防御策。既弹丸邑，无多兵，则驰骑入山，冒雪遍历瑶棚，晓譬顺逆祸福，复量予赏赐慰安之。日率僚属、绅民、募勇为守。未几，贼犯县境，城中闻报惶骇。公谕士民使行，而朝服坐堂皇以待。众感公义，愿效死力，不谋而合者万余。公慷慨誓师，往邀击，遇贼于牺生冈。战一昼夜，生擒十九人，杀毙无算，时二月二十四日也。次日午，贼党大至。复率以迎，稍却之。有骁贼数十，突出前列，为所击。众溃，欲拥公逸去。公曰：尔等先退，我殿后，可无虞。踌躇，贼已逼近。公见众之多死也，恸詈曰：贼奴苦我民，曷杀我？遂中炮创甚，马逸而颠，有王白者负公行，同遇害。乡民于战处得尸与首，合而敛之。逾三月，家属启视，颜如生。事闻，奉旨予祭葬，入祀昭忠祠，授云骑尉世职。呜呼！昔庐陵氏，于五季得死节三人，死事十有五人。此为干戈易姓之世言之也。公当国家承平，跳梁肆逆，事变仓卒，杀贼捐躯，仅得以死事称。然公山陬一令耳。瑶飘忽若风雨，当海提督凌阿、马副将韬同时被害，外无蚍蜉蚁子之援，徒以忠爱结人心，率疲羸不习战之民，与之角距，迨鼓衰力尽，甘蹈白刃，无一毫瞻顾意，则虽死事，而与死节者侔烈矣。方公之再迎敌也，父老多牵裾止之，公以为贼焰方张，且夕傅城下环以攻，吾众且立尽。今厚集以薄于隘，胜则境内赖以安，不胜百姓可奔避，是以奋然而行。及贼入城，夜辄相惊以大兵之至。居二日，遂他窜。不可谓非公之灵爽之褫其魄也。呜呼！信所谓仁心为质，义形于色者矣。自公殁至今二十余年，风尘颂洞，莽伏鸱张，所在多有。而沂、兖两郡幅匪甫经剿，间阎稍安，使峄之塾师乡老，慨然思公。以书生作宰，而能为国折冲御侮，虽身残马革，其壮气英光，上烛霄汉。庸是训其里党子弟，耳目濡染之深，兴起自易，安知锄耰棘矜中，他日无垂声竹帛，若周孝侯、王郓州其人者！即不然，达于共用之勇，无犯非礼，一旦不虞，亦能出其身为乡邻卫，而无赖作横之习，可以旷然一变。是则公之遗泽，垂于无穷，又不第光新邑之简策而已也。公家居乐施，值麻胀流行，按古方散给药饵，全活甚众。甥张某，幼孤，育之如己子。有业师为东阿学博，老病致归，多所欹助。殁后持心丧，有古人谊。生乾隆三十七年（1772）壬辰六月初一日，殁道光十二年（1807）二月二十五日，得年六十有一。配李氏。子泽溥，承袭云骑尉、安徽候补库大使。孙映庚、映垣。墓在刘曜村。公之葬也，阙为志，余故备著之，以俟国使采择焉。蒋庆第撰文。

[光绪《峄县志》卷二十四《碑碣》]

　　王鼎铭，字新之。增贡生，纳资官中书。道光九年（1829）秋，授湖南新田县知县。初莅任，微服入邑，宿城隍庙，设誓神前。既入署，设幄于堂之偏，与门丁偪处，吏非召不得入，民有讼则呼而进，立与判决，有须传讯者，予限时日令自至，一切奸弊皆绝。怠甚则伏案少息，虽大风雨不入内。闲出勘事，从一仆一役，饔飧皆自备，不以烦民。十年夏，大旱，鼎铭日祷于城隍，不雨，继祷于火神，又不雨，乃自着械暴烈日中，自辰至午，且祝且泣，即日大雨，远近霑洽，民大悦。邑中好事者胪其德政为歌谣，将授梓，公闻，力禁之，以为是皆不足道也。十二年春二月，江华逆瑶赵金陇倡乱，鼎铭闻警，自省驰归。时逆氛张甚，新田诸瑶、侗亦为所煽动。鼎铭即日冒雪遍历诸瑶棚，晓谕之，皆顿首听命。未几，金陇犯宁远，提督海凌阿、副将马韬与战祠堂墟不利，死之。新田闻耗大震，居民皆荷担走。鼎铭以贼势方锐而城恶不可守，即召群吏、士民谕曰：吾职当死此，诸君可速为行计。言未既，吏民皆哭，邑人闻者亦哭，誓杀贼以报。既传檄远近，募丁壮，缮器械，不期而集者万余人。桂阳、宁远闻之，亦率众来助。会谍知贼窜查林铺，距城十五里，鼎铭策马先众进，诸团丁皆踊跃推锋直前，贼出不意皆大惊，分队抗拒。鼎铭躬冒矢石督众，大败之，斩杀无算，生擒十九人。越日，贼大队至，扬尘鼓噪，旗帜军械皆严整，而官军仓卒招募不习部分，力不敌。吏民皆环跪鼎铭马前泣，止之不听，复进与贼战，贼锐甚，团众死伤枕藉。鼎铭痛愤，即怒骂犯阵，死之。事闻，予优恤，入昭忠祠。新田人又为立专祠以祀焉。

[光绪《峄县志》卷二十一《乡贤》]

王鼎铭，字新之。峄县人。廪贡，援例除新田知县。日坐堂皇，吏非召莫入，民有屈则呼而进，判决限以旬日，有疑辄潜访之，得其情乃已。大旱，祷雨不应，乃自械跪烈日中，自辰至午，祝且泣，俄而云合，澍雨普遍，民心大悦。道光十二年，江华逆瑶赵金龙搆乱，鼎铭虑煽动邑瑶，亲历瑶棚，剀切晓示，召瑶长谕以顺逆，并赐酒以安其，群瑶贴然。未几，金龙犯宁远，逼邑境，鼎铭自率乡勇御之，战于距城十五里之查林铺，贼败退。次日，又战于牿牛冈，贼伏发，乡勇溃走，鼎铭中炮殁于阵。柩归，历九十二日，貌如生。赐恤如例。《国史》有传。

[宣统《山东通志》卷一百七十二《人物志第十一·国朝兖州府》]

王鼎铭，峄县人。道光中知新田县。十二年，江华逆瑶赵金龙作乱，陷新田，鼎铭死之。

[光绪《湖南通志》卷一百八《名宦十七》]

◎ 褚明龙 ◎

褚明龙，成玺子。生有至性，十七岁，母任氏卧病八月，龙侍汤药，昼夜不离侧。兄弟友爱，美田宅皆推与之，有薛包遗风。精医术，诊治多效。乡人至今称之。

[光绪《峄县志》卷二十一《孝友》]

◎ 王永和 ◎

王永和，字志贞。夙精医，全活甚众。咸丰九年（1859）夏，捻匪犯境，永和被执，问城中虚实，终不对。以刃胁之，即怒骂，遂遇害，时年七十三岁。

[光绪《峄县志》卷二十一《忠义》]

◎ 叶维化 ◎

叶氏传

傅尔德

叶氏，峄县人。父维化能医，以女嫁城东门曹臣。臣于兄弟为五，人以"曹五"称。家贫甚，为衣工以活，而有妬癖。叶嫁时，年十七，姿容美丽，长终日不言笑。舅姑皆殁，五出门时，辄嘱叶闭户，约击门声数符为号，始容启。而五时易其号以试叶，忘之启户，则奋挞几毙。所居室湫湿，时至室外，辄被殴击，无完肤。时同里某，与五最密。防其妻如五，妻不能堪，缢死。叶闻，嗟叹而已。生三子，父携之出，余留叶所者，至嚎啕，终不得一至户外。年二十一，五死。氏大恸，绝复苏者数四，邻家妇多惊怪之。葬五后，子幼不能负担，讫无所得食，乃与子俱至五墓前，拜且祝曰：吾不能从君生时约矣。乃腐豆荷，至通衢卖之。叶素美，又五生时未尝出，年方二十三四，顾盼耀闾里间，而邻恶少终无敢于叶前一言涉笑谑，货易以钱，置筐间去。叶乃收之，以为常。夫之兄某，以叶携幼子独居，将就其家为经理。叶以兄无妻不从。乾隆十一年（1746），年且四十一，子皆成长矣。叶更有嫂守节，与叶相依，其女即嫁叶子。余官于峄，初至即闻叶节义，徐访之，信不诬云。

[光绪《峄县志》卷二十二《列女传》]

◎ 马毓德 ◎

六品衔例赠修职郎马公之碑

自古豪杰磊磊轩天地，岂独功名恭然。其气节之峥嵘，实有超出寻常万万者。孔曰"成仁"，孟曰"取义"，一焉而已。晚近士大夫往往以仕宦为捷径，遇小利害辄以明哲保身为辞。而乡曲自好，乃有灼然义理之正。至于陷身决胭而不悔，《诗》所谓"百夫之防""百夫之御""百夫之特者"非欤！吾故表而出之，以告夫绅耆硕士与有风化之责者，则如义烈马公其人。公讳毓德，字润亭。先世任城人，后徙峄之台庄镇，遂著籍焉。公生而醇粹，事亲以孝闻。处邻里，恂恂谨饬。又慷慨好施与，自善岐黄术，时时以医药济人。人有争讼，得一言辄解。乡里推重，实有王彦方、严君平之风。咸丰九年（1859）间，毛匪猖披，所过隳名城，杀豪杰，不可胜数。而台庄濒运河，商贾辐辏，阛阓栉比，亦徐兖间一都会也。众议练勇，为防御计，推公首事。公是时年已七十矣。佥以齿德兼尊，义无可让。于是得选勇三百人，与其副茂才李公，日以兵法部勒之，若子弟然。岁余益精，果所向克捷。山林啸聚之徒，望风避去，即毛匪亦久知台庄为劲敌矣。八年九月，忽出不意，蜂拥来，镇将知不敌，只办一走。公召父兄、子弟，谓曰：各保室家速去，贼来我自当之。众□与俱去，公厉声曰：我去，勇且纷纷散，贼必急追，众皆不免矣。时贼前队已抵寨门，公麾众不返顾，奋长刀，直趋贼，敢死士从者十余人，贼为退，舍众先去者以是得全，而公骂贼益厉，贼攒刺之，身被数创，犹手刃十余贼，乃自刎死，是咸丰八年十月初一日也。呜呼烈哉！镇之人义斯举也，既奉其子廪膳生、今以明经贡成均象鼎等殡葬如礼，行当勒石纪其事，而问记于予。予未识公，识其副总李茂才。今李亦以勤事死，而公子象鼎忝与余游，固不获以不文辞。乃撮其大略，约为小传。而全躯保妻子之徒，犹有援可以死、可以无死、死伤勇之说为公病者，亦可以弗辨也夫。吴步韩撰文。

[光绪《峄县志》卷二十四《碑谒》]

马毓德，字润亭。台庄人。咸丰八年（1858）冬十月，捻匪数万众渡河来犯，毓德率练丁三百人御之。时贼众且锐，练丁惊溃，毓德独与敢死士十余人驰击之，手刃剧寇数名，贼惊怒，挥众围之数匝，毓德度不能脱，自刎死。

[光绪《峄县志》卷二十一《忠义》]

◎ 湛 起 ◎

桃花山记

仲宏道

环峄皆山，山俱童，无重峦洞壑可以游者。即间有一二可登眺处，而山院野僧，又无可与冲襟坐对，虽有山，若无山也。惟城东十里桃花山，两峰夹峙，其两峰下有泉若洪，东之半有洞若屋，又有峭壁森立，林麓在其拥抱间，可亭可宇，此则桃花山之异于众山者也。其住持僧名通鉴，字松林，其弟子湛起，字默然，雅精吐纳，颇思诗学，其陶然恬适之致，足以砭一切贪鄙，此又松林之异于众僧者也。夫有此异于众之山在峄十里内，有此异于众之僧在邑十里内之山，令峄者不知，虽有山若无山也……

[光绪《峄县志》卷二十三《艺文志》]

◎ 王福德 ◎

王福德（1745—1820），原籍郯城县磨山乡人，世代在台儿庄行医。擅长内、妇科，从医五十年。

[《枣庄市卫生志》第十七编《医药人物表》]

◎ 王　炳 ◎

王炳（1750—1817），字焕文。浙江绍兴人。乾隆四十二年（1777），进京赴考御医落地，回籍途中路经台儿庄，因恋其城坚地广，水路通达，乃留居不返，在台儿庄镇开办"仁寿堂"药店，行医售药。其先祖乃明代名医张景岳之后学，故方药治则多宗《景岳全书》，有景岳遗风。

[《枣庄市卫生志》第二编《堂铺》]

◎ 徐宏汉 ◎

徐宏汉（1809—1933），枣庄市峄城城关人。精岐黄术，从医六十年，以善治内科杂病知名。

[《枣庄市卫生志》第十七编《医药人物表》]

[《山东中医药志》第六篇《医林寿星小传》]

◎ 刘　溪 ◎

刘溪（1820—1890），字濂川。枣庄市山亭区山亭镇人。擅长内、外科，从医四十年。

[《枣庄市卫生志》第十七编《医药人物表》]

民国

◎ 李殿华 ◎

李殿华（1842—1910），枣庄市峄城区甘沟乡人。擅长内科，从医四十五年。

[《枣庄市卫生志》第十七编《医药人物表》]

◎ 任玉林 ◎

任玉林（1845—1915），枣庄市市中区郭里集乡人。擅长内科，从医四十年。

[《枣庄市卫生志》第十七编《医药人物表》]

[《山东中医药志》第六篇《人物表》]

◎ 谷胜芝 ◎

谷胜芝（1845—1935），枣庄市市中区永安乡人。擅长内科，从医四十五年。

[《枣庄市卫生志》第十七编《医药人物表》]

[《山东中医药志》第六篇《人物表》]

◎ 董大用 ◎

董大用（1851—1925），枣庄市市中区齐村镇东圩子村人。清朝御医。自幼热爱医学，十七岁从父学医，几年后深得《内经》《伤寒论》《本草纲目》等经典医书之要领。在万德地区行医，医术大有提高，对常见病能药到病除，对一些疑难病症也可"妙手回春"。

1876年，考中御医，光绪皇帝御赐顶戴、黄马褂、医印等，留京供职。清朝灭亡，于1912年返回家乡行医。齐村清末翰林崔广沇为其题写医号匾额"杏林堂"。擅长内科、针灸，医术闻名百里。所著《医案集锦》《伤寒试分解》《经络用药歌诀》等传于后世。

[《枣庄市市中区志》第十六卷《人物简介》]

◎ 任永照 ◎

任永照（1853—1919），枣庄市薛城区魏楼乡人。擅长内、妇科，从医四十五年。

[《枣庄市卫生志》第十七编《医药人物表》]

[《山东中医药志》第六篇《人物表》]

◎ 张善兰 ◎

张善兰（1853—1923），枣庄市市中区郭里集乡人。擅长内科，从医三十年。

[《枣庄市卫生志》第十七编《医药人物表》]

[《山东中医药志》第六篇《人物表》]

◎ 刘登相 ◎

刘登相（1855—1921），字辅臣。枣庄市山亭区山亭镇人。擅长外科，从医三十年。

[《枣庄市卫生志》第十七编《医药人物表》]

◎ 孙传瑄 ◎

孙传瑄（1857—1937），枣庄市峄城区金陵寺乡赵家村人。二十四岁开始学医，博览群书，研究各家医案，订阅《医界春秋》《新加坡医学杂志》等刊物，细心刻苦阅读。后坐堂行医，堂号"天益堂"。擅长内科，临症偏于攻下，用药独具特点，故在本地具有一定影响。

[《枣庄市卫生志》第十七编《传记》]

[《山东中医药志》第六篇《人物表》]

◎ 张伯振 ◎

张伯振（1862—1934），枣庄市薛城区薛城镇人。擅长妇、内科，从医四十年。

[《枣庄市卫生志》第十七编《医药人物表》]

[《山东中医药志》第六篇《人物表》]

◎ 王思颐 ◎

王思颐（1862—1942），枣庄市峄城区底沟乡人。擅长内、妇科，从医五十六年。

[《枣庄市卫生志》第十七编《医药人物表》]

[《山东中医药志》第六篇《人物表》]

◎ 宋增兰 ◎

宋增兰（1863—1921），枣庄市市中区郭里集乡人。擅长内科，从医四十年。

[《枣庄市卫生志》第十七编《医药人物表》]

[《山东中医药志》第六篇《人物表》]

◎ 徐广达 ◎

徐广达（1863—1940），枣庄市峄城城关人。擅长内科、针灸，从医四十年。

[《枣庄市卫生志》第十七编《医药人物表》]

[《山东中医药志》第六篇《人物表》]

◎ 马登厂 ◎

马登厂（1863—1944），枣庄市山亭区徐庄乡人。擅长内科，从医四十年。

[《枣庄市卫生志》第十七编《医药人物表》]

◎ 周脉秀 ◎

周脉秀（1863—1947），枣庄市薛城区岳城乡人。擅长妇科，从医五十六年，著有《妇科六十问》。

[《枣庄市卫生志》第十七编《医药人物表》]

◎ 张成绪 ◎

张成绪（1864—1913），字路青。枣庄市薛城区金河乡人。擅长内、儿科，从医二十年。

[《枣庄市卫生志》第十七编《医药人物表》]

[《山东中医药志》第六篇《人物表》]

◎ 董秀娥 ◎

董秀娥（1864—1940），字西峰。枣庄市薛城区沙沟镇人。擅长内科，从医三十年。

[《枣庄市卫生志》第十七编《医药人物表》]

[《山东中医药志》第六篇《人物表》]

◎ 鲁显明 ◎

鲁显明（1865—1931），枣庄市薛城区薛城镇人。擅长针灸，从医四十八年。

[《枣庄市卫生志》第十七编《医药人物表》]

[《山东中医药志》第六篇《人物表》]

◎ 刘绍文 ◎

刘绍文（1865—1935），字焕章。枣庄市台儿庄镇人。擅长外科，从医四十年。

[《枣庄市卫生志》第十七编《医药人物表》]

◎ 褚敬诺 ◎

褚敬诺（1865—1948），枣庄市峄城区阴平镇朱羊沟村人。出身于医学世家，因科举不第而弃儒习医。白天随父侍诊，夜晚攻读医书，成年后独立应诊。常在徐州、峄县、滕县等地行医，后被峄县"中和堂"药铺聘为坐堂医生。民国三十四年（1945）秋，返归故里，直至病逝。

学习医术，极为刻苦。除熟读中医经典外，尤精读《妇人大全良方》《女科证治准绳》《傅青主女科》等妇科名著，因此特别擅长于妇科疾病的诊疗。

认为调经主要在于理血，而理血重在脾胃。对胎前病的治疗，以清热安胎、降逆和胃为主；对产后诸疾，以大补气血为主；对妇科杂病，急则治其标，缓则治其本，或标本兼治。

一生忙于诊务，无暇著书立说，以慈善为怀，誉满乡里。

[《枣庄市卫生志》第十七编《传记》]

[《山东中医药志》第六篇《人物表》]

◎ 孟昭荣 ◎

孟昭荣（1865—1948），枣庄市市中区周村乡人。擅长妇科，从医四十五年。

[《枣庄市卫生志》第十七编《医药人物表》]

[《山东中医药志》第六篇《人物表》]

◎ 吴增敏 ◎

吴增敏（1868—1939），枣庄市市中区安城乡人。擅长外科，从医四十六年。

[《枣庄市卫生志》第十七编《医药人物表》]
[《山东中医药志》第六篇《人物表》]

◎ 张典谋 ◎

张典谋（1868—1945），枣庄市薛城区沙沟镇人。擅长儿科，从医四十年。

[《枣庄市卫生志》第十七编《医药人物表》]
[《山东中医药志》第六篇《人物表》]

◎ 张士勋 ◎

张士勋（1868—1946），字汉臣。枣庄市市中区郭里集乡人。擅长内科，从医四十年。

[《枣庄市卫生志》第十七编《医药人物表》]
[《山东中医药志》第六篇《人物表》]

◎ 尚大慈 ◎

尚大慈（1869—1933），字爱堂。枣庄市薛城区南石乡人。擅长妇科，从医十三年。

[《枣庄市卫生志》第十七编《医药人物表》]

◎ 王敬贤 ◎

王敬贤（1869—1949），枣庄市市中区枣庄镇人。擅长内科，从医五十年。

[《枣庄市卫生志》第十七编《医药人物表》]
[《山东中医药志》第六篇《人物表》]

◎ 袁士俊 ◎

袁士俊（1871—1942），字秀生。枣庄市薛城区金河乡人。擅长内、妇科，从医四十年。

[《枣庄市卫生志》第十七编《医药人物表》]
[《山东中医药志》第六篇《人物表》]

◎ 李福基 ◎

李福基（1872—1933），枣庄市山亭区徐庄乡人。擅长内科，从医三十一年。

[《枣庄市卫生志》第十七编《医药人物表》]

◎ 李景彪 ◎

李景彪（1872—1948），枣庄市薛城区薛城镇人。擅长儿科，从医四十年。

[《枣庄市卫生志》第十七编《医药人物表》]

[《山东中医药志》第六篇《人物表》]

◎ 张汉朝 ◎

张汉朝（1872—1948），枣庄市薛城区沙沟镇人。擅长儿科，从医四十年。

[《枣庄市卫生志》第十七编《医药人物表》]

[《山东中医药志》第六篇《人物表》]

◎ 汪松年 ◎

汪松年（1873—1939），枣庄市峄城人。擅长内科，从医三十年。

[《枣庄市卫生志》第十七编《医药人物表》]

[《山东中医药志》第六篇《人物表》]

◎ 刁广现 ◎

刁广现（1874—1948），枣庄市市中区枣庄镇人。擅长内科，从医四十五年。

[《枣庄市卫生志》第十七编《医药人物表》]

[《山东中医药志》第六篇《人物表》]

◎ 蔡永田 ◎

蔡永田（1875—1941），枣庄市台儿庄区人。擅长内科，从医四十年。

[《枣庄市卫生志》第十七编《医药人物表》]

◎ 李汉帮 ◎

◎ 李敬廷 ◎

　　李汉邦（1876—1945），字伯藩。枣庄市市中区郭里集乡西垞塔埠村人。二十岁时应科考不第，乃弃儒学医。随父李敬廷开设药铺，边拿药边学医，读《内经》《难经》《伤寒论》《神农本草经》及各家著述，历十春秋，三十岁时始独立应诊，数年之间渐成名医。在郭里集悬壶行医，后迁至枣庄老街开"益元恒"药店。精于内科杂病和妇科，擅长诊治脾胃病。处方多以健脾胃为主，兼以消食理气，人称"补土派"。认为脾胃为后天之本，得谷者昌，失谷者亡。脾胃调和，则食欲增加，增强身体对疾病的抵抗力。

　　治病不拘一格。如治菌痢以芍药汤为主，减去肉桂，加山楂、麦芽、莱菔子，用之每获良效。治疗妇科病多以调经为主，常用四物汤加香附、丹参、益母草等药，补血行气，药到病除。又善用单验方，曾遇一山区妇人，小便不通，小腹胀痛剧烈，急令其家人采集地肤子，煎服而愈。

　　诊病细致入微，处方用药谨慎。平素常说：治好千人无功，药死一人有过，为医者当慎之。性格清高，从不结交权贵，对贫苦病人有求必应。行医三十多年，积累经验良多，撰写了大量的临症心得，均在战乱年代焚毁。

[《枣庄市市中区志》第十六卷《人物传略》]

[《枣庄市卫生志》第十七编《传记》]

[《山东中医药志》第六篇《传记》]

◎ 张守义 ◎

◎ 张文学 ◎

　　张守义（1876—1946），字廉之。回族。枣庄市台儿庄区台儿庄镇顺河街村人。出生于医学世家，其祖父和父亲均为当地名医。幼习儒学，光绪三十年（1904）中秀才，举孝廉。因家境贫寒，将功名以五百两银价转卖他人，以偿还求学时所欠债务。随后跟同南京"耐古堂"名医、丹青大师石砚学医，间或作画，凡十二年。学成后归里，同其父张文学（1850—1920）开设"泰山堂"药铺而从医。

　　临症善清补，精妇科，治肺痨尤佳。时中兴煤矿田俊臣病，午后潮热，兼或吐血，骨瘦如柴，形疲神惫，寝食俱废，诸医束手。施以"理痨汤"，四十剂而愈。

奉军第二师师长之女，午后潮热，咳嗽吐血，形疲神衰，渐感不支，垂危之际，求治于张守义，仍以"理痨汤"治之。药用鳖甲、龟板、百合、麦冬、当归、石斛等，三十剂而愈。师长亲抵"泰山堂"致谢，并送"广沛上池"匾额。

对贫苦乡邻多怜之。时有乞丐，呕吐腹泻，因无钱请医，庶几欲绝。适逢张守义，即予以藿香正气散加党参、黄连，煎汤温服，二剂而愈。不取分文，患者感其恩德，集众乞丐送匾一幅，上题"济世活人"。医名日盛，士绅名流，皆欲与之交，所过之处，人皆敬之。台儿庄镇知名人士贺义民、马振堂等感其医术精湛，德高望重，各送匾额，一题"脉绍仲景"，一题"品洁术清"。既精于医理，且善书法，又为丹青妙手。绘花草，栩栩如生；描人物，呼之欲出。台儿庄镇周围富家望族之墓志碑文，多出其手笔。

民国二十七年（1938）春，日寇入侵，兵临城下，中日台儿庄激战经旬，满目焦土，尸骨如堆，张氏之药店、书稿化为灰烬。至此郁郁成疾，于民国三十五年病逝，寿七十岁。

[《枣庄市卫生志》第十七编《传记》]

[《山东中医药志》第六篇《传记》]

◎ 王念斋 ◎

王念斋（1877—1947），字明典。枣庄市台儿庄区人。擅长内科，从医五十年。

[《枣庄市卫生志》第十七编《医药人物表》]

◎ 李会阶 ◎

李会阶（1881—1949），清末庠生。枣庄市山亭区桑村乡人。擅长内科，从医三十五年。

[《枣庄市卫生志》第十七编《医药人物表》]

[《滕县文史资料》第一辑]

◎ 马守先 ◎

马守先（1885—1949），枣庄市山亭区辛召乡人。擅长妇科，从医四十年。

[《枣庄市卫生志》第十七编《医药人物表》]

◎ 田彦爵 ◎

田彦爵(1886—1947),字修玉。枣庄市薛城区邹坞乡人。擅长内科,从医三十年。

[《枣庄市卫生志》第十七编《医药人物表》]
[《山东中医药志》第六篇《人物表》]

◎ 徐殿卿 ◎

徐殿卿(1887—1942),枣庄市山亭区徐庄乡人。擅长妇科,从医三十五年。

[《枣庄市卫生志》第十七编《医药人物表》]

◎ 刘会芝 ◎

刘会芝(1887—1949),枣庄市薛城区陶庄乡人。擅长外科,从医四十年。

[《枣庄市卫生志》第十七编《医药人物表》]
[《山东中医药志》第六篇《人物表》]

◎ 王恒生 ◎

王恒生(1889—1944),枣庄市市中区安城乡人。擅长外科,从医三十六年。

[《枣庄市卫生志》第十七编《医药人物表》]
[《山东中医药志》第六篇《人物表》]

◎ 张士章 ◎

张士章(1903—1937),枣庄市市中区郭里集乡人。擅长内科,从医十年。

[《枣庄市卫生志》第十七编《医药人物表》]

◎ 陶洪瀛 ◎

陶洪瀛(1905—1942),枣庄市薛城区南石乡大吕巷村人。少年在家随父亲学习中医,1932年到枣庄一带卖中草药,结识枣庄地区党的负责人郭子化,在其帮助教育下,于是年加入了中国共产党,是中共鲁南地方组织的早期党员之一,为发展壮大鲁南党组织做了大量的工作。

1934年3月,峄县县委成立后,与丛林被派往峄西农村开展党的活动,先后在大小吕巷、大小武穴和香城一带发展党员，建立了大吕巷、大武穴党支部，任大吕巷党支部书记。1935年3月，党为了加强津浦铁路东西两侧的联系，建立了路东、路西交通站，任路东交通站站长。1936年6月，接任中共峄县县委书记。同年10月，中共苏鲁边区临时特委为了加强与湖西党组织的联系，委派其到滕县北辛村开设了"乾德堂"药店，作为特委与湖西党的交通联络点。1937年1月，根据特委指示，联络杨福林、刘启玉等二十余人，在大香城组建了峄县武装队。3月，武装队在邹坞埋伏，将公开宣扬亡国论、欺压百姓的日本特务徐志江活捉后枪毙，缴获手枪一支，为民除了害。1936年至1938年，担任苏鲁边区特委委员。

1938年5月，任苏鲁边区特委委员兼鲁南去延安之路的特别交通员。为保持鲁南地方党组织同中央的密切联系和往来，为完成党交办的各项任务，从不考虑个人安危，在极其危险的环境中，忘我地工作。1942年7月，奉命护送萧华夫妇，在探路时被敌人包围，奋勇突围，不幸中弹，英勇牺牲，时年三十七岁。

[《薛城区志·人物传略》]

◎ 李振坦 ◎

◎ 鲁开基 ◎

◎ 李家庭 ◎

李振坦，民国十三年（1924）在临城镇开设"怀济堂"药店（系微山"怀济堂"分店）。后与鲁开基、李家庭等合营。药材由西安、天津、台湾、香港等地采购，遵古炮制，药材质量好，并自制膏丹丸散，如"金不换膏""烧伤膏"等，效果明显，沿用至今。将几十年积累之成方，汇集成册，名为《怀济堂药方集锦》，至今尚存。该堂1956年改为中西医药联合诊所。

[《枣庄市卫生志》第二编《堂铺》]

◎ 梁寿堂 ◎

梁寿堂，民国十四年（1925），开办"庆裕药栈"，共有职员十八人，经营多为地道药材，自制中成药五十余种。

[《枣庄市卫生志》第二编《堂铺》]

◎ 狄耀南 ◎

狄耀南，峄县中兴煤矿股份有限公司于民国十四年（1925）开设"中兴药室"，民国二十四年转卖狄耀南后改为"中和德"药店。1955年12月30日，"庆裕药栈"与"中和德"药店合并为"公私合营庆中药店"。

[《枣庄市卫生志》第二编《堂铺》]

滕 县

唐

◎ 王希夷 ◎

王希夷，徐州滕县人也。孤贫好道。父母终，为人牧羊，收佣以供葬。葬毕，隐于嵩山，师道士黄颐，向四十年，尽能传其闭气导养之术。颐卒，更居兖州徂来山中，与道士刘玄博为栖遁之友。好《易》及《老子》，尝饵松柏叶及杂花散。景龙中，年七十余，气力益壮。刺史卢齐卿就谒致礼，因访以字人之术，希夷曰：孔子称"己所不欲，勿施于人"，可以终身行之矣。及玄宗东巡，敕州县以礼征，召至驾前，年已九十六。上令中书令张说访以道义，宦官扶入宫中，与语甚悦。开元十四年（726），下制曰：徐州处士王希夷，绝学弃智，抱一居贞，久谢嚣尘，独往林壑。朕为封峦展礼，侧席旌贤，贲然来思，克应嘉召。虽纤绮季之迹，已过伏生之年，宜命秩以尊儒，俾全高于尚齿。可朝散大夫，守国子博士，听致仕还山。州县春秋致束帛酒肉，仍赐衣一副、绢一百匹。寻寿终。

[《旧唐书》卷二百二《列传第二百二·隐逸》]

王希夷，徐州滕人。家贫，父丧，为人牧羊，取佣以葬。隐高山按：雍正《山东通志》作"高平山"，师黄颐，学养生四十年。颐卒，更居兖州徂来山，与刘玄博友善。喜读《周易》《老子》，饵松柏叶、杂华，年七十余，筋力柔强。刺史卢齐卿就谒问政，答曰：己所不欲，勿施于人。此言足矣。玄宗东巡狩，诏州敦劝，见行在，时九十余。帝令张说访以政事，宦官扶入宫中，与语甚悦，拜国子博士，听还山。敕州县春秋致束帛酒肉，仍赐绢百（匹）、衣一副。

[道光《滕县志》卷九《隐逸》]

王希夷，徐州滕县人也。孤贫好道。父母终，为人牧羊，收佣以供葬。葬毕，隐于嵩山，师道士黄颐，向四十年，尽能传其闭气导养之术。颐卒，更居兖州徂来山中，与道士刘玄博为栖遁之友。好《易》及《老子》。尝饵松柏叶及杂花散。景龙中，年七十余，气力益壮。刺史卢齐卿就谒致礼，因访以字人之术，希夷曰：孔子称"己所不欲，勿施于人"，可以终身行之矣。及玄宗东巡，敕州县以礼征，召至驾前，年已九十六。上令中书令张说访以道义，宦官扶入宫中，与语甚悦。开元十四年，下制曰：徐州处士王希夷，绝学弃智，抱一居贞，久谢嚣尘，独往林壑。朕为封峦展礼，侧席旌贤，贲然来思，克应嘉召。虽纡绮季之迹，已过伏生之年，宜命秩以尊儒，俾全高于尚齿。可朝散大夫，守国子博士，听致仕还山。州县春秋致束帛酒肉，仍赐衣一副、绢一百匹。寻寿终见《唐书》本传。

[民国《重修泰安县志》卷八《隐逸》]

王希夷，滕人。隐嵩山，师黄颐，学养生四十年。更居徂来山。喜读《周易》《老子》，饵松柏叶、杂华，年七十余，筋力柔强。元宗东巡，召见行在，时年九十余。拜国子博士，听还山。

[乾隆《兖州府志》卷三十一《杂志》]

王希夷，滕人。为人牧羊，取佣以葬亲。隐徂来山。唐玄宗访以道义，授朝散大夫，听还山。

[乾隆《泰安府志》卷十八《流寓》]

王希夷，滕人。为人牧羊取佣，以葬亲。隐徂来山，玄宗访以道义，授朝散大夫，听还山。

[至元《齐乘》卷六《人物》]

王希夷，徐州滕人。家贫，父母丧，为人牧羊，取佣以葬。隐嵩山，后居兖州徂来。与刘玄博友善。喜读《周易》《老子》。刺史卢齐卿就谒问政，答曰：己所不欲，勿施于人。此言足矣。玄宗东巡，召见，与语甚悦。拜国子博士。

[嘉靖《山东通志》卷三十《人物三·兖州府》]

王希夷，徐州滕人。家贫，父丧，为人牧羊，取佣以葬。隐高平山，师黄颐，学养生术，随事四十年。颐卒，更居徂来山。与刘玄元博友善。喜读《周易》《老子》。兖州刺史卢齐卿就谒问政，对曰：己所不欲，勿施于人。玄宗东巡，诏州敦劝，见行在，时年九十余矣。帝命张说访以治道，与语甚悦。赐帛衣一袭，听还山。仍敕州春秋致酒肉束帛。

[雍正《山东通志》卷二十八之二《人物二》]

王希夷，滕人。隐嵩山，师黄颐，学养生四十年。更居徂来山。喜读《周易》《老子》。饵松柏叶、杂花，年七十余，筋力柔强。玄宗东巡，召见行在，时年九十余。拜国子博士，听还山。

[雍正《山东通志》卷三十《仙释志》]

王希夷，滕人。家贫，父母丧，为人牧羊，取佣以葬。隐嵩山，师黄颐学养生。颐卒，更居徂来。与刘方博友善。喜读《周易》《老子》，饵松柏叶、杂华，年七十余，筋力柔强。刺史卢齐卿就问政，答曰：己所不欲，勿施于人。此言足矣。玄宗东巡，诏州县敦劝，见行在，时年九十余。帝令张说访以政事，宦官扶入宫中，与语甚悦。拜国子博士，听还山。敕州县春秋致束帛酒肉，仍赐绢百匹、衣一副《唐书·隐逸传》。

[宣统《山东通志》卷二十八《人物》]

王希夷，牧羊，取佣，葬母。隐嵩山，师黄颐，学养生。饵松柏。刺史问政，曰：己所不欲，勿施于人。

[隆庆《登封县志》卷五《隐逸》]

王希夷《唐书》本传，徐州滕人。家贫，父母丧，为人牧羊，取佣以葬。隐嵩山，师黄颐。喜读《周易》《老子》。年七十余，刺史卢齐卿就谒问政，答曰：己所不欲，勿施于人。此言足矣。明皇东巡狩，诏州县敦劝，见行在，时九十余。帝命张说访以政事，宦官扶入宫中，与语甚悦。拜国子博士，听还山。敕春秋致束帛酒肉，仍赐帛衣一副。

[乾隆《河南府志》卷四十七《隐隐》]

王希夷，徐州人。孤贫好道。父母终，为人牧羊，取佣供葬。毕，隐于嵩山，师事道士，得修养之术。后居兖州徂来山。刺史卢齐卿就谒，因访以政事，希夷曰：孔子云：己所不欲，勿施于人。可以终身行之矣！玄宗东封，敕州县礼致，时年已九十六。玄宗令张说访其道义，说甚重之。以年老不任职事，乃下诏曰：徐州处士王希夷，绝圣去智，抱一居贞，久谢嚣尘，独往林壑。属封峦展礼，侧席旌贤，贲然来思，应兹嘉召。虽纡绮季之迹，已过伏生之年，宜命秩以尊儒，俾全高于上齿。可中散大夫，守国子博士，特听还山。仍令州县岁时赠束帛羊酒，并赐帛一百匹《大唐新语》。

[同治《徐州府志》卷二十二《人物传》]

王希夷，新、旧《唐书》本传云：徐州滕人。《大唐新语》省"滕"字，同治《府志》据以为徐州人，误。

[民国《铜山县志》卷六十七《人物搜佚表》]

元

◎ 李 浩 ◎

李浩，其先曲阜人，五世祖官于滕，因家焉。大父义、父玉，皆以儒显。而浩喜医方术，慕仓公之为人也。元初，常往来于东平间，为人治病，决死生，其验如神。所著有《素问钩元》《仲景或问》《诸药论》，甚精。窦文正默幼从其子元学，荐之元世祖，而老不可征，诏有司岁给衣米，终其身。元，业儒，诏卒父业，自有"传"。

[道光《滕县志》卷九《方术传》]

李浩，滕县人。喜医方术，常往来东平，为人治疾，决死生，其验如神。所著有《素问钩元》《仲景或问》《诸药论》，甚精。窦文正默荐之世祖，老不可征，诏有司岁给衣米，终其身。

[乾隆《兖州府志》卷三十一《杂志·方技》]

李浩，滕县人。世以儒显，而浩兼治方术，精医学，常常往来东平间，为人治病，率神效。所著有《素问钩元》《仲景或问》诸书，皆甚精确。窦文正默幼从其子元学，荐之于朝，世祖征之，以衰老甚不就，诏有司岁给衣米，终其身。

[雍正《山东通志》卷三十一《方伎志》]

按《滕县志》：李浩，其先曲阜人，五世祖官于滕，因家焉。大父义、父玉，皆以儒显。而浩喜医方术，慕仓公之为人也。元初，常往来东平间，为人治病，决死生，其验如神。所著有《素问钩元》《仲景或问》《诸药论》，甚精。窦文正默幼从其子元学，荐之元世祖，而老不可征，诏有司岁给衣米，终其身。

[《古今图书集成医部全录》卷五百九《医术名流列传》]

李浩，金元之际医学家，字巨川。生活在十二三世纪之间。祖籍曲阜（今属山东），五世祖因做官而迁徙滕县（今属山东）。祖父李义、父亲李玉，都以儒学显名。李浩喜好医学，敬慕仓公的为人，医术精湛。元初常往来于东平（今属山东）一带，为人治病，效验如神。中统元年（1260），王恽充东平详议官，与李浩结识。李浩自云：客居淮南时，将针术传与窦默。曾经撰有《素问钩玄》《仲景或问》《诸药论》等书，议论甚精。窦默曾举荐李浩于元世祖，因年老不可征用，诏令官府供给衣米，直至终身。子李元继承医术，精于针灸。

[《金元医学人物》]

[《中国人名大辞典》]

[《中医大辞典》]

[《中医人物词典》]

[《中国医学人名志》]

[《中国历代名医传》]

[《中国历代名医集录》]

[《历代名医人物志》]

[《中医人名大辞典》]

[《山东中医药志》第六篇《传记》]

[《齐鲁文化大辞典》]

◎ 李 元 ◎

李元，字善长。浩子也。元初习儒术，奉旨卒父业。召至京师，赐宴万安阁，俾掌御药局。尝侍中，奏对称旨，世祖以为识事体，赐白金五百两，从北安王那木罕西征，行万余里，至西域。元以府兵不足，言于王曰：今深入敌国，地远事殊，兵弗盈千，而供亿屡乏。一旦接战，恐变生不虞，请益府兵预为之备。王从之，与元情好益密。王以妻妹妻之，服食皆王所分。至元七年（1270），世祖命王守上都，乃署元为断事，究察诸不法者。王以边兵七万，馈饷不给，使元守边城。至则库廪空竭，众劫掠自给。元乃谕富者预输租赋，得米万斛，以赡军食。既足，暇日辄酒其酋长，以收众心，恩信大布。至元十三年（1276）冬，诸侯王昔列及叛袭破边军，元以理谕其，众居民免于抄掠，昔列及止。元留数月，竟以他故脱去。居阿赤潭城，乃其故地。父老携酒肴，日至相与垂泪喑。曰：昔，我辈赖使君以生，孰谓使君罹此危耶！居数月，收拾余众，潜与王。还国至瞻谷，思水军溃，为叛王海都所得，遂与之西行数千里，至垂水川。守卫愈严，六年不令他徙。癸未（1283）冬，都海王言于哇王曰：北妻兄留此瘠，甚悦，病死则构怨益深，今已遣还国矣。笃哇王因言元海都驿以归之。元昼夜兼行无人之境千里，至马挈思水，与大军接。明年夏，始达上都。王惊喜，曰：李公来，天赐我也。六月四日，觐世祖于行在，上三招，令前，问其来状，顾谓左右曰：是人万里来归，尽忠孝于我，虽蒙古人有弗逮！赐钞五千贯、貂裘帽各一、锦帛三千纯，授奉训大夫。北安王、司马王赐钞二万五千贯。辛卯（1291）夏，以便事白，王下令斥奸邪，举废弛，去苛虐，汰冗滥，诸弊一新。未几，王薨，元为之行丧礼。逾年，迁太中大夫都总管府达鲁不花赤改本府总管，转牧顺德路，进嘉议大夫。清而有惠，恺悌宜民，迁通议大夫、益都路总管。无何改牧般阳，为治与顺德同。以年老致仕，退处滕阳，年八十四卒。元敦厚明敏，善抚驭士民，临难有守，著恩信于塞徼，忠义为异域所服。此孔子所谓言忠信行笃敬者欤。

[道光《滕县志》卷八《武功》]

[《滕县乡土志·耆旧录》]

李元，字善长。滕人。以医侍世祖，命从北安王那木罕征海都，被执六年，乃得脱归，觐世祖于行在，上谓左右曰：是人万里来归，尽忠孝于我，虽蒙古人弗逮也。厚劳赐之。逾年，迁大中大夫都总管府达鲁花赤。清而有惠，恺悌宜民。以年老致仕，年八十四卒。

[乾隆《兖州府志》卷二十三《人物志》]

按《兖州府志》：李元，字善长。滕人。以医侍世祖，奏对称旨。从北安王那木罕西征，行万余里，为叛王海都所得，幽之六年，乃得脱归，觐世祖于行在，上问其来状，顾左右曰：是人万里来归，尽忠孝于我，虽蒙古人弗逮也。厚劳赐之。逾年，迁大中大夫都总管府达鲁花赤。清而有惠，恺悌宜民。以年老致仕，退处滕阳，年八十四而卒。

[《古今图书集成医部全录》卷五百九《医术名流列传》]

李元墓，在城西北五里。元封东平郡公、谥忠穆。子塔剌海、官集贤学士祔葬。

[道光《滕县志》卷五《古迹》]

李元，元御药局官医，字善长。滕县人。名医李浩之子。因医名甚著，被元世祖诏入京师，掌御药局，以医侍世祖。

[《山东中医药志》第六篇《传记》]

[《齐鲁文化大辞典》]

◎ 马了道 ◎

◎ 王志专 ◎

◎ 张志广 ◎

◎ 张志玉 ◎

马了道，师事雷洪阳，雷洪阳则师马丹阳，而了道同姓人，遂称"小丹阳"云，号灵真子。了道既传马丹阳术，游至雪山，见其洞谷幽奇，遂结庐洞傍，服气导引。形解仙去，后人为赞云：猗与灵真，道山龙象，急流猛悟，不羁利网，长生洪阳，前后推奖；外示谦和，内存浩养，玄玄造化，惟惚惟恍，玉岩文粹，千载追赏。其徒，乃于其庐创云峰万寿宫，呼洞为"丹阳洞"。

王志专，少师雷洪阳与马了道。同学马了道既结庐雪山，志专游崂山来归，同居丹阳洞，号清明子。后人为赞曰：色界谋身，知色不色。敝屣世缘，鹑居鷇食。洪阳答蒙，长生辨惑。环堵七年，了了性识。玉岩增高，优入元域。

张志广，师马了道，居云峰万寿宫。得导养术，寿八十一，豫知死日，至期沐浴更衣，瞑目端坐玉柱，撑顶而化。

张志玉，师马了道，居薛城龙泉观。精药术，人有疾苦，应手愈。朝廷闻之。赐金襕紫服，号通真大师、洞然子。七十一岁卒。

[道光《滕县志》卷十一《释道传》]

明

◎ 张大经 ◎

张大经，字伯诚。家居邑西故滕城，因号"西滕"。其先山西忻州人，明初有讳瓒者，徙居滕，始为滕人。瓒生志贤，志贤生杲，俱以孝弟力田闻里中。杲生寿，为公大父，始治儒，为博士弟子，未显也。寿生处士公思孝，是为公父。娶杜，有丈夫子二，而公居长。公自少，容仪秀雅，神识畅茂。十岁，从大父受《尚书》，即强记，善属词。十六，补县诸生。弱冠，举嘉靖甲午（1534）山东乡试，名即蒸蒸起海岱间。公益潜心下帷攻苦，然五试礼部不第，乃谒选得陕之西乡令。西乡岩邑，俗犷悍，难治。公至，谕以恩信，察民之利苦，而量为均调，小大之狱，平停而已。邑故多剧豪，倚山谷为逋薮。时有豪首，居大巴山，以其党负嵎，数抗县法榜，箠县使者，有司莫谁何。公以计捕之，置于法，诸豪悉震慑，敛迹，无梗法者，境内大治。独以失分巡宪使，意为所中，调保定之容城县。容城故褊小，然在三辅股肱间，密迩辇毂境中，貂珰羽林俨飞，戚畹之家杂居之，多托贵官大吏有所求请，法格不行。公概不顾，一以直道行法。县中富室大豪逞逞脱大役，而小民负重无息肩时。公至，恻然宽下户贫民，而抑其豪右巧避者。小民颂德，而大豪顾不能无内望矣。会邑人故杨忠愍公继盛，论劾权相严嵩坐忤旨不良，死。其子扶丧归里。当是时，有奉当路指将龁齕其家者，公特哭临其丧，而委曲保护其家遗孤，召置署中学，与二子同卧起。人或谓公曰：权相方蓄蜂虿，何轻庇其雠人子，自取螫耶？盍远之！公曰：韩献子何人哉？区区保赵孤而复其田邑，彼亦丈夫也。吾但知忠义之后所当恤，遑知其他！以是人人感服，而杨氏家业遗孤赖以保全者，公之力也。时有中珰族人，持刀伤其仲父，罪当死。珰恳一权要书贻公宽之，公谢，弗从，竟论如法。坐此触权贵，免官。公性亢直，不欲婾婴取容。以此再仕，率忤权豪去，而小民有遗思焉。公性孝友，莅两邑，皆奉处士公就养左右尽欢。及归里，所有故田宅悉推与弟大纶，独身废箸，乃于郭外别筑圃舍，日奉处士公游宴其间。以其暇日，召尝所与父老故旧，觞奕笑乐，不复问其家金余多少，意甚适也。处士公病，公自检方书，调药饵进之，昕夕不懈。比卒，哀悴消形，乃益留心岐黄术。东岳丛祠傍，旧有地十余亩，供祀事，后取入官。公入直得之，复还守祠者，不令县知也。嘉靖间，漕渠塞，治漕使旁午，滕境上两驿不能支，恳公。公出囊中金三百遗之，后无一偿者，公竟折券弃债。所为义举多类此。公二子，虽尝就外傅，而从庭中督诲之。尝谓二子曰：心不可欺，行不可苟。有容乃大，有忍乃济。由是，伯子用公义方登甲第，刺开州，擢户部郎，而仲子举茂才异等，盖得公庭训为多云。公自乙丑（1565）病痿痹，乃检所手录诸精方，合药服之。而旁及诸养生家言，得无害。及癸未（1583），病脾痢，大剧。伯子时为户部郎，适奉督饷檄，过里中，便省，欲上书不行。公曰：延宁岁大祲，乘障之士，仰给饷事，奈何濡滞不行！汝弟在侍，安可以予为解也。户部君不得已，辄行，而心时时恋庭中。具奏草者，数四会，塞事勖勤不果请。一日，又具疏抵京，而公讣至矣。公生于正德甲戌（1514），卒于万历戊子（1588），享年七十有五，祀乡贤。

[道光《滕县志》卷七《列传》]

◎ 耿惠远 ◎

◎ 耿新民 ◎

耿惠远，父新民，工疡医。惠远世其业，百发皆中。性至孝，每自咎曰：父年老，何为因人疾，而缺吾父侍养耶！问一出，下药毕，风雨必驰归。父年八十余，惠远为涤私衣，携溺器，左右无方。邑大夫阳城吴公闻之嘉叹，表曰"纯孝可风"。新民，寿百三岁。

[道光《滕县志》卷九《孝义》]

耿惠远，滕县人。性至孝，温清定省，曲当亲志，为父涤私衣，携溺器，终身无倦色。父寿至百三岁而终，人称"纯孝"焉。

[乾隆《兖州府志》卷二十三《人物志》]

◎ 刘培裕 ◎

刘培裕，字充儒，或云洪儒。乾隆初，人犹及见之。皆曰：此老天性爱人，遇危苦者，扶之若育物然。素善医，不一术，其痘术尤入化。小儿垂死者，众束手，公辄活之。又善相，道行见弃儿，人以为死，下车相之。曰：此相不死。呼其家人村中，使携去，予以方奇验。人谓"以相济医"也。公救死，恒不须诊视。村西北去吴家海子十许里，公往垂钓，隔岸人跪乞。公曰：无为。第此间渡处远尔，试抱患苦者来，使啼。啼数声，则曰：是患苦几日，苦何状，需药几剂。若操券然。每晨起，乞救疾者盈门，公徐出，目不视孰谁，但问先至者则先，往以次及，车与徒不计也。夏日暑甚，村北有喝死者，章丘行贾也。公视之，曰：不死。令舁入客舍中。众恶畏之。公促令壅以沙，沙微湿。壅既，左右与身平，戒勿上覆颐。众去，公坐俟。移时，若微动；少之，略能屈伸；已而，声作长呼，则其人苏矣。同贾者闻之，扶去。异日，衣冠来谢，留燕笑竟日。凡所活人，不论报。终公世，未尝杀一物也。著有《孝慈真诀》，传于世。其后，多以文学致贵显。

[道光《滕县志》卷九《方术传》]

刘培裕，字充儒，或洪儒。清乾隆间人。天性爱人，遇人有危险苦难，就尽力相助。擅长医学，精通各科，尤对小儿天花病，达到入化境界。每遇垂危病儿，其他医者束手，先生常能治愈。长于望诊，经验丰富，常能断人生死。一次路见弃儿，仔细观察后，认为小儿未死，便从村里叫来其家人，令将弃儿抱回，授予药方医治，果然复苏，不久病愈。众人相传，谓其"以相济医"。而其救治垂危病人，也确乎免掉了一般诊断程序，单凭望诊而作出正确判断。在其村庄西北十里许，有一吴家海子，其喜往钓鱼。一次正全神垂钓，对岸有人跪求治病。他说：此间距渡口甚远，可将患儿抱来，使其哭。哭数声，即讲述患儿病苦情况，十分准确。然后嘱患儿家取药若干副，服后病除。医德高尚，风格脱俗。以医术济世，不分贫富贵贱，一视同仁。由于医术高超，登门求医者甚众。每晨求医者盈门，其慢慢走出来，不看谁是熟人，谁是权势，而按先后到达次序，逐一诊视。某年夏天，天气酷热异常，在村子北面热死一人。此人是章丘行商。详视之，认为此人未死，便使人抬到客舍。这些人又害怕，又厌恶。可是先生非要他们把这个人平卧在地上，用微湿的细沙壅培与身体平，但绝不能埋住下巴。然后就坐在一旁静候变化。大约一个时辰，那人有微动；又稍待，略能神屈，进而长叹一声，此人已经苏醒。商人的同伴听说后，把他扶了回去。几天后，这个商人衣帽整齐，前来致谢。先生留他饮宴，欢笑一天。救人生命，不图报酬，一生未尝杀牲，著有《孝慈真诀》传世。

[《滕县文史资料》第一辑]
[《山东中医药志》第六篇《传记》]

◎ 杜世祯 ◎

杜世祯，金宪公孙也。号文江。恬愉舒缓，人未尝见其怒詈。喜读丹经及轩岐等书，以岁贡授含山训导。不治生产，望之似有仙骨焉。

[道光《滕县志》卷九《隐逸》]

杜世祯,滕县人。为东鲁名家。某年任弹琴縴道,胸中若无一事。善医药,亦精内、外、元门。年七十余,发黑如漆。归滕,曾特访之。

[同治《天长县志纂辑志稿·职官志》]

◎ 杨懋忠 ◎

杨懋忠,字勉夫。好弹琴,自号琴泉子。少补邑诸生,久之游诸生间不乐也,遂弃去。幅巾野服,逍遥山水间,累试不应。懋忠性聪慧恬淡,涉猎诸子百家,为诗词,尤爱养生家言。不事家人生产,夏一葛,冬一缊袍,蔬食水饮晏如也。与人无竞,游则一琴一仆自随,近或弥,旬远或阅月而返。遇佳山水,则吟咏弹琴,乐之忘归。诗琴虽不精,然好之,足以自适也。尝游泰山,至遥参亭,舍人索其报名,懋忠留一诗曰:乾坤落落一狂生,杖底云山万里轻;东岳仙灵皆旧识,不须亭下更留名。遂去。东游海上,登超然台,曾遇真人,久之还。过琅邪,捕盗指挥见而异之,以为盗,执之责盗情,甚急。懋忠佯应曰:言之恐泄,愿得纸笔自书之。指挥命左右与纸笔,懋忠书一诗与之。指挥不知其诗也,喜,密执谒兵宪。兵宪公叱之曰:此高士也。村夫何为辱之?遂得释。指挥大惭,出则治酒延之,赠以赆,谢不受。一时传诵其诗,以为滑稽云。初,懋忠出游时,有田数十亩,诫其子曰:耕此足为生,毋我念也。及归,而子已卖其田。懋忠不知荷锄,自耘之。邻人以告懋忠让其子,且曰:不肖子不足责,若即买,奈何不少待我所?买家亦怒,懋忠曰:吾过矣!吾过矣!吾当效古人肉袒谢也。乃取一荆祖而负之,诣门谢,其人亦惭。一日,黄冠入学宫,遍观有子弟习业庠中者,见则皆走,避匿窃目之,以为风道人也。懋忠不顾,第取案上笔,题壁而出。众弟子观之,乃一诗,惊曰:闻有琴泉先生者必是也。追之已不及矣。嘉靖间,以寿终。世居公孙桥。

[道光《滕县志》卷九《隐逸》]

◎ 李邦镇 ◎

李邦镇,字安民,人称"环川先生"云。早失母,年十八,父为人诬当死。邦镇请囚愿代死,系狱者十八年。性好学,于狱中授书诵习之,画地为字,学日进,遂能明经,为科举文。其后,父冤雪而邦镇始出狱,年已三十六矣。乃教授于乡人,有古书急借手录之,诸史百家多所涉猎。子周南,举嘉靖戊午(1558)乡试;女亦能诗文,皆邦镇所自教也。其他执经门下补博士弟子者甚众。邦镇襟怀洒落,家极贫,即无斗储,无忧色,澹如也。得子弟月俸钱,岁时酤酒,令子女侍,为诗，相联和，或属对，陶然自乐，里中咸慕之。晚尤好养生言，足迹未尝至城市。邑侯郭石乡饮延之为三老，勉强一赴，后皆谢不往。终身未尝睚眦人。子周南，先邦镇卒，邦镇复教其孙养浩补博士弟子。九十八岁卒。

[道光《滕县志》卷九《隐逸》]

李邦镇，字安民。滕县人。年十八时，父被诬陷狱，当死。邦镇以身代，因居囹圄十八年，终日画灰为字，书法自成一家。后父冤得雪，乃奉父入双谷山，结庐终养。博涉群书，四方称谓"环川先生"。年九十七卒。子周南，登嘉靖戊午乡荐。

[乾隆《兖州府志》卷二十三《人物志》]

李邦镇，字安民。滕人。年十八时，父被诬陷狱，当死。邦镇愿以身代，因居囹圄十八年，终日画灰为字，书法自成一家。后父冤得雪，乃奉父入双谷山，结庐终养。博涉群书，四方称为"环川先生"。年九十七岁而终。子周南，登嘉靖戊午乡荐。

[宣统《山东通志》卷一百六十五《人物志第十一·历代孝友》]

◎ 李守真 ◎

李守真，少游东海崂山，遇异人，授养生术，隐居雪山丹阳洞，善清谈。成化年，征至京师，宪宗召见，问长生之术，守真答曰：清净而已。授太常博士，不拜。宪宗亲为制赞曰：朕闻李守真隐居山林，志慕清虚，得仙家之旨趣，乐物外之烟霞，谢绝尘缘，养高泉石。长生至道，自古常闻，炼气还真，于今乃见，他日跨白鹤而凌云，盖可望也。因而赞之曰：平生遁迹谢世缘，便从云壑相留连，心清境寂入至道，孜孜汲汲参真元。饥餐松柏体亦健，闲来倚石观流泉，有时采药向岩谷，白鹿背负行常先。山中久居不知历，草青叶坠随流年，逍遥物外绝尘虑，黄冠野服形飘然。蓬莱去此应咫尺，伫见白日凌瑶天。居显祐宫二年，恳求还山。诏许之，敕曰：全真道士李守真，尔以淳和之资，嗜清净之教，葆养有素，嘉誉声闻，召至京，栖真于显祐宫既二年矣。累命以官，恳辞不受。朕深嘉其恬澹，特赐冲虚妙悟道人、太极涵真子、李隐仙以褒旌之。俾归旧隐兖州滕县之雪山云峰万寿宫，自在修炼，所在官员军民诸色人等，毋得侵侮。三二载间，果有明验。尚惠然而来，悉以所得语予，庶契慕向之，心毋高蹈而远引也。守真还，丹阳洞解化。

[道光《滕县志》卷十一《释道》]

李守真，成化间人。少游东海劳山，遇异人，授养生术，隐居滕县雪山。明成化间，征至京师，宪宗召见，问长生之术，守真但曰"清净而已"。授太常博士，不拜。宪宗亲为制赞。居显祐宫二年，恳求还山。敕赐"冲虚妙悟道人""太极涵真子""李隐仙"以褒旌之，俾归滕县雪山，自在修炼。守真还，丹阳洞解化。

[乾隆《兖州府志》卷三十一《杂志》]

李守真，滕县人。少游劳山，遇真人，授以修炼之术，还隐雪山，屡著灵异。成化间，征至京师，授太常博士，不拜。诏居显祐宫，勘校道箓，主持法箓二年，恳还山，许之，赐号"冲虚妙悟""太极涵真子""李隐仙"。

[雍正《山东通志》卷三十《仙释志》]

◎ 侯维翰 ◎

《痘疹书》，侯维翰撰。见《侯氏家谱》。

[民国《滕县续志稿》卷四《艺文志·著述》]

侯维翰，滕县人。岁贡。

[雍正《舒城县志》卷十三《职官·主簿》]

清

◎ 成守泰 ◎

成守泰，山西太原府太谷县人。从父贾于滕。乾隆丁未（1787）二月，父冤系济南，守泰申辩不可得，愤激剪舌，理官骇，顾覆勘之，冤乃雪得。善医，守泰卒无恙。

[道光《滕县志》卷六《侨寓》]

◎ 徐宪文 ◎

徐宪文，字郁亭，号石渠。世居滕西郭村。幼聪慧，少长补博士弟子。父天佑，病弥留，嘱曰：汝能勉力一第，庶慰我泉下心。公营葬后，自携几砚，入千山古观中，键户读书，祁寒盛暑，晓夜无少间。乾隆丙午（1786），学使赵鹿泉先生试取兖郡第一，食饩，遂领乡荐。庚戌（1790），成进士，钦点内阁中书。辛酉（1801），分较礼闱，得士廿余人。殿撰传胪，俱出门下。旋监督南北新仓。引见，以同知用，署福建龙岩州事，再署延平、邵武府事。清积案，以百数。马家巷地，无城郭，民情酗悍。公肩舆入深山，械斗之风为止。上官喜曰：此非徐司马不能也。嘉庆十八年（1813），补授台湾南路理番同知，时公近六旬。生子，甫二岁。八百里海洋，人多畏惮。有谓可乞上官留内地者，公曰：官无大小，皆秉朝命，以忠直从公。虽海，若如我何！履任年余，循例晋知府候选，遂买舟归。公素嗜图章、古籍，俸余所得，以千百计。笑谓友人曰：慎勿以薏苡见疑，所有宦囊止此痴儿耳。葺茅屋于薛南，颜之曰：澹香书屋。春社秋赛，同野老共杯酒；青衫席帽，曳杖阡陌间。喜吟咏，尝曰：诗道性情，自鸣天籁，不论工拙也。精岐黄，施药饵以活人。于古注疏中，参以己见，著《四书一解》。手抄丛书百余册，曰《澹香随笔》。年八十卒。

[道光《滕县志》卷八《吏治》]

徐宪文，内阁中书。历任福建台湾府理番同知，署邵武、延平府事。有"传"。

[道光《滕县志》卷二《选举》]

徐宪文，滕县人。（乾隆五十五年庚戌科石韫玉榜）三甲十九名。

[宣统《山东通志》卷九十四《进士表》]

徐宪文，山东滕县人。进士。（嘉庆）十二年（1807）署任。

[道光《龙岩州志》卷九《国朝龙岩州知州》]

◎ 满德安 ◎

满德安，字舒亭，号溪愚。世居邑柴里。曾祖以上，皆庠生。父文登，任江西新城县丞，清慎，有惠政。公七岁就傅，日诵数百言。稍长，博观群籍，留心当世之务。遵例授兵马司副指挥，寻改知县，试用河南。查灾监赈，吏慑民悦。过班，选直隶内邱县，时徭役烦苦，岁复饥，公接篆报灾，境内安堵。丁母忧，服阕，补陕西大荔县。境内回汉杂处，有马坊头聚斗，各千余人。公驰往，立解。于是，村落奸宄，旬日皆遁迹。邑多豪横，通苞苴。公恶峻拒之，因相与中伤，遂调宜君。宜君土瘠民贫，城居乏水。公凿山通泉，人赖之，号"满公泉"。复开稻畦，为制水龙十六具，资灌溉。山麓种棉，墙下树桑。地不禾者，植杂木。时课勤惰，尝自署于堂曰：办事人多解事，少爱民心，易治民难。又曰：狱冀得情，常结早判，防多误。每刑轻五年，邑以殷富，乃创建书院数十楹。以余金买田入息，具脯脩膏火。又自捐金三百，置经传、子史百余种。宜士历六十年，至是始复有通籍者。道光丙戌（1826），回疆不靖。天戈西指，永寿当兵，马冲差务，旁午两月，三易令。颜方伯鲁舆特调公，宜民乞留不获。及去，父老持衣伞遮道，涕泗交颐。至永，择绅士公正者为董事，饮食供亿，悉出内署，费三万余缗，公帑减十之八。丁亥（1827），议叙随带军功加一级，将题泾阳，旋以执法忤上官意，被劾。去永，人馈赆无算，公却之，饮饯而已。当道者，欲公媚己，或以告公曰：吾幼学二十年，漂泊三省，又二十年矣。可不以义命自安耶！卒以府经县丞降用。困西安岁余，遂归。行李萧然，虽简册图章不能满具。公生平所至多施与，不胜书。晚好岐黄，精堪舆、五行家言。自推运，行将尽，遗属子孙，勤俭孝友事，务反己以省是非。年五十五卒。

[道光《滕县志》卷八《吏治》]

满德安，监生。山东滕县人。嘉庆十二年（1817）八月署任（知县）。

[嘉庆《洧川县志》卷四《职官表》]

◎ 黄起元 ◎

黄起元，字贞起。国初序贡也。少从舅氏孙若竹学，若竹大奇之，以为吾家宅相。年未冠而采芹，试辄前茅，则在明之季世矣。入本朝十余年，得与廷试，籍吏部又二十余年，授长清司训。清邑，久凋敝，簪缨落落。得公主盟，士气大奋，遂有列乡荐，登甲榜者。然公性恬退，无宦肠，秉铎六年，即解组归里。诸生担簦流涕，相属于道。归后，不屑为问舍求田事，稍有余资，皆以营墨庄，蓄书数千卷，日操铅椠，从事校雠。兼精岐黄术，囊多良剂，病者随求随给，里人德之。

[道光《滕县志》卷八《儒林》]

黄起元，长清司训。精岐黄，多良剂，病者随求随给，里人德之。

[《滕县乡土志·耆旧录》]

黄起元，字贞起。滕县人。顺治辛丑（1661）岁贡。康熙初，任长清训导。初履任，即缮修学宫，集诸生会文课艺，朝夕坐皋比，讲贯诱掖，仿佛安定之在湖学也。秉铎六年，解组归里，诸生担簦流涕，相属于道。

[道光《济南府志》卷三十八《宦绩》]

黄起元，字贞起。清代滕县人。晚修岐黄术，囊多良剂，病者随求随给，里人德之。

[《山东中医药志》第六篇《人物表》]

◎ 殷躬逮 ◎

殷躬逮，字怀古。岁贡生。幼嗜学，不知寒暑，时以为迁。即入学，岁科辄冠军。秋闱三荐不售，益自励潜心经术。所著《学庸会心录》，微旨奥义，一经引申，旷若发蒙，远近传抄。性仁厚，雍正十年（1732）春，大歉，遇瞽女子，啼道旁。问之，知为父母所弃也。心恻然，引至家，衣食之数月。麦大熟，榜于道衢。其父母卒不至，遂畜之。比长，嫁同里张姓子。晚年以医药自摄，遂兼精岐黄。求方者，日盈于门。贫者辄给药饵资酬，应不暇而公无倦。平生持身谨严有规矩，颦笑步趋，一无所苟。同学具额，题曰"经明行修"。其见重于士林如此。

[道光《滕县志》卷八《儒林》]

殷躬逮，幼嗜学，不知寒暑，时以为迁。著《大学中庸会心录》。晚年精岐黄，贫者辄给药饵。

[《滕县乡土志·耆旧录》]

◎ 生作梅 ◎

◎ 生文敏 ◎

生作梅，字百魁。生于康熙初年，卒于乾隆年间。擅长正骨，整复脱臼。乾隆中期，定居于滕县城西三十八里之望冢村，创设"济生堂"。《生氏族谱》记载：生作梅，自制膏药，善接骨术，常合药以疗人跌打损伤。自制的整骨膏药，在康熙年间就因"推拿有方，膏奇验""能使所伤之筋骨仍复于旧"而誉满鲁西南及苏北一带，至嘉庆年间已"名布四方""远近争市"，被誉为"骨科良药"。积一生正骨经验，总结出生氏中医正骨的四大特点：准确诊断，徒手整复，内外兼治，动静结合。

在诊断上，认为诊断不明，决不能盲目施治。曾说：视人如骨，念及九大骨、八大环，则诊断骨伤筋闪不难矣。又说：一肢视三穴，一部查三部，一动查三环。

在整复上，多采用徒手整复法，归纳为按摩、拔伸、持牵、按压、托支、推挤、旋转、端提、扭曲、反折、屈伸、叩击等手法。视病者伤情，各手法相互配合，助手协助，使断者复续，脱者入臼，陷者复起，碎者复整，突者复平，离者复还。对下颌关节脱位，肩、肘、桡骨小头半脱位，略施手法，在患者不觉痛苦的情况下即可复位如故。治伤提倡早、巧、准。"早"即尽量在伤后短时间内施以治疗；

"巧"即技巧、手法，法从心出，手随法行，手到病除；"准"即准确无误，应一次整复成功，整复次数越多，愈后则越不良。并将整复过程，归纳为十二字诀："相其形，顺其势，伸其短，整其偏。"

对四肢长干骨折，多采用杉木皮固定，视其伤肢长短和伤势，随时制作合适的夹板及各种形态的衬垫。将整复好的伤肢，外敷膏药，垫好衬垫，先裹布帘一二道，然后随裹随放夹板，以白布带分三道扎之。遇多段骨折或大斜行骨折，扎带可增至五道。髌骨骨折采用托膝圈固定法，锁骨骨折采用提篮系法固定，均收到满意效果。

在治疗上，采用内外兼治的方法，局部外贴膏药，内服丸丹、散剂，使骨折愈合迅速。曾说："见伤处大肿者，须用消肿药。皮破出血者，须用止血药。协济调理，更盖以膏药。内服外敷，完全无缺焉。"并提出以"攻、养、疗、节"为主的治疗措施，脏腑有瘀血者则攻；骨伤则肌体受损，需合理营养；疗以药物，分早、中、后三期给药，早期以活血祛瘀、消肿止痛为主，中期则补肝肾、接骨续筋，佐以调养脾胃，后期则补气养血、舒筋活络；节即节制房事。外敷之膏药，每周更换一次，检查伤情，加以调整，至成骨期为止。小儿约二十天，中年人约四十五天，老年人约百天左右，不再贴敷膏药和固定，采用中草药洗剂熏洗患处，巩固疗效。

生氏整骨的另一特点是采用动静结合的方法。根据伤势及受伤部位的不同，合理控制体位。上肢骨折，经整复固定后，采用屈肘中立位悬吊于颈部。下肢骨折，则采用侧卧位或仰卧位。在时间上，一至三周内，保持伤处不动，但应适当活动伤肢远端肢节。三周后，则需经常变换体位，加强近端肢节的活动。凡近腕、踝、肘、膝关节处骨折，半月后换药时，则应在护持下活动关节，以避免关节功能障碍。骨折后的起、坐、卧等活动，有很强的时间性。适时活动，可以增强血脉的流通，促进骨折的愈合；活动过早，可导致骨折愈合畸形；活动过晚，则可能导致关节强硬。

还创制了"止血药""金疮药"等外用药。嘉庆十九年（1814），后裔生文敏继开"济生堂"，由滕县望冢村迁至姜屯镇前李家店村。同治年间，生氏后人在前李家店村开设了三家"济生堂"，一家"助元堂"。1917年，生克恭、生克中、生克昭等先后迁居滕县城关七道湾、西北隅、顺兴街、通衢街，分设"济生堂"，熬制整骨膏药。

生氏自制的正骨膏药，在配方及熬制方法上，具有独特性。其膏药，在民众中享有极高的声誉，以致形成当地的一些民间传说。生氏整骨技术，世代相传，目前已传至第十代，在滕县中医界有较大的影响。

[《枣庄市卫生志》第十七编《传记》]
[《滕县卫生志》第十九编《传记》]
[《滕县医药志》第十章《传记》]
[《山东中医药志》第六篇《传记》]
[《滕县文史资料》第一辑]

◎ 杨 黼 ◎

　　杨黼，字佩冕，别字子斧，号静存。父仕进，乙酉（1705）选贡生。公生而端谨，五岁时玩一唾壶，闻父咳声，即投诸地肃立。少长，慧敏嗜学。十三岁，从游竹石圃，赋《桃花诗》立成，业师颜石册先生器重之。年十七，丁父忧，哀甚而循乎礼。百日后，偕从弟三人，会读卓观楼，痛先业将坠，且读且泣。己亥（1779），籍诸生，学已大成，诸前辈交口誉。赵鹿泉、阮芸台两先生督学山左，尤受知。公鲜兄弟，母殷病卧床第，乃发愤精研《灵》《素》以下诸方书，遂有神解。事母色养，凡四十余年。母卒致哀，须发顿白。百日中，着衣面棺卧，左股之痕斑，如既葬。居墓侧，每食必祭而哭。偶出入，则焚香再拜。以丙午（1786）举优行贡成均，甲寅（1794）中副车，戊午（1798）乡荐。又十年，始成进士。归班需次，榜前大挑二等，例先以教职用。颜东田闻之曰：先生抱经济才，深沉敏果，达于世务，事不轻发，发必当机。使早膺民社，稍抒其底蕴于人，必大有济。顾蹭蹬抑折，晚掇下第。又仅授以冷官，其命也夫。公为医，疏方不过数味，一线单微，直达腠理，故所投辄效。门以外病者纷集，岁活数十百人。食药薪刍，亦岁费钱数十贯。平生不作戏言耳。语闻谤人与谈闺阁者，辄不应。临事必思深虑远，居尝训子曰："稳"之一字，可以读书，可以保家，可以经世。不然，动辄得咎矣。所著《诗》《古文》各一卷，《家乘》十卷。选青州府学教授，癸酉（1813）六月赴任，卒。子孙咸列黉序，世其家。

[道光《滕县志》卷八《儒林》]

　　杨黼，仕进子。母病，乃精研方书，遂有神解。成进士后，以榜前大挑二等，以教职用。平生不作戏言耳。语闻谤人与谈闺阁者，辄不应。

[《滕县乡土志·耆旧录》]

　　杨黼（1759—1813），字佩冕，别字子斧，号静存。嘉庆十三年（1808）戊辰科三甲第一百零六名进士。父亲杨仕进乙酉年考选为贡生。自幼端庄恭谨，五岁时玩弄一个唾壶，听到父亲咳嗽的声音，立即放到地上，恭敬地站着。稍稍长大就聪慧好学。十三岁到竹石圃拜师求学，写《桃花诗》即刻而成，业师颜石册先生器重之。十七岁时，为父亲守丧，十分悲哀而遵循礼法。百日后同堂弟三人一起在卓观楼读书，痛感先人开创的事业将要落败，一边读书，一边流泪。乙亥年列名生员之中，学业已然大成，诸前辈众口同声赞誉。赵鹿泉、阮芸台两位先生在山东督学，杨黼更加得到赏识。兄弟少，母亲重病卧床，于是他发愤精心研究《素问》《灵枢》及后来的各种医药书籍，而有奇妙的理解。侍奉母亲以和颜悦色奉养，凡四十余年。母亲去世，哀伤居丧，须发顿时变白。百日内穿着孝服面对棺材而卧，左腿留下斑斑痕迹。葬母之后，守在墓边，每次吃饭一定祭奠并哭泣。偶尔出入，就焚香拜两次。在丙午年以品行优秀得到举荐，送入高等学府。甲寅年中副举人，戊午年乡试中举。又过了十年，才成为进士，入列等待依次选用，发榜被以二等挑选，按惯例以教官职务任用。颜东田闻知此事，说：先生怀抱经世济民之才，为人深沉聪敏而果断，通达世务，不轻率做事，做事必定切合时机。假如能早担当社稷的重任，稍微展露胸中才学，对百姓必大有益处。反而坎坷失意，晚年得到下等资格，又仅仅委任闲散的官职，大概是命当如此吧！行医开方，不过几味药，像一根细微的线，直达腠理（腠理指皮肤的纹理与皮下肌肉之间的空隙），所以一用就奏效，门外有病的人聚集众多，每年救活数十百人，煎药所用的柴草也每年费用几十贯。平生不开玩笑和交头接耳，听到诽谤别人和谈论家中私事的都不应声。遇事必深思远虑。安居时曾教训儿子说："稳"这一个字，可以用来读书，可以用来保家，可以用来经世。不然，一行动就会犯错误。所著有《诗》《古文》各一卷，《家乘》十卷。被选用为青州府学教授。辛酉年六月赴任，后去世。子孙都列名学府，继承了他的家业。

[《滕州名人》]

[《山东中医药志》第六篇《人物表》]

《家乘》十卷，杨黼撰。黼，字佩冕，别字子斧，号静存。滕县人。嘉庆戊辰进士，官青州教授。是编见《县志》。

[宣统《山东通志》卷一百三十二《艺文志·史部·传记》]

《诗》一卷、《古文》一卷，杨黼撰。黼有《家乘》，见史部传记类。二编见《县志》。《小沧浪笔谈》载黼《豆花诗》五绝一首。

[宣统《山东通志》卷一百四十五下《艺文志·集部·别集》]

◎ 朱秀云 ◎

朱秀云，又名锦光，字彩华。滕县岗头人。清道光年间秀才，与名医杨黼同时，且交往甚密。受杨黼影响，弃儒习医，熟读四大经典医著。治内伤多宗东垣，治外感时令疾病多宗仲景，对温病大师叶天士，推崇备至。晚年对肠胃疾病和外感温病已有很深造诣，诊病有独到之处。县城黄姓小儿，痘后余毒不尽，请其调治。处方后不言辞，反复观察患儿之母，病家深感不雅，速遣佣人送其回家。朱途中告其车夫，病儿之母将于三日内出痘，如不及时救治，将有生命之危。车夫不以为然。后二日果发病，遍身紫黑，昏不识人。仍请朱诊治，朱方道明前日观察之故。言此时治疗已晚，侥幸治愈，亦恐难免失目。遂处方以鲜地龙汁、鲜生地汁沐病妇全身，并以内服药调治，经数日而愈，终失一目。晚年对脾胃病诊治颇精，坐堂行医，四方求医者甚多。朱之年龄稍逊于杨黼，杨临终前嘱其家人：我去世后，家有病者可求朱先生诊治。

[《滕县卫生志》第十九编《传记》]

◎ 王世芳 ◎

王世芳，字兰谷。少游泮，受学武林陈先生。再荐乡闱，不售，遂归。教授里门十年，入庠食饩者，以百数。于寒士，不责脯脩资，公仅有负郭田。晚精医术，卖药近市，积债八百余缗。曰：此多力不能偿者。取券尽焚之。嘉树孙公时为两江总制，过滕，以旧交故，折柬招公，或讽以往，必厚馈，且司训可得者，笑不应。年八十余，以明经终。

[道光《滕县志》卷八《儒林》]

◎ 杨裕轩 ◎

杨裕轩，字荫朗，号晓亭。世居滕治南古阳阿村，后析居村东别墅。公少失怙，哀礼如成人，人以是异之。嗜学，善为文。中式丙子科，乡试三入礼闱，未售，截补乐陵县训导。莅任数月，移疾归。乐陵官绅设供帐，祖道邑门者，踵相接也。既归，优游乡里，不复求仕进。善居室积，而能散。邑令彭延诸绅议修至圣庙，公捐数十金。岁在庚子，叹夷犯顺，朝廷发兵往邑，当南行孔道，公首先出车，劳费均弗计。家祠旧坐祖宅右，基址稍狭，公率诸侄辈，易其规。岁时，致祭毕，与族人合食，少长咸集。有贫乏告匮者，资助之。节孝，时种氏公甥女家寒，公为出资表宅里。又精岐黄业，散药疗人，远近赖以全活者甚众。衣冠古处，不逐时好。其与人和厚，无乖忤，尤里党所交推云。

[道光《滕县志》卷八《儒林》]

杨裕轩，由举人补乐陵训导。精岐黄业，散药疗人，全活甚众。

[《滕县乡土志·耆旧录》]

◎ 张 藻 ◎

张藻，字静溪，号思诚。岁贡生。幼失怙恃。九岁，叔景赐卒，无子，遂承桃焉。嗣母刘命就傅。长游邑庠，冠军食饩。为文清湛醇粹，如其人。家贫，授徒以养。母尝病，因博通岐黄家言，然深自匿。有求者，拒弗忍，及归则食不甘，竟夕不寐。用是多所全济，而不以医名。其诲人，重实行。游于门者，多惇谨士。犹痛自厉，书韩子语，粘斋壁。曰：食焉而怠其事，必有天殃。中岁，生计蹙，日常不举火，恬如也。治家，以身教。危坐竟日，无少侧欹。时举《礼经》易晓语，详言之。故其家，循循有仪法，一乡秩式。岁时，展墓聚族人，以任恤相敦勉。一姊一妹，皆早孀，体恤周至，承母志也。遇拂意事，无怨尤所，不可不以毁誉动，耻虚名，恶泛交，以易言为戒。其生平如此。疾革，训诸子曰：吾一生无好处，惟损人利己事，不敢为。尔曹勉之！道光乙巳（1845）八月卒，年六十九。

[道光《滕县志》卷八《儒林》]

◎ 孙发祥 ◎

孙发祥，字明征。大彦村人也。祖士元，由山西曲沃候马驿丞迁湖广巡检，以善良称乡里。父宏基，济南府学教授。公少业儒，补博士弟子。以天下多故，慕养由基之技，习之十年，发必中鹄。天启二年（1622），年二十七。白莲教徐鸿儒作乱，应募城守，独当西面。射贼连发，中皆死。城陷，避乱徐、沛间。比还，盗贼犹蜂起，畏公射，不敢犯。崇祯十五年（1642），城破被执。置营中，四日一餐，自分必死。至峄邑西北，遂请刃死而复苏，以为有神佑云。会大雪，身无寸缕，途中拾敝衣着之。遇乡人朱国显，留其家。创少平，归里。先是家属遇害，遗一子二女，留外家。山寇窃发，遍城野。公与妻弟颜闲之，率城西壮士，连夜入保，擒贼首数人。自妖氛起，数受县命，与盗战。善射，闻一邑。与邑侯陈公饮，射杆，末瓶应弦碎。贼皆识公，望见辄惊走。后剿羊山，山卒遥谓曰：公职非武臣，奈何以千金之躯，轻当锋镝。公不应。是时，公年五十余矣。及寇悉平，乃闭门养静，足迹不至城市，以诗文、法帖、花竹、禽鱼自娱。性耽松茗，尤爱石，尝入山求之，刻章曰：石癖。善草书。晚年，益工诗词，清妙有王谢风。精岐黄术，活人甚众。平生无谑语，尝曰：不佞当亲友嘲戏时，辄退人一步，觉趣味无穷。年六十七卒。

[道光《滕县志》卷九《孝义》]

◎ **王嗣烈** ◎

王君嗣烈，字仲方。兖之滕县人。侍御元宾、世称对峰先生者，君之五世祖也。父薜，岁贡生。君生有至性，父殁，读父遗文，辄涕下。岁时祭，荐置祭器祭服，设俎相肃恭将，事家守其法。立家塾，教族邻子弟，贫不任读者，给薪水膏火。乾隆丙午（1786），岁饥，煮粥食饿者。生平以敬自持，晚悟养生理，常曰：慎起居，节饮食，心无妄念而已。年登大耋，子孙曾元绕膝七十人。嘉庆八年（1803），以五世同堂闻于朝，旌如例。君以例授布政司经历衔，孙钺武，进士。郧阳守备。

论曰：王氏自琅琊迁滕，耕读累世，侍御以下，蕃衍硕大，其从来远也。君又以有恒之德，乐善好施，身备五福，谓非积善之庆与！

[道光《滕县志》卷九《孝义》]

◎ **李如崑** ◎

李如崑，少孤，丰于财，由邑庠入成均，授职不拜。抚诸弟，承先志。设义塾，施棺椁。渴者予姜酪，寒者缊袍。改建桥梁，煮糜掩骼。手校《太上感应篇》，增注，并诸医方善本付梓，至老不倦。

[道光《滕县志》卷九《孝义》]

周氏，候选州同知李如崑侧室也。如崑卒，周氏年二十八，哀毁不食，视殓已，遂自经。邑令黄式间致奠、题额旌之。

[道光《滕县志》卷十《列女》]

◎ **王振羽** ◎

王振羽，字汉举。五岁失怙，悲哀动邻里。事节，母杨依依孺慕。善居积，尝出资自郑家口籴红粮百余石，值丙午荐饥，多济贫穷。知医为药饵，以救疾苦。

[道光《滕县志》卷九《孝义》]

◎ 任贻杰 ◎

任贻杰，字奇伟，号樵山。其先会稽右族，父肇元，任滕典史，卒官，遂家焉。公之孤也，十四龄，买城西瘠田百亩，奉母抚弱弟。长为学，不规时趋，闭户读有用书，凡天文、地舆、战阵、技击、《灵》《素》《青乌》之籍，悉深究其奥。慨然思见诸功名，用资授从九品，守铨在都。既大悔恨，幡然归，与弟贻模色养，不复出。顾利济之心愈挚，壮者假钱为小贾，分老孤以粟，村无饿人。乾隆五十一年（1786），大饥，道殣相枕籍，攻剽者讧起。邑令吴公华，浙同乡也。初下车，则叩署，请曰：事迫矣！扑及庸庸，所全实多，不然且燎原。慷慨激切，声色并厉。吴公悚然听从，以故乱者靖，民得安。公顾身而端，直行无旁顾，声闻于远。与人言，摅诚直白，不伺察颜色。又出其术济世，病者、葬者纷沓于门，公手携药囊、晷器，自策蹇或徒步往来，不取一钱，不尝一饭。年四十一，再丧室，遂不娶。嘉庆十九年（1814）春，岁复饥，公谓其友颜逢甲曰：谷涌贵，而我仓已竭，奈何乎！乡人隐隐声与泪俱。又十日，病卒，年六十四。会哭如市，贫者尤哀。

[道光《滕县志》卷九《孝义》]

◎ 曹士勤 ◎

曹士勤，字淑雅。国学生。行四，与三兄各析居。父殁，破产以葬，诸兄议均偿，士勤泣曰：弟尚无子，诸兄食指日繁，吾力幸足妥先灵分也。何必计彼此乎？乃止。平居乐善不倦，江西李姓携眷属赴京，旅次患疽，囊橐已虚，势垂危。士勤为之延医养膳者三月，既痊，复赠以衣资。邑北地十余亩，中有古坟，因施为义冢，余以为三义庙香火田。宅邻通衢，夏设汤，冬夜悬路灯，以便行旅。乾隆五十六年（1791），倡捐制钱一百千，修黄山桥，印施《经验良方》三百卷，手录劝善文百余。道光二年（1822），买药施人，全活甚众。邻里婚丧无力者，皆助之。家中落时，邻某假贷不偿，或讽以控官，士勤曰：彼非得已，奈何以此丧其名？年八十二卒。

[道光《滕县志》卷九《孝义》]

◎ 李以成 ◎

李以成，事亲孝，虽有奴婢执盘捧杖，皆身任之。亲殁，逢恩，常哀思不食。兄子家中落，教之耕读，以田五十余亩归之。嘉庆十八年（1813），岁饥，遇有弃儿，皆收养。及长，不愿留者，与衣、资遣去。有潘姓至村中，欲卖其妇。以成责之，与钱使作生理。出粟数十石，分给村人，无饿者。佣作数人，母老，各为娶妻。邻里贫不能葬，助之棺。善针灸，贫乏来者，必给酒食，远者与费。人不忍欺，生平未尝涉讼。临卒，谓子曰：某某负钱若干，吾死后，不许索讨。取账簿，即榻前焚之。佣作胡振吉等，焚香告天，愿减己算，以益主寿。及卒，聚哭，宅为满，有恸倒者。邑人颜逢甲撰。

[道光《滕县志》卷九《孝义》]

◎ 王恭临 ◎

王恭临，字南轩，别号海华子。才敏异，书读一过，即上口。乾隆丙午（1786），施食拯饿者。时岁荐饥，劫掠蠢动，相戒不入王善人村。既入资，为国学生。因究心《周易》《六壬》《天官》《灵枢》《青鸟》之籍，尤精于占数。濮州范县张姓，讬市棉絮，自西来。南轩仰视，曰：渠非市棉者。此人虽买妾，无子，前数岁筑室，年月俱不吉，撤之则有子矣。语毕，张始至。归，改筑。次年，果生男。南轩与邻秦德阶立门外，人自西来，行甚急，豫卜之。曰：此人失白驴，斑臂，善走。秦逆问之信，谓曰：驴在尔村西二十里破窑中，东半里有石桥，桥下一涤衣幼妇，不可与久语。如所言，得之去。数武窑旋圮，彭祖山徐姓兄弟病癞，死二人，其一复垂毙，命图其宅。观之，去所忌，兼赠以药，寻瘳。朱仇村某，亡其妾，占之曰：此人身短语促，手骈指否？曰：然。曰：今尚在尔村积薪中。迹之，果得于邻家。有富室子，聪敏，以父吝于财，亡去。占之曰：是与人偕院试，已入庠矣。俄而，报者至。一日，晨饭罢，妇人求卜。占之曰：尔妒妇非耶？欺余，祸将及尔。尔夫买妾有孕，尔以计出之，尔夫今与饭妇私。妇人遽跪，曰：如亲见也。何以得免？曰：妾生子，当先数日速迎归。饭妇产，声言双生，则免矣。妇叩首去。休城陈玉川，失白马二。占之，命次日入西北村，从东数第二巷，向北三丈许。从之，其马在栅栏中。又与道士史振扬话，二客从西至。史令勿言，试占之。曰：是为病者来，男子病已笃。缘十日前葬妻，下故有女子墓。改葬，修旧封，则愈，不须药也。从之，病者遂索食饮如常人。尝夜坐占星，骇然曰：明日将雨雹。奈何朔午四顾，无纤云，众皆喜。南轩曰：未也。顷之，雷电自西北来，雹大如卵。界河营守失饷金，占在营门南六十九步沙堆中。求之，惟沙坑甚新，疑不验。复问，曰：公归至半途，已移渠家中矣。再往，又将移于邻家。因推得其年貌、声音，曰：幸胆怯，可召其人讯之。果骇服。后为盗所忌，不复占。嘉庆十二年（1807）腊月，自推年寿曰：余寿八十九，三月三日终，即明春也。及期问，可卯时否？孙晁曰：卯时。因执其手，曰：余辰刻终尔。乃涤面漱口，整衣冠，移时笑而卒。弟恭礼，监生；子昉，邑庠生，皆传其学。然南轩盖有天授云。

[道光《滕县志》卷九《方术传》]

◎ 孔继焱 ◎

孔继焱，字甫涵，号云湄。乾隆丁酉（1777）科举人。受学于曲阜颜沁斋，与同门颜逢甲原美、赵钟骏滕轩、满秋石碧山齐名。赴春闱不售，归读仲景《伤寒论》，旷然有悟，遂神于医，贯穿古方书，皆能得要领，损其太过，以剂所不及者。著有《医鉴草》。投药辄效，所亲病，人谓不可起，公诊之，曰：此当五日愈耳。及期复往，病转剧。公问：曾延他医否？曰：无。公曰：勿欺我。此误服某药，分量若干，故至是。主人大骇，出其方，视之，果不爽。其精能，多此类。

[道光《滕县志》卷九《孔氏传》]

孔继焱（1748—1820），字甫涵，号云湄。孔子六十七代孙。滕县西岗镇南荒村人。乾隆丁酉（1777）科举人。祖母卧病数载，医莫能愈，加之中举后再试不第，遂无意进取，究心于神农、黄帝之书，既精且勤，病遂以瘳，非欲以医显也。一心攻读仲景《伤寒论》，博览古今医书，旷然有悟，皆能得其要领。诊病处方，因人而异，即属沉疴，无不妙手回春，故有"灵仙"之誉。

平时，候诊者门庭若市，依次排比，可及半里。每次诊病，多一一详细询按，从不草率了事，诊毕授以汤剂，或加药面、药引，皆能立效。因此，医名鹊起，远近传颂。时疫盛行，大锅熬药，对患者各据其轻重虚实之殊，授以不同之药面为引子，而皆获痊愈。创有"八仙活命饮"，惜其方已不可考。

家计不丰，家中衣食费用多为友人所馈赠。常到滕县、曲阜、济宁诊病，在济宁为孙状元之子诊病，此子两岁许，因失去铜钱而致精神失常。诊之曰：此病因失爱物所致。用安神定志药治疗，并嘱寻其失落之爱物。后从井中寻回所失铜钱，病遂痊愈。邹县石墙村有一女，年十八九岁，患天花，经其一药而愈，未留麻痕。死后之棺，即系患女之家所赠。

常与杨黼、颜逢甲、满秋石、赵钟骏等名流多相交游，会文磋医，儒医贯通。精通《内经》《伤寒论》《金匮要略》诸医著。晚年集一生经验、心得，著《医鉴草》（又名《一见草》《孔氏医案》），精义兀兀，条理贯通，师古而不泥于古，法仲景而妙在其神机，论病精详。如某系何病，应用何药，何药宜先，何药宜后，何以善后，何以防变，对千变万化之疾病，操之于阴阳表里之间。钩沉提玄，抉微索隐，如网在纲，要而不繁。清代滕县进士杨斅为之作"序"云：先生少登贤书，负其奇才，肆志经史，欲以经纶宇内，未尝业医也。会先生祖母卧病数载，医莫能愈，先生忧焉。究心于神农、黄帝之书，既精且勤，病遂以瘳，非欲以医显也。既而瘟疫盛行，危殆者多。医者各有所见，于病若无见也。先生出独见以济之，全活甚众。凡病之疑似者，奇怪者，必本其原委及用药得失之验，置诸案头而去，亦未尝以医名也，而医名驰南北矣。予少先生十余岁，而弃儒为医在先生前，实于儒医两无所得。先生既惠教之，又授以案文数十篇，发岐黄之理，惊快绝伦，茅塞顿开，喟然叹曰：古所谓不为良相，必为良医者，其在先生欤！今先生老矣，儒术虽不得见诸用，犹手丹铅不辍，终不欲以医名，特以余力为之，然已精妙至此。余恐其久而散佚也，请诸先生尽书所见，共得九十余篇，自颜曰：《一见草》。盖以医理无穷，不敢执一见，以蔽见云尔，然实为众见所不及。余谓先生曰：一身之所济者小，不如公诸天下之为大也，盍刊以济世。先生辴然领之，并嘱点视，且序其以儒为医之实。窃维先生，良医济世在兹书矣。继炎之医道、医术、医德，观杨氏之"序"则详且尽矣，故全文录之。又赞之曰：见其论证之细，用药之精，洵可称轩岐门下第一人，迥异时流远矣。再版本更名《孔氏医案》，三版刊于民国二十一年，全书四卷，计八十二案。

虚怀若谷，自律严甚，对他医则道其长而不毁其誉。生性耿直、执拗。晚年中风不语，终致不救。死后，其子愤而葬书，并违其生前之嘱，未归葬于祖茔之次，而转葬于南荒村东南半里许之新林。墓前树碑，相传碑文为滕县举人颜逢甲撰述。今碑已碎，碑文不可考。

[《枣庄市志》卷五十九《人物志》]
[《枣庄市卫生志》第十七编《传记》]
[《滕县卫生志》第十九编《传记》]
[《山东中医药志》第六篇《传记》]
[《中医人名大辞典》]
[《中国历代医家传录》]
[《中医人物词典》]
[《齐鲁文化大辞典》]
[《滕县文史资料》第三辑]
[《滕州文史资料》第五辑]

[《滕州文史资料》第六辑]
[《滕州名人》]

八品执事官：孔继焱。

[民国《续修曲阜县志》卷三《职官·至圣》]

◎ 周士登 ◎

周升若，名士登。其先山西人，自大父家滕。升若童子时，丁山寇变，劫去，闭空室中数日。贼使谓其家，乃公割千金，吾生还而子竭资遗之，乃得归。升若少聪慧，读一过，辄上口。然性喜涉猎，凡浮屠、老子、天官、地舆、壬遁诸书，无不习。复尤耽医方，演禽拆数，手录藏巾笥。年二十余，家中落，馆江南，明孝廉阎古尔梅见之曰：庞公岂在城市间耶！妻殁，遂不娶，返滕之望塚村。检得《肘后编》，试活人术。生平无长物，于财利泊然不屑校。孙舍人介用之梁赠诗曰：直心能入世，古道本忘机；贤贵多分席，官私少叩扉。盖实录云。

[道光《滕县志》卷九《隐逸》]

◎ 张起望 ◎

张廷化，字君雨。其先浙之龙游人，随泗滨先生至滕，遂籍滕。父张起望，工青囊术。游长安，公卿间赠诗满箧。钱牧斋先生病寒，病垂危。延之，一匕霍然。由是，名益噪。君雨少负才，为学博奥。喜抄书，与客言，衮衮可听。至论列史与当代人豪，有俯视一世，傲睨千古之志。寄情醖醑，不事生产。凡得束脩羊，即诣酒垆。客至，则为发醅，以花药作供。阙里孔观我为观察，延训诸子，爱重之。与如千黄公周旋最久，多倡和。善大书，而行楷则兼云间济南笔意。己卯赴乡试，时历下新破，居停多积尸，秽不可触，携有沉水一勺，散于同试者以辟邪，曰：物贵得其用，自私何为。癸未，以郡庠得序贡，闻移明祚，遂隐于微山，易名张逸，字朱张。益嗜酒，箪瓢屡空，而吟诗不辍。生平游秦、晋、燕、赵、吴、越，动辄数年而返。老游于闽，恣意山水。以病终，归葬微山。

[道光《滕县志》卷九《隐逸》]

张廷化，字君雨。浙江龙游人。父起望，工青囊术。廷化随父游滕，遂家焉。少负才，学业博奥，善书法，闻移明祚，遂隐微山，改名张逸，字朱张。老游于闽，恣意山水间。以病终，归葬微山下。

[宣统《山东通志》卷二百《杂志下·流寓》]

◎ 程良相 ◎

程氏，岈岘集儒医程良相女。年十六，随父避乱峄境。贼骑突至，掠上马。女奋身投地，骂不绝口而死。居人哀之，为筑冢焉。

[道光《滕县志》卷十《列女》]

程氏，滕医生程良相之女。年十八，从父避乱于峄之台庄。崇祯辛巳（1641）二月，土寇奄至，欲掳以行，大骂不屈，贼艳氏貌，缚置马上，氏骂不绝口，抵死不受辱，遂见杀。县给扁旌之。

[康熙《峄县志》卷四《列女》]

◎ 张克述 ◎

张克述，精医。乡人感其德者，为画像事之。尝乘车过一村，见汲水女，年可十五许。属其御曰：汝急下，啮女臂，勿放。仆从之，女喊急，弗释，汗流如沐。其家执杖来，仆乃奔。公下车，揖曰：知此女将出恶痘，欲汗之以泄其毒，庶有生理耳！仆之啮，予所教也。三日痘发，果得不死。

[道光《滕县志》卷十四《轶事》]

张克述，清代滕县人。业医，术精痘疹。

[《山东中医药志》第六篇《人物表》]

◎ 高熙喆 ◎

高熙喆，字仲琊，号亦愚，亦字迪兹。滕之城内人。原籍浙江，祖立诚，父廷保，字叔卿。熙喆幼孤贫，外大父徐士铭提之去，教以读书，能奋于学。弱冠，补诸生。光绪九年（1883）成进士，选庶吉士，授编修。甲午（1894）科，充山西正考官。旋掌贵州、湖广道监察御史，署工科给事中，擢直隶宣化府知府。逾年，调大名；寻改甘肃宁夏，所在有声。三十二年（1906），以母忧，奉柩回籍，时年五十三，遂不复出。家居，振贫施药，修城垣，岁以为常。熙喆工古文辞，覃力诸经，独有心得。著有《文集》十二卷，其所注《易》《书》《诗》《春秋》《左传》等书，皆足以发前人未发之蕴。

[宣统《滕县续志稿》卷三《先正》]

高熙喆，字仲琊。山东滕县翰林，以御史出守宁夏。丁内艰，归服阕，补宣化。宣统元年（1909）调大名。性节俭，好读书。之官，不携眷属，不用门丁，惟一老仆供使令。公余赴中学、师范两校，讲论经史，以忠孝廉让勖诸生。醝商月有供盐，前任皆折价受之，乃以旧例难革，饬令分给中、师两校，毫不沾染。署无车马，惟畜一驴，备驱策。儒雅朴素，三任一致，人皆称为"廉吏"云。旋回宣化任，民国成立，挂冠而去，不知所终民国二十三年《新修大名县志·职官志·政绩》。

[民国《续滕县志》卷四《艺文附录》]

高熙喆，同治癸酉科（1873）副贡。

[民国《续滕县志》卷一《五贡》]

光绪八年壬午（1882）科

高熙喆，滕县人。

[宣统《山东通志》卷一百四《举人表》]

光绪十二年丙戌（1886）科

高熙喆，滕县人。二甲六十四名。

[宣统《山东通志》卷九十六《进士表》]

高熙喆，光绪丙戌科。翰林院编修，充国史馆纂修。甲午科，山西正考官。掌贵州、湖广道监察御史，署工科给事中，历任直隶宣化府、大名府、甘肃宁夏府知府。

[民国《续滕县志》卷一《选举志第六·甲科》]

◎ 李忠谊 ◎

李忠谊，字正甫。附生。长于医，其受于人者，脡脯粗粝而已，未尝名一钱。

[民国《续滕县志》卷二《人物志》]

◎ 生裕性 ◎

生裕性，字朴轩。滕诸生。李家店人也。善接骨术，时出良药以苏人。将卒，嘱其嗣子克昭曰：邑墉，民命也。我死，必捐产岁，弥其阙。克昭如命，捐田五十亩。

[民国《续滕县志》卷二《人物志》]

◎ 王学经 ◎

王廷栋，字云浦。滕之小宫山人也。以同治癸酉（1873）科举人、大挑一等，历任云南呈贡、太和县知县。下车，即访邑之老成人，注记焉。每鞫狱有疑案，辄召生童一二人，考试之间问焉。历问皆同，更质之邑之老成人，无异词，始定案。故皆呼"王青天"。任太和时，武弁某以提督蔡标奥援，敢行不法，民甚苦之。廷栋守正不阿，遂触其忌。武弁谋因其赴乡，勘回民案，突不意杀之，而坐罪于回民。回民知之，见武弁以众至，急簇拥廷栋上肩舆，异以疾走，来见大理府兵备道桂霖。桂字之，曰：云浦，汝以魂魄来耶。某武弁报回民，戕汝矣，岂生还哉！廷栋曰：若无回民，廷栋登鬼箓矣。缕陈之，桂曰：敢然狱遂直。百姓谓之"王太和"。父学经，精神痘法，无论贫富，有无谢意，皆一视活之。

[民国《续滕县志》卷二《人物志》]

◎ 孙云深 ◎

孙云深（1825—1871），字贡南。滕县界河镇孙楼（幸福楼）村人。自幼聪颖，笃志好学，二十四岁考府学案首。后屡试不售，乃弃儒从医。乡人念其才华出众劝他复修儒业，以求仕进，长叹说：生不逢时，徒劳无益，治病以行仁术，吾愿也。潜心习医，精研医理，善针灸，精望诊，是当时滕县城北著名的中医。奈天不假年，四十六岁患痰痫而卒。

[《滕州市界河镇志》第二十五章《人物传》]

◎ 葛步云 ◎

葛步云（1829—1906），滕县桑村乡葛庄村人。自幼聪颖，相传有目下十行之才，过目成诵。"四书""五经"，诸子百家，无不阅读，学识渊博。后转而攻医，对《内经》《伤寒杂病论》等医学典籍，细心阅读，体会颇深。长于内、外两科，尤崇尚《伤寒杂病论》，反复研读，至老而不释卷。常云：仲景为我医之鼻祖也。特专于伤寒，精于望诊，尤对病人的预后，常多应验，医望颇高。用药简洁明净，药方少则五六味，多则七八味。由于药专力坚，每多丝丝入扣，切中病机，立奏奇功。晚年著有《寿世诊书内科》，惜其散失，不得传世。

[《滕县文史资料》第一辑]

◎ 张培义 ◎

◎ 陈希儒 ◎

张培义（1838—1906），字以仁。滕县顺庙村人。自幼颖悟，十六岁入庠。因其祖母误服庸医之药而丧命，愤然弃儒习医，成为一专多能之医家，开办"义生堂"药店。医德高尚，誉满滕北。救治贫者，不受馈谢。遇时疫或小儿痘疹流行时，逐家诊视。为人性情豪放，不拘小节。晚年，药铺匮乏，持医术游走四方。不惧恶势，对欺人豪绅直言贬斥，因医活曾举人之子，曾为之多方解脱，方转危为安。光绪三十二年（1906），骑毛驴出诊山乡，不慎摔下，卒然去世。送葬日，吊者千人，马厂村名医陈希儒致挽灵前：君家饶侠气，破产济众生；高医归去兮，处处闻哭声。

[《滕县卫生志》第十九编《传记》]

民国

◎ 仇锡恩 ◎

◎ 仇毓贤 ◎

仇锡恩（1840—1915），字荫桐。滕县姜屯镇仇官庄人。幼年攻读诗书，稍长则致力于医学研究。涉猎群医典籍，特别对《脉经》和《医宗金鉴》研读甚精。早年从事内、外两科，中年后则把主要精力用于外科病的研究和诊治。同治八年（1869），开设"诚济堂"，行医乡里五十余年，医术精良，治病多奇效，有"外科名医"之称，医名遍及苏北、鲁南。

对疔、疮、疖、痈疽等外科诸症治疗有独到之处，认为应先辨明阴阳。阳症以凉药折之，阴症以温药补之；溃前以汗消瘀，溃后用补药相托。又主张正邪兼顾，内外同治。内治以调理气血、扶正祛邪，视体质、年龄、病情而用药；外治用膏药、药面、烫洗等剂型，直接作用于患处，疗效显著。

治病诊查详细，一丝不苟，断病精确，方简药精，善于把握病势而先发施治，且对愈后判断准确。对诊治外科的疑难大症，造诣颇深。如对疔毒症，主张"早期通里泄热，以清除脏腑火毒，佐以疏风凉血，清热解毒"。特别对"疔疮走黄"之症，治疗之法独具特点，挽救了很多危重病人。某男，口唇部患"疔疮"，生命垂危，先以蟾酥丸化而灌之，再服清热解毒、凉血开窍之剂，几剂连服，疮顶出脓而愈。认为疔疮乃火热之毒，蕴蒸肌肤，以致气血壅滞，火毒结聚而成。头为诸阳之会，易助火热炽盛，毒邪易于走散，入于营血，内攻脏腑，而为"疔疮走黄"，乃至为凶险之症。

认为治疗破伤风，应分清虚实，实者清热解毒、凉血解痉；虚者温补、祛风解痉。曾用药物装入布袋内，与鸡同煮，食肉喝汤的方法，治愈病人甚多。有一中年妇女，产后伤风，气息奄奄，角弓反张，牙咬腮紧，滴水不下，其诊断后说：病虽重，脉尚有神耳。尚可治。用此方治疗病人，果愈。此方至今在民间仍广为流传。

毕生致力于狂犬病药物的研制，并取得了切实的效果。当时，城乡常有被狂犬咬伤而致死者，群众极为恐惧。其深感不安，乃潜心研究，大胆尝试，经多年努力，终于研制出"丁药"一方，外用于伤部，有效地预防狂犬病的发病。用法：温水洗净局部，用菱形刀把伤口扩大见血，把"丁药"插入伤口，外用自制膏药贴敷之。一至二日，即红肿溃烂；五至六日，腐肉脱落；十日，收口痊愈。

此外，对发背、对口、脱疽、附骨疽、骨髓炎、内痈、瘰瘤等外科大症的治疗也有专长，创制了许多行之有效的方剂和治疗方法。对浅瘘管、瘰疬等较为棘手的外科疾患的治疗，亦取得了成就。某日，一道士求治，自言下部有疾，先后经数十医治疗不愈，历四年矣！脓血淋漓，痛苦不堪。诊后说：此乃瘘疮。遂先服滋补气血之药壮其体，再用"丁药"蚀之，待脓血大下后，用生肌解毒药治之，半月而愈。

对皮肤病的治疗也有独到之处，自拟方甚多。对当时甚为难治的"秃疮"，不内服任何药物，只外用自配之药膏搽之，七日即愈，灵验异常。还配制了治疗其他皮肤病的"诸疮一扫光""银花解毒散"等药膏、药面，均有良好的效果。

一生研治疑难重症，孜孜不倦，医术精湛，医德高尚。凡求诊者，不论贫富贵贱，一视同仁，精心治疗，从不趋炎附势，谋名图利。贫困无钱取药者，遣方舍药，在所不惜。病家邀请，及时赴诊，诊后即返，概不留餐。其医术传于后人仇毓贤（1883—1933），继续开设"诚济堂"坐堂行医。1940年后，仇氏后人仇有廪继续行医。仇氏外科在鲁南、苏北享有盛誉。

[《滕县志》第八编《人物传》]

[《枣庄市卫生志》第十七编《传记》]

[《滕县卫生志》第十九编《传记》]

[《滕县医药志》第十章《传记》]

[《山东中医药志》第六篇《传记》]

[《滕县文史资料》第一辑]

[《滕州名人》]

仇毓贤（1883—1933），滕县姜屯镇人。业医三十余年，术专外科。

[《山东中医药志》第六篇《人物表》]

◎ 巩来仪 ◎

巩来仪（1858—1935），字凤阶。滕县望冢乡西洋汶村人。幼年勤奋好学，苦读经书，二十一岁入邑庠。中年好书法。战乱时期，民多疾病，乡里缺医少药。目睹此状，遂弃文攻医，精读《内经》《伤寒论》。业医四十余年，专内科，登门求诊者，车拉床抬甚众。为民治病，不择贫富，不贪金钱，德高望重，群众誉称"积德好善"之翁，赠送"妙手回春"匾额。

[《滕县卫生志》第十九编《传记》]
[《山东中医药志》第六篇《医林寿星小传》]

◎ 姜开五 ◎

姜开五（1856—1936），字福梅。滕县鲍沟镇东荆林村人。幼年才思敏捷，熟读经史。后因家有病人，遂弃文学医。独坐斗室，不闻外事，攻读《内经》，精研岐黄。对《寿世保元》《医宗金鉴》等医籍，较为推崇，细心领悟，掌握要领，用于实践，医理精深，医术颇佳。清光绪年间，曾赴省会济南，应分省考御医之试，名列第二。擅长外科，投药辄效。业医五十余年，声望遍于苏北、鲁南城乡。晚年著有《众览集要》《外科辑要》，后经战乱，大部已佚，现尚存残篇。

[《滕县卫生志》第十九编《传记》]
[《滕县文史资料》第一辑]
[《山东中医药志》第六篇《人物表》]

◎ 唐来晨 ◎

唐来晨（1869—1938），字旭谷。滕县龙阳乡龙阳村人。幼时家贫，赖亲戚资助，得以就读。人极颖悟，学又刻苦，光绪十四年（1888）入庠，返里任教。擅长书法。因父母多疾，医治无效，遂奋发研医，夜以达旦，攻读《千金要方》《医宗金鉴》等医著，苦钻十年，终有成就。专于内科、妇科，在县城西北隅街坐堂行医，求诊者日踵于门，多年沉疴疑难之症，无不著手成春。对贫穷患者，只收药本费，如遇贫甚者，则分文不收。常说：贫人吃药，富人拿钱。1937年"七七"事变后，返乡避乱，常与抗日将领孔昭同交谈，忧国忧民，郁郁抱恨而终。

[《滕县卫生志》第十九编《传记》]
[《山东中医药志》第六篇《人物表》]

◎ 王玉珂 ◎

王玉珂（1872—1947），字鸣亭。祖居滕县城郊七里沟村，后迁至羊庄镇南塘村。出生于世医之家，其祖父擅长治疗痘疹。自幼好学，熟读《礼》《易》，随其祖父习医，研读《内经》。擅书法，精丹青，好诗文，通琴艺。二十三岁时，承袭祖业，坐堂应诊，擅长内、儿科。据"胃气为本"之旨，临症处方，多顾护脾胃，兼而祛邪，疗效显著，医名称于乡里。将家传治疗痘疹良方，深加研究，并在临症实践中加以完善，屡用屡效，故有"王神仙"之称。不仅医术精湛，而且医德高尚。视贫苦患者如亲人，富贵贫贱，普同一等，常舍钱施药济贫。豪绅权贵之人，虽重金聘请，不为之动，深得乡里称颂。

积几十年治疗心得和父辈经验，参阅诸书诊治痘疹经验，选择古方，写成《痘疹经验良方》一书，以歌诀为题裁，每一歌诀均载有症状、病因病机、方药及临床加减，阐述了痘疹及有关的杂病、并发症，立论精详，便于实用。于1913年刊印，列方剂七十余首，约一万字。1983年在已故老中医李光耀家中发现了该书的木刻印刷原版，共七块，正反两画，为十四版，制作精细，字迹清晰可辨。滕县用此版重印100册。

[《枣庄市志》卷五十五《医疗》]
[《滕县卫生志》第十九编《传记》]
[《山东中医药志》第六篇《传记》]
[《滕县文史资料》第一辑]
[《羊庄镇志》第十三篇《历代名人》]

◎ 生克中 ◎

生克中（1873—1934），字允之。滕县姜屯镇李店村人。家族以"善接骨术"，专治"跌打损伤"而闻名苏、鲁。自幼热爱读书，每次府县会考均名列前茅。光绪末年废科举后，就继承祖业，熬制膏药，正骨治病。省内外诊者络绎不绝。在看病之余，常阅读《县志》。《滕县志》从清道光版后，数十年未曾编修，使其大发感慨：人断骨不能行动，县断《志》不知历史；人不可断骨，县不可断《志》。从此，下决心续修《县志》。

1926年，滕县县志局成立，生克中是主要成员之一。多年的夙愿得以实现，遂把熬药治病之事交给二弟办理，集中全力编修《县志》。不到一年，因军阀混战，战火四起，政局动荡，人心大乱，"修志局"解散。不久，父亲去世，国难家忧集于一身，但其志向不移，准备将《志稿》分门别类整理成册，以备后人修《志》使用。

为了写好《志稿》，生克中阅读《通鉴》、二十四史及诸子百家文集等文史书籍，广泛搜集史料。为写"孟子馆于上宫"，他实地考察遗址，在编写中字斟句酌，反复推敲，力求文约事丰。经过三年的努力，编成《滕县续志稿》四卷。

平时生活俭朴，不吸烟，不喝酒，不品茶，粗衣淡食，自奉甚俭。但遇到办学校、修城垣、印族谱等事，则解囊相助。《志稿》完成后，印刷仍是难题。当时政局不稳，当局无暇顾及，他便拿出自家多年的积蓄，去印书馆付印。1930年，四卷《滕县续志稿》铅印出版。

1933年，"县志局"重新成立，续修《滕县志》。县长召集社、区、乡长开会，推选高熙喆、生克中分任总纂、分纂。生克中如愿以偿，更加忘我地工作。1934年农历六月初三日，烈日当空，天气炎热，克中忽感胸闷头胀，汗如雨下，依然握笔不辍。中午，他回家后即病倒在床，不能进食。家人以为是中暑，医治无效，当晚咳嗽不止，痰壅而死。是时《续滕县志》前四卷已经定稿。不久，"县志局"解散，《志稿》藏于县署。

[《枣庄市志》卷五十九《人物志》]
[《滕县志》第八编《人物传》]
[《滕州名人》]

◎ 赵景封 ◎

赵景封（1881—1946），字建侯。滕县城郊乡荆沟村人。自幼颖悟不群，通晓经史，二十四岁入邑庠。适母病，三聘名医而不至，致病势加重而亡。悲痛之余，发奋攻医，精研《内经》，博览群籍。长于治疗温病，造诣颇深，独具只眼，有"寒凉派"之遗风。曾治东沙河村党姓之子，十五岁，已患春温病两月余，曾有医者以伤寒治之无效。待至病笃，方请其诊治。患儿目闭神昏，四肢凉如冰霜，呼吸细微，已数日不进水米，但胸热腹软，舌赤苔黄少津，脉细。诊毕便说：此邪侵少阴、厥阴之间，《内经》所谓"热深厥亦深也"。先救阴以回阳，以复脉犀角地黄汤加石膏，一剂安，二剂愈。又以竹叶石膏汤，以善其后。从此，医名大振，就诊者门庭若市。对麻疹的治疗，也独具特点。曾治郑氏之子，年四岁，患麻疹。疹出一日即回,皮下黑点隐现,参差满身,高热无汗,烦躁喘急而大渴。给以清气化毒饮服之,药后喘止。继之,红疹微现,疹透而愈。平生治学严谨,诊治极其认真,常谓:学医不深,即可杀人。晚年,医名远扬,社会名流赠给"贤士良医""仁术儒宗"匾额两块,以彰其医德。

[《滕县卫生志》第十九编《传记》]
[《滕县文史资料》第一辑]
[《山东中医药志》第六篇《人物表》]

◎ 李春成 ◎

李春成(1882—1944),字子藩。滕县木石镇人。生于医学世家,幼读经书,清咸丰年间中秀才。对古典名著、专科医籍,不惜重金购置精研。不满三十岁,即在家诊病,后在滕县城北门里"生春堂"为坐堂先生。擅长内、妇两科。医德高尚,甚受乡里称赞。富人求医,无车不出诊;对贫者则登门看病,无钱亦施药。在城周及故里声望较高,每逢返故里,近村患者结群求诊。对神经科诸症,亦颇有造诣。小宫村王明山久患癫痫,多治无效,李春成为之投药五十剂而治愈。病儿之父王伯乐感恩,赠送"妙手回春"匾额。日军侵华,药房被炸,即去济南慈善医院行医。著有《疠风秘传》,总括麻风病三十六症,症各有方。在鲁雨山、王伯乐等资助下,于清咸丰年间编印成册,流传至今。

[《枣庄市志》卷五十五《医疗》]
[《滕县卫生志》第十九编《传记》]

◎ 王东怀 ◎

◎ 王仲铭 ◎

王东怀,滕县人。光绪十二年(1886)在滕县城关开办"东中和堂"药店,年营业额一万元银洋,职员十二人。经营多为地道药材,自制"生肌拔毒散""赛金化毒丹"等成药。民国六年(1917)王仲铭在滕县城西关开设"西中和堂"药店,资本五万五千元银洋,年营业额二万元银洋,职员十六人。东西"中和堂"是滕县城关经营时间长、有影响的两家药店。

[《枣庄市卫生志》第二编《堂铺》]

◎ 刘广跃 ◎

刘广跃（1827—1909），滕县城郊乡董村人。擅妇科，业医四十年。

[《枣庄市卫生志》第十七编《医药人物表》]

[《滕县文史资料》第一辑]

◎ 邵文汉 ◎

邵文汉（1855—1943），滕县大坞镇人。擅长妇科，从医三十年。

[《枣庄市卫生志》第十七编《医药人物表》]

[《山东中医药志》第六篇《人物表》]

◎ 陈 堂 ◎

陈堂（1860—1944），滕县东郭镇人。清末庠生。擅长内科，从医五十年。

[《枣庄市卫生志》第十七编《医药人物表》]

[《山东中医药志》第六篇《人物表》]

◎ 袁子健 ◎

袁子健（1870—1938），滕县南沙河乡人。擅长内科，从医四十年。

[《枣庄市卫生志》第十七编《医药人物表》]

[《山东中医药志》第六篇《人物表》]

◎ 黄有会 ◎

黄有会（1874—1944），滕县姜屯镇黄庄村人。擅长中药炮制，从业四十年。

[《枣庄市卫生志》第十七编《医药人物表》]

[《滕县文史资料》第一辑]

[《山东中医药志》第六篇《人物表》]

◎ 陈庆松 ◎

陈庆松（1876—1922），滕县龙阳乡人。擅长妇科，从医三十年。

[《枣庄市卫生志》第十七编《医药人物表》]

[《山东中医药志》第六篇《人物表》]

◎ **李汉臣** ◎

李汉臣（1885—1949），滕县羊庄乡人。擅长妇科，从医四十年。

[《枣庄市卫生志》第十七编《医药人物表》]

[《山东中医药志》第六篇《人物表》]

◎ **颜道乾** ◎

颜道乾（1888—1934），滕县金庄镇颜楼村人。擅长内科，从医十八年。

[《枣庄市卫生志》第十七编《医药人物表》]

[《滕县文史资料》第一辑]

◎ **朱广玉** ◎

朱广玉（1888—1948），滕县姜屯镇洪疃村人。对妇科疾患颇有研究，自制"济阴膏"，疗效甚佳。

[《枣庄市卫生志》第十七编《医药人物表》]

[《滕县文史资料》第一辑]

[《山东中医药志》第六篇《人物表》]

◎ **王裕九** ◎

◎ **徐继运** ◎

◎ **孙景印** ◎

王裕九，滕县人。光绪三十三年（1907），在峄县城内中心街路东古槐树东侧开设"中和堂"药店（系台儿庄"中和堂"的分店），始有职员八名，逐步增加到二十余人，经理张广静、账房先生黄圣年皆系滕县人。日军入侵峄县时被毁。1939年春，由峄县人徐继运组织复业，药品多来自上海、杭州、天津、北京、济南等地，批零兼营，多销往兰陵、横山、卞庄、尚岩、贾汪、微山等地。聘请妇、内科名医褚敬诺为坐堂医生，后又聘孙景印坐堂应诊。

[《枣庄市卫生志》第二编《堂铺》]

东营

垦利

民国

◎ 范怀起 ◎

范怀起（1852—1918），利津县董集区范家村人。自幼聪慧，精通《伤寒杂病论》。自制的膏、丹、丸等药剂，对治疗疮痈有特殊疗效。据说其对所收治的疮痈病人，说几天好就几天好，且能使疮移位，让痈搬家。民国初年，曾被北洋政府请去给袁世凯及其妻女治病，后留京津一带行医。1916年，因战乱返回范家村，设铺行医，饮誉乡里。

[《垦利县志》第二十八篇《医疗》]

利津

明

◎ 李敬义 ◎

李端，利津人。父敬义，宣德间任医学训科，以罪充开平卫，端时年十六，击登闻鼓上书，恳以身代，上闻而嘉之。曰：是真孝子。予代戍，凡四十余年。思亲衰老，令子鹏替役，归养。亲殁，哀毁备至。卒年九十七岁。

[咸丰《武定府志》卷二十五《孝友》]

清

◎ 赵士骥 ◎

赵士骥，字德斋。增监，考授州同。慷慨好义，施医药，助婚葬，事难殚述。建义学，设义仓，修整学宫、儒林坊，皆躬先倡捐。见《儒学碑记》。

[乾隆《利津县志续编》卷八《孝义》]

赵士骥，字德斋。以增监考授州同。为人尚气义，建义学、义仓，修学宫、儒林坊，皆乐于倡始。至于病施药，殁施棺，婚予财，尤其常事。

[光绪《利津县志》卷八《义行列传》]

◎ 綦 沣 ◎

綦沣，字汇东。少负隽才，时以为博物之儒，罕有俦匹。乾隆壬子（1792）举人。丙子（1816）预千叟宴，钦赐国子监学正，晋翰林院检讨，乡里荣之。著有《四书会解》《周礼辑要》行世，又《学规十二则》《还醇堂文稿》《医宗辑要》藏于家。

[光绪《利津县志》卷七《儒林列传》]

綦沣，字汇东。利津人。乾隆壬子举人。《四书会解》《周礼辑要》行世，《学规十二则》《还醇堂文稿》《医宗辑要》藏于家。

[咸丰《武定府志》卷二十五《文苑》]

綦沣（1760年前后—1840），字汇东。祖籍甘肃祁连山一带，后移家乐安，元朝末年由乐安迁居利津綦家夹河村。出身士绅家庭，祖父长岭，康熙庚子（1720）岁贡生。父守恒，以教书为业。自幼勤奋嗜学，博学多闻。乾隆四十二年（1777）中副贡，乾隆五十七年中举人。曾创办私塾，以身试教，本着"学以致用"的原则，传授实用知识。在教学管理中，以礼仪为本，制定了《学规十二则》，并严格考试制度。他的这一系列措施，在县学中施行，得到省学政官员的嘉许。嘉庆元年（1796），钦赐翰林院检讨、国子监学正。著有《四书会解》《周礼辑要》等书。脱稿后，一时学者闻风传抄，付梓刊行后，销行全国。

在博览群书，致力儒学的同时，刻苦攻读医学著作，博采众家之长，中医理论造诣颇深，临床经验丰富，擅长内、妇科，善治痘疹、瘟疫。凡疑难危重病症，得其治疗者，多转危为安。特别在瘟疫、痘疹流行时，患者络绎，日无宁晷，全活甚众。虽出身士绅家庭，但医德高尚，对登门求医的病人不分贫富都精心诊治，多用小方和土单验方；所用药物，资源充足，价格低廉，疗效甚佳。其以术救人，好施不倦之德，乡人无不感佩交并。《綦氏族乘》记载：公视人次子痘，而针其长男。其人径问故，曰：是亦欲出痘，兹先针出恶血，方无疔毒，可治矣。隔三日，而痘出，如所言。又云：公常坐室中，闻窗外人声，曰：汝速归，病也。其人固无病也，至夕，果以暴疾卒。又载：乾隆癸丑（1793）试南宫，与浙江孝廉某同寓，某固雄于文者也。与公谈经史子集，心析矣。乃复纵谈医，曰：余有姑母，患痰疾。余医之，辄效，然不能根除也。请教我公。公视其方，曰：近之矣。为易珠两。曰：服之当有效。逾年，孝廉书来信，效应如响。

总结几十年临床经验，著《医宗辑要》十三卷。师古法，采新说，记载病症五百多个，涵括内、外、妇、儿、瘟疫、斑疹等科，列方近二千个，其中验方、便方、自拟方二百多个。文理条畅，纲目分明，语言浅显易懂，叙述生动形象。药物加减，灵活多变。药少而力专，量轻而效验。如治疗中风的葱熏法、治疗呃逆的姜汁饮，至今仍在民间流传。该书既有传统的中医理论，又有自己的独到见解，是一部内容丰富论述精湛的临床参考书。

[《东营市志》人物《传》]

[《利津县志》第三十六篇《人物传略》]

[《山东中医药志》第六篇《寓医》]

[《惠民地区中医药志·医林人物传》]

[《东营历史人物》第二辑]

[《利津文史资料》第一辑]

[《东津群英》]

[《齐鲁文化大辞典》]

綦氏，祖居利津镇綦家夹河村。第一代是清代利津名中医綦沣，擅长针治痘疹，有专著留世。民国时期，綦汝浚、綦成德最为有名。綦汝浚将医术传给长子宗杰（际霖）、次子宗喆、三子宗谟及其侄儿綦云梯。后来，綦宗杰将医术传给族中侄儿綦崇瑄。綦崇瑄在章丘埠村行医十多年，1970年后退休，他的医术由儿子继承。綦崇瑄的儿子在明水医院当医生。綦宗杰还将医术传给妻侄扈姓。1949年后，扈姓的后代扈乐平，带徒扈秉衡、扈秉庚、扈俊杰等多人。使綦氏针治痘疹术流传至今，针灸要领是辨准病情，按穴位下针，针出瘀血。

[《利津县志》第三十三篇《医疗》]

翰林院检讨綦沣墓，在綦家夹河西南。

[光绪《利津县志》卷十《杂志》]

《周礼辑要》，綦沣撰。沣，字汇东。利津人。乾隆壬子举人，钦赐检讨。《县志》云有是书行世。

[宣统《山东通志》卷一百二十八《艺文志第十·经部·礼》]

《四书会解》，綦沣撰。沣有《周礼辑要》，见礼类。《府志》云有是书行世。

[宣统《山东通志》卷一百三十《艺文志第十·经部·四书》]

《还醇堂文稿》，綦沣撰。沣有《周礼辑要》，见经部礼类。是编见《县志》。

[宣统《山东通志》卷一百四十五下《艺文志第十·集部·别集》]

◎ 崔汝筠 ◎

崔钟芳，字荫海。屡荐乡试，卒不得志于有司，授徒四十年，循循教人，门弟子多成其业。狷介甘贫，尝有暮夜却金事。善文辞诗赋，有《还读斋诗草》。因感时事不出，莳花种柳以自乐，训子力学尽伦。卒年六十三。子四，汝章，岁贡士；汝梅，诸生；汝筠，攻医术，有《竹亭集医》若干卷；汝玉，廪生。

[光绪《利津县志》卷七《文苑列传》]

崔汝筠，号竹亭。清代山东利津县人。邑名儒崔钟芳三子。攻研医学，知名于乡。著有《竹亭集医》若干卷，未见刊行。

[《中医人名大辞典》]

[《山东中医药志》第六篇《人物表》]

◎ 裴岱峰 ◎

裴岱峰，字云亭。道光甲午（1834）举人。资明敏，有诗画名，医术称良。官朝城训导，升用国子监学正，解组归。笃好声咏，至老不废。有《耐轩诗草》行世，《笔花医镜注解》待梓。卒年七十三。

[光绪《利津县志》卷七《文苑列传》]

裴岱峰，字云亭，号耐轩。清代山东利津县人。道光甲午举人，官朝城训导，升国子监学正。资性明敏，工诗善画，医术称良。年七十三岁卒。著有《笔花医镜注解》，未梓。另有《耐轩诗草》行世，存佚不明。

[《中医人名大辞典》]

[《中医人物词典》]

[《山东中医药志》第六篇《人物表》]

《耐轩诗草》，裴岱峰撰。岱峰有《笔花医镜注解》，见子部医家类。是编见《县志》。

[宣统《山东通志》卷一百四十六上《艺文志第十·集部·别集》]

◎ 张聿修 ◎

张聿修，字善果。太学生成贤仲子。绩学不遇，因督二子勤读，俱入邑学。从叔母王，贫无子，为营居，供米薪至十余年。殁，葬祭以礼。咸丰间，村罹黄水灾，乃结庐数十椽，聚贫者居之。同治间，有刘氏子来，甘为佣一年，不受值。聿修不忍，诘其由，乃言其父少时贫，无以娶，尝资钱数十缗，今将以身偿旧负耳。其施不望报，多此类。兼工医术，精痘疹科，有请必赴，不惮行路之瘏，亦不受谢。与人接，时有劝规，人借以薰善良云。

[光绪《利津县志》卷八《义行列传》]

张聿修，字善果。清代利津县人。工医道，精痘疹科，有请必赴，不受谢。

[《山东中医药志》第六篇《人物表》]

◎ 赵兰英 ◎

赵兰英，字纫秋。附贡生，乡饮大宾。性耿介，善医，治疾施药物，不受报。倡修河堤、庙桥等工。会邑戒严，督勇守河干，制攻守具，募捐不足，资财几为之罄。感其泽者，以"德被乡梓"匾额赠之。

[光绪《利津县志》卷八《义行列传》]

赵兰英，字纫秋。清代利津县人。附贡生。善医，治病不图报酬。乡人赠"德被乡梓"匾额。

[《山东中医药志》第六篇《人物表》]

◎ 崔守义 ◎

崔守义，字宜斋。九品寿官。能以医术济人。寿八十四。

[光绪《利津县志》卷十《杂志》]

崔守义，字宜斋。清代利津县人。朝赠九品寿官，以医术济人。

[《山东中医药志》第六篇《人物表》]

◎ 崔 杰 ◎

崔杰，字良辅。候选从九品。周急济危，精岐黄、地理，求之辄应。辑有《痘疹救劫经验良方》诸书。寿八十五。

[光绪《利津县志》卷十《杂志》]

崔杰，字良辅。清代利津县人。工痘疹术。周急济危，求之辄应。辑有《痘疹救劫经验良方》，未刊。

[《山东中医药志》第六篇《人物表》]

◎ 崔廷选 ◎

崔廷选，字吟皋。世住利津南关豆腐巷。府学恩贡生，署莱州府学教授，铨选知县。文学渊博，以正谊笃行为邑表率。受业及门，成科名，登显仕者，不可枚举。既官教授，日集诸生，讲学论道，采汉儒考据而正其附会，探宋儒性理而矫其玄虚，士风以纯。致仕归，以医学救世，尤急公义。光绪二年（1876），岁饥且疫，施舍药诊，并出粮石周恤，合邑戴德，公送"德被梓里"匾额，以表纪念。

[民国《利津县续志》卷七《儒行列传》]

崔廷选，字吟皋。清代利津县南关豆腐巷人。府学恩贡生，署莱州府学教授，补选知县。兼修医术，济世活人。

[《山东中医药志》第六篇《人物表》]

崔廷选，光绪十六年（1890）任莱州府教授。

[民国《利津县续志》卷五《登进表第五》]

清光绪二十八年（1902），奉令成立劝学公所，劝学总董崔廷选，并设劝学员二人，督责乡村设立蒙养学堂。

[民国《利津县续志》卷二《教育》]

清宣统二年（1910），县自治研究所成立，以崔廷选为所长。

[民国《利津县续志》卷二《自治》]

◎ 綦成德 ◎

綦成德，字子明。邑之綦家夹河人。清监生。性诚实豪爽，急公义。自黄河为患，先后率民夫，筑本境堤防者九次。每遇险工，必率众抢护，昼夜无间，并悉出己之秸料、绳具以为倡。綦家嘴河道逼窄，号称极险，而历三十年无水患者，成德防护之力居多。屡经河务当局保奖，于清光绪三十年（1904）授五品顶戴。又善痘疹、眼科，每至痘疹流行，常步行各村，使人号于众出，患者悉治之。好施予，村中贫乏者，必为谋得生活之路。曰：如此方可使无依赖性也。卒年八十岁。子汝濬，清岁贡生。孙宗杰、宗喆、宗模。

[民国《利津县续志》卷七《义行列传》]

綦成德，字子明。清代利津县綦家夹河人。监生，光绪三十年授五品顶戴。善治痘疹，又精眼科，每痘疹流行时，常步行各村，沿户诊治。

[《山东中医药志》第六篇《人物表》]

◎ 徐绍陵 ◎

◎ 徐联萼 ◎

徐绍陵，字石麒。光绪乙亥（1875）恩科副举人。情豪迈，有干才，历任邑令多器重之，遇要公，必请为断定而后行。光绪十七年（1891），知县钱镠迁河东，灾民于苇洼邀偕往，二十九村奠厥攸居，绍陵之力为多。又捐支棚洼地百余亩，为学堂底款。上闻，奖给五品职衔，颁及"兴学育才"匾额。光绪二十九年，县令方子嘉因文庙年久失修，倾圮堪虞，请其监视重修。每日鸠工庀材，曾无暇隙。逾岁，始告竣。年逾古稀，精神犹健。精医理，活人无算。远近戴德，公送"德被梓里"匾额。子联萼，府学廪生，亦以医传。

[民国《利津县续志》卷七《义行列传》]

徐绍陵，字字石麒。清代利津县人。光绪乙亥恩科副榜。精医术，活人无算。远近戴德，公送"德被梓里"匾额。子联萼，亦以医传。

[《山东中医药志》第六篇《人物表》]

◎ 赵丹城 ◎

赵丹城，字镇湘。邑庠生。工书法，苍劲圆熟，所书碑版，纯用赵子昂笔法，士人多珍之。且精医术，著有《伤寒要旨》。性好施舍，设济元药局，凡贫疾者，每舍药料。夏设炉水，冬舍汤粥，以济贫寒。州里公送匾额曰"惠周闾里"，又曰"慈惠乐施"。

[民国《利津县续志》卷七《义行列传》]

赵丹城，字镇湘。清代利津县人。邑庠生。工书法，苍劲圆熟，所书碑版，世人多珍之。精医术，著有《伤寒要旨》，未梓。乡人公赠"惠周闾里"匾额。

[《山东中医药志》第六篇《人物表》]

◎ 赵以林 ◎

◎ 赵立程 ◎

◎ 赵志让 ◎

◎ 赵明潏 ◎

赵以林，字梅岑。由太学生例授九品职衔，曾充县董事会会员。祖立程，父志让，皆以青囊济世。至以林，术尤精。遇灾疫，虽盛暑祁寒，必躬亲诊视，全活无算。邑人公送"梓里戴德"匾额。子明潏，字珠川。邑增生。亦以医传。

[民国《利津县续志》卷七《义行列传》]

赵以林，字梅岑。清代利津县人。由太学生例授九品职衔。承家技，以医济世，活人无算。邑人公送"梓里戴德"匾额。子明潏，承其业。

[《山东中医药志》第六篇《人物表》]

◎ 吴芝煜 ◎

吴芝煜，字耀卿。岷源先生之侄孙也。性纯孝，出嗣季父奎枢，能得亲欢心。既而，奎枢生子芝炆，数年后，奎枢卒。芝煜事慈亲，抚幼弟及芝炆，稍长，为完婚，延师教读，每见弟力学，辄狂喜。芝炆年二十余，忽病剧，百计诊治，竟不起。芝煜悲痛欲绝，然又多方承欢，以释亲痛。以是，孝行重于乡里。并精医理，凡贫家疾疫，求无不应，全活无算，时人称颂。

[民国《利津县续志》卷七《孝友列传》]

◎ 杨　丰 ◎

◎ 崔良辅 ◎

◎ 杨葆荣 ◎

　　杨丰，字汇东。早岁辍读，乐于耕渔，德望素重。善针灸法。凡遇时疫、痘疹，延请者济济盈门，日昃不遑暇食。其医术之精，实得秘传于外祖家崔良辅。寿八十二岁。子葆荣，亦精针灸、痘疹。

〔民国《利津县续志》卷九《杂志》〕

　　杨丰，字汇东。清代利津县人。业医，善针灸，尤工痘疹科。子葆荣，亦精针灸、痘疹。

〔《山东中医药志》第六篇《人物表》〕

◎ 胡玉㻛 ◎

◎ 胡　峦 ◎

　　胡玉㻛，字子瑜。增贡生，候选训导。医学精深，一经诊视，即可全愈。寿八十四岁。子一，名峦，字竹村。廪贡生。亦明医学。

〔民国《利津县续志》卷九《杂志》〕

　　胡玉㻛，字子瑜。清代利津县人。增贡生，候选训导。工医术，一经诊视，每多痊愈。子峦，亦明医。

〔《山东中医药志》第六篇《人物表》〕

　　胡玉㻛，光绪二十六年（1900）佐班，候选训导。

〔民国《利津县续志》卷五《登进表第五》〕

◎ 赵丹魁 ◎

　　赵丹魁，字星五。邑增生。精医术，著有《伤寒宝镜集》。清时，以医学考取九品吏目。寿八十五岁。梓里公送匾额曰"耄年望重"。

〔民国《利津县续志》卷九《杂志》〕

赵丹魁，字星五。清代利津县人。邑增生。精医术，以医学考取九品吏目。著有《伤寒宝镜集》，未刊。乡公送"耄年望重"匾。

[《山东中医药志》第六篇《人物表》]

[《中医人物词典》]

民国

◎ 綦汝潽 ◎

綦汝潽，字季华。綦家夹河人。性仁恕，重行谊。为性理学家綦猗园后裔，经学家綦汇东曾孙，岁贡生綦瀚亭之从弟也。家学渊源，复从同邑盖皋臣习古文辞，深得桐城余韵。清季士子，徒骛括帖之业，经汝潽首倡，风气为之一变。少年曾补博士弟子员，食饩。设帐授徒，一本家学，参以《宋明学案》，反复印证，阐精入微。讲学之暇，于地方自治、河工水利、保甲、田赋、学校诸端，莫不殚心研讨，归诸实用。清季，被选为县议会议员及本区区长，任地方公益二十年。区中有公私争议，或经年涉讼者，经一言，立解。办理保甲，应付徭役，减轻乡民负担。咸丰年间，黄河由济水入海，父子明督修本区堤防，先后四十年。汝潽继踵前规，民国十三四年（1924—1925）以还，河工窳败，綦家嘴一区，冬伏汛间，漏蛰坍塌十余次，尽力抢护。虽值风雷交作，或冰凌冲积中，勿稍懈。秸料绳具，家所有，悉出之，以应急需，故化险为夷，百姓得庆更生。又邃于医，痘疹一科，得诸祖传，每逢痘疹，或时疫流行，求诊者户限为穿，出诊恒历数十村不得休，全活甚多。寿七十四岁。长子宗杰，性朴厚，善书能文，山东高等师范卒业，历任第四中学教务长、正谊中学校校长、曲阜县县长；次子宗喆，办理矿务矿业，多美绩。盖庭训有素也。

[民国《利津县续志》卷七《儒行列传》]

綦汝潽，字季华。清代利津县綦家夹河人。业医得祖传，善治痘疹。

[《山东中医药志》第六篇《人物表》]

◎ 张维岳 ◎

张维岳，字峻五。性忼爽，善针灸，起死回生，毫不索谢。民国二十一年（1932）夏六月，瘟疫盛行，伤人无算。维岳不惮辛劳，到处诊治，时不暇食，竟至染疫而殁。邑人咸痛之，或为流涕云。

[民国《利津县续志》卷七《义行列传》]

张维岳，字峻五。清代利津县人。善针灸，起死回生，毫不索谢。

[《山东中医药志》第六篇《人物表》]

◎ 张熙鹏 ◎

张熙鹏，章丘县张家庄人。通医术，知本草。清光绪十八年（1892），到利津城行医卖药，治病不论贫富贵贱，出诊不分昼夜寒暑，有求必应，尽心竭力，疗效很高但索金甚微，对贫困病户还施医赊药，因而颇获信誉。嗣后，在街民协助下，于大东街东门里路南租房数间，邀来亲友三四人协办，开始经营起自东自掌的"天德堂"药铺，为利津县最早的中药店。店址先后在利津城东街、北街，经营中药二百五十个品种，先后营业六十四年之久，中华人民共和国成立后转为公私合营。

[《利津县志》第三十三篇《医药》]

[《利津文史资料》第三辑]

◎ 田万树 ◎

田氏，祖居利津县北宋乡田家村。民国年间，田万树得其岳父（滨县整骨名医）亲传，学会武术和整骨术，在民间行医，后将医术传授给长子田清溪、三子田贞溪。田万树去世后，以田贞溪的医术最有名，不仅在医治跌打损伤方面有较深造诣，而且有一手治疗关节炎导致关节变形的高招。1950年，田贞溪被滨县医院聘任为整骨医生，慕名求医者遍及惠民地区各县，远及外省。田贞溪于七十年代病故，其继承人有田锡朋、田锡禹、田锡元、田锡古。当代继承人为田学勤、田学勇、田学凯三弟兄。在医术上向中西医结合的方向发展。田氏祖传整骨术，包括接骨、复位、推拿、按摩、针灸等祖传手法。给病患者外敷接骨膏，内服汤药接骨散。田氏的膏、散，采用祖传秘方，配料讲究，加工精细，有活血止痛和加速创伤愈合之特效。

[《利津县志》第三十三篇《医疗》]

◎ 程 鹏 ◎

程鹏，字万里。邑城之西关人。尝任人匠总管同知。善医卜，家巨富，乐施与，屡出金，周贫饿。又捐地给无以葬者，凡十余所。至治间，岁大荒饥，发粟赈救，一方赖以全活，事闻旌表。当是时，邑学废弛，公家尚无所谓书院，师儒乏讲会地，其寒素子弟失教者尤众。鹏慨捐巨资，建书院于其家，广延名宿，来学者皆廪给之。元统二年（1334），赐额曰"诚明书院"。初，县明伦堂有悬钟，即其时，院中会食物，规模之宏可想。后人思其德，称曰"义士"，祀之孝义祠。盖邑之一大慈善家也。

[民国《乐安县志》卷十《人物》]

程朋，乐安人。饶资，善医卜。至顺间，发粟济荒，一方赖之。

[嘉靖《青州府志》卷十五《方技》]

按《青州府志》：程朋，乐安人。饶资，善医。天顺间，发粟济荒，一方赖之。

[《古今图书集成医部全录》卷五百十一《医术名流列传》]

效霞按：嘉靖《青州府志》所载之"程朋"与民国《乐安县志》所载之"程鹏"，当为一人。

程鹏，字万里。元代广饶县西关人。尝任人匠总管同知。善医卜，家巨富，乐施与，屡出金，周贫饿。又捐地给无以葬者凡十余所。至治年间，岁大荒，发粟赈救一方，活人甚多，事闻表彰。当此之时，邑学废弛，尚无公办书院，乏讲会地。其寒素子弟失教者尤众。鹏慨捐巨资，建书院于其家，广延名宿，来学者，皆资给之。元统二年，赐额曰"诚明"。

[《山东中医药志》第六篇《传记》]

元义士程鹏墓，在城西北一里。

龙邱，即丰台，在曲堤西南端。元邑尹苏肯李于上建龙祠，岁久倾圮，至正四年（1267），义士程鹏迁龙祠于城东门外。

[民国《乐安县志》卷二《古迹》]

诚明书院《府志》作"明诚"，误，在城西一里。邑人程鹏建。久废。

[民国《乐安县志》卷六《学校》]

明

◎ 蔡体要 ◎

蔡氏，儒医蔡体要女也。许字蒋匋，甫纳聘而匋已疾不起，其父欲俟其少愈。氏曰：已受聘蒋氏妇也。正当侍其汤药，奈何进之于归九日而匋卒，哀恸欲绝，乃屏居一楼，虽至戚莫得见其面。茹苦四十余年，抚继子蒋应逢得成立。后土寇陷城，投井死。

[雍正《乐安县志》卷十四《列女》]

清

◎ 宋 桂 ◎

宋桂，大相村人。乾隆庚子（1780）举人。精医术，著有《女科真传》《疯症集要》《痘疹集要》。

[民国《乐安县志》卷十《人物》]

[民国《续修广饶县志》卷十九《乡贤》]

宋桂，幼读儒书，屡试不第，遂弃儒习医。擅长妇科、儿科，尤善治妇女产前、产后之疾。医术高超，威名四方，悬壶于昌潍、淄博、广饶一带。七十余岁时，故于去潍坊行医返回途中。《女科真传》留于其亲戚孟光兴之手，后孟又继其术，善治女科病而闻名全县。外出行医，必带此书，以备查阅。孟故后，其书又落于花官公社草桥村，于1947年在村公所失迷。

[《惠民地区中医药志·医林人物表》]
[《山东中医药志》第六篇《人物表》]
[《中国历代医家传录》]
[《中医人名大辞典》]

◎ 张笃庆 ◎

张笃庆，字子祜。武生。魁梧，有胁力，多机智。遵筹饷例，报捐把总，署临朐，汛乞养归。值捻匪乱，襄办镇东团，率勇数百，御贼博兴朱家洼，陷贼中，身被数创，屹然不动，贼疑有伏，乃遁去。以功奖给五品顶戴。又因河工出力，保千总。居乡恂恂，有儒者气象。精医学外科，有求辄应，从不受谢。

[民国《续修广饶县志》卷十九《乡贤》]

张笃庆，由武生捐临朐千总。

[民国《续修广饶县志》卷十八《选举》]

◎ 魏 焌 ◎

魏焌，字西洲。邑城东较南不五里之梧村庄人也。邑庠生、高密训导茂樟之子。性孝友，敦古道，不求谐俗。精医，能预决人生死。时，邑节孝祠倾圮，焌承母命，捐资重修。其贫妇之以节旌，而无力入祠与祭者，皆为之木主。又光绪戊子（1888），尝鬻田，籴粟以赈，邑人称之。

[民国《续修广饶县志》卷十九《乡贤》]

◎ 董士玉 ◎

董士玉，字缜堂，号蕴谷。城东西毛王庄人。道光丁酉（1837）拔贡。品端学粹，内行无亏。少失怙，从兄士瑾受业，兄爱其慧，为遍延名师。由此，诗古文词及制艺兼工，为当时名流所推许。然淡于进取，再荐不售，遂隐居教授。晚更邃于医术，每制一方，沉痼立起。终身事兄，如事严父。卒，乡人私谥"端敏先生"。

[民国《续修广饶县志》卷十九《乡贤》]

◎ 隋策勋 ◎

◎ 隋志先 ◎

张兆鹗，字一士。邑城直北不八十里之新集庄人也。生乾隆中。著有《四书答问鳞编》。

按：自有明以制艺取士，士蔽于俗学，凡训释章句，各书号为解经，实则苟以便一时撷拾，牵混之工，诚有如兆鹗所云：辞愈多而愈杂，理愈驳而愈乱者。今兆鹗竭一生之力，汇为此编，条理分明，秩秩井井，其要归于使人易晓，不可谓非卫道之深心，故载臻焉。又有燕华云、隋绍先、隋策勋、隋志先者，亦皆颇有所著述，故并以附著，亦奖劝诱掖之一道也。华云，字望如。光绪己丑（1905）举人。著有《介石山房大集》。绍先，字述亭。全州州同。著有《学政笔记》。策勋著有《妇科宝鉴》。志先，字游亭。著有《白喉便览》《喉痧要诀》。自绍尧以下，均光绪间人。

[民国《乐安县志》卷十《人物》]

隋志先，字逊亭。著有《白喉便览》《喉痧要诀》。

[民国《乐安县志》卷十《人物》]

◎ 燕丕远 ◎

燕丕远，字猷臣。城东北三十里之东燕庄人。幼家贫，性至孝，髫年母殁。葬后，每日诣墓祭奠三阅月，风雨无间。父怜之，严阻乃已。读书务求精深，不事浮鹜。清光绪辛卯（1891）举于乡，戊戌（1898）大挑一等，分发陕西，历任榆林知县、商州州同。所至，革宿弊，敷教化，政平讼理，以"贤能"称。方其初任榆林也，邑汉蒙杂处，素失教化，民俗轻女，生辄弃之。公闻剀切，谕禁其俗，遂革。又神木地方，俗谓男子殇，能为厉，必置山谷间火之，方无害。公主办神木硗局时，遇其事，白于都司，厉禁之。其在商州也，时值宣统之初，潢池蠢动，公倡办团练预防，贼不敢窥。未几，竹林等关迭告破，惟龙驹寨以有备独完。公为人刚正不阿，见愠群小，辞职。未久而商州祸作，继任者举家罹难。公平生廉介自守，宦陕近二十年，囊空如洗。辛亥（1911）之变，陕省官吏四百余家惨遭焚杀，公以清贫独免。乱定后，以授徒积资，始克归家居。以医活人，饔飧不给不计也。

[民国《续修广饶县志》卷十九《乡贤》]

燕丕远，山东乐安县人。举人。光绪二十七年（1901）任（榆林知县）。

[民国《续修陕西通志稿》卷二十一《职官》]

◎ 王立恒 ◎

王立恒，字心占。城南王家庄人。天资聪敏，童时受业于邑名宿王宝甲先生，即以大器许之。早孤，弃儒归农，能克家。光绪二年（1876），岁大饥，立恒慨出积谷六七十石，活饥者。事后，里人韩成德出所发谷簿记与之，立恒婉谢，曰：吾为此，聊尽乡谊责耳！岂望偿哉！立取簿记，毁销之。以是，一方高其义，称"长者"。晚邃于医，延者虽阴雨晦夜，无不往。非至契及远村，不以饮食扰病家。其他，若捐修宗祠、捐资兴学各义举多端。盖慈善由天性也。

[民国《续修广饶县志》卷十九《乡贤》]

◎ 张元良 ◎

张元良，始业儒，继以绌于家艰，而农而商，而卒以医著。辑有《方药条陈》《痘疹萃选》诸书。住张家庄北，去邑城一十又五里。生清光绪中。

[民国《乐安县志》卷十《人物》]

张元良，清末山东乐安县（今广饶）张家庄人。生于光绪间。早年习儒，因家贫务农、经商，后以医术知名。著《方药条陈》《痘疹萃选》诸书，未见刊行。

[《中医人名大辞典》]

◎ 隋家珍 ◎

杨氏，北隋庄清翰林院待诏隋安基之妻也。夫死，守节教子。子家珍学成，入邑庠，以兴学、从政、良医显一时，光绪三十四年（1908）奉旨旌。

[民国《续修广饶县志》卷二十《列女》]

光绪三十二年，北隋庄隋培基、隋家珍等在本庄创办学堂，讲堂三间、自习室十间，寝室、会客室、会食堂俱备，学生分甲乙两班学款，有学田二十三亩，系隋献书等旧捐立义学之地。隋家珍又捐银千两以修学堂。

[民国《续修广饶县志》卷十《学校》]

隋家珍，鸿胪寺序班。
县议会议员，隋家珍。

[民国《续修广饶县志》卷十八《选举》]

◎ 张抡升 ◎

张抡升，字叔元。城东东张庄人。为人沉静寡言，古道自处。善图画，尤精岐黄术，方不泥古，而著手成春。年八十三，端坐而逝。有病者，犹祈祷不绝，为立碑，表其墓云。

[民国《续修广饶县志》卷二十一《艺术》]

◎ 商成文 ◎

商成文，字斐然。清监生。精医术，善《脉诀》。同里有隋某者，酒酣戏请诊脉，商曰：不病，何诊？固请之，商细切其脉，徐曰：君固无病，然君醉可速归也。隋出，商谓众曰：隋君脉象，寿不终日。众未之信。未几，果喧传隋某仆路死矣，乃共惊为神。后考授六品医官，年九十六与千叟宴，赏银牌。

[民国《续修广饶县志》卷二十一《艺术》]

商成文，字斐然。清代广饶县人。生卒年代不详。监生。精医术，善《脉诀》。同里有隋某者，酒酣戏请诊脉。商曰："不病何诊？"固请之，商细切其脉，徐曰："君固无病，然君醉可速归也。"隋出，商告众曰："隋君脉象，寿不终日。"众未之信。未几，果喧传隋某仆路死矣，乃共惊其神。后考授六品医官与千叟宴银牌。

[《山东中医药志》第六篇《医林寿星小传》]

民国

◎ 孙焕新 ◎

孙焕新（1912—1941），广饶县稻庄公社孙庄村人。幼年时期，常随父母沿街乞讨，受尽凌辱。民国二十七年（1938）秋，加入中国共产党。党组织指使他以行医和教学为掩护，秘密活动于益、寿、临、广四县边境一带。常接受以到学校卖毛笔为名的八路军地下工作者的指示，再借外出行医购药之便，把上级指示传达到基层。孙焕新的活动引起敌人的注意后，党组织及时把他调至广饶四区工作。先后担任民运股长、区委宣传委员、区长等职。民国三十年（1941）四月二十四日夜，孙焕新受组织派遣，回本村执行任务。因叛徒告密，被伪李青山部逮捕，押至伪据点毛王村。对他进行严刑审讯，但始终严守党的机密。四月三十日夜，惨遭杀害。

[《广饶县志》第三十五编《人物传略》]

[《广饶县文史资料选辑》第三辑]

烟台

福山

明

◎ 王　昶 ◎

医学，在县治西南。额设训科一员，于本境医生内考选授职。明洪武十七年（1384），训科王昶建，久废。

［乾隆《福山县志》卷二《县治》］

◎ 郭宗皋 ◎

郭宗皋，《内经便读》《陶节菴伤寒六书归一愚见三同》据采访《行状》原本录入。

［民国《福山县志稿》卷六《著述》］

郭宗皋，字君弼。福山人。嘉靖八年（1529）进士。选庶吉士。寻诏与选者皆改除，得刑部主事。擢御史。十二年十月，星陨如雨。未几，哀冲太子薨，大同兵乱。宗皋劝帝惇崇宽厚，察纳忠言，勿专以严明为治。帝大怒，下诏狱，杖四十释之。历按苏、松、顺天。行部乘马，不御肩舆。会廷推保定巡抚刘夔还理院事，宗皋论夔尝荐大学士李时子，谄媚无行，不任风纪，坐夺俸两月。寻出为雁门兵备副使，转陕西参政，迁大理少卿。二十三年十月，寇入万全右卫，抵广昌，列营四十里。顺天巡抚朱方下狱，擢宗皋右佥都御史代之，寇已去。宗皋言：密云最要害，宜宿重兵。乞敕马兰、太平、燕河三屯岁发千人，以五月赴密云，有警则总兵官自将赴援。居庸、白杨，地要兵弱，遇警必待部奏，不能及事。请预拟借调之法，令建昌三屯军，平时则协助密云，遇警则移驻居庸。俱报可。久之，宗皋闻敌骑四十万欲分道入，奏调京营、山东、河南兵为援。已竟无实，坐夺俸一年。故事，京营岁发五军诣蓟镇防秋。宗皋请罢三军，以其犒军银充本镇募兵费。又请发修边余银，增筑燕河营、古北口。帝疑有侵冒，令罢归听勘。既而事得白。起故官，巡抚大同，与宣府巡抚李仁易镇。寻进兵部右侍郎，总督宣、大、山西军务。

俺答三万骑犯万全左卫，总兵官陈凤、副总兵林椿与战鹞儿岭，杀伤相当，宗皋坐夺俸。明年，再犯大同，总兵官张达及椿皆战死，宗皋与巡抚陈燿坐夺俸。给事中唐禹追论死事状，因言全军悉陷，乃数十年未有之大衄。帝乃逮宗皋及燿，各杖一百，陈燿遂死，宗皋戍陕西靖虏卫。隆庆改元，从戍所起刑部右侍郎，改兵部，协理戎政。旋进南京右都御史，就改兵部尚书参赞机务。给事中庄国祯劾宗皋衰庸，宗皋亦自以年老求去，诏许之。万历中，再存问，岁给廪隶。十六年（1588），宗皋年九十，又遣行人存问。是年卒。赠太子太保，谥康介。

[《明史》卷二百《列传第八十八》]

郭宗皋，《明史》有传。宗皋，字君弼。天锡长子。生而颖敏，八岁属对，工伟绝异，十岁能文，有奇气。十三值父病，衣不解带，若成人然。嘉靖戊子（1528）、己丑（1529）联捷成进士。廷对策，不用冒。自献六事，皆切中时弊，宰执忌之，以读卷詹事，霍韬力争，列二甲，改庶吉士。不数日，同改者二十人，悉诏免，是科遂无庶常谓。坐宗皋策，故授刑部河南司主事。庚寅（1530），奉差会，巡按御史，审决真、保，诸府重囚多所平反，以明恕闻。辛卯（1531），偕给事中潘大宾典浙江试，号称得人，调兵部武选司主事，兼理清黄往吏与尚宝书手，贪缘为奸，黄莫清，宗皋督察严密，无敢欺给，后假黄选官事发，当事者俱被谪，宗皋独无事。改湖广道监察御史，巡京通诸仓。癸巳（1533）十月，星陨如雨，举朝无一言者，宗皋独抗疏累千余言，触忌讳，予廷杖。是年巡仓事竣，复命陈要务四，其一曰：溥闸利以及百姓欲，将江南轻赍三六银改为二六计，可岁省数万金。时未能行。乙未（1535），巡按苏、松、常、镇，尺寸一遵宪纲。寒暑乘马，不置肩舆。词讼皆亲审，决不携委官。所至廪米外，无所受。污吏猾胥、土豪盐盗之积奸难除者，摘发不令漏网。太仓盐徒渠魁施希贤等滋蔓劫掠，宗皋与苏守王仪议计擒之，谕散其党，地方以宁，遂议太仓兵备，职守甚悉，所举劾皆精当，不论流品，复命橐中装，仍故衣一二袭。丁酉（1537），疏论保定巡抚刘夔，素无行义，且欺罔，并及辅臣李时直，声动一时，有"铁头御史"之号。戊戌（1538），擢山西按察副使，兵备雁门，抚按疏荐凡四。己亥（1539），父殁京邸，讣至，号哭，徒步西出关。壬寅（1542），起易州兵备。未二年，抚按疏荐凡十四。甲戌，由陕西右参政擢大理寺少卿，寻授都察院右佥都御史，巡抚顺天，上守边五事，皆硕画。奏除霸、文诸处站粮虚数之苦民累驿者九千石。时夏言起用南来，各巡抚皆亲逆境上，宗皋独不往。又原贯江西，以乡里故，交际每与分及言，与严嵩同时在阁，绝不复与言，嵩俱衔之。丙午，言与嵩出视琉璃河桥工，宗皋复不往候衔之益甚。丁未，因条陈居庸关边守，遂革职听处。戊申，言败复职，起抚大同，以才望调宣府，比至镇，敌二十万骑入犯中路，宗皋出兵斩首四十余级，生擒二名，死伤无算，敌悉驰去，其锋乃挫。总督宣、大，例总督供给出四镇，各镇分季差官解送，旧皆收银遣官回，而供给殊不赖此，宗皋即命官收掌支销为赏，功用有余，悉贮库人以为矫弗恤也。己酉，有边警，宗皋分遣总兵官陈凤、参将赵臣等各领兵期出敌前，乃自擐甲急追，身先士卒与战，而所分遣果先到邀之，敌见引去。庚戌，以总兵张达用闲轻出败死，给事中唐禹劾宗皋，不应援杖，谪戍靖房，房卫其后。世宗尝问：向日铁头御史安在？左右以谪戍对。是时，嵩当国，廷杖遣戍，盖不尽出于上意也。在戍日巡方者，欲为备资斧报书，力辞之。戊午，兵部议举边材，会荐宗皋者凡十有一疏。辛酉，台省复会荐，皆不报有备资，劝稍通权贵者，谢不从。是年，闻母于淑人讣号，痛几绝，一日宛见淑人于白昼中，孝思之感也。宗皋在靖房，前后十有七年，隆庆改元，释归，起刑部右侍郎，改兵部协理戎政，擢南京都察院右都御史，进南京兵部尚书参赞机务。给事中庄国桢以宗皋总督时失事不宜叙录，且衰庸，劾之部议，为之申辨，得旨准用，谕以兵粮事重不得因被论，自沮陈词引避，以致误事，宗皋拜疏恳辞，以已衰迈，明年七十，例准引年乞赐骸骨为请，乃寓书尚书杨博中，有云：某岂真不赖官者，顾所恶有甚于饥寒耳。遂致仕归，葺先世草舍，颜曰澡训堂。著说一篇，作《四素录》，述生平所阅历，后内外交荐数十章，有俞旨，卒不起。丁亥，给与月米，岁夫诏有司存问者，再特遣行，人存问者一。寿九十卒，赠太子太保，赐祭葬，谥曰康介，墓在城南芝阳山麓。子五人，如谷，千户；如檗，岁贡生；如薰、如葵，俱生员；如核，有"传"。赞曰：康介遗像，躯干不及中人，而醇朴端悫之姿，蕴有刚毅峭特之气，对之屹如山立，浑如渊涵也。明雷礼《大政记》载其极谏星变事，至大同之役，咸谓张达陷伏死，其二子著血战功，盖据胡宗宪之疏而不知其为间，所误即杨博诸臣部议，亦言宗宪逼张达战而不知其与共谋也，载笔之求，信也难哉行状注：达之死，盖有说前此数日，曾有零贼潜入大同红寺堡，地方参将知觉，尽捕杀之，达因遣人诱贼入，冀成大功，贼从之，刻定期曰：进边先期一日，达即出兵以待，遣人报公于阳和，第云零贼数十骑入边，总兵官已出兵击之，盖恐公视为大事，分其功也。巡抚陈耀、巡按胡宗宪与闻其谋，盛备赏功之物，设酒于门外以待捷，不以告公，达在红寺堡暗门铺毡地卧，令官军皆解鞍放马。天将明，报贼近边，左右促之行，达曰：待炮响。盖欲及贼半入，截而歼之，缘先与放炮者有密约，故欲凭炮，不知其不可凭也。比砲响，达不候大营，先与家丁二百余骑驰往，时贼众已尽入边，一半战达，一半截营，达遂死。康介一生，细事未节，概非小儒所能

几及,兹不具载,载其较著于君亲出处间者,入遵化、代州名宦,万历间祠乡贤
据《明史》本传、乾隆《通志》、康熙乾隆两《志》、明葛曦撰行状、王鹭《养素堂文集》纂入。

[民国《福山县志稿》卷七之二《宦绩》]

郭宗皋,字君弼。福山人。嘉靖八年进士,改刑部主事,擢御史。十二年,劝帝敦崇宽厚,察纳忠言,勿专以严明为治。帝大怒,杖四十释之。历按苏、松、顺天。行部乘马,不御肩舆。论刘夔诒媚无行,坐夺俸两月。二十三年,寇入万全右卫,以右佥都御史巡抚顺天,寇已去。宗皋言:密云最要害,宜宿重兵。乞敕马兰、太平、燕河三屯岁发千人,以五月赴密云,有警则总兵官自将赴援。居庸、白杨,地要兵弱,遇警必待部奏,不能及事,请豫拟借调之法,令建昌三屯军,平时则协助密云,遇警则移驻居庸。俱报可。久之,进兵部右侍郎,总督宣、大、山西军务。俺答犯万全左卫,明年再犯大同,总兵官张建及副总兵林椿皆战死,乃逮宗皋,杖一百,谪戍。隆庆改元,起刑部右侍郎,累进南京兵部部尚书,以老求去,许之。十六年,年九十,遣行人存问。是年卒,赠太子太保,谥康介。

[宣统《山东通志》卷一百五十九《人物志第十一·历代名宦》]

《四素录》,郭宗皋撰。宗皋,字君弼。福山人。嘉靖己丑进士,历官兵部尚书,赠太子太保,谥康介。《府志》载是编云:述生平阅历。《无为斋文集·郭康介公遗集序》称宗皋尝著《四素杂识》一卷,以寓君子素位而行,富贵贫贱、夷狄患难、无入而不自得之旨,度即此书。张序又引宗皋《杂识序》云:人生顺逆,犹寒暑风雨,莫之能外。而夏葛冬裘、上栋下宇之宜,不待教而无所爽者,体所适也。至于无入而不自得之理,乃本心所益然而至足者。顾多所缪戾,自贻伊戚,贵小体而失大体,岂不重可慨哉。

[宣统《山东通志》卷一百三十二《艺文志第十·史部·传记》]

《郭康介公集》一卷,郭宗皋撰。宗皋有《四素录》,见史部传记类。《府志》载是集云:此本为嘉庆二十五年邑人王善垲所刻,跋曰"两卷体不备,以佚其中卷"云云。今只存六十五叶,盖其下卷也。文体絜静,诗亦清雅。《集》中有《庄浪修边记》,乃其在戍籍时作也,可备防御之要。《惠乡泉记》亦有裨于地方利益,及乡前辈之遗泽。

[宣统《山东通志》卷一百三十二《艺文志第十·集部·别集》]

◎ 郭如核 ◎

郭如核，字子仁。宗皋五子。性真挚。以恩贡授县令，应入选者久。孺慕侍康介公，不肯去左右。初贡，次当居仲兄前，力让之。抚孤侄，自课读书，以乡荐显，孝弟益著闻。筮仕温县，留心民瘼，值邑大祲，殚极心力，全活甚众。温有大猾，前令莫不受箝制，为地方害，申论如法。猾多奥援，卒不挠，府司叹其"有父风"，两台交荐为"循良第一"。顾深喜恬退，莅任二年余，即拂袖归，所余惟书籍半箧而已。平生得理学渊源，尤娴《礼经》，一邑征文献焉。好方药，施贫病者三十年。足迹不入公庭，终日寂居，惟弹琴自娱云。盖棺四十年，邑绅士追慕公举，国朝顺治十五年（1658）入乡贤。

[乾隆《福山县志》卷九《乡贤》]

郭如核，字子仁。宗皋五子。性孝友。以恩贡授知县，应入选者久。孺慕侍亲，不去左右。初贡，次当居仲兄前，力让之。抚孤侄，自督课，得乡荐，终成立。出知河南温县，留心民瘼，值邑大祲，殚极心力，全活甚众。温有大猾，前令莫不受箝制，为地方害，申论如法。猾多奥援，卒不挠，府司叹其"有父风"，两台交荐为"循良第一"。素恬退，莅任二年余，即告归，随身图书半箧而已。平生得理学渊源，于经嗜"三礼"、康介，故熟岐黄家言，《内经》《伤寒》咸论著。如核尤好方药，能以秘药起奇疾，施贫病者三十年。足迹不入公庭，终日闭门，弦歌自娱。殁四十年，乡人公举，国朝顺治十五年祠乡贤据《府志》、康熙、乾隆两《志》纂入。

[民国《福山县志》卷七之二《宦绩》]

郭如核，宗皋子。丙子（1576），温县知县，值岁大祲，殚极心力，全活甚众。温有大猾，前令皆受其箝制，为地方害，核独申论如法，两台交荐为"贤良第一"，祀乡贤祠。

[光绪《增修登州府志》卷四十一《贡生》]

郭如核，宗皋五子。万历四年（1576）选贡，任河南温县知县，致仕。详见《乡贤》。

[乾隆《福山县志》卷八《岁贡》]

清

◎ 王 潆 ◎

王潆,鹗四子。镶蓝旗教习,候选知县。生平多义举,族党间时加周恤。施回生丹数十年,活人甚众。

[乾隆《福山县志》卷八《例贡》]

◎ 郭连登 ◎

郭连登,黑石社人。邑庠生。纠众捐资,施药施茶,埋尸骨,修桥路,二十余年不辍。

[乾隆《福山县志》卷九《行谊》]

◎ 柳行生 ◎

柳采义,井社。廪生。幼嗜学,十五入泮,综览淹贯,家多藏书。性又好施,宗族亲交多被其惠。如蓬莱某姓,远游,托妻子,十余年俾无冻馁,兼以房四楹,书券付之。某姓,负债八十两,力不能偿,面毁其券。过客有贫病者,悉谋馆谷,宾至如归。子行生,亦邑庠也。制行不阿,与世无竞,开路修桥,兼施方药,恪遵父训,不少违。后,书香继世,皆积德之报云。

[乾隆《福山县志》卷九《行谊》]

◎ 郭光宇 ◎

郭光宇,福中社赵家庄人。家贫业商,母早世,事父以孝闻。尝以医术济人。出告反面,不逾晷刻。妇奉舅惰,辄不时督责。一日,妇遽吞环,急谋求之。适父外舍乘凉,问:何怆惶乃尔?光宇以他事对,卒不吐实以贻亲忧。父曰:既无事,余偶不适,试诊之。沉心按切,虽匆遽间,务求得当而后已。妇后亦竟无恙。人以为孝德所感云。

[民国《福山县志稿》卷七《行谊》]

◎ 谢光经 ◎

　　谢显谟，更名香开，字梦塘。乃果孙。父光经，有学行，隐居，以诗酒自娱，医方济世。所著《觞月山房诗集》，士林重之。显谟幼学能文，中乾隆甲午（1774）科举人，历恩县、聊城教谕。少工诗赋，著有《晴岚阁诗集》。又著《瓜架笔谈》若干卷，殚见洽闻，于乡邦轶事，搜罗殆尽。王守训《登州杂事》，时尝采录其说，资考证焉。子二，宝树，字荫亭。嘉庆初仕至贵州龙里、兴义等县知县；宝田，字农祥。戊午（1798）副贡。仕至堂邑、巨野等县教谕。

　　　　　　　　　　　　　　　　　[民国《福山县志稿》卷七《文苑》]

　　谢光经，乃果子。候选州同。著有《觞月山房诗稿》。

　　　　　　　　　　　　　　　　[光绪《增修登州府志》卷四十三《文职》]

　　《觞月山房诗稿》，谢光经撰。光经，字立菴，号笠荷。福山人。乃果子，候选州同。是集见《府志》。

　　　　　　　[宣统《山东通志》卷一百四十五上《艺文志第十·集部·别集》]

游磁山
谢光经邑人

　　峻峰凌汉表，樵路细追攀。寺隐层峦里，钟飘积翠间。云烟封洞口，松柏护苔斑。喷薄泉千尺，澄泓水一湾。飞来光闪闪，到处响潺潺。夜静岛栖月，春晴雨在山。危屏悬素练，芳草驻朱颜。呼吸瑶台近，幽人自往还。

　　　　　　　　　　　　　　　　　[乾隆《福山县志》卷十一《诗》]

◎ 孙 侗 ◎

　　孙侗，字溪南。巨舆社人。精于医。嘉庆末，游学京师，值道光元年（1821）大疫，死者枕藉。侗出其术救济，多所全活。所著《凡见集》《探源秘论》二书，不抄袭仲景及宋元诸家一语，而其所用之法，则无不与相合。盖能真有所悟者也。

　　　　　　　　　　　　　　　　　[民国《福山县志稿》卷七《方技》]

　　孙侗，福山县人。工于医，著有《凡见集》，未刊。

　　　　　　　　　　　　　　　　　[《山东中医药志》第六篇《人物表》]

◎ 谢敬诒 ◎

◎ **谢师韩** ◎

◎ **谢绍诒** ◎

谢敬诒,字南坡。宜发四子。幼学能文,县试辄冠军。因病未能赴郡,遂绝意进取,专岐黄术。历代医家诸著述,竟委寻源,靡不淹贯,真得古人精意,而不泥于古者。其所诊治,或庸医束手,得其方立愈;或咸以为无忧,细察声容形色,则望望然去之,而其人亦垂毙。操术既精,故于咸同年间活人无算,举以"神仙"呼之。居恒坦易和平,与诸兄析居不争。被工人盗,遇其人不问。语云:得性情之正者,乃可以言医。敬诒有焉。尤善书法,自题"南坡老人"。后得其尺幅者,珍如拱璧。子三,师韩、师范,均庠生;师韩,医学能世其家。兄绍诒,庠生。宜发三子。善书工诗,著有《航斋诗集》。医名亦著一时。

[民国《福山县志稿》卷七《方技》]

(嘉庆)丙寅(1806)岁试

谢绍诒

(道光)辛丑(1821)岁试

谢师韩

[民国《福山县志》卷十《补遗·黉门录》]

◎ **王钟汯** ◎

◎ **王颖儒** ◎

◎ **王钟沚** ◎

王钟汯,父颖儒,精于医,好藏医书,随侄钟淮甘肃任所。钟汯自幼聪敏,年十四病风痹,不能起床,乃发书读之数年,忽有所得。于是自治,遂得痊愈。十八岁行动如常,人以为"神",咸知其能医。一媪,年逾七旬,得时疫,群医束手。延其诊视,至则曰:此大承气汤症,且非重用不可。诸医皆曰:年已七旬,而大黄用至五六钱,可乎?钟汯曰:非此不可,且有病,病受。何惧焉!投之一剂而愈。同治壬戌(1862),疾疫流行,死人如麻。惟钟汯所至之地,全活尚过半数。年二十九,以劳致疾,叹曰:吾病非不可疗,若得真参、真术,尚可以救。顾地僻家贫,安所得此?其死矣夫!遂卒。兄钟沚,得其绪论不过十之三四,犹以医名于邑者数十年。

[民国《福山县志稿》卷七《方技》]

◎ 王继瀛 ◎

王继瀛，字紫翰。幼嗜读，攻医，于历代医家诸著述，披阅殆遍，奥旨淹通，遇症无不洞彻底里。同治间，道宪潘霨闻其名，聘入幕中，极加赞赏。由是，声闻益著。潘后抵闽，复延请之。其见重如此。归后，全活乡人无算。

[民国《福山县志稿》卷七《方技》]

◎ 谢 玮 ◎

◎ 谢希潜 ◎

谢玮，字珠轩。绍诒长子。邑庠生。嗜学，工书，擅诗词。乡试不遇，绝意进取，著有《梅雪书屋诗集》。尤精岐黄，一时伯叔兄弟，举以医术济人。于历代医家源流，互相证质，秘论要旨，靡不洞切淹贯。故玮临症无疑义，而患病者亦常恃以无恐。孙道章，己酉（1885）拔贡生。河南州判。弟希潜，字符轩。绍诒次子。亦精于医。本其家学渊源，与兄时相切磋，而益穷之，以求自得。故剖判疑似，动中窍要，其所全活为尤多。一日，遇丐者病卧道旁，施以方药，立愈。于是，无业游民之求诊者，数十年几无虚日。极之遍体污秽，亦必躬自审详，方药慨施，俾求者豁然以去。希潜子鸾翔，丁酉（1897）拔贡生。八旗官学教习。

[民国《福山县志稿》卷七《方技》]

（道光）丙午（1846）科试

谢玮

[民国《福山县志》卷十《补遗·黉门录》]

◎ 王启樟 ◎

王启樟，字文川。孙夼社古现村人。幼失恃，事父至孝，父殁三年，犹日夜号泣，尝夜往省墓，迷途入海，至水深处始悟，然距家已十余里矣。归则一转瞬间，家人以为"神佑"。兄启梓、启松早卒，与兄启楷，并孝友。年老精岐黄术，除医病外，闭户著书，不预外事。易箦时，嘱诸子孙读书，言甫毕卒。子丙焘，举人。授知县；桓魁，庠生。

[民国《福山县志稿》卷十《补遗·行谊》]

◎ 王崧龄 ◎

《医学四诊大成》四卷，王崧龄撰。崧龄，福山人。是书见《采访册》。

[宣统《山东通志》卷一百三十六《艺文志第十·子部·医家》]

王崧龄，《医学四珍大成》四卷据采访行状录入。

[民国《福山县志稿》卷六《艺文·著述》]

◎ 谢建谟 ◎

谢建谟，《医学赘言》一卷据采访原抄本录入。

[民国《福山县志稿》卷六《艺文·著述》]

民国

◎ 于宗潼 ◎

于宗潼（1860—1934），字梓生，号西园。湘河村人。清光绪十四年（1888）中举人，光绪十五年考取进士，官至四川省劝业道。

清光绪三十三年（1907），于宗潼任四川夔州知府。按清政府洋务局规定，洋人入夔州传教、游历，当地官府皆须造册上报。他严守法规，对手续完备守法洋人，以清律保护；对无护照不守法规洋人，责令属县关卡逐级遣送出境。一年中先后遣送出英、法、德、日洋人三十多名。清光绪三十四年（1908）五月某日，奉节县三角坝天主教堂丁神甫，从巫山县庙宇槽听旨回堂时，路逢大雨，山洪暴发，丁神甫骑马下河，被水卷入岩洞淹死。丁神甫不归，教徒到处寻找，教堂司铎到地方团总公所要人，并向四川总督控告丁神甫被害。总督下令府州县衙查办。此时于宗潼已调任成都知府，新任州官与县衙派兵驻防三角坝。河水退后，农民彭朝福在洞口处发现人马尸体，证明丁神甫确属淹死。司铎依仗教会权势，矢口咬定是被人谋杀，扬言要"血洗三角坝，为丁神甫雪恨"，并扣押农民百余名。三角坝人民早已义愤填膺，团总周阳辉连夜串联地方绅士密议，决定武装反抗。他们以炮响为信号，刹时上千农民持戈矛刀枪，从四面八方聚集在禹王宫开会示威。双方对峙，州县官不能决，总督怕事态扩大，令宗潼留办。于宗潼立即带兵丁和刑房件作赶赴现场验尸，验明丁神甫实是淹死。司铎在事实面前，理屈词穷，无言对答，释放了扣押的平民，事遂解。

清宣统三年（1911）5月12日，清政府向英、美、德、法四国银行团签订粤汉、川汉铁路借款合同后，宣布铁路干线收归国办，实际是将路权出卖给外国。四川人民懔于亡国之危险，群起反对。8月24日，成都全城罢市、罢课，于宗潼到市民中演讲，表示支持。总督赵尔丰刊发告示，令复课开市，否则"拿办"。8月25日，赵又奉清帝谕旨，"严行弹压"。9月1日，于宗潼与首县知县史久龙及其他官员联名致电内阁，陈告"川民争路争约，志坚理足"，"民意不可欺，路权不能卖"。9月7日上午，赵尔丰派兵包围铁路公司，以"图谋不轨"等罪名，将"保路同志会"正副会长蒲殿俊、罗伦等逮捕。消息传出，数万群众，奔赴督署请愿。赵尔丰的营务处督办田征葵，命令士兵向群众开枪，当场杀害三十二人。群众仍不散去，田又下令开炮。于宗潼哭曰："愿与众俱碎！"遂以身挡住炮口，众乃得免。11月27日，四川宣布独立，建大汉四川军政府，众举宗潼为都督，于固辞不就。

1912年初，于宗潼回到家乡。湘河村依山傍水，地势低洼，常受水害，粮食连年歉收。于宗潼组织群众，疏河修堤两公里，使该村及邻村六百亩粮田免除水患。1914年，在烟台开办齐鲁大药房，首创中药分味单包，内放药名卡片，防止将药配错或用错。清光绪十七年（1891），孙葆田主持编纂《山东通志》，历时二十年完成初稿。1915年夏，应杨味云、王鹿泉等邀约，于宗潼到济南，入局与徐庚生等商略考订，对原稿"伪者正之，复有遗漏，撰《补遗》一卷"，修订后，即付印。1920年左右任过烟台商会会长。《福山县志》从建县至清乾隆年间修过三次，后无续。1920年，王陵基来福山任知事，特邀于宗潼任总纂，开馆续修。1924年初稿写成，1931年印刷。1927年与教育局长孙凌云发起创办福山初级中学，宗潼任校长。1930年，学校改为私立两水中学，任名誉校长。1934年8月3日病故。

[《福山区志》第三十二编《人物传》]
[《烟台市芝罘区卫生志》第五篇《中医中药》]

◎ 牟伟人 ◎

牟伟人（1866—1928），原福山县北上坊村人。清末秀才。挂牌于烟台齐鲁药房，擅长内科、针灸。

[《烟台市芝罘区卫生志》第五篇《中医中药》]

◎ 丘处机 ◎

丘处机，登州栖霞人。自号长春子。儿时，有相者谓其异日当为神仙宗伯。年十九，为全真学于宁海之昆嵛山，与马钰、谭处端、刘处玄、王处一、郝大通、孙不二同师重阳王真人。重阳一见处机，大器之。金宋之季，俱遣使来召，不赴。岁己卯（1219），太祖自乃蛮命近臣札八儿、刘仲禄持诏求之。处机一日忽语其徒，使促装，曰：天使来召我，我当往。翌日，二人者至，处机乃与弟子十有八人同往见焉。明年，宿留山北，先驰表谢，拳拳以止杀为劝。又明年，趣使再至，乃发抚州，经数十国，为地万有余里。盖喋血战场，避寇叛域，绝粮沙漠，自昆嵛历四载而始达雪山。常马行深雪中，马上举策试之，未及积雪之半。既见，太祖大悦，赐食，设庐帐甚饬。太祖时方西征，日事攻战，处机每言"欲一天下者，必在乎不嗜杀人"。及问为治之方，则对以"敬天爱民为本"。问长生久视之道，则告以"清心寡欲为要"。太祖深契其言，曰：天锡仙翁，以寤朕志。命左右书之，且以训诸子焉。于是锡之虎符，副以玺书，不斥其名，惟曰"神仙"。一日雷震，太祖以问，处机对曰：雷，天威也。人罪莫大于不孝，不孝则不顺乎天，故天威震动以警之。似闻境内不孝者多，陛下宜明天威，以导有众。太祖从之。岁癸未（1223），太祖大猎于东山，马踣，处机请曰：天道好生，陛下春秋高，数畋猎，非宜。太祖为罢猎者久之。时国兵践蹂中原，河南、北尤甚，民罹俘戮，无所逃命。处机还燕，使其徒持牒招求于战伐之余，由是为人奴者得复为良，与滨死而得更生者，毋虑二三万人。中州人至今称道之。岁乙酉（1225），荧惑犯尾，其占在燕，处机祷之，果退舍。丁亥（1227），又为旱祷，期以三日雨，当名瑞应，已而亦验。有旨改赐宫名曰"长春"，且遣使劳问，制若曰：朕常念神仙，神仙毋忘朕也。六月，浴于东溪，越二日，天大雷雨，太液池岸北水入东湖，声闻数里，鱼鳖尽去，池遂涸，而北口高岸亦崩。处机叹曰：山其摧乎，池其涸乎，吾将与之俱乎！遂卒，年八十。其徒尹志平等世奉玺书袭掌其教，至大间加赐金印。

[《元史》卷二百二《列传第八十九》]

丘处机，字通密，自号长春子。本县滨都里人。金皇统间，其母感异梦而娠，将诞，红光映室，邻以为丘氏火，趋救之，乃举子。儿时，有相者曰：异日当是神仙宗伯。年十九，为全真学，入昆嵛，师重阳子，友谭、马、刘诸人开烟霞洞，建五大会。后入磻溪穴居，日丐一食，披一蓑，人谓"蓑衣先生"。寻隐陇州龙门山七稔，道既成，声达帝庭。金世宗征赴燕都，赐宴诏对，数以"持盈守成为戒"。旋归栖霞，大建太虚宫。山东乱，驸马都尉仆射散公讨之登及宁海，未服请，机抚喻比至，投戈，二州乃定。会元太祖聘，而金使亦至，机辞谢二使退。曰：吾行止天也。今天道在北，吾将顺受其正。遂应元聘。太祖召见，每言"欲一天下，必在不嗜杀人"，为治在"敬天勤民"，长生在"清心寡欲"。瑞鹤随翔，甘霖应祷，荧惑犯尾，祷之退舍。一时自天子以至庶人，莫不师事。忽大雷雨，太液池南岸圮，水入东湖，声闻数里，池遂涸，北口山亦摧。机曰：山其摧乎，池其涸乎，吾将与之俱乎？遂化去。越明年，弟子将葬，启棺视之，俨然如生。道俗：万人瞻礼三日，葬燕都白云观之处顺堂。与元太祖问答语暨其生平著作，守滨都宫道人王一兴刻集行世。

[光绪《栖霞县续志》卷七《仙释》]

丘处机，栖霞人。号长春子。"七真"之一也。历元，元太祖召见，每言"欲一天下，必在不嗜杀人"，又言为治在"敬天勤民"，长生在"清心寡欲"，自行在"归道由"。宣德一富家，新居落成，礼致之，将冀一言以为福。既入默然，辄以所持铁柱杖于窗户、墙壁上，颇毁数处而出。主人再邦希解悟，曰：尔屋完矣！美矣！完而必毁，理势然也。吾不尔毁，尔将无以图厥终。尔宜思其毁而欸，完克保全之，则尔与尔子子孙孙庶几斯□哭斯永，终弗替。主人悦服。天大雷雨，太液池岸北水入东湖，声闻数理，池遂涸，北口高岸崩。处机叹曰：山其摧乎，池其涸乎，吾将与之俱乎！遂卒，年八十。

[嘉靖《宁海州志》卷下《异端》]

丘处机，字通密。山东栖霞人。自号长春子。尝寓居修武县清真观，研精玄学。世祖召见，每言为治在"敬天勤民"，长生在"清心寡欲"。世祖然其言，命左右书之。时国兵践蹂中原，河南、北尤甚，民罹俘虏，无所逃命。处机使其徒持牒招之，由是为人奴者得复为良，及滨死而得更生者，无虑数万人。中州人至今颂之。

[嘉靖《怀庆府志》卷十《仙释》]

丘处机,栖霞人。自号长春子。儿时,有相者谓其异日当为神仙宗伯。年十九,为全真学。元太祖召见,每言"欲一天下,必在不嗜杀人",又言为治在"敬天勤民",长生在"清心寡欲"。尝祷雨及退荧惑,皆有验。天大雷雨,太液池岸北水入东湖,声闻数里,池遂涸,北口高岸亦崩。处机叹曰:山其摧乎,池其涸乎,吾将与之俱乎!遂卒,年八十。

[嘉靖《山东通志》卷三十四《仙释·登州府》]

丘处机,登州人。九岁从重阳祖师游。金世宗召问,以"持盈守成之难"为对。居万宁宫,后还终南。元太祖请作醮事,焚简飞空,五鹤翔舞,请住太极宫,赐以虎符。卒年八十余,封"长春演道教主真人"。

[万历《顺天府志》卷五《仙释》]

丘处机,字通密。栖霞人。自号长春子。尝寓居辉县苏门山,与刘处玄、谭处端二真人,研精玄学。世祖召见,每言为治在"敬天勤民",长生在"清心寡欲"。世祖然其言,命左右书之。时国兵蹂践中原,河南、北尤甚。处机使其徒持牒招之,得更生者无虑数万人,中州人至今颂之。今遗迹有三仙洞,并集仙资福宫,俱存。

[万历《卫辉县志》人物志下《仙释》]

丘处机,栖霞人。自号长春子。年十九,为全真学。元太祖召见,每言"欲一天下,必在不嗜杀",又言为治在"敬天勤民",长生在"清心寡欲"。尝祷雨及退荧惑,皆有应。尝修真于历城西之大庵,后有一洞,蜿蜒数十里,为长春洞。

[崇祯《历城县志》卷十《仙释》]

丘处机,登州人。九岁从重阳祖师游。金世宗召问,以"持盈守成之难"为对。居万宁宫,后还终南。元太祖请至作醮,焚简飞空,五鹤翔舞。每有咨访,以"清净慈孝"为对。请住太极宫,赐以虎符。凡道家事,一委处置。卒年八十余,封"长春演道教主真人"。

[康熙《畿辅通志》卷三十四《释道》]

丘处机,字通密。皇统戊辰(1148)正月十九日生。有相者相之曰:神仙宗伯。年十九,辞亲,居昆嵛,谒重阳王真人,请为弟子,道成。金世宗手诏致聘,延问至道,处机以"治尚无为,天生恶杀"为对,赐号"神仙爵大宗师",赐金印,曰神仙符,命掌管天下道教。寻乞还终南。元太祖请作醮事,焚简飞空,五鹤翔舞。

诏居大都太极宫,赐虎符,封"长春演道教主真人"。

[康熙《宛平县志》卷五《仙释》]

邱处机,自号长春子。儿时,有相者谓其异日当为神仙宗伯。居栖霞之滨都观,其弟子尹清和建玉清宫于潍,往来留连,寄处甚久。手书"马丹阳琴曲""归山操"及书"蓬莱"字石碑,尚存。宋景濂先生曰:公虽寄迹黄老,而心实欲匡济斯民。及赴元太祖之召,亿兆之命,悬于天道,"好生恶杀"之一言;又言为君在"敬天勤民",长生在"清心寡欲"。尝祷雨及退荧惑,皆有验。后从沙漠回,遗书清和曰:勿劝小末人出家。盖大道非小末人所能承载。皆名言也。其手迹《碑记》,见《玉清宫志》。

[乾隆《潍县志》卷六《仙释》]

邱处机,登州栖霞人。金大定间,隐居蟠溪,日乞一食,行则一蓑,人谓之"蓑衣先生"。

[乾隆《凤翔府志》卷七《流寓》]

邱处机,字通密。山东栖霞人。自号长春子。尝寓居修武县清真观,研精玄学。世祖召见,每言为治在"敬天勤民",长生在"清心寡欲"。世祖然其言,命左右书之。时悍兵践蹂中原,河南、北尤甚,民□锋镝,无所逃命。处机使其徒持牒招之,由是为人奴者得复为良民,滨死而得更生者,无虑数万人。

[乾隆《修武县志》卷十六《方技》]

邱处机,字通密。山东人,寓济源长春观。学道于灵都真君王志祐,昌明元教,多著述。世祖召见于雪山上,言为治在"敬天勤民",长生在"清心寡欲"。世祖命左右铭之。时国兵蹂躏中原,河南、北尤甚,民罹俘系,无所逃命。机使其徒张志谨等持牒招之,由是为人奴者得复为良,及滨死而得更生者数万人。

[乾隆《济源县志》卷十一《仙释》]

丘处机,字通密,道号长春。登州栖霞县人。金皇统八年(1148),从丹阳入关,居西虢磻溪,修丹二十八年。召至燕都,问至道,对以"寡欲修身之要、保民治国之本"。赐中冠袍带。后承元太祖诏至阿不罕山,过铁门,随处施教,道化甚多。元祖见而钦崇,师事之。一日问曰:师每日戒朕止杀,何也?对以"天道好生,而恶杀止杀,保民乃合天心"。年八十六登宝元堂,□偈而逝。元赠"长春演道主教真人"。有《磻溪》《鸣道》二集行世。

[乾隆《宝鸡县志》卷七《方外》]

邱处机,自号长春子。"海上七真"之一。尝访道至劳山,见其奇秀,遂栖养久之。

[乾隆《莱州府志》卷十二《仙释》]

丘处机，号长春子。登州栖霞人。金大定丁亥（1167），谒重阳王真君哲于宁海，请为弟子。戊申（1188），召见阙下，随还终南山。金主召不起，宋使来召亦不起。太祖遣近侍刘仲禄持手诏致聘，至行在所，命掌天下道教。至燕，居太极宫《辍耕录》。大定丁亥，重阳自陕右来，真人师之。重阳既逝，真人乃游秦陇，戢志磻溪。戊申，金世宗征，赴阙，特旨住全真堂《云山集》。长春子穴居磻溪，日乞一食，行则一蓑，人谓之"蓑衣先生。陈时可《长春本行碑》。按：处机与谭处端、刘处玄、王处一、郝大通、马钰、钰妻、孙不二七子，皆齐人。重阳行化至齐，同时入道。《元史·释老志》载之甚详，并未言其入陕。《列仙传》载重阳化后，诸子庐墓终南，亦未见显化实迹。兹从《碑文》内摘录长春一传，贾《志》各传俱删。又《同州志》载：今西庵里有处端亲书"龟蛇"二字，笔力道劲。大定二十年（1180）事也。《列仙传》云：今高唐州有处端手迹，大书"龟蛇"二字。未知孰是，并识于此。

[雍正《陕西通志》卷六十五《释道》]

邱处机，字通密，号长春真人。登州栖霞人。年十九，辞亲学道，师重阳真君。于至元壬午（1222）应诏来燕，元太祖问为治之方，则以"敬天爱民为本"；问长生久视之道，则以"清心寡欲为要"。丙戌（1226）春，其徒请至盘山建醮，其明年留颂而逝。

[道光《蓟州志》卷九《仙释》]

邱处机，栖霞人。自号长春子。自栖霞西入关，过益都，太守徐君馆之，长春相其宅曰：此福地也。徐即施与之，遂筑宫焉。井卤不可食，使弟子诅茶投之，即成甘泉以《元史》及旧志修。

[咸丰《青州府志》卷五十二《仙释传》]

邱处机，栖霞人。自号长春子。年十九，为全真学。云游访道，至劳山，见其奇秀，改名鳌山，以为栖养之处。元太祖尝召见，言"欲一天下，要在止杀"；为治在"敬天勤民"，长生在"清心寡欲"。问神仙云：只有却病之法，无不死之方。一日，大雷雪，太液池涸，北岸亦崩。处机曰：山其摧乎，池其涸乎，吾将与之俱乎？卒年八十，封"长春真人"。

[同治《即墨县志》卷十二《释道》]

邱处机，登州栖霞人。自号长春子。儿时，有相者谓其异日当为神仙。年十九，为全真学于宁海之崐嵛山，师重阳王真人。宋金末，各遣使来召，不赴。岁乙卯，太祖自奈曼命近侍持诏求之。处机一日忽语其徒，使治装，曰：天使至，我当行。翌日，果至，乃与弟子十八人同往。先驰表谢，拳拳以止杀为劝。经数十国，涉地万余里，自崑崙历四载始达西域之雪山。既见，太祖大悦，赐食，设庐帐甚饬。时方西征，日事攻战，处机每言"欲一天下者，必不嗜杀人"。及问为治之方，对以"敬天爱民为本"。问长生久视之道，告以"清心寡欲"。太祖深契其言，命左右书之，且以训诸皇子。于是锡以虎符，副以玺书，不斥其名，惟曰"神仙"。太祖感雷霆以问，处机对曰：雷，天威也。人罪莫大于不孝，不孝则不顺乎天，故天威震动以警之。陛下宜畏天威，明孝道，以导有中。太祖善之。一日，太祖大猎于东山，马踣，处机请曰：天道好生，陛下春秋高，数田猎，非宜。太祖为之罢猎。当丧乱之余，民罹俘获者，无所避。处机还燕，使其徒持牒招求河南、北间，由是被掠为奴者得复为良，与滨死而幸更生者，无虑二三万人。荧惑犯尾，其占在燕，处机祷之，果退舍。岁旱祷之，期以三日雨，已而亦验。赐所居名长春宫。六月，大雷雨，太液池水入东湖，鱼鳖尽去，池遂涸，而北口高岸亦崩。处机叹曰：山其摧乎，池其涸乎，吾将与之俱乎！寻卒，年八十《元史·方技传》。

[宣统《山东通志》卷一百六十八《人物志第十一·历代艺术》]

邱长春传

长春子，名处机，字通密。在"七真"中向道为独蚤，而留形在世，其寿为最高，著作甚富，有《磻溪》《鸣道集》行于世。按：真人生于栖霞县，幼多颖悟，有相者谓其异日当为神仙宗伯。年十九，抛家至昆崙山，潜身幽谷。闻重阳在宁海，即往师之，偕至昆崙，辟烟霞洞，恍然悟师为真仙。故其诗云：麻姑不自蔡经传，只是东方后学仙。彼真人智足以知师，独言之亲切如此也。师得真人亦喜甚，赠以诗，有"被余缓缓收纶线，拽入蓬莱永自由"，其师弟之契可知已。后与马丹阳、谭长真、刘长生随师入秦，师脱化于梁，四人护灵，归殡终南，庐于墓三年，各议所之。真人乐秦陇之风，居磻溪庙六年，凿长春洞以居，勤于修炼，每昼夜参差，饥寒逼迫，群魔迭旺，不为退转。常自恐福薄障重，奋然曰"吾须凭一志撞开心月"云。忽有觉，发为诗词，超逸绝尘，最为人所传诵者，有《青天歌》。至其拈出示人者，有词云：般般放下，头头是道，甚花街与柳市。又云：空虚体本来，一物无碍滞。皆直指家风。他如妙言粹语，警世悯俗，令人发深省者甚多，然不假思索成之，真人自谓"任闲懒纵笔，口狂写诗篇"者是也。居龙门山，声名藉甚。金世宗召见，待之甚厚，赐钱不受。元太祖遣侍臣刘申迎之，设幄访道，世俗多借为艳谈，不知在真人固泊如也。至于瓶桃结实，杖槐复生，与祷雨退荧，载之《列仙传》中者，俱真人游戏处云。晚年复居栖霞太虚观，羽流迎主醮坛，亦辄应之，每有奇征。常栖县之公山，后隐崂山最久，意每忻然，闲咏至四十首，潇洒浩瀚，与山海争胜。至元六年（1269），东湖水涸，北海山摧，真人曰：其为我乎！九日，登宝玄堂，留偈而逝，是八十矣。

论曰：真人早从童稚，即慕仙宗，若天植其根者，又得真师指示，然磨炼之功，亦甚不易，岂积习旷创，虽夙根上智，犹自苦难者乎？真悟乃能真修，真修乃能真悟。抑当金元之时，天厌腥膻，特表高洁为世宗师欤？夫古之得道者，或乘风而仙，或解形而去，其现伏去来，皆有时会，以故山摧水涸，而真人脱去，非偶然也。

[民国《牟平县志》卷十《方外》]

邱处机，号长春子。居县之白龙店，常养白鹤以自娱，故名所居曰"白鹤观"。又居碁山之洞真宫，有残碑尚存。以全真为教，引度弟子，悉有道行。元太祖召见，每言"欲一天下，在不嗜杀人"，又言为治在"敬天勤民"，长生在"清心寡欲"。尝祷雨及退荧惑，皆有验。赐号"神仙无为演道大宗师"。后去之峄山。年八十卒，有仙化遗迹。

[民国《续修莱芜县志》卷二十八《仙迹》]

邱处机，栖霞人。号长春子。常居太山之麓。幼时，相者谓其当为神仙宗伯。年十九，师事王重阳，为"七真"之最。元太祖特诏求之，赐号"无为演道大宗师"。

[民国《重修泰安县志》卷十《名僧名道》]

邱处机（1148—1227），字通密，号长春子。元代栖霞（今山东栖霞）滨都里人。

金大定七年（1167）赴宁海州昆嵛山烟霞洞学道，翌年九月拜道人王重阳为师，与马丹阳、谭处端、郝大通、王玉阳、刘处玄、孙不二同称"全真道北七真人"。

金大定九年（1169）后，邱处机入今陕西省磻溪及龙门山潜修十三载，创立全真道龙门派。金明昌二年（1191）回归故里，在登、莱、青各州传道。时，宋、金、蒙三方纷争，战乱不止，乃倡导"摒恶行善""恤苦救民"，深受民间拥戴，声望与日俱增。

金明昌六年（1195），邱处机同刘处玄等由山东宁海（今牟平）昆嵛山来崂山太清宫等处传道谈玄，道众大悦，各受戒律，旋离去。金泰和八年（1208）又回崂山，作诗二十首，镌于太平宫巨石上。翌年又自胶西醮罢，受道众邀请来游崂山，上至南天门，作词一首，名曰《青玉案》，镌于上清宫，"又作诗十首刻在别石"。

金兴定三年（1219）冬，邱处机应成吉思汗之诏，自莱州起程西行。金元光元年（1222）农历四月会成吉思汗于雪山（今阿富汗境）。时成吉思汗日事攻战，邱处机乃进言：欲一天下者，必不嗜杀人，治天下以"敬天爱民为本"，长生以"清心寡欲为要"。成吉思汗大悦，录其言，以为《玄风庆会录》，赠虎符、玺书，封为"神仙"，令其掌管天下道教，全真道遂盛极一时。金正大元年（1224），邱处机抵燕京主持长天观，后改名长春宫（今北京白云观）。金正大四年（1227）农历七月九日逝，葬"丘祖殿"，元世祖加封为"长春演道主教真人"，在崂山上清宫前筑有衣冠冢。

邱处机是中国古代著名的旅行家，先后游历了陕西、甘肃、宁夏、内蒙古等少数民族地区，行程万里，除了传播汉族文化、宗教、医术外，还记录了各民族的风土人情，由其弟子李志常等整理写成《长春真人西游记》。邱处机著述颇丰，主要有《大丹直指》《摄生消息论》《磻溪集》《鸣道集》及《西游原旨》等。

[《青岛市志·人物志》第一篇《传记》]

[《栖霞县志》第二十六编《人物传》]

[《山东中医药志》第六篇《传记》]

长春观，西门外，丘处机修真处。殿后平地一洞，蜿蜒数十里。今没，入民家。一名大庵。

[崇祯《历城县志》卷四《坛庙》]

清风台，在（宝鸡）县东南六十里。元贞人丘处机所筑。西倚飞云之壁，东临漱王之溪，北跨渭滨，南依山色，中引清风，故名。吕韦有《记》。

[嘉靖《陕西通志》卷十三《古迹》]

受宣堂，在府城东南隅。世传丘处机修炼于此。辽、金聘之，皆不起。及元聘之，即就道。郡人因名其堂曰"受宣"。

[万历《莱州府志》卷五《宫室》]

烟霞洞天，即岩之西北岩。幽邃深曲，林壑秀美，为岩山中最佳处。金大定间，邱处机、马钰、谭处端、刘处玄、王处一、郝大通、孙不二师王重阳真人于此见《元史·邱处机传》，世所称"七真人"也。

[民国《牟平县志》卷二《古迹》]

神清观，在烟霞洞东北里许。观即邱处机所云"彭城先生首创"者。金泰和间、元明相继增修，洪武六年（1371）重修时，兵部郎中刘崧撰文，略曰：昔金大定中，重阳祖师由西秦东来，讲道阐玄，后长春真人邱处机即其地请额为神清观。观中亭舍幽敞，林泉环绕，银杏枯槐，树大数抱，皆金元间物也。

[民国《牟平县志》卷二《古迹》]

碁山，在县东五十里。旧传仙人奕于此，碁局尚在。山西麓有长春观，为邱处机隐居处。

[民国《续修莱芜县志》卷四《山》]

明

◎ 解延年 ◎

解延年，《针穴图解》三卷。

[雍正《山东通志》卷三十四《经籍志》]

《针穴图解》三卷，解延年撰。延年见经部小学类。是书见旧《通志》。《县志》作《经穴图解》，无卷数。

[宣统《山东通志》卷一百三十六《艺文志第十·子部·医家》]

解延年，字世纪。三原教谕。锵之子也。正统辛酉（1441）乡举第二人，壬戌（1442）成进士，授户部主事，转员外郎，寻知四川重庆府。历官廉慎，茂著勋名，为郡尤笃意绥靖，表往哲风，励后来，凡民间利病，罔不及时兴除。天顺八年（1464），夏旱，公心若面蹙，设诚祷之，辄有应，岁赖不馑。尝见土产资民生者，预书名品，教民备荒。其孳孳为民，类如此。米坚之操，介石无二。去郡，行橐萧然。有颂其政者，曰：才华不减文翁化，廉介犹嫌刘宠钱。又曰：试问行囊，何所有？数篇书籍，压船轻。至今庙公郡治堂后，仍祀名宦，本县祀乡贤。

[康熙《栖霞县志》卷六《治臣》]

解延年，字世纪。正统壬戌进士，授户部主事，历员外郎，知重庆府。服官廉慎，为郡尤笃意绥靖，表往哲风，励后进，凡民间利病，不时兴除。尝见土产资民生者，预书名品，教民备荒。其孳孳为民，类如此。后去郡，行橐书籍数篇而已。

人为之颂颂曰：才华不减文翁，化廉洁犹嫌刘宠钱。至今祀郡堂，后并祀名宦、乡贤。所著有《策学指归》《物类集说》《经穴图解》等书。

[光绪《栖霞县续志》卷六《宦绩》]

解延年，锵子。辛酉举人，壬戌授户部主事，转员外郎，擢重庆知府。居官廉慎，民间利弊，不时兴除，教民备荒。去之日，惟余书籍数卷而已。祀乡贤祠，并祀重庆名宦祠。著有《物类集说》《经穴图解》。

[光绪《增修登州府志》卷三十九《进士》]

解延年，栖霞人。正统中进士，授户部郎，出知顺庆府。政先德化，郡民祠之。著有《物类稿》。

[嘉靖《山东通志》卷三十二《人物五》]
[康熙《山东通志》卷四十三《人物·登州府》]

解延年，栖霞人。正统壬戌进士，授户部郎中，出知顺庆府。政先德化，郡民祠之。著有《物类稿》。

[雍正《山东通志》卷二十八之三《人物三》]

解延年，栖霞人。正统七年（1442）授户部郎中，出知顺庆府。政先德化，郡民祠之旧志。

[宣统《山东通志》卷一百六十一《人物志第十一·历代循吏》]

解延年，字世纪。栖霞县（今改市）人。正统六年(1441)乡试亚元，翌年联捷二甲第十二名进士。授户部主事，升员外郎。出为四川重庆府（一说顺庆府）知府，为官廉慎，尤笃意绥靖，赞扬贤哲，讽励后进。凡民间利弊，不时兴除。见当地土产能资民生，预写名品教民备荒，以"孜孜为民"称。去职时，行囊中仅书籍数卷而已，人为之颂曰："才华不减文翁化，廉洁犹嫌刘宠钱。"卒祀重庆名宦祠和本邑乡贤祠。著有《策学指归》《物类集说》《经穴图解》等。

[《山东明清进士通览·明代卷》]

《叙古千文集解》一卷，解延年撰。延年，字世纪。栖霞人。正统壬戌进士，历官重庆知府。是书见《千顷堂书目》。

[宣统《山东通志》卷一百三十《艺文志第十·经部·小学》]

《物类集说》三十四卷，解延年撰。延年见经部小学类。是书见《明志》。

[宣统《山东通志》卷一百三十九《艺文志第十·子部·杂家》]

《策学指归》，解延年撰。延年见经部小学类。是书见《县志》。

[宣统《山东通志》卷一百四十《艺文志第十·子部·类书》]

◎ 孙 焕 ◎

义冢，城东构（沟），明嘉靖三十八年（1559）医官孙焕施地五亩……

[康熙《栖霞县志》卷二《义冢》]

◎ 刘 安 ◎

刘安，（成化岁贡），药局大使。

[光绪《栖霞县续志》卷六《科贡表》]

[光绪《增修登州府志》卷四十一《贡生》]

清

◎ 刘孔熠 ◎

◎ 林东岗 ◎

刘孔熠，字春域。邑良医也。早孤，事母克孝，养生送终，尽心尽礼。师事医人林东岗，大阐岐黄之奥，决生死，起沉疴。行医六十年，多所拯济，求者踵至，称曰"神医"。其师老，迎养于家，及卒，与营葬事，不吝财资。养兄抚侄，克敦友爱。年登八十余，称耆寿焉。

[康熙《栖霞县志》卷六《义行》]

刘孔熠，字春域。早孤，事母克孝。精医术，尝师事医人林东岗，大阐岐黄，能决生死，起沉疴，人称"神医"。东岗老，迎养于家，及卒，葬之。奉兄抚侄，尤敦友爱。寿八十余卒。

[光绪《栖霞县续志》卷七《义行》]

刘孔熠，早孤，事母孝，奉兄抚，尤敦友爱。

[光绪《增修登州府志》卷四十三《附》]

按《栖霞志》：刘孔熠，字春域。邑良医也。早孤，事母克孝，养生送终，尽心尽礼。师事医人林东岗，大阐岐黄之奥，决生死，起沉疴。行医六十年，多所拯济，求者踵至，称曰"神医"。其师老，迎养于家，及卒，与营葬事，不吝财资。养兄抚侄，克敦友爱。年登八十余，称耆寿焉。

[《古今图书集成医部全录》卷五百十七《医术名流列传》]

◎ 李若兰 ◎

李若兰，字静以。邑庠生。瓮留社人。世居北关。天性纯良，存心利济。北门外迎仙桥缺陷，率众修补，以便行人。舍药，历久不懈，全活甚众。养济院，岁久倾圮，倡盖茅屋二十四间，孤寡人等，咸获宁宇。庠生张锡光、街民史升等，公举邑侯庄公案下，公欣然给扁旌奖以表善，以彰风化焉。

[康熙《栖霞县志》卷六《义行》]

李若兰，字静以。邑庠生。居北关。天性淳良，心存利济。北门外迎仙桥圮，率众修之，以便行人。舍药，活众。又倡修孤贫院草房二十余间，邑令庄扁旌之。

[光绪《栖霞县续志》卷七《义行》]

◎ 张焰霄 ◎

张焰霄，太医院吏目。

[光绪《栖霞县续志》卷六《例职》]

◎ 张宽裕 ◎

◎ 张 嵩 ◎

张宽裕，以孙焰宵任太医院吏目，貤赠登仕郎。

张嵩，以子焰宵任太医院吏目，貤赠登仕郎。

[光绪《栖霞县续志》卷六《封赠》]

◎ 王诏诒 ◎

◎ 王诰诒 ◎

王诏诒，儒医也。孝事父母。父殁，遗幼子曰诰诒，病失明。诏痛其瞽而孤也，尽授之医道，抚爱尝如婴儿，既而有子矣，又延师教之，卵翼之恩，及于两世。故身殁而弟侄哭之，皆"如痛其父"云。

[光绪《栖霞县续志》卷七《孝友》]

◎ 王 晋 ◎

王晋，王格社岩子日人。性孝友，为父多病，习医，医精。父母殁，无葬地，为卜莹阡，习堪舆，堪舆亦精。胞弟三人，读才使读，贾才使贾，读者入成均，贾者亦皆以会计富。虽与诸弟分爨，而衣食财物无彼此判。每解馆，诸弟齐集，鬓发皆苍，悚然鹄立。卒年六十八岁，乡党至今称之。

[光绪《栖霞县续志》卷七《孝友》]

◎ 李 芹 ◎

李芹，杨础村人。父殁，葬于方山之巅，庐墓三年，无间寒暑，日以筑垒为定省。儒学冷君造其庐，谕以大义，乃剃发归。兼精医理，善儿科。著有《福婴指掌》一书，脏腑经络、寒热虚实，指示详明，洵足惠世。

[光绪《栖霞县续志》卷七《孝子》]

◎ 娄 斌 ◎

娄斌，邑庠生。次口社人。家稍丰，自奉俭约，轻财好施，求无不应。精岐黄术，终年施药，无或间。有家贫路远者，留养于家，为之医治，疾愈而后遣之。

[光绪《栖霞县续志》卷七《义行》]

◎ 林铭新 ◎

林铭新，邹口社人。以父疾，习岐黄术，设药局于村西偏。村人服药，概不取值。有从堂弟，贫无依，招之肆中，酌予月费，仍不足，将祭田所获租粒，除祭品费用外，余悉付之。村南大河沙，阔二里许，河南为集市，河为河北诸村必由之路，捐木解板，架桥二十余丈，行人便之。至今犹踵其制。

[光绪《栖霞县续志》卷七《义行》]

林铭新，以孙儒珍任东平州学正，加五品衔，貤赠奉直大夫。

[光绪《栖霞县续志》卷六《封赠》]

◎ 孙延筹 ◎

孙延筹，院山社桃村镇人。候选巡检。前大嵩卫教授公侨之五世孙。乐善好施，有田为两邻耕占，邻争地界，经官讯明，应归筹，筹置弗问。善岐黄术。尝游胶、莱间，有富室疾剧，投以药剂，应手愈，酬以多金，力却弗取。

[光绪《栖霞县续志》卷七《义行》]

◎ 张 淦 ◎

◎ 张元烁 ◎

张淦，泥都社人。易门县张鈖之孙。无书不读，困顿名场，慨然曰：名相活国，名医活人，人贵于人有济耳！绝意功名，力抉岐黄之奥，能决人生死，更精外科，活人无数。著有《外科杂集》二卷。

[光绪《栖霞县续志》卷七《方技》]

张淦（1752—1832），字豫渡。蛇窝泊镇张家泥都人。其祖父为清康熙年间举人，受其影响，勤奋好学，兴趣广泛。但几经科考，皆名落孙山，遂绝意功名，潜心于学医治病。他常说："名相治国，名医治人，人贵于有济耳！"初，在本村挂牌行医，堂号"茅斋堂"，房舍虽简陋，但精心为人治病。张淦精于外科，尤擅长外治法，远近闻名。上至州县官吏，下至乡间平民，慕名求医者甚多。有次，栖霞县令蔡绍洛患痈求医，张淦诊视后说："此症名'搭背'，危则危矣，幸无妨。"随即运用"搬家法"，使其痈迁移到肌肉松软处，又经内外兼治而愈。并嘱咐说："此次愈后难保不复发，届时切勿惊疑，务请识其症者治之。"数年后，张淦高龄去世，蔡绍洛旧症复发，便依张淦所嘱，寻得识其症者医治，果获痊愈。为追念张淦先见之明，县令蔡绍洛与典史马贺年，特赠"齿德兼尊"和"心彻灵枢"匾额，悬于茅斋堂。

张淦之子元烁继承父传，家制大小两种膏药，小膏药治疮痈疔疖，大膏药治积聚症。其多年药锅残存之药渣或废弃之膏药，敷疮仍有奇效，足见其立方选药之精。惜为张淦所著《外科杂集》二卷失传，其子元烁之外科医术亦后继无人。

[《栖霞县志》第二十六编《人物传》]

◎ 林芳芝 ◎

林芳芝，蛇窝社人。大学生林彝训之子。幼习医术，脉理精深，著有《医林求是》一卷。

[光绪《栖霞县续志》卷七《方技》]

◎ 郝慎衡 ◎

郝慎衡,邑庠生。艾山社枣林庄人。精医科,著有《医案》《伤寒正法》《眼科秘诀》等书。

[光绪《栖霞县续志》卷七《方技》]

◎ 王裕春 ◎

王裕春,唐山社业家埠村人。附贡生。习岐黄术,精脉诊,贫施药饵,富却酬谢。

[光绪《栖霞县续志》卷七《方技》]

◎ 李 任 ◎

式九李公传

栖霞县知县卫苌

余至栖,考人物,佥曰:数十年来,以文学沾溉后进,未有如式九先生者。因索《家传》。公姓李氏,名任,字式九。性颖异,书过目辄成诵。自经史百家,下及医卜之书,无所不涉。涉则必精,然学先躬行。敦孝弟,与人坦率,而尤以"立诚主静"为宗。尝颜其斋,曰"思庐"。意可知也。体屡瘠,似不胜衣,乃危坐弥日,无惰容。久与处者,亦未尝见其疾言遽色也。从游之士甚众,日与阐濂洛奥旨,及辨朱陆同异最悉。为诗及古文词,率不起草,掇笔立就。门下弟子,多以明经上第显当世,而公六上棘闱,皆病,不终场。及一竣,即被荐,仍摘两字,不录。其功名坎坷如此。以故抱负不获见于世,以拔贡终。然公有以自乐,意泊如也。小试常冠军,又一见知于抚军桑大中丞,拔为通省第一,卒亦未荐于朝,而公亦无一字相干。晚年益肆力著述,以道德文章为多士楷模。康熙癸巳(1713)卒,寿七十有二。朱辉珏太史铭之曰:文章宗匠,礼乐渊源。盖实录也。所著《四书讲义》《麟经指掌》及《闲居诗集》,俱藏于家。孙钟淑,清介士也。能读公书,吾见家学之未艾云。

[光绪《栖霞县续志》卷九《传》]

范维翰

寿节孝范母崔孺人序

林仲懿

邑范子维翰母崔氏,以节孝著,垂五十年。岁甲子,有司以上闻,命发金建坊,旌其门。其明年二月,孺人寿七袠,有六邑人士佥谋称觥以祝,而属言于余。余以素善维翰,不得辞,然不敢以浮诞之词寿孺人也。则请因诸君子,而得闻孺人令德之详,胪列以垂不朽,其可乎!佥曰:孺人生七年而丧厥考,哭泣不食,几至殒生,当时已觇至性过人。年十五,归范君,相夫有桓孟风。阅五载而范君殁,时双亲在堂,年俱耆,维翰甫四龄,孺人毅然以奉亲抚孤为己任。椎髻操作,荆布自甘,严性若冰霜,笑谑之声不闻庭。除平生,不与再醮妇人言,恶其从一不终,故不啻掩鼻过之。此孺人之节也。奉盘匜,问寒燠,纫针必缀,潎瀙必滑,以承舅姑欢。舅姑晚年遘痰疾,数年不起,孺人日夜调护,至废寝食。舅姑怜之,每顾而泣曰:数年有汝,吾不知吾子之亡也。其送终也,皆如礼,哀毁动人,见者至为之垂涕。此孺人之孝也。教子若父师,勖以忠孝廉节,无忝所生,以故维翰优于文行,负远器。又以暇日治岐黄术,多活人,尝却报不受。冢孙子达承氏教,力学工文,髫年游泮水。曾孙八人,皆瑶环瑜珥。此太君之慈也。其他细行,难以枚数。余闻而肃然敬,喟然叹曰:人之生也,期于寿,寿非耄期之谓,而令名不朽之谓。古今立德立言,可为羽仪树风声者,求之须眉,代不数人。况闺阃乎!孺人节孝慈廉纲常是荷,岂徒作范壸闱,亦足以愧须眉而不丈夫者,已惜乎!余言不足为孺人重,而孺人亦不藉余言以重也。聊述所闻,为霞觞一佐云。

[光绪《栖霞县续志》卷九《序》]

郝卓人

《医方便览》,郝卓人撰。卓人,名未详。懿行曾祖。《晒书堂文集》记先曾祖遗事云:晚年喜读史,知医药。尝手集活人方,今所藏《医方便览》是矣。

[宣统《山东通志》卷一百三十六《艺文志第十·子部·医家》]

郝卓人,清代山东人。生平里居未详。著有《医方便览》,未见流传。

[《中医人名大辞典》]

效霞按:郝懿行为其曾祖,则郝卓人当为山东省栖霞县(现山东省栖霞市)人。

民国

◎ 李义山 ◎

李义山（1874—1941），原名会文。蛇窝泊镇后撞村人。光绪末年加入中国同盟会，在家乡一带从事反清活动。因带头剪去发辫，遭通缉。被迫一度进金山寺为僧。

民国初，李义山在本村挂牌行医，号"丰和堂"，同时兼任学校董事长。在他主持下，办起一所拥有三个班级的新式学校，村内村外学生兼收；并首倡招收女生，使乡村女子有了就学机会，深受群众欢迎。

1932年前后，进步青年牟铁铮受聘到后撞村担任教员，李义山见其思想进步、教学有方而非常赞赏。并不恃年长，不以资深自居，而同牟铁铮结为好友。"七七"事变后，李义山赞同中国共产党"团结抗日"的主张，反对国民党各游击"司令"倒行逆施，专搞内战。他四处奔走，宣传抗日救国道理，被誉为"抗战老人"而闻名全县。

牙山战役后，李义山不仅帮助栖霞抗日民主政府建政施政，还在国民党内推进"抗敌协会"组织。于是被投降派和顽固派视为"眼中钉"。家人屡次劝他注意安全，但他总是回答"正义所在，百死奚辞！"

1941年6月9日，李义山不幸被国民党徐淑明部48支队逮捕，不加审讯，便将他杀害于南崮村东河。不久，胶东党、政、军各界为李义山等被害烈士举行了追悼大会。8月8日《大众报》以整版篇幅报道了李义山的事迹，并发表了《为李义山先生等被害血案告同胞书》。挽联之一是"早岁怀壮志而不酬，宁去不污，伟大精神堪羞宵小；暮年闻警钟再兴起，卒遭奸算，千万民众同忆斯人"。

李义山生前医术闻名一方。轻病而受其治者达数千人，垂危而得其救者亦不下数百人。他当年用的药箱，现珍藏于县文物管理所。其墓地属县级文物保护单位。

[《栖霞县志》第二十六编《人物传》]

明

◎ 盛 周 ◎

盛周，字于斯。廪生。至性孝友，雅尚端方，博学善书。凡诗古文词、医药卜筮，无不精通。从游者甚众，咸成名士焉。

[乾隆《海阳县志》卷六《人物》]

盛周，字于斯。明代海阳县人。工医术。

[《山东中医药志》第六篇《人物表》]

◎ 张真子 ◎

张真子传

李锡龄

真子张道人者，不知何许人也。一号松笔道人。明季，居徽村之菩萨顶，口不言铅汞龙虎，事无黄白炉鼎。医药济人之术，人初不之奇也。厥后，道人得疾，往往跳舞竟日，如有所拿取者。询之，云：拿吾心耳！已而寂然，众皆以为狂，仍奠之奇也。有乞儿者，觉其奇，以衣求道人。道人则措土成金，以与之。求益，曰：命止此耳！乞儿以金易衣，则一袭外，一文不余。人以是稍稍奇之。其尤奇者，隆冬赤足行雪地，雪为之消；盛夏重裘，裘失其暖。为妻子求医者，曾不一遇；为父母往，则道人无时不在庵。拾瓦砾与之，或与一茎草，煮而服之，豁如也。崇祯甲申（1644）春二月，道人将作蓬莱游。先期语弟子曰：夜闻风则起，毋自误。于是，徽人之奇其行者，闻其说，则就与之诀。道人不言，但云取公子来。至则遍体抚摩之，至尻以为秽也而过之。是子竟以是免痘厄，而仅生一于尻云。是夜将半，其弟子闻风声虎虎，不以为奇，旋弛然卧，无一起者。俄闻道人履声彻牖，至则呼曰：

起！起！风已起矣！其二弟子咸闻之，私语曰：妄诞耳！风起，何足奇！老道直弱骨，不胜风寒，故叨叨若斯，竟不起。至道人再至，弟子仍假寐，不应闻。呼"无缘！无缘！"者三而去。已而风静，弟子起曰：老道想已风冻圆寂矣。入其室，已失所在。心眩目乱，相与奇其师，而又互咎其前此之莫或奇也。相与踪迹之，但见松笔淋漓，于石题曰：孤峰云拥旧石堂，远寄风骨到此乡。不愿驷马高车美，惟爱蒲团一座良。三千功满南宫路，二百余年北帝长。今夜乘风归瑶岛，碧桃开处姓名芳。末志云：龙飞甲申松笔道人题。大奇之，竟不知其何许人也。仙史氏曰：余尝登菩萨顶，访道人奇迹，土人云：真子松笔，风雨不损，可千百世存，今为俗子招石工，镌之石，惧其坏也，而仙踪坏矣。噫！若人者，奇真子何？其不以奇为奇也耶。

[光绪《海阳县续志》卷八《传》]

张真子，不知何许人。居邑东北菩萨顶石室中，有异迹，凡三年。一夜风作，山壁震响，守庵道人惊起，燃火视之，则真子已不知所之。石壁上有"松梅"题句云：孤峰云隐旧山堂，远寄萍踪到此乡。不愿高车云节拥，可堪松盖晚风凉。南宫行满三千录，北院蒲团六月长。今夜乘风归海岛，碧桃开处姓名芳。山顶有石田三百六十区，至今尚在。人传为真子所垦，自种粮粒，每一区足供一日之食云。

[光绪《海阳县续志》卷五《外纪》]

张真子，莫详里居。常往来莱阳灰村，已而卜静于菩萨顶石室中，凡三年。一夕，嘱守庵道士勿酣睡。夜半风作，山壁震响。道人惊，诘已失真子。所在但有诗留石壁云：孤峰云隐旧茅堂，二百余年借此乡。今夜乘风入瑶岛，碧桃开处姓名香。龙飞甲申二月上旬二百五十二岁松笔道人张真子题。

[雍正《山东通志》卷三十《仙释志》]

菩萨顶 县东北四十里，张真子、匡道人修炼处

化工作意弄新奇，拔地遥抽碧笋枝。沧海烟霞连古洞，半天松桧护神祠。人归瑶岛桃花发张真子飞升时题诗石壁，有"今夜乘风归瑶岛，碧桃开处姓名香"之句，路指青城竹杖随匡道人脱壳后，有人遇诸胶州道中，言将游西川云。石室荒凉丹灶冷，谁来绝顶一攀追？

[光绪《海阳县续志》卷十《诗》]

菩萨顶庙，在县东北四十里。张真子，不知何许人。常往来徽村诸山，后居菩萨顶石室中三年。一日来庙，属道士，勿睡。子夜风作，山壁震响。道人惊起，诘

真子已不知所之，但有留诗石上，末书"龙飞甲申二月上旬二百五十二岁松笔道人题"。未几，大清定鼎，真子已前知之矣。其字风雨不损，后为俗子镌之石上。

[光绪《增修登州府志》卷十五《寺观》]

清

◎ 徐子延 ◎

徐子延，邑廪生。事亲尽孝。父鹤，任金邑，久病，延负病躯，衣不解带，汤药亲尝，久而不懈。有姊适修氏，夫病故，家贫不赡，延迎奉养，没世不衰。又性嗜学，励志芸窗，虽炎暑祈寒，诵读不辍。棘闱久困，其志莫挫，孜孜矻矻，死而后已。所著有《博征集》《古文法纂》及医药、本草诸书。

[乾隆《海阳县志》卷六《人物》]

徐子延，鹤子。廪生。事亲尽孝。有姊适修氏，夫死家贫，子延迎养之，没世不衰。著有《博征集》《古文法纂》。

[光绪《增修登州府志》卷四十三《附》]

徐子延，清代海阳县人。以医知名。

[《山东中医药志》第六篇《人物表》]

《博征集》，徐子延撰。子延，海阳人。诸生。是书见《县志》。

[宣统《山东通志》卷一百三十九《艺文志第十·子部·杂家》]

《古文法纂》，徐子延撰。子延有《博征集》，见子部杂家类。是编见《县志》。

[宣统《山东通志》卷一百三十九《艺文志第十·集部·总集》]

◎ 赵国辅 ◎

赵星佐传

黄叔床

公讳国辅，字星佐。祖维旗，顺治丙戌（1646）进士，为监察御史，巡鹾有声。父世奕，康熙丁未（1667）进士，任守备。云中饥，委署司牧事，辨赈所，全活军民无算。公为人磊落英奇，经术湛深，而耻作章句态。居家以孝闻。当太翁之任大同也，边地苦寒，驰驱定省，动辄数千里，不惮瘁。偶得疾，养疴崂山，二载疾瘥，而登癸酉（1633）贤书。礼闱屐，三荐不售，怡然曰：命也！夫癸未（1703）祲，出所有，以全近村人甚夥，姻戚无不待以举火者。当事者重公名，公事一言而定。公于桑梓利害，侃侃建白，而竽牍之请，则从无之。筮仕得沭阳令，沭阳沮洳地，又当孔道，五方错处，俗故善讼，而实多讼端。公至，喟然曰：吾非利器，然遇盘错矣！此不可以鸣琴理也。剔厘爬搔，煦育休养，不数月而风俗变。沭通赋积十余年，缺额十余万，公减耗，宽限一载，而楚旧令以亏空承追者五案。公于可免者，通详豁免；例无可援，则捐俸补之。前令王卒于官，遗欠二千余金，子羁任所不得归。解囊代偿，资之回籍。邑西北高流一镇，地瘠而民贫，旧以均赋将沙冈尽入鱼鳞，民多流亡。公为去盈溢，具清册详之，得报可。民世世尹祝焉。坐堂皇，剖决如流，人咸叹服。有以湖田讼，历三十年不结者，漕抚两院以属公。公听之，一谳而决。详革摊派里下陋规数千金，裁汰浮役八百名，捐资修学宫，设义塾，亲课文艺，文风以振。上宪谕所属曰：江南州县，其法沭阳令。后以保举离任，衿民焚香扳辕者，至郯城二百里不绝。然卒以报灾忤河宪，解组归。归时，携沭阳菊数十种。日课小童，修艺东篱下，杂植他卉，饮酒赋诗，陶如也。人以为有古彭泽风。公修躯美髯，言论风发，目电电有光。精骑射，常以不得效力疆场为憾，则一寄其雄心于鹰狻驰逐间。又以病精医理，得刀圭者立活，然不愿以艺名。呼！真伟人也哉！

[乾隆《海阳县志》卷七《艺文》]

赵国辅，字星佐。侍御维祺之孙，大同守备世奕之子也。国辅性孝友，嗜诗书。康熙癸酉领乡荐，屡蹶春闱，寻授沭阳令。至则惩讼蠹，汰浮役，革陋规，宽逋赋，善政多端，民皆尸祝。于前令之亏空，则援例请豁；格于例者，则捐俸代补。卒以报灾忤宪意，致仕归。

[光绪《海阳县志》卷五《政绩》]

赵国辅，世奕子。（康熙）癸酉，沭阳知县。惩讼蠹，汰浮役，革陋规，宽逋赋，善政甚多，民尸祝之。以报灾忤上宪意，致仕归。今入海阳。

[光绪《增修登州府志》卷四十《举人》]

康熙癸酉科

赵国辅，任沭阳知县。

[乾隆《海阳县志》卷五《科贡》]

赵国辅，诰赠文林郎。

[乾隆《海阳县志》卷六《封荫》]

◎ 李承芳 ◎

李承芳，字漱六，号谿南。乾隆丁卯（1747）举人，壬申（1752）进士。幼失怙恃，与胞弟承弼，相依为命。每自念：遭家不造，非读书，弗克自立。遂与弟攻苦下帷，不间寒暑。既而，兄弟果先后成名。盖承芳捷南宫时，其弟承弼已由丙辰（1736）贤书，为广文，为令尹矣。承芳至性过人，善事祖父母及伯叔父母，更体祖父意。迎养姑母数十年，无间言。两姊家中落，岁时馈遗无少缺。素习岐黄术，无贫富皆济之。工诗古文辞，兼工隶体，人得其片纸，珍若拱璧。

[光绪《海阳县续志》卷五《笃行》]

（乾隆）壬申恩科

李承芳，候选知县。

[光绪《海阳县续志》卷四《科贡》]

李承芳，以子恩宜任湖南慈利县知县，赠文林郎；妻宋氏赠孺人、赵氏封孺人。

[光绪《海阳县续志》卷四《封荫》]

李承芳，赞元曾孙。（乾隆）丁卯举人，壬申（进士）。幼失怙恃，善事祖父母。候选知县。以子恩宜赠文林郎。

[光绪《增修登州府志》卷四十《进士》]

[乾隆十七年壬申恩科秦大士榜]

李承芳，海阳人。二甲五十九名。

[宣统《山东通志》卷九十四《进士表》]

《溪南学吟草》，李承芳撰。承芳，字漱六，号溪南。赞元曾孙。乾隆壬申进士。是集见《山左诗续钞》。

[宣统《山东通志》卷一百四十五上《艺文志第十·集部·别集》]

◎ 张 焄 ◎

张焄，号绍庭。幼苦读，壮走京师，设酒肆。因病习医，深得秘要。医某王福晋，病愈，王德之，拟代援例为司坊，焄固辞。又京宦某遘危疾，赖焄医痊，遂订兰谱。焄常过从，见某宦仆隶有孔姓者，悚然曰：读圣贤书而奴，其后可乎！某颦之，乃以孔为记室。时孔姓侪伍中有黄姓，本土人，焘知之，亦劝拔置如孔姓某。后膺简抚二东，延焘不就。微服夜造其肆，焘惊曰：公何人？此何地？奚以至哉！请速去造福一方，胜于私谈。一夕也，某别而去，叹曰：咄咄！好个山东人！

[光绪《海阳县续志》卷五《笃行》]

张焘，清代海阳县人。工岐黄术。

[《山东中医药志》第六篇《人物表》]

◎ 张廷琎 ◎

张廷琎，字介如，号念台。岁贡。就职训导。父焘，有子六人，琎居季，与诸兄异母生。年九岁，生母病殁，以头触棺而哭，创不自知。比诸兄皆先母亡，琎事嫡母，四十年如一日，人称其孝。读书过目不忘，为文中成法。游泮后，即设帐授生徒，循循善诱，出门下者多知名士。凡入本闱十三次、京兆二次，屡荐未售。家不中资，而性乐推解，虽典质称贷，弗自恤。与孤侄同居，终身无间言。侄婿为饥驱，携眷赴辽，琎使人邀于路，而收养于家。又旁通医术，搆药饵，无贫富皆济之。居恒正襟危坐，学宗洛闽，尤精《周易》。年六十五，以考终。终之日，有"异香满室之征"云。

[光绪《海阳县续志》卷五《笃行》]

张廷琎，（道光）丙午（1846）岁。

[光绪《海阳县续志》卷四《科贡》]

道光

张廷琎，就职训导。年九岁，生母病殁，兄五人皆先母亡，琎事嫡母，四十年如一日，人称其孝。与孤侄同居，终身无间言。又知医，搆药饵，无贫富皆济之。学宗洛闽，尤精《周易》。

[光绪《增修登州府志》卷四十一《贡生》]

◎ 邢銮 ◎

邢銮，字金坡。附贡生。嗜学，工诗，笃内行，乐施予，兼精岐黄。遇贫而病者，则赠以药饵，且供其饮馔，愈而后已。乾隆五十一年（1786），岁大饥，捐粟煮粥，设场放赈，自春徂夏，全活者不下万人。子洛书，以武科起家，仕至徐镇总戎，赠父如其官。

[光绪《海阳县续志》卷五《义举》]

邢銮，附贡。嗜学，工诗。乾隆五十一年，岁大饥，捐粟煮粥以赈，全活甚众。以子洛书赠武显将军。

[光绪《增修登州府志》卷四十七《封赠》]

◎ 王兴国 ◎

◎ 王乐国 ◎

王兴国、乐国，兴国，字吉言；乐国，字舜宇。同怀兄弟也。合志同心，乐善不倦。尝捐资，设义塾，俾村中子弟贫不能读者，皆肄业其中。又置义田若干亩，以赡族人之穷乏。他如除道成梁，辑方施药诸事，大率类此。兄弟俱登九秩，子孙繁衍，青衿罗列，人以为积善之报云。

[光绪《海阳县续志》卷五《义举》]

王兴国、王乐国，兄弟皆乐善。尝设义塾，俾村中子弟贫不能读者，肄业其中。又置义田，以赡族人之穷乏者。

[光绪《增修登州府志》卷四十三《附》]

窑上村义塾序

张元鼎

古之教者，家有塾，党有庠，州有序，国有学，凡所以随地培养，而使天下之大，无一弃才也。顾其时，州长即一州之师，党正即一党之师，闾胥即一闾之师，其权操之自上，故其教易立而化易行。后世书院之设，虽仿古制，要皆行之通都大邑，山陬偏僻之处，无得而沾被焉。其间一二有力者，延师课训，足以自成就其子弟，而贫乏者无之，失其性矣。夫人性本善，皆有可为，圣贤之资而天之生才，又往往置之寒微蓬户，使磨炼其志节，乃至终身不得读圣人之书；或且任其聪明，妄用流为，诞怪坚僻之行，谁之责与？余宰兹土时，与后进相接遇，观其才华气概，类多倜傥不群，心怦怦焉。而邑有书院，徒存空名，久拟约同志者欣成其事，而戛戛难之。邑民王兴国、乐国，农夫也，乃首倡醵金置地若干亩，复捐节年束脩，于其村设义塾，延师以训同村之子弟，何其壮哉！昔范文正公卜宅相者，谓此地当公卿接踵。公请建义学，与同郡公之大贤之作为，固当如此。若王君者，亦可谓庶民有士大夫之行，而其厚积不可量者也。夫师道立而善人多，礼教兴而廉耻生，此何如事而乡民能知之，讵非邑令之愧哉？然又不能不厚望于邑之巨室富家，如王君其人者。是为序。

[光绪《海阳县续志》卷九《序》]

效霞按：由此《序》，可知王兴国、王乐国为海阳县（今山东省海阳市）窑上村人。

◎ 王 汾 ◎

王晋阳家传

鲍文逵

余宰海阳，求邑中之贤士，得识王君相璁，恂恂然儒者也。家贫无以自给，然养其母，鲜美之奉，未尝阙如。邑之人士，无有不爱而敬之者。其长子觐光，又余校试童子之所甄录，旋补博士弟子，醇谨好学，卓然有以自立。居一年，余谢病去，相璁唏嘘不忍别，手其先人行状，属为立传。重其意，不敢以不文辞。谨按状：君讳汾，姓王氏，字晋阳。先世居楚，始祖宝，当明洪武中，以军功授大嵩卫指挥佥事，六世俱袭其职，遂为海阳人。海阳为县，自国朝雍正十三年（1735）始，即卫所改置者也。君高祖讳斌，登康熙朝武甲科，任沂州镇游击。曾祖作哲，壬子（1672）选贡，官户部主事。祖坦，丙戌（1706）进士，户部员外郎。以上三世，皆崇祀乡贤祠。父锡朋，需次千戎，未仕。尝以厚产让其弟，有子五人，君其四也。君有至性，七岁丧父，哀毁如成人，事母鞠，尤尽色养之道。母遘危疾，医者莫治。君尽弃举子业，习岐黄术，殚心而宣究之，母病以瘥，遂精医理。乡人之以病就治者，全活无算。伯兄喜任侠，有郑当时之风，家遂中落。君唯谋，出祭田八十亩，他无所较，终身疏水泊如也。与诸兄弟处，友爱笃挚，如鬌龄时。后其母复中风咳，君侍疾，六月未尝解衣就寝，然卒不起。君号慕悲思，惨悴骨立。既营葬，犹哀形于色。除丧两月而殁，葬珠络山阳。配李氏，苦节抚孤。子相璁，为邑诸生。孙，男、女各三人。长孙觐光，甫及冠，以文名庠序。

野云氏曰：晋阳王君，非有奇节异行，然其殁四十年矣，里之人至今称之。赫奕富贵者非少也，不再世，而莫能举其姓字。其故何耶？夫清泉在山，方润于海；乔松在野，其荫如云。而况兹孝友之士与。

[光绪《海阳县续志》卷八《传》]

牟平

金

◎ 马丹阳 ◎

马丹阳传

丹阳子为汉伏波将军后,名钰。生时,母梦麻姑以丹一丸吞之。为儿时,诵乘云驾鹤诗,李无梦见而奇之,曰:额有三山,手垂过膝,真仙才也。弱冠举进士,娶孙氏,生三子,庭瑞、庭珍、庭珪,后孙亦弃家学道,为"孙不二"云。真人虽登第,不乐仕进,雅志抱元守一,又忽忽若一之原无也。冀有所遇,每浪饮,曰:醉中却有那人扶。后遇重阳师,迎而谓之曰:不远千里,来扶醉人。真人于言下大悟,师随机诱引,遂抛家修炼于昆嵛山中。后从师游于西秦,会师殁,庐墓三年,还止昆嵛山之紫金峰,建庵,名曰"契遇"。在山游行间,忽见虚妙真人,余人莫之见也。乃为赞曰:虚妙真人云水,顷刻三千余里,赴会到长安,回首昆嵛山里,山里山里,敕赐观曰显异。又尝作《归山澡》曰:能无为兮无不为,能无知兮无不知,知此道兮谁不为,为此道兮谁复知。语多飘逸,人传诵之,鲜有解者,惟邱长春赞真人为"手握灵珠常奋笔,心通天籁不吹箫"。非徒事铜椠者比也。真人每咏歌谈笑,欣欣然自适。一日忽谓门人曰:今日堂有非常喜。俄闻空中仙乐,仪仗甚都,已而大雷震动,真人逝矣。是夜叩酒监郭复中门,索笔书颂曰:长年六十一,在世无人识,烈雷吼一声,浩浩随风逸。又书刘锡屋壁云:三阳会里行功圆,风马乘空已作仙,劝世降伏龙与虎,自然有分已登仙。次日,两人闻真人夜逝,惊叹,谓昨所睹乃阳神也。论曰:丹阳应进士举,娶妻生子,扰扰皆俗缘也。一旦契悟,飘然世外,倏然登仙,英雄决烈,何若此猛哉!自其未遇重阳时,从事抱元守一,根器固已不凡矣,惟仙有才,信哉!按:真人所晤虚妙真人,即麻姑仙姑在唐玄宗时,曾赴会长安,玄宗诘之,谓从昆嵛山来,卯兴而辰至云。其时重阳师已殁矣,或故变幻境形，以成就之也。

[民国《牟平县志》卷十《方外》]

马丹阳，初名从义，字宜甫，改名钰，字钰宝。陕西扶风人。汉伏波将军马援之后，先世避五代兵乱，徙居宁海。钰弱冠善诗文，曾为州掾举进士。大定间，遇王重阳子，授以仙术，与妻孙不二同时出家学道，数年归，值同日。钰问妻：所学何如？妻不答。钰出汲水，回见不二，坐沸铛中沐浴。钰曰：子已得之矣！遂不入门，再游关西，道成东归，经芝阳山，嘉其山形峻峭，石洞清幽，遂环堵为修炼处。又于通仙宫为黄箓醮主，俱有石刻，今存。后游莱阳游仙宫，羽化其内，赐号"丹阳顺化真人"。至元六年（1269），加"抱一无为真人"，再加"抱一无为普化真君"。

[乾隆《福山县志》卷九《仙释》]

马丹阳，初名从义，字宜甫，后改名钰，字玄宝。陕西扶风人。汉伏波将军马援之后，先世因五代兵乱徙居宁海。弱冠能诗文，奇特不凡，举进士。大定间，学仙术于重阳子，后游关东。又居芝阳山。大定二十三年（1183），卒于玄都观。

[嘉靖《宁海州志》卷下《异端》]

马丹阳，初名从义，后改名钰，字玄宝。扶风人。汉伏波将军之后，先世因五代兵乱徙居宁海。弱冠能诗文，奇特不凡，举进士。大定间，遇重阳子，教以仙术。后游关西，东归，道经胶水德真观，喜其清幽，遂环堵为修炼之所，题仙吟数十首。以后游莱阳，羽化，加号"丹阳顺化真人"，又加号"抱一无为真人"，又加号"无为普化真人"德真观即崇德宫之原名。

[道光《重修平度州志》卷二十二下《方外》]

马丹阳，初名从义，后改名钰，字玄宝。陕西扶风人。汉马援之后，先世因五代兵乱从居宁海。弱冠能诗文，奇特不凡，举进士。大定间，遇重阳子，教以仙术，专务清净。因游莱阳游仙宫，羽化其内，加号"丹阳顺化真人"。今丹阳观，在城东大水坑；墓在观后，有元碑可据。

[崇祯《历城县志》卷十《仙释》]

马丹阳，初名从义，后改名钰，字玄宝。陕西扶风人。汉伏波将军马援之后，先世因五代兵乱徙居宁海。弱冠能诗文，奇特不凡，举进士。大定间，遇重阳子，教以仙术，专务清净。后游关东，回道经芝阳山，嘉其山形峻峭，石洞清幽，遂环堵为修炼之所。因游莱阳游仙宫，羽化其内，加号"丹阳顺化真人"。

[嘉靖《山东通志》卷三十四《仙释·宁海州》]

马丹阳，王重阳弟子。云游至华亭，见其山景清幽，乃曰：舍此而他往，不智也。遂构茅屋于太清宫内，居之。日惟以善言化人，时人有冤抑者，不之县尹，而之丹阳。丹阳化劝，人皆心服。知县李甫恶而械系之，责令仙姑里任风子解递路，登县北五里坡。县人携酒果追送之，饮毕，丹阳与风子忽不见云。

[嘉靖《陕西通志》卷三十六《仙释》]

马丹阳（1123—1184），原名从义，字宜甫，更名钰，字玄宝，号丹阳子。金代宁海（今山东省烟台市牟平区）人。道士。

丹阳幼习文学，金大定间进士。时年二十，娶妻孙不二。大定七年（1167）与妻同拜王重阳为师，授以道术，修炼于昆嵛山之烟霞洞，后随师游于陕西诸地，师殁，庐墓三年，归乡，于昆嵛山之紫金峰建庵，号曰"契遇"。为道教全真道北七真人之一，元世祖至元六年（1629）封"抱一无为真人"。著有《神光璨》《洞玄金玉集》等书传世。

丹阳精医术，尤善针灸，且有发明，《针灸大成》有马丹阳天星十二穴治杂病歌，即其选用上下肢十二穴治疗全身疾病的简易方法，至今犹为针灸家所习用。

[《山东中医药志》第六篇《传记》]

马丹阳故宅，在城里。金大定初，王重阳来，丹阳延于家，即此。一名遇仙宫，亦名双鹤府，今为马氏祠堂。古碑已蚀，为人砦毁，惟东壁古刻现存，系金范殿试怿所跋《归山操》。

[民国《牟平县志》卷二《古迹》]

游仙宫，莱阳县南，马丹阳得道之地。

[至元《齐乘》卷五《亭馆下》]

马丹阳墓，城东六十里大水坑。

[崇祯《历城县志》卷十一《陵墓》]

祝圣山，在县东南二里，又名芝阳山。三峰亘峙，两河夹之，东为升仙峰，南为芝阳洞。洞内广丈余，有三清石像。昔马丹阳修道于此，图刻尚存。洞外有巨石矗，如人立，巾服皆具。相传丹阳升仙脱影于此，名升仙影。

[光绪《增修登州府志》卷三《山川·福山县》]

紫金山，在县西五十里。有紫金洞，一名紫府洞，其南又有东华洞，皆马丹阳修道处。东华洞西五里，有两石屹立，高数丈，状如彩月，名"月牙石"，随石洼棱，皆书《道德经》，错综成行。山北有泉，名"灵源泉"。

[光绪《增修登州府志》卷三《山川·文登县》]

九阳池，在县西五十里紫金峰后。其池有九，曰玉华，曰金莲，曰龙吟，曰虎啸，曰化生，曰婴姹，曰王母，曰洞天，曰彩云，皆马丹阳所名，旱涝，水不增损。

[光绪《增修登州府志》卷三《山川·文登县》]

积金观，在县西二里积金山上，一名通仙宫。金大定间建，元至正二年（1342），明永乐六年（1408）、十六年，万历十一年（1583），国朝乾隆十八年（1753），累修。金马丹阳修炼于芝阳山洞，又于此观为黄箓醮主，内有丹阳及王重阳遗像，诗歌石刻犹存。

[光绪《增修登州府志》卷十五《寺观·福山县》]

炼阳观，在县北三十里。金泰和中建。相传马丹阳炼丹于此。

[光绪《增修登州府志》卷十五《寺观·招远县》]

游仙宫，在县治西南。金皇统间建，元至元十七年（1280）修。马丹阳羽化于此。明洪武二十四年（1391）重修，有龙巢等十二观并入之。

丹阳观，在县治西南。金大定间建，元大德三年（1299）重修。祀马丹阳。至大四年（1311），皇庆二年（1313），明天顺四年（1460）、天启五年（1625），国朝康熙十年（1671）各重修。

孙元君庵，在县治西南，祀马丹阳妻孙不二，一名仙姑庵。

[光绪《增修登州府志》卷十五《寺观·莱阳县》]

遇仙宫，在州治西南之崇德坊，马丹阳故宅也。王重阳来宁海，丹阳延于家，故名。东壁石刻尚存，今名双鹤府。

金莲堂，在州治东。金大定九年（1169），郡人周伯通舍宅为堂，延王重阳及马丹阳居之，丹阳之妻孙不二亦诣此堂，出家焉。明天顺间、国朝道光间，各重修。

三教堂，在城北。金大定间州人刘宜之建，以馆四方云水之士，延僧竺律主之。马丹阳数相往来，今无考。

神清观，在昆嵛西麓烟霞洞侧。邱处机所云彭城先生首创也。王重阳，名嚞。陕西咸阳人。金大定间，遇吕纯阳于醴泉，授以口诀，自号重阳子。至登州，遇谭处端、马丹阳，后又得邱长春、刘长生，最后又得王处一、郝大通、孙不二，为"七子"，修真于此。马丹阳，州人。初名从义，后改名钰，字玄宝。孙不二，州人。孙忠翊之女，及笄归马丹阳。王处一，号玉阳。州人。郝广宁，名大通，字太古，号恬然。州人。谭处端，字通正，号长真子，初名玉。州人。刘长生，名处元，字通妙。世居掖县。

元都宫，在州南二里。本范怪园，范与马丹阳友善，遇王重阳于此，遂施为庵。邱长春继居之，改为元都观，又敕改为宫。至今犹称"范园"。

[光绪《增修登州府志》卷十五《寺观·宁海州》]

东华观，在县西五十里紫金山前。马丹阳修道于此。一名东华宫。前有五华碑，为赵松雪篆额；后有玉皇阁，有丹阳跌坐石像；观后有紫府洞，相传丹阳始居契遇庵，尝指紫金峰曰：紫府洞天，诚神圣修真之所，灵迹复启，其在百年乎？元大德八年（1304），李道允始修整之，稽其岁，适与前言合。

契遇观，在县西五十里紫金峰西北。马丹阳结庵于此，本名"契遇庵"。

[光绪《增修登州府志》卷十五《寺观·文登县》]

丹阳桥，在城内南街，以马丹阳得名。

[光绪《增修登州府志》卷十六《桥梁·福山县》]

明

◎ 姜 瑜 ◎

姜瑜，幼孤，母阎氏以节孝闻。瑜长，家贫业医，以供母。母殁，哀毁如礼，庐墓三年，始终不怠。洪武六年（1373）旌表。

[嘉靖《宁海州志》卷下《孝义》]

姜瑜，幼孤，母阎氏以节孝闻。家贫业医，以供母。母殁，哀毁如礼，庐墓三年，初终不怠。洪武六年，旌其门闾。殁后，崇祀忠孝祠姜瑜，名见《明史·孝义传》序。

[同治《重修宁海州志》卷二十一《孝友义行》]

姜瑜，洪武时以孝义旌。

[光绪《宁海县志》卷十一《孝友》]

姜瑜，幼孤，母阎氏以节孝闻。家贫业医，以供菽水。母卒，庐墓三年。洪武间旌表，祀忠孝祠。

[光绪《增修登州府志》卷四十三《附》]

姜瑜，幼孤，母阎氏以节孝闻。家贫业医，以供母。母殁，哀毁如礼，庐墓三年，初终不息。洪武六年，旌其门闾。殁后，崇祀忠孝祠姜瑜，名见《明史·孝义传》序。

[民国《牟平县志》卷七《孝义》]

◎ 贺广龄 ◎

贺广龄，副贡。号蓬山。癸未（1643）之变，父兄俱殉难，广龄殓葬尸骸，岁时祭祀，常泣涕竟日，至老弗衰。复为宫氏立嗣，有司重其行，征之，不就。晚精岐黄，著有《脉诀》一卷、《痘科》一卷。

[同治《重修宁海州志》卷十九《贡选》]

贺广龄，绳前子，永龄、元龄弟。字子蓬，号蓬山。城南门里人。崇祯己卯（1639）科副贡。癸未之变，父兄俱殉难，广龄检葬尸骸，岁时祭祀，常泣涕竟日，至老弗衰。复为宫氏（宫应蛟，若垣。详前）立嗣，有司重其行，征之，不就。晚精岐黄，著有《脉诀》一卷、《痘科》一卷。

[民国《牟平县志》卷七《孝义》]

贺广龄，绳前子。己卯副贡。（崇祯）十六年（1643），父与兄永龄皆殉难，五服不存一丁。广龄入国朝，更为诸生，以绵先祀。岁时祭祀，辄涕泣终日。久之，当贡入官，遂黄冠遁入山林，终身不仕。著有《蓬山脉诀》《蓬山琴谱》。

[光绪《增修登州府志》卷四十一《贡生》]

贺广龄，字子蓬，号蓬山。城南门里人。明末，父兄殉国后，广龄检葬尸骸，岁时祭祀，哭泣终日，至老不忘。宫应蛟、若垣父子同殉国难，竟至绝嗣，广龄亲自为之立后，以奉祭祀。清初，地方官敬重他的为人，将他的名字呈报上去，使之应征，他坚辞不就。晚年精心研究医学，著有《蓬山脉诀》一卷、《痘科》一卷，另有《蓬山琴谱》一卷，均未刊。

[《牟平县志》第二十五编《人物传略》]

[《山东中医药志》第六篇《人物表》]

《蓬山琴谱》一卷，贺广龄撰。广龄有《脉诀》，见医家类。《州志》载是编，云：今存。《牟平遗香集》云：今贺氏所蓄古琴一，囊背上有"万籁秋声"四字，其故物也。

[宣统《山东通志》卷一百三十七《艺文志·子部·艺术》]

清

◎ 王明萼 ◎

王明萼，字棣轩。大河东村人。咸丰辛酉（1861）举人，江苏候补同知，保奖特用知府。性好游，淡于荣利。在苏听鼓时，日以选胜为事，东南佳山水，涉足殆遍。一朝解组归，营别墅于东山，号"仪凤庄"，极园林池馆之胜，遂高卧其中，不复出。居乡多善举，施药发粟，周济困乏，凡乡里所求无弗应。享寿七十有六终。著有《瓣香斋诗钞》行世。

[民国《牟平县志》卷七《乡宦》]

清诰授中议大大夫王公棣轩暨配张淑人墓志铭

邑人杨玉相

公讳明萼，字棣轩，姓王氏，世居宁海大河东村。父讳世儒，号席珍。任西城兵马司副指挥，累迁山西平阳府通判、云南宁州知州、候选直隶州知州。本生父讳世健，以好义喜施闻乡里，生三子，公其次也。按宗图以小功服侄，承席珍公嗣。年十一，即召至京师，随任读书，入资为光禄寺署正。咸丰辛酉（1861），举顺天乡试，屡蹶礼闱，遂弃帖括业，一肆力于诗古文词。性好游，闻江南多佳山水，乃改官同知，分发江苏。听鼓之余，凡虎阜、狮林、上方、石湖一切名胜之地，无不游，既游必有诗。复泛舟京口，揽胜焦山。至金陵，观历代帝王之都，访六朝遗迹，凭吊唏嘘。因公至扬州，游平山堂，舟泊邗沟，月夜闻笛，怅触乡心，乃请假省亲回籍。在籍丁本生父忧，降服期满，再赴江苏，因得更历前游所未。乃买棹赴杭，泛西湖，在来灵隐天竺间，飘然有出尘之想。更由苏而皖而赣，若黄山，若白岳，若匡庐，若石钟，莫不挐舟选胜，蹑屐探奇。洎乎登大别山，下瞰汉镇，而沿江之游遍矣。在苏前后不及五年，以海运保奖特用知府，而公淡于荣利，解组北归，寄迹田园，耕读兼课，营别墅于东山，轩廊池馆，远绝尘嚣，象其山形，名之曰"仪凤庄"，为娱老计也。然犹以未登泰山为憾，因复走都门，历燕赵，陟云亭，卒凌□顶，一览众山而归，归遂高卧东山不复出。居乡多善举，设局种牛痘，兼施药，立家塾，族中之能读者咸与焉。邻里乡党，凡有乞贷，罔不应。戊戌（1898）、己亥（1899），岁饥，公罄所储粟以济，不足则购海粮以继之，复捐资为置牛种，所全活者无算。盖好义喜施，其天性然也。光绪三十一年（1905）六月十六日卒，春秋七十有六，遗命葬于仪凤岗之新阡。著有《瓣香斋诗钞》十二卷，行于世。配张淑人，灌水村钦文公女。淑慎温和，经理家政，内外井井，以故公得肆志山水，无内顾忧。后公四年卒，祔于公墓之右。子四人：长元绂，廪贡生。候选训导。娶隋氏；次元缙，光绪癸卯（1903）恩科顺天举人。候选知县。娶牟氏；三元绶，岁贡生。候选府经历。娶孙氏，继娶林氏；四元綎，光绪甲午（1894）科举人，乙未（1895）科进士。安徽歙县知县。娶郝氏。女二人，长适邢氏，武生，候选营千总，名海长；次适孙氏，太学生，候补陆军部主事，名奎粟。孙七人，孙女六人，曾孙一人，曾孙女四人。铭曰：仕而隐，宦而游，名与利，两无求。过辋川庄，可觇其志趣，读《瓣香》集，尚想其风流。佳城郁郁兮，但见参天古柏，拔地长楸。珠光剑气，孰发其幽？是后死者之责也，容表乎兹邱。赐进士出身礼部主事杨玉相顿首拜撰。赐进士出身四川夔州府知府于宗潼顿首拜书。

[民国《牟平县志》卷九《文选》]

王明萼，（咸丰）辛酉。顺天光禄寺署正。

[光绪《增修登州府志》卷四十《举人》]

《瓣香斋诗钞》十二卷，王明萼撰。明萼，字棣轩。宁海人。咸丰辛酉举人，历官光禄寺署正。福山于宗潼云有是编，又云：明萼遍游大江南北山水，故其诗虽才力稍薄，而时露清气。

[宣统《山东通志》卷一百四十六上《艺文志第十·集部·别集》]

◎ 田广福 ◎

◎ 田瑞年 ◎

◎ 田良政 ◎

田广福，太医院六品御医。

田瑞年，太医院七品御医。

[同治《重修宁海州志》卷十七《仕进》]

田良政，以侄广福貤封奉政大夫，六品御医加二级，妻王氏封宜人。

[同治《重修宁海州志》卷二十二《封荫》]

田姜氏，五世同堂，貤赠宜人。嘉庆五年（1800），奉旨给予匾额。子良政，六品医官；孙广福，六品医官。曾孙琮年，玄孙连登。

[民国《牟平县志》卷七《寿民》]

◎ 常 依 ◎

◎ 常厚栋 ◎

常依，字台栋。城西门里人。庠生。性孝友，善医。父母病，诊脉调药，日夜不少懈。兄弟四人，伯仲先殁，与弟白首相亲，龚别驾以"谊敦友爱"匾额奖焉。生平乐周济。康熙甲申（1704），岁洊饥，俭以自奉，有余辄散给贫乏。丙子（1756），苏州牧亏帑七百金，无所措，为之敛募补苴，后苏徙界河，双亲并故于宁，衣衾棺木，悉为之备。其急人之难，多类是。好读书，八十犹手不释卷。医术老而弥精，活人无算采邑岁贡杨宣之《常台栋先生传》。

[民国《牟平县志》卷七《孝义》]

常公台栋先生传
岁贡济南训导杨宣之邑人

常公讳依者，吾岳翁德昭公之叔子也。兄弟四人，长字厚栋，次字天栋，公字台栋，季字藩栋。公生颖异，躯干修伟，品貌英特。年十七，入邑庠。善事亲定省，甘旨无不曲尽。德昭公年七十五，患中痰症，公与兄厚栋皆善医理，相与诊视脉息，奉侍汤药，经年不懈。易箦后，附棺附身，莫不竭情尽致，不过丰以失礼，亦不少减以歉情。公生母于太君，素患哮吼，公多方调理，日夜抚摩，不待安眠，不归寝也。至其尽礼尽诚，无异于事父焉。厥后，二兄继殁，公与弟白首相亲，宛若童稚，别驾龚公特以"谊敦友爱"置匾奖焉。处世能持大义，恤困穷，乐周济。康熙甲申（1704），岁洊饥，米贵如珠。公减以自奉，剩有升斗，不市值也。族党戚朋有以急告者，辄分给之。公理家四十余年，贫宗族，贫戚畹，未尝一日离门，或抚之十余年，完其婚嫁以去；或养之十余年，备其棺木而殁。视为固然，引为分内事。丙子（1756），州守苏公亏帑七百金，产尽家罄，计无所措。公为之敛募亲友，补苴帑项。纪纲千金之重，不惟毫无染指，而且乐指困焉。后苏公徙界河，双亲并故宁邑，衣衾棺木，公为之备。昔人麦舟之义，何以加兹！其生平激昂慷慨，急人之难，周人之乏，多类是。而兢兢以礼自守，无德色，无骄容也。至其以医活人无算，又其余事耳！曰：惟键户读书，务举子业，人棘闱十二次而志不衰，年至八十犹手不释卷，课子侄以自娱。暇余，即深究医理，老而益精。款门求方者无虚日，莫不细讯本末，斟酌再三而后定。设药室一间，令长男守之，料不假易，制必精洁，出有微息，曾不足偿，不价而去者，今其嗣君犹遵之不替云。嗟嗟！人之所最难忘情者，少相善，长相知，老相怜也。余发种种矣，异姓兄弟，余与公与藩栋三人耳！公今八十有二而论定，余亦七十有奇矣，藩栋亦届七十矣。人琴伤心，不能临穸，故掞公懿行，为立《小传》，俾余儿辈善法渭阳，非敢阿其所好，以炫于世。

[同治《重修宁海州志》卷二十五《传》]

◎ 常建圻 ◎

常建圻，字畿若，号季方。城西门里人。诰授奉直大夫。幼从长兄星桥读，同学莫之先，识者目为大器。十六岁孤，未几又失恃，为家计所累，弃儒就商，十余年间，终以商业起家。光绪甲午（1894）"中日之战"，翌年正月，日军入城，官民皆逃，独与家属掩户以待。日军款门入见，神色自若，日人重之。于是，以笔代舌，题诗唱和。及敌退，城内无官，无业者屡谋滋事，皆以苦劝而止；其贫不能支者，则散财周济之。故地方虽遭变局，而秩序始终不至糜烂。事平后，陈州牧莅任，办善后事宜，建圻又禀请大吏发赈救济。王文敏督办团练至宁，论功推为第一，遂以"异常出力"保举，至议叙九品。生平好读书，至老不倦。著有《畿若诗草》一卷、《遗训》一卷，并刊有《救产验方》行世。自制妇科丸药，施送四十年，广传千里外，远近颂之。光绪三十一年（1905）卒，享寿七十有五。子五人，皆成名，长理基，有"传"；次璞基，字荆南。警察毕业，任新泰县区官；三琇基，字宝珊。习商业；四璿基，字温玉。中学毕业，充县立第一小学校长；五瑞基，字辑五。充县商会主席；女一人，适清授征仕郎王乃纶，旌表节孝。

[民国《牟平县志》卷七《孝义》]

◎ 丁鹤云 ◎

丁鹤云，上册村人。光绪丁亥（1887）岁贡。精医术，善昆曲，尤喜为乡里排难解纷。家训肃然，子弟皆循循有礼法。

[民国《牟平县志》卷七《耆宿》]

◎ 王汝琦 ◎

王汝琦,字景韩。养马岛马埠崖人。庠生。太翁彦亭,庠生。父子相继治一岛事,为历任县官所倚重。行方谊正,称"岛中第一流人物"。兼精医术,有求必应。卒年六十七。

[民国《牟平县志》卷七《耆宿》]

民国

◎ 宫曰立 ◎

宫曰立,字子昱,号景三。八区崖后村人。性孝友,好诙谐,而精于医。少年曾悬壶牟平城内,自度医未尽善,乃遍游辽宁、旅顺、北平、口外,深加研究,其术益精。晚年,患足疾,始得家居。四方问医求方者,仍络绎不绝,即夜间亦必披衣扶杖诊视,从无厌倦意。卒年七十有三。

[民国《牟平县志》卷七《孝义》]

◎ 杨寿章 ◎

杨寿章,字文墀,号春翰。业儒,工书画,明医术。不论贫富,凡以疾求诊者,虽晦暝雨雪必应之。事亲则温清适宜,旨甘必备,家道寒素,于拮据万难之中,高堂每有所欲,必以舌耕所得,黾勉承欢,使老亲几忘处困苦中者,数十年如一日。亲殁后,心枯力竭,甫数月竟至不起。卒年五十有三。

[民国《牟平县志》卷七《孝义》]

◎ 矫维纲 ◎

矫维纲,字纯三。矫家长治村人。太学生。一生清医,不苟取利。年近古稀,弄璋有喜,寿登耄耋而卒,咸谓"阴功"所致。亲族为立"德洽华封"匾额。

[民国《牟平县志》卷七《耆宿》]

◎ 徐琴声 ◎

徐琴声，字鉴堂。十区徐家人。长于医术，喜针法，远近求者盈门，诊治几无虚日，而不取分文，活人无算。好吟咏，晚年筑"谈月山房"，赋诗饮酒其中。寿七十三而终。

[民国《牟平县志》卷七《耆宿》]

◎ 任万镛 ◎

任万镛，字韵伯。三区河北村人。庠生。不事进取，日惟课子孙耕读，暇则研究医学，精岐黄术，对于妇科，造诣尤深。远近求治者，几无虚日。遇有急疾，虽深夜不惮烦劳，且不求代步，辄径自曳杖前往，活人无算，里党咸称颂之。享年八十余，无疾而终。

[民国《牟平县志》卷七《耆宿》]

◎ 王树德 ◎

杨氏暨次媳木氏，居南关。杨氏以子王照琴官鸿胪寺序班兼主簿厅行走，庆典覃恩，诰封宜人，为养马岛中原村处士杨若葵长女，貤赠奉直大夫；王景澧长媳，即诰封奉直大夫王树德之原配也。夫，字峻卿，弃儒就商，兼通医术。光绪元年（1875），游海外，就俄属海参崴营商业，并以医术承乏其间尔。时，交通阻滞，数年始得一归。凡侍奉老亲，抚育幼子，及其他家政，悉归氏一人任之。年登九十有三，尚康健犹昔。民国十八年（1929），张刘之乱，于废历三月初五日，与次媳木氏同时殉难。

[民国《牟平县志》卷七《列妇》]

◎ 王仙瀛 ◎

王仙瀛（1876—1925），牟平县樗岚村人。清末秀才。初教学，后弃儒习医。擅长内科。

[《烟台市芝罘区卫生志》第五篇《中医中药》]

◎ 张子立 ◎

张子立，字元礼。浚之子。弱冠登第，授行人，擢监察御史，按两浙。郡守惮其风裁，望尘下拜，子立曰：人有欲，故无刚。竟以白简斥之。巡抚延绥，修城堡，开红石峡，以通水利，军民利赖。用兵西夏失利，被逮，士民号泣，遮道中，使亦泣下，延人为立碑于学宫。立自奉清约，好古文。戍居固原，杜门谢客，凡有公务，执赀以往，曰：往役，义也；往见，不义也。居尝思亲，东望挥（泪），成疾而终。耽好诗、画、书、史，搜购求集，满邺架。诸凡石室秘书、古今文辞，以至兵法、医卜之类，不啻万轴，悉钤识以"东黄张氏书籍"之印章。藏《唐诗记事》锲板二十卷，为世所珍惜，经兵火尽毁。

[康熙《黄县志》卷六《乡贤》]

张子立，字元礼。弱冠登进士，授行人，擢监察御史，按两浙。郡守惮其风裁，望尘下拜，子立曰：人有欲，故无刚。竟以白简斥之。巡抚延绥，修城堡，开红石峡，以通水利，军民利赖。用兵西夏失利，被逮，士民号泣，遮道中，使亦泣下，延人为立碑于学宫。子立自奉清约，好古文。戍居固原，杜门谢客，凡有公务，执赀以往，曰：往役，义也；往见，不义也。居常思亲，东望挥泪，成疾而殁。生平耽好诗、画、书、史，购求满架。凡石室秘书、古今文辞，以至兵法、医卜之类，不啻万轴，悉钤识以"东黄张氏书籍"之印章。家藏《唐诗记事》锲板二十卷，为世所珍惜，经兵火尽毁焉。

[同治《黄县志》卷八《乡贤》]

嘉靖

张子立，濬子。乙酉（1525）举人，丙戌（1526）授行人，擢御史，巡按两浙。郡守惮其风裁，望尘下拜，立曰：人有欲，故无刚。竟以白简斥之。巡抚延绥，修城堡，开红石峡，以通水利，军民利赖。用兵西夏失利，被逮，士民号泣，遮道中，使亦泣下。子立自奉清约，好古文。戍居固原，杜门谢客，凡有公务，必执殳以往。居常思亲，东望挥泪，成疾而殁。

[光绪《增修登州府志》卷三十九《进士》]

张子立，字原礼。山东黄县人。丙戌进士。以御史历升山西按察司按察使，升都察院右佥都御史，巡抚见任。

[嘉靖《陕西通志》卷十九《全陕名宦》]

张子立，字原礼。山东黄县人。进士。以御史历升延绥巡抚，修城堡，开红石峡，以通水利，民庶攸赖。用兵西夏失利，遂被逮，士民号泣，遮道中，使亦泣下，延人为立碑于学宫。

[道光《榆林府志》卷二十六《近代政绩分编》]

张子立，原礼。黄县人。进士。嘉靖十二年（1533）至。

[嘉靖《河南通志》卷十二《清军监察御史》]

浙江巡按监察御史

（嘉靖）十三年（1534）

张子立，黄县人。

[万历《杭州府志》卷十《会治职官表三》]

张子立，进士。嘉靖时任右参政，历按察使。山东黄县人。

[乾隆《太原府志》卷二十九《职官》]

父子进士坊，为进士知县张澯、巡抚张子立建。

[康熙《黄县志》卷二《坊表》]

嘉靖丙戌（1526）科

张子立，黄县人。见任御史。

[嘉靖《山东通志》卷十七《科目·莱州府》]

◎ 孙教鸾 ◎

◎ 孙汝忠 ◎

◎ 孙汝孝 ◎

孙教鸾，自号烟霞散人。世家黄县，生于弘治甲子（1504）。髫年好道，历访名山，调息运气。尝学于秦野鹤、王云谷，嗣遇安师指示，修仙节次，乃与友人李若海，同受业马踰年，安师辞去。教鸾遨游湖海间二十余年，迨寓潞安长治县，年已六十矣。缙绅喜与往还，因流连不去。六十有八，始娶妻，生二子：汝忠、汝孝，传其术。每授一节，必痛哭，明其不得已也。年百有六岁，又进二子，而示以细微，叹曰：吾今辞汝去矣！我未了之愿，付之汝，道不可轻泄也。遂仙去。时危坐一榻，顶有白气出，郁郁浮空，异香四彻，众咸惊讶。汝忠、汝孝为长治人，万历间著书行世，名曰《金丹真传》。

[同治《黄县志》卷九《释道》]

黄县

孙教鸾，邑人。髫年好道，游至潞安长治县。年六十八，始娶妻，生二子：汝忠、汝孝，传其术。年百有六卒。

[光绪《增修登州府志》卷十五《进士》]

清

◎ 王曰曦 ◎

王曰曦，字晓亭。附贡生。父相，监生。尝捐田八亩，以赡族士，名曰学田。晚年，遘痿疾，艰步履，曰曦奉侍不懈。父殁，事继母如生母。教读不计束脩，亲族成名者多出其门。兼通堪舆、医卜诸术。嘉庆十七年（1812），饥，捐资助赈。又承办赈事，因经费不敷，续捐五百金。县令朱赠联句云：金可重施，缘菩提原无我相；善非市誉，唯君子但悯人穷。有甄性小儿，生而失怙恃，为觅乳母，抚养成立焉。子晖吉，附贡。倡修本村土圩，输资万余缗。

[同治《黄县志》卷八《义行》]

王曰曦，附贡。乡饮大宾。以孙升如赠儒林郎。

[同治《黄县志》卷七《捐职封赠》]

◎ 丁培仁 ◎

丁培仁，字济远。监生。弟培治、培信，皆乐施。道光十六年（1836），大饥，于海宴寺设局赈饥，稽查周详，不辞劳瘁。咸丰初年，又饥，率子弟辈躬亲散粟数月，并施药救生，全活甚众。

[同治《黄县志》卷八《义行》]

丁培仁，监生。道光十六年、咸丰初年，饥，皆散赈。以子连甲赠奉政大夫。

[光绪《增修登州府志》卷四十七《封赠》]

◎ 张重廉 ◎

张重廉，字介士。增生。尝遇异人于历城之千佛山，因习医，一时称为"国手"。寿九十四。

[同治《黄县志》卷九《技艺》]

张重廉，清代黄县人。以医知名一时。

[《山东中医药志》第六篇《人物表》]

◎ 吕 荣 ◎

吕荣，字声华。生员。精医术。一人，舌生一窍，血流不止，命在须臾。荣投药一剂，即愈。一女子，昏迷数日，不饮不食，四肢僵厥。予药一丸，嚼化即愈。一妇人，患病甚重，举家惊惶。荣为诊脉，曰：孕也，无害，必孪生。此妇不育几十年，不信其言，不服其药。后病愈重，勉强试其药而病顿痊。数月后，果举二男。此类不可枚举。自辑《经验医书》二十余卷。喜吟诗，晚年著《苍公诗草》一卷。卒年九十一。

[同治《黄县志》卷九《技艺》]

吕荣，黄县人。精医术，善治妇科。著有《经验医书》，未刊。

[《山东中医药志》第六篇《人物表》]

《仓公诗草》一卷，吕荣撰。荣，字声华。黄县人。诸生。精医术，自辑《经验医书》二十余卷。喜吟诗，晚著此编，见《县志》。

[宣统《山东通志》卷一百四十五上《艺文志第十·集部·别集》]

◎ 王常益 ◎

◎ 王 谷 ◎

王常益，守溥子，字稚梅，一字赞甫。性敏捷。方六岁，即喜读书，与叔共学，称"王氏才"。后弱冠入泮，旋食饩，列优行。纳贡，援例候选训导。尝游京师，周旋士大夫间，学识益扩，名颇著。父母殁后，诸弟妹均幼弱，教之成立，为之婚嫁。邑中有公益事，辄身任，不辞劳瘁。光绪甲午（1894），中东事急，邑人多迁避，躬亲团练，昼夜巡城，民赖以安。凤喜吟咏，著有《可斋诗草》。善画，多写生，仿司马绣谷，笔法超逸。工篆刻，各派皆能为，以汉印为宗。歙县鲍康、福山王文敏公懿荣均盛称之。父所遗医书，悉披阅，遂善疗疾，尤长治虚损，钩沉索隐，而用药至慎。为亲族间起羸疾，拯危殆，不知凡几。不以医名，弗受谢，人益高之。著有《医案》。庚子（1900），以公事焦劳，患目疾。六十岁卒。子谷，亦工医。

[民国《黄县志稿·人物·文学》]

◎ 郭景亮 ◎

《十二经络针灸秘录》二卷，郭景亮撰。景亮，字采臣。黄县人。是书见《采访册》。

[宣统《山东通志》卷一百三十六《艺文志第十·子部·医家》]

郭景亮，字采臣。清代山东黄县人。生平未详。著有《十二经络针灸秘录》二卷，未见梓行。

[《中医人名大辞典》]

◎ 张 彝 ◎

张彝，清代黄县人，工于医，善治瘟疫病。

[《山东中医药志》第六篇《人物表》]

民国

◎ 杨法邻 ◎

杨法邻（1873—1945），黄县后邹村人。以善治温热病知名于乡邑。

[《山东中医药志》第六篇《人物表》]

莱 阳

明

◎ 孙甸 ◎

孙甸，绍先子。（嘉靖）太医院吏目。

[民国《莱阳县志》卷三《乡宦》]

清

◎ 孙和声 ◎

孙和声，（道光）太医院吏目。

[民国《莱阳县志》卷三《乡宦》]

◎ 苏永让 ◎

苏永让，南众水村张衍喜妻。夫殁，永让广行善事，修道筑桥，舍药施饭，远近呼为"善人"。

[民国《莱阳县志》卷三《孝义》]

◎ 孙思恭 ◎

孙思恭，字肃吾。为明大同通判以贞季子。少补博士弟子员，嗣病疯癫，医治之不愈。思恭曰：是听自已乎？则胥而死耳！乃尽取世所有方书，参厥异同，日为调摄，穷年疾已。于是，弃举子业，尽志于医。尝曰：病生于情欲，而医则平治其性情。道本于五行者也，天之运物之理，具于是矣！审消息，决死生，定治不，试之辄验。邑有长者，方酬酢宰廷，甫归，急趣人，具迎思恭。曰：吾头目岑岑欲晕，于中不快也。思恭视其脉，问：须何药？曰：不必药也。出，语人曰：某长者得死症，不出今午。届时，人使侦之，果报长者死矣。众相竞传，名遂日著。思恭为人治病，必尽其诚，不以贵先贱，亦不避嫌怨。曰：奈何坐视其死而不救乎！病瘳，弗言谢；即谢，亦不受。远近州里延请者，错至。年七十八卒。家贫子弱，宋珫、李磐为醵金葬焉。珫志其墓。

[民国《莱阳县志》卷三《艺术》]

◎ 刘复治 ◎

刘复治，鹤山泊村。顺治时，任太医院医官。

[民国《莱阳县志》卷三《艺术》]

刘复治，清代莱阳县鹤山泊村人。顺治间，任太医院医官。

[《山东中医药志》第六篇《人物表》]

◎ 于庭彦 ◎

于庭彦，小于家疃。乾隆时人。长于女科。有女子，娠年余，不产。众医皆以为疾。庭彦独谓"孕也"。药不三剂，果产。著有《医方摘要》《验方集录》行世。

[民国《莱阳县志》卷三《艺术》]

于庭彦，清代乾隆间莱阳县小于家疃人。业医，术精妇科。著有《医方摘要》，未刊。

[《山东中医药志》第六篇《人物表》]

◎ 黄炎昌 ◎

◎ 黄中垲 ◎

◎ 黄曰瑚 ◎

黄炎昌，五龙村。布衣。精内科。子中垲、孙曰瑚，承家传，称"三世名医"。

[民国《莱阳县志》卷三《艺术》]

黄炎昌，清代莱阳县五龙村人。工医术，善治内科病。

[《山东中医药志》第六篇《人物表》]

《屏艾堂诗稿》，黄炎昌著。炎昌，字潜斋，号七峰。乾隆时布衣。诗载《山左诗钞》。

《竹园诗稿》，黄曰瑚著。曰瑚，字竹园。炎昌孙。诸生。

[民国《莱阳县志》卷三《著述》]

黄炎昌，麻子。监生。著有《屏艾草堂诗稿》。

[光绪《增修登州府志》卷四十三《文职》]

《屏艾草堂诗稿》，黄炎昌撰。炎昌，字潜斋，号七峰。莱阳人。监生。是编见《府志》。

[宣统《山东通志》卷一百四十五下《艺文志第十·集部·别集》]

◎ 王　湘 ◎

王湘，嘉庆时邑庠生。善岐黄术。邑人初彭龄官京都，染重症，群医束手。湘往，药不数剂而愈。太医院医士多重之。

[民国《莱阳县志》卷三《艺术》]

◎ 赵月塘 ◎

赵月塘，古柳树村。道光时人。为时名医，著有《拣选良方集录》行世。

[民国《莱阳县志》卷三《艺术》]

赵月塘，清代道光间莱阳县古柳树村人。工岐黄术。著有《拣选良方集录》，未刊。

[《山东中医药志》第六篇《人物表》]

◎ 黄镇岳 ◎

黄镇岳，五龙村。习医术，精治伤寒、瘟疫。

[民国《莱阳县志》卷三《艺术》]

黄镇岳，清代莱阳县五龙村人。业医，善治伤寒、温病，活人甚多。

[《山东中医药志》第六篇《人物表》]

◎ 刘子椿 ◎

刘子椿，萧格庄。善医术，著《格物编》。

[民国《莱阳县志》卷三《艺术》]

刘子椿，清代莱阳县萧格庄人。通医理，精医术。

[《山东中医药志》第六篇《人物表》]

《格物编》，刘子椿著。子椿，字寿山。清道光时诸生。

[民国《莱阳县志》卷三《著述》]

◎ 王恩溥 ◎

王恩溥，柏林庄。幼业儒，屡试不售，弃而习医。长小儿科，亦善针灸。著有《保赤秘录》行世。遵用之，多奏效云。

[民国《莱阳县志》卷三《艺术》]

王恩溥，清代莱阳县柏林庄人。弃儒修医，善治儿科。

[《山东中医药志》第六篇《人物表》]

◎ 曹敬初 ◎

曹敬初，居城内，后徙卜家村。精外科，治疾多奏奇效。著有《良方集解》，秘不传人。死后，其书亦佚。

[民国《莱阳县志》卷三《艺术》]

◎ 刘廷髦 ◎

刘廷髦，唐家洼村。三世习医，尤精外科。人有下颚忽长尺许，廷髦告以服药百剂。其人服半数而愈，后复发，则曰：非二百剂不可。从之，乃终不发。著有《自制医方备要》。

[民国《莱阳县志》卷三《艺术》]

刘廷髦，清代莱阳县唐家洼人。工医，术精外科。著有《自制治医方备要》，未刊。

[《山东中医药志》第六篇《人物表》]

◎ 王务业 ◎

王务业，马家泊人。精医术，著有《经验良方集录》。

[民国《莱阳县志》卷三《艺术》]

王务业，清代莱阳县马家泊村人。精医理。著有《经验良方集录》，未刊。

[《山东中医药志》第六篇《人物表》]

◎ 张中瑚 ◎

张中瑚，双山村。咸丰时邑庠生。深通医理，著有《治瘟症书》，尚未刊行。

[民国《莱阳县志》卷三《艺术》]

张中瑚，清代咸丰间莱阳县双山村人。以医为业，著有《治瘟症》，未刊。

[《山东中医药志》第六篇《人物表》]

◎ 左禄庆 ◎

左禄庆，峨岚庄人。医负时誉，著有《医学心悟注解》《疹痘科秘诀》行世。

[民国《莱阳县志》卷三《艺术》]

左禄庆，清代莱阳县峨岚庄人。工岐黄术。著有《医学心悟注解》，未刊。

[《山东中医药志》第六篇《人物表》]

◎ 赵步云 ◎

赵步云，西百户屯。同治时，充太医院院吏。遨游河南北，医名甚著。集录医书多种，藏冯北村宋姓。

[民国《莱阳县志》卷三《艺术》]

◎ 崔永年 ◎

◎ 崔学孟 ◎

崔永年，原籍博兴，光绪时徙玩底村。精医术。其子学孟，亦名噪一时。著有《良方集要》。

[民国《莱阳县志》卷三《艺术》]

◎ 刘世霖 ◎

僧世霖，俗姓刘。光绪时人。八岁，入初村院为僧。精外科，病者踵门，无虚日。附近诸村，于其生时，为雕木像，甚工。

[民国《莱阳县志》卷三《艺术》]

◎ 胡经魁 ◎

胡经魁，新安村。精外科，常自制良药，多奏奇效。村人王某，膝盖结核，不良于行，而皮色若常。经魁曰：此筋涨也，敷药须三年可愈。从之，果验。著有医书多种，尚未付梓。

[民国《莱阳县志》卷三《艺术》]

◎ 李继述 ◎

◎ 李捷元 ◎

李继述与子捷元，均精医术。求者，无问昼夜，未以故辞。

[民国《莱阳县志》卷三《艺术》]

◎ 丁 干 ◎

◎ 丁 禄 ◎

丁干，团旺村。与族人丁禄，同以医名。治病，时奏奇效。迄今，乡人每道及邑中名医，必首"二丁"云。

[民国《莱阳县志》卷三《艺术》]

丁干，清代莱阳县潭旺庄人。以医为业，活人甚多。

[《山东中医药志》第六篇《人物表》]

◎ 刘凤阁 ◎

刘凤阁，刘家庄。家有世传秘制接骨散，即骨折至碎，服之立效，概不取资而靳其方。

[民国《莱阳县志》卷三《艺术》]

刘凤阁，清代莱阳县刘家庄人。家传秘制接骨散，骨折至粉碎，甚效，不收钱，不外传。

[《山东中医药志》第六篇《人物表》]

◎ 李枫德 ◎

李枫德,李家疃。治病多奏奇效,时有"枫德施术,药到病除"之谚。

[民国《莱阳县志》卷三《艺术》]

◎ 于画一 ◎

于画一,胡埠庄。光绪时廪生。长治眼科。

[民国《莱阳县志》卷三《艺术》]

◎ 战廷芷 ◎

战廷芷,战家会河头村。长治眼科。为人治疾,不索资,亦不受酬。

[民国《莱阳县志》卷三《艺术》]

战廷芷,清代莱阳县战家会河头村人。业医,精于眼科,行医不受谢。

[《山东中医药志》第六篇《人物表》]

◎ 张书曰 ◎

张书曰,于家店。精治伤寒、瘟症。

[民国《莱阳县志》卷三《艺术》]

张书曰,清代莱阳县于家店人。工医术,善治伤寒、温病。

[《山东中医药志》第六篇《人物表》]

◎ 杨树桂 ◎

杨树桂,韩格庄。精岐黄术,药不取资。受其惠者,为建"乐善好施碑",记其事。

[民国《莱阳县志》卷三《艺术》]

杨树桂,清代莱阳县韩格庄人。工医术,治病施药不收钱,以济世活人为务。

[《山东中医药志》第六篇《人物表》]

◎ 姜镜海 ◎

姜明府宗泰传

公名宗泰,字子安,一字芝庵。其先祖有伯源公者,明洪武时,以副贡任莱阳广文,遂籍焉。传十六世而生公。公父镜海,因撄疾,治岐黄术,为里人施诊,不受酬。以是,咸敬重之……

[民国《莱阳县志》卷三《传志》]

掖 县

明

◎ 毛廷芳 ◎

毛廷芳,早为掖诸生,好道书,通呼吸摄纳之法,施茶舍药,与方外游接。一旦,投书井中,因失廷芳所在。弟学彦物色得之劳山,苦劝不回。子衍复往求之,遂不能得。后数十年,孙俊登黉序,有芒衣棕毯道者,至其村中,老人识之,曰:廷芳归矣。不应而去,遂绝影迹。

[乾隆《掖县志》卷五《仙释》]

清

◎ 袁蕙 ◎

毛氏,毛鹏扬女。性端肃娴女,则归袁禹计。善事翁姑,佐夫子箧读。年二十九,禹计卒于平原。氏期不独存,几绝者屡矣。既乃抚九岁孤蕙,疏菲不继,鬻针奁,以矢节。蕙后习俞扁术,为儒医。氏仍养伯氏孤,至年四十余,而后析箸。晚抱曾孙，以寿终。

[乾隆《掖县志》卷五《列女》]

◎ 宿汉倬 ◎

宿汉倬，字天章。性退让而明于义利，有冒认其财，笑付之。家贫，客居昌阳。丙午（1786），大疫，汉倬素精医，所活数百人。有富翁及子妇皆病，为治俱瘥，了无酬谢。后富翁子亦染疫，汉倬仍为处方剂，意恬如也。平生与兄云倬友爱，终身无间言。

[嘉庆《续掖县志》卷三《善行》]

◎ 吕元文 ◎
◎ 吕　曦 ◎

吕元文，号景园。业儒不成，究心于医，久而术大就，投药辄奏功。或风雪贫人，踵门求请，欣然往，不拒问，以良药资之疗。前道甘国璧之母愈，与定交。甘升任滇南，强之去，遂客死。子曦，字紫来。府曾生。能传家学。

[嘉庆《续掖县志》卷三《方技》]

◎ 孙景燕 ◎

孙景燕，太医院九品吏目。

[道光《再续掖县志》卷上《贡监》]

◎ 宿绳武 ◎

宿绳武，太学生。为人醇厚朴诚，通医术。家素贫，为人治疾，不计谢资。性至孝，亲殁既葬，每月朔望必诣墓，焚香叩拜，风雨无阻，虽劳不息。

[道光《再续掖县志》卷上《孝友》]

◎ 刘　柔 ◎

刘柔，洧盤。诸生。精岐黄术，尤善书行草，得晋唐遗法。作诗亦谐音律，辟别墅于寒同山麓，与同邑诸词人唱酬其中。卒后，诗无存稿。

[道光《再续掖县志》卷上《方技》]

◎ 李钦文 ◎

李钦文，字敬斋。邑北寨村人。读书应试，数奇不遇。为人沈静简默，好施予，里人皆重之。精医学。尝有延视疾者，比至，已易箦待毙，主人固乞钦文诊之。钦文曰：已登鬼录，然能服药一盏，犹可甦三年。后必再发，不可救矣。后果如其言。

[道光《再续掖县志》卷上《方技》]

◎ 赵荣禄 ◎

赵荣禄，太医院御医，以子庆善贵，赠桂林府同知。

[光绪《三续掖县志》卷一《封赠》]

◎ 翟熙工 ◎

《翟虞臣墓志铭》

朱学周

翟公虞臣，讳熙工。世居东莱，曾祖讳明，廪生。祖讳云升，壬午科（1822）进士，孝廉方正。父讳齐，优增生，孝廉方正。母曲太君生子三人，长熙敬，三熙典，公居次。秉姿纯粹，孝友笃学。初应童子试，郡伯达和笙得卷称赏，亟拔冠军，遂入邑庠。旋食饩，举优行。伯兄积学早逝，公则绍祖训，缵父兄，慨然自任，率弟事父母，定省色，养数十年而不衰。亲病，尝药侍疾，冠带不脱者恒累月。既终养，哀毁骨立，殡葬如礼，亲党有为之感泣者。咸同间，匪氛不靖，里中推公为团长，纠乡里，分部曲，延师训练，常破产，造军械，周恤团友，故人乐于从命。当匪逼城时，誓众登陴，死守四十余日，又督义勇缒城寻贼数十里，流民渐复安所。同治壬戌（1862），举孝廉方正。用直隶州州同抚军谭函币招致，公坚辞不就，遂蒙保加五品衔。戊辰（1868），岁贡成均，以训导铨选，公又不出仕。乙未（1895），海氛起焉，公徇于中丞李公暨锡公清弼之请，复任郡城总董，办理团练、工程、车马诸局，竭勤尽瘁，桑梓赖以保卫者大矣。溯自前后数十年，公三缮城垣，再修《县志》，管理广仁、育婴诸善堂，举凡有益乡里、关风化者，罔不竭衷以求实效。每见孤寒子弟无力就学者，供其膏火，设塾授之，如翟襄等多有成就。公耽心经史，于数理地舆兵农之学，尤孜孜焉。每谓"读书贵得大义而征诸实事，拘拘章句何为哉"？尝临池摹秦碑、汉碣、魏晋诸石刻，玩讨祖传笔法，耄期不倦。著有《汉儒易说》《数理秘录》《算胜》《诗文杂存》等书待梓，以寿世焉。

公生于道光六年（1826）十二月初十日寅时，以光绪三十一年（1905）七月初三日未时考终，享年八十。公元配刘氏，邑庠生振镛公女，生男一女二，男曰藻，荫生，候选巡检，孝弟能继而先公年卒；长女嫁监生杨纪常，次女嫁今河南内黄县县丞龚致中。孙二人，长曰震东，以县丞候选；次曰震起，现官奉天。曾孙乾甫，弱冠，毕业农学。兹择以民国元年十月十八日即壬子九月初九日，葬公于莱郡城南八蜡庙疃西祖茔之侧，学周与震起曾同事农业试验总场，闻公事绩，久慕高风，爰序其次第，并为之铭曰：东鲁耆硕，孝友天成，伯氏先陨，兰陔养终，敦睦乡间，训练固圉，著书名山，尼父之举，伤哉尼父；鲤也早死，绳武有孙，伯歌季舞，述作寿山，硕德延年，绵绵勿替，景仰丰阡。

[民国《四续掖县志》卷六《艺文》]

《延年编》，翟熙工撰。熙工有《易汉学》，见经部易类。是编见孙葆田《翟氏家集序》。

[宣统《山东通志》卷一百四十《艺文志第十·子部·道家》]

光绪二十一年（1895），东门北内垣倾倒两煞，山东巡抚李秉衡委知县杨德成、总董翟熙工等重修，并补修四围残缺及城垛女墙海面。

[民国《四续掖县志》卷一《城池》]

《易汉学》，翟熙工撰。熙工，字□□。掖县人。岁贡。同治元年（1862）举孝廉方正。是书见《校经室文集》。

[宣统《山东通志》卷一百二十七《艺文志第十·经部·易》]

《静寿山房诗存》，翟熙工撰。熙工有《易汉学》，见经部易类。是集见孙葆田《翟氏家集序》。

[宣统《山东通志》卷一百四十六上《艺文志第十·集部·别集》]

翟熙工，《易汉学》二卷、《崂山笔谈》《算胜》四卷、《静寿山房诗文存》二卷。

[民国《四续掖县志》卷六《著述》]

◎ 张　鉴 ◎

张鉴，字澄之，号镜川。山东莱州掖县附贡生，于五十岁时，避乱携眷来复，遂家焉。幼时，家贫力学，倜傥自喜。书法规摹赵子昂，尤娴绘事。游幕四方，足迹历豫、皖、江、浙、湘、汉、川、陕、顺直诸省，在川蜀幕中，省宪以苗乱勘定，将用君名入保案，君耻因人成事，力却之。中年以诗酒自娱，邃于医，踵门求治者，日不暇给。尤喜奖进士类，老年犹有执经请业者。所著《古今杂体诗赋策论》《医方汇编》等稿，均未及刊，毁于兵。

[民国《复县志略·人物略·艺术》]

民国

◎ 王海镜 ◎

王海镜，字蓉斋。城东南葛家村人。邑庠生。精医，有著手成春之妙。民元，客奉天，投考医士试验，取列全省第二名。未几，归里。淡泊自甘，求诊者不取酬。

[民国《四续掖县志》卷四《方技》]

◎ 张冠英 ◎

张冠英，字俊堂。好学嗜古，医术尤奇，一望即知病人休咎，予人药，云几剂愈，无或爽，贫者竟不取药值。性坦直，遇不平事，挺身排解，得当乃已。

[民国《四续掖县志》卷四《方技》]

◎ 李培秀 ◎

李俊甫传

柯劭忞

先生讳培秀，字俊甫。莱之望族，世所称明季"甲申四君子"南居公者，先生之八世祖也。劭忞出于李先生，为劭忞舅氏行。忆髫年时，随先太夫人归宁母家，获拜先生于塾中。后宦游南北，亏省视者近六十余年。皇清退位之五年丙辰（1916）秋，有乡人来京者，询及外家事，始谂先生之品学，洵有可为世范者。先生少失恃，家贫，抚十二岁妹、九龄弟，每出入，或负或携。外大父行讳惟熙，嗜酒旷达，好急人之急，以故家愈困。先生昼操井臼，夜课弟妹，如是数年。外大父不知乏中馈之艰，故年四旬余不再婚。既先生娶侯孺人，尤以贤闻于戚党。先生始得出师乡塾，晚补弟子员。教弟培厚先已入庠，有声士林间。初，先生授徒时，兼习岐黄、青鸟术，远近求者，识与不识，无不赴，然必约塾中假期方往。往，未尝留饮食。以故每自外归，辄呼饥，家人以何不留饮对，曰：汝不知一客食，全家忙耶！然晚年卒以此致咳症，不起。吕尚书镜宇，先生之内表兄弟也。赵将军次珊，同师门宫允铁珊，亦先生近族姻也。霍家亲方赫赫时，先生淡然如不闻，曾无一纸通窾款，此劲悫宦京师所亲睹，无俟于所闻也。若虽庸行，吾见亦罕。辛酉（1921）秋，晤先生之季子海亭表弟，即以所闻者述之。初不知即海亭之本生也。方为一快。海亭泫然曰：先君子行义，不意发诸乡先生，而将刊于哀集，以光泉壤。惟贱子尚有《趋庭训》一则，敢请附诸传后。予曰：可。虽于法义不合，于古人亦有行之者，吾何为不然！

[民国《四续掖县志》卷六《艺文》]

◎ 吕绳德 ◎

吕绳德（1875—1931），字日新。金城镇南吕家村人。吕绳德在辽宁营口设有"公顺"号大商店，他投资十万吊在朱桥街路南，建房三十五间、楼房十间，于1927年9月开办批发兼零售药铺"育生东"。聘请莱州镇翟兴年为西家掌柜，店员四十余人。经营中西药品一千余种，每年收购地产药材三十余万斤。并在柞村、招远、西由设有药材收购点。与上海、广州、天津、香港、北京、东北各省均有业务联系，批发业务在周围各县均有很大影响。1943年，股东因营口"公顺"号倒闭，又因日寇侵占朱桥镇，苛捐杂税繁重，被迫以股东六成、西家掌柜四成分伙倒号。营业十六年。

[《掖县医药志》第四篇《私营中药商家》]

◎ 万憩楠 ◎

◎ 李树芝 ◎

◎ 刘子万 ◎

掖县金城镇万家村万憩楠、朱桥镇埠上村李树芝、梁郭镇刘家村刘子万三人集资一万吊于1912年成立"义兴裕"药铺，初设在朱桥镇街东南头，1915年迁到朱桥街里路南。

开业时叫"裕兴和",后改为"义兴裕",聘请掖县夏邱镇人翟忠循为掌柜,伙计到过三十五名,经营中西药品一千五百余种。与祁州、济南、潍县、烟台有业务联系。从地方上收购地产药材,运到河北、天津销售。批发兼零售业务十分活跃,自制生发油、香水、雪花膏;自制成药四十余种。西药有日本进口的樟脑汁、白而定。也有德国拜耳606、上海信宜药厂出的西药片。另外常年出卖食用王香面。是掖县境内药品最齐全的药铺。业务一直到1956年公私合营还是兴旺不衰。

[《掖县医药志》第四篇《私营中药商家》]

◎ 李丛楚 ◎

◎ 姜子刚 ◎

掖县沙河镇"双玉堂"百货铺掌柜李丛楚、北京丰益盛面粉厂(积德堂)掌柜姜子刚(掖县太原乡淇水村人),合资一万吊,于1926年春开设"德裕昌"药铺。初,聘请城北原"源顺永"药铺的少掌柜孙玉山为西家掌柜。孙玉山于1939因中风去世后,潘世卿继任,潘世卿因病离职,于1941年由孙奎臣继任。

"德裕昌"是掖县有名的中药材批发兼零售大药铺。初建于城里大十字口东路南,三年后迁到路北对面一座当铺房内,约四十八间瓦房。

"德裕昌"开业第一年亏本万元(国民票),后利用药业赊销的习惯,从上海、天津、祁州、济南、烟台等地大药行中购进药材,在县内外以薄利推销,第二年就余鸿利四万多元。

1938年,日军侵占掖县前,由于国民政府的捐税日多,买卖日渐下落。特别是日军占据掖县时,遭受了重大损失。1942年,汉奸刘黑七来掖县时,几个匪徒闯进"德裕昌",把掌柜的衣服扒光在地上,用几把刺刀顶在掌柜的肚皮上,撂下几张乡票子,兑换五十个金小宝拿走了。

1944年春,日本宪兵说"德裕昌"私通八路,把会计任竹铭抓去严刑拷打,"德裕昌"托十字会、翟家大户,向宪兵队长兼翻译官周美良送上了六百大洋和二十个金小宝,把人放出来。

两次遭殃,"德裕昌"已经接近停业,伙计多数走了。日本投降后,人民政府发展工商业,"德裕昌"又恢复了生机。为扩大销售,"德裕昌"前店后厂制造中成药七十余种,伙计又到了二十八名,是掖县最大的私营药铺。

1946年,国民党进犯解放区,"德裕昌"被迫把部分药材转移到沙河镇。

1947年，国民党军侵占掖县时，把"德裕昌"砸了个稀巴烂，药材全部扬在地上，一切设备都毁了。在沙河那部分药材也遭到国民党军的破坏。"德裕昌"彻底破产了，掌柜的孙奎臣找到两家东家，好歹又凑起了二千五百元钱，才勉强开业。

人民政府协助"德裕昌"发展了中成药生产，直到1956年公私合营，"德裕昌"创出名牌产品"益寿药酒料"。1958年并入掖县药材公司制药厂统一生产。

[《掖县医药志》第四篇《私营中药商家》]

[《烟台医药志》第三篇《私营商业与公司合营》]

蓬 莱

秦

◎ 安期生 ◎

安期生、东郭先生、梁石君，上三人皆齐处士，见《蒯通传》。安期，又见《列仙传》。云：琅邪阜乡人，卖药海边，人言"千岁公"。始皇赐金璧，弃去不受，留书报曰：后千岁求我蓬莱山下。

[至元《齐乘》卷六《人物》]

安期生者，琅琊人也。受学河上丈人，卖药海边，老而不仕，时人谓之"千岁公"。秦始皇东游，请与语三日三夜，赐金璧，值数千万，出置阜乡亭而去，留赤玉舄为报，留书与始皇曰：后数十年，求我于蓬莱山下。及秦败，安期生与其友蒯通交往，项羽欲封之，卒不肯受。

[嘉靖《青州府志》卷十五《仙释》]

安期生，居琅琊，卖药海岛。秦始皇求见，与语三日而去。后千岁，居于蓬莱山下。广州有菖蒲涧，是所饵也。

[嘉靖《山东通志》卷三十四《仙释·青州府》]

安期生，居琅琊，卖药海岛。秦始皇求见，与语三日而去。后千岁，居于蓬莱山下。广州有菖蒲涧，是所饵也。又有人见其食枣大如瓜云。

[万历《兖州府志》卷四十三《方伎》]

安期生，琅邪阜乡人。卖药海边，时人皆称"千岁翁"。秦始皇请见，与语三昼夜，赐金璧数万，出于阜乡门，皆置而去，留书，以赤玉舄一两为报，曰：后千岁，来求我于蓬莱山下。始皇遣使者数人入海，未至蓬莱山，辄风涛而还，立祠阜乡亭。

[万历《兖州府志》卷四十六《仙释》]

安期生，琅琊人。老而不仕，卖药海边。始皇东游，请与语三日夜，赐金璧，值数千万，俱不受，置于阜乡亭而去，留赤玉舄为报。李少君对汉武帝曰：臣尝游海上，见安期生，食巨枣大如瓜。安期生仙者，合则见人，不合则隐。

[雍正《山东通志》卷三十《仙释志》]

安期生，琅邪人。尝卖药东海海滨，人皆言"千岁"。秦始皇请见，与居凡三日，夜赐金璧万数，出阜乡亭，皆置而去，乃留书与玉舄一双为报，曰：后千岁求我于蓬莱山下。始皇遣使入海求仙药，未至蓬莱山，风阻而还。见《列仙传》。

[康熙《诸城县志》卷九《仙释》]

安期生，修炼于莱芜之南山，因名仙人山。有仙人堂，今废。昔，始皇求见，与语三日而去。尝卖药海岛，后千岁求于蓬莱山下。广州有菖蒲涧，是所饵也。

[乾隆《泰安府志》卷十八《仙释》]

安期生，琅琊人也。卖药于东海边，时往来兰陵市中，时人谓之"千岁公"。秦始皇东游，请与语三日三夜，赐金璧，值数十万，出置阜乡亭而去，留书以赤玉舄一两为报，曰：数十年，求我于蓬莱山见《高士传》。

[光绪《峄县志》卷二十一《流寓》]

安期生并序

宋苏轼

安期生，世知其为仙者也。然太史公曰：蒯通善齐人安期生，生尝以策干项羽，羽不能用，欲封此两人，两人终不肯受，亡去。予每读此，未尝不废书而叹。嗟乎！仙者，非斯人而谁为之。故意战国之士，如鲁连、虞卿皆得道者欤！

安期本策士，平日交蒯通。尝干重瞳子，不见隆准公。应如鲁仲连，抵掌吐长虹。难堪踞床洗，宁挹扛鼎雄。事既两大谬，飘然策遗风。乃知经世士，出世或乘龙。岂比山泽臞，忍饥啖柏松。纵使偶不死，正堪为仆僮。茂陵秋风客，望祀犹蚁蜂。海上如瓜枣，可闻不可逢。

[雍正《山东通志》卷三十五之一上《艺文志》]

安期生（生卒不详），曾卖药海上，受学于河上丈人，学习黄老之术。后游寓莱芜，隐居在城南安仙村及仙人山一带，采药炼丹，吐纳修仙，济世扶困。据传秦始皇东游时，请与语三日夜，赐其金币值数千万，皆置之而去。秦末楚汉之争中，曾游说项羽，因项羽不能用其策，遂辞去，继续隐居修道养生，收徒授方。其知名传人有毛翕公、乐瑕公、乐臣公、盖公和汉代齐相曹参。著名弟子有受汉武帝器重的方士临淄人李少君。汉武帝遣方士入海求仙人，主要指安期生，李少君曾对汉武帝说：安期生，仙者，合则见人，不合则隐。安期生对秦汉燕齐方士活动、方仙道的形成、秦始皇屡遣方士入海求仙求长生不老药影响很大，成为当时帝王重视、方士尊崇的仙人和中国道教史上的名人。

仙人山位于城南二十里，有仙人堂，今废。有唐、宋、元三碑记。元代，莱芜铁冶都提举司把安期生作为主管冶炼的神灵进行祭祀。明初仙人堂改为娘娘庙，嘉靖二十六年（1547）知县陈甘雨复名仙人堂，并为其塑像。

[《莱芜市志》2014年版《人物》]

幸台，莱州城内。相传汉武帝东游，访安期生所筑。有碑，字灭不可考。

[至元《齐乘》卷五《亭馆下》]

幸台，在府城内。汉武帝东游海上，访安期生，登此台。碑刻尚存。

[嘉靖《山东通志》卷二十二《古迹·莱州府》]

幸台，汉武帝尝游海上，访安期生，幸此台，故名。碑刻剥落，即今城南门也。掖西南二十里，又有幸台社。

[万历《莱州府志》卷六《古迹·掖县》]

仙人堂，在县南二十里。安期生修炼于此，有唐、宋、元三碑记，国初废，为娘娘庙。嘉靖二十六年（1547），知县陈甘雨更望其像，有《复仙人堂记》。

[嘉靖《莱芜县志》卷四《古迹》]

仙人堂，在莱芜县南二十里仙人山。相传安期生修炼于此。

[雍正《山东通志》卷九《古迹志·泰安府》]

安期先生祠碑，在莱芜县仙人山安期生祠内。唐侍中御史韩翃撰碑，贞元八年（756）立。

[雍正《山东通志》卷九《古迹志·泰安府》]

玉虚宫，在府城东八十五里苍山之阳，相传安期生修炼处。

[雍正《山东通志》卷二十一《秩祀志·沂州府》]

安期真人观，在县南二十里仙人山。相传安期生修真于此。

[雍正《山东通志》卷二十一《秩祀志·泰安府·莱芜县》]

安期山，在县南二十里。《金史·地理志》：莱芜有安期山。旧志相传安期生修炼于此《大清一统志》。

[宣统《山东通志》卷二十三《山川·泰安府·山》]

苍山，在县东九十里，下有牛口峪。《府志》：上可瞰海，中有石室，世传安期生、徐则升仙处《大清一统志》。

[宣统《山东通志》卷二十三《山川·沂州府·山》]

仓山，在县南三里，前有窦王坟，后有秦王柱，中有石室。世传安期生、徐则皆升仙于此。

[万历《兖州府志》卷十八《山川·费县》]

仙人山，在县南二十里，上有安期生修仙堂，今有化鹤冢。

[嘉靖《莱芜县志》卷二《形胜》]

汉帝旧游坊，汉武帝游睹海上，求安期生于宫山。近访此事，立坊在仙人山左趾。

[嘉靖《莱芜县志》卷四《坊表》]

安仙寺，即崇果寺殿前。周安期生寓炼于此。嘉靖二十六年，知县陈塑其像，扁曰"蓬玄寓炼"。

[嘉靖《莱芜县志》卷四《古迹》]

风岩仙踪，在县南二十里，状似凤凰。安期生尝修炼于此。

[嘉靖《莱芜县志》卷八《杂志》]

宋

◎ 张文远 ◎

宋张备墓志 嘉祐八年（1063），石在蓬莱

先祖姓张氏，讳备。先祖母姓何氏，生五子二女。长子讳升；次乙名亡；次讳成；次讳澄，乃文远之先考也；次讳日新。长女适于李氏，其夫终于左殿直；次适于随氏。先祖之寿，以岁代绵远，不得其实。然先祖母守丧寡居仅三十余年。先妣姓于氏，生文远及二女。长适于王氏，次适于田氏。先考寿五十而终，先妣寿八十而终，然皆茔域异处而未合焉。文远今择癸卯岁（1063）戊辰朔月甲午日乙时，改葬先祖、先祖母、先考、先妣之茔于州之西南七里，土脉深厚，水泉清美，庶几先祖考之灵安其居处而佑助子子孙孙其昌盛焉。时皇宋嘉祐改元之八年十月二十七日，孙医学博士文远立石，曾孙戴书。

［光绪《增修登州府志》卷六十五《金石》］

元

◎ 李国用 ◎

李国用，登州人，寓杭州。能望气，占休咎，兼相术。但崖岸倨傲，谢石诸孙有退乐者，延致之，即据中坐，省幕官皆下位，不得其一言。时赵文敏公为七司户，陪席，风疮满面。李遥见，即起迎，谓坐客曰：我过江，仅见此人，面疮愈，即面君矣。公辈记取异日，官至一品，名闻四海。后如其言。盖尝得仙术，洞视五脏，世称"神仙"云。

［道光《重修蓬莱县志》卷二《仙释》］

清

◎ 孙显祖 ◎

孙显祖，字毅斋。乾隆庚午（1750）恩贡。秉性严正，学识淳古，孝友恭俭。父瑞枝，病噎膈，盛暑，衣不解带者两月。祖震寰，年近百龄，孝事倍谨。母姜氏，久染肿疾，苦研岐黄，奉侍汤药，母疾得瘳。兄弟析产推逊，抚堂侄六岁之孤，恤族孙七旬之老，善心善事，远近著闻。邑侯徐公续入忠孝节义祠。八十五岁，挥毫成章，课塾六十载，游庠之士四十人。子金式，孙五缄、五总，俱庠生。府教授王以训为之"传"。

[道光《重修蓬莱县志》卷九《孝友》]

孙显祖，性孝友，严正。祖震寰，年近百龄，孝事倍谨。父瑞枝，病噎膈，朝夕调护，衣不解带。母姜氏，久染肿疾，自习岐黄，奉侍汤药，母卒得瘳。祀忠孝祠。

[光绪《增修登州府志》卷四十一《贡生》]

◎ 董心印 ◎

董心印，笃孝纯善，尤精岐黄之术。祀忠孝祠。

[道光《重修蓬莱县志》卷九《行谊》]

董心印，性笃孝，祀忠孝祠。

[光绪《增修登州府志》卷四十三《附》]

◎ 张 柱 ◎

张柱，字树轩。候选道员，加一级，封中议大夫。性颖敏，通岐黄及选择之术，尤善读郭、杨、廖、赖诸书，□头理气，不执一说。凡亲族卜茔兆者求必应。嘉庆壬申（1812），岁饥疫，散食舍药，捐义茔二亩于南关。

[道光《重修蓬莱县志》卷十一《捐封》]

◎ 初连城 ◎

初连城,字和玉。廪贡。候选布政司经历。以子延寿,封奉直大夫。赋性宽厚,事亲以孝闻。父殁,诸事皆禀命于母。与人谨慎周详,乡里和睦。三世施药,连城敬承先志,有求必应,未尝吝啬,人称"长者"。

[道光《重修蓬莱县志》卷十一《捐封》]

◎ 董焕庚 ◎

董焕庚,字西桥。幼聪敏,工书画,好吟咏,尤精医学。母老不远游,家居养亲,为人医病苦,存活无算。清甲午(1894)中日之役,曾佐夏镇军戎幕。生平精研医学,垂五十年,医书未尝去手。著《折肱秘要》四卷,及《野蛮余韵》《诗集》,均待梓。

[民国《蓬莱县志合编·行谊》]

◎ 张伯龙 ◎

张伯龙(生卒年不详),原名张士让。蓬莱县(今蓬莱市)城里西街人。太医、知府。光绪初,在太医院执医,有"国手"之称,后去琼岛(海南岛)任知府至病故。出身宦门,文史淹通,但不志举业,潜心钻求医术,颇多成就。其父患病,病象危急,历延名医均谓不治,张伯龙精心疗理,奇方排难,终使痊愈。晚年居官事繁,仍行医济人不辍。生平著述有《内经释义》《本草问答》《张伯龙医案》等。其《类中秘旨》尤为医坛所重。该书的治疗"中风"需镇肝、息风、养水之说,是一个学术上的创论。其著述至今仍为中医界重视。

[《烟台市志》第五十一卷《传略》]
[《蓬莱县志·人物传略》]
[《山东中医药志》第六篇《人物表》]

◎ 张子翰 ◎

张子翰,清代蓬莱县城洪字弄人。以医闻名一时。

[《山东中医药志》第六篇《人物表》]

◎ **吕岱宗** ◎

吕岱宗，清代蓬莱县城里西街人。业医。

[《山东中医药志》第六篇《人物表》]

◎ **马义福** ◎

马义福，清代蓬莱县城寿康街人。以医为业。

[《山东中医药志》第六篇《人物表》]

民国

◎ **姜宇仁** ◎

姜宇仁（1857—1942），蓬莱县人，后徙居文登县西官道村。精研经典，工医理。

[《山东中医药志》第六篇《人物表》]

◎ **柳忠诚** ◎

柳忠诚，蓬莱城里柳家楼村人。曾在邑内"华提大药房"坐堂行医。

[《山东中医药志》第六篇《人物表》]

◎ **蔡少福** ◎

蔡少福，蓬莱县大蔡家村人。擅长内、妇两科。

[《山东中医药志》第六篇《人物表》]

◎ **张玉轩** ◎

张玉轩，蓬莱县潮水村人。曾在潮水村"一善堂"坐堂行医。

[《山东中医药志》第六篇《人物表》]

◎ **周星桥** ◎

周星桥，蓬莱县北沟村人。擅长骨科。

[《山东中医药志》第六篇《人物表》]

招 远

明

◎ 张文策 ◎

张景，居家勤俭，内外称其孝友。自曾祖至景，凡四世，家七十余人，皆同爨。乡评重之，事见《府志》。公羽，六世祖也。其字，佚不传。四世同居，内外无间，族父老言之屡矣。常恐先世蓬藋布衣，不能垂名史籍。及考郡志，乃得之孝友部。捧读再三，不禁辗然。喜曰：可法！可传！夫固不以通塞异也。自高曾以至今，子孙云礽，谓非当日者□厚流光，有以致之耶！公于羽为六世祖，于先君子为高祖。先君子讳文策，别号云鹤。生而刚方，不畏强御。遇人有缓急，则蹇裳赴之所不辞，其天性然也。挥使某尝无辜陷重辟，公哀之，力为营救，且曲全其世封职事。既释，其人誓以九死报，公谦谦不伐也。生平博通诸方伎，尤长于医，后遂以《肘后方》名重一时。凡沉疴几不救者，投方寸匕，无不霍然有起色。岁或大疫及诸疾间作，必合药以疗贫者，时多赖以存活，前后盖未易屈指计云。居尝语羽：吾家世以孝友闻，而数世以来，伏在草莽，保世抗宗，长祥有在，□□勉之。每篝灯课读，或至夜分不寐。羽既补弟子员，公时已黄发皤然，复谆谆可羽曰：吾老矣！他无庸言者。相传历下勒碑旌善，有吾家高祖题名，不知今尚存焉否耶？异日者，汝有四方游，当拓本以光家乘。迄今二十余年，言犹在耳也。噫！如先君子者，亦可谓不愧宗祐矣。因书六世祖"传"后，略附之，以志不忘。来孙凤羽恭记。

[顺治《招远县志》卷九《孝义》]

张文策，生而刚方，不畏强御，人有缓急，必赴救之，尤长于医，恒合药以疗贫者。

[光绪《增修登州府志》卷四十三《附》]

◎ 赤脚王 ◎

赤脚王，碧目苍颜，发明如鉴，戴一笠，非布非绒，其光如漆，其质如灰，每自以为始冠时物，不知其几千年所。尝为人力田，随意耘籽，不问人知。隆冬不履，冰泽腹坚，踏其上如平地。行步如飞，骤马追之不及。人争异之，以长生之术求，则励色嗔词，俚不可解。八九十岁老人曰：童时屡见其貌，正如今日。婴儿瘖疾，邀拊摩之，立瘥。间有调笑之者，下其裳，童身稚肤，乃共惊，传其为全真子也。争师事之，蚤已遁去，杳不可寻。以其四时徒跣，遂名为"赤脚王"云。按：仙，不知何许人，而游戏招邑者差久，故邑志列焉。

[顺治《招远县志》卷九《仙释》]

赤脚王，碧目苍颜，发明如鉴，戴一笠，非布非绒，自谓始冠时物。尝为人力田，不求人知。隆冬不履，行步如飞，骤马追之不及。人争异之，问以长生之术，则厉色嗔词，卒不可解。乡间耆老皆曰：童时见其貌，正如今日。婴儿瘖疾，拊摩之，立瘥。以其四时徒跣，遂名为"赤脚王"云。坟，在弥陀寺侧漏泽园内。州人王槚为之立"传"。

[光绪《增修登州府志》卷十五《寺观》]

赤脚王仙墓碣，按：墓在弥勒塔寺之西漏泽园中。明万历四十五年（1617），阖州立石碣于墓前，现存。王仙事迹，详见王槚《赤脚真人传》文。

[同治《重修宁海州志》卷三《古迹考》]

赤脚王，王姓。不知所自。碧目苍颜，常戴一笠，非布非绒，其光如漆，制式甚古，云是始冠时物。尝于文登为人力田。隆冬不履，踏冰上如平地，其行若飞，奔马不能及。问以长生，则厉色嗔词，俚不可解。八九十老人言：童时尝见其貌，正如今日。婴儿瘖疾，抚摩即愈。有调笑下其裳者，童身稚肤，实全真子也。人欲师事之，已遁去。以其四时徒跣，故号"赤脚王"云。

[雍正《山东通志》卷三十《仙释志》]

赤脚王仙，明万历间人。邑人王槚有《赤脚王仙传》。今弥勒寺西，有赤脚王仙墓，墓系万历四十五年立。

[民国《牟平县志》卷十《方外》]

◎ 杨 烛 ◎

◎ 姜镜溟 ◎

杨烛，前明诸生也。精于岐黄。尝筑小室，瑾塞无隙。遇有癖疾者，引入，饮以药酒，割腹出癖，复以药线缝之，居室中者百日，而后遣之。尝游罗峰，遇一叟，求诊疾。烛曰：尔脉非人，乃狐也。即化为狐，哀恳赐一良方而去。与掖邑姜镜溟，同施药于"普济堂"。

[道光《招远县续志》卷三《方技》]

杨烛，明代招远县人。业医，以医术精妙见称。

[《山东中医药志》第六篇《人物表》]

清

◎ 张凤鸁 ◎

水门桥，顺治十五年（1658），医官张凤鸁新修。

[顺治《招远县志》卷二《桥梁》]

◎ 张中英 ◎

张中英，习轩岐术，家仅中资，而凡以疾问者，必竭力医药之，赖以活者不可胜计，而中英口不言德，心不望报也。年八十余卒。子问行，庠生。诗画坛名，能以德行世其家。壮年殂谢，士林惜之。

[道光《招远县续志》卷三《方技》]

张中英，招远县人。生卒年代不详。工医。

[《山东中医药志》第六篇《人物表》]

◎ 刘复礼 ◎

刘复礼，子仁荅。幼应童子试，未售，遂专心于医。愈人而愈觉其难，叹曰：信非肱经三折，不敢料理君臣佐使也。性仁厚，凡踵门者必应焉。剂既投，十不失一，而从不计贿。

[道光《招远县续志》卷三《方技》]

◎ 兰承嗣 ◎

兰承嗣，字昭许。早为诸生，淡于进取，遂专心于岐黄，至老弥笃，家积方书若干卷，皆手自刊定，或附以己意，多所发明。晚年疗疾，应手奏效，踵门者无不立应。年八十余卒。

[道光《招远县续志》卷三《方技》]

◎ 孙道人 ◎

孙道人，居邑之班仙洞，素识吐纳之术。有素识孙者，自京师归，遇诸途，问所往，答以赴都。抵家问之，则已故矣。葬后六十余年，墓崩，圹中骸骨全无，惟存冥器数事，人始悟当日为"蝉脱"云。道众仍封殖之。

[道光《招远县续志》卷三《仙释》]

孙道人，善吐纳之术，居班仙洞。有素识者，自京师归，遇诸途，抵家询之，则已故矣。葬后六十余年，墓圮，骸骨无存，惟冥器数事，人始悟为"仙蜕"云。

[光绪《增修登州府志》卷十五《寺观》]

◎ 杨　橄 ◎

杨橄（1834—1915），字子敢，号谏堂、味馀山樵。招远县贺甲庄子村人。清末书法家。自幼学书于舅父翟云升（掖县人，晚清著名书法家），日夜苦练，竟将足下方砖地磨出两个深坑。其隶书运笔沉缓，刚柔相济，人称"杨八分"。光绪年间，京都新修一门，遍寻天下高手书写横额。杨橄书去六尺见方的三个大字，深得光绪帝赏识，御赐上等大抓笔数支并白银四十两。另外，蓬莱阁有他的隶书碑文。他的大草似龙游蛇舞，在书法界评价也颇高。

杨橄精于书法，兼工绘画。他的墨葡萄泼墨淋漓，栩栩如生。他又爱好医道、拳术和音乐。创有治麻疹妙方"清金一贯饮"，每有麻疹流行，上门求医者络绎不绝，无不药到病除。留有遗著《麻疹论症撮要》。

杨橄少时，家道渐衰。二十岁左右，设馆教学，时常一日二餐。他为人忠厚勤勉，平易近人，其墨迹在民间流传甚广。从教一生，不恋仕途，多次辞去衙门聘请。尝作诗云："赴势趋炎都不晓，只应高卧傲羲皇"，又有"才子不应为俗累，莫叫铜臭玷书香"等语。课余勤于书画和诗文著述。著有《书法参评》《三不妄斋诗草》（其书斋曰"三不妄斋"）。他的诗多描写田园生活，流露出"何期世上恋荣华，惯住寻常百姓家"的超脱思想，描绘出一个"竹掩山村花掩扉，入门忘出出忘归"的理想境界。

咸丰十一年（1861），捻军余部到招远，聘橄为参谋。他提出"整饬纪律，爱护百姓"的建议。捻军败后，仍回乡执教。1915 年，以八十一岁高龄辞世。

[《招远县志》卷三十编《人物传》]